LINGUÍSTICA TEXTUAL
interfaces e delimitações

EDITORA AFILIADA

Comitê Editorial de Linguagem

Anna Christina Bentes
Cláudia Lemos Vóvio
Edwiges Maria Morato
Maria Cecília P. Souza-e-Silva
Sandoval Nonato Gomes-Santos
Sebastião Carlos Leite Gonçalves

Conselho Editorial de Linguagem

Adair Bonini (UFSC)
Arnaldo Cortina (UNESP – Araraquara)
Heliana Ribeiro de Mello (UFMG)
Heronides Melo Moura (UFSC)
Ingedore Grünfeld Villaça Koch (UNICAMP)
Luiz Carlos Travaglia (UFU)
Maria da Conceição A. de Paiva (UFRJ)
Maria das Graças Soares Rodrigues (UFRN)
Maria Eduarda Giering (UNISINOS)
Maria Helena de Moura Neves (UPM/UNESP – Araraquara)
Mariângela Rios de Oliveira (UFF)
Marli Quadros Leite (USP)
Mônica Magalhães Cavalcante (UFC)
Regina Célia Fernandes Cruz (UFPA)

Dados Internacionais de Catalogação na Publicação (CIP)
(Câmara Brasileira do Livro, SP, Brasil)

Linguística textual : interfaces e delimitações : homenagem a Ingedore Grünfeld Villaça Koch / Edson Rosa Francisco de Souza, Eduardo Penhavel, Marcos Rogério Cintra. -- São Paulo : Cortez, 2017.

Vários autores.
Bibliografia.
ISBN: 978-85-249-2575-7

1. Análise do discurso 2. Koch, Ingedore Grünfeld Villaça 3. Linguística I. Souza, Edson Rosa Francisco de. II. Penhavel, Eduardo. III. Cintra, Marcos Rogério.

17-07845   CDD-415

Índices para catálogo sistemático:

1. Linguística textual   415

Edson Rosa Francisco de Souza
Eduardo Penhavel
Marcos Rogério Cintra
(Orgs.)

Adriana Bolívar • Ana Lúcia T. Cabral • Anna Christina Bentes • Ataliba Teixeira de Castilho •
Carlos Alexandre Gonçalves • Carlos Magno Viana Fonseca (*in memoriam*) •
Clélia Cândida Abreu Spinardi Jubran (*in memoriam*) • Diana Luz Pessoa de Barros • Edwiges Maria Morato •
Francisco Alves Filho • Gladis Massini-Cagliari • Jean-Michel Adam • Kanavillil Rajagopalan •
Kazue Saito M. de Barros • Luiz Carlos Cagliari • Luiz Carlos Travaglia • Maria da Conceição de Paiva •
Maria Lúcia C. V. O. Andrade • Maria Luiza Braga • Mônica Magalhães Cavalcante • Renato Cabral Rezende •
Sandra Denise Gasparini-Bastos • Sueli C. Marquesi • Suzana Leite Cortez • Teun van Dijk • Vanda Maria Elias

LINGUÍSTICA TEXTUAL
interfaces e delimitações

Homenagem a Ingedore Grünfeld Villaça Koch

LINGUÍSTICA TEXTUAL — interfaces e delimitações. Homenagem a Ingedore Grünfeld Villaça Koch
Edson Rosa Francisco de Souza, Eduardo Penhavel, Marcos Rogério Cintra (Orgs.)

Capa: de Sign Arte Visual
Preparação de originais: Amália Ursi, Nair Hitomi Kayo
Revisão: Amália Ursi, Jaci Dantas, Nair Hitomi Kayo
Projeto gráfico e diagramação: Linea Editora
Coordenação editorial: Danilo A. Q. Morales

Nenhuma parte desta obra pode ser reproduzida ou duplicada sem autorização expressa dos autores e do editor.

© 2017 by Organizadores

Direitos para esta edição
CORTEZ EDITORA
R. Monte Alegre, 1074 — Perdizes
05014-001 — São Paulo-SP
Tels. +55 11 3864-0111 / 3611-9616
cortez@cortezeditora.com.br
www.cortezeditora.com.br

Impresso no Brasil — março de 2018

Sumário

Introdução
Edson Rosa Francisco de Souza
Eduardo Penhavel
Marcos Rogério Cintra 9

Parte 1
A Linguística Textual

1. O que é Linguística Textual?
   Jean-Michel Adam 23
   Tradução: Suzana Leite Cortez

2. A Construção Dialógica dos Padrões Textuais
   Adriana Bolívar 58
   Tradução: Sandra Denise Gasparini-Bastos

3. Estudos Multidisciplinares do Discurso
   Teun van Dijk 94
   Tradução: Maria Lúcia C. V. O. Andrade

Parte 2
Interfaces e delimitações

4. **Linguística Textual e Fonologia**
   Gladis Massini-Cagliari
   Luiz Carlos Cagliari 121

5. **Linguística Textual e Morfologia**
   Edson Rosa Francisco de Souza
   Carlos Alexandre Gonçalves 144

6. **Linguística Textual e Sintaxe**
   Maria Luiza Braga
   Maria da Conceição de Paiva 189

7. **Linguística Textual e Semântica**
   Marcos Rogério Cintra
   Eduardo Penhavel 211

8. **Linguística Textual e Pragmática**
   Kanavillil Rajagopalan 233

9. **Linguística Textual e Sociolinguística**
   Anna Christina Bentes
   Renato Cabral Rezende 258

10. **Linguística Textual e Análise da Conversação**
    Kazue Saito M. de Barros 302

11. **Linguística Textual e Análise do Discurso**
    Francisco Alves Filho 335

12. **Linguística Textual e Teoria da Enunciação**
    Mônica Magalhães Cavalcante
    Carlos Magno Viana Fonseca (*in memoriam*) 357

13. Linguística Textual e Cognição
    Edwiges Maria Morato 394

14. Linguística Textual e Semiótica
    Diana Luz Pessoa de Barros 431

15. Linguística Textual e Ensino
    Vanda Maria Elias 456

16. Linguística Textual e Novas Tecnologias
    Sueli C. Marquesi
    Ana Lúcia T. Cabral 476

Parte 3
A relevância de Ingedore Koch para a Linguística e para o ensino no Brasil

O Papel de Ingedore Koch no Projeto de Gramática do Português Falado
    Ataliba Teixeira de Castilho 509

O Papel de Ingedore Koch na Formulação da Perspectiva Textual-Interativa
    Clélia Cândida Abreu Spinardi Jubran (*in memoriam*) 513

Linguística Textual: da teoria à prática de ensino — Contribuições de Ingedore Koch
    Luiz Carlos Travaglia 518

Sobre os autores e os organizadores 529

Introdução

Este livro é uma homenagem à Profa. Ingedore Grünfeld Villaça Koch. A obra começou a ser pensada em julho de 2008 e só foi definida pelos organizadores em 2010, tendo levado, depois disso, mais de sete anos para ficar pronta, dada a sua temática inédita e desafiadora, com seções e capítulos organizados de forma articulada. Esse longo trajeto foi essencial para o amadurecimento e o gerenciamento das ideias do livro. Trata-se, portanto, de uma obra que tem história, inovação, esmero e muito comprometimento e empenho dos organizadores e dos autores na condução e na execução do projeto.

Desde a década de 1980, a Profa. Ingedore Koch, ou simplesmente Inge para os mais próximos, é um dos nomes de maior destaque na Linguística brasileira e a principal referência na área de Linguística Textual (doravante, LT). Dentre inúmeras outras contribuições da Profa. Ingedore, que serão lembradas no decorrer desta coletânea, destaca-se seu empenho na publicação de obras, em língua portuguesa, abordando as teorias mais atuais sobre LT. Tal atuação foi decisiva para a implantação, para o desenvolvimento e para a consolidação da disciplina no país. Além disso, sua vasta produção científica contemplou, com grande ênfase, a reflexão e a formulação de propostas sobre a aplicação de conceitos da LT ao ensino de Língua Portuguesa, papel determinante para a criação de condições favoráveis ao progresso de práticas de ensino-aprendizagem voltadas à produção e compreensão de textos em todo o Brasil.

Em vista do enorme impacto das atividades acadêmicas desenvolvidas pela Profa. Ingedore Koch na Linguística brasileira, torna-se plenamente justa a reunião de um grande conjunto de colegas linguistas e ex-orientandos em torno da tarefa — difícil, porém extremamente honrosa — de pensar e produzir uma obra em sua homenagem. Nesse sentido, este livro focaliza uma questão central em LT, que pode ser vista como uma temática latente ao longo de toda produção acadêmica da autora: a interdisciplinaridade. Este livro coloca em foco a relação — inevitável e altamente produtiva — entre a LT e outras disciplinas da Linguística ou outros campos afins. Aqui se coloca em pauta a discussão das *interfaces* e das *delimitações* entre a LT e diversas outras áreas do saber.

A LT pode ser entendida como uma disciplina da Linguística que assume o texto como objeto de estudo e investiga os diferentes fatores que atuam no processo de construção textual de sentido. Dentre esses fatores, estão fenômenos de natureza fonológica, morfológica, sintática, semântica, pragmática, social, discursiva, enunciativa, cognitiva etc., ou seja, fenômenos que também interessam diretamente a outras disciplinas da Linguística. Diante desse quadro, uma questão teórica e metodologicamente relevante, em Linguística, de modo geral, e em LT, em particular, é entender, de modo cada vez mais preciso, a interação da LT com outras disciplinas, assim como as particularidades do tratamento dado a esses fenômenos pela LT *versus* as particularidades das abordagens de outras disciplinas.

Nesse sentido, o objetivo central deste livro, como previsto no seu próprio título, é discutir as relações entre a LT e outras disciplinas da Linguística, demonstrando as possíveis integrações entre elas e precisando a caracterização de objetos de estudo em comum. Em termos de integração, a proposta compreende, dentre outros pontos: focalizar fenômenos que, "pertencendo" a outro domínio de análise linguística, permitem maior adequação explicativa quando se consideram também pressupostos de ordem textual; discutir o caráter complementar entre a LT e outras disciplinas na análise de certos fenômenos etc. No que se refere à delimitação, o objetivo é discutir, por exemplo, questões como as seguintes: quando/como um fenômeno linguístico de natureza fonológica deve ser tomado como objeto de estudo da Fonologia e quando/como deve ser assumido como objeto de estudo da LT?; no tratamento de fenômenos discursivos, o que particulariza a abordagem da LT, por um lado, e a da Análise do Discurso, por outro? Como se pode perceber, são questões que podem ser estendidas, correlativamente, para a relação entre a LT e várias outras disciplinas.

De modo a dar conta desse objetivo, projetado, acima de tudo, como uma homenagem à Profa. Ingedore, este livro, que apresenta uma proposta inovadora no mercado editorial, encontra-se organizado em três partes, assim nomeadas: *A Linguística Textual* (Parte 1), *Interfaces e delimitações* (Parte 2) e *A relevância de Ingedore Koch para a Linguística e para o ensino no Brasil* (Parte 3). Todos os capítulos que integram as três partes do livro são de convidados que mantiveram (e ainda mantêm), de uma forma ou de outra, algum tipo de contato profissional ou de formação ao longo dos incansáveis anos de trabalho da homenageada.

Assim, a primeira parte do livro é composta de três capítulos, assinados por autores internacionalmente renomados, que se debruçam sobre questões gerais da LT, entendidas como essenciais para a proposta de livro que ora se apresenta.

No primeiro capítulo, que integra a primeira parte do livro, **Jean-Michel Adam** aborda nada mais, nada menos, do que a questão "O que é Linguística Textual?", discussão que o autor inicia mencionando a dificuldade de tratar o assunto depois de já publicada uma obra denominada, justamente, *Introdução à Linguística Textual*, de Ingedore Koch. Para desenvolver o assunto, examina questões ligadas à fundação da Linguística, que teria sua base teórica na frase, e a ampliação desse limite empreendida pela gramática transfrástica e pela LT. O autor conclui o seu capítulo com uma reflexão sobre os conceitos referentes a tipo de texto, gênero textual e gênero do discurso, a qual coloca em foco a relevância dessas noções na constituição da LT.

Adriana Bolívar, no capítulo intitulado "A construção dialógica dos padrões textuais", discute a importância dos padrões textuais no processo de construção do sentido e da coerência dos textos em correlação com os eventos sociais de que participam diferentes atores ao produzirem os referidos textos. A autora procura mostrar a relevância desses padrões na interação textual entre os interlocutores (falantes/ouvintes, escritores/leitores) engajados na construção dos significados na dinâmica social. Bolívar ressalta, assim, que a compreensão do funcionamento desses padrões nos textos e na sociedade abre a possibilidade de um entendimento mais completo e apropriado sobre a maneira como a cooperação e o conflito se estabelecem no diálogo.

Finalizando essa primeira parte do livro, **Teun van Dijk**, em um capítulo denominado "Estudos Multidisciplinares do Discurso", procede a uma discussão que incide exatamente sobre a questão central desta obra, isto é, a interdisciplinaridade. Segundo o autor, o discurso constitui um objeto complexo de estudo, e, por essa razão, para ser devidamente compreendido em suas particularidades, o discurso deve ser analisado sob várias perspectivas teóricas, tais como a Análise da Conversação, a Sociologia, a Antropologia, a Etnografia, a Psicologia Cognitiva (no que tange à produção e à compreensão do discurso), a Psicologia Social (que entende o discurso como interação social entre os usuários da língua). É esse diálogo com as teorias que leva o autor a abordar em seu texto conceitos como interdisciplanaridade, transdisciplinaridade e multdisciplinaridade, que, segundo van Dijk, são essenciais nos dias de hoje para entender os estudos do texto e do discurso como um todo. Para finalizar, o autor também destaca que há alguns domínios, como a Ciência Política, no que tange à aplicação da análise do discurso, que precisam ser mais bem explorados.

A segunda parte do livro é dedicada à análise de interfaces e delimitações entre a LT e outras disciplinas. Nessa seção, diversos autores, companheiros de jornada e especializados em LT e/ou em áreas correlatas, dedicam-se especificamente à análise de diálogos possíveis entre a LT e outras disciplinas, de alguns caminhos de investigação, muitas vezes cogitados como possibilidades de pesquisa — mas não efetivamente percorridos —, e de outros apresentados neste livro como propostas inovadoras de trabalho em LT, que, na nossa opinião, certamente fomentarão e estimularão a criação de novas frentes e perspectivas de análise. Os capítulos dessa parte, escritos por convidados especialistas em LT e/ou em áreas correlatas da Linguística, relacionam a LT com uma grande diversidade de disciplinas, quais sejam: Fonologia, Morfologia, Sintaxe, Semântica, Pragmática, Sociolinguística, Análise da Conversação, Análise do Discurso, Teoria da Enunciação, Estudos da Cognição e Semiótica, incluindo, também, a relação da LT com as questões atinentes ao Ensino e às Novas Tecnologias.

No quarto capítulo, denominado "Linguística Textual e Fonologia", que inaugura a segunda parte do livro, **Luiz Carlos Cagliari e Gladis Massini-Cagliari** tratam dos sons das línguas e como eles operam na constituição da textualidade, isto é, na constituição dos sentidos do texto. Em outros termos, neste capítulo, Cagliari e Massini-Cagliari buscam investigar como a organização dos sons pode "contribuir para a tessitura da coesão textual e, a partir daí, para a construção dos sentidos, colaborando para a sua coerência". Os autores mostram que tanto os elementos sonoros, em especial os de natureza prosódica (ritmo, entoação, pausa, velocidade da fala, dentre outros), quanto os elementos segmentais (vogais e consoantes), são usados para demarcar a coesão e a coerência textuais. Para Cagliari e Massini-Cagliari, o estudo de elementos sonoros como "ferramentas" de construção de sentidos do texto é algo recente na ciência linguística, e, nesse contexto, a discussão implementada pelos autores mostra que o nível sonoro é extremamente importante e produtivo para compreender fenômenos atinentes à construção do texto.

O quinto capítulo, intitulado "Línguística Textual e Morfologia", de autoria de **Edson Rosa Francisco de Souza e Carlos Alexandre Gonçalves**, busca discutir os limites entre a LT e a Morfologia e mostrar em que medida as relações de proximidade entre os dois níveis de análise linguística são importantes para explicar determinados fenômenos morfológicos. Os autores mostram que as palavras morfologicamente complexas (em especial as nominalizações), os adjetivos, em sua formação *-vel*, e os advérbios em *-mente* exercem diferentes funções na organização e construção do sentido no texto, de modo que as escolhas lexicais feitas pelo falante não são aleatórias, mas sim motivadas por questões cognitivo-discursivas: categorização de referentes no discurso, recategorização, sumarização, atualização e especificação de informações, indicação de força argumentativa, expressão de ponto de vista, paráfrases definicionais e ocultamento do sujeito-agente da ação. Segundo Souza e Gonçalves, o uso de certas nominalizações e outras formações no texto, com funções cognitivas específicas, mostra que o nível morfológico possui uma forte correlação com o nível textual, de maneira que uma análise adequada dessas formações complexas pressupõe sempre a observação de motivações textuais, e a própria concepção de texto.

Maria Luiza Braga e **Maria Conceição Paiva** apresentam, no sexto capítulo, "Linguística Textual e Sintaxe", uma discussão em torno da relação entre LT e Sintaxe, em especial a Sintaxe sob uma perspectiva funcionalista da linguagem. Nesse contexto, mesmo reconhecendo que o estatuto do texto é diferente para o Funcionalismo linguístico e para a LT, as autoras defendem que um diálogo entre as duas áreas de pesquisa pode trazer contribuições para ambas e que, nesse caso, a inclusão de variáveis textuais no estudo de fenômenos linguísticos diversos, tais como a articulação de orações, é crucial para a devida compreensão das questões formais e funcionais em jogo e para a obtenção de uma explicação mais confiável e criteriosa. Para Braga e Paiva, embora a abordagem funcionalista e a LT partam de pontos distintos — a estrutura linguística, no caso das diferentes abordagens funcionalistas, e o texto, no caso da LT —, essas correntes inevitavelmente se cruzam, segundo as autoras, "quando buscam não apenas descrever, mas principalmente explicar a forma e o uso da língua tanto na sua modalidade falada como escrita". Focando a análise das orações hipotáticas de tempo, a partir de um macrogênero textual, a correspondência, Braga e Paiva mostram que as diferentes configurações sintáticas que estão a serviço de uma mesma relação semântica [a relação de tempo] se assemelham quando se considera a correlação entre a disposição sintagmática das orações hipotáticas e o seu papel na tessitura textual.

Marcos Rogério Cintra e **Eduardo Penhavel**, no sétimo capítulo, intitulado "Linguística Textual e Semântica", procuram estabelecer possíveis aproximações, entrecruzamentos e delimitações entre essas duas grandes áreas dos estudos linguísticos. Para tanto, os autores propõem diálogos entre a LT e algumas vertentes dos estudos semânticos, tais como a Semântica Lexical e a Semântica Argumentativa, abordando fenômenos que são de interesse comum entre esses campos de investigação. Relacionando a LT e a Semântica Lexical, Cintra e Penhavel discutem questões referentes à sinonímia, à hiperonímia e à hiponímia. E cotejando a LT e a Semântica Argumentativa, os autores examinam os conectores discursivos. Cintra e Penhavel enfatizam, assim, a possibilidade de um diálogo proveitoso e produtivo entre essas áreas que compartilham o propósito de analisar a significação da linguagem.

No oitavo capítulo, "Linguística Textual e Pragmática", **Kanavillil Rajagopalan** aborda uma das questões levantadas por Ingedore Koch acerca da definição de texto "como ato de fala complexo (fundamentação pragmática)" em um dado momento da história da LT, buscando, com isso, indagar sobre os desdobramentos das mudanças drásticas que ocorreram nos últimos anos no tocante à própria noção de "ato de fala". Em seu capítulo, Rajagopalan tenta mostrar que, assim como o conceito de texto passou por várias mudanças na LT até chegar à ideia de texto como lugar de interação entre atores sociais (fruto de uma visão sociocognitiva da linguagem), o conceito de atos de fala, conhecido na visão mais clássica da Pragmática, também passou por mudanças com o surgimento da Nova Pragmática, o que, na concepção do autor, poderia revigorar a LT, abrindo novas possibilidades de pesquisa.

O nono capítulo, chamado "Linguística Textual e Sociolinguística", de **Anna Christina Bentes** e **Renato Cabral Rezende**, trata das relações entre a LT e a Sociolinguística em um sentido mais macro, que inclui a Sociolinguistica Interacional e a Sociolinguistica Antropológica. Neste capítulo, os autores convidam o/a leitor/a a pensar nessa disciplina como "sociolinguísticas", ou seja, como um "conjunto de estudos que lidam com as atividades de *interação* e da *linguagem em contexto* — sempre no horizonte das relações entre língua, cultura e sociedade — e que, por essa razão, em muito contribuíram e ainda podem contribuir para o diálogo com os estudos do texto. Entre as questões aventadas por Bentes e Rezende está a tese de que a LT e a Sociolinguística dialogam na medida em "que se atentam para como é que — e a serviço de que — a categorização realizada nos processos de referenciação em/por meio de textos promove efeitos de conhecimento e reconhecimento sobre os atores sociais".

Na sequência, no capítulo "Linguística Textual e Análise da Conversação", **Kazue Saito Monteiro de Barros** faz inicialmente uma síntese de algumas das orientações teóricas da LT e discute alguns métodos e temas dessa disciplina, focalizando o desenvolvimento da Perspectiva Textual-Interativa, a análise da relação entre fala e escrita e o estudo dos gêneros textuais. Em seguida, a autora discute, dentre outras questões, os rumos, os métodos e os temas da Análise da Conversação, abordando, por exemplo, a vocação empírica e a metodologia indutiva dessa área, assim como seu foco na questão central de identificar como os atores sociais estabelecem a ordem social nos contextos em que interagem. Barros conclui, então, seu capítulo traçando interfaces e delimitações entre LT e Análise da Conversação quanto a diferentes questões, tais como a seleção do texto como unidade de análise, o estudo da noção de tópico discursivo e a orientação interdisciplinar dessas disciplinas.

Em "Linguística Textual e Análise do Discurso", **Francisco Alves Filho** discute várias inter-relações que podem ser estabelecidas entre essas duas disciplinas, abordando, principalmente, as noções de texto e discurso, a questão da significação e da referenciação, os conceitos de gênero de texto e gênero do discurso e o problema da autoria. Dentre outras correlações, o autor mostra que LT e Análise do Discurso constituem duas correntes que tanto se atraem quanto se distanciam uma da outra. A atração, conforme explica Filho, decorreria do compartilhamento de concepções gerais sobre a significação e o papel da língua na vida social, enquanto o distanciamento viria da busca por interface com áreas do saber diferentes: a LT fazendo interface com a Psicologia Cognitiva e a Análise do Discurso se apoiando na Psicanálise.

No décimo segundo capítulo, intitulado "Linguística Textual e Teoria da Enunciação", **Mônica Cavalcante** e **Carlos Magno Viana Fonseca** (*in memoriam*) relacionam a LT à Teoria da Enunciação, particularmente à Teoria da Argumentação no Discurso. Para os autores, é possível notar um viés retórico-argumentativo em grande parte dos trabalhos em LT no Brasil, o qual, segundo eles, nem sempre seria salientado nesses trabalhos. A esse respeito, Cavalcante e Fonseca procuram mostrar o ganho teórico que as pesquisas em texto/discurso teriam se analisassem as estratégias textual-discursivas como técnicas de persuasão argumentativa e manipulatória, lançando mão de categorias teórico-metodológicas propostas pela Teoria da Enunciação.

Em "Linguística Textual e Cognição", que compõe o décimo terceiro capítulo do livro, **Edwiges Maria Morato** aponta contribuições da LT para a investigação sobre a cognição humana, assim como alguns impactos da problemática cognitiva sobre os estudos do texto. A esse respeito, a autora analisa a forma pela qual a noção de cognição ganha peso explicativo no estudo do texto, procurando identificar as concepções assumidas por alguns dos principais autores do campo, como Ingedore Koch e Luiz Antônio Marcuschi. No mesmo sentido, Morato discute aspectos da agenda científica que colocam em destaque a interface entre estudos do texto e da cognição, tendência, segunda a autora, de grande interesse contemporâneo.

No capítulo batizado como "Linguística Textual e Semiótica", **Diana Luz Pessoa de Barros** relaciona a LT à Semiótica discursiva, propondo um espaço de diálogo entre temas de interesse de cada uma dessas grandes áreas dos estudos do texto e do discurso. A autora trata, sobretudo, das questões semióticas de figurativização, tematização e isotopia, valendo-se das noções de coerência, coesão e referenciação da LT. Barros mostra que, embora a LT e a Semiótica discursiva se constituam como ramos distintos com trajetórias históricas e abordagens teóricas diversas, esses dois campos de investigação por vezes se aproximam e se cruzam em vários pontos comuns.

Com um viés voltado para o ensino, **Vanda Maria Elias** discute, no capítulo denominado "Linguística Textual e Ensino", que a LT, ao reconhecer a complexidade dos processos de constituição e compreensão das práticas textuais, oferece uma abordagem profícua do texto no ensino. Para tanto, a autora propõe uma discussão sobre o chamado texto digital, com foco nas mídias sociais, especificamente o *Twitter*. Elias trata as noções de texto, contexto e suporte e aborda de que maneira os estudos do texto na LT podem oferecer contribuições tangíveis e proveitosas para os desafios do ensino da escrita e da leitura na contemporaneidade, marcada pela chamada cultura digital, em que se destacam mídias sociais similares ao *Twitter*.

Encerrando a segunda parte do livro, **Sueli Cristina Marquesi** e **Ana Lúcia Tinoco Cabral** mostram, no capítulo nomeado "Linguística Textual e Novas Tecnologias", como a LT pode contribuir para o trabalho de ensino-aprendizagem da leitura e da escrita no contexto das chamadas Novas Tecnologias. Para tanto, as autoras discorrem sobre o texto e a tecnologia móvel (*m-learning*), especialmente os *tablets*, em ambientes virtuais de aprendizagem. Considerados os produtivos subsídios que a LT pode oferecer a essas novas formas de leitura e escrita no mundo contemporâneo, Marquesi e Cabral tecem considerações, por exemplo, sobre as noções de hipertexto, de coerência textual, de plano de texto e de sequências textuais que promovem a elaboração e a organização do texto direcionado ao ambiente *m-learning*.

A terceira parte do livro é reservada a textos mais diretamente dedicados à atuação acadêmica da homenageada nos estudos da linguagem, especificamente sobre a relevância de Ingedore Koch para a Linguística (Textual) e para o ensino em geral.

Inicialmente, **Ataliba Teixeira de Castilho** explica e situa o papel da Profa. Ingedore no desenvolvimento do Projeto de Gramática do Português Falado, à frente do grupo responsável pelos estudos do texto. Em seguida, **Clélia Cândida Abreu Spinardi Jubran** (*in memoriam*) fala da participação de Ingedore na formulação da Perspectiva Textual-Interativa, vertente essencialmente brasileira da LT. Fechando o livro, **Luiz Carlos Travaglia** aborda uma das contribuições mais relevantes da Profa. Ingedore em sua trajetória: sua intensa atuação na produção de bibliografia para professores de Língua Portuguesa dos ensinos fundamental e médio no Brasil.

Dada sua temática e sua configuração, aqui materializada na forma de capítulos diversos que são, de certa forma, complementares, tendo em vista a relação da LT com outras disciplinas, esta obra certamente alcança relevância considerável no cenário dos estudos linguísticos e de áreas afins. Para além da ênfase na questão da interdisciplinaridade em LT e de outras contribuições à ciência da linguagem, a obra, de fato, deve ajudar a definir, de modo cada vez mais aprofundado, em que consiste a LT, assim como outras disciplinas, oferecendo, por extensão, uma discussão sobre o próprio objeto de estudo da Linguística, o que constitui uma reflexão sempre significativa e atual tanto nas ciências da linguagem quanto em qualquer outra ciência. Ademais, o livro deve interessar a um público extenso e diversificado, uma vez que, embora focalize a LT, abrange grande parte do campo de investigação em Linguística, apresentando um grau de profundidade relevante para leitores mais especializados, mas sem deixar de lado o uso de uma linguagem acessível a leitores mais iniciantes nos assuntos abordados. Essa preocupação contempla, portanto, não somente os interesses de estudantes de graduação e pós-graduação e pesquisadores do meio acadêmico, mas também de profissionais da área de ensino-aprendizagem de Língua Portuguesa.

Em outras palavras, a nossa expectativa é a de que o leitor familiarizado com a linguagem, em especial com as questões atreladas à construção do texto e suas relações de interfaces com outras disciplinas da Linguística, tenha condições de vislumbrar, a partir do conjunto de textos apresentado ao público, novos temas e objetos de estudo, e, talvez, fomentar a criação de novas linhas de pesquisa no campo da linguagem. Quanto aos leitores não especializados, mas igualmente interessados no tema, como jornalistas, publicitários, advogados, etnólogos e professores de língua materna e estrangeira, esperamos que encontrem nesta obra algum acalento para suas indagações sobre fatos linguísticos e explicações diversas sobre o funcionamento da língua/linguagem.

Gostaríamos de agradecer à colega Anna Bentes por todo o apoio, o profissionalismo e o companheirismo durante as fases de desenvolvimento e finalização do projeto de publicação deste livro. Seu empenho foi essencial para que a nossa ideia se tornasse concreta. Somos gratos também à Cortez Editora, que, mesmo diante de um cenário de crise econômica, acreditou em nosso projeto e não mediu esforços para colocar o livro no mercado.

Por fim, esperamos, como organizadores e ex-orientandos, que este livro possa se colocar minimamente à altura de uma homenagem à Profa. Ingedore Koch, que tanto contribuiu para a nossa formação acadêmica e pessoal. O nosso desejo é o de que esta obra possa expressar o amplo reconhecimento, por parte da comunidade acadêmica, da grandiosidade e da importância do conjunto de trabalhos da autora.

Um viva à Inge. E uma boa leitura a todos.

Edson Rosa Francisco de Souza
Eduardo Penhavel
Marcos Rogério Cintra
Organizadores

Parte 1

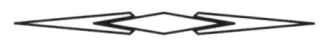

A Linguística Textual

CAPÍTULO 1

O que é Linguística Textual?

Jean-Michel Adam
Universidade de Lausanne/UNIL

Tradução: Suzana Leite Cortez
Universidade Federal de Pernambuco/UFPE

Em um volume em homenagem a Ingedore Grünfeld Villaça Koch, autora de uma renomada *Introdução à Linguística Textual* (2006 [2004]), e depois de *Linguística de texto: o que é e como se faz?*, de Luiz Antônio Marcuschi (2009), como retomar essa questão introdutória de que os organizadores do volume me propuseram tratar? Creio que é necessário dizer que a Linguística Textual (LT), ramo da Linguística que tem como objeto o *texto*, enfrenta uma dupla dificuldade. Por um lado, ela tem que definir o conceito de *texto*, que não é, de modo algum, um conceito evidente. O que fazer com os quatro exemplos de "textos" abaixo, na ausência de seus respectivos cotextos materiais de exibição (um jornal para T1, um pote de mel para T2 e extratos de poemas para T3 e T4)?

(T1) No lago de Annecy, três rapazes nadavam. Um, Janinetti, desapareceu. Mergulho dos outros. Eles o trouxeram, mas morto. (Félix Fénéon, *Nouvelles en trois lignes*, *Le Matin*, 1906).

(T2) TODAS AS VIRTUDES ESTÃO NAS FLORES
TODAS AS FLORES ESTÃO NO MEL
O MEL
TRUBERT   (Publicidade encontrada em um pote de mel).

(T3) VIGÍLIA
Se as luzes à noite fizessem os sinais certamente
o medo seria um riso e a angústia um perdão
mas as luzes à noite sem cessar confundem
o vigilante sintonizado à vigília e ao frio.
(Raymond Queneau, *Les Ziaux*).

(T4) CANÇÃO DE NINAR

para Cécile Eluard

Filha e mãe e mãe e filha e filha e mãe e mãe e filha e filha e mãe e mãe e filha e filha e mãe e mãe e mãe e filha e filha e filha e mãe.
(Paul Eluard, *Les nécessités de la vie et le conséquences des rêves*).

Por outro lado, a LT deve se situar em relação ao conjunto da Linguística, de suas escolhas fundamentais, teóricas e metodológicas (em particular a questão do limite da frase) e, de modo mais amplo, em relação às ciências da linguagem. Como o presente trabalho abordará largamente essa questão, eu apenas destacarei o *status* paradoxal da LT. Jovem disciplina, nascida nos anos 1950-60, mas proveniente das antigas disciplinas do texto, a LT tem alguma coisa a ver com a retórica e com a estilística, que tinha por objeto a tessitura (*elocutio*) dos textos literários, mas também tem a ver com a *Poética*, que tem por objeto a questão dos gêneros literários, a estrutura dos textos poéticos e narrativos, a inserção da descrição e do diálogo no relato; com a *Hermenêutica* e a *Filologia*, seus saberes e técnicas de estabelecimento do texto e de sua análise; com a *Tradução* que encontra plena realização textual e discursiva na *Poétique du traduire* de Henri Meschonnic, para quem a unidade da tradução "não é a palavra, mas o texto" (1999, p. 335). Em meio aos anos 1950, ao lançar as bases disso que chama "lingüística del hablar", Coseriu assinala que a linguística das línguas é uma "linguística da atividade de falar *no nível histórico*", existindo já a partir daí "*uma certa linguística do texto*, quer dizer, uma linguística da atividade de falar em um *nível particular* (que é estudado pelo 'discurso' e pelo 'saber' que ele requer).

Isso que se chama de 'estilística da fala' é precisamente uma linguística do texto" (2001, p. 38).

Na minha opinião, Coseriu considera, de maneira muito pertinente, a *gramática transfrástica* ("transoracional") como uma ciência auxiliar indispensável à LT (2007, p. 322). Essa gramática transfrástica, que vai além da sintaxe da frase e da gramática de uma língua dada (2007, p. 395), tem por objeto o texto enquanto nível de estruturação idiomática (2007, p. 117) ou "nível gramatical de uma ou mais línguas dadas" (2007, p. 321). Essa gramática transfrástica não tem como foco nem "o texto como organização supraidiomática dos atos linguísticos" (2007, p. 321), nem a descrição "das categorias de textos e de gêneros como a narrativa, o relato, a piada, a ode, o drama, a crônica" (2007, p. 321-322). Contrariamente, esta é a tarefa que Coseriu confere à LT: "sendo o texto algo particular [...], a Linguística do Texto difere tanto da Linguística em geral quanto de outra forma de 'linguística do texto', quer dizer, da *gramática transfrástica*" (2007, p. 300-301). Para explicitar essas distinções, examinarei sucessivamente: a questão fundadora da Linguística, que tem sua base teórica na frase, na seção 1, cuja superação é diferentemente realizada pela gramática transfrástica, conforme se vê na seção 2, e pela LT, como se observa na seção 3.

A textualidade de T1[1] determina-se pela soma [F1 (*No lago de Annecy, três rapazes nadavam.*) + F2 (*Um, Janinetti, desapareceu.*) + F3 (*Mergulho dos outros.*) + F4 (*Eles o trouxeram, mas morto.*)]? E a de T2 em uma sequência [F1 (*Todas as virtudes estão nas flores.*) + F2 (*Todas as flores estão no mel*) + SN (*O mel Trubert*)]? T3 seria um texto de uma só frase? E T4, mesmo sendo desprovido de frase, seria ainda um texto? A análise da textualidade poderia apoiar-se exclusivamente sobre a gramática dos encadeamentos de signos linguísticos e de frases? É a essas questões que é necessário tentar responder, começando pela questão da unidade da análise textual e partindo do princípio de que a compreensão do texto não se reduz à assimilação de frase por frase em condições individuais de verdade. "Compreender *Dom Quixote* não é uma operação analítica de decomposição frástica", escrevia o filósofo Michel Meyer (1986, p. 225), que estendia essa observação empírica

---

1. A sigla T é para Texto, a sigla F é para Frase e a sigla SN é para Sintagma Nominal. (N. T.)

a uma crítica direcionada tanto a Frege e ao cálculo dos predicados quanto à pragmática: "O texto é um todo, e não um simples conjunto de proposições independentes (e analisáveis como tais) que teriam sido colocadas uma após a outra". Na mesma época, no *Univers de la fiction*, o teórico da literatura Thomas Pavel chegava exatamente à mesma conclusão, ao estabelecer uma ruptura irredutível entre o nível linguístico da frase dos linguistas e da proposição dos lógicos, e o nível complexo do texto:

> Os textos literários, assim como a maior parte dos conjuntos não formais de proposições: conversações, artigos de jornal, declarações de testemunhas oculares, livros de história, biografias de pessoas famosas, mitos e críticas literárias, têm em comum uma propriedade que surpreende os lógicos, mas que parece normal para a maior parte de nós: a verdade desses conjuntos de proposições não se define de maneira indutiva a partir da verdade das proposições individuais que os compõem. A verdade global do conjunto não se deduz diretamente dos valores locais de verdade, das frases presentes no texto. [...]. Ademais, o sentido de um texto pode se manifestar em vários níveis [...]. É, então, inútil constituir um procedimento para avaliar a verdade e a falsidade particular das proposições de um romance, pois seu microvalor de verdade corre grande risco de não ter muito efeito sobre a verdade do texto visto em sua totalidade (Pavel, 1988, p. 27).

1. A frase seria um nível de complexidade?

A questão do texto foi colocada por Platão, no seu diálogo *Sofista*[2], no qual o Estrangeiro explica a Teeteto que nomes pronunciados isoladamente, um após os outros, como "leão veado cavalo", e verbos enunciados separadamente dos nomes, como "anda corre dorme", são incapazes de produzir algum *logos* (que aqui pode ser traduzido tanto por *texto* quanto por *discurso*). Platão funda aqui sua definição do *logos* a partir de uma operação de ligação textual mínima: "Mas eles apenas se articulam; a primeira ligação

---

2. Em parte, retomo aqui elementos de *A Linguística Textual* (Adam, 2011b).

produz diretamente o discurso, o primeiro e menor dos discursos". Em enunciados como "O homem aprende" ou "Apulée narra" — aos quais poderíamos acrescentar "No lago de Annecy, três rapazes nadavam" ou "Todas as flores estão no mel" —, os quais ultrapassam a simples nominação por "agenciamento-entrelaçamento" de dois constituintes, um ato de referência é realizado, alguma coisa é finalizada, um conjunto é constituído, o qual alcança o nível do *logos* (discurso/texto). Platão faz o Estrangeiro dizer: "não somente ele nomeia, mas também [...] 'liga', e é a esse entrelaçamento que nós aplicamos o termo *logos*".

É mais precisamente aí que Ferdinand de Saussure retoma o problema nos seus manuscritos. Embora ponha a língua no centro de seu programa, Saussure é interrogado sobre "isso que separa" a língua propriamente dita do "discursivo". No entanto, ele fala de "linguagem discursiva" (2002, p. 95), assim como de "fala" e estabelece uma separação aparentemente fechada entre os signos-palavras e a frase: "A frase só existe na fala, na língua discursiva, enquanto a palavra é uma unidade que vive fora de todo discurso, no tesouro mental" (2002, p. 117). Como ele especifica em uma "nota sobre o discurso", de data incerta, o sujeito falante não se exprime por meio de palavras isoladas:

> A língua é criada apenas em função do discurso, mas o que é que separa o discurso da língua, ou o que é que, em um determinado momento, permite dizer que a língua *entra em ação como discurso*?
> Conceitos variados estão aí, prontos na língua (quer dizer, revestidos de uma forma linguística), tais como *boi, lago, céu, vermelho, triste, cinco, dividir, ver.* Em que momento ou em virtude de qual operação, de qual *jogo* que se estabelece entre eles, de quais condições, esses conceitos formarão o DISCURSO?
> O sequenciamento dessas palavras, por mais rico que possa parecer em função das ideias que evoca, jamais indicará a um indivíduo humano alguma coisa que outro indivíduo, ao pronunciá-las, queira dizer. O que é necessário para que tenhamos a ideia de alguma coisa que queremos *significar*, usando termos que estão à disposição na língua? É a mesma questão de saber o que é o *discurso*, e à primeira vista a resposta é simples: o discurso consiste em afirmar, mesmo que de forma rudimentar, e por vias que ignoramos, uma ligação entre dois conceitos que se apresentam revestidos de forma linguística, enquanto que a

língua apenas realiza previamente conceitos isolados, que esperam ser relacionados para que haja significação de pensamento (Saussure, 2002, p. 277).

Essa nota, que faz do discurso o horizonte da língua, evoca uma interrogação acerca da natureza da discursividade e, do mesmo modo, da textualidade. Mesmo que essa nota defina o discurso como uma realização da língua e como uma proposição interativa de sentido de um sujeito se dirigindo a outro sujeito, nela encontra-se, sobretudo, o fundamento da definição saussuriana da língua como estoque ou reserva de signos-palavras. A nota fala de "termos à disposição na língua" e, mais precisamente, de conceitos (*significado*) revestidos de uma forma linguística (*significante*). A preocupação principal de Saussure continua a ser a operação que permite abstrair o sistema da língua dos fatos do discurso, mas a definição de discurso como ligação entre conceitos revestidos de uma forma linguística deixa aberta a questão sobre a natureza e a dimensão textuais desses agenciamentos de signos. A nota faz apenas alusão ao estabelecimento de uma ligação entre signos "que esperam ser relacionados".

No *Cours de linguistique générale* (1967)[3], Saussure define a frase como unidade máxima da sintagmação e interroga-se até que ponto, submetida às variações individuais, ela pertence à língua. A frase lhe parece uma unidade problemática que depende da *língua* na sua dimensão sintagmática e da *fala* na sua dimensão discursiva. Émile Benveniste retoma igualmente essa questão em seu artigo *Niveaux de l'analyse linguistique* (1966)[4]. Nesse famoso estudo, o limite inferior do sistema é constituído por "merismas", traços distintivos de fonemas, que não comportam nenhum constituinte de natureza linguística. No outro extremo da cadeia, a frase comporta constituintes, mas ela não pode integrar nenhuma unidade de nível mais elevado de complexidade. Assim, a frase só se define por seus constituintes inferiores, e o merisma por sua natureza de constituinte de uma unidade linguística de nível superior. Entre esses dois extremos, os signos, palavras ou morfemas ao mesmo tempo contêm constituintes e

---

3. *Curso de Linguística Geral* — publicado no Brasil em 1969, pela Editora Cultrix, São Paulo. (N. T.)

4. *Níveis da análise linguística* — publicado no Brasil em 1976 pela Editora Pontes, Campinas, na obra *Problemas de Linguística Geral I*. (N. T.)

funcionam como integrantes. Benveniste define, assim, a *forma* e o *sentido* no âmbito do sistema da língua:

> A *forma* de uma unidade linguística define-se por sua capacidade de se decompor em constituintes de nível inferior.
> O *sentido* de uma unidade linguística define-se por sua capacidade de integrar uma unidade de nível superior.
> Forma e sentido apresentam-se, assim, como propriedades conjugadas, dadas necessariamente e simultaneamente como inseparáveis no funcionamento da língua.
> Suas relações mútuas manifestam-se na estruturação dos níveis linguísticos, processados por operações descendentes e ascendentes de análise, e graças à natureza articulada da linguagem (Benveniste, 1966, p. 126-127).

Em Adam (2011b, p. 37), tentei representar essa modalização que se funda sobre a ideia de um salto de grau gerador de sentido em direção ao nível superior (integração) e, em direção ao nível inferior, de identificação das unidades linguísticas: "Uma unidade será reconhecida como distintiva no nível dado se ela puder ser identificada como 'parte integrante' da unidade de nível superior, da qual ela se torna *integrante*" (Benveniste, 1966, p. 125). Essa dissociação/integração, que permite identificar as unidades linguísticas enquanto forma/sentido, não pode operar da frase ao texto e do texto à frase, segundo o mesmo princípio metodológico. Não se pode decompor o texto em frases, aplicando-lhe os mesmos procedimentos da frase, do sintagma, do signo e do morfema. *Unidades de língua* integram a frase, que é definida por Benveniste como *unidade do discurso*: "A frase pertence verdadeiramente ao discurso. É por isso mesmo que se pode defini-la: a frase é a unidade do discurso. [...] A frase é uma unidade, de modo que ela é um segmento do discurso" (1966, p. 130). Benveniste desloca, assim, a frase além do último nível da escala das combinações linguísticas codificadas; com a frase "um limite é superado" (1966, p. 128), e ele põe o discurso em oposição à língua como sistema de signos:

> Se o "sentido" da frase é a ideia que ela exprime, a "referência" da frase é o estado de coisas que a provoca, a situação do discurso ou um fato ao qual ela

se refere e que nós não poderemos jamais prever nem adivinhar. Na maior parte dos casos, a situação é uma condição única, cujo conhecimento nada pode substituir. A frase é, então, um evento diferente em cada situação; ela existe apenas no instante em que é proferida e ao mesmo tempo se apaga; é um evento passageiro (Benveniste, 1974, p. 227).

Benveniste insiste sobre a superação de um ponto de complexidade: "Do signo à frase, não há transição, nem por sintagmação ou outra coisa. Um hiato os separa" (1974, p. 65). A necessidade de um aparelho renovado de conceitos e definições que se faz sentir é, então, traçado por Benveniste no famoso artigo *L'appareil formel de l'énonciation* (1974)[5] e pela abertura do programa da "translinguística dos textos, das obras" (1974, p. 66)[6]. Esse programa conheceu um desenvolvimento imediato na célebre *Introduction à l'analyse structurale des récits* de Barthes (1966)[7]. Retomando palavra por palavra a teoria dos níveis de Benveniste, Barthes amplia e desloca suas proposições no domínio do que se tornou a narratologia pela restrição tipológica de um programa mais amplo de pesquisa no âmbito de uma nova linguística do discurso:

> [...] o discurso tem suas unidades, suas regras, sua "gramática": embora seja composto unicamente de frases, o discurso deve ser naturalmente o objeto de uma segunda linguística, além da frase. [...] A nova linguística do discurso ainda não está desenvolvida, mas está ao menos postulada pelos próprios linguistas (Barthes, 1966, p. 3).

Segundo Barthes, a Linguística fornece à narratologia nascente "um conceito decisivo", aquele da organização de um "sistema de sentido", que permite dizer que "uma narrativa não é uma simples soma de proposições" e que permite classificar "o grande conjunto de elementos que

---

5. *O aparelho formal da enunciação* — publicado no Brasil em 1976 pela Editora Pontes, Campinas, na obra *Problemas de Linguística Geral I*. (N. T.)

6. Sobre esse assunto, ver Adam (2011a, p. 28).

7. *Introdução à análise estrutural da narrativa* — publicado no Brasil em 1971 pela Editora Vozes, Petrópolis, na obra *Análise estrutural da narrativa*. (N. T.)

fazem parte da composição da narrativa" (1966, p. 4-5). Essa questão será progressivamente teorizada pelas primeiras "gramáticas da narrativa" e "gramáticas do texto".

O linguista francês Denis Slakta, verdadeiro introdutor da LT na França, retoma a reflexão de Benveniste de forma bastante original. Contestando a famosa asserção de Leonard Bloomfield de que "cada frase é uma forma linguística independente, que não se inclui em uma forma linguística mais vasta, em razão de uma construção gramatical qualquer" (1933, p. 170), Slakta apresenta de forma polêmica a seguinte resposta, que contesta o limite da frase colocado por Benveniste de que "A frase é uma forma linguística suscetível de ser incluída, por meios gramaticais, em uma forma linguística mais vasta, dita *texto*" (1985, p. 72). A definição de Benveniste "A frase é uma unidade do discurso" (1966, p. 130) suscita, segundo Slakta, confusões terminológicas entre *Frase* e *Enunciado* e entre *Texto* e *Discurso*. Dessa forma, Slakta propõe a esse autor uma dupla reformulação: "A frase pertence verdadeiramente ao texto. É por isso mesmo que se pode defini-la: a frase é a unidade do texto" (1977, p. 20) e "O enunciado pertence verdadeiramente ao discurso. É por isso mesmo que se pode defini-lo: o enunciado é a unidade do discurso" (1977, p. 21). O desdobramento dessa estrutura (1977, p. 14 e 23 e 1985, p.126) muito influenciou minhas próprias representações esquemáticas posteriores dos campos da textualidade e da discursividade (ver mais à frente o esquema 2).

2. Nascimento da gramática do texto: alguns marcos históricos

A construção da frase complexa (o período), eis tudo o que a linguística pode levar em conta. Quanto à organização do enunciado completo, ela remete à competência de outras disciplinas: a retórica e a poética. A linguística não tem método para abordar as formas da composição de um todo. É por isso que não há transição progressiva, nem mesmo alguma ligação entre as formas linguísticas dos elementos dos enunciados e aqueles da totalidade que ele constitui. É apenas pela realização de um salto qualitativo que se passa da sintaxe às questões de composição. Isso é inevitável, pois só se pode perceber e compreender as formas de um enunciado como totalidade a partir de outros enunciados, eles mesmos formando uma totalidade em uma unidade de uma mesma esfera ideológica dada (Volochinov, 2010, p. 281).

Ingedore G. V. Koch e Luiz Antônio Marcuschi referem-se ao livro de introdução à LT de Eugenio Coseriu: *Textlinguistik: Eine Einführung* (1980), mas pouco a seu quadro teórico e ao artigo, que retomarei mais à frente, "Determinación y entorno. Dos problemas de una linguística del hablar", publicado na revista alemã *Romanistisches Jahrbuch* 7 (Berlin, 1955-56, p. 29-54)[8], no qual ele foi o primeiro a usar propriamente o termo *linguística de texto*. Depois desse artigo de Coseriu, o linguista e comparatista alemão Harald Weinrich introduz, nos anos 1960, o termo *Textlinguistik* em títulos de trabalhos: dois estudos sobre a sintaxe dos artigos, em alemão ("Textlinguistik: Zur Syntax des Artikels in der Deutschen Sprache", 1969) e em francês ("The Textual Function of the French Article", 1971), e sobretudo no capítulo introdutório das edições sucessivas de *Tempus* (1971 [1964]). Em seguida, Weinrich publicará duas gramáticas textuais muito originais, do francês (*Textgrammatik der frantösischen Sprache*, 1982) e do alemão (*Textgrammatik der deutschen Sprache*, 1993). Todavia, ele será o primeiro titular da cadeira europeia do Collège de France, em 1990, e, a essa ocasião, ministrará um dos primeiros cursos de LT na França.

No Brasil, a LT é claramente introduzida a partir de 1978, com a tradução do livro de Sigfried J. Schmidt: *Lingüística e teoria del texto* e, em 1983, com *Linguística Textual: introdução*, de Leonor de L. Fávero e Ingedore G. V. Koch. O primeiro artigo publicado, "Por uma gramática textual" de Ignacio Antonio Neis, na *Letras de hoje*, n. 44 (Porto Alegre, 1981, p. 21-39), fundamenta-se nos trabalhos de Schmidt, van Dijk e na primeira tradução francesa de um artigo de Ewald Lang intitulado: "Quand une 'grammaire de texte' est-elle plus adéquate qu'une 'grammaire de phrase' [Quando uma 'gramática de texto' é mais adequada do que uma 'gramática da frase'?]" (1972).

---

8. Retomado em *Teoría del lenguaje y lingüística general* (Madrid: Gredos, 1973, p. 282-323) e traduzido para o francês em Coseriu (2001).

No início dos anos 1970, M. A. K. Halliday afirma seguramente que a unidade de base da análise linguística "não é a palavra nem apenas a frase, mas o texto" (1970, p. 160). O linguista berlinense Horst Isenberg teoriza sobre os diferentes tipos de conexões paratáticas: *causal*, de *motivo* ou *objetivo*, de *diagnóstico* e de *contraste* entre enunciados (ele não utiliza o termo *frases*), em suas "reflexões sobre a teoria do texto" (1971 [1968]) e seu estudo sobre "a noção de texto na teoria da linguagem" (1970). Teun A. van Dijk situa a gramática do texto no prolongamento da gramática gerativa e transformacional em dois artigos com títulos significativos: "Aspects d'une Théorie Générative du Texte Poétique [Aspectos de uma Teoria Gerativa do Texto Poético[9]]" (1972) e "Modèles génératifs en théorie littéraire [Modelos gerativos em teoria literária]" (1973a), contudo, logo depois, ele estabelece uma diferença entre a gramática (gerativa) da frase e a gramática do texto:

> The difference with sentential grammars, however, is that derivations do not terminate as simple or complex sentences, but as ordered n-tuples of sentences (n1), that is as SEQUENCES (van Dijk, 1973b, p. 19).
>
> *A diferença das gramáticas da frase, entretanto, é que as derivações não terminam como frases simples ou complexas, mas como n-tuplos ordenados de frases (n1), isto é, em SEQUÊNCIAS* (van Dijk, 1973b, p. 19).

Não é suficiente substituir o nódulo F das árvores sintagmáticas da gramática gerativa e transformacional [F → SN + SV] por [T1 → F1 + F2 + F3 + F4] para obter um modelo de distribuição que permita definir T como um "n-tuplos ordenados de frases". Se processos de segmentação e de comutação permitem estabelecer classes distribucionais e definir o morfema, o signo, o sintagma e a frase como um conjunto ordenado de fonemas, de signos, de morfemas e de sintagmas, então não se compreende com clareza o que poderia ser uma classe distribucional de frases. Evidentemente, a relação do todo com a parte "não resulta do mesmo tipo de previsibilidade daquela que existe entre cada

---

9. Versão brasileira publicada em 1975 pela Editora Cultrix, da Universidade de São Paulo. (N. T.)

uma das unidades subfrásticas e seus constituintes imediatos" (Soutet, 1995, p. 325) e esse fato obriga a uma mudança de quadro teórico.

As primeiras gramáticas do texto (GT) encontraram, na teoria praguense da *Perspectiva Funcional da Sentença*, o meio de pensar a coesão textual e de descrever como se estabelecem as relações necessárias de dependência interfrástica. A teoria praguense apresenta efetivamente um modelo de sintaxe interfrástico que permite modificar a sequência em progressão. Tomando por base a contradição entre fixidez e mobilidade, a GT necessitava de uma descrição dos meios gramaticais cuja função é assegurar ao mesmo tempo o encadeamento de sequências de frases e a integração de cada frase em uma estrutura formal abstrata superior à frase.

Os trabalhos de M. A. K. Halliday (1967-1968 e 1970b) e de Susumo Kuno (1972) situam-se explicitamente no prolongamento do funcionalismo praguense de Vilém Mathesius, Jan Firbas e František Daneš, assim como no prolongamento das teses da *Sprachtheorie* de Bühler (1934). Halliday desenvolve, a partir de 1970, uma hipótese trifuncional, que comporta um importante componente textual: ele distingue as macrofunções *ideacional*, *interpessoal* e *textual*. Com Mathesius, é o quadro da função comunicativa da linguagem que em seu conjunto é posto em evidência, bem como a distinção de três níveis ou planos: *nível 1 da estrutura gramatical, nível 2 da semântica*, que esclarece a gramática de casos, e o *nível 3 da organização temática do enunciado*, que corresponde ao modelo de análise da frase em *tema* e *rema*. O interesse por essa distinção em três níveis ou planos foi largamente comentado por Combettes (1983, p. 12-29).

Jan Firbas (1964) desenvolve o princípio do "dinamismo comunicativo", articulado a partir de três componentes de base: o *tema, a transição* e o *rema*. Em 1974, em "Functional Sentence Perspective and the Organization of the Text", František Daneš propõe uma primeira análise transfrástica do papel do tema na construção do texto. Do ponto de vista da coesão, um texto se organiza como uma sequência de temas e é a introdução de remas que assegura a progressão. Assim, ao considerar apenas o exemplo do texto T2, a análise da dinâmica comunicativa é mais viável textualmente do que uma análise frástica, porque ela permite mostrar que cada novo enunciado começa tematizando o rema do enunciado anterior:

Esquema 1

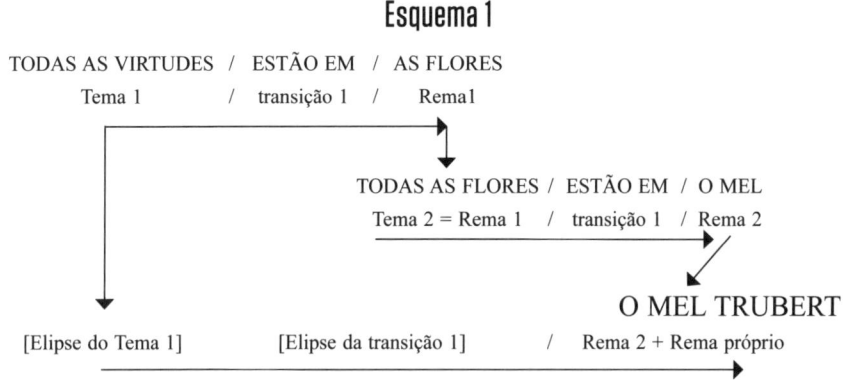

Nós complementaremos mais à frente essa análise de T2.

É por meio deste componente textual da gramática, definido por Daneš como plano da "organização dos enunciados", que serão desenvolvidas análises sobre a função textual dos determinantes, da correferência e das retomadas e variações lexicais (totalmente ausentes em T4), bem como sobre o papel dos conectores (*mas* de T1; *se*, *certamemte* e *mas* de T3). As retomadas que asseguram a coesão de T1 podem ser simplesmente assim analisadas:

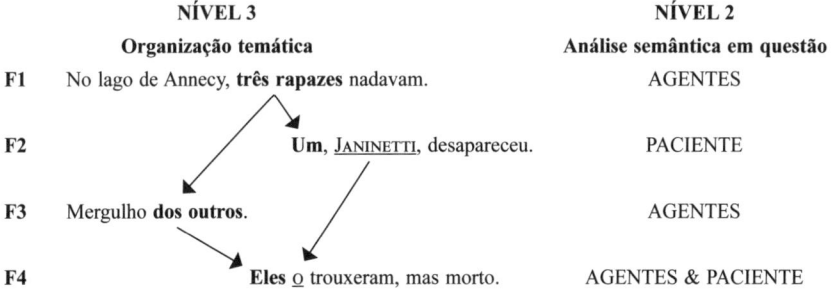

O hipertema "três rapazes" (F1) é decomposto em dois subtemas: "Um" (F2) e "dos outros" (F3), sendo esse último tematizado em F4 sob a forma pronominal "Eles"; o único a ser nomeado por seu nome ("Janinetti") é submetido a uma retomada pronominal: "o". Assim, os "três rapazes" de

F1 estão dissociados ("Eles" / "o") pela morte. A frase nominal F3 acelera a compreensão quanto à reação dos companheiros de Janinetti, e a queda final "mas morto" intensifica a brutalidade quanto ao fim trágico da história.

As regras sobre as sequências de frases bem formadas afetam tanto o léxico quanto a repetição de segmentos linguísticos (a repetição de "as luzes à noite" em T3 permite opor os versos 1 e 2 aos versos 3 e 4), enquanto, em T4, as repetições são excessivas e a falta de progressão prejudica a textualidade. O papel da nominalização para a coesão (retomada) e progressão textual é abordado por Sophie Moirand (1975), em relação à imprensa escrita. Quanto à abordagem da paráfrase e da ambiguidade, Catherine Fuchs considera claramente que o ato de isolar as frases é uma "restrição prejudicial" ao seu tratamento:

> Sabe-se que o texto não foi muito estudado pelos linguistas. A maior parte dos teóricos linguistas adota a frase como unidade de análise, e os estudos sobre ambiguidade e paráfrase linguística refletem bastante essa tendência: interessam-se pelas ambiguidades das frases isoladas e pelas relações de sinonímia entre frases tomadas duas a duas sem considerar o contexto mais amplo. [...] Não se dispõe de estudos sistemáticos sobre a ambiguidade e a paráfrase no nível do texto. Entretanto, tais estudos seriam de grande valor, porque a limitação à frase, nesse domínio de constituição da significação, aparece como uma restrição prejudicial: [...] muitas ambiguidades potenciais de frases isoladas não subsistem num contexto mais amplo e, inversamente, outras ambiguidades são engendradas pelo entrelaçamento progressivo das significações ao longo do texto; da mesma forma, certas relações de paráfrase são bloqueadas ou, ao contrário, liberadas, conforme o contexto (Fuchs, 1985, p. 20-21).

Com a GT, torna-se evidente que a frase existe apenas para estabelecer relação com outras frases:

> As frases não estão apenas em conformidade, em maior ou menor grau, com a gramática da língua e as exigências da construção semântica. Elas também se adaptam, em maior ou menor grau, harmoniosamente ao contexto onde elas aparecem. Torna-se importante, então, completar a noção de *aceitabilidade* (gramática e semântica) com aquela de *coesão*: a coesão determina a integração de

uma frase bem formada ao contexto. Um texto atende às exigências de coesão se todas as frases que ele comporta são aceitas como possíveis sequências do contexto anterior (Martin, 1992, p. 227).

As relações entre as frases correspondem, ao mesmo tempo e contraditoriamente, às *Regras de coesão*, estabelecidas pela *Repetição* e pela *Conexão*, e por *Regras de progressão*, estabelecidas pelos *Movimentos da Frase* (Slakta, 1985, p. 129). Fuchs retoma essa distinção por uma fórmula interessante: "no nível do texto: seria possível dizer, por uma fórmula simples, que as semelhanças fundam a estabilidade (coesão) do texto, e as diferenças fundam o seu desenvolvimento (progressão)" (1985, p. 25).

A GT abre o campo para a análise semântico-pragmática desde o artigo de Irina Bellert (1970): "On a condition of the coherence of texts". Aos fenômenos abordados mais acima, ela acrescenta os conhecimentos de mundo que acompanham as relações lexicais de T1: "lago" > "nadavam" > "Mergulho" como hipótese do afogamento de Janinetti, cuja causa, ao contrário, resta inexplicada. As ligações são mais difíceis de se estabelecerem por meio de conhecimentos enciclopédicos em T3: "fazer sinais" VS "confundem" (= não fazer sentido, não comunicar) e conhecimentos semânticos: a sequência [Se + imperfeito do subjuntivo ("fizessem") + condicional ("seria")] estabelece nos dois primeiros versos um mundo ficcional irreal, que se opõe ao mundo real (presente de "confundem") dos dois versos seguintes. Enunciativamente e pragmaticamente, isso contribui para que, nos dois primeiros versos, o locutor não assuma a responsabilidade sobre o dizer, mas apenas nos dois últimos versos, que levam à conclusão implícita, que negam o verso 2: o medo permanece medo e a angústia não desaparece, nem no "riso", nem no "perdão".

Essa breve análise permite pôr em evidência as diversas soluções exploradas pelos teóricos da GT e da LT, começando pela ideia de que a GT tem por tarefa descrever os elos entre frases ou enunciados em termos de *previsibilidade da interpretação*. Indo além da simples descrição de ligações textuais, a GT pode ser definida como o conjunto de regras que permitem projeções sobre interpretação de textos, regras de interpretação dependente do cotexto linguístico e regras de interpretação ligada ao contexto enunciativo. No modelo de Robert Martin (1992, p. 226 e 228), por exemplo, um "componente discursivo" assegura a passagem da "frase fora do contexto" (julgamento de acessibilidade gramatical e semântica) para a "frase no contexto", e um "componente pragmático" assegura a passagem da "frase em contexto" (julgamento de "coesão") para o "enunciado" (julgamento de coerência) e para a articulação entre estruturas discursivas, sintáticas e semânticas com a situação de comunicação. É nesse nível que a sequência inaceitável de T4 é recategorizada como poema e religada a seu título, ao conjunto de poemas e ao seu autor:

(T4)   CANÇÃO DE NINAR

para Cécile Eluard

Filha e mãe e mãe e filha e filha e mãe e mãe e filha e filha e mãe e mãe e filha e filha e mãe e mãe e filha e filha e filha e mãe.

(Paul Eluard, *Les nécessités de la vie et le conséquences des rêves*)

A repetição contínua é aceitável em uma "canção de ninar". Um contexto é criado pelo título e a dedicatória à filha do poeta, que traz o mesmo sobrenome dele e tem um nome feminino que garante sua inclusão na categoria de meninas e de (futuras) mães. Esse texto que, ao multiplicar as retomadas, não respeita as leis de retomada-progressão é aceitável em razão de um componente discursivo extremamente importante: o(s) gênero(s) ao(s) qual(is) esse texto pertence: o gênero poema e o gênero cantiga, ambos são submetidos à rima conforme os significantes do encadeamento:

```
Filha e mãe         F & M
e mãe e filha         & M & F
e filha e mãe         & F & M
e mãe e filha         & M & F
e filha e mãe         & F & M
e mãe e filha         & M & F
e filha e mãe         & F & M
e mãe e mãe e filha e filha      & M & M & F & F
e filha e mãe.        & F & M
```

Da mesma maneira, em T2, as repetições binárias de signos: "todos os", "estão em", "as flores" e "o mel" deixam dois resíduos nominais nas duas extremidades do texto: "virtudes" e "Trubert", que por serem foneticamente tão próximos induzem a uma assimilação das "virtudes" ao nome próprio, semantizando-o em função de uma estratégia publicitária do tipo: atribuir uma propriedade a um produto de consumo.

As gramáticas e linguísticas transfrásticas teorizaram a passagem para o transfrástico como um salto de nível que exige um aparelho novo de conceitos e de definições. As mesmas unidades da língua, por salto quantitativo e qualitativo, mudam de função e de valor. Os níveis textual e morfossintático, sendo diferentes e fortemente independentes, não devem estranhar a "distorção", a diferença entre as categorias estabelecidas pela gramática da frase e aquelas da gramática transfrástica. Sobre isso, afirma Combettes: "A oposição frase/texto não faz distinção entre fenômenos linguísticos que provêm da frase daqueles que provêm do texto, contudo se empenha em distinguir propriedades diversas — umas frásticas, outras textuais — de uma mesma estrutura da língua" (1993, p. 47).

Charolles (1988, 1993, 1997) e Combettes (1992, 1993) mostraram que as solidariedades sintáticas têm simplesmente um alcance muito limitado. Tão logo se ultrapassa o limite do sintagma e do núcleo da frase de base para entrar no domínio da frase complexa ou do período no domínio transfrástico, outros sistemas de conexão aparecem, os quais não se apoiam em critérios morfossintáticos, mas em marcas e instruções relacionais de *alcance* mais ou menos amplo. As conexões textuais possuem duas propriedades essenciais: elas "se ancoram em marcas instrucionais que têm por função convencional sinalizar ao destinatário que esta ou aquela unidade deve ser compreendida como aquela que estabelece determinada relação com esta ou aquela unidade" (Charolles, 1993, p. 311); elas "são capazes de funcionar à longa distância" e "o discurso, diferentemente da frase, é uma entidade estruturalmente aberta" (id.). Há 20 anos partilho do programa fixado por Combettes (1992, p. 107) às linguísticas transfrástica e textual: elaborar conceitos específicos e definir classes de entidades intermediárias entre a língua e o texto.

Se se admite que um texto é mais do que a soma de suas partes (frases e signos linguísticos), então isso significa que seria impossível predizer o comportamento desse conjunto textual por meio da análise de suas partes elementares? Uma linguística, tendo como toda linguística clássica, a frase

P como seu patamar de complexidade, tem diante de si uma alternativa. Por um lado, adotar a *posição reducionista* dominante da linguística clássica, para a qual uma teoria do todo textual é inútil, porque se pode "escalar" de frase em frase até o nível textual. Por outro lado, optar por uma posição que consiste em afirmar que o texto é inaceitável à teoria linguística. Nesses dois casos, como não há autonomia no nível textual, não existe necessidade de uma LT. Um grande número de linguistas estão ainda persuadidos disso.

3. A autonomia do nível textual e a Linguística Textual

A "linguística da atividade de falar" de Coseriu fundamenta-se por uma distinção em três níveis ou "competências" complementares e relativamente autônomas: o nível da *linguagem* em geral, o nível das *línguas históricas* (nível idiomático) e o nível dos *textos,* definido como "a série de *atos linguísticos* conexos que um dado locutor realiza em uma situação concreta que, naturalmente, pode assumir uma forma falada ou escrita" (2007, p. 86). Seu objeto, sendo "o nível concreto do linguístico", acaba por determinar a necessidade de uma linguística textual:

> O que funda a autonomia do nível textual e também aquela da linguística textual só pode ser estabelecido por uma base *funcional*. E somente o fato de existir uma classe de conteúdo que é propriamente um conteúdo textual ou um conteúdo dado *através dos* textos justifica a autonomia do nível textual.

É em função desse destaque dado ao *conteúdo textual* ou *conteúdo dado através dos textos* que Coseriu considera a Linguística Textual como uma *"linguística do sentido"* (2007, p. 156). Sua posição aproxima-se bastante desta passagem de *Cohesion in English* de M. A. K. Halliday e R. Hasan:

> Um texto [...] não é um mero encadeamento de frases [string of sentences], [...] Um texto não deve ser visto absolutamente como uma unidade gramatical, mas como uma unidade de outra natureza: uma unidade semântica. Sua unidade

é uma unidade de sentido em contexto, uma textura que exprime o fato de que, formando um todo [as a whole], está ligado ao seu entorno (Halliday; Hasan 1976, p. 293).

Esse "entorno" está no centro da "linguística da atividade de falar" de Coseriu, que a definiu como "as circunstâncias da atividade de falar", seu "pano de fundo": "o entorno orienta todo discurso e contribui para lhe conferir sentido, e pode até determinar o valor de verdade dos enunciados" (2001, p. 54-55). Ele ainda acrescenta:

> Por um lado, a atividade de falar não utiliza tudo o que a língua tem a sua disposição em uma ou outra circunstância determinada; por outro, a atividade de falar não se limita a empregar a língua, mas a ultrapassa porque *conhecer* é ultrapassar constantemente aquilo que já se *sabe*. A atividade de falar [...] é criação: a atividade de falar amplia, modifica e re-cria[10] continuamente o saber sobre o qual ela se funda. [...] A atividade de falar é *dizer de novo qualquer coisa por meio de uma língua*. [...] Mas como isso se faz, já que o discurso tem um sentido expresso e compreendido que vai além disso que é "dito" e que vai mesmo além da língua? (Coseriu, 2001, p. 54).

Essa posição nos leva à problemática do *todo* textual e da emergência de um "sentido expresso e compreendido" que, sendo maior do que a soma das partes constituintes do texto (palavras, frases), exige, por conta disso, uma formulação mais complexa, capaz de levar em conta a dimensão textual dos fenômenos textuais (atos de discurso, gêneros do discurso, contexto das práticas sociodiscursivas e de interação). É por essa razão que eu me dedico à elaboração de uma LT aberta à discursividade, que eu chamo de "Análise textual dos discursos" e que resumo pelo esquema 2 (2011b, p. 61):

---

10. Na versão original, o autor utiliza o termo "re-crée", embora haja o termo *recrée* em francês, tal como indicam os dicionários *Le Petit Robert* e *Trésor de La Langue Française*. Em português, o verbo *recriar* também não se grafa com hífen. Apesar disso, mantivemos na tradução o emprego do hífen na palavra "re-cria", por entender que o uso desse sinal gráfico assume função específica no texto do autor. (N. T.)

Esquema 2

Análise textual dos discursos

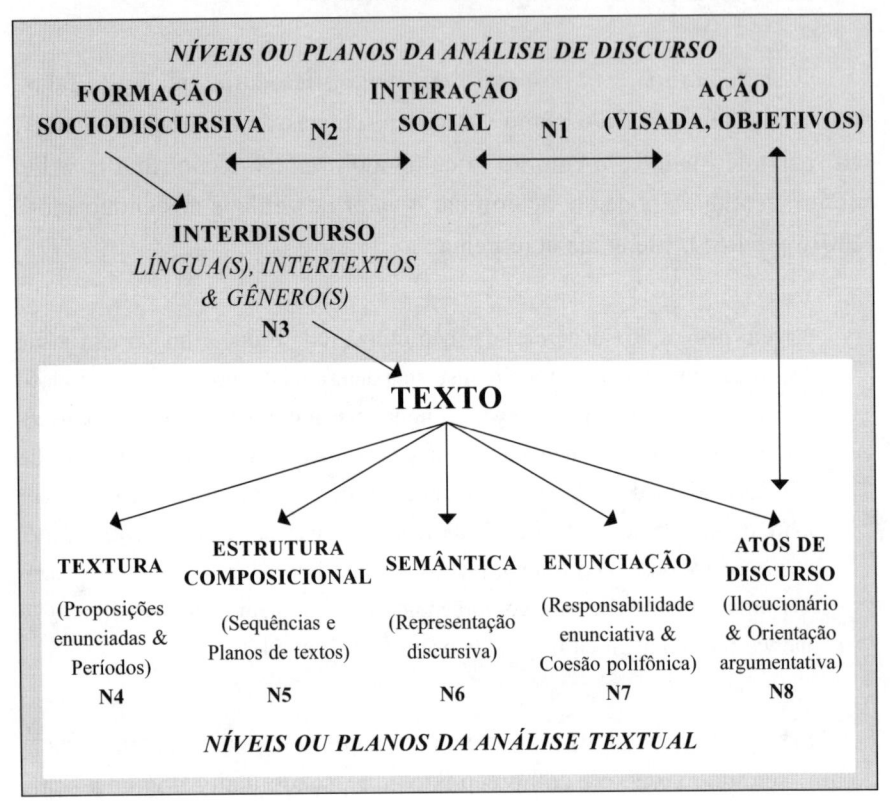

NÍVEIS OU PLANOS DA ANÁLISE DE DISCURSO

| FORMAÇÃO SOCIODISCURSIVA | N2 | INTERAÇÃO SOCIAL | N1 | AÇÃO (VISADA, OBJETIVOS) |

INTERDISCURSO
LÍNGUA(S), INTERTEXTOS & GÊNERO(S)
N3

TEXTO

TEXTURA	ESTRUTURA COMPOSICIONAL	SEMÂNTICA	ENUNCIAÇÃO	ATOS DE DISCURSO
(Proposições enunciadas & Períodos)	(Sequências e Planos de textos)	(Representação discursiva)	(Responsabilidade enunciativa & Coesão polifônica)	(Ilocucionário & Orientação argumentativa)
N4	N5	N6	N7	N8

NÍVEIS OU PLANOS DA ANÁLISE TEXTUAL

Concordo com a distinção estabelecida por Eugenio Coseriu entre "gramática transoracional" (gramática transfrástica — GT) e "linguística de texto" (LT). Porém, diferentemente de Coseriu, considero a GT como parte da LT, que amplia a sintaxe frástica e a gramática de uma língua dada. A GT não constitui uma ciência do texto em seu caráter geral, porque ela não tem como tarefa uma teoria global do conceito de texto e das operações de textualização, nem a descrição dos textos e dos gêneros. Parece-me necessário distinguir e articular a *linguística transfrástica* (como gramática do transfrástico), a *gramática textual* (como teoria geral da textualidade) e a *análise textual* (como estudo dos textos em seu caráter singular de eventos de discurso).

Esquema 3

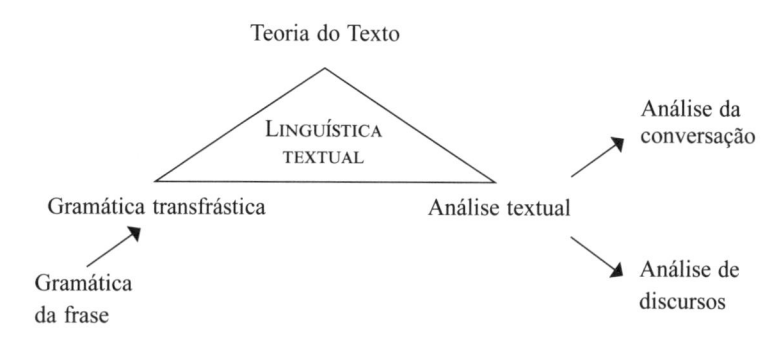

```
                    Teoria do Texto
                         /\
                        /  \                    Análise da
                       / LINGUÍSTICA \    →    conversação
                      /   TEXTUAL   \
     Gramática transfrástica    Análise textual
         ↙                               ↘
     Gramática                            Análise de
     da frase                             discursos
```

A LT deve levar em conta e até mesmo participar do desenvolvimento de programas de pesquisa provenientes da GT: teorias específicas, nas línguas particulares, de conectores, de anáforas, de tempos verbais, de *cadratifs*[11] e de outras formas de modalização autonímica, da posição dos adjetivos, dos tipos de relativas, das construções desconexas etc. A LT tem por tarefa integrar as aquisições dos trabalhos de GT em uma teoria de agenciamentos de enunciados/frases no âmbito dos textos. O essencial de meus trabalhos dos anos 1980 alcançou os "n-tuplos ordenados em frases", que T. A. van Dijk já considerava como sequências. Os "n-tuplos de frases" são objeto de reagrupamentos de natureza variada. O processo global de construção do texto funda-se a partir de uma reavaliação da autonomia de cada unidade frástica ou subfrástica por meio de sequências de processamento. Por ordem crescente de grandeza e de complexidade, essas "sequências de processamento" são os

---

11. Ênfase adicionada pela tradução. Por não encontrarmos termo equivalente em português, que pudesse manter o sentido especializado do termo em francês, optamos por não traduzir o termo "cadratifs". Ao analisar os "advérbios cadratifs" em Língua Francesa, Charolles e Péry-Woodley (2005) explicam que eles desempenham uma função "indexadora" no discurso e não se restringem a advérbios que indicam as circunstâncias de tempo e espaço. Ao contrário, o termo "cadratif" pode ser aplicado num sentido mais amplo, referindo-se a expressões (adverbiais ou conjuntivas) que podem indicar: domínios de conhecimento (*na biologia*), práticas (*em inglês*), tópicos do discurso (*no que concerne a, em relação a*), sequências lineares no discurso (*de um lado, por outro lado*), e estado de coisas em relação a uma fonte enunciativa (*de acordo com, conforme, segundo, para*) (M. Charolles; M.-P. Péry-Woodley. Les adverbiaux cadratifs. *Langue Française*, 148, 2005, p.3-8). (N. T.)

períodos, as *sequências* e as *partes da superfície de um texto.* A teorização dessas unidades e de suas fronteiras cabe à LT.

• O *alcance* é um desses fenômenos semânticos, enunciativos e macrossintáticos. Por exemplo, em T3, o alcance à direita do conector SE só se estende aos versos 1 e 2; ele cessa com a chegada do MAS que, tendo um alcance à esquerda e à direita, rearticula o conjunto dos quatro versos e vai ainda além, até a conclusão não explícita que contradiz o verso 2. Em T1, o alcance de "Um" recobre apenas a frase F2, enquanto o alcance de "dos outros" recobre F3 e articula-se com o pronome "Eles" de F4 (expressão do agente do verbo). O alcance à esquerda de "o" (paciente) estende-se de F4 ao nome próprio da família presente em F2.

• A *estruturação* dos textos *em períodos* (nível N4 do esquema 2) é um outro tipo de reagrupamento. A longa frase de T3 poderia ser analisada inicialmente como uma frase de período quadrada (de 2 x 2 membros):

1. SE as luzes à noite fizessem os sinais certamente	PRÓTASE
1. o medo seria um riso	APÓDOSE 1
2. E a angústia um perdão	APÓDOSE 2
2. MAS as luzes à noite sem cessar confundiam o vigilante sintonizado à vigília e ao frio.	QUEDA

• Defini as *sequências* (narrativas, descritivas, explicativas, argumentativas e dialogais; nível N5 do esquema 2) como princípios tipificados de reagrupamentos ordenados por uma grande quantidade de proposições[12]. Nesse nível sequencial, T1 poderia ser analisado como um relato que apresenta uma sequência narrativa completa: F1 = Situação inicial; F2 = Nó desencadeador do episódio narrativo; F3 = Reação; primeira parte de F4 (*Eles o trouxeram*) = Conclusão; fim de F4 (*mas morto*) = Situação final trágica. T2 é uma sequência argumentativa em forma de silogismo incompleto.

---

12. Ver Adam, 2011c.

Aristóteles apresenta essa definição de silogismo: "O silogismo é um raciocínio no qual certas premissas são colocadas, resultando necessariamente em uma proposição nova unicamente em função de seus dados" (*Premiers analytiques* 24b, 18-22 e *Topiques* Livro I, 100a25-100b26). O fato de a nova proposição conclusiva, que decorre das premissas maior "Todas as virtudes estão nas flores" e menor "Todas as flores estão no mel", não ser expressa, transforma o silogismo em entimema. Aristóteles observa de forma muito pertinente, em sua *Retórica*, que "não é necessário tomar o raciocínio superficialmente, nem passar por todos os níveis para se chegar à conclusão; o primeiro processo não é claro em função da extensão; o outro é uma espécie de falação, pois enuncia coisas evidentes" (*Rhétorique* II 1395b 22). O texto T2 apresenta-se, então, como uma sequência argumentativa cuja conclusão se torna implícita: "Todas as virtudes estão nas flores" é deslocada do geral ("o mel", quer dizer, todos os méis) para o particular ("O mel Trubert"). Da mesma maneira, T3 é uma sequência argumentativa cuja conclusão não é expressa: verso 1 = SE argumento; verso 2 = CERTAMENTE conclusões C & C'; verso 3 e 4 = MAS argumento 2, mais forte do que o primeiro, levando a uma conclusão [ENTÃO não-C e não-C'] que o leitor é levado a tirar por ele mesmo sobre a base da sequência argumentativa. T4, ao contrário, não apresenta nenhum esquema de períodos ou sequências, por isso revela problemas de textualização.

Entre os níveis menores (fônico/gráfico, léxico-semântico, morfossintático) e o maior nível do texto, o papel da LT é explorar e teorizar níveis intermediários de estruturação, em particular com o nível dos *planos de textos* (*dispositio* da retórica), facultativos e mais ou menos flexíveis, em função de regras gerais.

O quadro teórico que resume o esquema 2 é "descendente", em relação a tudo o que diz respeito ao papel maior dos gêneros e da identificação sociodiscursiva, e "ascendente", em relação a tudo que diz respeito à textualização. Os processos de gestão da informação textual variam entre os momentos "descendente" e "ascendente" de acordo com os procedimentos que não se reduzem a uma linearidade lógico-gramatical, mas que estão em conformidade com procedimentos interpretativos.

Se me atenho especialmente à designação "análise textual dos discursos" (ATD) sem diluir o texto no discurso (AD *análise do discurso*) ou na comunicação-interação (AC *análise da conversação*), penso como Ingedore G. V. Koch (2006, p. 169-175) que os textos são formas de cognição social que permitem aos homens organizar cognitivamente o mundo para lhe dar sentido. Os textos permitem confrontar visões cognitivas (de outras culturas passadas ou presentes e, mais amplamente, de outras pessoas). Os textos são lugares de memorização, arquivamento, conservação e transmissão de saberes.

A ATD não dicotomiza seu objeto em textos literários e não literários. Ela apenas leva em conta práticas discursivas diversas e fundamentalmente diferentes umas das outras, produtoras de textos singulares e diferentes em gêneros discursivos diferentes[13]. São as características próprias desses textos que devem deter a nossa atenção. O mesmo ocorre em relação à diferença fundamental entre textos escritos e orais. Falar de textos orais é mais difícil metodologicamente, mas de modo algum impossível se se adota uma teoria mais flexível. As tradições alemã e brasileira da LT conservaram as análises conversacionais e interativas em um campo comum (ver particularmente a recente síntese coordenada por Anna Christina Bentes e Marli Quadros Leite [2010]). É isso que resume o esquema 3. Os esquemas 2 e 3 têm apenas a pretensão de destacar o caráter aberto, dinâmico e complexo da concepção atual de texto. Três críticas resumem o quadro em que a LT se estabelece e que a ATD sintetiza:

• *Crítica 1*: O *texto* é a marca linguageira de uma interação social, a materialização semiótica de uma ação sócio-histórica de discurso. Põe-se aqui o duplo sentido do conceito de *texto*: objeto singular resultante de uma ação sociodiscursiva e de um ato de enunciação (objeto da ATD) e, por outro lado, objeto teórico da LT definida como uma teoria geral dos agenciamentos de enunciados dentro de uma unidade semântica constituída por todo texto. É necessário distinguir essas duas acepções e, consequentemente, contextos

---

13. Sobre isso ver Adam-Heidmann-Maingueneau (2010) e Adam-Heidmann (2011).

metodológicos diferentes que permitem desenvolver a teoria geral ou empreender uma análise do singular.

• *Crítica 2*: Para mim, a LT não é a ciência integrativa do discurso e das interações. Definidas como campos interdisciplinares, a AD e a AC necessitam de uma teoria da língua em uso, que considere o texto como a unidade verbal das interações humanas. A LT é, então, um subdomínio da AD e da AC, e seu papel consiste em lhes fornecer uma teoria consistente da textualidade e dos procedimentos de análise dos textos.

• *Crítica* 3: Desde que haja *texto*, isto é, o reconhecimento de que um conjunto de enunciados forma um todo comunicativo, há o *efeito de genericidade*, quer dizer, a inserção desse conjunto de enunciados em uma categoria de discurso. Em outras palavras, não há texto sem gênero(s) e é pelo sistema de gêneros de uma formação sócio-histórica dada que a textualidade integra-se à discursividade e que a LT encontra a AD e, particularmente no Brasil, a AC.

4. Tipo de textos, gêneros de textos ou gêneros do discurso?

A LT inspirou-se, sobretudo, nos trabalhos da *Textlinguistik* alemã, que distingue classicamente *Texttypen* (tipos de textos conforme Werlich, 1975; Isenberg, 1978 e 1984; Dressler, 1984; Mortara Garavelli, 1988; Biber, 1989) de *Textsorten* (gêneros de texto conforme Gülich; Raible, 1972 e 1975; Gülich, 1986; Lux, 1981; Sommerfeldt, 2003), bipartição que rejeita o conceito literário de *Gattung* (gêneros literários). Contra essa separação entre gêneros literários, objetos da poética, e gêneros do discurso ordinário, objetos das ciências da comunicação e da análise do discurso, é absolutamente necessário reunir *Gattung* e *Textsorten* sob o mesmo rótulo de *gêneros do discurso*. Luiz Antônio Marcuschi (2008 e 2002; ver igualmente Franke, 1987 e Adamzik, 1995) resumiu muito bem a oposição de fundo entre *Texttypen* (tipos de textos) e *Textsorten* (gêneros de textos):

TIPOS TEXTUAIS (*Texttypen*)[14]:
1. Construtos teóricos definidos por propriedades linguísticas
2. Não são textos empíricos
3. Predomina a identificação de sequências linguísticas típicas
4. Conjunto limitado de categorias teóricas

GÊNEROS TEXTUAIS (*Textsorten*):
1. Formas verbais de ação definidas por propriedades sociocomunicativas
2. Textos empíricos
3. Predominam os critérios de ação sociocomunicativa
4. Conjunto aberto de designações concretas

Essa distinção neutraliza a diferença entre o conceito de texto e o de discurso. O conceito de texto é atribuído à LT teórica (*Texttypen*) e o de gênero ao estudo dos textos empíricos (*Textsorten*). Os "tipos" opõem-se aos "gêneros" do mesmo modo que a representação abstrata e teórica opõem-se às realizações sociodiscursivas. O conceito de "gêneros do discurso" está muito próximo da definição dos *Textsorten*-gêneros de textos, contudo me parece terminologicamente preferível marcar a diferença entre as duas abordagens de um objeto bastante diferenciado para ser nomeado "texto" em um quadro teórico e "discurso" em um quadro teórico complementar, mas que implica considerações mais amplas e, em particular, uma atenção aos sistemas de gêneros de um grupo social, de uma época e de uma cultura dadas.

A LT passou a tomar os gêneros de discurso como objeto quando levou a sério essas afirmações de Valentin N. Volochinov: "Cada época e cada grupo têm seu repertório de formas verbais na troca ideológica da vida cotidiana" (2010, p. 155) e de Mikhaïl M. Bakhtin: "A riqueza e a variedade dos gêneros da fala são infinitos porque a variedade virtual da atividade humana é inesgotável e cada atividade comporta um repertório de gêneros da fala que vai se diferenciando e se amplificando à medida que se

---

14. Dediquei uma parte de meus trabalhos (Adam, 2011c) à revisão desses modelos de *tipologias de textos*, os quais critico por considerarem de uma forma extremamente vaga a complexidade da construção e da interpretação dos textos.

desenvolve e se complexifica a esfera dada" (1984, p. 265[15]). A influência das traduções de "Problema rečevye žanry" de Bakhtin foi grande tanto na França como no Brasil. Esse artigo, escrito em 1953-1954, publicado na revista *Literaturnaja učeba* (*Os estudos literários*) em 1978, foi retomado em 1979 na *Estetika slovesnogo tvorčestva* (literalmente: *Esthétique de l'œuvre en mots* [*Estética da obra em palavras*], transformada em *Esthétique de la création verbale* [*Estética da criação verbal*] na tradução francesa de 1984). "Problema rečevye žanry", que pode ser traduzida literalmente por "O problema dos gêneros da fala" e mesmo "... registros de fala", foi traduzida em francês sob o título *Les genres du discours (Os gêneros do discurso)*, em maior conformidade às expectativas dos leitores francófonos e na linha do livro publicado em 1978 por Tzvetan Todorov: *Les genres du discours* [*Os gêneros do discurso*] (traduzido no Brasil em 1980). Apesar das dificuldades de tradução do que era apenas um projeto de artigo e um conjunto de notas de trabalho, a tese de Bakhtin mostra o interesse de articular os domínios comumente separados da língua e dos gêneros, através das "esferas" sociais de uso da fala; bem como os domínios dos estudos literários e linguísticos classicamente separados.

Os escritos de Volochinov e de Bakhtin entendem os limites da competência linguística dos sujeitos além da frase, na direção dos "tipos relativamente estáveis de enunciados" (Bakhtin, 1984, p. 266), e disso que Bakhtin chama em outro momento de "syntaxe des grandes masses verbales" ("sintaxe dos grandes conjuntos verbais"):

> A linguística [...] nunca elucidou a seção à qual deveriam pertencer os grandes conjuntos verbais: longos enunciados da vida corrente, diálogos, discursos,

---

15. Modifico as citações referidas seguindo as proposições de Inna Tylkowski-Ageeva, em sua monografia de especialização em ciências da linguagem, defendida em 2003 na Universidade de Lausanne, sob minha orientação e de Patrick Sériot: "M. M. Bakhtine: metalinguístico ou translinguístico" (inédito). Ver também Patrick Sériot: "Généraliser l'unique: genres, types et sphères chez Bakhtine [Generalizar o único: gêneros, tipos e esferas segundo Bakhtin]" (*Texto!*, julho 2007, v. XII, n° 3) que mostra que a tradução inglesa "Speech Genres" é mais próxima do sentido de "reč" que espanhóis e franceses traduzem, por uma adaptação abusiva, "discurso" e "discours". Remeto igualmente à nova tradução de *Marxisme et philosophie du langage* (*Marxismo e filosofia de linguagem*) proposta por Patrick Sériot e Inna Tylkowski-Ageeva (Lambert-Lucas, 2010).

tratados, romances etc., pois esses enunciados também podem e devem ser definidos, de forma puramente linguística, como fenômenos da linguagem. [...] A sintaxe das grandes massas verbais [...] ainda espera ser fundada [...] (Bakhtin, 1978, p. 59).

Se eles falam de "tipos relativamente estáveis de enunciados", eles insistem sobre a extrema mobilidade e diversidade das *réplicas breves*, do *diálogo cotidiano*, do *relato familiar*, da *carta*, que são considerados gêneros elementares do discurso cotidiano. A grande hipótese desses autores recai sobre as relações entre as unidades (frases ou proposições) com o "todo do enunciado finito", sua organização composicional: "Todos os nossos enunciados dispõem de uma forma típica e relativamente estável de estruturação de um todo" (Bakthin, 1984, p. 284):

> Quando escolhemos um tipo dado de proposição, não escolhemos apenas uma proposição dada em função do que queremos expressar através dessa proposição, mas selecionamos um tipo de proposição em função do todo do enunciado finito, que se apresenta à nossa imaginação verbal e que determina nossa opinião. A ideia que nós temos da forma de nosso enunciado, quer dizer, de um gênero preciso da fala, guia-nos em nosso processo perceptivo (Bakhtin, 1984, p. 288; tradução revista).

O ponto mais sedutor dos escritos de Bakhtin é seguramente o fato de que a ligação entre a aprendizagem das formas da língua e dos "gêneros da fala" é afirmada de forma bastante contundente e explícita:

> A língua materna — seu léxico e sua estrutura —, nós não a aprendemos em dicionários e gramáticas, nós a adquirimos através de enunciados concretos que compreendemos e reproduzimos no curso da comunicação verbal viva com as pessoas que nos cercam. Nós só assimilamos as formas da língua em forma de enunciados e por meio dessas formas. As formas de língua e as formas típicas de enunciados, em outras palavras, os gêneros da fala, introduzem-se em nossa experiência e consciência conjuntamente e sem que sua correlação estreita seja rompida. Aprender a falar é aprender a estruturar enunciados (porque nós falamos por meio de enunciados e não por proposições isoladas, menos ainda, evidentemente, por palavras isoladas). Os gêneros da fala estruturam nossa fala

da mesma forma que estruturam as formas gramaticais (sintáticas) (Bakhtin, 1984, p. 285; tradução revista por Inna Tylkowski-Aguéeva).

Essa ideia ainda será detalhada um pouco mais adiante:

> Quando escolhemos uma palavra, durante o processo de elaboração de um enunciado, nós dificilmente a apreendemos no sistema da língua, na neutralidade *lexicográfica*. Nós a apreendemos comumente em *outros enunciados*, e, acima de tudo, em enunciados que são semelhantes ao nosso em função do gênero, quer dizer, do tema, da composição e do estilo: nós selecionamos as palavras conforme as especificidades de um gênero. O gênero da fala não é uma forma da língua, mas uma forma de enunciado que enquanto tal recebe do gênero uma expressão determinada, típica, própria ao gênero dado (Bakhtin, 1984, p. 294; tradução revista).

Após haver especificado que "os gêneros correspondem às circunstâncias e aos temas típicos da troca verbal", Bakhtin acrescenta que essas formas de expressão não fazem mais do "que refletir a relação na qual a palavra e sua significação encontram-se em conexão ao gênero" (1984, p. 295). E ele acrescenta: "Isso que se entende ressoar na palavra é o eco do gênero em sua totalidade" (id.). Por trás dessas hesitações terminológicas e da característica essencialmente programática desses escritos, cuja autoria é hoje contestada, pairam hipóteses linguísticas fortes. Os tipos relativamente estáveis de enunciados que Bakhtin designa gêneros "primários" estão presentes tanto nos gêneros literários (gêneros "secundários" por excelência) quanto nos enunciados da vida cotidiana. A hipótese de "gêneros da fala" anteriores à literatura e às formas discursivas mais elaboradas, das quais eles se distanciam por sua generalidade, tem o mérito de fundar a complexidade das formas mais elaboradas a partir de um certo número de formas elementares. Tipos relativamente estáveis de enunciados de base estão à disposição para infinitas combinações e transformações. Essa segunda reelaboração dos gêneros elementares da fala por meio de formas genéricas mais complexas permite descrever a evolução cultural dos gêneros em geral e, em particular, a forma pela qual os gêneros literários vão se nutrir, em sua evolução e emergência, dessas formas "primárias" dos gêneros da fala.

Lancei a hipótese de que certas formas primárias não são genéricas, mas correspondem a formas elementares de textualização: a *narração*, a *descrição*, a *argumentação*, a *explicação* e o *diálogo*. Assim, a estrutura elementar do relato encontra-se na base das histórias de humor, da narrativa oral e da anedota, das parábolas, das fábulas, dos contos, como também da epopeia, de um grande número de romances; no teatro dos monólogos narrativos de exposição ou de fechamento, assim como da reportagem e da notícia jornalísticas. Numerosos gêneros discursivos fixam, com mais ou menos liberdade, o tipo de forma primária predominante. Assim, os gêneros conto e fábula são narrativos, enquanto o gênero epistolar (com seus subgêneros: e-mail pessoal, administrativo, de leitores da imprensa escrita etc.), a entrevista, o teatro devem ser considerados como gêneros conversacionais e o guia turístico como um gênero predominantemente descritivo etc. Ao contrário dessas imposições relativas, um gênero literário como o romance é cada vez menos narrativo. O teatro de Bernard-Marie Koltès e do último Samuel Beckett seria ainda dialogal?

Referências

ADAM, J.-M. *Éléments de linguistique textuelle*. Bruxelles: Mardaga, 1990.

_____. *La linguistique textuelle*. Paris: A. Colin, 2011a [2005].

_____. *A Linguística Textual*. Introdução à análise textual dos discursos. São Paulo: Cortez, 2011b [2008].

_____. *Les textes:* types et prototypes. Paris: A. Colin, 2011c [1992].

ADAM, J.-M.; HEIDMANN, U. *O texto literário*. Por uma abordagem interdisciplinar. São Paulo: Cortez, 2011.

ADAM, J.-M.; HEIDMANN, U; MAINGUENEAU, D. *Análises textuais e discursivas*. São Paulo: Cortez, 2010.

ADAMZIK, K. *Textsorten — Texttypologie*. Eine kommentierte Bibliographie. Münster: Nodus Publikationen, 1995.

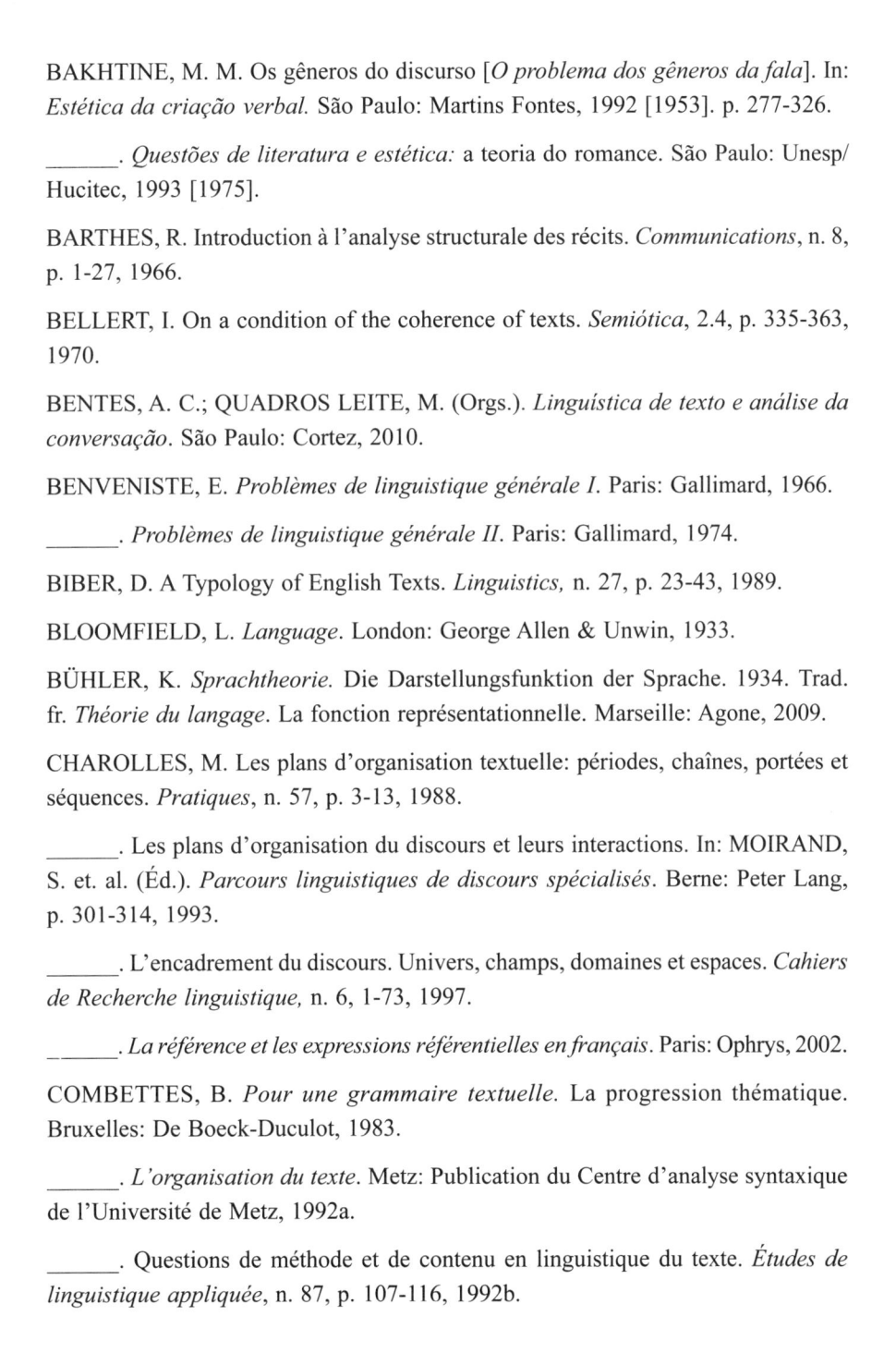

BAKHTINE, M. M. Os gêneros do discurso [*O problema dos gêneros da fala*]. In: *Estética da criação verbal*. São Paulo: Martins Fontes, 1992 [1953]. p. 277-326.

_____. *Questões de literatura e estética:* a teoria do romance. São Paulo: Unesp/Hucitec, 1993 [1975].

BARTHES, R. Introduction à l'analyse structurale des récits. *Communications*, n. 8, p. 1-27, 1966.

BELLERT, I. On a condition of the coherence of texts. *Semiótica*, 2.4, p. 335-363, 1970.

BENTES, A. C.; QUADROS LEITE, M. (Orgs.). *Linguística de texto e análise da conversação*. São Paulo: Cortez, 2010.

BENVENISTE, E. *Problèmes de linguistique générale I*. Paris: Gallimard, 1966.

_____. *Problèmes de linguistique générale II*. Paris: Gallimard, 1974.

BIBER, D. A Typology of English Texts. *Linguistics,* n. 27, p. 23-43, 1989.

BLOOMFIELD, L. *Language*. London: George Allen & Unwin, 1933.

BÜHLER, K. *Sprachtheorie*. Die Darstellungsfunktion der Sprache. 1934. Trad. fr. *Théorie du langage*. La fonction représentationnelle. Marseille: Agone, 2009.

CHAROLLES, M. Les plans d'organisation textuelle: périodes, chaînes, portées et séquences. *Pratiques*, n. 57, p. 3-13, 1988.

_____. Les plans d'organisation du discours et leurs interactions. In: MOIRAND, S. et. al. (Éd.). *Parcours linguistiques de discours spécialisés*. Berne: Peter Lang, p. 301-314, 1993.

_____. L'encadrement du discours. Univers, champs, domaines et espaces. *Cahiers de Recherche linguistique,* n. 6, 1-73, 1997.

_____. *La référence et les expressions référentielles en français*. Paris: Ophrys, 2002.

COMBETTES, B. *Pour une grammaire textuelle*. La progression thématique. Bruxelles: De Boeck-Duculot, 1983.

_____. *L'organisation du texte*. Metz: Publication du Centre d'analyse syntaxique de l'Université de Metz, 1992a.

_____. Questions de méthode et de contenu en linguistique du texte. *Études de linguistique appliquée*, n. 87, p. 107-116, 1992b.

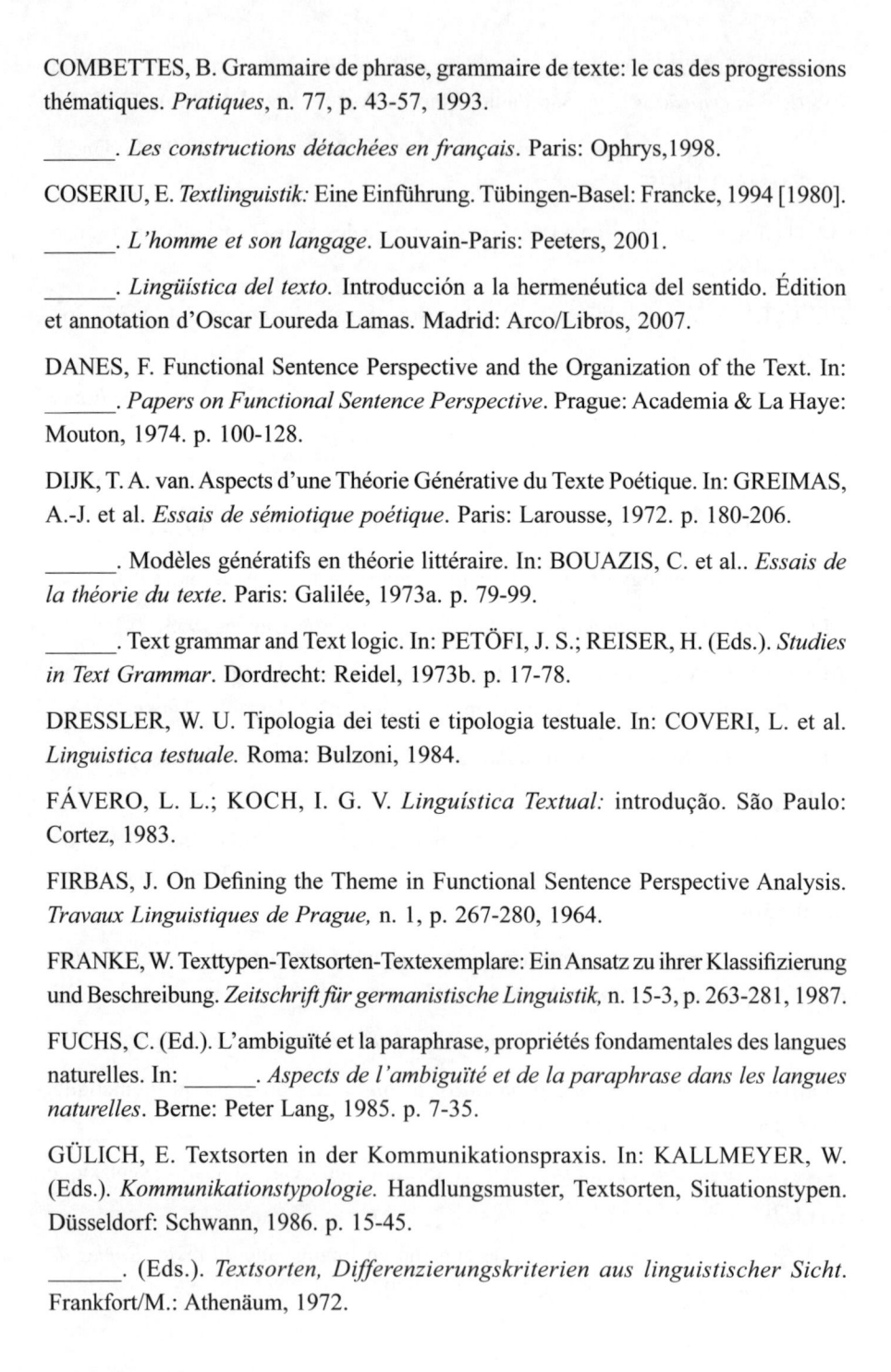

COMBETTES, B. Grammaire de phrase, grammaire de texte: le cas des progressions thématiques. *Pratiques*, n. 77, p. 43-57, 1993.

_____. *Les constructions détachées en français*. Paris: Ophrys,1998.

COSERIU, E. *Textlinguistik:* Eine Einführung. Tübingen-Basel: Francke, 1994 [1980].

_____. *L'homme et son langage*. Louvain-Paris: Peeters, 2001.

_____. *Lingüística del texto*. Introducción a la hermenéutica del sentido. Édition et annotation d'Oscar Loureda Lamas. Madrid: Arco/Libros, 2007.

DANES, F. Functional Sentence Perspective and the Organization of the Text. In: _____. *Papers on Functional Sentence Perspective*. Prague: Academia & La Haye: Mouton, 1974. p. 100-128.

DIJK, T. A. van. Aspects d'une Théorie Générative du Texte Poétique. In: GREIMAS, A.-J. et al. *Essais de sémiotique poétique*. Paris: Larousse, 1972. p. 180-206.

_____. Modèles génératifs en théorie littéraire. In: BOUAZIS, C. et al.. *Essais de la théorie du texte*. Paris: Galilée, 1973a. p. 79-99.

_____. Text grammar and Text logic. In: PETÖFI, J. S.; REISER, H. (Eds.). *Studies in Text Grammar*. Dordrecht: Reidel, 1973b. p. 17-78.

DRESSLER, W. U. Tipologia dei testi e tipologia testuale. In: COVERI, L. et al. *Linguistica testuale*. Roma: Bulzoni, 1984.

FÁVERO, L. L.; KOCH, I. G. V. *Linguística Textual:* introdução. São Paulo: Cortez, 1983.

FIRBAS, J. On Defining the Theme in Functional Sentence Perspective Analysis. *Travaux Linguistiques de Prague,* n. 1, p. 267-280, 1964.

FRANKE, W. Texttypen-Textsorten-Textexemplare: Ein Ansatz zu ihrer Klassifizierung und Beschreibung. *Zeitschrift für germanistische Linguistik,* n. 15-3, p. 263-281, 1987.

FUCHS, C. (Ed.). L'ambiguïté et la paraphrase, propriétés fondamentales des langues naturelles. In: _____. *Aspects de l'ambiguïté et de la paraphrase dans les langues naturelles*. Berne: Peter Lang, 1985. p. 7-35.

GÜLICH, E. Textsorten in der Kommunikationspraxis. In: KALLMEYER, W. (Eds.). *Kommunikationstypologie*. Handlungsmuster, Textsorten, Situationstypen. Düsseldorf: Schwann, 1986. p. 15-45.

_____. (Eds.). *Textsorten, Differenzierungskriterien aus linguistischer Sicht*. Frankfort/M.: Athenäum, 1972.

GÜLICH, E.; RAIBLE, W. Textsorten-Probleme. In: _____; _____. *Linguistische Probleme der Textanalyse.* Jahrbuch 1973 des Instituts für deutsche Sprache und Textanalyse. Düsseldorf: Schwann, 1975.

HALLIDAY, M. A. K. Notes on Transitivity and Theme in English. *Journal of Linguistics,* n. 3, p. 199-244, 1967, e n. 4, p. 179-215, 1968.

_____. Language structure and language function. In: LYONS, J. (Ed.). *New Horizons in Linguistics.* Harmondsworth: Penguin, 1970a, p. 140-165.

_____. Functional Diversity in Language. *Foundations of Language,* n. 6, p. 322-361, 1970b.

HALLIDAY, M. A. K.; HASAN, R. *Cohesion in English.* 15. ed. Longman: London--New York, 1997 [1976].

ISENBERG, H. Uberlegungen zur Texttheorie. In: IHWE. (Ed.). *Literaturwissenschaft und Linguistik.* Ergebnisse und Perspectiven. Frankfurt am Main: Athenäum Verlag, 1971 [1968]. p. 155-172.

_____. *Der Begriff "Text" in der Sprachtheorie.* Deutsche Akademie der Wisswnschaften. Berlin: Arbeitsstelle Strukturelle Grammatik, ASG-Bericht 8, 1970, p. 1-21.

_____. Probleme der Texttypologie. Variation und Determination von Texttypen. *Wissenschaftliche Zeitschrift der Karl-Marx Universität Leipzig,* Gesellschaftliche und sozialwissenschaftliche Reihe, n. 5, 1978.

_____. Texttypen als Interaktionstypen. Eine Texttypologie. *Zeitschrift für Germanistik,* Leipzig, n. 5, p. 261-270, 1984.

KOCH, I. G. V. *Introdução à Linguística Textual.* São Paulo: Martins Fontes, 2006.

KUNO, S. Functional Sentence Perspective. *Linguistic Inquiry,* v. III, n. 3, p. 30-42, 1972.

LANG, E. Quand une "grammaire de texte" est-elle plus adéquate qu'une "grammaire de phrase"? *Langages,* n. 26, p. 75-80, 1972.

LONGACRE, R. E. Discourse typology in relation to language typology. In: ALLEN, S. (Ed.). *Text Processing, Proceeding of Nobel Symposium* 51. Stockholm: Almquist & Wiksell, 1982.

LUX, F. *Text, Situation, Textsorte.* Tubingen: Narr, 1981.

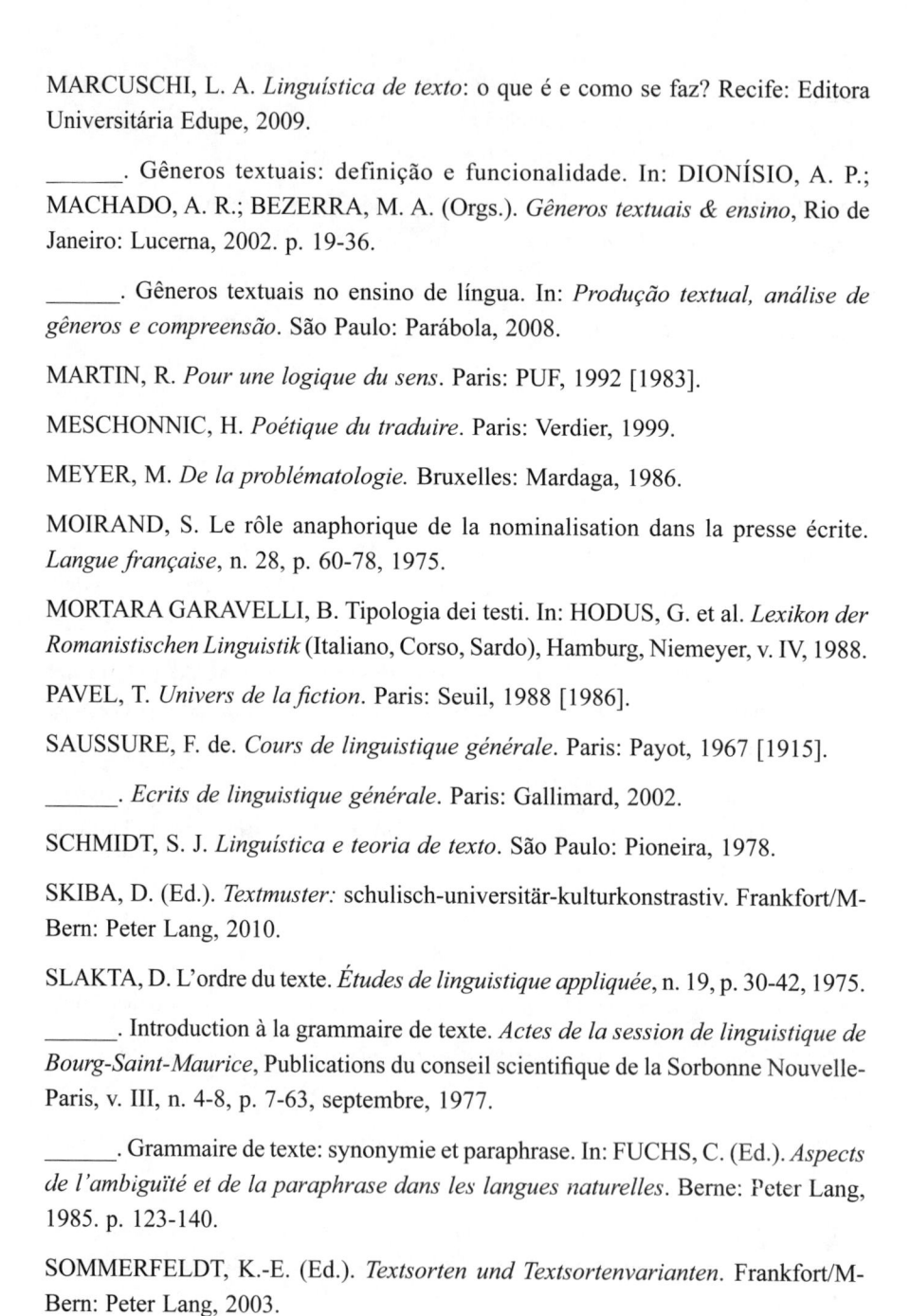

MARCUSCHI, L. A. *Linguística de texto*: o que é e como se faz? Recife: Editora Universitária Edupe, 2009.

_____. Gêneros textuais: definição e funcionalidade. In: DIONÍSIO, A. P.; MACHADO, A. R.; BEZERRA, M. A. (Orgs.). *Gêneros textuais & ensino*, Rio de Janeiro: Lucerna, 2002. p. 19-36.

_____. Gêneros textuais no ensino de língua. In: *Produção textual, análise de gêneros e compreensão*. São Paulo: Parábola, 2008.

MARTIN, R. *Pour une logique du sens*. Paris: PUF, 1992 [1983].

MESCHONNIC, H. *Poétique du traduire*. Paris: Verdier, 1999.

MEYER, M. *De la problématologie*. Bruxelles: Mardaga, 1986.

MOIRAND, S. Le rôle anaphorique de la nominalisation dans la presse écrite. *Langue française*, n. 28, p. 60-78, 1975.

MORTARA GARAVELLI, B. Tipologia dei testi. In: HODUS, G. et al. *Lexikon der Romanistischen Linguistik* (Italiano, Corso, Sardo), Hamburg, Niemeyer, v. IV, 1988.

PAVEL, T. *Univers de la fiction*. Paris: Seuil, 1988 [1986].

SAUSSURE, F. de. *Cours de linguistique générale*. Paris: Payot, 1967 [1915].

_____. *Ecrits de linguistique générale*. Paris: Gallimard, 2002.

SCHMIDT, S. J. *Linguística e teoria de texto*. São Paulo: Pioneira, 1978.

SKIBA, D. (Ed.). *Textmuster:* schulisch-universitär-kulturkonstrastiv. Frankfort/M-Bern: Peter Lang, 2010.

SLAKTA, D. L'ordre du texte. *Études de linguistique appliquée*, n. 19, p. 30-42, 1975.

_____. Introduction à la grammaire de texte. *Actes de la session de linguistique de Bourg-Saint-Maurice*, Publications du conseil scientifique de la Sorbonne Nouvelle-Paris, v. III, n. 4-8, p. 7-63, septembre, 1977.

_____. Grammaire de texte: synonymie et paraphrase. In: FUCHS, C. (Ed.). *Aspects de l'ambiguïté et de la paraphrase dans les langues naturelles*. Berne: Peter Lang, 1985. p. 123-140.

SOMMERFELDT, K.-E. (Ed.). *Textsorten und Textsortenvarianten*. Frankfort/M-Bern: Peter Lang, 2003.

SOUTET, O. *Linguistique*. Paris: PUF, 1995.

TODOROV, T. *Os gêneros do discurso*. São Paulo: Martins Fontes, 1980 [1978].

VOLOCHINOV, V. N. *Marxisme et philosophie du langage*. Limoges: Lambert--Lucas, 2010 [1929].

WEINRICH, H. *Tempus*. Stuttgart-Belin-Köln: Kohlhammer, 1994 [1964/1971].

_____. Textlinguistik: Zur Syntax des Artikels in der Deutschen Sprache. *Jahrbuch für Internationale Germanistik* 1. Berne/Frankfort, 1969. p. 61-74.

_____. The Textual Function of the French Article. In: CHATMAN, S. (Ed.). *Literary Style: a Symposium*. Oxford University Press, 1971. p. 221-240.

WERLICH, E. *Typologie der Texte*. Heidelberg: Quelle & Meyer, 1975.

CAPÍTULO 2

A Construção Dialógica dos Padrões Textuais

Adriana Bolívar
Universidad Central de Venezuela/UCV

Tradução: Sandra Denise Gasparini-Bastos
Universidade Estadual Paulista/UNESP-São José do Rio Preto

Considerações iniciais

É para mim uma grande honra participar deste livro em homenagem à minha querida amiga Ingedore, que tem sido uma das maiores impulsionadoras da Linguística Textual no Brasil e na América Latina, como atestam muitas das suas obras (por exemplo, Koch, 1989, 1992, 1997, 2002, 2004). Sua pesquisa como linguista impactou várias gerações de colegas e estudantes, de modo que temos podido apreciar sua grande clareza teórica e seu enorme poder para relacionar a teoria linguística à prática discursiva. Minha contribuição é uma forma de compartilhar com ela, e com meus colegas do Brasil, o interesse por revelar alguns dos "segredos" dos padrões textuais. A finalidade é compreender melhor a forma como, por meio de distintos tipos de leituras, (re)construímos o sentido e damos coerência aos textos, assim como damos coerência aos eventos sociais em que esses textos são produzidos por diferentes atores.

As leituras que proponho se fundamentam no princípio de que os textos podem ser examinados em diferentes níveis e graus de detalhe, com diferentes propósitos teóricos. Um dos propósitos é explicar como são compreendidos e construídos os textos e os gêneros discursivos na interação entre falantes/ouvintes e escritores/leitores em diferentes situações nas quais os limites estão marcados pelas fronteiras físicas do texto (Koch, 1989, 2002; Hoey, 1983; Bolívar, 1986, 2005a; Winter, 1994). Outro propósito é explicar os textos como documentos decisivos na dinâmica social (Titscher; Meyer; Wodak, 2001) e mostrar como, em cadeias heterogêneas, eles contribuem para a construção de realidades (Fairclough, 1992, 2003; van Dijk, 2003; Bolívar, 2008, 2009a, 2010a). A diferença entre esses dois focos de estudo é relevante porque implica tomar decisões sobre o alcance da teoria linguística e a forma como ela pode servir de base para as explicações de eventos linguísticos e sociais numa perspectiva mais ampla (Bolívar, 2007a, 2007b, 2015, 2016; Wodak, 2011).

A Linguística Textual superou várias etapas que giraram em torno do conceito de "texto" e existe consenso sobre uma definição que se funde com a dos analistas do discurso, vale dizer, a que dá preferência à atividade humana como ponto de partida para a análise, como propôs de Beaugrande (2011, p. 290):

> Hoje existe um acordo amplo em definir o "texto" como um evento comunicativo empírico que se dá por meio da comunicação humana mais do que por uma teoria formal específica. Cada evento se "monta" numa dialética dinâmica entre o "sistema virtual" da linguagem (o repertório de possibilidades) e o "sistema real" constituído pelas escolhas daquele que produz o texto; assim, o texto não se situa em nenhum dos dois lados da linguagem *versus* uso, e sim integra e reconcilia os dois. Nossa tarefa é descrever, da maneira mais empírica e realista possível, os processos pelos quais os participantes da comunicação podem produzir, produzem e recebem textos. A tarefa exige, sem dúvida, uma investigação interdisciplinar entre a linguística textual e a psicologia, a sociologia, a etnografia, e assim sucessivamente, com todos aqueles que trabalham com dados da perspectiva da atividade humana[1] (de Beaugrande, 2011, p. 290).

---

1. Do original em inglês: "Today the 'text' is widely defined as an empirical communicative event given through human communication rather than specified by a formal theory. Each such event 'rides

Um dos grandes desafios da Linguística Textual é estender a análise para além do texto e buscar as relações entre os textos e a dinâmica social porque "o texto não é simplesmente uma unidade linguística, e sim um evento de ação, interação, comunicação e cognição humana" (de Beaugrande, 2011, p. 294). Daí que nos deparamos com a necessidade de procurar os enlaces entre a forma como, enquanto linguistas, descrevemos os textos e contribuímos para interpretar nossa sociedade. Como linguistas, assumimos uma posição teórica na disciplina e, como cidadãos, não podemos prescindir de desenvolver uma atitude crítica frente aos problemas que nos rodeiam. A questão central é: de que maneira podemos usar nosso conhecimento da Linguística e do discurso para interpretar o funcionamento de distintos tipos de padrões textuais em contextos micro e macro? Para responder a essa pergunta é importante entender primeiro como são interpretados os padrões no microdiálogo, a saber, em tipos de textos, e em seguida como esses padrões conseguem um alcance maior em nossa cognição no macrodiálogo social. Por isso, neste trabalho, examinaremos o problema da construção dos padrões textuais com quatro objetivos em mente: 1) apresentar um quadro analítico em que o diálogo e a avaliação sejam propostos como pontos de ligação entre o micro e o macro ou entre o texto e a dinâmica social; 2) explicar por que os padrões textuais são importantes para a comunicação humana; 3) mostrar dois tipos de padrões textuais que se diferenciam pela forma como se interpreta o conceito de interação e, finalmente, 4) mostrar como esses padrões podem ser ativados para explicar o macrodiálogo político através dos meios de comunicação.

O propósito final é trazer à tona problemas teóricos importantes para a análise dos textos e mostrar como os padrões textuais servem de quadro de referência para dar sentido à interação oral e escrita em textos e também

---

on' a dynamic dialectic between the 'virtual system' of language (the repertory of possibilities) and the 'actual system' constituted by the choices of the text producer; the text is thus on neither side of language versus use, but integrates and reconciles the two. Our task is to describe, as empirically and realistically as we can, the processes whereby communicative participants can and do produce and receive texts. The task plainly demands interdisciplinary research between text linguistics and psychology, sociology, ethnography, and so on, all of whom work with real data from the standpoint of human activities" (de Beaugrande, 2011, p. 290).

para entender problemas sociais a partir de uma perspectiva crítica. Os dados utilizados para ilustrar provêm de publicações de outros autores, de publicações próprias e de textos coletados pela autora em época mais recente.

1. Do texto à dinâmica social

Para poder explicar o funcionamento dos padrões textuais, necessitamos recorrer primeiramente às categorias iniciais do discurso, a saber, dois participantes, interação social e um texto (Bolívar, 1986, 2005a). Os participantes é que co-constroem o texto, que é processo e resultado da interação. O analista tem a possibilidade de descrever e explicar a interação a partir de duas grandes perspectivas: a) dando atenção às ações dos participantes à medida que o discurso avança, ou b) partindo das interpretações dos participantes para compreender o conteúdo e a organização dos textos no papel de leitor. Isso significa que estamos falando de tipos diferentes de interação, uma que compete à tomada de decisões no nível da ação linguística daquele que controla o texto no que diz respeito a com quem se fala, do que se fala, por que se fala e com que postura; e outra que está relacionada àquele que interpreta o registro verbal da experiência. Esta última opção permite a criação de padrões hierárquicos. Em ambos os casos, a base comum é o microdiálogo entre os interlocutores.

Se estendermos a análise para além das fronteiras físicas do texto, encontramos outros tipos de interação que também podem ser explicados em ambas as direções (linear ou hierárquica). Quando nos encontramos em eventos sociais, ficamos frente a frente com grupos de gêneros e necessitamos interpretar um *macrodiálogo* do qual participam muitos atores. Como analistas, assumimos o papel de observadores de uma realidade da qual também participamos como cidadãos. Por exemplo, se nos interessa a forma como os meios de comunicação fazem a cobertura dos acontecimentos políticos na América Latina, veremos que eles ressaltam as vozes dos políticos, dos cidadãos e dos outros meios para construir um diálogo que, em parte, reflete as relações entre os países, mas ao mesmo tempo as constrói (Bolívar, 2008, 2009b, 2009c, 2010a, 2010b, 2012).

Em diversos trabalhos, defendi que a *avaliação*, entendida como a manifestação linguística da (inter)subjetividade e da expressão de opiniões, valores, sentimentos e emoções é a categoria central do discurso porque serve de união para explicar a relação entre o micro e o macro. A avaliação é a motivação para a mudança interna no texto e para explicar a intertextualidade, porque os textos produzem efeitos. Sobretudo, a avaliação como expressão de ideologias é a motivação para a mudança política e social, porque na luta discursiva pelo poder predominam e permanecem as avaliações daqueles que têm o maior controle do poder. Essas também são as avaliações que estão em jogo para ser defendidas ou rejeitadas.

A avaliação começa no momento em que fazemos uma seleção linguística, porque escolhemos uma palavra em lugar de outra em uma variedade de opções. A avaliação tem, nos textos e no discurso, funções importantes na expressão de nossa experiência e ideologias e tem um papel reconhecido na criação de padrões e estruturas do discurso (Bolívar, 1986, 2001a, 2005a; Sinclair; Hoey; Coulthard, 1993; Thompson; Hunston, 2000; Scott; Thompson, 2001), assim como em padrões de interação no discurso midiático e político (Bolívar, 2001b, 2008, 2009a, 2010a, 2012).

A avaliação como categoria do discurso ganhou espaço progressivamente desde os trabalhos de Labov e Waletsky (1969) e Labov (1972). Foram muitas as tentativas teóricas e metodológicas na Linguística para explicar seu funcionamento (Thompson; Hunston, 2000; Martin; White, 2005; White, 2011). Entretanto, vale a pena assinalar a diferença entre o estudo da linguagem avaliativa, quer dizer, os recursos linguísticos que uma língua oferece para expressar um ponto de vista ou um posicionamento (Hunston; Thompson, 2000), e a avaliação como parte de um padrão textual que contribui para dar forma aos textos (Labov, 1972; Bolívar, 1986; Sinclair, 1987; Hoey, 1983, 1994, 2000). Essa diferença é importante porque, por um lado, contamos com a possibilidade de classificar os textos em um contínuo que vai dos avaliativos aos não avaliativos e, por outro, podemos diferenciar gêneros discursivos segundo a obrigatoriedade ou não da avaliação como componente estrutural no texto. Por exemplo, na narrativa a avaliação é "a razão de ser" e percorre todo o texto, mas também interrompe a ação com sua função estrutural (Labov, 1972). De maneira similar, os editoriais de jornais ou textos de opinião em geral têm a função de emitir uma avaliação sobre estados de coisas ou eventos e, em consequência, tanto a linguagem avaliativa como a avaliação de fechamento nos mostram que esse é um tipo de texto diferente da notícia ou do resumo acadêmico que, embora possam conter avaliações, não têm a avaliação de fechamento como um componente fundamental (Bolívar, 2001a).

No macrodiálogo, particularmente no caso do discurso político, as avaliações dos que iniciam um tema ou um problema e dos que têm a última palavra são fundamentais. Lemos os textos em cadeias geradas pela dinâmica da interação e então nos deparamos com textos que têm funções estruturais diferentes no nível linear, porque uns iniciam, outros continuam e outros fecham ciclos comunicativos em torno de um mesmo evento.

O que acabamos de expor nos leva a perguntar sobre os alcances da avaliação e a definir as unidades de análise. Firth (1951) defendia que a Linguística é uma ciência social e que nossa tarefa é analisar os eventos com as ferramentas da Linguística voltada sobre si mesma. Também defendia que o linguista pode começar por qualquer nível de análise. Portanto, o primeiro é ter claro quais são esses níveis e fazer as perguntas pertinentes em cada caso para orientar a análise das avaliações. No nível do discurso, precisamos saber quem são os participantes e em que contextos eles se situam; no nível semântico, devemos averiguar os conteúdos e como são atribuídos; no nível da pragmática, interessam-nos as ações e as relações entre os participantes. Para reunir os dados, é imprescindível a gramática que nos permite unir a evidência sobre como são construídos os significados relacionados à experiência de mundo com as relações interpessoais e a forma dos textos, como se faz, por exemplo, na linguística sistêmico-funcional (Halliday, 1994).

As implicações metodológicas são importantes. Se nosso interesse é o estudo da linguagem avaliativa e do papel da avaliação como componente estrutural, podemos realizar análises do tipo manual ou computadorizada recorrendo à Linguística de *Corpus*. Não obstante, quando o foco do estudo se concentra no macrodiálogo, esses métodos podem ser insuficientes, porque na dinâmica social, embora os grandes *corpora* sirvam como referência para confirmar hipóteses ou intuições, também é necessário acompanhar o diálogo dos atores sociais através do tempo, como veremos mais adiante na seção 4.

2. Por que padrões textuais?

A questão dos padrões textuais surge a partir de uma visão cognitiva para explicar como damos sentido à nossa experiência. Foram propostas diferentes maneiras para explicar como relacionamos o conhecimento dos textos ao conhecimento de mundo, e foram oferecidos termos distintos para explicar como armanezamos esse conhecimento: *esquemas* (Bartlett, 1932), *enquadres* (Goffman, 1979), *planos e roteiros* (Schank; Abelson, 1977), *andaime ideacional* (Adams, 1979), *padrões de conhecimento global* (de Beaugrande, 1980), *cenários* (Sanford; Garrod, 1981), *macroestruturas* (van Dijk; Kintsch, 1983) e outros. Não obstante, a fim de explicar os padrões textuais, argumentou-se que essas categorias têm um valor limitado porque não proporcionam "ferramentas analíticas práticas" (Hoey, 2001). Segundo Hoey, em seus estudos sobre o discurso escrito, "o que necessitamos é algo que nos permita generalizar sobre esses esquemas e roteiros sem perder a perspectiva de que os leitores cooperam com aqueles que escrevem para construir um significado comum"[2] (Hoey, 2001, p. 122).

De acordo com Scott e Thompson (2001, p. 1-11), o estudo linguístico dos padrões textuais justifica-se plenamente para explicar como funciona a linguagem em eventos comunicativos. Esses autores baseiam-se em pressupostos teóricos que resumimos a seguir e que avaliamos em função do que significam para o estudo dos padrões textuais.

a. *As pessoas têm a necessidade de reconhecer os textos como eventos linguísticos e de processar textos completos.* Aproximar-se da linguagem em eventos de fala implica o estudo de textos no sentido de que

---

[2]. Do original em inglês: "what we need is something that allows us to generalize about these schemata and scripts without losing the insight that readers co-operate with writers in making a common meaning" (Hoey, 2001, p.122).

são percebidos como unidades completas pelos falantes. Esse ponto é fundamental porque amplia o foco da Linguística, já que podemos falar do texto como um evento linguístico materializado em gêneros discursivos particulares e, ao mesmo tempo, se estendermos o significado de eventos para "eventos sociais", poderemos explicar como os textos e os grupos de textos funcionam nos eventos sociais, particularmente quando adotamos uma perspectiva crítica.

b. *Os falantes, leitores e escritores reconhecem os eventos linguísticos e sabem quando estão completos e quando não estão.* Esse pressuposto é importante porque a noção de completude (*completeness*) é necessária e, embora nem sempre os limites de um texto estejam claramente delineados, as pessoas procuram os princípios, os desenvolvimentos e os finais porque os reconhecem pela sua experiência com os gêneros discursivos. Da mesma maneira, quando os gêneros se encadeiam um depois do outro em qualquer contexto, os falantes podem identificar onde começa e onde termina cada um.

c. *Os falantes se dão conta de como funcionam as partes de um texto e, portanto, reconhecem padrões que se repetem.* Para dar sentido a um texto completo, os falantes/leitores precisam situar as partes que o compõem. Por experiência, eles sabem como as partes se conectam e reconhecem tipos de padrões diferentes segundo o contexto linguístico e situacional. Por exemplo, podem reconhecer quando se dá informação sobre uma situação e quando se faz uma avaliação, ou podem distinguir entre uma informação geral e uma informação específica.

d. *Os padrões textuais podem ser reconhecidos porque pertencem a duas grandes categorias gerais: "os que se associam à conectividade (conjunction) e os que se relacionam à repetição"* (Scott; Thompson, 2001, p. 4). Segundo esses autores, a conectividade tem a ver com a forma como as partes "se encaixam" e os sinais de conectividade podem ser explícitos ou não e incluir partes de diferentes tamanhos. O importante é que os elementos podem ser notados como partes separadas que podem se unir em partes maiores e complexas. A repetição, ao contrário, está relacionada à "continuidade" porque tem a ver com a forma como quem fala ou escreve dá sinais do que está falando e mantém o tópico do discurso.

e. *O texto ocupa o centro da investigação linguística*. Este é um pressuposto compartilhado há muito tempo por muitos analistas do discurso, os quais voltam sua atenção para padrões textuais de maior escala, como Situação-Avaliação (Winter, 1979, 1994) ou Problema-Solução (Hoey, 1983). As pesquisas a partir da Linguística de *Corpus* mostraram as vantagens de usar grandes quantidades de texto para estudar os significados das palavras em seus cotextos e encontrar padrões regulares com base em dados e não somente nas intuições que às vezes podem estar incompletas (Sinclair, 2004). Com relação aos padrões textuais, os estudos baseados em *corpus* e dirigidos por *corpus* (Tognini-Bonelli, 2001) permitiram identificar os recursos linguísticos que servem como sinais para identificar padrões textuais de maior alcance nos textos (Hoey, 1979, 1993, 2000, 2004, 2005; Scott, 2001; Hoey; Brook O´Donnell, 2009*)*.

Poderíamos afirmar, então, de maneira geral, que os padrões textuais são esquemas ou quadros de referência mentais sobre como certos significados se constroem de modo recorrente sobre a estrutura e a organização dos textos, o que pode ser comprovado cientificamente com base em grandes *corpora*. De acordo com Winter (1994), a razão é que existe um acordo tácito entre os interlocutores para interpretar a experiência de uma maneira similar em cada cultura. Winter (1994, p. 56) chamou esse acordo de "Princípio de Consenso", querendo dizer, com isso, que leitores e escritores coincidem em leituras similares sobre a estrutura típica de mensagens ou textos.

3. Tipos de padrões textuais: tipos de interação

O estudo de padrões textuais na Linguística voltou-se para distintos níveis de análise. Por exemplo, o léxico e a gramática e sua relação com a organização do texto (Hunston, 2001); a coesão no texto oral (Thompson; Thompson, 2001); a negociação da avaliação no texto escrito (Bolívar,

2001a); as relações semântico-oracionais em distintos gêneros discursivos (Winter, 1994; Hoey, 1983, 1994; Jordan, 2001 etc.); os segmentos léxicos no texto (Berber-Sardinha, 2001); os padrões textuais no ensino (Edge; Wharton, 2001) e muitos outros. Subjazem a esses estudos diferentes motivações e métodos. Ao mesmo tempo, por trás deles se escondem modos de conceber os padrões textuais, ou melhor dizendo, de ajustar o foco em torno dos significados de "estrutura" e de "organização" textual. Embora frequentemente os dois termos sejam usados de maneira intercambiável, é importante revisar o que implica um ou outro uso porque essas noções, na realidade, têm a ver com dois níveis distintos do discurso, ainda que interdependentes e complementares.

3.1. A interação no nível linear

Na análise de padrões textuais como estruturas, o pesquisador dá atenção à construção linear do texto, tal como ocorre na conversação quando o texto avança por meio das intervenções em sequência uma depois da outra, ou em sequências de orações no texto escrito. Dessa perspectiva, se entende como o texto vai sendo construído passo a passo com as contribuições dos participantes, e a ênfase está na posição que os itens linguísticos ocupam. Nesse sentido, estamos falando de estruturas que têm partes impossíveis de serem trocadas (Sinclair; Coulthard, 1975; Bolívar, 1986; Sinclair, 1987) porque, se a ordem dos elementos é alterada ou se eles não são examinados em sua sequência, altera-se o sentido original produzido no texto. Fala-se de *estruturas* do discurso em situações como a do exemplo (1) de uma aula na Grã-Bretanha (Sinclair; Coulthard, 1975, p. 48, tradução minha) e do exemplo (2) de uma aula na Venezuela (Bolívar, 2011, p. 51), nos quais se observa a estrutura IRF (*Initiation, Response, Follow up*), proposta por Sinclair e Coulthard (1975) para o discurso entre professor (P) e aluno (A) na sala de aula. O pressuposto teórico é que os textos perderiam sua coerência original se começassem com o segundo ou com o terceiro elemento. Se a mudança fosse feita, estaríamos falando de outro texto e de outro contexto de situação na mesma aula.

(1) P: você sabe o que quer dizer acento? (I)[3]
 A: é a forma como a gente fala (R)
 P: a forma como a gente fala. Esse é um comentário muito interessante. (F)

(2) P: Vejamos, o que falamos sobre o conteúdo? (I)
 A: sobre o clima (R)
 P: o clima (F) / e que mais? (I)
 A: latitude/(R)
 P: ah latitude / e temperatura (F)

No estudo de textos escritos cuja função é eminentemente avaliativa, identificou-se um padrão similar, denominado LFV (*Lead, Follow, Valuate*), tanto em editoriais em inglês como em espanhol (Bolívar, 1986, 1997). Esse padrão foi generalizado para outros gêneros discursivos com o nome de ISC (*Iniciación, Seguimiento, Cierre*)[4] (Bolívar, 2007a, 2010a). O exemplo 3, retirado da primeira parte de um editorial em espanhol, mostra esse padrão em que o autor é responsável por todos os "turnos".

(3) (I) **Amanhã, mais de 120 milhões de brasileiros** comparecerão para votar em um **plebiscito** que fará história não só neste país, mas em toda a América Latina. (S) **A única pergunta** que se faz ao **universo de votantes** (que inclui todos os maiores de 16 anos de idade) é: a venda de armas e munições a civis deve ser proibida no Brasil? (C) É certo que **a pergunta** aparece de forma simples, mas a resposta pode ser mais complexa do que alguns de nós podem imaginar: Basta pensar num triunfo do Sim para se dar conta da profunda mudança histórica e social que isso causará na "cultura da violência" que tem atingido o continente nos últimos anos. (De ¿Adiós a las armas? *El Nacional*, 22 de outubro de 2005, em Bolívar, 2007, p. 259.)[5]

---

3. Exemplos originais:
 (1) P: ¿sabes lo que quiere decir acento? (I)
  A: es la forma en que uno habla (R)
  P: la forma en que uno habla. Ese es un comentario muy interesante. (F)
 (2) P: Vamos a ver ¿qué hablamos sobre el contenido? (I)
  A: sobre el clima (R)
  P: el clima (F) / y qué más? (I)
  A: latitud/(R)
  P: ah latitud /y temperatura (F) (N. T.)
4. Iniciação, Continuidade, Fechamento. (N. T.)
5. Exemplo original: (I) **Mañana, más de 120 millones de brasileños** concurrirán a votar en un **referéndum** que hará historia no sólo en este país sino en toda América Latina. (S) **La única pregunta**

Diferentemente da interação na sala de aula, em que a mudança no discurso se realiza por meio da mudança de falantes, no texto escrito essas mudanças se realizam por meio de mudanças linguísticas que são marcas de interação porque refletem as mudanças na postura de quem escreve. Na sequência, observamos que se mantém um tópico que é negociado gradualmente desde o princípio. Na iniciação (*Iniciación* — I), quem escreve faz ao menos duas coisas, escolhe um tópico e uma postura. O tópico é a votação em um plebiscito no Brasil, a ação é a de informar sobre um evento que acontecerá no dia posterior ao momento de escrever (*amanhã*) e a postura é a de avaliar positivamente o evento como um *fato histórico*. No turno seguinte (*Seguimiento* — S), quem escreve dá os detalhes sobre o plebiscito (*a pergunta, é*) e no fechamento (*Cierre* — C) avalia o significado da pergunta com uma apreciação própria (*É certo, aparece de forma simples, pode ser complexa, profunda mudança, causará, violência, atingido*). Sem entrar em uma análise detalhada, é notório que o último elemento leva uma carga avaliativa maior e contém o posicionamento explícito de quem escreve.

O estudo de muitos textos escritos mostrou que essa estrutura de três partes é recorrente em distintos gêneros discursivos, mas que nem sempre o turno de fechamento avaliativo é obrigatório (Bolívar, 2001a). Estudos com grandes *corpora* sobre a segmentação de textos baseada na coesão léxica encontraram evidência de que nos jornais em inglês existem certos sinais que tendem a ocorrer em inícios de parágrafos e em limites entre parágrafos (Hoey; O'Donnell, 2009), o que contribui para reforçar a hipótese de que se pode diferenciar entre as partes do texto com critérios linguísticos e não somente com base na intuição.

É importante ressaltar que, de uma maneira geral, a busca de padrões com base nos sinais de interação dados por quem constrói o texto se faz tendo em mente um interlocutor *ótimo*, ou seja, aquele para quem o texto

---

que se le propone al **universo de votantes** (que incluye a todos los mayores de 16 años de edad) es: ¿la venta de armas y municiones a civiles debe ser prohibida en Brasil? (C) Desde luego que **la interrogante** luce sencilla pero la respuesta puede resultar más compleja de lo que algunos de nosotros puede imaginar: Basta pensar en un triunfo del Sí para darse cuenta del profundo cambio histórico y social que ello causará en la "cultura de la violencia" que ha azotado el continente en los últimos años. (del ¿Adiós a las armas? *El Nacional*, 22 de octubre de 2005, en Bolívar, 2007, p.259) (N. T.).

tem significado máximo em uma situação específica (Bolívar, 1986, 2005a). Nessa perspectiva, a interação é fundamentalmente prospectiva, baseada nas expectativas que se criam no passo a passo. Assim, surgem padrões de predição linguística (Tadros, 1985, 1994) que podem ter duas partes, em que a primeira antecipa a segunda, como Enumeração/enumerado (*usamos o termo em três sentidos/ 1) 2) e 3*)), Rótulo antecipado/o anunciado (*fazemos uma distinção entre crédito real e crédito econômico/ o crédito real é...o crédito...é*), Relato/avaliação (*A discussão é apresentada num nível diferente/ ele é examinado em...*), Recapitulação/avaliação (*Dissemos até agora que.../ Não obstante*), Hipotético/real (*Suponhamos que as regras estejam claras/ Na verdade...*), Pergunta/avaliação (*Vale a pena estudar? A educação é uma valiosa...*). Esses padrões diádicos podem alcançar grande complexidade e devem ser diferenciados de padrões retrospectivos que têm outra função, especialmente a de chamar a atenção do leitor sobre a organização e relevância de seu discurso (*no parágrafo anterior apresentei a diferença entre X e Z, o anterior é uma definição, um resumo etc.*).

A procura por estruturas de três partes indicou que as avaliações de fechamento cumprem distintas funções discursivas nos textos. A análise do diálogo político através dos meios de comunicação mostrou também que os turnos de fechamento têm um papel importante na luta pelo poder político (Bolívar, 2007b, 2008).

3.2. A interação no nível hierárquico

Além de seguir a progressão linear do texto, o analista volta sua atenção para a interação entre os participantes com a finalidade de compreender padrões textuais relacionados com o conteúdo do texto. Nesses estudos, pode-se alterar a ordem dos elementos para entender um padrão como *Problema-solução*, muito estudado na língua inglesa. Segundo Hoey (1994), esse padrão parece ter sido estudado originalmente por Beardsley (1950), mas só foi reconhecido pelos linguistas a partir dos anos 1960, entre eles Becker (1965), Young, Becker e Pike (1965), Labov (1972), Longacre (1974, 1976), Grimes (1975) e van Dijk (1977). Entretanto, o autor assegura que foi Eugene Winter (1969, 1976) quem mais contribuições deu para mostrar como essa estrutura encontra-se presente nas intuições dos falantes e como se reflete na linguagem. O exemplo a seguir é usado por Hoey (1994) para justificar a presença do referido padrão; o texto permanece no original em inglês com as mesmas indicações do autor.

(4)   *Ballons and air cushion the fall*
   (1)(a) Helicopters are very convenient for dropping freight by parachute (b) but this system has its problems. (2) Somehow the landing impact has to be cushioned to give a soft landing. (3) The movement to be absorbed depends on the weight and the speed at which the charge falls. (4) Unfortunately most normal spring systems bounce the load as it lands, sometimes turning it over.
   (5) (a) To avoid this, Bertin developer of the aerotrain, has come up with an air-cushion system (b) which assures a safe and soft landing. (6) It comprises a platform on which the freight is loaded with, underneath, a series of 'balloons' supported by air cushions. (7) These are fed from compressed air cylinders equipped with an altimeter valve which opens when the load is just over six feet from the ground. (8) The platform then becomes a hovercraft, with the balloons reducing the deceleration as it touches down.
   (9) Trials have been carried out with freight-dropping at rates of from 19 feet to 42 feet per second in winds of 49 feet per second. (10) The charge weighed about one and a half tons, but the system can handle up to eight tons. (11) At low altitudes freight can be dropped without a parachute. (From Technology Review, *New Scientist*, 1970, en Hoey, 1994, p. 36.)

De acordo com Hoey, o texto (4) acima tem a seguinte estrutura semântica básica:

A primeira metade da oração (1) (1a):   Situação
Orações (1b) — (4):   Problema
Orações (5) — (8) (excluindo-se 5b):   Resposta
Orações (5b) e (9) — (11):   Avaliação

Hoey identifica esse padrão com base na evidência linguística que resumimos brevemente. Os sinais linguísticos para identificar a Situação na oração (1a) são três: o tempo verbal, o léxico e a posição no texto. Os sinais de Problema em (1b) a (4) estão no léxico, na palavra "problems", na frase verbal "need to", no advérbio "somehow", na avaliação negativa por meio de "unfortunately" e no verbo "avoid", que se relaciona retrospectivamente com o problema. Os sinais de Solução ou Resposta (5 a 8) estão indicados por sinais léxicos "to avoid this", "come up with" e por formas verbais no presente perfeito "have developed". O principal sinal do componente Avaliação, no qual Hoey retoma a cláusula (5b) que havia sido excluída, inclui o verbo "assure", por ser indicador de apreciação. Por sua vez, o componente Avaliação (5b, 9-11) é analisado em Avaliação-Base para a avaliação, de modo que o sinal "trials" é fundamental.

Hoey (1994), seguindo a técnica de projeção em diálogo iniciada por Winter (1969, 1979), usa o teste do diálogo para mostrar como aqueles que leem dialogam com o texto e assim reconstroem o padrão juntamente com quem o escreveu. No caso do exemplo (5), Hoey defende que o discurso pode projetar-se em um diálogo como o que segue (*tradução minha*):

(5) A: *Qual é a situação (para a qual os helicópteros são apropriados)?*
B: Os helicópteros são muito convenientes para lançar carga com paraquedas.
A: *Que aspecto da situação requer uma resposta? ou Qual é o problema?*
B: De algum modo o impacto da aterrissagem tem que ser amortecido para uma aterrissagem suave. O movimento que se vai absorver depende do peso e da velocidade com que a carga cai. Infelizmente, a maioria dos sistemas de molas balança a carga quando aterrissa, algumas vezes dando uma volta ao redor dela.
A: *Que resposta foi dada ou quem propôs uma solução?*
B: Bertin, que desenvolveu o aerotrem, propôs um sistema de amortecimento aéreo.
A: *Foi bem sucedido?*
B: Garante uma aterrissagem segura e suave.
A: *Quais são os detalhes dessa solução?*
B: Consiste em uma plataforma na qual se põe a carga e, por baixo, leva uma série de balões apoiados em almofadas de ar. Esses balões são alimentados por cilindros equipados com uma válvula de altímetro que se abre quando a carga está a apenas seis pés do chão. Então a plataforma se converte em um *hovercraft* e os balões reduzem a desaceleração quando a terra é tocada.
A: *Quais são as evidências para se dizer que houve sucesso?*
B: Foram feitas provas com indicadores de lançamento de carga de 19 a 42 pés por segundo com ventos de 49 pés por segundo. A carga pesava ao redor de uma tonelada e meia.
A: *Qual a capacidade do sistema?*
B: O sistema pode gerenciar até oito toneladas. De uma altura baixa se pode lançar carga sem paraquedas.[6]

---

6. Exemplo original:

A: *¿Cuál es la situación (para la cual los helicópteros son apropiados)?*
B: Los helicópteros son muy convenientes para lanzar carga con paracaídas.
A: *¿Qué aspecto de la situación requiere una respuesta? o ¿Cuál es el problema?*

Essa aproximação metodológica fundamenta-se no conceito de *relações semânticas oracionais* introduzido por Eugene Winter (1979) e posteriormente desenvolvido amplamente por Michael Hoey (1983, 1994, 2001). Segundo Winter (1979, p. 2), "[...] apenas colocamos duas orações uma ao lado da outra com o objetivo de nos comunicarmos com alguém, estas duas orações entram numa relação especial na qual a compreensão de uma oração depende de alguma forma da compreensão da outra oração no parágrafo" (grifo de Winter). Para o autor, esse tipo de relação constitui o contexto linguístico mínimo para interpretar o significado das duas orações. Ele usa o termo "parágrafo" para se referir às duas orações adjacentes. Esse parágrafo, por sua vez, consiste em dois "membros" integrados cada um por orações ou cláusulas (o autor não faz diferença). Winter defende que as relações são finitas e que podem ser identificadas mediante três tipos de vocabulários: os vocabulários 1 e 2 incluem os subordinantes e os conectores de orações, e o vocabulário 3 refere-se a itens léxicos que funcionam de maneira similar aos dos vocabulários 1 e 2 porque podem antecipar a informação que vai ser

---

B: De algún modo el impacto del aterrizaje tiene que ser amortiguado para un aterrizaje suave. El movimiento que se va absorber depende del peso y de la velocidad con que cae la carga. Desafortunadamente, la mayoría de los sistemas de resortes sacuden la carga cuando aterriza, algunas veces dándola vuelta.

A: *¿Qué respuesta ha habido? o ¿quién ha propuesto una solución?*

B: Bertin, quien desarrolló el aerotren, ha propuesto un sistema de amortiguación aéreo.

A: *¿Cuán exitoso ha sido?*

B: Asegura un aterrizaje seguro y suave.

A: *¿Cuáles son los detalles de esta solución?*

B: Comprende una plataforma en la que se pone la carga y, por debajo, lleva una serie de globos apoyados en cojines de aire. Estos se alimentan con unos cilindros equipados con una válvula de altímetro que se abre cuando la carga está apenas a seis pies del suelo. Entonces la plataforma se convierte en un *hovercraft*, y los globos reducen la desaceleración cuando toca tierra.

A: *¿Qué evidencia tienes para decir que ha tenido éxito?*

B: Se han hecho pruebas con índices de lanzamiento de carga desde 19 a 42 pies por segundo con vientos de 49 pies por segundo. La carga pesaba alrededor de una tonelada y media.

A: *¿Qué capacidad tiene?*

B: El sistema puede manejar hasta ocho toneladas. En baja altura se puede lanzar carga sin paracaídas. (N. T.)

encontrada mais adiante no texto. Essa noção é importante porque significa que "um discurso dá sinais aos seus leitores sobre a estrutura que tem" (Hoey, 1979, p. 31), como já vimos no exemplo (4).

Winter defende que a relação oracional implícita em todo discurso é a que ele denomina Situação-Avaliação, a qual serve de contexto para outros tipos de relações semânticas. A situação é um contexto linguístico mínimo que, segundo o autor, representa o que "sabemos" sobre algo, enquanto a avaliação é o que "pensamos sobre" ou como "sentimos" a situação (p. 56). A tarefa de quem escreve é interpretar uma situação para um *"decoder"* (1994, p. 57).

As relações oracionais constituem as estruturas básicas dos textos e das mensagens e se dão em sequências. As estruturas básicas são Situação-Avaliação, Hipotético-Real e mistas. As relações oracionais são "pareadas" (*matching relations*) e de sequência lógica. As relações pareadas constituem um campo semântico amplo caracterizado pela repetição sistemática entre orações e a semântica da compatibilidade (comparações, alternativas, específico/não específico, geral/particular, aposições) e da incompatibilidade (contrastes, contradições, negação-correção). Winter insistiu que "o ponto teórico importante é que as relações não são ao acaso, mas sim parte das expectativas em relação a um consenso finito sobre sua interpretação mútua"[7] (1994, p. 67).

A discussão sobre "estrutura" e "organização" textual gera bastante debate. Para Hoey (2001), nem todos os tipos de interação são do tipo "momento a momento", porque à medida que criamos expectativas sobre o que vem depois no texto, também formulamos hipóteses sobre padrões em maior escala do texto como um todo. Quanto ao texto escrito, ele propõe que seja construído tendo em mente hipóteses do tipo local e global. Visto dessa maneira, o estudo dos padrões textuais que podem ter duas ou mais partes, tais como Situação-Avaliação (Winter, 1994) ou Situação-Problema-Resposta-Solução (Hoey, 1983, 2001), Avaliação-Base (Jordan, 2001),

---

7. Do original em inglês: "The theoretical point about clause relations is that relations between clauses are not random, but part of an expected finite consensus about their mutual interpretation" (Winter, 1994, p. 67).

requer particular interesse para a compreensão do conteúdo dos textos da perspectiva da interação entre leitor e textos, particularmente se se volta a atenção para padrões léxicos em grandes quantidades de textos. Em estudos mais recentes, Hoey (2005) argumentou que a leitura das concordâncias na Linguística de *Corpus* é análoga às que são percebidas pelos seres humanos em seus encontros com textos na vida diária. Esse ponto é importante porque nos dá base para pensar que, de maneira similar, as intuições dos seres humanos sobre a percepção dos problemas sociais podem ser corroboradas pela Linguística de *Corpus*.

3.3. As implicações metodológicas

3.3.1. Problemas nos textos e problemas na vida

Para a análise de padrões textuais, é imprescindível não confundir a ordem que os textos têm quando são produzidos com a ordem do raciocínio para entender seu conteúdo e avaliá-los. Na vida cotidiana, encontramos textos como o que aparece a seguir, que sugere um problema de segurança na vida real, mas não seria qualificado como um texto com um padrão textual do tipo Problema-Solução. Para que fosse qualificado como tal, teria que haver no texto uma situação problemática com sinais como "problema" ou avaliações negativas. Também deveria haver sinais que indicassem uma solução. Ao contrário, esse texto tem a organização superficial de um texto procedural, para que os viajantes se apeguem às normas seguindo certos "passos" (1 a 4) e NÃO tenham problemas ao subir no ônibus (5 e 6). Os dois últimos pontos, na verdade, não são passos e sim advertências sobre o que não se deve fazer e o que a companhia fará para proteger sua segurança. A palavra SEGURANÇA é ressaltada, o que implica se tratar de um assunto preocupante. Portanto, há uma avaliação implícita baseada em pressupostos sobre o que é um problema importante para todos. Se nos fixarmos na estrutura do texto, veremos que no título aparece um sinal linguístico que compromete o autor ao enumerar (*passos*) e de fato ele o faz, mas acrescenta uma perspectiva que reflete uma posição frente ao problema da falta de segurança.

(6) Passos para tomar o ônibus
   1. Apresentar-se na plataforma pelo menos 15 min antes do horário de saída marcado em sua passagem.
   2. Entregar ao funcionário da empresa sua bagagem ou pertences que serão transportados no compartimento de carga. Exigir do funcionário um tíquete por cada volume entregue.
   3. Sempre tenha à mão sua passagem. Verifique com a "Edecán" antes de se dirigir ao seu destino e assento.
   4. Caso leve bagagem de mão ou mochila no interior do veículo, verifique se o tamanho está em conformidade com o limite estabelecido. Pergunte à "Edecán", ela o orientará.
   5. Não aceite nenhum tipo de alimento ou bebida de estranhos. Solicite seu lanche à "Edecán".
   6. Para sua segurança, antes de embarcar, a equipe de segurança o revistará e checará os artigos e acessórios com os quais deseja viajar.[8]

Da perspectiva do viajante, uma leitura possível seria a seguinte:

(7) Há muita falta de segurança ao tomar o ônibus e é necessário tomar precauções para evitar problemas. Chegue a tempo, entregue sua bagagem, exija seu comprovante, tenha a mão sua passagem, verifique seu assento e destino, certifique-se de não levar bagagem muito volumosa, aceite o lanche somente das mãos da "Edecán", aceite que o revistem e que chequem sua bagagem antes de embarcar.

Nessa leitura, a ordem dos elementos foi invertida e temos outra estrutura que foi construída pelo leitor. A interpretação de ambos os interlocutores

---

8. Exemplo original:

Pasos para abordar el autobús

1. Presentarse en el andén al menos 15min antes de la salida marcada en su boleto.
2. Entregar al maletero su equipaje o pertenencias que se transportarán en el compartimento de cajuelas. Exigir al equipajero por cada maleta documentada su respectiva contraseña.
3. Siempre tenga a la mano su boleto de abordar. Verifique con la Edecán antes de abordar su destino y asiento.
4. En caso de llevar equipaje de mano o mochila al interior de su autobús, deberá verificar si el tamaño es acorde al dimensionador de equipaje. Pregunte a la Edecán, ella le orientará.
5. No acepte ningún tipo de alimentos o bebidas de algún extraño. SOLICITE SU LUNCH A LA EDECÁN.
6. POR SU SEGURIDAD, antes de abordar personal de seguridad lo revisará a usted así como los artículos y accesorios con los que quiera abordar. (N. T.)

(leitor e escritor) coincide no problema da falta de segurança, mas o exemplo (6) é outro texto. A questão é que poderia, inclusive, haver outras leituras ou *textualizações* (Coulthard, 1994) tais como: *esteja alerta*, *México é perigoso*, *tenha cuidado*, *siga as normas*, *se não permitir o registro poderá ter problemas com os guardas etc.* Isso ocorre desta forma porque os seres humanos avaliamos com base em um sistema de valores e de acordo com distintas ideologias. O importante é que ao fazer a análise dos padrões textuais se tenha claro que as duas leituras podem conduzir a resultados diferentes.

3.3.2. O mesmo problema em textos diferentes

Também na vida real nos deparamos com textos que relatam e analisam problemas em textos que usam padrões de interação diferentes. Na sequência, apresentamos dois textos relacionados com o problema do aumento do preço das tortilhas no México. O texto (8) é uma notícia de um jornal local em que se entrevista um líder sindical; o texto (9) é uma notícia na seção de finanças em que alguém fala em nome da Secretaria de Economia.

(8) Já aumentaram para 12 pesos
Ameaçam subir para $15 o preço da tortilha
Por José Juan Ramírez
(1)(I) O preço da tortilha chegará a 12 pesos o quilo nos próximos dias, mas se os aumentos do preço do gás e da tonelada de milho continuarem, o preço poderá chegar a até 15 pesos, **apontou** o representante de tortilheiros e líder da CNOP, Juan José González.
(2) (S) **Indicou** que o que se quer é padronizar o preço do quilo em 12 pesos porque há pessoas que aumentaram muito o preço e outras que tentam vender mais barato — inclusive perdendo — para atrair a clientela.
(3) (I) "Agora o que se está conseguindo é que haja um padrão em todos os tortilheiros, que se venda a 12 pesos, há aqueles que estão vendendo a 14, mas o que queremos é que todos vendam a 12 pesos o quilo; se o aumento continuar pode chegar a até 15 pesos o quilo porque acompanha em aumento o preço do país e do gás".
(4) (S) **Indicou** que se isso não melhorar ou se os aumentos do preço do milho — por causa da seca — continuarem, a tortilha poderá chegar ao ponto de custar 15 pesos o quilo.
(5) (I) "Se agora em janeiro, fevereiro e março essa situação (sic) não há um preço padrão que se mantenha num só nível, definitivamente vamos ter que aumentar para até 14 ou 15 pesos o quilo porque muitos já estão trabalhando com perdas, o que se procura é que se venda a um mesmo preço, outros para atrair consumidores vendem a tortilha por 8 ou 9 pesos e sinceramente não dá, o gás e a eletricidade são caríssimos, além dos trabalhadores, serviços e matéria-prima".

(6) (S) "Todos os tortilheiros <u>devemos estar unidos</u> e <u>não devemos subir</u> os preços até que vejamos como vai ficar a realidade neste ano". (*El Sol de Irapuato*, Local, 6 de janeiro de 2012, A4.)[9]

A manchete dessa notícia consta primeiramente de um relato avaliativo do que já havia acontecido (*Já aumentaram...*) e em seguida de uma avaliação mais intensa, que toma a forma de uma advertência (*ameaçam subir*). Como vemos, a notícia se estrutura com base em verbalizações relatadas e citadas (*apontou, indicou que*, uso de aspas) e embora haja uma linguagem avaliativa, o repórter não oferece uma avaliação própria a não ser para chamar a atenção. Além da avaliação no título, que é realmente própria, as avaliações são atribuídas ao entrevistado (*devemos estar unidos, não devemos subir os preços...*). Podemos dizer que a estrutura desse texto no nível linear, da perspectiva de quem escreve, é do

---

9. Exemplo original:

Ya la aumentaron a 12 pesos

Amenazan subir a $15 el precio de la tortilla

Por José Juan Ramírez

(1)(I) El costo de la tortilla <u>llegará</u> a 12 pesos el kilo en los próximos días, <u>pero</u> si continúan los incrementos de gas y del precio de la tonelada de maíz, <u>el costo podría llegar</u> incluso hasta 15 pesos, **señaló** el representante de tortilleros y líder de la CNOP, Juan José González.

(2) (S) **Indicó** que lo que se trata es de homogeneizar el precio por kilo a 12 pesos porque hay gente que ya lo subió mucho y otros que intentan darlo más barato — incluso perdiendo — con tal de atraer clientela.

(3) (I)"Ahorita lo que se está llevando a cabo, es que haya un estándar en todos los tortilleros, que se dé a 12 pesos, hay quienes la están dando a 14 pero lo que queremos es que todos la vendan a 12 pesos el kilo, espero si continúa el aumento pues definitivamente puede llegar hasta 15 pesos el kilo porque sigue en aumento el precio del país y el gas".

(4) (S) **Indicó que** si esto no se mejora o si los incrementos en el precio del maíz — por la sequía — siguen, la tortilla podría llegar a niveles de 15 pesos por kilogramo.

(5) (I) "Si ahorita en enero, febrero y marzo esa situación (sic) no hay un estándar de los precios y se queda en un solo nivel, definitivamente <u>vamos a tener que aumentar</u> hasta 14 o 15 pesos el kilo porque muchos están trabajando ya con pérdidas, lo que se busca es que se venda a un mismo precio, otros por jalar clientela la venden a 8 o 9 pesos y sinceramente no sale, el gas y la electricidad es carísima, mas los trabajadores prestaciones e insumos".

(6) (S) "Todos los tortilleros <u>debemos estar unidos</u>, y que <u>no debemos subir</u> los precios hasta que veamos la realidad de cómo va a quedar en este año". (*El Sol de Irapuato*, Local, 6 de enero 2012, A4). (N. T.)

tipo Início-Continuidade, sem um fechamento que avalie a notícia como tal. Da perspectiva do ator social citado no texto, as marcas de avaliação aparecem em aumento. A situação é diferente do que ocorre no texto (9), extraído da Seção Finanças.

(9) Tortilheiros "tiram vantagem" em janeiro
Por Alejandro Durán

(1)(I) Como a cada início de ano, <u>os tortilheiros</u> <u>pretendem</u> <u>tirar vantagem</u> em pleno mês de janeiro, pois <u>de acordo com dados</u> da Secretaria de Economia (SE), o preço médio nacional do quilo da tortilla subiu 1.59 pesos (16 por cento), de janeiro de 2011 ao mesmo período de 2012.

(2)(S) Isso <u>acontece</u> <u>porque</u> o quilo do tradicional alimento subiu entre 1 e 2 pesos em distintas entidades do país só de dezembro passado ao mês atual, ficando o preço mais alto na cidade de Poza Rica, 16 pesos, logo depois de estar 14 pesos há pouco mais de uma semana.

(3)(C) <u>Dessa maneira</u>, apesar de tudo e das ações assim como dos anúncios de advertência que o Governo federal lançou desde meados de dezembro passado para evitar e sancionar qualquer aumento injustificado, <u>o certo é</u> que <u>hoje em dia</u> o quilo da tortilha pode ser comprado a partir de 8.80 pesos (na cidade de Puebla); e até por 16 pesos (em Poza Rica), passando por 10.43 no Distrito Federal. (*El Sol de Irapuato*, Finanças, 6 de janeiro de 2012, 3F.)[10]

Este é um texto mais avaliativo que o anterior, dada sua localização numa seção do jornal que avalia a situação financeira. O texto é construído linearmente em três partes: uma avaliação, uma explicação e uma conclusão. Sua organização em termos de padrões textuais é a de Avaliação/Base para a avaliação (Winter, 1994; Jordan, 2001), que pode ser examinada

---

10. Exemplo original:

Tortilleros "hacen su agosto" en enero

Por Alejandro Durán

(1)(I) Como cada inicio de año, <u>los tortilleros</u> <u>pretenden</u> "<u>hacer su agosto</u>" en pleno mes de enero, pues <u>de acuerdo a datos</u> de la Secretaría de Economía (SE), el precio promedio nacional del kilógramo de tortilla subió 1.59 pesos (16 por ciento), de enero de 2011 al mismo período de 2012.

(2)(S) Lo anterior <u>se da</u>, <u>porque</u> tan sólo de diciembre pasado al mes en curso subió entre 1 y 2 pesos el kilo del tradicional alimento en distintas entidades del país, ubicándose la ciudad de Poza Rica con el costo más alto. 16 pesos, luego de que apenas hace una semana estaba en 14 pesos.

(3)(C) <u>De esta manera</u>, con todo y las acciones así como los anuncios de advertencia que lanzó desde mediados de diciembre pasado el Gobierno federal para evitar y sancionar cualquier aumento injustificado, <u>lo cierto es</u> que <u>hoy en día</u> el kilo de tortilla se puede comprar desde 8.80 pesos (en la ciudad de Puebla); y hasta en 16 pesos (en Poza Rica), pasando por 10.43 en el Distrito Federal. (*El Sol de Irapuato*, Finanzas, 6 de enero de 2012, 3F) (N. T.)

hierarquicamente. Num primeiro nível, o título funciona como a avaliação maior e o corpo do texto é a Base para a avaliação. O título leva a frase "tiram vantagem" (*hacen su agosto*) entre aspas para indicar um distanciamento do conteúdo da proposição, mas se comprova no corpo do texto que a avaliação é predominante, confirmada no fechamento (*O certo é...*). A primeira oração exibe internamente o padrão textual do tipo Avaliação/ Base para a avaliação. A avaliação é negativa porque primeiro se emite um juízo com um verbo de citação do tipo afetivo que atribui más intenções a outros (*pretendem tirar vantagem*). A base para a avaliação se materializa mediante a atribuição de informação a uma fonte autorizada (*a Secretaria de Economia*) e pelo recurso à precisão no que se refere a cifras (*1.59 pesos, 16 por cento*). O turno de continuidade na oração 2 é, por sua vez, a base para a avaliação que se deu na primeira oração (*isso acontece porque... subiu...*). A oração 3, que funciona como fechamento, avalia as duas anteriores com uma modalidade de certeza absoluta (*o certo é que...*). Embora o autor atribua informação a outras fontes no início, a responsabilidade da avaliação é sua de maneira muito evidente.

Os textos (8) e (9) serviram para mostrar que os gêneros discursivos seguem padrões textuais diferentes segundo o grau de avaliação esperada neles. Também vemos que é importante conhecer quem faz as avaliações em nome de que grupos da sociedade. Portanto, no recolhimento dos dados e na análise deve-se levar em consideração os responsáveis por dar a informação e por fazer as avaliações.

A responsabilidade pelas avaliações emitidas é um tema que pode ser tratado em diferentes tipos de discurso, mas é no discurso político que tem um alcance maior, já que é o tipo de discurso que mais afeta nossas vidas, para o bem ou para o mal. O estudo do diálogo político, portanto, pode nos mostrar a forma como os políticos se fazem responsáveis ou não por suas avaliações e como isso traz consequências para manter o diálogo democrático (Bolívar, 2012). Como veremos na seção seguinte, embora estejamos mudando o foco em direção a um problema social numa perspectiva macro, os padrões textuais continuam sendo fundamentais para compreender o processo de construção de padrões de interação em que dominam algumas avaliações e não outras.

4. A construção de padrões no diálogo político

O que quisemos ilustrar com os exemplos anteriores é que a leitura dos padrões textuais nos textos nos dá bases para ler problemas sociais. O microdiálogo entre os participantes do discurso deixa entrever a participação de forças que estão implícitas na interação social e que indicam modos de tomar posição diante dos problemas do mundo real no espaço público (Sarangi, 2011). Os estudos críticos do discurso foram muito eficazes para explicar como as forças econômicas contribuem para criar desigualdades (Fairclough, 1994), e como as ideologias contribuem para perpetuar a discriminação de minorias e o abuso de poder (van Dijk, 2003). Também foram feitas contribuições importantes para entender o valor da história na construção de identidades nacionais (Wodak, 2011), mas a atenção dada ao diálogo entre chefes de estado foi menor, particularmente quando esse diálogo se torna conflituoso e ameaça a estabilidade das democracias.

4.1. A leitura do diálogo conflituoso

Na minha própria perspectiva, dei destaque para a forma que o diálogo político conflituoso toma entre os chefes de estado. Minha motivação foi, por um lado, explicar de que maneira se abusa do poder com a palavra para manter projetos políticos autoritários e, por outro, avaliar o grau de responsabilidade dos líderes políticos da região latino-americana com relação aos esforços que fazem ou não fazem para manter o diálogo democrático e a paz na região. Os métodos empregados variam desde a análise manual de um só texto (Bolívar, 2010b) até a análise via linguística de *corpus* (Bolívar, 2009a), mas quando se trata de acompanhar o desenvolvimento dos eventos é necessário recorrer a outros procedimentos[11] que resumimos na sequência.

---

11. Esses procedimentos foram apresentados e explicados em diferentes publicações sobre o diálogo conflituoso (Bolívar, 2008, 2009, 2011) e se ampliam ou se adaptam segundo o objetivo do estudo. O que é comum sempre é que os textos são reunidos em cadeias heterogêneas sem que se saiba de antemão quais serão os textos que comporão o *corpus*.

i. Coloca-se em foco uma situação potencialmente conflituosa entre um líder e seus adversários internos ou entre presidentes de distintos países da América Latina. É uma condição que os meios de comunicação relatem o conflito dando evidência linguística de algum tipo de transgressão verbal ou material;

ii. Volta-se a atenção para o participante que inicia a ação conflituosa e se faz o acompanhamento da interação através da imprensa;

iii. Recolhem-se os textos na mesma ordem cronológica em que foram produzidos;

iv. Recolhem-se os macrointercâmbios completos;

v. Em cada interação atribuem-se as funções de Iniciação, Continuidade e Fechamento;

vi. Faz-se o rastreamento de tópicos e avaliações;

vii. Analisam-se as estratégias linguísticas e discursivas. É dada prioridade às relações interpessoais (modo, modalidade, (des)cortesia).

Como dispomos de um espaço limitado para explicar de que modo os padrões textuais se ativam no macrodiálogo político, tratarei somente de dois casos em que as avaliações de fechamento foram altamente relevantes na luta política.

4.2. Padrões construídos na luta ideológica interna

Nem tudo é consenso no discurso político. A transgressão de expectativas relacionadas às formas de falar e de se comportar de um presidente pode levar a sérios conflitos sociais. Tal foi o caso da relação entre o presidente da Venezuela, Hugo Chávez, e seus opositores, os quais criticaram severamente e reprovaram seu discurso transgressor e a retórica ameaçadora que empregou desde o início de seu governo em 1999. Uma das estratégias que o presidente Chávez usou de maneira regular foi a desqualificação e o insulto com o propósito político de desestabilizar emocionalmente seus antagonistas. Nesse contexto, a luta ideológica se converte numa luta pela identidade nacional, dado que valores tacitamente combinados convertem-se em antivalores num país altamente polarizado. Tal é o caso do valor simbólico que teve o arroto de um general diante das câmeras quando fazia uma invasão cumprindo ordens do presidente (Bolívar, 2005b). O macrointercâmbio resumido a seguir responde ao padrão Iniciação, Continuidade e Fechamento. A avaliação maior fica nas mãos do presidente da República, que legitimou o ato do arroto. Neste macrointercâmbio, reuniram-se manchetes, notícias, editoriais, cartas ao editor, caricaturas, slogans, grafites e outros textos.

(10) *Situação e contexto:* Ano 2003, Caracas, Venezuela, durante greve nacional, invasão pela Guarda Nacional de uma empresa produtora de cerveja e de Coca-cola. Mulheres que protestavam foram agredidas pelos militares.

Participantes: O General que realiza a invasão, uma jornalista, jornalistas e articulistas da imprensa nacional, cidadãos nas ruas, o presidente da República. Na imprensa, o sobrenome do General se escreve indistintamente como Carlés ou Carlez.

Início: 17/1/2003
Intercâmbio entre o General e a jornalista que o está entrevistando:
General: (Toma um refrigerante e arrota diante das câmeras)
Jornalista: Isso não é falta de educação?
General: não, não, senhorita, escapou...

Continuidade: 17, 18, 19 e 20 de janeiro de 2003
Os meios de comunicação e diversos setores da sociedade sancionam e repudiam a violência e o arroto do General:
O slogan da marcha de protesto é *Nem um arroto mais!*[12]
Os seguidores do presidente não criticam a violência contra as mulheres e aceitam o arroto:
Carlés, Carlés, arrota pra eles outra vez![13]

Fechamento: de 23 de janeiro a 11 de fevereiro de 2003
O presidente da República confirma o general em seu posto.
O presidente condecora o General em reconhecimento ao seu trabalho patriótico.
Grafite: *Carlés General do Povo!*[14]

Ainda que de maneira muito resumida, esse exemplo permite observar como a avaliação do presidente que está no poder se impõe. No discurso e

---

12. No original: *¡Ni un eructo más!* (N. T.)
13. No original: *¡Carlés, Carlés, erúctales otra vez!* (N. T.)
14. No original: *¡Carlés General del Pueblo!* (N. T.)

na ação política dá-se uma luta pela identidade cultural em torno do conceito de cortesia que os venezuelanos compartilham. Nesse caso, o arroto é uma arma simbólica que se usa como estratégia política para reforçar o conflito como modo de promover a mudança em direção a uma "democracia revolucionária". O conflito é parte da mudança (Fairclough, 1992), mas o interessante dessa análise é que se pode observar uma luta política em torno da aceitação ou não da violência verbal e física como modo de governar.

4.3. Padrões construídos na luta ideológica internacional

As ofensas trocadas pelos presidentes latino-americanos são, com frequência, tema das notícias internacionais que apresentam os conflitos com grande espetaculosidade (Possenti, 2008). As frases pronunciadas ocupam manchetes e as trocas de palavras são acompanhadas diariamente como um grande show. Nessas situações, o denominador comum é a luta discursiva pelas desculpas (Bolívar, 2008, 2010d) que ninguém quer pedir para não perder imagem ou força política. O papel dos meios de comunicação torna-se fundamental porque, ao fazerem referência a esse diálogo político conflituoso, ao mesmo tempo representam e constroem um tipo de diálogo democrático da perspectiva da "crise", uma palavra que é usada em todos os casos quando o conflito chega ao ponto culminante. Essas afirmações têm apoio em vários estudos nos quais se analisaram conflitos na região desde o ano de 2005 até o ano de 2008 (Bolívar, 2008, 2009c, 2010b, 2012). Em cada um desses estudos, os intercâmbios foram reunidos de maneira semelhante à descrita na seção anterior e foram analisados os textos que reproduziam em mais de duas ocasiões as palavras dos chefes de estado. De maneira semelhante, deu-se espaço aos textos produzidos pelos cidadãos a favor ou contra os presidentes. Os conflitos estudados incluíram as trocas de ofensas entre o presidente Vicente Fox, do México, e o presidente Hugo Chávez, da Venezuela (de 4/11/2005 a 20/11/2005, embora o conflito tenha se solucionado somente em 20/11/2007); o candidato presidencial Alan García, do Peru, e o presidente Hugo Chávez, da Venezuela (de 14/1/2006 até 17/1/2007, quando García chegou à presidência e os embaixadores foram restabelecidos); entre o rei Juan Carlos de Borbón e o presidente Hugo Chávez (de 10/11/2007 até

26/7/2008) e entre o presidente Rafael Correa, do Equador, e Álvaro Uribe, da Colômbia (de 30/3/2008 a 7/3/2008).

4.3.1. O padrão Problema-Solução

Embora por motivos diferentes, todos os conflitos estudados seguiram o padrão linear de Início, Continuidade e Fechamento que, em cada caso, culminou com o reatamento das relações diplomáticas. O exame dos acontecimentos nos levou a perceber um padrão em grande escala muito similar ao de *Situação-Problema-Solução-Avaliação* estudado por Hoey nos textos escritos. O padrão que surge é o seguinte:

Início: Problema ou situação problemática
Nos casos analisados há três detonadores verbais e um material (bélico).

1. Na "IV Cumbre de las Américas", celebrada em Mar del Plata, Argentina (2005), o presidente Chávez pronuncia a frase "ALCA ao caralho!" Com essa frase, Chávez se opunha ao Tratado de Livre Comércio das Américas (ALCA) proposto pelo presidente Bush, que também estava presente na reunião. Vicente Fox o criticou, Chávez o insultou e o México exigiu desculpas.

2. Pouco tempo depois, no Peru, Alan García, na qualidade de candidato presidencial (em 2006), insulta Hugo Chávez e o chama de "sem vergonha" por sua falta de credibilidade, visto que se apresenta como inimigo dos Estados Unidos, mas lhes vende petróleo. A razão do enfrentamento foi a ingerência de Chávez nas eleições presidenciais do Peru. Chávez exigiu desculpas. García não se desculpou.

3. No ano seguinte, na "XVII Cumbre Iberoamericana", celebrada em Santiago do Chile (2007), o rei Juan Carlos dirigiu ao presidente Chávez a frase que deu volta ao mundo "¿por qué no te callas?". Chávez exigiu desculpas. O rei não se desculpou.

4. Para fechar a cadeia de situações conflituosas, temos o detonador bélico. O Equador invadiu o território colombiano em perseguição a guerrilheiros das Farc (Forças Armadas Rebeldes da Colômbia). No ataque

morreram vários guerrilheiros e alguns civis. Uribe pediu desculpas pelo erro "involuntário". Correa manifestou-se dizendo que as desculpas não eram suficientes e levou a denúncia a instâncias internacionais.

Continuidade: a resposta e momento culminante

Em cada uma das crises deu-se uma série de situações de comunicação das quais participaram os chefes de Estado, que deixaram evidência linguística de intensificação do conflito (desqualificações, insultos, acusações, reclamações, exigências de desculpas). Chegou-se a um momento culminante no qual a tensão alcançou um ponto crítico, seja pela rejeição categórica de pedir desculpas, seja pela chamada à consulta dos embaixadores ou sua retirada.

Fechamento: a resolução do conflito

Este momento caracterizou-se primeiro por uma série de situações nas quais predominaram as ações atenuantes (explicações, aproximações) até que se chegou a um momento de resolução do conflito (anúncio de substituição de embaixadores, desculpas indiretas ou diretas, e acordos de cooperação econômica). Aqui foi muito importante a avaliação final do conflito (a imprensa opina e toma partido nas manchetes e notícias, os cidadãos dão suas impressões).

Em todos esses conflitos vale a pena destacar o momento da resolução e da avaliação final da imprensa. Apesar de os presidentes terem trocado acusações muito graves, somente no caso do conflito entre Equador e Colômbia as desculpas foram oferecidas e aceitas plenamente, mas, para conseguir isso, foi necessário realizar uma cúpula de presidentes latino-americanos, que foi celebrada na República Dominicana em 7 de março de 2008. Nos três conflitos que precederam este, os chefes de Estado foram mostrados diante das câmeras de televisão sorridentes, trocando apertos de mão e abraços, seguidos por acordos comerciais. Não houve retirada de palavras nem aceitação de responsabilidade pelos danos causados com a interrupção das relações. Os meios de comunicação, promotores do espetáculo, das "crises" se mostraram muito tolerantes com a descortesia e com a "anticortesia" (Zimmerman, 2005) dos chefes de estado. É assim que o diálogo político encenado nos meios de comunicação nos mostra o confronto entre os blocos ideológicos e as armas verbais e não verbais empregadas na luta pelo poder. Os padrões que surgem nos conflitos, particularmente nas avaliações de Fechamento, são cruciais para avaliar a responsabilidade dos meios de comunicação e dos chefes de estado, seja para fortalecer ou enfraquecer as democracias.

5. Considerações finais

Neste trabalho, propusemos quatro objetivos com relação ao estudo dos padrões textuais. Primeiro, com a finalidade de encontrar um modo de relacionar o texto com a dinâmica social, apresentamos uma proposta teórica que tem como categorias centrais o diálogo e a avaliação. Segundo, com a finalidade de compreender o alcance dos padrões textuais que são construídos dialogicamente como eventos linguísticos, explicamos por que os padrões são importantes para a comunicação humana e para entender também os eventos sociais. Terceiro, para um aprofundamento nos problemas teóricos e metodológicos em torno da construção e da descrição de padrões textuais, nos concentramos em dois tipos de descrições que concebem a interação de maneira diferente, uma que favorece o nível linear do discurso e outra que dá preferência ao nível hierárquico da perspectiva de quem interpreta os textos. Finalmente, para mostrar, de uma perspectiva crítica, a responsabilidade dos chefes de estado de fortalecer ou enfraquecer as democracias, mostramos como alguns dos padrões criados em situações micro se estendem ao nível macrossocial.

O percurso que fizemos revelou aspectos teóricos e metodológicos importantes para o estudo dos padrões textuais. Vimos como na interação textual os interlocutores cooperam para construir os significados. Também pudemos ver de que maneira esses padrões são ativados no macrodiálogo político para criar situações conflituosas e impor ou reafirmar ideologias. Os padrões textuais efetivamente dominam nossa experiência porque, além de identificar problemas no mundo real, reconhecemos os sinais linguísticos de Situação-Avaliação ou de Problema-Solução nos textos. Como consequência, uma melhor compreensão da forma como funcionam esses padrões nos textos e na sociedade pode levar também a um maior conhecimento do modo como funcionam a cooperação e o conflito no diálogo.

Referências

ADAMS, M. J. A schema-theoretic view of reading. In: FREEDLE R. O.; COLLINS, A. C. (Eds.). *New directions in Discourse Processing*. Norwood, NJ: Ablex, 1979. p. 1-22.

BARLETT, F. *Remembering*. Cambridge: Cambridge University Press, 1932.

BERBER SARDINHA, T. Lexical segments in text. In: SCOTT, M.; THOMPSON, G. (Eds.). *Patterns of text*. In honour of Michael Hoey. 2001. p. 213-237.

BEARDSLEY, M. C. *Practical Logic*. Englewood Cliffs, NJ: Prentice Hall, 1950.

BECKER, A. L. A tagmemic approach to paragraph analysis. *College Composition and Communication*, v. 16, p. 237-242, 1965.

BOLÍVAR, A. *Interaction through written text*. A discourse analysis of newspaper editorials. Tesis doctoral, Universidad de Birmingham, U.K., 1986.

_____. La negociación de la evaluación en editoriales de periódicos. *Boletín de Filología Universidad de Chile,* tomo XXXVI, p. 7-24, 1997.

_____. The negotiation of evaluation in written text. In: SCOTT, M.; THOMPSON, G. (Eds). *Patterns of text. In honour of Michael Hoey*. 2001a. p. 127-158.

_____. Changes in Venezuelan political dialogue: the role of advertising during political campaigns. *Discourse & Society*, v. 2, n. 1, p. 23-45, 2001b.

BOLÍVAR, A. *La interacción en el texto escrito*. Caracas: Consejo de Desarrollo Científico y Humanístico, Universidad Central de Venezuela, 2005a.

_____. Descortesía y confrontación política. Un análisis crítico. In: BRAVO, D. (Ed.). *Estudios de la (des)cortesía en español*. Buenos Aires: Editorial Dunken, 2005b. p. 273-297.

_____. Los primeros problemas del analista: ¿qué teorías? ¿qué métodos? ¿por dónde empezar? In: _____. (Comp.). *Análisis del Discurso*. Por qué y Para qué. Caracas: Los Libros de El Nacional, 2007a. p. 21-38.

_____. El análisis interaccional del discurso: del texto a la dinámica social. In: _____. (Comp.). *Análisis del discurso*. Por qué y para qué. Caracas: Los Libros de El Nacional y Universidad Central de Venezuela, 2007b. p. 248-277.

_____. "Cachorro del Imperio" versus "cachorro de Fidel": los insultos en la política latinoamericana. *Discurso y Sociedad* [Edición electrónica], v. 2, n. 1, p. 1-38, 2008. Disponível em: <www.dissoc.org>.

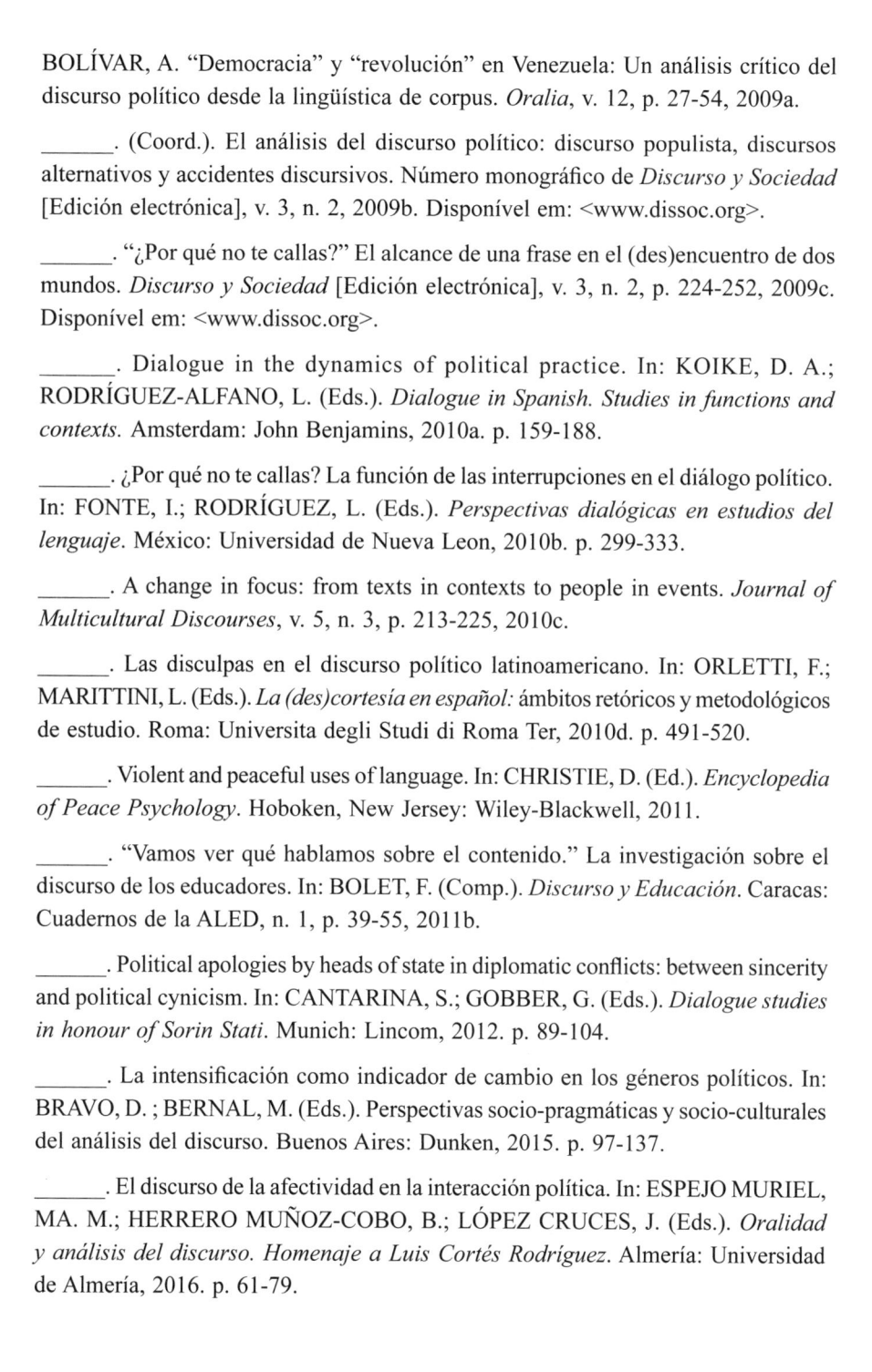

BOLÍVAR, A. "Democracia" y "revolución" en Venezuela: Un análisis crítico del discurso político desde la lingüística de corpus. *Oralia*, v. 12, p. 27-54, 2009a.

_____. (Coord.). El análisis del discurso político: discurso populista, discursos alternativos y accidentes discursivos. Número monográfico de *Discurso y Sociedad* [Edición electrónica], v. 3, n. 2, 2009b. Disponível em: <www.dissoc.org>.

_____. "¿Por qué no te callas?" El alcance de una frase en el (des)encuentro de dos mundos. *Discurso y Sociedad* [Edición electrónica], v. 3, n. 2, p. 224-252, 2009c. Disponível em: <www.dissoc.org>.

_____. Dialogue in the dynamics of political practice. In: KOIKE, D. A.; RODRÍGUEZ-ALFANO, L. (Eds.). *Dialogue in Spanish. Studies in functions and contexts*. Amsterdam: John Benjamins, 2010a. p. 159-188.

_____. ¿Por qué no te callas? La función de las interrupciones en el diálogo político. In: FONTE, I.; RODRÍGUEZ, L. (Eds.). *Perspectivas dialógicas en estudios del lenguaje*. México: Universidad de Nueva Leon, 2010b. p. 299-333.

_____. A change in focus: from texts in contexts to people in events. *Journal of Multicultural Discourses*, v. 5, n. 3, p. 213-225, 2010c.

_____. Las disculpas en el discurso político latinoamericano. In: ORLETTI, F.; MARITTINI, L. (Eds.). *La (des)cortesía en español:* ámbitos retóricos y metodológicos de estudio. Roma: Universita degli Studi di Roma Ter, 2010d. p. 491-520.

_____. Violent and peaceful uses of language. In: CHRISTIE, D. (Ed.). *Encyclopedia of Peace Psychology*. Hoboken, New Jersey: Wiley-Blackwell, 2011.

_____. "Vamos ver qué hablamos sobre el contenido." La investigación sobre el discurso de los educadores. In: BOLET, F. (Comp.). *Discurso y Educación*. Caracas: Cuadernos de la ALED, n. 1, p. 39-55, 2011b.

_____. Political apologies by heads of state in diplomatic conflicts: between sincerity and political cynicism. In: CANTARINA, S.; GOBBER, G. (Eds.). *Dialogue studies in honour of Sorin Stati*. Munich: Lincom, 2012. p. 89-104.

_____. La intensificación como indicador de cambio en los géneros políticos. In: BRAVO, D. ; BERNAL, M. (Eds.). Perspectivas socio-pragmáticas y socio-culturales del análisis del discurso. Buenos Aires: Dunken, 2015. p. 97-137.

_____. El discurso de la afectividad en la interacción política. In: ESPEJO MURIEL, MA. M.; HERRERO MUÑOZ-COBO, B.; LÓPEZ CRUCES, J. (Eds.). *Oralidad y análisis del discurso. Homenaje a Luis Cortés Rodríguez*. Almería: Universidad de Almería, 2016. p. 61-79.

CORTAZZI, M.; JIN, L. Evaluating evaluation in narrative. In: HUNSTON S.; THOMPSON G. (Eds.). *Evaluation in text.* Authorial stance and the construction of discourse. Oxford: Oxford University Press, 2000. p.102- 120.

COULTHARD, M. (Ed). *Advances in written text analysis.* London: Routledge, 1994.

_____. On analyzing and evaluating written text. In: COULTHARD, M. (Ed.). *Advances in written text analysis.* London: Routledge, 1994. p. 1-11.

DE BEAUGRANDE, R. *Text, Discourse and Process:* Towards a Multi-disciplinay Science of Texts. London: Longman, 1980.

_____. *Textlingistics.* In: ZIENKOWSKI, J.; ÖSTMAN, J. O.; VERSCHUEREN, J. (Eds.). *Discursive pragmatics.* Amsterdam/Philadelphia: John Benjamins Publishers, 2011. p. 286-296.

DE BEAUGRANDE, R.; DRESSLER, W. *Introduction to text linguistics.* Longman, 1981.

EDGE, J.; WHARTON, S. Patterns of text in teacher education. In: SCOTT, M.; THOMPSON, G. (Eds.). *Patterns of text.* In honour of Michael Hoey. 2001. p. 255-286.

FAIRCLOUGH, N. *Discourse and social change.* Cambridge: Polity Press, 1992.

_____. *Analysing discourse.* Textual analysis for social research. London: Rotledge, 2003.

FIRTH, J. R. Personality and language in society. *Sociological review*, n. 42, p. 37-42, 1951.

GOFFMAN, E. *Frame analysis:* An Essay on the Organization of Experience. Harmondsworth: Penguin, 1975.

GRIMES, J. E. *The Thread of Discourse.* The Hague: Mouton, 1975.

HALLIDAY, M. A. K. *An introduction to functional grammar.* London: Edward Arnold, 1994.

HOEY, A. *Signalling in discourse.* Discourse analysis monographs. Birmingham: University of Birmingham, 1979.

_____. *On the surface of discourse.* London: George Allen and Unwin, 1983.

_____. *Patterns of lexis in text.* Oxford: Oxford University Press, 1991.

HOEY, A. A common signal in discourse: How the word *reason* is used in texts. In: SINCLAIR, J.; HOEY, M.; COULTHARD, M. (Eds.). *Techniques of description: Spoken and written discourse (a festschrift for Malcolm Coulthard).* London: Routledge, 1993. p. 67-82.

_____. Persuasive rhetoric in linguistics. A stylictic study of some features of the language of Noam Chomsky. In: HUNSTON, S.; THOMPSON, G. (Eds.). *Evaluation in text. Authorial stance and the construction of discourse.* Oxford: Oxford University Press, 2000. p. 28-37.

_____. *Textual interaction. An introduction to written discourse analysis.* London and New York: Routlege, 2001.

HOEY, M.; BROOKS O'DONNELL, M. The chunking of newspaper text. In: SHIRO, M.; BENTIVOGLIO, P.; ERLICH, F. (Comps.). *Haciendo discurso.* Homenaje a Adriana Bolívar. Caracas: Universidad Central de Venezuela, 2009. p. 433-452.

JORDAN, M. P. Some discourse patterns and signaling of the assessment-basis relation. In: SCOTT, M.; THOMPSON, G. (Eds.). *Patterns of text.* In honour of Michael Hoey, 2001. p. 159- 192.

KOCH, I. G. V. *A coesão textual.* São Paulo: Contexto, 1989.

_____. *A inter-ação pela linguagem.* São Paulo: Contexto, 1992.

_____. *O texto e a construção dos sentidos.* São Paulo: Contexto, 1997.

_____. *Desvendando os segredos do texto.* São Paulo: Cortez, 2002.

_____. *Introdução à Linguística Textual.* São Paulo: Martins Fontes, 2004.

HUNSTON, S. Colligation, lexis, pattern, and text. In: SCOTT, M.; THOMPSON, G. (Eds.). *Patterns of text.* In honour of Michael Hoey. 2001. p.13-33.

HUNSTON, S. Evaluation and the planes of discourse: Status ad value in persuasive texts. In: HUNSTON, S.; THOMPSON, G. (Eds.). *Evaluation in text. Authorial stance and the construction of discourse.* Oxford: Oxford University Press, 2000. p.176-207.

HUNSTON, S.; THOMPSON, G. (Eds.). *Evaluation in text. Authorial stance and the construction of discourse.* Oxford: Oxford University Press, 2000.

LABOV, W. *Language in the inner city.* Philadelphia: University of Pennsylvania, 1972.

LABOV, W.; WALETSKY, J. Narrative analysis: Oral versions of personal experience. In: HELM, J. (Ed.). *Essays on the verbal and visual arts.* Seattle: American Ethnological Society, 1967. p. 12-44.

LONGACRE, R. E. Narrative versus other discourse genres. In: BREND, R. (Ed.). *Advances in Tagmemics*. Amsterdam: North Holland, 1974. p. 357-376.

MARTIN, J. R.; WHITE, P. R. *The language of evaluation: Appraisal in English*. New York: Palgrave, 2005.

POSSENTI, S. Um percurso: o caso "por qué no te callas?". *Revista Latinoamericana de Estudios del discurso* (ALED), v. 8, n. 1, p. 109-117, 2008.

SANFORD, A.; GARROD, S. C. *Understanding Written Language:* Explorations in Comprehension beyond the Sentence. Chichester: Wiley, 1981.

SARANGI, S. Public discourse. In: ZIENKOWSKI, J.; ÖSTMAN, J. O.; VERSCHUEREN, J. (Eds.). *Discursive pragmatics*. Amsterdam/Philadelphia: John Benjamins Publishers, 2011. p. 248- 265.

SCOTT, M. Mapping key words to problem and solution. In: SCOTT, M.; THOMPSON, G. (Eds.). *Patterns of text.* In honour of Michael Hoey, 2001. p. 109-127.

SCOTT, M.; THOMPSON, G. (Eds.). *Patterns of text.* In honour of Michael Hoey. Amsterdam/Philadelphia: John Benjamins Publishers, 2001.

SINCLAIR, J. *Mirror for a text.* M.S. Birmingham: University of Birmingham, 1987.

_____. *Trust the text. Language, corpus and discourse.* London: Routledge, 2004.

_____; COULTHARD, M. *Towards an analysis of discourse.* Oxford: Oxford University Press, 1975.

TADROS, A. *Prediction in economics text*. Tesis doctoral. Universidad de Birmingham, U.K. 1985.

_____. Predictive categories in expository texts. In: COULTHARD, M. (Ed.). *Advances in written text analysis*. London: Routledge, 1994. p. 69-82.

THOMPSON, S.; THOMPSON, G. Patterns of cohesion in spoken text. In: SCOTT, M.; THOMPSON, G. (Eds.). *Patterns of text.* In honour of Michael Hoey. 2001. p. 55-82.

TITSCHER, S.; MEYER, M.; WODAK, R.; VETTER, E. (Eds.). *Methods of text and discourse analysis*. London: Sage, 2001.

TOGNINI-BONELLI, E. *Corpus linguistics at work*. Amsterdam: John Benjamins Publishers, 2001.

VAN DIJK, T. A. *Text and Context:* Explorations in the Semantics and Pragmatics of Discourse. London: Longman, 1977.

_____. *Ideología y discurso*. Barcelona: Ariel, 2003.

_____; KINTSCH, W. *Strategies of discourse comprehension*. New York: Academic Press, 1983.

WHITE, P. R. R. Appraisal. In: ZIENKOWSKI, J.; ÖSTMAN, J. O.; VERSCHUEREN, J. (Eds.). *Discursive pragmatics*. Amsterdam/Philadelphia: John Benjamins Publishers, 2011. p. 14-36.

WODAK, R. Critical linguistics and critical discourse analysis. In: ZIENKOWSKI, J.; ÖSTMAN, J. O.; VERSCHUEREN, J. (Eds.). *Discursive pragmatics*. Amsterdam/Philadelphia: John Benjamins Publishers, 2011. p. 50-70.

WINTER, E. O. Grammatical question technique as a way of teaching science students to write progress reports: the use of a short text in teaching. The English Language Institute, Universiy of Throndheim, 1969. Mimeo.

_____. Replacement as a fundamental function of the sentence in context. *Forum Linguisticum*, v. 2, n. 2, p. 95-133, 1979.

_____. Clause relations as information structure: two basis text structures in English. In: COULTHARD, M. (Ed.). *Advances in written text analysis*. London: Routledge, 1994. p. 46-68.

YOUNG, R.; BECKER, A. L. Towards a modern theory of rhetoric: a tagmemic contribution. *Harvard Educational Review*, n. 35, p. 450- 468, 1965.

YOUNG, R. E., BECKER, A. L.; PIKE, K. L. *Rhetoric:* Discovery and Change. New York: Harcourt, Brace & World, 1970.

ZIMMERMAN, K. Construcción de la identidad y anticortesía verbal. In: BRAVO, D. (Ed.). *Estudios de la (des)cortesía en español*. Buenos Aires: Dunken, 2005. p. 245- 271.

CAPÍTULO 3

Estudos Multidisciplinares do Discurso

Teun van Dijk
Universidad Pompeu Fabra/UPF-Barcelona

Tradução: Maria Lúcia C. V. O. Andrade
Universidade de São Paulo/USP-São Paulo

Considerações iniciais

Com o objetivo de homenagear o trabalho seminal da professora Ingedore Villaça Koch para o desenvolvimento da Linguística Textual e dos Estudos do Discurso no Brasil, este capítulo sintetiza como os Estudos do Discurso se desenvolveram nos últimos 50 anos como uma área multidisciplinar das humanidades e das ciências sociais.

Mostramos como um objeto complexo como o discurso deve ser analisado sob várias perspectivas. O discurso é uma forma de uso da linguagem e, portanto, precisa de uma abordagem gramatical e linguística mais ampla. O discurso é também uma forma de interação social e, por conseguinte, requer uma análise mais sociológica, por exemplo, como propõe a Análise da Conversação. Em um nível mais macro de estudo, o discurso é produzido por instituições e organizações sociais, e, consequentemente, também requer uma abordagem mais (macro) sociológica. De modo similar, o discurso, as suas estruturas e regras podem variar em diferentes culturas, como sabemos a partir da Antropologia e da Etnografia. A produção e a compreensão do discurso são processos mentais baseados em representações estudadas na Psicologia Cognitiva. A Psicologia Social trata o discurso como interação social entre os usuários da língua que são vistos como membros de grupos sociais e, portanto, é preciso atentar para as identidades sociais e as formas de conhecimento, atitudes e ideologias, que são compartilhadas e reproduzidas por membros do grupo. O discurso é também uma forma de comunicação humana, que é em si um domínio multidisciplinar e que, cada vez mais, se sobrepõe ao entrecruzamento disciplinar de Estudos do Discurso. Finalmente, a aplicação da análise do discurso também tem lugar no estudo de leis, educação e política. Em suma, não há nenhum campo das humanidades e das ciências sociais que não tenha presenciado várias abordagens para o estudo do texto e da conversação.

O estudo multidisciplinar do discurso pode ser necessário, mas não está livre de problemas. Portanto, neste capítulo não podemos só atentar para as vantagens óbvias de uma abordagem ampla e multidisciplinar do discurso, mas é necessário também mencionar algumas de suas limitações. Precisamos de um quadro teórico em que cada aspecto do discurso seja coerentemente relacionado a outros aspectos. Por exemplo, para dar conta dos aspectos "linguísticos" de coerência local e global, também precisamos de uma abordagem cognitiva que considere o conhecimento e os modelos mentais que definem a coerência semântica. Do mesmo modo, as relações entre discurso e conhecimento, por sua vez, são moldadas por restrições sociais de acesso epistêmico e autoridade, entre muitos outros, para que o texto e a conversação sejam socialmente apropriados em comunidades epistêmicas. O ideal, portanto, é que cada estrutura ou estratégia de discurso seja descrita em termos gramaticais, pragmáticos, cognitivos, sociocognitivos, sociológicos, antropológicos e políticos e suas interrelações.

1. Síntese da história multidisciplinar dos Estudos do Discurso

Não só os seus desdobramentos correntes, mas também a própria história do estudo do discurso é multidisciplinar (para mais informações dessa história, por exemplo, ver van Dijk, 1985, 2007, 2011). Ela não se expandiu de uma disciplina para a Linguística, a exemplo de outras disciplinas das ciências humanas e das ciências sociais. Em vez disso, por notável coincidência histórica, o moderno *Estudos do Discurso* surgiu, entre 1964 e 1974, mais ou menos ao mesmo tempo, em várias disciplinas. Naturalmente, antes dessa década, a história do estudo do discurso pode ser rastreada até a retórica clássica, poética e dialética, a hermenêutica medieval, e o estudo da literatura em ciências da linguagem, por um lado, ou até os estudos de cultura popular em Antropologia, por outro.

Quando assumimos o estudo moderno do discurso, inicialmente, entre 1964 e 1974, isso se deu tanto por razões teóricas quanto metodológicas. Assim, a retórica clássica limitou-se ao estudo normativo da persuasão em situações políticas e jurídicas, e a poesia, ao estudo do teatro clássico e, posteriormente, à poesia e ao romance, sem uma base geral de gêneros como formas de discurso e sem sistemática, estudos empíricos sobre a linguagem em uso e sobre o discurso real. Foi só quando a Etnografia da Fala, introduzida por Dell Hymes, no início dos anos 1960, começou a estudar *eventos comunicativos* no contexto das diferentes culturas que encontramos a primeira abordagem empírica geral sobre o discurso (Hymes, 1962, 1974; Saville-Troike,1982).

Finalmente, de modo similar, indo além do estudo da fonologia, morfologia, sintaxe e semântica de palavras e sentenças isoladas, um pouco mais tarde a linguística começou a ampliar o seu âmbito para o estudo gramatical dos discursos completos (Petöfi, 1971; van Dijk, 1972).

A Microssociologia e, especialmente, a Etnometodologia introduzida por Harold Garfinkel em seu livro de 1967 reorientam o estudo da ordem social a partir de análises mais abstratas de organizações e instituições sociais; de forma mais detalhada, essa ordem social é constituída, basicamente, pela interação cotidiana de seus membros, em geral, e pela conversação, em particular (Garfinkel, 1967, ver também Button, 1991; Hilbert, 1992; Sharrock; Anderson, 1986; Turner, 1974).

A Psicolinguística e, especialmente, a Psicologia Cognitiva e a Inteligência Artificial, de modo similar, ampliaram seu escopo a partir da via cognitiva da simulação de palavras e produção de sentenças e da compreensão para o estudo de processamento textual, novamente mais ou menos ao mesmo tempo, no início de 1970 (Charniak, 1972; Kintsch, 1974).

Essas diversas origens dos Estudos do Discurso não foram isoladas. Na mesma década, testemunhamos o surgimento da Psicolinguística (Miller, 1963; Rosenberg, 1965; Vygotsky, 1962) e Sociolinguística (Bright, 1966; Fishman, 1968; Labov, 1972a, 1972b) como extensões óbvias da Linguística para as disciplinas mais próximas e irmãs da Psicologia e da Sociologia.

Da mesma forma, especialmente na França, as abordagens estruturalistas da língua deram origem ao mais amplo estudo dos signos em semiótica aplicada não só ao estudo da narrativa, mas também ao estudo multimodal do cinema, da dança e de outras artes (Barthes, 1968; ver também Eco,1978).

Enquanto os estudos de Austin (1962) e Searle (1969), na década de 1960, sobre atos de fala, e de Grice (1975), na década de 1970, sobre postulados conversacionais, num primeiro momento, ocorreram principalmente na área de Filosofia da Linguagem, a Pragmática, como um novo entrecruzamento de disciplinas, similarmente logo se tornou parte integrante da Linguística e de outras disciplinas.

Em suma, os Estudos do Discurso têm suas origens em várias disciplinas das humanidades e ciências sociais, pois estão intimamente relacionados a outras disciplinas afins, como a Semiótica e a Pragmática. Com efeito, o mesmo é verdadeiro para o estudo da comunicação. No entanto, originalmente, esses desenvolvimentos foram ainda monodisciplinares, dado que ocorreram dentro das originais disciplinas "mãe". A Gramática de Texto foi desenvolvida na Linguística, com influência escassa de outras disciplinas. A Etnografia da Fala foi desenvolvida na Antropologia e o estudo da conversação, na Microssociologia.

É somente após a década de 1970, quando, lentamente, o estudo do texto e do discurso mostrou uma maior influência de outras disciplinas, que essa área de pesquisa, finalmente, começou a se fundir um campo multidisciplinar de Estudos do Discurso como ocorre atualmente.

No entanto, ainda hoje, a integração teórica está longe de ser completa, e muitos estudos do discurso ainda estão ligados às disciplinas "mãe" originais, e a seus departamentos, periódicos, organizações e métodos. De fato, muitos estudos concretos do discurso mal integram conhecimentos de mais de uma disciplina próxima. Dificilmente, os estudos sobre, por exemplo, as estruturas gramaticais ou argumentativas do discurso são apreciados ao mesmo tempo pela análise da cognição, interação social, cultura e história. A esse respeito, o estudo multidisciplinar do discurso ainda está em sua infância teórica.

2. Linguística do Texto e do Discurso

É quase um exagero considerar a Linguística como a disciplina fundamental dos Estudos do Discurso. O que quer que o texto e a conversação possam ser, são as primeiras de todas as formas de uso da língua, cujas estruturas devem ser explicadas em termos das ciências linguísticas. E foi na Linguística que a década de 1960 viu o surgimento de uma abordagem que foi além das palavras e sentenças, os objetos tradicionais das gramáticas estrutural, funcional e gerativa.

Também na própria Linguística o desenvolvimento de gramáticas de texto ou gramáticas de discurso teve lugar em vários países e abordagens, independentemente, e mais ou menos ao mesmo tempo. Na Alemanha, em meados dos anos 1960, o linguista Pedro Hartmann (1961, 1963, 1964) foi o primeiro a defender *Textgrammatik (Gramática Textual)*, uma noção retomada por seus alunos: Siegfried J. Schmidt, que mais tarde se tornaria um dos primeiros a escrever um livro mais geral sobre *Texttheorie (Teoria Textual)* (Schmidt, 1973), e Jens Ihwe, que aplicou tais noções em sua tese sobre a teoria da literatura (Ihwe, 1972). Depois de sua posição anterior em Münster, Hartmann foi nomeado na Universidade Nova de Konstanz, no Lago de Constança, em cujo departamento de Linguística em breve um grupo jovem de "linguistas de texto" foi constituído; era composto por Jens Ihwe, Rieser Hannes e outros, que se juntaram ao matemático János Petöfi, da Hungria, com visitas ocasionais minhas, de Amsterdam. Sem dúvida, motivado pelo desejo de ser capaz de competir com Chomsky, o protagonista, então dominante da linguística moderna, as ideias formuladas por esse grupo eram mais formalistas do que baseadas em extensa pesquisa descritiva sobre as estruturas linguísticas para além do nível da frase. Também a minha própria tese de doutorado em gramática de texto (van Dijk, 1972) foi fortemente inspirada pela ideia de que estruturas de texto devem ser consideradas no formato de uma gramática gerativa gerando sequências de frases.

Essas primeiras abordagens de linguística formal sobre o estudo do texto não foram apenas inspiradas pela Linguística. Os novos estudos semióticos na França, por exemplo, sobre narrativa (Communications, 1966), também serviram como exemplo de como considerar o discurso em termos de regras mais explícitas. Desde quando eu havia iniciado os meus próprios estudos acadêmicos em Língua e Literatura Francesa, e tinha estudado com Greimas, Barthes e outros na França, em 1969, não era de se estranhar que nas abordagens iniciais de gramática de texto havia influências desses estudos semióticos da narrativa. Foi, porém, János Petöfi (1971) que publicou a primeira monografia sobre gramática de texto, em 1971, e logo foi seguido por Wolfgang Dressler, em Viena (Dressler, 1972), cuja aluna Ruth Wodak mais tarde se tornaria uma das líderes mais produtivas e originais de Estudos do Discurso e uma dentre os fundadores da Análise Crítica do Discurso (ACD).

Os primeiros estudos em Gramática de Texto buscaram desenvolver ideias, teorias e métodos também em outras direções da Linguística, por exemplo, no estudo da Perspectiva Funcional da Sentença e da estrutura de informação elaborado pelos linguistas tchecos como Petr Sgall e Hajičová Eva, alunos de Vilém Mathesius (1882-1945), fundador do famoso Círculo Linguístico de Praga (Sgall; Hajicová; Benesova, 1973). Embora não pretendessem elaborar análises em termos de gramáticas de texto, esses linguistas funcionalistas exploraram como, em sequências de frases, podemos encontrar uma cadeia de alternância de Tópico ou Tema, informação velha ou dada, e Rema ou Foco, informação nova em textos. Até hoje, as noções de tópico e foco permanecem como um dos fenômenos centrais estudados na abordagem linguística do discurso.

Considerando que as gramáticas de texto eram predominantemente desenvolvidas na Europa continental, a maioria concentrada na Alemanha, as ideias relacionadas em estrutura de informação começaram a ser desenvolvidas nos EUA. Assim, um pouco mais tarde, o funcionalista Tom Givón (por exemplo, Givón, 1979), nos EUA, desenvolveu suas próprias ideias sobre tema e comentário no discurso. Assim, elaborou os fundamentos de uma abordagem funcionalista para o estudo do discurso estabelecido por muitos outros estudiosos nos EUA, como Thompson e Mann, que mais tarde viriam a desenvolver sua própria Teoria da Estrutura Retórica, descrevendo as relações entre as sentenças no discurso (Mann; Thompson, 1987).

Anteriormente, na década de 1960, Kenneth L. Pike publicou sua *opus magnum* sobre a teoria da linguagem (Pike, 1967). Sua *tagmemic grammar* (teoria tagmêmica) inspirou muitos estudos sobre o discurso, principalmente o de Robert Longacre (1976), e outros membros do controverso Summer Institute of Linguistics (SIL), uma instituição evangélica envolvida no estudo da linguagem com o objetivo final de traduzir a Bíblia em muitos países não ocidentais (para um relato crítico, ver Stoll, 1982). Sem dúvida, esses estudos foram as primeiras análises discursivas do discurso em línguas não ocidentais.

Finalmente, no Reino Unido também foi um funcionalista que, no final da década de 1960, começou a estudar o discurso, numa abordagem que mais tarde se tornaria a influente Linguística Sistêmica da linguagem e do discurso: Michael A. K. Halliday (1973, 1977, 1978; Halliday; Hasan, 1976).

Vemos que, apesar da crescente influência e dominação da gramática gerativa de Chomsky nas décadas de 1960 e 1970, vários tipos de linguística funcional na Checoslováquia, EUA e Reino Unido se desenvolveram desde que o principal impulso para o estudo linguístico do discurso foi dado, com influências ocasionais do estudo de literatura, semiótica e estilística. Ressalte-se, contudo, que, apesar de o objetivo ser o de desenvolver teorias da estrutura do texto, o objeto clássico de gramáticas linguísticas, voltadas para a sentença, manteve-se muito proeminente nesses estudos. Análises funcionalistas focalizaram estruturas funcionais de cláusulas, sentenças e sequências de frases, ao invés de estruturas discursivas apropriadas, tais como aquelas de narrativa, argumentação e, de modo geral, a organização esquemática global dos discursos. A noção de macroestruturas semânticas desenvolvida em minha tese e em publicações posteriores foi uma exceção a esse respeito, porque não poderia ser contabilizada em termos de estrutura da frase, mas como um nível global e independente de semântica (van Dijk, 1972, 1977, 1980).

Em retrospectiva, talvez o principal problema do desenvolvimento de gramáticas de texto ou discurso, funcionalistas e outras, em fase inicial, foi o de que elas permaneceram próximas demais, para conforto, da linguística formal da sentença. Talvez as únicas noções não gramaticais desenvolvidas no início das pesquisas da Linguística Textual foram as de coesão, estrutura superficial e coerência semântica. No entanto, com a possível exceção de alguns estudos de tagmêmica de discursos em línguas não ocidentais, *o objetivo principal foi o de escrever gramáticas, ao invés de desenvolver teorias mais gerais de estruturas e funções de texto e conversação em sua situação comunicativa e interacional.* Os únicos Estudos do Discurso não gramaticais da época eram os estudos emergentes da narrativa em muitas disciplinas, mais tarde dando origem a uma disciplina mais ou menos independente de Narratologia (Comunicações, 1966; Labov; Waletzky, 1967; ver também Bal, 1985; Fludernik, 2009).

Se a Gramática de Texto e a Linguística de Texto somente tiveram sucesso limitado, não foi apenas por causa de seus formalismos primitivos ou esotéricos e sem descrições empíricas das estruturas do texto e da conversação, mas também porque *não eram multidisciplinares o suficiente.* Aspectos cognitivos, interacionais, sociais, culturais, históricos ou comunicativos do discurso foram amplamente ignorados até o final da década de 1970, e as análises do discurso limitadas a estruturas formais de (sequências de) frases de textos (principalmente escritos) sem contextos. Aqui temos um primeiro exemplo da relevância crucial da influência multidisciplinar no desenvolvimento de novas ideias científicas.

Embora os primeiros passos tenham sido feitos com a ideia de estender o objeto da gramática, a frase, para um estudo de sequências de frases, a natureza, os métodos e a conceituação do *texto* permaneceram profundamente formais e linguísticos. Apesar do surgimento paralelo da Sociolinguística e da Psicolinguística no final da década de 1960, não havia sequer uma consideração do discurso como linguagem *em uso*. Até hoje, o estudo formal da linguagem e do discurso, apesar de sua sofisticação, sofre da mesma limitação monodisciplinar. Ainda que tenha sido interdisciplinar, a disciplina de apoio foi a Lógica em vez da Psicologia ou das ciências sociais.

3. Pragmática do Discurso

A Pragmática do Discurso é o campo onde os domínios multidisciplinares de Pragmática e Estudos do Discurso se cruzam. Ambos os campos foram muito beneficiados pela inspiração interdisciplinar, nesse caso especialmente pela filosofia da linguagem e da ação. Foi também na década de 1960 que Austin (1962) apresentou um novo paradigma na filosofia da linguagem, respondendo à questão *How to do things with words (Como fazer coisas com palavras)*, seguido, no final da década de 1960, pelo estudo dos atos de fala proposto por Searle (Searle, 1969). A ideia fundamental desses estudos foi a de que a linguagem não é apenas palavras ou frases, mas uma forma especial de *ação social*. Um pouco mais tarde, Grice (1975) formulou o que chamou, mais especificamente, de "máximas conversacionais", e noções como implicaturas conversacionais, como mais uma contribuição para o campo interdisciplinar que em breve seria chamado *pragmática*, como o terceiro componente de qualquer estudo de linguagem e signos, além de sintaxe e semântica. Assim, enquanto a sintaxe (semiótica) estuda como os signos (palavras, frases etc.) estão relacionados entre si, e a semântica estuda as relações entre os signos e o mundo, a pragmática foi definida por Charles Morris (1938) como o estudo das relações entre os signos e seus usuários.

Deve-se ressaltar que o estudo filosófico dos atos de fala como ações sociais, bem como as máximas conversacionais e noções correlatas, era abstrato e normativo, em vez de ser sistematicamente empírico. Não se estuda como os usuários da língua realmente usam os atos de fala e como os expressam em texto e conversação, mas as condições normativas e a não adequação dos atos de fala formulados, por exemplo: para uma afirmação ser apropriada, o falante deve assumir que o destinatário (ainda) não sabe o que está sendo afirmado.

Na perspectiva analítico-discursiva do presente trabalho, os primeiros estudos pragmáticos dos atos de fala apresentavam, pelo menos, uma séria limitação: como foi o caso tanto na Linguística como na Filosofia, o estudo da linguagem foi em grande parte limitado a frases isoladas ou unidades comunicativas. Além disso, essas frases ou unidades comunicativas eram, em sua maioria, inventadas pelo analista, não ocorrendo naturalmente nas formas de uso da língua. Assim, atos de fala e ação social foram associados, novamente, a sentenças abstratas sem texto ou contexto. Vemos outra vez que, inicialmente, as novas abordagens ou disciplinas mostram tais limitações, e concentram-se sobre o tópico específico em questão, neste caso, os atos de fala, sem prestar atenção ao "entorno" dos fenômenos e às maneiras com que realmente aparecem em situações sociais ou então às representações cognitivas, aos processos ou às restrições.

Em meu próprio trabalho em análise pragmática do discurso, obviamente saliento que atos de fala não devem ser relacionados com sentenças isoladas, mas com discursos completos (van Dijk, 1977, 1981). Assim, da mesma maneira como a semântica do discurso não é apenas local, mas também global, a pragmática do discurso não deve associar atos de fala apenas com proposições locais e a sua expressão em frases, mas também com discursos como um todo. Por exemplo, o discurso mais expositivo, assim, teria a função global do macro ato de fala de afirmação, uma acusação legal poderia determinar uma acusação macro, e uma nota de resgate, a função global de uma ameaça, e assim por diante para as questões macro, pedidos ou congratulações, entre muitos outros. De fato, atos sociais em geral, e os atos de fala em particular, não são realizados apenas por palavras, frases ou proposições, mas como parte de eventos comunicativos — como já tínhamos aprendido a partir da Etnografia da Fala, na mesma década dos anos 1960.

Devido ao trabalho em Filosofia da Linguagem, vimos o que a nova interdisciplina Pragmática poderia desenvolver em Linguística e Estudos do Discurso, mas também que tal influência introduziu, ou confirmou, as limitações dos estudos anteriores, ou seja, um foco em sentenças ou proposições isoladas, em vez de texto completo e conversação ou eventos comunicativos em seu contexto.

O âmbito da Pragmática é, de fato, bastante arbitrário, porque logo também outras noções fundamentais foram sendo estudadas sob esse rótulo, como a noção de polidez (Brown; Levinson, 1987). Esses estudos são "Pragmática" porque são formulados em termos de ação e interação, por um lado, e em termos das relações sociais entre os participantes, por outro. Algumas dessas condições já foram formuladas em estudos filosóficos sobre atos de fala, ou seja, como condições de adequação, tais como as diferenças epistêmicas entre falantes e ouvintes. Mas no estudo bem mais empírico e linguístico da polidez (cortesia), o foco estava em estruturas linguísticas específicas, muitas vezes estudadas especialmente em Japonês, que apresenta como a deferência e outras relações sociais de "face" são determinantes na conversação.

Mais uma vez, também aqui se aplica a mesma observação: a polidez não é limitada a morfemas, palavras ou sentenças isoladas, mas uma propriedade de todo o evento comunicativo, em que pode também variar dinamicamente e ser adaptada a cada momento da situação social como os participantes a definem. A partir da Etnografia e, de modo geral, da Antropologia linguística, aprendemos, então, como a polidez, bem como as relações de poder, são expressas e determinadas de forma bastante diferente em diferentes culturas e línguas (Duranti, 1997).

Assim, sob a influência da Filosofia e da Antropologia, uma Pragmática mais integrada contribuiu para o estudo do discurso com noções como atos de fala, adequação, máximas conversacionais, implicaturas e polidez. Inicialmente, isso aconteceu em um caminho bastante formal, abstrato e não empírico ou limitado a sentenças isoladas (inventadas) ou unidades comunicativas desvinculadas de qualquer texto ou contexto.

Há ainda outro ponto que falta abordar sobre a Pragmática do discurso: cognição. Condições de adequação dos atos de fala, a polidez ou a conversação tendem a ser formuladas em termos de propriedades da situação comunicativa, como o conhecimento, os desejos ou objetivos dos falantes, muitas vezes formulados como pertencentes ao contexto do discurso. No entanto, apesar de frequentes referências informais ao contexto dependente da conversação e do texto, não havia nenhuma teoria geral sobre o contexto. Como é o caso na Sociolinguística, o contexto era simplesmente identificado como propriedades sociais dos participantes da comunicação, tais como gênero, classe social, idade ou etnia. No entanto, havia um elo perdido entre tais condições sociais por um lado, e as estruturas discursivas, tais como atos de fala ou outras propriedades dependentes do contexto, por outro. Portanto, argumentamos que não é tanto a situação comunicativa "objetiva" que influencia o discurso, mas formas "(inter)subjetivas" definidas pelos participantes. Isso traz um elemento cognitivo claro e, assim, a partir da Psicologia Cognitiva tomamos emprestada a noção de modelo mental para descrever essas definições subjetivas ou interpretações das propriedades relevantes das situações comunicativas. Desse modo, a interface cognitiva entre situações comunicativas e discurso são modelos dinâmicos do contexto mental que mantêm o controle, possivelmente, da mudança de situação que pode afetar a adequação do uso da linguagem. As condições normativas apropriadas, antes formuladas como algo abstrato, são agora parte de tais modelos empíricos do contexto que permitem aos usuários da língua adaptar o seu texto ou fala ao ambiente social (van Dijk, 2008, 2009).

Assim, temos aqui outra influência interdisciplinar interessante, dessa vez da Psicologia Cognitiva, que anteriormente já tinha contribuído com a noção de situação modelo para o estudo da coerência semântica do discurso (van Dijk; Kintsch, 1983). Modelos de contexto poderiam ser responsáveis por muitas propriedades de uso da língua e, assim, funcionar como interface sociocognitiva entre a sociedade e as situações comunicativas, por um lado, e os aspectos pragmáticos do discurso, por outro.

4. Análise da Conversação

Já foi brevemente mencionado que uma das principais áreas de estudo do discurso, ou seja, a Análise da Conversação, também veio de outro lugar, isto é, da Sociologia. Como é o caso relativo a outros desenvolvimentos acima descritos, também a Sociologia na década de 1960 mostrou mudanças profundas. Uma delas foi a mudança de foco do macro para o nível micro da ordem social. Assim, uma Sociologia mais qualitativa defendeu o estudo da interação cotidiana, ao invés de abstrações sociológicas das instituições sociais no nível macro, como foi o caso, em primeiro lugar, na obra de Goffman, por exemplo, sobre a apresentação do indivíduo na vida cotidiana, ou o "footing" (posição) dos participantes na interação (Goffman, 1956, 1981, 1986). Ao mesmo tempo, Garfinkel (1967) propôs uma abordagem mais "etnometodológica" centrada nas formas como os membros sociais definem situações e agem de acordo com as regras dos "métodos" da sua comunidade.

É nesse contexto que alguns sociólogos, no início dos anos 1970, começaram a se concentrar em uma das primeiras formas de interação social: a conversação. Esse novo enfoque sociológico recebeu muita atenção das disciplinas vizinhas, tais como (Socio)linguística e Antropologia Linguística, também envolvidas no estudo da interação verbal. Como acontece muitas vezes em novas diretrizes de pesquisa, os primeiros estudos de interação conversacional foram limitados a apenas alguns fenômenos, como a alteração e a distribuição de turnos de fala, e apenas a alguns tipos de conversação, como a conversação informal cotidiana (Sacks; Schegloff; Jefferson, 1974; Schegloff, 2007). Depois, muitas outras propriedades de interação verbal foram estudadas, assim como também os gêneros institucionais de interação, como consultas médico-paciente, entrevistas, notícias ou interação em sala de aula ou no tribunal (Boden; Zimmerman, 1991; Drew; Heritage, 1992).

Sem dúvida, essa relação entre a Sociologia e as ciências da linguagem contribuiu significativamente para a abordagem interdisciplinar de Estudos do Discurso. A Análise da Conversação (AC) tornou-se, então, uma das áreas mais sofisticadas desse campo, amplamente praticada e aplicada também nas outras ciências sociais. Embora em seu início a AC ainda estivesse influenciada pelo estudo da gramática, evidencia que muitas estruturas formais da linguagem, basicamente, desenvolveram e estão de fato funcionando como a expressão de divulgação da interação social (Ochs; Schegloff; Thompson, 1996).

Por outro lado, no entanto, a AC era tão autônoma que pouca integração foi tentada com o restante do Estudos do Discurso. Isso significava que os avanços em áreas vizinhas, como a semântica do discurso, foram mal integrados à AC, como é o caso do estudo da coerência local e global, da teoria narrativa ou da argumentação — cujos conceitos foram estudados numa perspectiva interacional, diferente em AC. Por exemplo, ao invés de estruturas narrativas, como as formuladas por Labov e Waletzky (1967) no final dos anos 1960, a abordagem da AC incidiria sobre a ocorrência ou "fazer" de contar histórias na conversação (Polanyi, 1985; Ochs; Capps, 2001). E em vez de coerência local do discurso ou texto, a AC iria se concentrar no propósito do falante e suas ações, enquanto as macroestruturas semânticas foram estudadas em termos de introdução, manutenção ou alterações de tópicos de conversação.

Entretanto, ainda mais do que a Filosofia e o estudo dos atos de fala, a AC fundamentalmente contribuiu para a tese que hoje é, de modo amplo, tida como certa nas ciências da linguagem em geral, e em Estudos do Discurso, em particular, ou seja, que o discurso do texto e da conversação são formas de interação social.

Infelizmente, o sucesso de uma nova abordagem muitas vezes tem um preço. Assim, o preço da influência da gramática gerativa como uma abordagem formal para a linguagem foi pago por ignorar a natureza social e os usos reais da linguagem. Da mesma forma, focando na interação como o nível micro da ordem social, a AC, pelo menos inicialmente, ignorou ou, em grande parte, rejeitou a relevância dos aspectos institucionais e organizacionais da conversação, incluindo questões de poder e legitimidade. Da mesma forma, pela análise minuciosa dos detalhes da conversação cotidiana "observável", a AC ignorou a base cognitiva da interação humana, precisamente em termos de regras, normas, conhecimentos e outras crenças fundamentais, como as condições básicas da conversação e as bases para inferências cruciais que são difundidas em todo o uso da linguagem e interação.

Só bem recentemente é que a AC começou a estudar noções mais "cognitivas" como a gestão do conhecimento na conversação — embora novamente a partir de uma perspectiva de interação, e não em termos de representações de memória ou processos. Noções como acesso, autoridade, primazia e o direito de conhecimento dos participantes explicam como os falantes, sutilmente, adaptam-se aos "direitos" epistêmicos dos outros participantes. Por exemplo, um estranho, normalmente, precisa submeter-se ao conhecimento da mãe sobre seus filhos, como também os acadêmicos podem respeitar o conhecimento e as opiniões de especialistas em outra área (para detalhes ver, por exemplo, Stivers; Mondada; Steensig, 2011).

Obviamente, esses aspectos sociocognitivos das normas e da moral na conversação também têm suas condições institucionais e consequências, como é óbvio, a partir de noções como acesso epistêmico, autoridade e direitos, e das próprias noções de "especialistas" e "peritos", que por sua vez estão relacionadas a noções sociais básicas, tais como poder e legitimidade. No estudo do conhecimento em AC, vemos que, por um lado, um aspecto aparentemente "cognitivo" do uso da linguagem e da comunicação é estudado, mas que isso acontece mais em termos sociológicos e interacionais do que em termos psicológicos.

Assim, de modo geral, noções como poder e abuso de poder eram inicialmente muito escassas em estudos de conversação, e limitadas, por exemplo, à influência do gênero em tomadas de turnos de fala e interrupções. A esse respeito, o desenvolvimento, desde a década de 1980, da *Análise Crítica do Discurso* foi influenciado mais por noções macrossociológicas do que pela AC (ver Fairclough, 1989, 1995; van Dijk, 2008; Wodak; Meyer, 2009).

5. Psicologia Cognitiva

Uma das influências interdisciplinares mais frutíferas em Estudos do Discurso foi a pesquisa sobre os processos de produção discursiva e compreensão em Psicologia Cognitiva, que tomou forma a partir do início da década de 1970. Enquanto a Psicolinguística, sob a influência da Gramática Gerativa, ainda focalizava nos processos cognitivos de produção de sentenças, a Psicologia Cognitiva logo descobriu a relevância de uma perspectiva de análise do discurso (Kintsch, 1974). O estudo empírico do comportamento linguístico real, assim, enfatizou a intuição fundamental de que o uso da linguagem envolve a produção e a compreensão de discursos completos, e não apenas de palavras e frases.

Decisiva a esse respeito tem sido a percepção de que o discurso é caracterizado pela coerência semântica das sequências de frases, em nível local, e coerência global, em nível macro, e que tal coerência baseia-se em inferências derivadas do conhecimento (Graesser, 1981; van Dijk; Kintsch, 1983). Esse interesse especial no discurso em Psicologia Cognitiva foi particularmente relevante em Psicologia Educacional, que obviamente estava mais interessada no papel do processamento do discurso na aprendizagem e na memória textual em contextos educacionais.

Intimamente relacionados a essas abordagens psicológicas do discurso, estão os estudos em Inteligência Artificial (IA) desenvolvidos desde o início dos anos 1970. Assim, a IA simulou o conhecimento de usuários da língua como uma condição essencial para a produção automática e a compreensão do discurso, por exemplo em termos de esquemas, *frames* (quadros) ou *scripts* (roteiros).

Assim, a Psicologia Cognitiva e a IA enfatizaram que a semântica do discurso e, especialmente, o estudo da coerência não poderiam ser contabilizados em termos de relações entre as proposições explicitamente expressas no discurso, mas precisavam de inferências "ponte" derivadas do "conhecimento de mundo" ativadas pelos usuários da língua. No entanto, mesmo essa relação entre o discurso e o conhecimento ainda não era suficiente para dar conta da coerência. Muitos tipos de discurso, tais como histórias, não estão diretamente relacionados ao conhecimento genérico socialmente compartilhado, como se verifica em relação ao discurso expositivo, mas ao conhecimento mais concreto de eventos, situações ou experiências.

Por isso, no início da década de 1980, foi proposto que a produção e a compreensão do discurso fossem controladas por um outro "nível" de processamento do discurso, ou seja, pelos modelos mentais que representam experiências pessoais na Memória Episódica (Johnson-Laird, 1983; van Dijk; Kintsch, 1983). Essa noção de modelos mentais explicou muitos aspectos importantes do discurso, tais como coerência e recordação. Nessa perspectiva, a compreensão de um discurso não é formulada em termos de semântica proposicional, mas em termos da representação mental da "situação" do discurso. Dessa forma, a Psicologia foi capaz de fornecer a base para correferência e coerência, não como uma relação entre o discurso e o "mundo real ou imaginário", mas sim entre o discurso e as formas com que os usuários da língua interpretam os acontecimentos do mundo em modelos mentais subjetivos. Assim, compreender um discurso consiste na construção estratégica ou atualização de modelos mentais.

Os modelos mentais são subjetivos e não são apenas o conhecimento que as pessoas apresentam de uma situação que testemunharam, ouviram ou leram, mas também as avaliações das pessoas, ações ou eventos representados, bem como as emoções. Eles são multimodais como são as experiências pessoais e, portanto, apresentam informações visuais, auditivas ou sensório-motoras que, por sua vez, estão associadas ao processamento específico de regiões do cérebro. Os modelos mentais são interpretados por tais informações a partir da entrada discursiva, bem como são instanciados pelo conhecimento (específico) da memória "semântica". Nesse sentido, são mais detalhados do que o discurso, porque o discurso não precisa conter todas as informações que os usuários da língua podem inferir a partir de seu conhecimento. Assim, os modelos mentais também representam, com elegância, a informação implícita e pressuposta, bem como as implicaturas, definidas como a informação em modelos mentais que não está explicitamente expressa no discurso. Da mesma forma, macroestruturas semânticas ou tópicos discursivos não precisam ser explicitamente expressos no discurso, como é o caso em manchetes, títulos ou resumos, mas definem os níveis mais elevados de modelos mentais organizados hierarquicamente. Em suma, os modelos mentais respondem por muitas propriedades fundamentais do significado do discurso.

Com base no papel crucial dos modelos mentais devido ao significado do discurso local e global e à produção e compreensão do discurso, argumentei que precisamos de uma construção subjetiva semelhante para explicar o contexto pragmático. Como sugerido anteriormente, contextos de discurso não são propriedades objetivas de situações comunicativas, mas construções subjetivas dos participantes que, assim, "definem" a mudança das propriedades relevantes de uma situação comunicativa. Dessa forma, o discurso é entendido e produzido a partir do conhecimento genérico, socialmente compartilhado, por um lado, e modelos semânticos subjetivos, pessoais, e modelos de contextos dinâmicos "pragmáticos" de participantes, por outro lado. Esses modelos de contexto explicam como os usuários da língua são capazes de produzir o discurso adequado, isto é, como eles adaptam seu discurso à situação social comunicativa (van Dijk, 2008, 2009).

Por fim, os modelos de contexto explicam a natureza de expressões dêiticas, ou seja, todas aquelas expressões que se referem, no discurso, às propriedades das situações comunicativas representadas pelos participantes, tais como o cenário (tempo, lugar), os participantes (e suas identidades, papéis e relações), a ação social atual realizada, bem como os objetivos e o conhecimento corrente relevante que definem o terreno comum dos participantes.

Vimos como algumas noções básicas desenvolvidas em cooperação com a Psicologia Cognitiva foram capazes de proporcionar uma explicação muito mais explícita, empírica e elegante para tais noções fundamentais do discurso como: coerência, implicaturas, pressupostos, macroestruturas, expressões dêiticas e adequação, entre outras. Assim, modelos de contexto não consideram apenas os atos de fala, as expressões dêiticas e a adequação do discurso, de modo geral, mas também estabelecem a ligação entre cognição, discurso e situação social; e assim completam o quadro multidisciplinar, que é necessário para explicar o discurso.

6. Psicologia Social

Por definição, a Psicologia Cognitiva limita-se ao estudo da mente e do processamento do discurso de usuários de uma língua. No entanto, como vimos, isso pressupõe noções de natureza social, tais como conhecimento sociocultural compartilhado dos membros das comunidades epistêmicas. O mesmo é verdadeiro para a influência das atitudes socialmente compartilhadas, ideologias, normas e valores de grupos sociais, como são (ou deveriam ser) estudados em Psicologia Social. Essas são formas de cognição social ou representações sociais como são adquiridas, aprendidas, compartilhadas e alteradas pelos membros de coletividades diferentes. Assim, o conhecimento socioculturalmente partilhado pode ser pressuposto em todo discurso público, porque todos os membros competentes de uma comunidade epistêmica são considerados capazes de ativar e aplicar tal conhecimento no processamento do discurso e na interação social. A Psicologia Social, portanto, também deve ser o campo onde se começa a explicar como o conhecimento e a ideologia são compartilhados e reproduzidos na sociedade.

Infelizmente, para o desenvolvimento da Psicologia Discursiva (DP), até o final da década de 1980 (Potter; Wetherell, 1987), a Psicologia Social quase não prestou atenção no discurso, além dos estudos de mensagens persuasivas e de comunicação, amplamente estudadas em experimentos de laboratório e não em interação social real. No entanto, é óbvio que as atitudes, a identidade do grupo, a atribuição, a autoapresentação, assim como muitas outras noções tradicionalmente estudadas em Psicologia Social têm uma influência fundamental sobre o discurso e, em grande parte, são adquiridas e promulgadas pelo discurso. Assim, essa área de estudo interdisciplinar ainda precisa ser explorada, como já se faz para o estudo da ideologia e sua reprodução no discurso.

7. Ciência Política

É interessante notar que há uma disciplina nas ciências sociais, a Ciência Política, que quase não se envolveu no que se refere ao desenvolvimento dos Estudos do Discurso, e que também mal introduziu os avanços de nossa percepção sobre o discurso como têm sido feito em Filosofia, Psicologia Cognitiva e Social, Sociologia e Antropologia. No entanto, a maioria das políticas tem lugar no texto e na conversação, como é o caso de debates parlamentares, legislação, leis, propaganda política, programas dos partidos e eleições, discursos de políticos, e assim por diante.

A ciência política limita os seus estudos discursivos a abordagens mais tradicionais relativas à retórica política e comunicação, ao invés de uma consideração multidisciplinar do discurso político como a interação social e a cognição política. Uma das possíveis razões dessa falta de estudos discursivos em ciência política talvez seja porque essa disciplina até hoje tem apresentado uma natureza mais filosófica e abstrata, com foco em fenômenos macro, por exemplo, como o estudo de noções como poder político e legitimidade, ao invés de tratar o nível micro de interação e discurso. Assim, hoje o discurso político é amplamente estudado por analistas de discurso e não por cientistas políticos, mas esses estudos raramente integram os quadros teóricos da ciência política (ver, por exemplo, Chilton, 2004).

8. Considerações finais

Vimos que o desenvolvimento do campo multidisciplinar de Estudos do Discurso, nos últimos 50 anos, depende essencialmente das influências de outras disciplinas. Considerando que, inicialmente, as Gramáticas de Texto ainda permaneciam parcialmente na esfera das gramáticas linguísticas, e que somente ampliaram o escopo do objeto de estudo de frases para sequências de frases e "textos" completos, logo se tornou óbvio que tal extensão só foi possível quando noções como coerência global e local foram definidas em termos de modelos mentais subjacentes, tal como formulado em Psicologia Cognitiva.

Da mesma forma, o discurso não é apenas definido como uma estrutura abstrata, mas também como resultado de processos mentais específicos em Memória de Longo Termo e Memória de Curto Termo, e com base no conhecimento socioculturalmente partilhado pelos membros de uma comunidade epistêmica — noções que necessitam, por sua vez, de serem consideradas cognitiva e socialmente. A Psicologia Social oferece uma nova extensão ao estudar o conhecimento, bem como outras formas de cognição social, tais como atitudes e ideologias, e seu papel na produção, compreensão e reprodução de tais representações sociais em comunidades, grupos e outras coletividades. Mesmo antes, a Filosofia da Linguagem e a Sociologia enfatizaram que o discurso também consiste em atos de fala e deve ser considerado em termos de interação social.

Chegamos, assim, a um quadro sociocognitivo complexo do discurso definido como o uso da linguagem, os processos mentais e as representações, bem como a interação social adequada em situações de comunicação, mediada por modelos mentais de situações de conversação, bem como situações em que as pessoas falam, escrevem, ouvem ou leem. A Antropologia integra todos esses domínios, concentrando-se na forma como tais discursos situados, suas estruturas, regras e produção podem ser culturalmente variáveis em diferentes sociedades.

Esperamos que nosso breve histórico sobre o desenvolvimento dos Estudos do Discurso tenha sido capaz de mostrar que os avanços nesse campo devem-se, em grande parte, à integração de conceitos, teorias e métodos de disciplinas vizinhas. Ao mesmo tempo, essas disciplinas foram também, significativamente, influenciadas pelo estudo detalhado e sistemático do texto e da conversação. Esse desenvolvimento multidisciplinar é surpreendente quando percebemos que o discurso não é apenas uma forma de uso da língua, uma expressão de representação mental e uma forma de interação social, mas o caminho de como o conhecimento e as ideologias são adquiridos e reproduzidos por coletividades sociais e seus membros.

Observamos que a atuação interdisciplinar e transdisciplinar também pode transferir as limitações das disciplinas de origem para as disciplinas alvo e que a multidisciplinaridade não está sempre livre de problemas e limitações. A influência das gramáticas tradicionais e linguísticas, por muito tempo, limitou o estudo da ocorrência natural de texto e conversação com o nível formal, abstrato, sentenças isoladas e estruturas livres de contexto e sequências de frases. A influência da Psicologia Cognitiva e seus métodos predominantes de experimentos de laboratório permitiu uma visão, em alguns aspectos, da produção do discurso e da compreensão, mas ignorou o papel do contexto e da interação social. Por outro lado, a Análise da Conversação exibiu a importante influência da Sociologia no estudo da interação verbal, mas, por sua vez, ignorou amplamente os aspectos cognitivos da interação.

A Filosofia da Linguagem — especialmente, o estudo dos atos de fala e máximas conversacionais — levou ao desenvolvimento da disciplina irmã da Pragmática, mas, inicialmente, ficou no nível específico das sentenças, ignorando a pragmática do discurso.

Assim, até hoje, vemos uma fundamental lacuna entre, por um lado, uma abordagem mais cognitiva e, por outro, uma abordagem mais social, interacional do discurso, duas grandes áreas de teorias, conceitos e métodos, que, muitas vezes, mutuamente ignoram e até rejeitam as abordagens umas das outras. Uma abordagem sociocognitiva integrada pretende eliminar essa lacuna, enfatizando que o discurso é uma forma de interação social situada e que essa interação é impossível e não pode ser, adequadamente, compreendida quando se ignora o conhecimento, as ideologias e os modelos mentais dos membros sociais e da coletividade.

Após meio século de Estudos do Discurso, estamos agora em melhores condições para avaliar a influência de outras disciplinas no desenvolvimento da nova perspectiva multidisciplinar, e refletir sobre as novas contribuições, bem como as limitações de relações interdisciplinares. Embora ainda existam grandes domínios que permanecem inexplorados, como é o caso das áreas de Psicologia Social e Ciência Política, somos agora capazes de desenvolver sistemas integrados, que correspondem a todas as dimensões fundamentais do discurso.

Referências

AUSTIN, J. L. *How To Do Things with Words*. Oxford: Oxford University Press, 1962.

BAL, M. *Narratology*: Introduction to the theory of narrative. Toronto; Buffalo: University of Toronto Press, 1985.

BARTHES, R. *Elements of semiology*. New York: Farrar, Straus and Giroux (Hill and Wang), 1968.

BODEN, D.; ZIMMERMAN, D. H. (Eds.). *Talk and social structure*: Studies in ethnomethodology and conversation analysis. Berkeley: University of California Press, 1991.

BRIGHT, W. (Ed.). *Sociolinguistics:* Proceedings of the UCLA Sociolinguistics Conference, 1964. The Hague: Mouton, 1966.

BROWN, P.; LEVINSON, S. *Politeness:* Some universals in language usage. Cambridge: Cambridge University Press, 1987.

BUTTON, G. (Ed.). *Ethnomethodology and the human sciences*. Cambridge: Cambridge University Press, 1991.

CHARNIAK, E. *Toward a model of children's story comprehension*. Ph.D. Dissertation. Massachusetts Institute of Technology, 1972.

CHILTON, P. *Analysing Political Discourse*: Theory and Practice. London: Routledge, 2004.

COMMUNICATIONS 8. L'analyse structurale du récit. Paris: Seuil, 1966.

DREW, P.; HERITAGE, J. (Eds.). *Talk at work*: interaction in institutional settings. Cambridge: Cambridge University Press, 1992.

DURANTI, A. *Linguistic anthropology.* Cambridge, New York, NY, USA: Cambridge University Press, 1997.

ECO, U. *A theory of semiotics*. Bloomington: Indiana University Press, 1978.

FAIRCLOUGH, N. L. *Language and power*. London: Longman, 1989.

_____. *Critical discourse analysis*. The critical study of language. London; New York: Longman, 1995.

GIVÓN, T. (Ed.). *Discourse and syntax*. New York: Academic Press, 1979.

GOFFMAN, E. *Forms of talk*. Oxford: Blackwell, 1981.

_____. *Frame analysis:* An essay on the organization of experience. Boston: Northeastern University Press, 1986.

GRAESSER, A. C. *Prose comprehension beyond the word*. New York, NY: Springer--Verlag, 1981.

GRICE, H. P. Logic and conversation. In: COLE P.; MORGAN, J. L. (Eds.). *Syntax and semantics:* Speech Acts. New York: Academic Press, 1975. p. 41-58.

HALLIDAY, M. A. K. *Explorations in the functions of language*. London: Edward Arnold, 1973.

_____. *Language as social semiotic*: the interpretation of language and meaning. London: Edward Arnold, Ltd., 1978.

HALLIDAY, M. A. K.; HASAN, R. *Cohesion in English*. London: Longman, 1976.

HARTMANN, P. *Zur Theorie der Sprachwissenschaft*. Assen: Van Gorcum, 1961).

_____. *Theorie der Grammatik*. The Hague: Mouton, 1963.

_____. *Syntax und Bedeutung*. Assen: van Gorcum, 1964.

_____. Text, Texte, Klassen von Texten. *Bogawu*s, 2, p. 15-25, 1964.

HILBERT, R. A. *The classical roots of Ethnomethodology*: Durkheim, Weber, and Garfinkel. Foreword by Randall Collins. Chapel Hill: University of North Carolina Press, 1992.

HYMES, D. The Ethnography of Speaking. In: GLADWIN, T.; STURTEVANT, W. C. (Eds.). *Anthropology and Human Behavior*. Washington, DC: Anthropological Society of Washington, 1962. p. 13-53. (reprinted In: FISHMAN, J. A. (Ed.). *Readings in the Sociology of Language*. Mouton: The Hage, 1968.)

HYMES, D. H. *Foundations in sociolinguistics*. An ethnographic approach. Philadelphia: University of Pennsylvania Press, 1974.

IHWE, J. *Linguistik in der Literaturwissenschaft*: Zur Entwicklung einer modernen Theorie der Literaturwissenschaft. München: Bayerischer Schulbuch-Verlag, 1972.

JOHNSON-LAIRD, P. N. *Mental models*. Towards a cognitive science of language, inference, and consciousness. Cambridge, Mass.: Harvard University Press, 1983.

KINTSCH, W. *The representation of meaning in memory*. Hillsdale, NJ: Lawrence Erlbaum Associates; distributed by Halsted Press Division, Wiley, New York, 1974.

LABOV, W. *Language in the Inner City*: Studies in the Black English Vernacular. Philadelphia: University of Pennsylvania Press, 1972a.

_____. *Sociolinguistic patterns*. Philadelphia: University of Pennsylvania Press, 1972b.

LABOV, W.; WALETZKY, J. Narrative analysis. Oral versions of personal experience. In: HELM, J. (Ed.). *Essays on the verbal and visual arts*. Seattle: University of Washington Press, 1967. p. 12-44.

LONGACRE, R. E. *Discourse grammar*: Studies in indigenous languages of Colombia, Panama, and Ecuador. Dallas; Arlington: Summer Institute of Linguistics University of Texas, 1976.

MANN, W. C.; THOMPSON, S. A. *Rhetorical structure theory*. A theory of text organization. Marina del Rey, Calif: Information Sciences Institute, University of Southern California, 1987.

MILLER, G. A. *Language and communication.* New York: McGraw-Hill, 1963.

MORRIS, C. W. *Foundations of the theory of signs.* Chicago, Ill.: The University of Chicago Press, 1938.

OCHS, E.; CAPPS, L. *Living narrative:* Creating lives in everyday storytelling. Cambridge, MA: Harvard University Press, 2001.

OCHS, E.; SCHEGLOFF, E. A.; THOMPSON, S. A. (Eds.). *Interaction and grammar.* Cambridge New York: Cambridge University Press, 1996.

PETÖFI, J. S. *Transformationsgrammatiken und eine ko-textuelle Texttheorie.* Frankfurt: Athenäum, 1971.

PIKE, K. L. *Language in relation to a unified theory of the structure of human behavior.* The Hague: Mouton, 1967.

POLANYI, L. *Telling the American story.* A structural and cultural analysis of conversational storytelling. Norwood, NJ: Ablex Publishers, 1985.

POTTER, J.; WETHERELL, M. *Discourse and social psychology:* Beyond attitudes and behaviour. London: Sage, 1987.

ROSENBERG, S. *Directions in psycholinguistics.* New York: Macmillan, 1965.

SACKS, H.; SCHEGLOFF, E. A.; JEFFERSON, G. A. A simplest systematics for the organization of turntaking for conversation. *Language 50*, p. 696-735, 1974.

SAVILLE-TROIKE, M. *The ethnography of communication.* An introduction. Oxford: Blackwell, 1982.

SCHMIDT, S. J. *Texttheorie.* Probleme einer Linguistik der sprachlichen Kommunikation. München: Fink, 1973.

SEARLE, J. *Speech Acts:* An Essay in the Philosophy of Language. Cambridge: Cambridge University Press, 1969.

SGALL, P.; HAJICOVÁ, E.; BENESOVÁ, E. *Topic, focus and generative semantics.* Kronberg Taunus: Scriptor Verlag, 1973.

SHARROCK, W. W.; ANDERSON, R. J. *The ethnomethodologists.* London, UK: Tavistock, 1986.

STIVERS, T.; MONDADA, M.; STEENSIG, J. (Eds.). *The morality of knowledge in conversation.* Cambridge: Cambridge University Press, 2011.

STOLL, D. *Fishers of men or founders of Empire?* The Wycliffe Bible Translators in Latin America. London: Zed Press, 1982.

TURNER, R. (Ed.). *Ethnomethodology:* selected readings. Harmondsworth: Penguin, 1974.

VAN DIJK, T. A. *Some aspects of text grammars.* A study in theoretical linguistics and poetics. The Hague: Mouton, 1972.

_____. *Text and context.* Explorations in the semantics and pragmatics of discourse. London; New York: Longman, 1977.

_____. *Macrostructures:* An interdisciplinary study of global structures in discourse, interaction, and cognition. Hillsdale, NJ: L. Erlbaum Associates, 1980.

_____. *Studies in the pragmatics of discourse.* The Hague New York: Mouton, 1981.

_____. (Ed.). *Handbook of discourse analysis.* London; Orlando: Academic Press, 1985.

_____. (Ed.). *Discourse Studies.* 5 v. Sage Benchmarks in Discourse Studies. London: Sage, 2007.

_____. *Discourse and context.* A socio-cognitive approach. Cambridge New York: Cambridge University Press, 2008a.

_____. *Discourse and power.* Houndmills, Basingstoke, Hampshire; New York: Palgrave Macmillan, 2008b.

_____. *Society and discourse.* How social contexts influence text and talk. Cambridge; New York: Cambridge University Press, 2009.

VAN DIJK, T. A. (Ed.). *Discourse Studies.* A multidisciplinary introduction. New, one-volume edition. London: Sage, 2011.

_____; KINTSCH, W. *Strategies of discourse comprehension.* New York; Toronto: Academic Press, 1983.

VYGOTSKY, L. S. *Thought and language.* Cambridge: MIT Press, Massachusetts Institute of Technology, 1962.

WODAK, R.; MEYER, M. (Eds.). *Methods of critical discourse analysis.* London; Thousand Oaks, Calif.: Sage, 2009.

Parte 2

Interfaces e delimitações

CAPÍTULO 4

Linguística Textual e Fonologia

Gladis Massini-Cagliari
Universidade Estadual Paulista/UNESP-Araraquara

Luiz Carlos Cagliari
Universidade Estadual Paulista/UNESP-Araraquara

1. Considerações iniciais

Este texto trata dos sons das línguas e da sua relação com a constituição da textualidade, ou seja, da maneira como a organização dos sons pode contribuir para a tessitura da coesão textual e, a partir daí, para a construção dos sentidos, colaborando para a sua coerência. Assim, o objetivo do presente capítulo é mostrar como alguns elementos sonoros, especialmente prosódicos, mas também segmentais, são usados para assinalar a coesão e a coerência textuais. Para a presente discussão, o suporte sonoro da linguagem será tomado tanto no nível fonético (em que os sons são analisados a partir de sua "concretude", ou seja, da forma como são efetivamente realizados) quanto fonológico (a partir da sua organização mais abstrata no sistema da língua).

Ao segmentar a fala (= "cortar", "analisar em pedaços menores"), as unidades chamadas *segmentos* são as que definem as vogais e as consoantes.[1] As unidades maiores do que os segmentos são chamadas de *prosódicas*.[2]

A prosódia refere-se às unidades suprassegmentais de extensão que vai da sílaba ao grupo tonal e que se caracterizam por variações fonéticas da duração, da altura melódica e da intensidade, operando concomitantemente ou com o destaque de uma propriedade sobre as demais. Tais unidades definem o ritmo, a entoação, a tessitura, a concatenação, a velocidade de fala e formas fonéticas de marcar a ênfase ou destaque de algum elemento ou enunciado. A sequência de grupos tonais forma os enunciados e estes formam o texto.

Segundo Koch (1989, p. 19), o conceito de coesão textual "diz respeito a todos os processos de sequencialização que asseguram ou tornam recuperável uma ligação linguística significativa entre os elementos que ocorrem na superfície textual". Assim, a coesão é um fenômeno discursivo que liga elementos sintáticos ou semânticos para mostrar uma correferencialidade, uma dependência de um elemento com relação ao outro, com o objetivo de tornar explícitas as relações de significado entre elementos do texto. Relações semânticas como a anáfora, a catáfora e a dêixis são exemplos de unidades que apresentam uma função de coesão textual.

Koch (1989) propõe a existência de dois tipos de coesão: a referencial e a sequencial. A coesão referencial é "aquela em que um componente da superfície do texto faz remissão a outro(s) elemento(s) do universo textual" (Koch, 1989, p. 30). Ao elemento que faz a referência, chamamos de "forma referencial" ou "remissiva" e ao elemento referenciado, "referência" ou "referente textual".

As formas remissivas podem ser endofóricas (fazendo uma referência interna ao texto) ou exofóricas (referência externa ao texto). Muitas vezes, a referência exofórica é feita por palavras dêiticas (pronomes e advérbios — ex.: *eu, você, lá, aqui*, etc.), cujo referente só pode ser conhecido a partir de

---

1. A respeito d'*A origem da divisão dos sons da fala em consoantes e vogais*, veja-se Cagliari (1989a).

2. Para uma listagem dos elementos prosódicos, com um estudo de sua função, veja-se Cagliari (1992a, 1992b). A respeito de como tais elementos podem ser inferidos a partir da modalidade escrita, deve ser consultado Cagliari (1989b).

elementos externos ao discurso, que o contextualizam. Já a coesão endofórica pode ser realizada por muitos mecanismos, desde o uso de elementos anafóricos como pronomes, advérbios e expressões adverbiais, numerais, artigos, formas remissivas referenciais (sintagmas nominais referenciais), elipses. Desta maneira, a coesão referencial pode ser operada tanto por elementos "vazios" em termos de significado, ou seja, por unidades léxicas dêiticas e anafóricas, cujo sentido é preenchido no discurso em que se encontram, como por elementos que trazem um componente de significado pré-definido lexicalmente, mas cujo sentido completo também só é alcançado em nível textual.

Os mecanismos coesivos sequenciais podem ser de dois tipos: frásticos e parafrásticos. Nesta, o principal mecanismo é a recorrência (de termos, de estruturas sintáticas, de conteúdos semânticos e de recursos fonológicos segmentais e suprassegmentais — prioritários, no que tange aos objetivos deste trabalho) (Koch, 1989, p. 55). Já na sequenciação frástica "a progressão se faz por meio de sucessivos encadeamentos, assinalados por uma série de marcas linguísticas através das quais se estabelecem, entre os enunciados que compõem o texto, determinados tipo de relação" (Koch, 1989, p. 55).

Em outros termos, a coesão refere-se a estruturas gramaticais de qualquer nível que fazem a "amarração" do discurso, ou seja, ligam partes constituindo uma corrente discursiva organizada e bem estruturada. Essas unidades estabelecem o "chassis" sintagmático, com estruturas bem definidas e relacionadas entre si. Neste contexto, os elementos fonéticos segmentais e prosódicos podem contribuir para essa "amarração", tanto em termos referenciais como — principalmente — sequenciais.

Koch e Travaglia (1989, 1990) consideram que a coesão é um dos fatores que podem conferir coerência, ou seja, textualidade, o caráter mesmo de texto, a uma sequência.[3] Sendo a coesão um dos critérios de textualidade, este fato lhe atribui, embora não exclusivamente, a capacidade de contribuir

---

3. Para Halliday e Hasan (1976), Reinhart (1980) e Hasan (1980), a coesão é condição necessária da coerência, porém não suficiente; por sua vez, Koch (1989), Koch e Travaglia (1989, 1990) e Marcuschi (1983) distinguem esses conceitos como independentes, reconhecendo, entretanto, a sua interpenetração, aceitando o fato de que um texto pode ser coerente sem ser coeso ou coeso sem ser coerente (embora o mais desejável seja um texto coeso e coerente).

para a "inteligibilidade do texto numa situação de comunicação" e para a "capacidade que o receptor do texto (que o interpreta para compreendê-lo) tem para calcular o seu sentido" (Koch; Travaglia, 1989, p. 11), ou seja, para a coerência. Desta maneira, a organização dos sons da fala com vistas à obtenção de uma maior ligação formal coesiva entre os elementos textuais pode conferir uma maior interpretabilidade ao texto, na medida em que ajuda no estabelecimento da continuidade de sentidos nele perceptível.

Apesar de a coerência, conforme definida por Koch e Travaglia (1989, 1990), corresponder a um critério de "boa formação" do texto (mas não no sentido literário ou ligado à noção de gramaticalidade no nível da frase, já que é estabelecida na interação, na interlocução, em uma situação comunicativa entre dois usuários), alguns dos exemplos aqui discutidos serão retirados de textos literários; outros, apesar de não literários propriamente ditos, correspondem a letras de canções e a textos publicitários. Em outras palavras, utilizaremos na exemplificação textos nos quais há uma preocupação explícita e perceptível do autor em organizar os elementos sonoros de modo a conseguir como resultado uma maior ligação coesiva e de sentidos.

2. O uso de elementos sonoros como mecanismo de coesão

Um dos recursos estilísticos mais conhecidos que opera no nível sonoro é a onomatopeia.[4] Muito embora não se constitua em um mecanismo coesivo por si mesmo, a tentativa de representação icônica dos sons do mundo exterior à fala, transportando-os para dentro do mundo textual, é um recurso que confere um caráter diferenciado à coerência do texto que

---

4. Câmara Jr. ([1973], p. 288) define onomatopeia como um "vocábulo que procura reproduzir determinado ruído, constituindo-se com os fonemas da língua, que pelo efeito acústico dão melhor impressão desse ruído. Não se trata, portanto, de imitação fiel e direta do ruído, mas da sua interpretação aproximada com os meios que a língua fornece". Xavier e Mateus (1990, p. 266) reforçam que a onomatopeia distingue-se da imitação não linguística justamente "por se compor de segmentos fonéticos integrados no sistema fonológico de uma dada língua".

o utiliza. Observemos, a este respeito, a letra da canção "O coração do homem-bomba", de Zeca Baleiro, em (1):[5]

(1) O coração do homem-bomba faz **tum tum**
     Até o dia em que ele fizer **bum**

É justamente o foco na iconicidade na representação do referente que confere ao texto em (1) um caráter diferenciado à coerência construída, uma vez que, ao utilizar a onomatopeia "bum", o poema remete muito mais direta e iconicamente à explosão causada pelo homem-bomba do que o que aconteceria se, ao contrário, o autor tivesse optado por dizer apenas "até o dia em que ele explodir". A intenção da escolha da onomatopeia, neste contexto, visa colaborar para a melhor (re)construção do mundo textual idealizado pelo autor por parte do(s) eventual(is) receptor(es) do seu texto.

Outro recurso de grande importância nos níveis fonético e fonológico para a construção da tessitura textual é a recorrência sonora. O termo "recorrência" pode ser definido, de forma simples, enquanto mecanismo de coesão, como uma repetição ou retomada de certos elementos, como uma espécie de "insistência" estruturadora do texto (Massini-Cagliari, 2001, p. 43). A recorrência pode se dar em todos os níveis gramaticais: fonético-fonológico (recorrência de segmentos, sílabas, elementos prosódicos), morfológico (repetição de palavras ou morfemas), sintático (recorrência de estruturas sintáticas), semântico (recorrência de conteúdos ou paráfrase). Nesta seção, serão analisados alguns dos elementos fonético-fonológicos que, quando repetidos recorrente e insistentemente, podem funcionar como elemento de amarração textual.

Talvez o elemento fonético mais saliente — e, por isso, mais conhecido e estudado — em termos de construção da coesão de um texto seja a rima em textos poéticos. Como se sabe, a rima opera um eco sonoro no final de versos, fazendo coincidir todos os sons vocálicos e consonantais a partir da vogal tônica da última palavra (por exemplo, *sofá* rima com *crachá*; *mesa* com *beleza*; *fonética* com *estética*).

---

5. Encarte do CD *O coração do homem-bomba*, v. 1, MZA Music, 2008, p. 4. Os negritos foram acrescentados para realce dos termos focalizados.

Qualquer poema rimado poderia servir de exemplo à atuação da rima como elemento coesivo; entretanto, como ilustração, apresentamos a seguir o Soneto XIII, de *Via Láctea*,[6] de Olavo Bilac (1865-1918), em que, além do eco da rima, funcionam como estruturadores da coesão a recorrência da quantidade de sílabas poéticas por verso (10, constituindo versos decassílabos) e da posição dos acentos poéticos (na 3ª ou 4ª sílabas poéticas, opcionalmente, e, obrigatoriamente, na décima):

(2) "Ora (direis) ouvir estrelas! Certo
Perdeste o senso!" E eu vos direi, no entanto,
Que, para ouvi-las, muita vez desperto
E abro as janelas, pálido de espanto...

E conversamos toda a noite, enquanto
A via láctea, como um pálio aberto,
Cintila. E, ao vir o sol, saudoso e em pranto,
Inda as procuro pelo céu deserto.

Direis agora: "Tresloucado amigo!
Que conversas com elas? Que sentido
Tem o que dizem, quando estão contigo?"

E vos direi: "Amai para entendê-las!
Pois só quem ama pode ter ouvido
Capaz de ouvir e de entender estrelas".

Cumprem este papel até mesmo as rimas ditas "imperfeitas", ou toantes.[7] Como exemplo, citamos, em (3), a primeira estrofe da canção "Só por hoje", de Dado Villa-Lobos e Renato Russo, letra de Renato Russo, gravada pelo conjunto Legião Urbana.[8] Nesta estrofe, as rimas se dão entre *chorar* e *virá, conseguir* e *feliz*.

---

6. In: A. M. Rodrigues; D. A. de Castro; I. P. Teixeira. *Antologia da Literatura Brasileira* — Textos comentados. v. I: do Classicismo ao Pré-Modernismo. São Paulo: Marco Editorial, 1979. p. 195.

7. "Rima *consoante* é aquela que apresenta semelhança de consoantes e vogais. [...] Rima *toante* é a que só apresenta semelhança na vogal tônica, sem que as consoantes ou outras vogais coincidam" (Goldstein, 1987, p. 44-45).

8. Encarte do CD *O Descobrimento do Brasil*, Sony Music, 1993, p. 18.

(3) Só por hoje eu não quero mais chorar
Só por hoje eu espero conseguir
Aceitar o que passou o que virá
Só por hoje vou me lembrar que sou feliz.

Entretanto, a exploração da rima como elemento constitutivo da textualidade não se restringe ao final do verso, mesmo em se considerando o fato de ser esta a posição rítmica mais proeminente em português, tanto em termos poéticos como em termos linguísticos (cf. Massini-Cagliari; Cagliari, 1998). A canção abaixo, "Elas por elas", de Zeca Baleiro,[9] explora da rima dita interna,[10] construindo sua textualidade a partir da caracterização das personagens, as mulheres amadas pelo eu-lírico, a partir do eco sonoro do seu nome próprio. A rima com os nomes das amadas é o próprio mote da canção, razão em torno da qual ela se constrói. Na primeira estrofe da canção, em (4), ressaltamos as rimas internas com negritos.

(4) Com **Cristina** eu só vivia de **propina**
Com **Marlen**e era tudo **misancene**
Pra **Renata** eu cantava pata-**pata**
Com **Venância** eu parti pra **ignorância**
Com **Concita** eu fui explorar **bauxita**
Com **Jurema** eu morei em **Ipanema**
Com **Estela** eu só vivia na **favela**
Foi **Teresa** quem me fez virar a **mesa**

Como se pode observar, nos versos acima, as rimas são perfeitas, soantes, em todos os versos. Entretanto, nos versos das demais estrofes da canção (não citada aqui na sua totalidade), aparecem rimas como *Marluce/ crucis, Domingas/milongas, Fátima/ótima* e *Cândida/bandida*, classificadas como imperfeitas e soantes. A última delas, inclusive, só se configura como rima se se considerar uma alteração no posicionamento do acento no nome *Cândida*, realizado como paroxítona.

---

9. Encarte do CD *O coração do homem-bomba*, Volume 1, MZA Music, 2008, p. 7.

10. Entre a palavra final do verso e outra, no meio desse verso, mas não necessariamente na posição de cesura (conforme considera Câmara Jr., [1973], p. 334) ou no verso seguinte (cf. Goldstein, 1987, p. 44).

Outro tipo de elemento sonoro que contribui para o estabelecimento da coesão textual através da recorrência é a chamada "aliteração", um termo não muito feliz, porque se refere à "repetição de dado fonema" (Câmara Jr., [1973], p. 61). Câmara Jr. ([1973], p. 61-62) já mostrava a inadequação do rótulo, afirmando que "o termo consagrou-se neste sentido quando ainda se confundia em gramática a letra (lat. *littera*) com o som que ela representa [...], mas evidentemente a repetição da mesma letra, com som diferente, não constitui aliteração".[11] A insistência de poetas em determinados sons tem sido considerada há muito como um elemento de valor estilístico (cf. Martins, 1997; Monteiro, 1991); entretanto, para além de uma mera escolha estilística, com finalidade de simbolismo fonético (ou, em outras palavras, a representação através dos sons da fala de elementos extratextuais — cf. Monteiro, 1991, p. 79-121), o eco de determinados segmentos traz uma "amarração" ao texto poético, fazendo-o caminhar, em termos de sequenciação.

Para ilustrar, apresentamos um trecho da canção "Chuva, suor e cerveja", de Caetano Veloso.[12] Nesta canção, em vários momentos, a insistência em sequências sonoras faz referência aos sons descritos no texto, contribuindo para a construção do seu sentido. Por exemplo, a repetição alternada de uma consoante oclusiva (/p/ ou /b/) seguida da vogal /ɔ/ ou /a/ tenta representar o movimento de deslocamento do casal até a porta da igreja.

(5)   A gente se em**ba**la
      Se em**bo**ra se em**bo**la
      Só **pá**ra na porta da igreja
      A gente se olha
      Se beija se molha
      De chuva, suor e cerveja...(2x)

Já no exemplo abaixo, retirado de um poema de Manuel Bandeira[13] o som do vento é representado pela recorrência da consoante /v/. Neste caso,

---

11. Alguns autores, como Martins (1997, p. 38), consideram a aliteração apenas como a repetição de sons consonantais, denominando de assonância a repetição de sons vocálicos.

12. Disponível em: http://letras.terra.com.br/caetano-veloso/43870/. Acesso em: 28 ago. 2011.

13. Manuel Bandeira, *Poesia completa e prosa*, p. 256.

a recorrência cumpre também a função de focalizar o elemento vento, colocando-o em evidência, no nível textual.

(6) O vento varria as luzes,
O vento varria as músicas,
O vento varria os aromas....
E a minha vida ficava
Cada vez mais cheia
De aromas, de estrelas, de cânticos

Outras vezes, como ocorre na canção "Pastiche", de Zeca Baleiro,[14] a repetição de uma sequência sonora é o motivo maior da construção do texto, a razão que impulsiona a sua coerência. Como se pode perceber no trecho em (7), todos os versos são compostos a partir da recorrência, na posição final do verso (a mais proeminente, em termos rítmicos), de uma vogal acentuada seguida da consoante /ʃ/, que, por sua vez, é seguida de uma vogal átona, na maioria das vezes /e/ (foneticamente realizada como [ɪ]).

(7) Eu gosto mesmo é de fazer pastiche
Eu gosto muito de comer pistache
Na outra encarnação eu fui dervixe
Nesta encarnação puro deboche

Repetições de padrões recorrentes como a ilustrada em (7) acabam por gerar uma expectativa que, em termos amplos, não prototípicos, é rítmica, no sentido em que é cíclica. E essa ciclicidade, em termos prosódicos, é um fator constitutivo da própria coesão do texto, no nível da sequenciação.

Padrões rítmicos prototípicos recorrentes também podem contribuir fortemente tanto com a constituição do simbolismo fônico, a partir da mimetização de batidas e pulsações de elementos extralinguísticos, como, por consequência, com o estabelecimento da coesão textual. Um feliz exemplo é o poema *I-Juca Pirama*, de Gonçalves Dias.[15] O trecho reproduzido a seguir, em (8), é o início do Canto IV. Neste canto, o poema todo é constituído de

---

14. Encarte do CD *O coração do homem-bomba*, v. 2, MZA Music, 2008, p. 11.
15. Disponível em: https://goo.gl/tzpU6Q. Acesso em 16 de julho de 2017.

maneira a imitar a batida dos tambores índios, seguindo um padrão recorrente do tipo forte-fraco-fraco (ou seja, um ritmo ternário). A sequência se inicia por uma anacruse,[16] ecoando a partir daí recorrentemente os tambores, não sendo quebrada em momento algum, considerando que, ao final dos versos agudos (ou seja, terminados por sílabas oxítonas), seja contada uma batida silenciosa.

(8) Meu canto de morte,
     Guerreiros, ouvi:
     Sou filho das selvas.
     Nas selvas cresci;
     Guerreiros, descendo
     Da tribo Tupi.

Mesmo quando a reiteração de unidades rítmicas não é tão evidente quanto no caso do poema de Gonçalves Dias — como, por exemplo, nos versos brancos, sem rima e (aparentemente) sem metrificação, ou seja, sem a mesma quantidade de sílabas poéticas por verso —, ainda é possível perceber o papel da recorrência de elementos rítmicos como estruturadores da coesão. Por exemplo, no poema a seguir,[17] de Mário de Andrade, os versos variam quanto à quantidade de acentos poéticos — marcados em negrito, em (9) —, indo desde três até seis. O interessante é notar que a alternância entre as proeminências rítmicas e as não proeminências cria um movimento que pode ser interpretado como a representação das braçadas do nadador retratado, que acelera e desacelera suas braçadas, enquanto se diverte no rio Tietê.

(9) TIETÊ
     Era uma **vez** um **rio**...
     Po**rém** os Borba-**Ga**tos dos **ul**tra-nacio**nais** espe**ria**men**te**!

     Havia nas ma**nhãs** cheias de **Sol** do entusi**as**mo
     As mon**ções** da ambi**ção**...
     E as gi**gân**teas vi**tó**rias!
     As embarca**ções** sin**gra**vam **ru**mo do abis**mal** Desca**mi**nho...

---

16. Em Música, é a nota ou as notas que, no início da peça musical, aparecem no tempo fraco antes do tempo forte do primeiro compasso; por analogia, em poesia, é a sílaba ou sílabas que vêm no princípio do verso, antecedendo o tempo forte do primeiro pé.

17. In: Mário de Andrade. *De Paulicéia Desvairada a Café (Poesias Completas)*. São Paulo: Círculo do Livro, [1984], p. 42.

Arroubos... Lutas... Setas... Cantigas... Povoar!...
Ritmos de Brecheret!... E a santificação da morte!
Foram-se os ouros!... E o hoje das turmalinas!...
— Nadador! vamos partir pela via dum Mato-Grosso?_
— Io! Mai!... (Mais dez braçadas.
Quina Migone. Hat Stores. Meia de seda.)
Vado a pranzare com la Ruth.

Padrões rítmicos recorrentes, que geram uma expectativa de repetição, podem ser explorados, com finalidades estéticas evidentes. Em (10), por exemplo, o padrão rítmico trocaico (isto é, construído a partir da alternância entre uma sílaba forte e outra fraca) percorre todo o texto, fazendo com que haja a atribuição de acentos secundários em alguns contextos, de modo a garantir a onda rítmica. No exemplo, marcamos em negrito as proeminências efetivamente realizadas quando declamamos estes versinhos infantis, não os acentos lexicais.[18]

(10) Batatinha quando nasce
Esparrama pelo chão
Menininha quando dorme
Põe a mão no coração.

No exemplo em (10), a opção pela manutenção do ritmo trocaico (alternante entre uma sílaba forte e uma fraca, iniciando pela forte) faz com que sejam atribuídos acentos secundários a cada duas sílabas, contando a partir do acento principal da palavra para a esquerda, em todas as palavras que contenham mais de uma sílaba pretônica: *Bàtatínha èsparráma, mèninínha*.

Por fim, queremos lembrar que a representação sonora pode ser um forte elemento coesivo, no sentido em que o retrato sonoro dá sentido à combinação de palavras e frases específicas no contexto. Como exemplo,

---

18. Estamos cientes da polêmica envolvendo o segundo verso dessa cantiga infantil : o verso original é « esparrama » ou « espalha a rama » ? Adotamos a versão com « esparrama », uma vez que, do ponto de vista rítmico, esta é a combinação que garante um rítmo mais canônico.

citamos, em (11), um trecho de um poema em que são representados os sons de um trem: "Trem de Alagoas", de Ascenso Ferreira.[19]

(11)   — Vou danado pra Catende,
vou danado pra Catende,
vou danado pra Catende
com vontade de chegar...

3. O aproveitamento da prosódia como mecanismo de coesão

A ciência fonética reconhece como fenômenos prosódicos: a duração silábica; a variação melódica das sílabas (ou tons nas línguas tonais); a variação melódica dos grupos tonais (ou padrões entoacionais nas línguas não tonais); a intensidade, que pode ser realizada pela variação de intensidade (volume) dos sons da fala, pela tonicidade (que distingue sílabas tônicas e sílabas átonas), pela ênfase ou saliência fonética — que pode ser realizada por qualquer unidade prosódica em destaque, com relação às demais —, pela concatenação (usos de pausas), pela velocidade de fala (andamento) e pela tessitura (faixa ou intervalo de altura melódica usado pelo falante),[20] pela qualidade de voz — ou seja, pelo uso prolongado de um *setting* articulatório (configuração do aparelho fonador, gerando um timbre constante — por exemplo, velarizado, palatalizado, arredondado, nasalizado etc.) —, e pelo registro, ou seja, pelo destaque de uma palavra ou expressão através de uma qualidade de voz especial — por exemplo, quando alguém destaca uma palavra com uma qualidade de voz com qualidade de falseto,[21] de voz faringal ou de outro tipo.

---

19. Apud Martins (1997, p. 51).

20. A respeito da tessitura como elemento organizador textual, veja-se Cagliari e Massini-Cagliari (2003).

21. "*Falseto*: é o processo fonatório que emprega as cordas vocais bem esticadas, o que imprime à corrente de ar um som fundamental muito agudo (ex.: voz aguda de pessoas nervosas, homens forçando uma voz aguda)." (Massini-Cagliari; Cagliari, 2001, p. 112).

A fonologia processa os fatos fonéticos prosódicos de modo abstrato e geral no âmbito da gramática da língua. Halliday (1970) propôs um sistema de integrar vários fenômenos prosódicos em um modelo fonológico que define a tonalidade ou os grupos tonais, a tonicidade ou o ritmo, e os tons entoacionais ou padrões entoacionais. Essas unidades têm uma função gramatical definida em termos sintáticos (tipos de frases), semânticos (foco, tema/rema, dado/novo) e pragmáticos (atitudes do falante: surpresa, alegria, ironia etc.). O modelo suprassegmental baseado nos trabalhos de John Goldsmith (1979) e desenvolvido por vários linguistas, como J. B. Pierrehumbert (1988), Robert Ladd (1996), 't Hart et al. (1990), lida especialmente com o fenômeno da entoação, sua realização fonética e sua representação fonológica, através de padrões entoacionais que variam em torno de tons altos (H = high) e de tons baixo (L = low), considerado o foco (fonético e semântico) de um padrão entoacional. Há, ainda, o modelo de Selkirk (1980) e, principalmente, o modelo de fonologia prosódica proposto por Nespor e Vogel (1986). O modelo de Selkirk baseia-se mais na relação entre fatos sintáticos e prosódicos. O modelo de Nespor e Vogel se integra na fonologia métrica (Prince, 1983; Hayes, 1995; Hogg; McCully, 1987), definindo níveis prosódicos hierarquizados: sílaba, palavra fonológica, grupo clítico, grupo entoacional e enunciado.

No presente capítulo, vamos nos ater a fatos fonéticos de vários tipos, sem a devida interpretação em algum modelo fonológico declarado. O estudo está voltado especificamente para fenômenos fonéticos (que podem ser posteriormente interpretados como fenômenos fonológicos) que indicam no discurso a relação que o texto apresenta ligando unidades de vários tipos gramaticais.

O primeiro fenômeno prosódico analisado aqui é o grupo tonal (Halliday, 1970; Ladd, 1996; Cagliari, 2007). Halliday (1973, p.103) diz que a fonologia entonacional assume que a corrente de fala é uma sucessão de elementos paradigmáticos distribuídos sintagmaticamente:

For purpose of analysis, the selection can be regarded as discrete on both axes, both syntagmatically and paradigmatically: we can make a good description, that is, we postulate that each tone group begins where the previous one ends, with no overlap and no hiatus, and that each tone group can be unambiguously assigned to one tone, this assignment thereby excluding all the other tones. (Halliday, 1973, p. 103)[22]

Um enunciado pode ter um ou vários grupos tonais (um texto longo terá muitos grupos tonais). Eles se distribuem na cadeia da fala, definindo unidades sintáticas, semânticas e pragmáticas. Mesmo a ocorrência de grupos tonais do mesmo tipo estabelece uma relação entre eles nos três níveis de análise, como acontece, por exemplo, com sequências de sentenças coordenadas sintática ou semanticamente. Veja os exemplos a seguir:

(12)   // Não apareça na festa,// porque você não será bem recebido.//
(13)   // Não apareça na festa. // Você não será bem recebido.//

No exemplo (12) temos dois grupos tonais, segmentados pelas barras duplas inclinadas. O primeiro tem um padrão entoacional, que chamaremos de 3 (para os tons veja Halliday, 1970, 1973; Cagliari, 2007). Esse tom marca uma sentença suspensiva ou inacabada. Essa situação sintática e semântica só pode ser completada com o grupo tonal seguinte, que apresenta um tom 1, sinalizando a complementação do grupo tonal anterior e a finalização do enunciado. No caso, a entonação amarra discursivamente os dois grupos tonais. Com uma configuração especial dos tons, o exemplo (12) pode trazer também o valor pragmático de raiva, de indignação (a atitude do falante). Se o falante usasse o exemplo (13) com dois tons 1, formando dois grupos tonais coordenados, ainda assim haveria uma relação de dependência sintática, semântica e pragmática entre eles. Esses exemplos mostram que a corrente da fala não é apenas uma sequência de palavras, mas de estruturas sintáticas, semânticas e pragmáticas, porque todo enunciado terá necessariamente uma prosódia associada a ele.

A relação de dependência prosódica não interfere na constituição sintática ou semântica, mas simplesmente indica vínculos de dependência. Assim,

---

22. Em termos de análise, a seleção pode ser vista como discreta em ambos os eixos, o sintagmático e o paradigmático: podemos fazer uma boa descrição, ou seja, podemos postular que cada grupo tonal começa onde o anterior acaba, sem sobreposição nem hiato, e que cada grupo tonal pode ser atribuído a um tom de modo não ambíguo, com tal atribuição excluindo todos os outros tons. (Nossa tradução)

nos exemplos (14) e (15), a seguir, mesmo invertendo a ordem sintática das frases do enunciado, o padrão entoacional entre as duas frases (principal e subordinada) permanece o mesmo. Ou seja, o padrão entoacional está acima do valor sintático das orações, permanecendo o mesmo, apesar de a ordem sintática ficar invertida. O segundo caso de coesão prosódica refere-se à tonicidade. O fato de uma sílaba ser tônica ou átona pode ter valor fonológico distintivo, como em (16):

(14) // Quando você vier a Araraquara, // traga o cachorro de pelúcia. //
(15) // Traga o cachorro de pelúcia, // quando você vier a Araraquara. //
(16) **pú**blica : pu**bli**ca; **me**tro : me**trô**

Porém, mesmo em uma língua como o português, em que há a oposição fonológica, a distribuição das sílabas tônicas e átonas define o ritmo da fala (Abercrombie, 1967; Cagliari, 2007). O fato de a língua distinguir palavras pela tonicidade, sem ter as sílabas com durações predeterminadas no léxico, cria um problema para o estabelecimento do ritmo. Para resolver esse problema, línguas como o português tendem a marcar "compassos" rítmicos, com as batidas nas sílabas fortes. Às vezes, a língua muda a posição do acento para permitir um ritmo mais eufônico.

Com relação à ideia geral de ritmo, há vários fenômenos prosódicos, como a ênfase (ou marcação de foco), a presença ou não de pausas, a concatenação e a velocidade de fala. Desses fenômenos prosódicos, a marcação de foco tem um destaque semântico (e pragmático) importante. Enquanto elementos dêiticos e anafóricos costumam relacionar elementos de sentenças diferentes (ou pressupõem isso), o foco faz um esquema de coesão particular dentro de uma mesma sentença, ou melhor, de um grupo tonal.[23] Veja o exemplo (17), a seguir, em que a sílaba tônica que marca o foco vem destacada com letras maiúsculas:

(17) a. O me**NI**no quebrou a boneca da irmã.
    b. O menino que**BROU** a boneca da irmã.
    c. O menino quebrou a boneca da ir**MÃ**.

---

23. Nem sempre um grupo tonal apresenta a mesma extensão sintática de uma sentença.

Dependendo de onde se localiza a sílaba tônica do foco, temos uma interpretação semântica diferente: a) quem quebrou?, b) o menino fez o quê?, c) quebrou a boneca de quem? Portanto, a sílaba tônica do foco atrai as demais palavras do enunciado para a palavra em que ocorre, relacionando-as de modos diferentes, ou seja, apresentando uma amarração semântica específica para cada caso, como mostram os exemplos em (17).

Segundo Halliday (1970, 1973), a presença da sílaba tônica do foco tem também a função de separar a sentença/enunciado em dois componentes entoacionais, a que ele chama de componente pretônico e componente tônico. Do ponto de vista semântico, o componente tônico (sempre com presença obrigatória) marca o elemento novo (*new*, a rema) do discurso no enunciado (grupo tonal). O componente pretônico (opcional) traz a informação dada (*given*, o tema). Semanticamente, a relação entre elementos novos e dados é tão importante quanto a relação entre dêiticos ou anafóricos e os elementos a que eles se referem no texto. A relação entre os elementos dados e novos (tema/rema) é marcada prosodicamente pelo contexto definido pela sílaba tônica do foco. Por exemplo, em (17a) ocorre apenas o elemento semântico novo: uma afirmação totalmente nova, segundo a qual "o menino quebrou a boneca da irmã"; em (17b), o elemento dado é "menino" e o elemento novo é "o fato de ter quebrado a boneca da irmã". Em (17c), o elemento dado é "o menino quebrou a boneca" e o elemento novo é "a informação de que a boneca era da irmã".[24]

O terceiro fenômeno prosódico que a gramática fonológica da língua usa para marcar relações entre elementos, unidades ou categorias, é a distribuição da tonalidade, ou seja, a atribuição dos tons aos enunciados (grupos tonais). Como são os tons entoacionais (ou padrões entoacionais) que definem os grupos tonais, a estrutura sintagmática dos tons em um texto mostra uma coesão entre os diferentes enunciados que se sucedem. Pela sua própria natureza, os tons trazem consigo expectativas semânticas que, atribuídas aos grupos tonais, amarram o texto, porque uma expectativa precisa sempre ser complementada com uma realização determinada.

---

24. Pelo mesmo modo, as relações sintáticas em uma sentença (subordinação, coordenação) também estabelecem amarrações entre as várias categorias, configurando relações de coesão sequencial.

Por outro lado, na fala comum, dissertativa, predomina o tom 1 (afirmação neutra). No entanto, para evitar a monotonia e prender a atenção de seu interlocutor, garantindo a manutenção do turno, o falante procura "enfeitar" a fala com alguns recursos de ênfase ou destaque. Alguns deles são a velocidade de fala e a concatenação, que servem para prender a atenção em ideias concatenadas no discurso ou para separá-las convenientemente. Outro elemento é uma pronúncia enfática e, às vezes, exagerada da saliência (melódica, duracional ou de intensidade) da sílaba tônica do foco. A intensidade do discurso muda, por exemplo, quando, em vez de haver uma ligação entre tons 3 e tons 1 (suspensivo + conclusivo), o falante usa sequências de tom 1, o que confere à fala uma atitude agressiva, desafiadora. A fala pode ficar mais pesada, com a inserção de pausas, às vezes, pausas mais longas do que o normal. Numa situação dialógica, um falante pode acabar seu pensamento com sentenças sintaticamente completas, usando o tom 3 (incompleto), esperando que seu interlocutor retome o que disse, não mude de assunto ou de tópico e complete o que deixou em suspenso. Além de o tom 1 ser um tom típico de sentenças declarativas, é o tom que comumente acaba o texto e fecha o discurso. Mais raramente, porém, isso pode ocorrer com uma pergunta (tom 2) que fica no ar, sem resposta. Esses modos de acabar uma fala num diálogo exigem uma atitude coesiva por parte do interlocutor, que tem a obrigação de concatenar o diálogo segundo regras discursivas, marcadas também pela prosódia. Além disso, em um discurso e, sobretudo, em situação dialógica, os falantes usam de variações da tessitura para separar um bloco de ideias da sequência discursiva ou textual em que se encaixam. Usando uma variação melódica mais baixa ou mais alta, chegando a uma altura de falseto, o falante insere comentários em seu texto ou obriga o ouvinte a não tomar o turno dialógico, porque ainda não voltou para a altura melódica normal. Acabar um turno com tessitura baixa significa um peso maior ao argumento; acabar em falseto significa uma agressão, um desafio. Esse uso da prosódia marca relações enunciativas e discursivas muito bem definidas no jogo da linguagem. Semanticamente, não são apenas os elementos lexicais coesivos que exigem do interlocutor (e do falante, antes) um jogo de relações bem definido. No texto, a prosódia também interfere, trazendo para a linguagem elementos relacionais, semelhantes aos lexicais, que precisam ser detectados e levados em conta, para que o diálogo não seja uma fala desconexa e sem coerência.

Certamente, o diálogo é a forma de uso da linguagem oral mais comum. Mesmo na escrita — por exemplo, de narrativas — o diálogo é sempre um momento importante. Do ponto de vista da semântica cognitiva, fazer perguntas é um modo de obrigar o interlocutor a completar um pensamento. Cria obrigações linguísticas. Não raramente, as pessoas fazem perguntas para si, para procurar uma resposta na própria mente. As relações entre perguntas e respostas passam pelo estabelecimento de padrões prosódicos, sobretudo, entoacionais. Esses padrões identificam, no diálogo (no texto), as relações entre perguntar e responder. Se tais padrões não forem corretamente colocados, a relação entre pergunta e resposta fica comprometida, gerando uma situação linguística estranha. Por exemplo, nem toda pergunta requer uma resposta. Pode ser apenas uma forma de reprimenda. Neste caso, o interlocutor precisa detectar tal intenção do falante e se comportar linguisticamente de modo adequado. Não pode responder, como se fosse um pedido de informação. A continuidade do diálogo (texto) depende também desse tipo de relação prosódica que se estabelece sintagmaticamente.

Processamos todos os elementos sonoros da língua de um modo natural e automático, quer falando (transmitindo uma mensagem) quer ouvindo (interpretando o que se ouve). Cabe ao linguista (ou foneticista, neste caso) criar uma teoria a respeito da fala, mostrando suas unidades, funções e usos sistemáticos ou ocasionais. Ao fazer isto, o foneticista percebe que a fala é uma arquitetura bem montada, cheia de sutilezas e precisões que uma simples leitura do tipo escolar não consegue manifestar. Para entender um diálogo escrito é preciso transformá-lo em diálogo oral, necessariamente, na mente, para que o texto tenha um sentido correto e extensivo a detalhes importantes. Essa amarração arquitetônica prosódica está presente em todo tipo de texto, mas se revela melhor nos diálogos. Os dois exemplos a seguir mostram, por exemplo, como a tessitura associada aos grupos tonais e tons entoacionais, pausas e andamento dão ao texto uma estrutura de coesão prosódica, ajudando enormemente a salientar algumas ideias, a diminuir o valor de outras, a dar continuidade a um pensamento, mesmo quando interrompido por expressões como "normalmente", "então" etc.[25]

> Compor, normalmente, não tinha consciência de sua baixa condição. Quase nunca havia tempo para pensar nela. Afinal (como no caso de outros Observadores, ele imaginou), era só inferior pelos padrões de Trantor. Em seus próprios mundos não-trantorianos, em suas próprias sociedades não-mentálicas, era fácil para os Observadores obterem condição elevada.

Logo adiante, o autor continua:[26]

> Se a crise se resolvesse com sucesso, como era o que parecia, não seria lembrado que foi Compor o primeiro a notar Trevize, não como ser humano (qualquer um poderia fazer isso), mas como uma mente?

Como o texto escrito favorece mais o uso explícito de elementos explicativos daquilo que se diz, de como se diz e para quem se diz, ao ler os dois textos acima, observando a modulação prosódica que damos, tomamos consciência de como a prosódia varia, colocando em jogo todos os elementos dessa arquitetura: altura melódica, ênfases, parentetizações semânticas, interrupções da ordem canônica sintática, a dinâmica e a velocidade de fala, com as devidas interrupções por pausas maiores ou menores.

4. Considerações finais

O que torna um texto coeso? Para responder a esta pergunta, é necessário percorrer todos os níveis da gramática, uma vez que um texto é uma sequência de elementos gramaticais de todos os níveis, revelados através da organização

---

25. In: Isaac Asimov, *Fundação II: a decisão de um só homem mudando os destinos da galáxia.* São Paulo: Hemus Editora Ltda., 1983, p. 210.

26. Idem.

dos itens lexicais no eixo sintagmático. Esses elementos lexicais não aparecem simplesmente uns ao lado dos outros, mas presos a estruturas gramaticais sintáticas, semânticas, fonológicas, pragmáticas e discursivas, as quais, por sua vez, estão em estreita relação umas com as outras. São essas relações sintagmáticas que estabelecem um tipo de coesão textual. Muito embora a coesão não seja o único fator de textualidade, tem um papel crucial na construção da coerência.[27] De modo a favorecer uma maior ligação coesiva entre os elementos textuais, muitos recursos podem ser explorados, entre os quais os que se manifestam mais superficialmente, no nível sonoro. Estes elementos, prosódicos e segmentais, assim como outros, desempenham um papel importante no estabelecimento de vínculos entre unidades e mesmo partes maiores do texto e do discurso, de modo a dar à fala e ao texto um significado coerente.

Entretanto, até muito recentemente, a exploração dos elementos sonoros com finalidades de construção da textualidade era deixada de lado pelos estudos linguísticos mais estritos, tendo sido investigada por áreas até então consideradas externas à ciência linguística, como a Fonética (uma ciência da *parole*, enquanto a Fonologia, o primeiro nível da Linguística científica, dedicava-se à *langue*) e a Estilística (Câmara Jr., 1953; Lapa, 1973; Martins, 1997; Monteiro, 1991) — sem contar os estudos literários. Esperamos, com este estudo, ter mostrado que a consideração do nível sonoro para a compreensão dos fenômenos de textualidade, entre os quais a coerência e a coesão, não pode ser negligenciada, dada a riqueza de possibilidades de amplitude textual que abre aos falantes de uma língua, interessados em "brincar" com seus sons, na construção de seus mundos textuais. E mais: caso seja levado em consideração o nível fonológico na determinação dos elementos coesivos, é possível que os exemplos que têm sido apontados até o momento como não coesos, apesar de coerentes, possam ser revistos em sua ausência de elementos coesivos, uma vez que é impossível que uma sequência que possa ser produzida e recebida como um "texto" por falantes nativos de uma língua não contenha qualquer elemento coesivo no nível prosódico, em termos de ritmo e entoação.

---

27. Tão crucial, a ponto de ter sido considerado por Halliday e Hasan (1976) "o" fator de coerência textual por excelência (vide nota 3).

Referências

ABERCROMBIE, D. *Elements of general Phonetics*. Edinburgh: The University of Edinburgh Press, 1967.

BANDEIRA, M. *Poesia completa e prosa*. São Paulo: Nova Aguilar, 1990.

CAGLIARI, L. C. A origem da divisão dos sons da fala em consoantes e vogais. Estudos Linguísticos — XVII *Anais de Seminários do GEL*. São Paulo: USP/GEL, 1989(a). p. 324-337.

_____. Marcadores prosódicos na escrita. Estudos Linguísticos. *Anais de Seminários do GEL*. Lorena: GEL, 1989(b). p. 195-203.

_____. Prosódia: algumas funções dos supra-segmentos. *Cadernos de Estudos Linguísticos*. Campinas: Unicamp, 1992(a). p. 137-151.

_____. Da importância da prosódia na descrição de fatos gramaticais. In: ILARI, R. (Org.). *Gramática do português falado* — Níveis de análise linguística. v. II. Campinas: Editora da Unicamp, 1992(b). p. 39-64.

_____. Elementos de fonética do português brasileiro. São Paulo: Editora Paulistana, 2007.

_____; MASSINI-CAGLIARI, G. O papel da tessitura dentro da prosódia portuguesa. In: CASTRO, I. de; DUARTE, I. (Orgs.). *Razões e emoção*: miscelânea de estudos em homenagem a Maria Helena Mira Mateus.v. I. Lisboa: Imprensa Nacional/Casa da Moeda, 2003. p. 67-85.

CÂMARA JR., J. M. *Contribuição à estilística portuguesa*. Rio de Janeiro: Simões, 1953.

_____. *Dicionário de filologia e gramática referente à língua portuguesa*. 5. ed. Rio de Janeiro: J. Ozon Editor [1973].

GOLDSMITH, J. *Autossegmental Phonology*. Ph.D. thesis 1976. Cambridge: MIT. Distributed by IULC and published by New York: Garland Press. 1979.

GOLDSTEIN, N. *Versos, ritmos, sons*. 4. ed. São Paulo: Ática, 1987.

HALLIDAY, M. A. K. *A course in spoken English*: intonation. London: Oxford University Press, 1970.

_____. The tones of English. In: JONES, W.E.; LAVER, J. (Eds.). *Phonetics in Linguistics*: a book of readings. London: Longman, 1973. p. 103-126.

HALLIDAY, M. A. K.; HASAN, R. *Cohesion in English*. London: Longman, 1976.

HASAN, R. Coherence and cohesive harmony. In: *IRAL Annual Convention*, 1968. Australia: Maqquire University, 1980. p. 181-219.

HAYES, B. *Metrical Stress Theory*: principles and case atudies. Chicago/London: University of Chicago Press, 1995.

HOGG, R.; McCULLY, C. B. *Metrical Phonology*: a coursebook. Cambridge: Cambridge University Press, 1987.

KOCH, Ingedore G. V. *A coesão textual*. São Paulo: Contexto, 1989.

_____; TRAVAGLIA, L. C. *Texto e coerência*. São Paulo: Cortez, 1989.

_____ ; _____. *A coerência textual*. São Paulo: Contexto, 1990.

LADD, D. R. *Intonational phonology*. Cambridge: Cambridge University Press, 1996.

LAPA, M. R. *Estilística da língua portuguesa*. Lisboa: Seara Nova, 1973.

MARCUSCHI, L. A. *Linguística de texto*: o que é e como se faz. Série Debates 1. Recife: Universidade Federal de Pernambuco, 1983.

MARTINS, N. S. *Introdução à Estilística*. São Paulo: T. A. Queiroz/Edusp, 1997.

MASSINI-CAGLIARI, G. *O texto na alfabetização*: coesão e coerência. Campinas: Mercado de Letras, 2001.

_____; CAGLIARI, L. C. De sons de poetas OU Estudando fonologia através da poesia. *Revista da ANPOLL*, São Paulo, n. 5, p. 77-105, jul./dez., 1998.

_____; _____. Fonética. In: MUSSALIM, F.; BENTES, A. C. (Orgs.). *Introdução à Linguística*: domínios e fronteiras. v. 1. São Paulo: Cortez, 2001. p. 105-146.

MONTEIRO, J. L. *A Estilística*. São Paulo: Ática, 1991.

NESPOR, M.; VOGEL, I. *Prosodic Phonology*. Dordrecht: Foris, 1986.

PIERREHUMBERT, J. *The Phonology and Phonetics of English intonation*. Ph.D. thesis. 1980. Cambridge: MIT. Published 1988 by IULC.

PRINCE, A. S. Relating to the grid. *Linguistic Inquiry 14*: 19-100, 1983.

REINHART, T. Conditions for text coherence. *Poetics Today*, v. 14, p. 161-180, 1980.

SELKIRK, E. The role of prosodic categories in English word stress. *Linguistic Inquiry*, 11, p. 563-605, 1980.

't HART, J., COLLIER, R.; COHEN, A. *A perceptual study of intonation: an experimental* — Phonetic approach. Cambridge: Cambridge University Press, 1990.

XAVIER, M. F.; MATEUS, M. H. M. (Orgs.). *Dicionário de termos lingüísticos.* v. 1. Lisboa: Cosmos, 1990.

CAPÍTULO 5

Linguística Textual e Morfologia*

Edson Rosa Francisco de Souza
Universidade Estadual Paulista/UNESP-São José do Rio Preto

Carlos Alexandre Gonçalves
Universidade Federal do Rio de Janeiro/UFRJ-CNPq

Considerações iniciais

O objetivo do capítulo é discutir as relações existentes entre a Linguística Textual, que toma como objeto de estudo o texto, e a Morfologia, que tem como objeto de estudo a palavra (em sua estrutura e meios de formação), com vistas a identificar os limites entre as duas áreas de pesquisa e mostrar em que medida as relações de imbricamento entre os dois níveis de análise linguística são importantes para a análise de determinados fenômenos morfológicos, tais como as nominalizações e outros processos de formação

---

* Gostaríamos de agradecer a Maria Angelica de Oliveira Penna, também ex-orientanda da Profa. Ingedore Koch, pela leitura cuidadosa deste texto, que nos permitiu refinar alguns pontos importantes da discussão. É claro que os problemas persistentes no capítulo são de nossa inteira responsabilidade.

de palavras, em especial as formações X-vel. Em outros termos, a exemplo do que faz Basílio (2004, p.31), o intuito é mostrar que, muitas vezes, as motivações e as explicações para a criação de novas palavras na língua vêm de outros níveis de organização da linguagem, tais como o texto. Nesse ínterim, a proposta mais geral do capítulo é demonstrar que entre os níveis de análise linguística, como o morfológico e o textual, pode-se observar tanto a presença de relações de interdependência, no sentido de que um nível de análise complementa o outro, quanto relações de independência, no sentido de que as relações entre esses níveis se dão de forma isolada.

Para cumprir tal objetivo, o capítulo encontra-se organizado da seguinte forma: na seção 2, apresentamos o percurso histórico da Linguística Textual nas últimas décadas, buscando situar a relação do seu objeto de estudo com outros níveis de análise linguística; na seção 3, tratamos das funções das palavras de natureza complexa; na seção 4, discutimos as relações de dependência e independência existentes entre Morfologia e Texto bem como as relações entre os processos de formação de palavras e os processos de referenciação e progressão textual/temática, que são tipicamente estudados no âmbito da Linguística Textual. Por fim, nas considerações finais, apresentamos os desafios de pesquisa e algumas tendências de estudo sobre Morfologia e de suas interfaces com outros níveis de organização da linguagem, além dos diálogos possíveis entre a Linguística Textual e outras ciências.

1. A Linguística Textual e a relação de seu objeto de estudo com outros níveis de análise

Em sua fase inicial, que começa na segunda metade dos anos 1960 e se estende até meados da década de 1970, a Linguística Textual (LT) preocupou-se, primeiramente, em estudar os mecanismos coesivos operantes entre duas ou mais sequências frasais, que compunham o que se chamava, nesse momento, de texto (Koch, 1999; 2004). Dentre os fenômenos analisados sob essa perspectiva teórica inaugural, estão a correferência, a justaposição e outros processos que se distribuem entre os limites dos enunciados, razão pela qual os analistas do texto privilegiavam, nessa época, conforme Koch (2004, p. 3), as relações referenciais, consideradas importantes fatores da coesão textual. Em (1), por exemplo, o pronome *ele* é usado para retomar o referente *o professor de Geografia*, estabelecendo, assim, uma relação coesiva entre duas orações, fenômeno conhecido como pronominalização:

(1) O *professor de Geografia* faltou hoje. *Ele* estava doente.

Nessa fase da teoria, o estudo das relações referenciais limitava-se, ainda segundo Koch (2004, p. 4), aos processos correferenciais de remissão anafórica e catafórica, nos quais os pronomes é que assumiam o papel de tornar uma sequência de frases um texto, resultando daí a definição de texto como uma "sucessão de unidades linguísticas constituída mediante uma concatenação pronominal ininterrupta" (Koch, 2004, p. 4). Até este momento, a observação e a análise de relações de (inter)dependência entre níveis de análise, tais como o morfológico e o textual, ainda não integravam a agenda de trabalho da LT ou então eram muito incipientes, uma vez que os estudos recaiam basicamente sobre as relações coesivas de indexação, em que a análise morfológica de palavras não apresentava propriamente uma relação com o nível textual. No entanto, com o início dos estudos sobre os fenômenos remissivos não correferenciais, como as anáforas associativas e indiretas (Isenberg, 1968), ilustradas em (2) e (3), dentre outros, o cenário de pesquisa em LT começou a mudar, já que tais fenômenos relacionais não se enquadravam na perspectiva de análise em vigência:

(2) Fui a um *casamento* ontem. *A noiva* estava deslumbrante.[1]
(3) O *Ministério Público* de Santa Catarina conseguiu garantir o serviço de táxi para pessoas com necessidades especiais. Na ação civil pública, *o promotor* de justiça diz que a lei municipal existe e deve ser cumprida pelo prefeito. (https://goo.gl/zQqGB4. Adaptado)

Em (2), tem-se um caso de anáfora associativa, no qual a expressão nominal *a noiva* faz referência ao evento *um casamento*. Segundo Haag e Othero (2003), a relação anafórica, nesse caso, é associativa, pois o termo

---

1. O exemplo (2) é adaptação de um exemplo encontrado em Koch (2004).

referencial (*a noiva*) não representa a mesma entidade designada pelo termo ao qual ele se refere (*casamento*), tanto que, em termos semânticos, a expressão nominal *a noiva* representa um indivíduo e a nominalização *um casamento* representa um evento (ou estado-de-coisas). Já em (3), o que se tem é uma anáfora indireta, pois, apesar de não existir uma relação de sinonímia e de equivalência direta entre expressão nominal *Ministério Público* e o nome *procurador*, ambos se referem, com base em Haag e Othero (2003), a um mesmo indivíduo metonimicamente.

A partir do momento em que passa, então, a considerar esses casos de remissão não correferenciais como fenômenos de seu interesse, uma nova agenda de estudos se coloca para a LT, que parte, portanto, em busca de uma redefinição do seu objeto de estudo e do mapeamento das possíveis relações de construção de sentido existentes entre os níveis de organização da linguagem. Os exemplos (2) e (3) já são evidências de que o entendimento do texto como um todo vai além das relações interfrásticas, meramente textuais, como se vê em (1), haja vista que as relações de sentido de ambos os textos mobilizam também informações cognitivas (sabe-se, por exemplo, que um casamento pressupõe a presença de uma noiva, um noivo, padrinhos etc), que extrapolam, dessa forma, o nível frasal de análise. Verifica-se, em (2) e (3), que há, por exemplo, certa relação de motivação entre o que ocorre no plano morfológico, em termos de formação de palavras, e o plano textual, em termos da funcionalidade dessas palavras no texto, tendo em vista que as escolhas lexicais feitas pelo falante não ocorrem ao acaso, mas são motivadas pela necessidade que o falante tem de promover a progressão referencial do texto, sem perder de vista o(s) seu(s) referente(s).

Em um de seus livros, intitulado *As tramas do texto*, em especial no primeiro capítulo sobre os princípios teóricos da LT, Koch (2014) trata exatamente dessas questões.

> [...] a LT, ao contrário da grande maioria dos modelos em Gramática Funcional, não adota uma postura modular, como a "teoria da cebola", em que os diversos níveis ou camadas em que se faz a descrição linguística são vistos como superpostos ou acrescentados uns aos outros sucessivamente. Adota-se, isto sim, a posição de que o processamento textual acontece *on-line*, simultaneamente em todos os níveis, ou seja, a postura da LT é processual e holística. (p. 12-13)

Para Koch, com o avanço dos estudos sobre a constituição do texto, a LT deixa de conceber a língua como sendo organizada em níveis e módulos independentes, a exemplo do que propõe a teoria gerativista de Noam Chomsky, e passa a vê-la como organizada em níveis de análise interconectados, de forma que as relações de sentido de um texto não se restringem única e exclusivamente a um único plano. Para a autora, como veremos mais adiante, o processamento do texto ocorre de forma interativa e sociocognitivamente instituída, envolvendo todos os níveis de organização da linguagem, de modo que podemos dizer que há diversos fenômenos linguísticos, situados nos níveis fonológico, morfológico e sintático, por exemplo, que mantêm algum tipo de dependência com o nível textual. Dentre os fenômenos que evidenciam uma estreita relação entre o nível textual e o nível fonológico, podemos citar, por exemplo, o parêntese modal (Tenani, 2002).[2] Já as relações de interdependência entre o nível textual e o nível sintático podem ser exemplificadas com as orações desgarradas (Decat, 2009),[3] que são independentes sintaticamente, mas ancoradas discursivamente.

---

2. Vejamos alguns exemplos de parêntese modal (extraídos de Tenani, 2002, p. 65):

(1)   a. ele tem que / re:partir / aquele poder / ***digamos assim*** / de exclusivi:smo / com os seus / assessores imediatos (DID- REC/131-RE)

       b. os chamados departamentos / médico-odontológico / que são setores ***como já frisei anteriormente*** / da mais relevante importância / dentro do contexto / do desenvolvimento (DID- REC/131-RE)

Em (1a), segundo Tenani (2002, p. 65-66), a expressão em negrito funciona como uma espécie de estratégia de modalização por parte do falante acerca do que está falando, e sua delimitação no texto, nesse caso, coincide com a presença de pausas. No entanto, para a autora, os parênteses modais não são somente delimitados pela presença de pausas, mas também por outras evidências prosódicas, tais como mudança ou variação na tessitura e alteração na velocidade de fala, como em (1b). Em outras palavras, para Tenani, as estruturas parentéticas, como em (1a, b), constituem, nos termos de Nespor e Vogel (1986), uma frase entoacional (*I*), cuja delimitação no texto nem sempre coincide com a presença de pausas.

3. O exemplo (2) ilustra um caso de interdependência entre o plano textual e plano sintático:

(2)   Um tênis para ser usado à noite. ***Mesmo que você corra de manhã***. (*Boa Forma*, 2008, apud Decat, 2009)

Para Decat (2009, p. 2141), a expressão em negrito constitui uma oração desgarrada, pois ela apresenta uma curva entoacional de início e fim de enunciado, e uma pausa que separa a oração desgarrada de qualquer outra unidade oracional caracterizada como independente em termos sintáticos. A dependência,

Outro tipo de fenômeno linguístico que torna clara a limitação da perspectiva transfrástica, focada nos limites dos enunciados, e das gramáticas do texto, arquitetadas em particular por linguistas de orientação gerativista, é a retomada anafórica por encapsulamento. Trata-se de um tipo de anáfora, operada por nomes e pronomes demonstrativos (como *esse, essa, aquele*, etc.), que extrapola os limites oracionais e envolve porções maiores de texto:

(4) O Tribunal de Justiça de Mato Grosso do Sul derrubou nesta quinta-feira (13) a liminar que suspendia as nomeações de aprovados em concurso suspeito da SEFAZ (Secretaria Estadual de Fazenda).
A decisão diz que mesmo com as denúncias de irregularidades, o concurso deve seguir seu trâmite e os aprovados devem ser nomeados até o julgamento definitivo da ação pública. O TJ alega ainda que não há "fato novo capaz de modificar a decisão".
[...]
[Comentário de um internauta]: Não há fato novo? As escutas divulgadas envolvendo coletor de dinheiro do João Amorim, o André Cance, adjunto da SEFAZ, e o Mauro Cavalli são o quê? Não se somariam às outras provas de que houve jogo combinado? Ou mera coincidência que justamente um motorista tenha passado no concurso por mérito e, por coincidência, seja amigo de toda essa gente influente a tal ponto de acertarem sua nomeação diretamente ao futuro governador? Admira-me o sindicato de servidores da SEFAZ estar mudo, aceitando ***esse avacalhamento*** todo, e total desmoralização dos servidores. (Portal Midiamax, 13 de agosto de 2015)

Apesar de se assemelhar a uma forma referencial anafórica "comum", a expressão "esse avacalhamento", em (4), além de fazer remissão a algo expresso anteriormente, atua também como encampsulador,[4] pois serve para

---

nesse caso, é definida em termos discursivos, já que a relação com outra oração se estabelece em um plano pragmático. Esse fenômeno sintático possui uma forte correlação com o nível textual, no sentido de que essas estruturas desgarradas operam na organização do fluxo informacional do texto/discurso, trazendo informação nova, quebrando expectativas, ajustando informação etc.

4. Os casos clássicos de remissão anafórica por encapsulamento são aqueles efetuados por pronomes demonstrativos neutros (como *isto*, *isso*, *aquilo* etc.), como se observa em (3):

(3) Geólogos encontram "continente perdido" submerso no Oceano Índico.
Obcecado por "Breaking Bad", satanista mata policial e derrete corpo em ácido.
Janot pede abertura de inquérito contra Jucá, Renan, Sarney e Sérgio Machado.
Chuva forte deixa toda capital paulista em estado de atenção para alagamentos.
Indicação de Alexandre de Moraes para o STF é confirmada por Michel Temer.

retomar um conjunto de eventos e/ou acontecimentos sobre o concurso da SEFAZ-MS, considerados pelo internauta como vexatórios e fraudulentos, e torná-lo um objeto de discurso, a saber: (i) as escutas envolvendo o coletor de dinheiro do João Amorim, André Cance, adjunto da SEFAZ, e Mauro Cavalli, terem sido divulgadas; (ii) haver outras provas de que houve jogo combinado no concurso; (iii) o fato de um motorista ter passado no concurso por mérito e ser também amigo de pessoas influentes no governo; e (iv) o sindicato de servidores da SEFAZ não emitir uma nota sequer sobre o assunto. Além disso, o uso da expressão "esse avacalhamento" serve ao falante/usuário da internet, como veremos adiante, como estratégia sociocomunicativa de descomprometimento quanto ao conteúdo da informação, uma vez que, ao optar por rotular todos os acontecimentos como um avacalhamento, sem explicitar o(s) agente(s) responsável(is) pelo processo, o falante se descompromete com o que é dito sobre o assunto.

Como vimos até aqui, tanto na fase das análises transfrásticas quanto na fase da construção de gramáticas do texto, os estudiosos debruçavam-se basicamente sobre o estudo da coesão (ou da coerência, a que muitas vezes era equiparada), entendendo-as como qualidades ou propriedades do texto (Koch, 2004). Entretanto, os casos de anáforas associativas e indiretas e encapsulamentos emergiram, nessa época, como desafios de análise ao modelo de LT em voga, o que suscitou de seus praticantes uma nova guinada teórica.

Tempos depois, já na década de 1980, apoiando-se em uma perspectiva pragmático-enunciativa, a LT passa a considerar a coerência não como uma mera propriedade do texto em si, mas como um fenômeno mais amplo, que se "constrói, em dada situação de interação, entre o texto e seus usuários, em função da atuação de uma complexa rede de fatores, de ordem linguística, cognitiva, sociocultural e interacional" (Koch, 2004, p. xiii). No Brasil, os autores que despontaram nessa linha de pensamento, foram, entre outros, Marcuschi (1983), Koch (1987, 1989, 1992), Fávero e Koch (1983), e Koch e

---

Trump tenta derrubar veto judicial a decreto que dificulta imigração nos EUA.
Isso é o que circulou pelos jornais do Brasil e do mundo no começo de 2017.
Em (3), o pronome *isso* encapsula um conjunto de manchetes jornalísticas justapostas no contexto em questão. Trata-se, pois, de um tipo de referência anafórica, que vai além dos tipos de relações referenciais pronominais.

Travaglia (1989, 1990). De acordo com Koch (2004), nesse período, passam a fazer parte do objeto de estudo do texto aspectos como informatividade, situacionalidade, intertextualidade, intencionalidade, aceitabilidade, contextualização, focalização, consistência e relevância, que evidenciam claramente a mudança de direção dos estudos do texto para um viés mais interacionista.

As próprias concepções de texto que foram se firmando ao longo da história da LT, levando-a a redefinir suas bases teóricas e a assumir novas perspectivas de análise, são representativas das fases teóricas discutidas anteriormente e de sua fase atual:

a) texto como frase complexa (*concepção de base gramatical*);

b) texto como signo complexo (*concepção de base semiótica*);

c) texto como expansão tematicamente centrada de macroestruturas (*concepção de base semântica*);

d) texto como ato de fala complexo (*concepção de base pragmática*);

e) texto como produto acabado de uma ação discursiva (*concepção de discursiva*);

f) texto como meio de comunicação verbal (*concepção de base comunicativa*);

g) texto como resultado de processos cognitivos (*concepção de base cognitivista*);

h) texto como lugar de interação entre atores sociais e de construção interacional de sentidos (*concepção de base sociocognitiva-interacional*). (Koch, 2004, p. xii)

É na década de 1980, segundo Koch (2001, 2004), que a abordagem cognitiva do texto começa a se configurar com mais clareza, graças aos estudos, em especial, de van Dijk e Kintsch (1983). Nesse período, o texto passa a ser visto como um processo, que envolve diversas estratégias cognitivas, tanto no que se refere à produção quanto à compreensão. Nesse caso, pode-se dizer, segundo Koch (2004, p. 26), que as operações cognitivas "são aquelas que consistem na execução de algum *cálculo mental* por parte dos interlocutores", tais como as inferências, que permitem ao indivíduo gerar algum tipo de informação nova a partir de alguma informação dada no (con)texto em questão. Isso acontece porque apenas parte das informações está explicitada no texto, o que leva o leitor ou ouvinte a construir "novas representações mentais" (Koch, 2004, p. 27) entre as informações que são dadas no texto e aquelas que são inferidas por ele a partir do texto e do contexto.

Por conta disso, Koch (2014) destaca que:

> [...] o processamento textual é estratégico. As estratégias de processamento textual implicam a mobilização *on-line* de diversos sistemas de conhecimento. O processamento estratégico depende não só de características textuais, como também de características dos usuários da língua, tais como seus objetivos, convicções e conhecimento de mundo, quer se trate de conhecimento de tipo episódico, quer do conhecimento mais geral e abstrato, representado na memória semântica ou enciclopédica. (Koch, 2014, p. 18)

Nesse tipo de abordagem, os interlocutores da comunicação são vistos como sujeitos que possuem diferentes conhecimentos e saberes estocados na memória acerca de suas experiências e atividades na vida social (Koch, 2014, p. 17), que precisam ser ativados durante a comunicação a fim de que seus objetivos sejam plenamente alcançados. Assim, durante o processo de construção do texto, é natural que o escritor/falante, ao estipular os seus propósitos comunicativos, traga certas expectativas para a situação de produção e ative informações, conhecimentos e experiências que o ajudem a atingir suas metas. Heinemann e Viehweger (1991, apud Koch, 2014, p. 17) assinalam que, durante o processamento do texto, há quatro grandes sistemas de conhecimento que podem ser ativados pelo falante: o linguístico (conhecimento gramatical e lexical), o enciclopédico (conhecimento de mundo/vivência), o interacional (conhecimento referente às formas de *inter-ação* pela linguagem, isto é, às normas comunicativas) e o de modelos textuais globais (conhecimento que permite ao falante reconhecer textos como exemplares de determinado gênero ou tipo textual).

No entanto, apesar de todas essas contribuições trazidas pelas ciências cognitivas, e muitas delas incorporadas à LT e até hoje consideradas nos estudos do texto, a separação entre exterioridade e interioridade proposta pelo cognitivismo clássico começou a ser questionada com mais veemência pelos especialistas, justamente pelo fato de o Cognitivismo entender a relação entre a língua e exterior como representações especulares da realidade, propondo, assim, uma separação estrita entre mente e corpo, isto é, entre o que é individual e o que é social (de experiência), e deixando de lado a relação entre linguagem e o meio social.

Sobre esse aspecto, Koch observa que

> nosso cérebro não opera como um sistema de espelhamento, ou seja, nossa maneira de ver e dizer o real não coincide com o real. Ela reelabora os dados sensoriais para fins de apreensão e compreensão. Essa elaboração se dá essencialmente no discurso. Também não postula uma reelaboração subjetiva individual: a reelaboração deve obedecer a restrições impostas pelas condições culturais, sociais, históricas e, finalmente, pelas condições de processamento decorrentes do uso da língua. (Koch, 2004, p. 57)

Essa tomada mais cognitivista deixou de explicar o fato de muitos referentes serem construídos, não externamente, mas discursivamente, na construção negociada do texto, como objetos de discurso,[5] isso graças à própria instabilidade semântica do léxico da língua, que possibilita que os itens lexicais sejam usados na comunicação com diferentes sentidos.

É o que afirmam, por exemplo, Koch e Cunha-Lima:

> A representação simbólica clássica parece inadequada pela sua excessiva estabilidade e sua não-historicidade, para explicar, por exemplo, como as palavras podem ter sentidos tão flexíveis e, por outro lado, frequentemente tão precisos quando em uso. (Koch; Cunha-Lima, 2004, p. 272)

A virada sociocognitiva vem, então, mostrar que há muitos "processos cognitivos que acontecem na sociedade e não exclusivamente nos indivíduos" (Koch, 2014, p. 19), motivo pelo qual tal perspectiva defende que os aspectos sociais, culturais e interacionais sejam também incorporados à compreensão do processamento cognitivo do texto.

---

5. Os casos clássicos de referência apontam para uma relação de correspondência entre língua e as coisas do mundo, já os objetos de discurso são definidos como objetos cuja existência é estabelecida discursivamente, emergindo de práticas simbólicas e intersubjetivas (Mondada, 2003, p. 35).

Dentro dessa nova roupagem da LT, as interações com o meio se tornam o *locus* de emergência dos sentidos, de modo que o conceito de *relação*, constantemente utilizado para entender a mediação que existe entre linguagem e mundo, desloca-se para o conceito de *ação* como sendo o próprio lugar de construção dos sentidos.

> Trata-se da perspectiva sociocognitiva, que não postula nem a relação natural nem convencional, mas uma relação instável, social, histórica e negociada entre linguagem e mundo: *relação como ação*. (Marcuschi, 2004, p.265)

É neste contexto de redefinições do objeto de estudo da LT que se verifica o deslocamento da noção de **referência**, amplamente difundida nas fases anteriores da LT, para a noção de **referenciação**, isto é, de reconstrução do próprio real (Koch, 2014, p. 33), que é atualmente a noção utilizada pelo viés sociognitivista da LT. Nesse novo *modus operandi*, o texto passa a ser visto "como o lugar da interação e os interlocutores como sujeitos ativos que — dialogicamente — nele se constroem e por ele são construídos" (Koch, 2014, p. 31). Tal assunção está baseada no fato de que, sempre que usamos uma forma simbólica como a linguagem, "manipulamos a própria percepção da realidade de maneira significativa". Vejamos o que diz Mondada (2001) sobre o processo de referenciação:

> [a referenciação] não privilegia a relação entre as palavras e as coisas, mas a relação intersubjetiva e social no seio da qual as versões do mundo são publicamente elaboradas, avaliadas em termos de adequação às finalidades práticas e às ações em curso dos enunciadores. (Mondada, 2001, p. 9)

Em suma, é com base nos preceitos teóricos da perspectiva sociocognitivista da linguagem que mostraremos, nas próximas seções, como o processo de formação de palavras complexas, que constitui o objeto de estudo da Morfologia, está, em muitos contextos, diretamente atrelado a motivações que são decorrentes de outros níveis de análise, como o texto. Em outras palavras, buscaremos mostrar que, muitas vezes, as explicações para a escolha de uma dada palavra e não de outra, ou a criação de novos vocábulos na língua, passam pela construção colaborativa de sentidos entre atores sociais (em termos de conhecimento compartilhado), que se encontram sócio-histórica-culturalmente situados.

2. Funções das palavras morfologicamente complexas

Toda vez que o falante cria ou emprega uma palavra morfologicamente complexa,[6] há, subjacente ao ato, uma motivação, uma necessidade de diversas ordens, como vimos na seção anterior. Rocha (1998), baseando-se em Basílio (1987), sustenta que a utilização e a criação de construções morfológicas estão relacionadas a três fatores, fundamentalmente:

(i) as exigências do sistema linguístico;
(ii) a influência do sujeito falante; e
(iii) o papel das funções semânticas.

O autor faz um paralelo com motivações para a criação de novas palavras, apresentadas por Basílio (1987), e chega ao seguinte inventário de funções: (a) função de mudança categorial (por exigência do sistema linguístico); (b) função expressiva de avaliação ou discursiva (por influência do sujeito falante); e (c) função de denominação ou rotulação (relacionada com o aspecto semântico), sendo essas duas últimas as que nos interessam.

A função de mudança categorial está relacionada à necessidade de se empregar uma palavra de determinada classe em contexto que requer classe diferente daquela especificada na base-*input*. Por exemplo, a forma "caetanear", cunhada pelo compositor Djavan, vale-se da anexação do sufixo verbal -*ear* à forma nominal "Caetano", levando, dessa forma, a uma mudança categorial, ou seja, a partir de um nome próprio formou-se um verbo. Outro exemplo que se vale do sufixo verbal -*ear* é a forma "vanusear", usada para

---

6. As palavras morfologicamente complexas, tais como *infelizmente*, caracterizam-se como formas que permitem a decomposição em mais de um formativo, como em: *in-, feliz, -mente*.

se referir ao episódio ocorrido na Assembleia Legislativa de São Paulo, em que a cantora Vanusa errou a letra do Hino Nacional, misturando e pulando partes da letra. Tal acontecimento foi ocasionado, segundo a cantora, por uma crise de labirintite, que a deixou desnorteada, dando a sensação de que estava alcoolizada. Assim, quando as pessoas querem inovar, provocar algum tipo de riso em alguma festa, por meio de karaokês, elas dizem que vão "vanusear".

Dois aspectos merecem destaque na formação de "caetanear" e "vanusear": em primeiro lugar, a nova categorização lexical por exigência das necessidades comunicativas e expressivas do falante. Por outro lado, ao utilizar um tipo de base em geral não previsto no esquema das formações X-*ear*, que prioriza substantivos comuns abstratos (e não nomes próprios), tal processo permite ao falante criar novos termos sem sobrecarregar a sua memória, além, é claro, de evitar o uso de uma forma perifrástica para expressar o mesmo conteúdo do verbo em questão. Assim, a função de mudança de classe possibilita adequação sintática e manifestação de novos significados a partir do acréscimo de afixos (mormente sufixos) que criam formas em que base e produto diferem na especificação categorial.

Como a formação e a estruturação de palavras pelos vários processos morfológicos do português nem sempre estão vinculadas a uma mudança de classe, conclui-se que a função de mudança categorial não dá conta de todas as motivações que levam à formação de (novas) construções morfologicamente complexas na língua. A prefixação é um caso típico de mecanismo que não altera a natureza categorial da base, como em (5), no qual o formativo *re-* não impõe mudança de classe às palavras, isto é, *ler* e *reler* continuam na categoria de verbo:

(5) João *leu* e *releu* o bilhete, mas não conseguiu chegar a nenhuma conclusão definitiva.

A função expressiva de avaliação (ou discursiva), por sua vez, divide-se em dois tipos, como mostra Basílio (1987): (a) função subjetiva e (b) função textual. A primeira caracteriza-se pela necessidade de o falante expressar carga emocional variada a partir do uso de certos afixos derivacionais, ou seja, de acrescentar conteúdos subjetivos a uma forma lexical neutra. Um caso típico é o emprego de sufixos intensificadores, afetivos e enfáticos.

Como observa Gonçalves (2016, p. 42), afixos de grau podem envolver a manifestação de carinho, ternura, amor, simpatia/empatia, não somente para com pessoas, como é o caso da formação de hipocorísticos (*Alê*, para *Alexandre*; *Dé*, para *André*) e das modificações expressivas (*mamis*, para *mamãe*, e *papis*, para *papai*), mas também em relação a outros seres animados (*leãozito*, para *leão*); e podem expressar compaixão (*tadinho*) ou atenuar condições miseráveis, deficiências e males (*aleijadinho*). Por outro lado, esse tipo de afixo pode envolver a manifestação de desprezo (*livreco*, *velhote*), envolvendo, ainda, "a designação de coisas de pouco valor ou de pouca importância (*namorico*) ou formas de tratamento depreciativo (*gentalha*, *alcoviteiro*)". Os exemplos listados acima demonstram as possibilidades de carga emocional veiculadas nos variados afixos de grau, que podem ser usados com características afetivas, mas também podem ser pejorativos, como se vê nos exemplos a seguir, extraídos de Gonçalves et al. (2010, p. 151):

(6)   a)   Abelardo é **resmungão, reclamão** e, ainda por cima, bocão... Come à beça.
        b)   O Rogerinho é **pidão** demais... Mó **filão**... Vive me pedindo cigarro!
        c)   Toda hora Inácio vai ao banheiro: ele é simplesmente um **mijão**.
        d)   Não gosto desse tipo muito **entrão**.
        e)   O **chorão** do Nicanor ficou amarradão na Magnólia.

Em todos os exemplos em (6), o *input* da operação morfológica é um verbo e o teor negativo expresso pela construção provém do excesso com que o agente pratica o que se especifica na base, nem sempre marcada pela expressão da pejoratividade ("entrar", "pedir", "chorar").[7] Obviamente, dados como "resmungão", "chorão" e "reclamão" estão relacionados à estereotipia, ou seja, ao caráter social da deturpação, uma vez que o exagero é avaliado negativamente pelo falante, que manifesta um posicionamento crítico em relação à entidade referida. Tais usos estão diretamente ligados à *intensidade*, atualizada na construção pelo aspecto iterativo, que imprime às formas X_V-*ão* caráter nitidamente depreciativo.

---

7. Como observa Rosa (1983), agentes frequentativos X-*ão* são encontrados em formas verbais de 1ª. conjugação. Nos poucos dados de 2ª e 3ª conjugações, a sequência isolável nem sempre é -*ão*, como se verifica em "comilão", "sabichão" e "beberrão".

Há outros sufixos em português que podem, segundo Sandmann (1989), também expressar a noção de depreciatividade, tais como os que seguem abaixo:

(7) a) sufixo -*agem*, como em: pilantragem, sacanagem, barbeiragem.
     b) sufixo -*ção*: falação, perguntação, sarração.
     c) sufixo -*eira*: roubalheira.
     d) sufixo -*ismo*: produtivismo, assistencialismo.

Em português, são muitos os substantivos com o sufixo -*agem*, como visto em (7a), formados a partir de substantivos ou adjetivos, que expressam uma avaliação pejorativa (Sandmann, 1989, p.72). O valor depreciativo em geral já se encontra na própria base substantiva ou adjetiva, sendo, pois, reforçado pelo sufixo -*agem*, como em "pilantragem" e "sacanagem", em que os adjetivos/substantivos "pilantra" e "sacana" já carregam o significado pejorativo. No entanto, em casos como "barbeiragem" e "farofagem", também muito recorrentes na língua, a avaliação pejorativa é atribuída apenas ao sufixo em questão, já que as bases nominais "barbeiro" e "farofa" não trazem, em princípio, essa leitura depreciativa. O mesmo acontece em (7b), com as palavras "falação", "perguntação", e em (7d), com as palavras "produtivismo" e "assistencialismo", em que as respectivas bases (falar, perguntar/ produto, assistência) são desprovidas de significado depreciativo.

É importante destacar, segundo Sandmann (1989, p.78), que a "pejoratividade das formações em -*ismo* não advém de um sentido intrinsecamente negativo de -*ismo*, como acontece com -*ice* e -*ento*". Para o autor, é o contexto ou são fatores culturais que são responsáveis pela negatividade dessas formações, tendo em vista que, em outras situações, tal sufixo adquire um valor "neutro" ou positivo, como em "cubismo" ou "naturismo".

Já a formação "sarração", em (7b), considerada recente no português por conta da cultura funk, e a formação "roubalheira", ilustrada em (7c), também carregam o significado de depreciação nas próprias bases. No caso de (7b), o verbo "sarrar" significa "roçar os órgãos genitais em outrem para se insinuar sexualmente" (Dicionário Informal, 2017). Entretanto, de acordo com Sandmann (1989), os sufixos -*ção* e -*eira* integram o mesmo grupo daqueles sufixos que não são semanticamente pejorativos, uma vez que também podem formar outras palavras, cujas avaliações ou são neutras (*videira*) ou são positivas (*salvação*).

Outro caso interessante e recente no português são as formações X-*iane*, de natureza predicativa, muito comuns na língua em contextos que também envolvem algum tipo de avaliação depreciativa. Ao que tudo indica, tais formações, como exemplificadas em (8) e (9), são, segundo Andrade e Rondinini (2016, p. 122), decorrentes de um processo de formação de palavras por analogia a outros esquemas morfológicos abstratos, que já se encontram consolidados na língua e são devidamente conhecidos pelo falante, a partir dos quais novas palavras são criadas na língua, mantendo-se um mesmo padrão construcional.

(8) Usuário do Twitter: Postei isso aqui, pra vocês verem como Murilo me trata... #escrotiane #falsiane #sonsiane #feiosiane #tontiane #tonguiane #jeguiane.

(9) Usuário do Instagram: Baleiane, cretiniane, putiane, sonsiane, retardadiane, vadiane, vagabundiane, tontiane, gordiane, pirainhaine, cadeliane, falsiane.

Conforme Andrade e Rondinini (2016, p. 142-43), esse tipo de formação, ao "adquirir o significado de 'pessoa que é', assim como a maioria dos *splinters*[8] finais, exibe muitas características de sufixos", pois (a) estabelece uma relação de subordinação com o primeiro elemento do tipo: determinante-determinado, (b) tende a se comportar como uma forma presa, e (c) figura na margem direita da palavra, posição tipicamente ocupada por sufixos. Dessa forma, por apresentar um caráter híbrido, os autores preferem classificá-los como um formativo que se coloca, no *continuum* radical-afixo, entre as categorias de *splinter* e sufixo.

Assim, em vista do exposto, pode-se dizer que a função subjetiva tanto pode expressar conotação positiva, como *mamis* e *papis*, em que a modificação da palavra-base demonstra carinho, afeição, como também conotação pejorativa, como se observa nos casos em (6). Em resumo, essa função revela tudo o que passa pela avaliação do falante-emissor, daí

---

8. Fragmentos de uma palavra formada por cruzamento vocabular (como *sorvete+panetone = sovertone*) que permanecem em novos cruzamentos vocabulares, como em: *chocotone, frutatone* etc.

Gonçalves (2016) utilizar o termo **atidutinal** para denominar essa faceta das construções morfológicas.

A função textual, por seu turno, caracteriza-se pela possibilidade de ocultamento do sujeito, adequação a tipos de discurso, factividade, rotulação, paráfrase e anáfora, entre outros aspectos (Gonçalves, 2011). Essa função, por ser central neste capítulo, será descrita com mais vagar na seção 4, em que discutimos as relações de proximidade entre texto e morfologia, e as funções cognitivo-discursivas dos processos de formação de palavras. Por ora, é interessante destacar que a função textual, ainda nos termos de Basilio (1987), não é exclusiva da nominalização deverbal (afixal ou regressiva). Outros processos, como a formação de adjetivos em -*vel*, descritos na seção 4.3, igualmente apresentam tal função.

Em síntese, podemos pensar pelo menos em quatro funções fundamentais da morfologia: (a) a **função de rotulação**, "que corresponde, naturalmente, a necessidades semânticas" (Basílio, 1987, p. 66), (b) a **função de alteração categorial**, que responde por necessidades de mudança de classe, (c) a **função textual**, relacionada aos processos com relevância também em nível de texto, e (d) a **função atitudinal**, pela qual se externalizam atitudes e crenças do emissor e sua necessidade de expressar seus pontos de vista, positivos (como em *roupitcha*, "roupa bem transada, com que se sai na *night*") ou negativos (*portuga*, "designação depreciativa a alguém de nacionalidade portuguesa") sobre algo.

Nas próximas seções do capítulo, procuramos mostrar, através da análise de dados, de que maneira a relação entre Morfologia e Texto pode ser exemplificada na prática.

3. Morfologia e Texto e seus (des)limites

3.1 A relação entre Morfologia e Texto

Nas gramáticas tradicionais e livros didáticos, consideramos problemática a separação dos processos morfológicos em relação ao texto, de modo que as estratégias utilizadas pelos redatores ao empregar e formar palavras complexas não parecem ter relação direta com produções textuais. Nesse tipo de obra, não há relação do texto para com as motivações listadas nas seções 2 e 3, de maneira que o ensino de Morfologia nas escolas acaba se voltando exclusivamente para o que acontece dentro da própria Morfologia, sem relação com (a) o uso real da língua e (b) sua verdadeira motivação no nível de texto.

Como aponta Basilio (1987), nos processos atinentes à mudança de classe geralmente estão em jogo duas funções das operações morfológicas: a função sintática e a função textual. Vejamos, por exemplo, o caso das construções X-*mente*. Numa perspectiva morfológica, salta aos olhos a função de mudança categorial. Paralela à mudança em nível morfológico, atua outra no plano sintático, em que um adjetivo, como "súbita", deixa de exercer a função de modificador em relação a um núcleo nominal substantivo e passa a advérbio, funcionando, agora, como modificador de verbo, no plano oracional. A função sintática, portanto, atuaria no âmbito da morfologia e no âmbito da oração. Ao analisar as formações X-*mente*, Bomfim (1985) demonstra que nem todas expressam modo e, apesar de serem classificadas em diversas espécies, existem algumas que não modificam o verbo, tampouco expressam circunstância. A autora também ressalta a subjetividade das formas X-*mente* por meio de dados como (10), a seguir, nos quais se observa, respectivamente, uma ratificação do emissor a respeito do que fora declarado e uma negação veemente a algo que lhe fora proposto.

(10)   a) Realmente o dia está lindo.
       b) Absolutamente não quero isso.

Com base em exemplos como (10), Bomfim demonstra que a análise desses advérbios de modo algum se restringe apenas ao critério sintático, no qual se buscaria identificar qual(is) é(são) o(s) seu(s) escopo(s). Para a autora, ao contrário, o estudo tem de considerar de que maneira essas palavras derivadas de fato funcionam no contexto em que estão inseridas, a fim de que se possa descrevê-las e analisá-las mais adequadamente.

Portanto, acima do plano oracional, está o plano textual, no qual todas as informações morfossemânticas atingem o nível máximo de funcionalidade e significância. A chamada **função sintática** — função pela qual, nos termos de Basílio (1987), alteram-se, através da adjunção de sufixos variados, as especificações categoriais das bases lexicais — acaba por desencadear o que se chama de **função textual** ou **coesiva** (Gonçalves, 2016). Tal função, por meio de estratégias morfológicas de mudança de classe, em razão de readaptação morfossintática, pode ligar elementos constituintes do texto por um processo de "coesão morfológica", com a finalidade de evitar, por exemplo, a redundância argumentativa pela repetição desnecessária de palavras. Um exemplo é uso do sufixo -*ção* na coesão referencial:

(11) A aluno *alegou* doença para justificar a aula. A *alegação*, no entanto, não teve fundamento, já que não foi apresentado nenhum atestado médico.

A composição é outro processo morfológico que igualmente pode apresentar essa função. Como compostos têm na atribuição de rótulos (nomeação sintética) sua principal motivação, podem configurar-se como instrumento de rotulação descritiva e retomada dentro do texto. É o que se observa no exemplo a seguir, extraído de Vital et al. (2016, p. 125):

(12) O ex-presidente da Câmara dos Deputados foi condenado na Ação Penal 470, o Mensalão do PT, com voto de *Gilmar*. No último dia 10, foi perdoado por unanimidade do pleno da Corte — também com voto do *professor-ministro*.

Nesse exemplo, "professor-ministro" não apenas faz referência ao Ministro do STF Gilmar Mendes, mas também adiciona novos atributos a essa personalidade (ele foi também professor da Universidade de Brasília) e, por fim, põe essa informação em destaque no contexto em que foi empregada. Na manchete em (13), extraída de Vital et al. (2016, p. 127), constata-se, mais uma vez, que a composição atua no nível textual, podendo, inclusive, fundir diferentes domínios semânticos pela criação de novos referentes, muitos deles a partir de inferências no caso de "vagão-oração": (a) a de que a Arábia Saudita é um país predominantemente muçulmano; (b) muçulmanos são adeptos do islamismo, religião fundada pelo profeta Maomé; (c) islamistas são conhecidos por professar abertamente sua fé; e, portanto, (d) um vagão destinado a orações públicas é de extrema relevância nesse país:

(13) CAF entrega trem para Arábia Saudita com "vagão-oração".

Ainda de acordo com Gonçalves (2016), a função textual de palavras morfologicamente complexas caracteriza-se pela possibilidade de ocultamento do sujeito-agente envolvido no processo de predicação, adequação a tipos de discurso, factividade e anáfora, entre outras funções cognitivo-discursivas que veremos a seguir. No caso das formações X-*vel*, Rodrigues (1993, p. 29) analisa os exemplos abaixo:

(14)　A secretaria do departamento pessoal é *desejável*.
(15)　Título: Técnicos afirmam que poltronas do avião são *recuperáveis*.

Segundo Rodrigues (1993), em contextos como (14), a motivação para a mudança categorial de verbo para adjetivo vem de outros níveis e dimensões de análise, como o sintático e o textual. Nesse caso, conforme a autora, uma das funções desse tipo de formação é ocultar o sujeito-agente da experiência ou ação tipicamente expressas pelo verbo, considerando-se o fato de que a determinação do número de argumentos de um verbo (ou de um adjetivo) é uma exigência sintática. Assim, a opção por um adjetivo como *desejável* possibilitaria ao falante explicitar apenas um argumento (*desejável* (N)), ao passo que a utilização de um verbo, como *desejar*, exigiria dois argumentos (*desejar* (N1, N2)).

Dessa forma, para Rodrigues (1993), ao formar adjetivos deverbais em -*vel*, o falante seria motivado, entre outros fatores, pela necessidade de não se comprometer com as informações de tempo e pessoa, obrigatórias nos casos em que tal estatuto é expresso na forma de verbos, razão pela qual o falante opta pelo uso do adjetivo correspondente X-*vel*, no qual o sujeito-agente da experiência ou da ação expressa pelo radical verbal é ocultado na construção, garantindo, assim, ao falante a devida discrição nas situações de comunicação. Em (15), além do que já foi dito, por ser uma manchete, houve ainda necessidade de adequação a esse tipo de enunciado, consequência de adaptação ao espaço limitado, típico das manchetes de jornais.

No que diz respeito aos nomes deverbais, também se evidencia a independência do nome em relação ao verbo, pois estes permitem referência a um processo verbal sem, contudo, revelar o sujeito e o objeto da ação. Vejamos o exemplo em (16), a seguir:

(16) A *destruição* abalou o relacionamento entre os EUA e a comunidade árabe.

Ainda que as nominalizações preservem a estrutura argumental do *input* (do verbo), há situações, como a que se vê em (16), em que o uso da forma nominalizada torna opcional a expressão do sujeito-agente, que pode ou não vir representado por um complemento nominal. Como o SN complemento não constitui termo essencial da oração, o processo de nominalização possibilita, ao falante, ocultar uma informação que, com o uso de forma verbal, seria mais restrito. Tal função parece ser regulada pela organização do fluxo informacional das nominalizações, que define, segundo Camacho (2005) e Santana (2005, 2006), a partir das informações nova, dada ou inferível, se seus argumentos serão ou não expressos no texto. Há casos, por exemplo, em que o argumento da nominalização é expresso a fim de evitar algum tipo de ambiguidade quanto aos sujeitos-agentes da predicação. Em suma, todos esses exemplos mostram que a morfologia está a serviço do texto, e descrever as construções complexas com base nos instrumentos da LT pode constituir uma importante linha de investigação. É o que pretendemos fazer nas seções que se seguem.

3.2 Formação de palavras, referenciação e progressão referencial

Segundo Koch e Elias (2009, p. 131), qualquer atividade de escrita ou fala pressupõe que, durante o seu desenvolvimento, certamente (i) faremos referência constante a algo, alguém, fatos, eventos/acontecimentos ou sentimentos, (ii) manteremos em evidência os referentes introduzidos no "texto" por meio da operação de remissão, (iii) ou então colocaremos em desfoque os referentes introduzidos, deixando-os em espera ("*stand by*"), de modo que possamos inserir outros novos referentes no discurso corrente. Assim, para Koch e Elias (2006), a referenciação trata "[d]as diversas formas de introdução, no texto, de novas entidades ou referentes" (p. 123), ao passo que a progressão referencial é definida pelas autoras como um processo em que "tais referentes são retomados mais adiante ou servem de base para a introdução de novos referentes" no texto (Koch; Elias, 2006, p. 123).

Em outras palavras, para Koch e Elias, a referenciação e a progressão referencial consistem na construção e na reconstrução de objetos de discurso, respectivamente, no sentido de que, para haver continuidade ou encaminhamento textual, os referentes construídos, ou inseridos no texto, precisam ser retomados ao longo do texto (Koch, 2002, 2004, 2014); caso contrário, o que se verá é um texto circular, sem progressão referencial. Nesse caso, quando o texto progride, a referenciação pode ocorrer, como veremos a seguir, de forma não avaliativa, quando o referente é retomado no texto sem nenhum tipo de avaliação por parte do interlocutor, e avaliativa, quando o processo de retomada do referente envolve algum tipo de ressignificação ou avaliação positiva ou pejorativa por parte do interlocutor. Assim, a partir do momento em que um referente é inserido (construído) na malha textual, ou seja, categorizado pelo interlocutor, pode permanecer no texto, por meio das operações cognitivas de ativação ou reativação, sem envolver qualquer tipo de avaliação, ou, então, ser recategorizado, processo que se observa quando um referente (objeto de discurso) é retomado no texto, mas sempre com algum tipo de avaliação ou julgamento por parte do interlocutor.

É por essa razão que as escolhas lexicais do falante/produtor do texto podem evidenciar, a depender do contexto, um "querer-dizer" dos envolvidos no processo de interação verbal, uma vez que tais referentes são construídos e reconstruídos no interior do discurso, tendo em vista a nossa percepção de mundo, as nossas crenças e nossos ideais comunicativos. No trecho em (17), os referentes "investidor Jorge Paulo Lemann", "juiz Sergio Moro" e "presidente Geisel", inseridos pela primeira vez no texto, são retomados, na sequência, por meio do termo "vendilhões", que constitui uma recategorização, haja vista que essa retomada indicia um ajuizamento negativo do interlocutor sobre essas figuras. Já a expressão "general-presidente" representa somente uma forma de retomada por reativação, isto é, uma nova categorização, que ocorre no texto sem causar qualquer tipo de julgamento.

(17) Os interesses que se articularam em 1964 e que aprofundaram o golpe a partir de 1969 não foram desarticulados com a redemocratização. Nesta semana, encontro patrocinado pelo ***investidor Jorge Paulo Lemann*** em Nova York contou com a presença do ***juiz Sergio Moro***. Tratou-se de um evento para ajudar a "vender o Brasil no exterior", termo que ***os vendilhões*** usam elogiosamente para o que fazem.

Na década de 1970, [*presidente*] *Geisel* visitou a Alemanha, e as publicações europeias estamparam, em matérias pagas, fotos da musa brasileira Rose Di Primo. O *general--presidente*, filho de pastor alemão, censurava no Brasil, em nome da moral, filmes e publicações. Mas externamente *vendia* o país como paraíso para o turismo sexual. (João Batista Damasceno, O Dia, adaptado, 11 de fevereiro de 2017)

Levando-se em consideração as observações de Koch (2004, 2014) e Koch e Elias (2006, 2009), podemos verificar que a expressão nominal "vendilhões", em (17), introduz/ativa um referente na malha textual, criando, dessa forma, um endereço cognitivo para esse objeto do discurso na rede conceitual do modelo de texto. Tal expressão ativa informações referentes a políticos (corruptos) e legisladores (tendenciosos), listados no texto, que querem vender todas as riquezas do Brasil ao capital estrangeiro, como forma de fazer o país crescer economicamente. Com base em Koch e Elias (2006, p. 125), para compreendermos as expressões "vendilhões" e "general-presidente", além do saber construído linguisticamente pelo próprio texto e das inferências que fazemos a partir dos elementos que nele estão expostos, precisamos considerar também os saberes enciclopédicos (como o fato de que muitos presidentes vêm, desde a ditadura militar, exercendo essa prática de venda do país), as crenças e as avaliações mobilizadas no momento da interação entre autor-texto-leitor.

Os processos de construção de referentes textuais, ou seja, de inserções/ ativações de novos referentes no modelo textual, podem ser realizados de forma ancorada e não ancorada.

A inserção de referentes classificada como não ancorada ocorre, segundo Koch (2004, p. 64), quando um objeto de discurso totalmente novo é introduzido no texto, passando, assim, a ocupar um *locus* específico na memória do interlocutor, como em (18):

(18) O jornalista Fernando Brito, do site Tijolaço, denunciou e repudiou *o estardalhaço* e *a espetacularização* que a Polícia Federal fez na manhã desta quinta-feira (23) *ao promover busca na sede do Partido dos Trabalhadores em São Paulo.* Brito apontou ser desmedido o **cenário de guerra** montado em frente ao prédio, com policiais preparados para a guerra: armados com fuzis e vestidos com roupas camufladas. ("PF promove estardalhaço em frente à sede do PT em São Paulo", 13 de junho de 2016.

Disponível em: www.ptnacamara.org.br/index.php/outras-noticias/item/28154).

Assim como os demais exemplos discutidos até aqui, que apontam para uma relação de motivação entre os níveis morfológico e textual, o exemplo (18) reforça a tese de que a referenciação constitui uma atividade discursiva, de constante construção e reconstrução de objetos de discurso, no interior da qual os sujeitos envolvidos na interação verbal fazem suas escolhas linguísticas motivadas sempre pela concretização de suas propostas de sentido. Em (18), o uso das formas nominais "o estardalhaço" e "a espetacularização", além de introduzirem um objeto de discurso no texto, também categorizam o acontecimento descrito no texto como algo desnecessário (exagerado) do ponto de vista do enunciador. Esse tipo de categorização (ou perspectivização) certamente não teria o mesmo efeito se o evento fosse apresentado por meio de construções predicativas (com verbos), haja vista que as formas nominais, ou nominalizações, carregam consigo, como veremos, um teor argumentativo. É diferente do que ocorre com a expressão nominal "cenário de guerra", que parece recategorizar o referente introduzido inicialmente, e apontar para uma avaliação negativa do interlocutor acerca do evento, ou seja, a de que a busca da PF na sede do PT mais parecia um cenário de guerra, desnecessário. Como se pode ver, esse tipo de inserção de referentes não envolve associação com nenhum tipo de informação textual precedente: a informação é nova.

Já os casos de ativação ancorada de referentes ocorrem sempre que um novo objeto de discurso é inserido no texto tendo como base alguma informação ou algum segmento textual já apresentado no cotexto ou no contexto sociocognitivo dos interactantes, de modo que tal ativação possa ser implementada por associação e/ou inferenciação. Vejamos:

(19) A dupla sertaneja Fábio e Paulinho agitou a *festança [julina]*, da EMEF Alfredo Evangelista Nogueira, com músicas para todos os gostos. Mantendo a tradição das festas do gênero foi distribuído o "correio elegante" e montada uma fogueira simbólica. Também teve a dança da quadrilha com os alunos da escola ensaiados pela professora Grasiele Amaral. *A comilança* e *a bebelança* teve frango e leitoa assados, lanches de pernil e cachorro quente, pipoca, cuscuz, quentão e vinho quente, cervejas e refrigerantes. (*Folha de Boa Esperança*, adaptado, 16 de julho de 2016)

A construção de referentes em (19) se faz por meio do uso de anáfora associativa, em que as nominalizações "comilança" e "bebelança", formadas por derivação sufixal, mantêm uma relação metonímica (parte do todo), ou seja, de "ingrediência" (Koch, 2004, p. 65; Penna, 2006, p. 48), com outros elementos do texto, no caso, o antecedente "a festança julina". Ao mesmo tempo em que estão relacionadas a um evento maior, que é a festa julina, essas formas nominais inserem no texto uma informação nova referente ao que se podia comer e beber na festa. O uso do termo "bebelança" constitui caso claro de criação lexical em espelho (Bauer, 2004), uma vez que está plenamente ancorada em "comilança", numa relação bem parecida com a existente entre "comemorar" e "bebemorar": com finalidades claramente expressivas, o redator substitui a sequência que remete a "comer" e cria a nova forma analógica, a despeito do limitado uso do sufixo -*ança* para denotar excesso, como em "festança". Dados como esses revelam que não há uma separação rígida entre analogia e produtividade (Gonçalves, 2016).

Outro tipo de anáfora[9] que também serve ao processo de construção/ ativação de referentes no texto é a anáfora indireta, cuja interpretação está diretamente ligada à inferência que o interlocutor faz do fato, a partir do cotexto e do seu conhecimento de mundo:

(20) Os apresentadores desenvolverão *uma discussão* com total de 50 minutos cada um. ***Os debatedores*** terão no máximo 01 minuto para um comentário direto, conciso e objetivo para a questão formulada pelo apresentador. (Disponível em: https://goo.gl/MDQDto)

A relação anafórica de "debatedores" com o antecedente "uma discussão", em (20), é construída inferencialmente, a partir das informações disponíveis no cotexto e no próprio universo sociocognitivo do interlocutor, uma vez que o termo referencial "debatedores" não possui uma relação de equivalência direta (e sim indireta) com a expressão "uma discussão", no sentido de que este referente poderia ser retomado por qualquer outro dispositivo.

Segundo Apothéloz e Reichler-Béguelin (1995) e Koch (2004), as nominalizações também deveriam ser incluídas entre os casos de introdução ancorada de objetos de discurso, já que elas servem para se referir a "um processo ou estado significado por uma proposição que, anteriormente, não tinha o estatuto de entidade". Diferentemente do que fazem as anáforas

---

9. Para Marcuschi (2001), as anáforas associativas são classificadas como "anáforas indiretas".

associativa e indireta, as nominalizações ou retomam segmentos textuais já apresentados no cotexto ou apontam para segmentos que ainda serão inseridos (Koch, 2004; Penna, 2006; Koch; Penna, 2006), como se observa em (21), cujo termo em negrito ilustra um caso de nominalização propulsora:

(21) *A malandragem* do político brasileiro fica bem caracterizada por seu comportamento. Se você observar ele é dócil, solícito, prestativo e até maleável ao peso da opinião pública. Mas não se engane não! É tudo uma forma de enganar a população. [...]
A grande maioria é inculta, sem preparo intelectual, mas dotado de toda malícia, visto que foi doutrinado na politicagem. São hábeis em manipular as mentes e em justificarem seus atos. São demagogos, que é uma das formas de degradação da falaciosa democracia. (Lomer Remol, "A malandragem política", 31 de julho de 2013)

Em (21), a palavra "malandragem', formada pelo sufixo -*agem*, exerce ao mesmo tempo a função de encapsulador de informação subsequente e introdutor de referente novo.

3.3 Palavras complexas e suas funções cognitivo-discursivas na organização do texto

As expressões nominais, que operam na construção e na reconstrução de objetos de discurso, desempenham diversas funções cognitivo-discursivas na organização e na construção textual do sentido, tais como as que se seguem abaixo:

(i) Ativação e reativação de referentes na memória

Além dos casos de anáfora associativa e anáfora indireta, que inserem/ ativam, segundo Koch (2004, 2014) e Koch e Penna (2006), uma informação nova no modelo de texto, pelo fato de especificarem um referente no texto, os objetos de discurso, como vimos, podem também ser introduzidos na malha textual a partir do uso de nominalizações. Em geral, quando o falante introduz um objeto de discurso totalmente novo no texto, tem-se um caso de ativação não ancorada, via categorização, uma vez que tal referente não se baseia em nenhum tipo de informação textual precedente. Nesse ínterim, os casos de anáforas associativa e indireta constituem tipos de ativação ancorada, já que se baseiam em algum tipo de informação dada.

Os casos de reativação de referentes são, geralmente, operados por meio de anáforas diretas, cuja função é retomar o referente já mencionado no texto, a partir de repetições ou sinônimos. É o mesmo referente que é reativado no texto, sem nenhum tipo de avaliação.

(21) A noite de quarta-feira (30) foi de *panelaço* [*construção por ativação*] em várias capitais brasileiras.
O protesto [*nova construção por reativação*] foi convocado nas redes sociais por grupos a favor da Operação Lava Jato e contra as modificações feitas pela Câmara dos Deputados no projeto de medidas contra a corrupção.
O panelaço [*construção por reativação*] foi feito em vários estados. No Rio de Janeiro, dava para ouvir *o barulho* [*nova construção por reativação*] nos bairros do Flamengo, Humaitá, Botafogo, Barra da Tijuca, Copacabana e Leblon. Também teve *protesto* [*construção por reativação*] na maior cidade do país. Do alto dos prédios, *o panelaço* [*construção por reativação*] foi feito em alguns bairros de São Paulo, como Pinheiros, Pompeia, Jardins e na Paulista. (Portal G1-Globo, 1 de dezembro de 2016)

Em (21), nota-se que há progressão referencial, pois o texto avança em relação ao tópico em questão. No entanto, tal processo se dá por meio de relações anafóricas correferenciais, já que a relação do referente com o termo antecedente ocorre de forma direta, sem a necessidade de inferências por parte do interlocutor. Trata-se, pois, de um caso de correferencialidade, em que a anáfora retoma parcialmente ou totalmente o referente introduzido no texto, por meio da repetição de palavras ou por meio da substituição do termo antecedente por outras formas cossignificativas (Koch; Marcuschi, 2006). Em (21), todas as formas nominais em negrito retomam o antecedente "panelaço" inserido no texto.

(ii) Recategorização de referentes

O entendimento de que os chamados objetos de discurso não pre-existem à atividade cognitiva e interativa dos sujeitos falantes (Apothéloz; Reichler-Béguelin, 1995), mas são produtos desta atividade discursiva, é essencial para compreender como se processa a construção de sentidos em um texto, justamente porque é a partir da construção desses objetos de discurso que categorizamos o mundo (Moraes; Moraes, 2015). Isso quer dizer que as categorias, tão importantes aos seres humanos e aos animais, não são próprias da língua; pelo contrário, criamos tais categorias ao interagirmos com o mundo ao nosso redor, distinguindo, classificando e designando as coisas a nossa volta. Tanto é verdade que uma mesma realidade pode ser percebida e categorizada por culturas diferentes de formas distintas, o que mostra que, no caso do texto, a categorização constitui um processo cognitivo por meio do qual nós seres humanos categorizamos e recategorizamos os objetos de discurso a depender de nossas necessidades comunicativas, de nossos filtros culturais (ou práticas e vivências culturais, segundo Mondada e Dubois [2003]) e de nossos lugares sociais.

Nesse contexto, é esperado, portanto, que as denominações e (re)categorizações, realizadas durante o processo de referenciação, estejam impregnadas pela intersubjetividade dos falantes (Moraes; Moraes, 2015, p.176), já que tal atividade é fruto da negociação entre os interlocutores (Penna, 2006), sócio-historicamente situados, e, por isso, a avaliação e o estabelecimento do ponto de vista acerca do que se está discutindo são inerentes a ela.

Vejamos alguns exemplos de como é possível perceber o posicionamento dos autores (parcial ou imparcial) a partir das categorizações e recategorizações que fazem no texto:

(25) Nota à imprensa — Ocorrência no Sistema Interligado em 16/10/2016
Às 19:51h do último domingo, 16 de outubro, ocorreu *uma perturbação* no sistema provocada, nas avaliações preliminares, por uma atuação indevida de uma proteção do compensador síncrono na subestação de Ibiúna (SP), de propriedade de Furnas. Com isso, houve *o bloqueio* dos dois bipolos de corrente contínua que trazem energia da usina hidrelétrica de Itaipu para a região Sudeste.
Naquele momento, o setor de 50 hertz da usina de Itaipu estava gerando 6.800 MW, dos quais 1.600 MW estavam indo para o Paraguai e 5.200 MW para o Brasil. Devido à *queda da frequência* do sistema para 58,4 hertz, houve correta atuação do ERAC — Esquema Regional de Alívio de Carga — e, com isso, foi interrompida uma carga no país de 3.200 MW. *A perturbação* afetou os estados das regiões Sul, Sudeste e Centro-Oeste. O Paraguai também foi afetado. A carga do Sistema Interligado Nacional na ocasião era de 64.500 MW e *a interrupção* afetou menos de 5% da carga total.
Às 20:04h começou a recomposição das cargas e às 20:24h todas as cargas já tinham sido recompostas. "A recuperação foi muito rápida. Agora, o ONS, Furnas e os agentes envolvidos vão fazer uma avaliação técnica para investigar *o ocorrido*", afirmou o diretor-geral do ONS,

Luiz Eduardo Barata. Um relatório conclusivo sobre *a perturbação* deve estar pronto em duas semanas.

Por volta da meia noite de domingo, houve o retorno dos dois bipolos do sistema de Itaipu ao SIN. ("Nota à imprensa — Ocorrência no Sistema Interligado em 16/10/2016", em 17/10/16. Disponível em: www.ons.org.br/sala_imprensa/2016out17-notaocorrenciaSIN.aspx)

(26) *Um apagão* atingiu pelo menos seis municípios goianos na noite de domingo (16). De acordo com a Companhia Energética de Goiás (Celg), além do Centro-Oeste, também foram afetadas as regiões Sul e Sudeste do país. "O *desligamento* do sistema de transmissão de Itaipu, referente à geração do Paraguai, restringiu o envio de energia para o Paraguai e para os estados", destacou o órgão. (Portal G1, 17 de outubro de 2016)

(27) Cidades dos estados das regiões Sul, Sudeste e Centro-Oeste sofreram *apagão* na noite de ontem. A *falta de energia* começou às 19h51 e foi normalizada às 20h04. De acordo com o Operador Nacional do Sistema Elétrico (ONS), houve *desligamento* do sistema de transmissão de Itaipu, referente à geração do Paraguai. "Por isso, o sistema de alívio de carga atuou e restringiu o envio de energia para o Paraguai e para estados do Sul, Sudeste e Centro-Oeste do Brasil", informou o ONS. (*O Globo*, 16 de outubro de 2016)

O texto em (25), que traz os esclarecimentos sobre a interrupção na transmissão de energia nas regiões Sul, Centro-Oeste e Sudeste do Brasil, é de autoria da ONS (Operador Nacional do Sistema Elétrico). Já os outros dois textos, que também tratam do mesmo assunto, são provenientes de dois jornais de grande circulação na imprensa nacional brasileira. As diferenças entre eles consistem basicamente no modo como as cadeias referenciais são construídas pelos redatores ao longo dos textos, a partir da categorização/ recategorização dos objetos de discurso, que deixam transparecer as tomadas de posição acerca do assunto.

Embora todos os textos abordem o mesmo tema, o autor do texto (25), da ONS, apresenta o objeto de discurso por meio de uma expressão nominal/ referencial, isto é, uma nominalização formada por derivação sufixal, diferente daquelas que aparecem nos textos (26) e (27). No texto de justificativa da ONS, o objeto de discurso (perturbação no sistema de fornecimento de energia) recebe ao longo do texto inúmeras categorizações igualmente nominalizadas (embora nem sempre pelo mesmo processo morfológico), como "o bloqueio" (derivação regressiva), "queda da frequência" (derivação regressiva + complemento nominal), "a interrupção" (sufixação), "o ocorrido" (conversão), que ajudam a construir e a encorpar a perspectiva tecnicista do texto, uma vez que o enunciador é um órgão oficial do governo, e, por essa razão, o texto precisa ser o mais objetivo e neutro possível no tocante à divulgação do ocorrido. As formas nominais referenciais, em (25), indicadas em negrito, mantêm a mesma ideia central no texto.

É diferente, pois, do que ocorre nos textos (26) e (27), nos quais o objeto de discurso referente ao evento de interrupção de energia, divulgado pela ONS, foi recategorizado nos textos por meio de formas deverbais menos neutras como "apagão" e "desligamento", indicando, assim, uma visão parcial e tendenciosa dos enunciadores acerca do ocorrido, como forma de não só chamar a atenção do público leitor para o evento em questão, a partir da publicação de manchetes e notícias "chocantes", como também embutir nos textos o posicionamento dos veículos divulgadores de tais notícias, a de que a interrupção de energia está de alguma forma relacionada à ingerência do governo federal no comando do setor de minas e energias. Nesse sentido, as formas nominais em questão são estratégicas e cumprem um papel notório no texto.

(iii) Sumarização/rotulação de segmentos textuais antecedentes ou subsequentes

Segundo Koch (2014, p. 64), no que tange à remissão textual, as formas nominais são instrumentos eficientes na construção e reconstrução de objetos de discurso. No entanto, para a autora, tais expressões são também muito utilizadas na categorização e recategorização de segmentos precedentes e subsequentes do cotexto, como forma de sumarizá-los e encapsulá-los no texto, atribuindo-lhes uma rotulação (Francis, 1994). Nos termos da autora, trata-se de "anáforas (ou catáforas) complexas, representadas, em grande número de casos, por meio de nomes genéricos e inespecíficos (*estado, fato, fenômeno, circunstância, condição, evento, cena, atividade, hipótese* etc.)" (p. 64). Conforme Koch, tais expressões desempenham funções textuais importantes, no sentido de que "não só rotulam uma parte do cotexto que as precede ou segue", como também "criam um novo referente textual que, por sua vez, passará a constituir o tema dos enunciados subsequentes" (Koch, 2014, p. 65). Em outras palavras, ao conceberem um novo objeto de discurso, as rotulações promovem a progressão do texto, uma vez que funcionam tanto como formas referenciadoras quanto como formas predicativas, ou seja, servem para veicular informação dada/inferível ou informação nova.

Seguindo a proposta de Koch (2014), podemos dizer que os rótulos podem ser classificados em dois grandes grupos: os que nomeiam/categorizam o que é dito nos segmentos anteriores ou subsequentes (nesse caso, o rótulo recai sobre conteúdo dos enunciados), e os que nomeiam/categorizam o modo como cada informação é dita ou será dita (nesse caso, o rótulo recai sobre informações metadiscursivas ou metaenunciativas).

Nos exemplos que seguem, os conteúdos expressos em segmentos anteriores do texto são categorizados por meio de encapsuladores, como "enrolação", em (28), que designam, segundo Hengeveld e Mackenzie (2008), entidades de segunda ordem (estado de coisas), que podem ser localizadas no tempo e no espaço, e "amadurecimento", como em (29), que designam, segundo Hengeveld e Mackenzie, um episódio, que consiste na combinação tematicamente coerente de estado de coisas, todos ancorados no tempo e no espaço. Em geral, expressões nominais que categorizam entidades como episódios envolvem algum tipo de fase. Vejamos os vários tipos de encapsulamentos[10] com exemplos de nomes deverbais sufixados:

a) **encapsulamento de estado de coisas**: envolve a categorização de porções textuais em rótulos que designam um acontecimento ou uma ação:

(28) "Não consigo fazer esse cancelamento [da assinatura de TV da Vivo] de jeito nenhum. Ficam transferindo a minha ligação de setor em setor e, quando vou falar com alguém que imagino que resolverá a questão, a chamada cai de repente. Estou exausto dessa *enrolação*", queixa-se ao *Agora*. (Havolene Valinhos. "Cliente sofre para cancelar pacote de TV". *Agora*, Defesa do Cidadão, 15 de setembro de 2015)

b) **encapsulamento de episódio**: envolve a categorização de porções textuais em rótulos que designam um sequenciamento ou desenvolvimento de ações:

(29) — Desde o início do ano eu venho [Emerson] trabalhando forte, me dedicando bastante. Fiquei muito feliz com o meu primeiro gol como profissional. Amadureci, principalmente depois

---

10. Um estudo funcional sobre os diferentes tipos de encapsulamentos é encontrado em Lopes (2009).

daquele momento. Teve o jogo contra o Cruzeiro, que foi ruim. Venho me dedicando todos os dias. Esse *amadurecimento* veio jogo a jogo. Tive uma boa sequência — celebra. (Felipe Rocha, "Emerson celebra temporada de afirmação e amadurecimento", *Portal Terra*, Esportes, 25 de outubro de 2016)

Em (28), a palavra complexa "enrolação", resultado de um processo de derivação sufixal, é usada para encapsular todas as remissivas textuais anteriores referentes às tentativas do cliente de cancelar a assinatura junto à empresa de TV a cabo. Com o uso dessa rotulação, o produtor do texto confere uma nova categorização ao que vem sendo dito, ou seja, o que antes constituía uma tentativa de resolução do problema torna-se, a partir desse momento do texto, uma *enrolação*, ou seja, uma má vontade da operadora em resolver o problema. Algo mais ou menos semelhante acontece em (29), em que o rótulo "amadurecimento" retoma anaforicamente todas as referências textuais concernentes à evolução (que implica um conjunto de etapas) do zagueiro Emerson no clube do Botafogo.

Já os rótulos metadiscursivos ou metaenunciativos atribuem uma qualificação ao ato de enunciação realizado pelos participantes descritos nos segmentos textuais encapasulados. Os exemplos a seguir ilustram diferentes casos de encapsulamentos de sequências textuais precedentes que apontam para diversos tipos de categorizações.

c) **encapsulamento de ato de fala**: envolve a categorização de segmentos textuais em um ato ilocucionário, tais como promessa, juramento, advertência, asserção etc.:

(30) O massacre no maior presídio de Manaus (AM) dá o que pensar.
Como é possível que 56 pessoas sejam mortas num local onde estão sob a guarda do poder público?
A explicação é que houve uma disputa entre facções criminosas pelo controle do presídio. Mas essa resposta não dá conta de todas as perguntas. ("A rebelião em Manaus", *Agora*, Editorial, 4 de janeiro de 2017)

d) **encapsulamento de conteúdo proposicional**: envolve a categorização de segmentos textuais em uma proposição (um tipo de operação cognitiva), que é avaliada em termos de seu valor de verdade/falsidade. Formas nominais como "argumentação", "reflexão", "conclusão", "descrença", "desacreditamento", dentre outras, exemplificam esse tipo de rotulação:

(31) Mas não é por isso que eu deixo de ser chato e ruim, sou um pouco pessimista, e facilmente desacredito de muitas pessoas. Acho que temos muitos exemplos para originar esse *"desacreditamento"*: Políticos Corruptos, falsos moralistas e o pior para mim, falsos evangelizadores. (Sanderson Utopia, "Complicado sem perfeitinho", Blog Lordutopia, 18 de fevereiro de 2011)

Em todos os casos analisados, o que se observa são casos de nominalizações, formadas a partir de processos de derivação sufixal, que cumprem o papel de encapsular diferentes tipos de segmentos textuais em novas categorizações (novos objetos de discurso). Essas ocorrências mostram claramente que, nesses contextos, há uma relação muito próxima entre o plano morfológico e o plano textual, que preferimos aqui chamar "relações de motivação", uma vez que muitas dessas formas nominais não são criadas aleatoriamente; pelo contrário, nos textos analisados até aqui, vemos que são criadas pelos falantes/escritores sempre para atender a algumas de suas necessidades comunicativas, que podem ser, nos termos de Koch (2014, p. 69), de: (i) *sumarização e categorização* de porções textuais em novos objetos de discurso, que permitem ao leitor/ouvinte alocar um novo referente textual na memória, (ii) *organização textual*, no sentido de que constituem importantes dispositivos anafóricos e catafóricos, responsáveis pela coesão textual, e também pelo encadeamento tópico do texto, e (iii) *orientação argumentativa*, de forma que os rótulos representam meios privilegiados de explicitação de pontos de vista do falante/produtor não somente no que se refere aos conteúdos veiculados no texto, como também quanto aos seus enunciadores, como em (32):

(32) "[...] o ex-governador Silval Barbosa, o ex-presidente da Assembleia Legislativa do Estado de Mato Grosso, José Geraldo Riva, os ex-secretários de Estado, Pedro Nadaf, Marcel de Curse, e o poderoso chefão, Éder Moraes. Essas raças infames, vai ser difícil o povo deste estado esquecer, eles não tiveram dó e nem piedade de lesar o cofre público do estado, suas ganâncias foram diabólicas, seus interesses eram somente enricar, ficarem bilionários sob sofrimento do povo, em especial dos mais humildes. Essas obras feitas de formas fraudulentas, eram para estar todas prontas e funcionando todas elas, se não fossem **essas roubalheiras** todas." (*Diário de Cuiabá*, Carta de Leitor, adaptado, 29 de janeiro de 2016)

O uso da palavra "roubalheiras", em (32), deixa claro o posicionamento do autor do texto quanto aos políticos da Assembleia Legislativa de Mato Grosso, isto é, para ele, ainda que os nomes listados no texto estejam sendo investigados, não há dúvidas de que todos são corruptos e estão envolvidos nos desvios de verbas dos cofres públicos, razão pela qual o autor opta por usar a expressão em negrito, que é demasiadamente negativa e avaliativa, evidenciando, assim, qual é o seu ponto de vista quanto ao assunto em pauta.

(iv) Indicação de orientação argumentativa

Há casos em que o uso de formas nominais, como "promessa", em (33), aponta para um trabalho argumentativo por parte do falante ou produtor do texto, no sentido de que, ao fazer uso de certas palavras encapsuladoras, que exprimem algum tipo de avaliação, o falante indica no texto qual é o seu posicionamento/sua avaliação sobre o assunto:

(33) Parte dos remédios que o prefeito João Doria (PSDB) *disse* que chegariam às farmácias dos postos de saúde a partir de ontem ainda está em falta em UBSs (Unidades Básicas de Saúde) da capital. *A promessa* foi feita no dia 8 de fevereiro. Os medicamentos serão doados por laboratórios farmacêuticos. (Rafael Italiani, "Remédios prometidos ainda não chegaram aos postos", *Agora*, adaptado, Nas ruas, 21 de fevereiro de 2017)

Em (33), o uso da palavra "promessa" encapsula toda a discussão do parágrafo anterior, que trata da falta de remédios nas UBSs de São Paulo no governo do prefeito João Doria, já embutindo o posicionamento do autor do texto sobre o episódio, que serve, obviamente, em termos de construção de sentido, como indicativo do teor argumentativo.

(v) Atualização de informações por meio de remissão
por hiperônimo

De acordo com Koch e Elias (2006, p. 141), o uso de hiperônimo como elemento anafórico tem por objetivo retomar algum elemento textual pouco usual, ou restrito a um universo de circulação com terminologia específica, com vistas a atualizar o conhecimento do interlocutor para algo mais tangível ou próximo de sua área de atuação, como em (34):

(34) *Os zoologistas Robert Simmons e Lue Scheepers* questionaram a visão tradicional de como a girafa desenvolveu o pescoço comprido. Observações feitas na África demonstraram que as girafas que atingem alturas de 4 a 5 metros geralmente se alimentam de folhas a 3 metros do solo. O pescoço comprido é usado como uma arma nos combates corpo a corpo pelos machos na disputa por fêmeas. As fêmeas também preferem acasalar com machos de pescoço grande. *Esses pesquisadores* argumentam que o pescoço da girafa ficou grande devido à seleção sexual; machos com pescoços mais compridos deixavam mais descendentes do que machos com pescoços mais curtos. (Robert Simmons e Lue Scheepers, *American Naturalist*, 1996, v. 148, adaptado de tradução brasileira, Biologia Concursos Blog)

A forma nominal "pesquisadores", em (34), definida como hiperônimo, é usada no texto como estratégia para retomar anaforicamente a expressão nominal "os zoologistas Robert Simmons e Lue Scheepers", tida como mais específica e restrita a certos leitores. O uso dessa forma agentiva deverbal pluralizada cumpre um papel coesivo importante nesse contexto: ao mesmo tempo em que retoma um referente textual, atualiza o conhecimento do interlocutor sobre a especificidade do profissional da área de Zoologia. Nesse caso, dizer que o zoologista, que estuda os animais em seus vários aspectos, é um pesquisador, é mais acessível ao interlocutor cognitivamente, pois opera no domínio informacional mais amplo.

(vi) Especificação de informação por meio da sequência hiperônimo/hipônimo

Esse tipo especificação é definido por Koch e Elias (2006) e Koch (2004) como anáfora especificadora. Ocorre em situações em que o enunciador precisa trazer mais informações acerca da categorização. Nesse caso, a genericidade ganha mais especificação:

(35) Muitos não sabem, mas a cidade de Minamata, localizada ao sul da Província de Kumamoto, foi palco de *um grande desastre* ambiental entre as décadas de 1950 e 1960. Milhares de pessoas sofreram *uma grave intoxicação* por mercúrio por causa de uma fábrica local que jogava os seus dejetos tóxicos na Baía de Minamata.

Esse envenenamento por mercúrio contaminou os peixes e frutos do mar que eram consumidos pela população, causando uma condição que levou o nome de "Mal ou Doença de Minamata". Mais de 2 mil pessoas morreram na ocasião, sem contar as sequelas permanentes deixadas em outras milhares de pessoas da região. (Silvia Kawanami, "A misteriosa doença de Minamata", *Japão em foco*, 19 de agosto de 2014)

A forma nominal 'intoxicação', formada pelo sufixo -*ção*, em (35), precedida de um artigo indefinido feminino, ajuda a especificar a que tipo de desastre ambiental o texto se refere, daí a razão de se chamar esse tipo de retomada anafórica como anáfora especificadora.

(vii) Elaboração de paráfrases definicionais e didáticas

As paráfrases realizadas a partir de expressões nominais podem, segundo Koch (2014, p. 57), ser de dois tipos: *definicionais*, como em (36), em que o propósito da anáfora é retomar e definir um termo, em geral específico, inserido na malha textual, ou *didáticas*, como em (37), em que o objetivo do falante/produtor do texto é introduzir um termo técnico da maneira mais precisa possível, de modo a facilitar o entendimento do conteúdo:

(36) O mal funcionamento da tireoide pode acontecer devido a doenças como por exemplo Hipertireoidismo, Hipotireoidismo, Câncer de tireoide, e **Tireoidite**, um *tipo de inflamação na glândula*. Saiba como cada uma delas se manifesta e seus tratamentos. (Principais doenças relacionadas à Tireoide. Disponível em: https://www.tuasaude.com/tireoide/)

(37) Quando os pesquisadores querem mensurar a quantidade de chuva que cai em um dado dia, eles utilizam um equipamento para estudos meteorológicos e hidrológicos. O *pluviômetro* é um aparelho meteorológico utilizado para recolher e medir, em milímetros, a quantidade de líquidos (chuva e granizo) ou sólidos (neve — onde ocorre este fenômeno) precipitados durante um determinado tempo e local. (Disponível em: https://goo.gl/hKAmWi)

A diferença entre esses dois tipos de retomadas anafóricas é que a anáfora definicional apresenta primeiramente o termo técnico (específico) e depois a definição, ao passo que a anáfora didática apresenta primeiramente a definição ou a explicação e em seguida o termo.

(viii) Ocultamento do sujeito-agente da predicação como estratégia de descomprometimento do falante/escritor com o conteúdo do texto

O uso de nominalizações constitui uma importante estratégia de organização e construção de sentido do texto, uma vez que tais formações, embora preservem a estrutura argumental da forma verbal de origem, possibilita a não expressão dos termos argumentais (argumento sujeito e objeto), fenômeno que é, quase sempre, motivado por razões pragmático-discursivas, quando, a depender do contexto, é salutar ao falante/escritor ocultar a informação referente ao sujeito-agente da predicação, do responsável pela ação ou pelo processo, pelo fato de que essa medida lhe garante maior discrição ou descomprometimento no que tange ao conteúdo veiculado em sua mensagem, como se vê em (38):

(38)   Lava-Jato: *condenação* de Gim Argello à prisão deve colocar mais políticos corruptos na mira da PF. (*Ufo.info*, 13 de outubro de 2016)

A opção pela nominalização "condenação", em (38), permite ao produtor do texto abordar o assunto da condenação de Gim Argello, mas sem explicitar o responsável por tal ação, tendo em vista que esse fato ainda estava, até então, em vias de consolidação, de forma que se a condenação fosse de fato decretada por algum juiz, outros políticos também cairiam. Essa possibilidade de ocultamento do sujeito-agente certamente não ocorreria com o verbo.

O mesmo acontece com as formações adjetivais em *-vel*, como em (39) e (40):

(39)   "Agressão a agentes públicos não é *aceitável*", diz presidente da OAB sobre briga em Caxias (*Pioneiro*, Notícias, 7 de setembro de 2016)

(40)   O presidente do Senado, Renan Calheiros (PMDB-AL), disse nesta terça-feira que não é "*recomendável*" devolver o Orçamento da União de 2016 ao Executivo, mas cobrou do governo as formas de reverter o rombo de R$ 30,5 bilhões previstos na peça orçamentária. (*O Globo*, 1 de setembro de 2016)

Em (39) e (40), a mudança categorial de verbo ("aceitar", "recomendar") para adjetivo ("aceitável","recomendável") se justifica pela intenção do falante/produtor do texto em dizer algo sobre algum acontecimento, ao mesmo tempo em que se exime de possíveis questionamentos. Em (39), ao ocultar o sujeito-agente envolvido na predicação, o intuito do presidente da OAB é, provavelmente, se esquivar da necessidade de nomear os responsáveis pela agressão a agentes públicos, mas registrar que tal ação é inaceitável por quem quer que seja o responsável. Já em (40), ao usar a forma adjetival "recomendável", o presidente do Senado, Renan Calheiros, abstém-se da relação direta de autoria pela recomendação. Nesse sentido, a opção do falante/escritor por essas palavras complexas evidencia, de alguma forma, uma motivação pragmático-textual que é superior ao plano morfológico.

4. Considerações finais: desafios e novas tendências de estudo

Os vários exemplos de palavras morfologicamente complexas, aqui analisados considerando-se sua relação com a organização e a construção do sentido no plano textual, mostram, primeiramente, que os chamados referentes, ainda nas versões mais antigas da LT, são na verdade objetos de discurso, isto é, um produto do discurso, tendo em vista que esses "referentes" são construídos e reconstruídos, categorizados e recategorizados pelo falante/produtor do texto muitas vezes na própria malha textual-discursiva, sem evidenciar uma relação direta, na forma de espelho, entre a linguagem e as coisas do mundo. Em outras palavras, os objetos do discurso são, segundo Koch (2014, p. 43), construídos sociocognitivamente no interior do próprio processo de interação, o que justifica, portanto, o fato de serem altamente dinâmicos, construindo-se e reconstruindo-se constantemente no caminhar da interação, motivo pelo qual a LT denomina esse processo de referenciação.

Nesse contexto, mostramos que as palavras morfologicamente complexas, em especial as nominalizações, em suas várias formações, os adjetivos, em sua formação -*vel*, e os advérbios em -*mente* exercem diferentes funções na organização e construção do sentido no texto, de modo que a escolha que o falante faz por essas construções lexicais não é aleatória, mas sim motivadas, como mostramos aqui, por questões cognitivo-discursivas: ativação/reativação (categorização) de referentes no discurso, recategorização, sumarização, atualização e especificação de informações, indicação de força argumentativa, expressão de ponto de vista (perspectivação), paráfrases definicionais e ocultamento do sujeito-agente da ação. O uso dessas palavras no texto, com diversas funções cognitivas, mostra que o nível morfológico possui uma forte correlação com o nível textual, por isso uma análise adequada dessas palavras complexas pressupõe sempre a observação de motivações textuais.

Além de encapsular e sumarizar informações apresentadas no texto, as nominalizações, em especial, ajudam a criar um endereço cognitivo na mente do interlocutor para informações expressas até então no texto por meio de estruturas predicativas (frases ou enunciados), aspecto que mais uma vez reforça a existência de uma relação de dependência, em muitos contextos de formação de palavras, entre morfologia e texto.

Contudo, mesmo com alguns avanços no campo dos estudos de morfologia, desenvolvidos a partir de diferentes perspectivas teóricas, que apontam para as relações entre morfologia e outros níveis de organização da linguagem, há que se considerar ainda, a nosso ver, como poderíamos analisar os variados casos de formação de palavras a depender do que Hanks (2008) elenca como possíveis definições de texto e fatores de construção textual, a saber: (i) cotexto: "o fragmento discursivo que está associado a uma porção textual num dado texto"; (ii) metatexto: "qualquer discurso que descreva, estruture ou se refira à interpretação do texto"; (iii) contexto: "ambiente mais amplo (linguístico, social, psicológico) ao qual o texto responde e sobre o qual ele opera"; (iv) pré-texto: "tudo o que prepara o terreno para o texto ou justifica sua produção ou interpretação"; (v) subtexto: "todos os conhecimentos ou temas que formam o pano de fundo ou as dimensões tácitas de um texto, inferíveis mas não explicitamente afirmadas"; e (vi) pós-texto: "a miríade de resultados e de consequências da produção, distribuição ou recepção de um texto, se pretendidos e previstos ou não". Esses aspectos destacam que, em muitos casos, as relações de construção de sentido não se resolvem no interior do próprio texto (ou de um único texto), mas sim entre textos, como, por exemplo, os casos de fóruns ou comunidades virtuais de pesquisa, em que uma postagem (ou um e-mail) constitui uma resposta para outra mensagem já publicada anteriormente. Assim, se a definição do que pode ser considerado texto é passível de mudanças, é muito provável que as relações entre outros níveis de organização da linguagem com o plano textual requeiram também um tratamento mais apurado acerca dessas formas de **dimensionamento do texto**, sob a pena de desconsiderar, por exemplo, que algumas formações de palavras, veiculadas principalmente em manchetes de jornais, são motivadas não em decorrência do conteúdo do próprio texto, mas sim como uma espécie de retomada/resposta a outro texto (outros textos).

Como se vê, a concepção de texto é bastante complexa e envolve, além dos fatores de textualidade e construção textual elencados por Koch (2004), vários outros aspectos, tais como as constantes inovações no setor das tecnologias de informação, que proporcionam aos seus usuários infinitas possibilidades e interfaces de interação, a partir de diferentes plataformas e aplicativos de comunicação. Tais aspectos, que afetam diretamente o modo como hoje concebemos a noção de texto, em seus vários tipos e gêneros textuais, permitem-nos rediscutir diversos conceitos operacionais da LT, incluindo a própria noção de referenciação (Mondada; Dubois, 1995 [2003]; Marcuschi, 1998; 1999; Mondada, 2001; Koch, 2004), que parece se desdobrar, como aponta Filho (2015, p. 275), em mais de uma forma de referenciação. Para o autor, as possibilidades atuais de concepção de texto revelam que a construção de objetos do discurso pode ocorrer em uma mesma materialidade textual, a que o autor chama de *relações intratextuais*, ou entre textos diferentes (*relações intertextuais*), com ou sem abismos temporais, cujas materialidades textuais se constroem, muitas vezes, de forma não linear, como se observa, por exemplo, em hipertextos, narrativas com retrospectivas temporais, fóruns (já mencionados acima), séries televisivas, dentre outros. As séries conhecidas como *Lost*,[11] *House*[12] e *Grey's Anatomy*[13] são bons exemplos de narrativas televisivas, que se constroem em dois planos

---

11. Série norte-americana produzida pela Touchstone Television (ABC Studios), Bad Robot Productions e Grass Skirt Productions e transmitida pela American Broadcasting Company, nos Estados Unidos, de 2004 a 2010. A série foi criada pelos produtores J. J. Abrams, Damon Lindelof, Bryan Burk, Jack Bender e Carlton Cuse em parceria com Jesse Alexander e Jeff Pinkner como consultores executivos.

12. Criada por David Shore e exibida nos Estados Unidos pela Fox, de 2004 a 2012, *House* é uma série médica norte-americana, cujo personagem principal é o Dr. Gregory House, interpretado pelo ator inglês Hugh Laurie.

13. Grey's Anatomy, criada por Shonda Rhimes, é um drama médico norte-americano exibido pela rede ABC, desde 2005, nos Estados Unidos. Tem como protagonista a personagem da Dra. Meredith Grey (Ellen Pompeo).

distintos de narração (o presente, referente ao estágio atual dos personagens, e o passado, referente às memórias/aos fatos ocorridos em outros momentos da vida dos personagens, que, em geral, são pistas para entender os conflitos do presente). Nesse tipo de texto narrativo, a construção e reconstrução dos objetos do discurso, que são essenciais para promover a coerência textual e a progressão referencial do texto, operam entre episódios de uma mesma temporada ou entre episódios de temporadas diferentes que, embora apresentem uma autonomia em termos de construção textual e enredo, com histórias e conflitos que se resolvem dentro de cada episódio, mantêm uma relação de construção de sentido entre eles. Dessa forma, esse tipo de referenciação poderia ser chamado de **macrorreferenciação**, por se tratar de um tipo de referenciação em que o processo de construção de sentidos é negociado passo a passo (episódio por episódio) entre escritor/falante/produtor e leitor/ouvinte/espectador em esferas mais amplas. Tanto é que muitos dos objetos do discurso, que se configuram na forma de *segredos*, *acontecimentos do passado* ou *previsões* só são devidamente compreendidos pela perspectiva do todo.

Nesse contexto, à medida que os desdobramentos atinentes à concepção de texto se ampliam, os escopos e as possibilidades de pesquisa envolvendo morfologia e texto (e outros níveis de organização da linguagem) também se expandem, o que, por sua vez, leva o pesquisador a superar obstáculos, pensar novas metodologias e novas interfaces de análise.

Para concluir, parece pertinente pensar que a LT, em especial a partir de sua concepção sociocognitivista do texto, tem se colocado, como bem aponta Koch (2001, p. 20), como uma espécie de "entroncamento", que serve tanto como ponto de chegada para muitos caminhos de pesquisa quanto como ponto de partida para várias outras interfaces teóricas. Segundo Koch, essa metáfora da LT como estação de caminhos possíveis e de "novos desenvolvimentos" abre "perspectivas otimistas quanto a seu futuro, como parte integrante não só da Ciência da Linguagem, mas das demais ciências que têm como sujeito central o ser humano" (2001, p. 20). É nesse sentido que a LT, conforme destaca Koch (2001), vem intensificando, cada vez mais, o diálogo com outras ciências, tais como a Filosofia da Linguagem, a Psicologia Cognitiva e Social, a Sociologia Interpretativa, a Antropologia, a Teoria da Comunicação, a Literatura, a Etnometodologia, a Etnografia da Fala, a

Neurologia, as Ciências Cognitivas, a Ciência da Computação e Teoria da Evolução Cultural. Essa proposta multi e transdisciplinar, ao que tudo indica, parece se colocar como o ambiente profícuo para podermos compreender esse objeto multifacetado que é o texto (Koch, 2001).

Referências

ANDRADE, K. E.; RONDININI, R. As "ianes" do porão: análise morfo-pragmática das atuais construções X-iane. *SCRIPTA*, Belo Horizonte, v. 20, n. 38, p. 121-47, 2016.

APOTHÉLOZ, D., REICHLER-BÉGUELIN, M. J. Construction de la référence et stratégies de désignation. In: BERRENDONNER, A., REICHLER-BÉGUELIN, M. J. (Eds.). *Du sintagme nominal aux objets-de-discours*. Neuchâtel: Université de Neuchâtel, 1995, p. 142 -73.

BASÍLIO, M. A. *Formação e classes de palavras no português do Brasil*. São Paulo: Contexto, 2004.

_____. *Teoria lexical*. São Paulo: Ática, 1987.

BAUER, L. *Morphological productivity*. Cambridge: Cambridge University Press, 2004.

BOMFIM, E. *Advérbios*. São Paulo: Ática, 1985.

CAMACHO, R. G. A função textual dos nomes deverbais. *Estudos Linguísticos XXXIV*, p. 183-88, 2005.

DECAT, M. B. N. Estruturas "desgarradas" em foco: a função focalizadora de orações em sua ocorrência sem a oração-matriz no português falado e escrito. *Anais da Abralin*, p. 2141-51, 2009.

FAVERO, L. L.; KOCH, I. G. V. *Linguística Textual:* uma introdução. São Paulo: Cortez, 1983.

FILHO, V. C. Referenciação intertextual: análise da construção de objetos de discurso em narrativas com episódios. *ReVEL*, v. 13, n. 25, p. 256-77, 2015.

FRANCIS, G. Labelling discourse: an aspect of nominal-group lexical cohesion. In.: COULTHARD, M. (Ed.). *Advances in written text analysis*. Londres: Routledge, 1994.

GONÇALVES, C. A. *Atuais tendências em formação de palavras*. São Paulo: Contexto, 2016.

_____. *Introdução aos estudos morfológicos*: flexão e derivação. São Paulo: Contexto, 2011.

GONÇALVES, C. A. et al. Para uma estrutura radial das construções X-ão do português do Brasil. In: ALMEIDA, M. L. L. et al. (Orgs.). *Linguística Cognitiva em foco*: morfologia e semântica. 1 ed. Rio de Janeiro: Publit, 2010. p. 141-156.

HAAG, C. R.; OTHERO, G. A. Anáforas associativas nas análises das descrições definidas. *Revista Virtual de Estudos da Linguagem — ReVEL*. v. 1, n. 1, p. 1-16, 2003.

HANKS, W. F. *Língua como prática social*: das relações entre língua, cultura e sociedade a partir de Bordieu e Bakhtin. São Paulo: Cortez, 2008.

HENGEVELD, K.; MACKENZIE, J. L. *Functional Discourse Grammar: A typologically based theory of language structure*. Oxford: Oxford University Press, 2008.

ISENBERG, H. *Der Begriff Text in der Sprachtheorie*. ASG-Bericht n. 8, Berlin, 1968.

KOCH, I. G. V. *A coesão textual*. São Paulo: Contexto, 1989.

_____. *A inter-ação pela linguagem*. São Paulo: Contexto, 1992.

KOCH, I. G. V. *As tramas do texto*. 2. ed. São Paulo: Contexto, 2014.

_____. Dificuldades na leitura/produção de textos: os processos interfrásticos. In: KIRST, M.; CLEMENTE, E. (Orgs.). *Linguística aplicada ao ensino do português*. Porto Alegre: Mercado Aberto, 1987. p. 83-98.

_____. *Introdução à Linguística Textual*. São Paulo: Martins Fontes, 2004.

_____. Linguística Textual: quo vadis. *Revista DELTA*, 17, n. Especial, p. 11-23, 2001.

_____. *Desvendando os segredos do texto*. 2. ed. São Paulo: Cortez, 2002.

_____. O desenvolvimento da Linguística Textual no Brasil. *Revista DELTA*, v. 15, n. Especial, p. 165-80, 1999.

_____; CUNHA-LIMA, M. L. Do cognitivismo ao sociocognitivismo. In.: MUSSALIN, F.; BENTES, A. C. (Orgs.). *Introdução à Linguística*: fundamentos epistemológicos. São Paulo: Cortez, 2004. p. 251-300.

KOCH, I. G. V.; ELIAS, V. M. *Ler e compreender:* os sentidos do texto. São Paulo: Contexto, 2006.

_____; _____. *Ler e escrever:* estratégias de produção textual. São Paulo: Contexto, 2009.

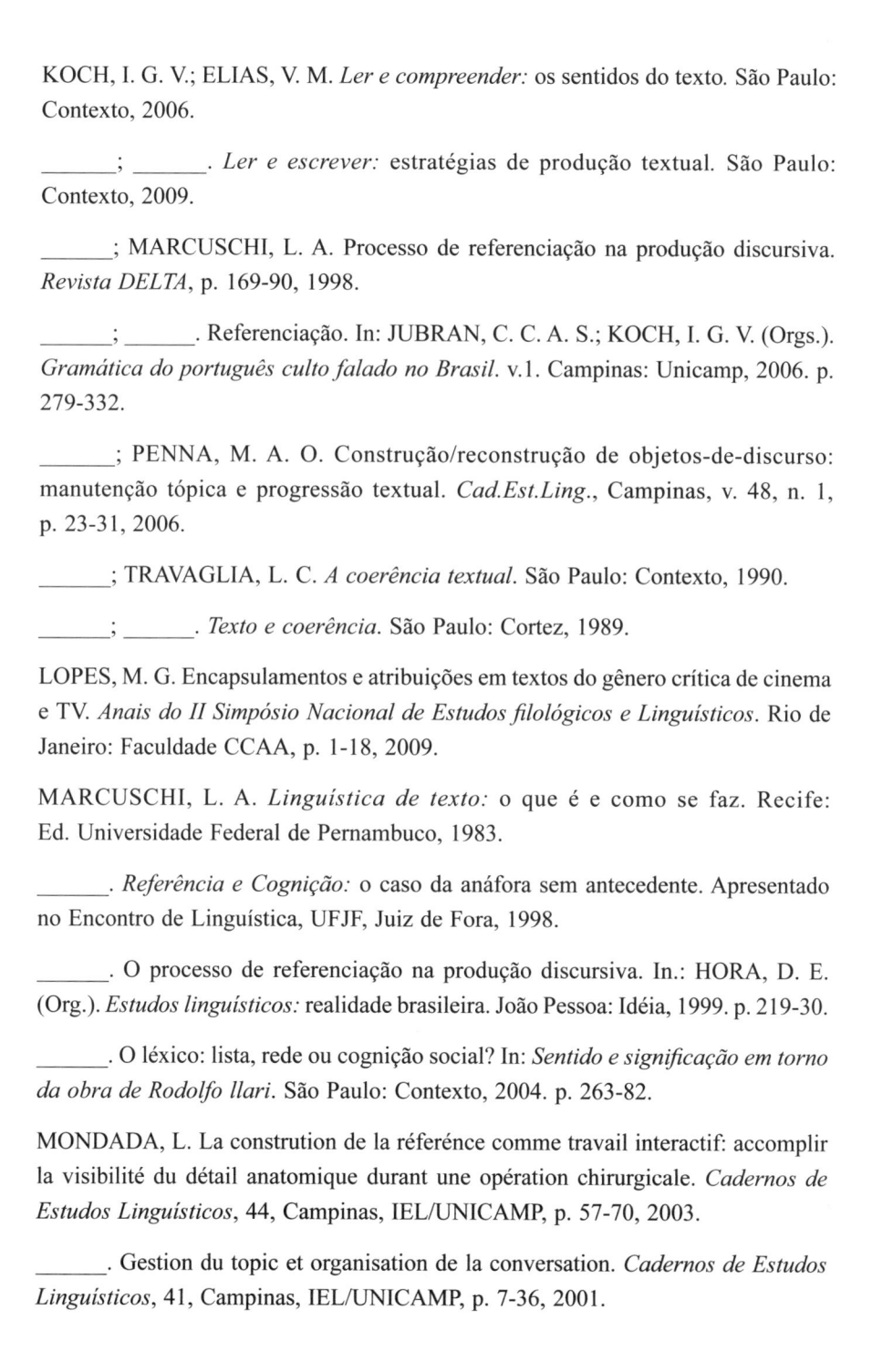

_____; MARCUSCHI, L. A. Processo de referenciação na produção discursiva. *Revista DELTA*, p. 169-90, 1998.

_____; _____. Referenciação. In: JUBRAN, C. C. A. S.; KOCH, I. G. V. (Orgs.). *Gramática do português culto falado no Brasil.* v.1. Campinas: Unicamp, 2006. p. 279-332.

_____; PENNA, M. A. O. Construção/reconstrução de objetos-de-discurso: manutenção tópica e progressão textual. *Cad.Est.Ling.*, Campinas, v. 48, n. 1, p. 23-31, 2006.

_____; TRAVAGLIA, L. C. *A coerência textual.* São Paulo: Contexto, 1990.

_____; _____. *Texto e coerência.* São Paulo: Cortez, 1989.

LOPES, M. G. Encapsulamentos e atribuições em textos do gênero crítica de cinema e TV. *Anais do II Simpósio Nacional de Estudos filológicos e Linguísticos.* Rio de Janeiro: Faculdade CCAA, p. 1-18, 2009.

MARCUSCHI, L. A. *Linguística de texto:* o que é e como se faz. Recife: Ed. Universidade Federal de Pernambuco, 1983.

_____. *Referência e Cognição:* o caso da anáfora sem antecedente. Apresentado no Encontro de Linguística, UFJF, Juiz de Fora, 1998.

_____. O processo de referenciação na produção discursiva. In.: HORA, D. E. (Org.). *Estudos linguísticos:* realidade brasileira. João Pessoa: Idéia, 1999. p. 219-30.

_____. O léxico: lista, rede ou cognição social? In: *Sentido e significação em torno da obra de Rodolfo Ilari.* São Paulo: Contexto, 2004. p. 263-82.

MONDADA, L. La construction de la référénce comme travail interactif: accomplir la visibilité du détail anatomique durant une opération chirurgicale. *Cadernos de Estudos Linguísticos*, 44, Campinas, IEL/UNICAMP, p. 57-70, 2003.

_____. Gestion du topic et organisation de la conversation. *Cadernos de Estudos Linguísticos*, 41, Campinas, IEL/UNICAMP, p. 7-36, 2001.

MONDADA, L.; DUBOIS, D. Construção de objetos de discurso e categorização: uma abordagem dos processos de referenciação. In: CAVALCANTE, M. M. et al. (Org.). *Referenciação*. São Paulo: Contexto, 2003 [1995]. p. 17-52.

MORAES, C. R. A.; MORAES, I. D. O processo de (re)categorização pelo uso de expressões nominais em crônicas narrativas. *ReVEL*, v. 13, n. 25, p. 170-206, 2015.

NESPOR, M.; VOGEL, I. *Prosodic Phonology* (Studies in Generative Grammar 28). Dordrecht: Foris Publications, 1986.

PENNA, M. A. O. *As formas nominais referenciais e suas funções na progressão textual*. Dissertação (Mestrado em Linguística) — Instituto de Estudos da Linguagem, Unicamp, Campinas, 2006.

ROCHA, L. C. *Estruturas morfológicas do português*. Belo Horizonte: Ed. da UFMG, 1998.

RODRIGUES, A. Adjetivos em -vel: um estudo dos processos de formação. *Cadernos Pedagógicos e Culturais*, v. 2, n. 1, p. 139-52, 1993.

ROSA, M. C. *Formação de nomes aumentativos:* estudo da produtividade de alguns sufixos portugueses. Dissertação (Mestrado em Linguística) — Universidade Federal do Rio de Janeiro, Faculdade de Letras, Rio de Janeiro,1983.

SANDMANN, A. J. *Morfologia lexical*. São Paulo: Contexto, 1989.

SANTANA, L. *A expressão da estrutura argumental dos nomes derivados*. Dissertação (Mestrado em Estudos Linguísticos) — Universidade Estadual Paulista — IBILCE/ Unesp, São José do Rio Preto, 2005.

_____. Tratamento das nominalizações nos quadros da Gramática Funcional. *Estudos Linguísticos XXXV*, p. 1146-55, 2006.

TENANI, L. *Domínios prosódicos no Português*. Tese (Doutorado). Campinas: Universidade Estadual de Campinas, 2002.

VAN DIJK, T.; KINTSCH, W. *Strategies of Discourse Comprehension*. New York: Academic Press, 1983.

VITAL, F. et al. Problemas no ensino de composição, derivação e processos não concatenativos: a necessidade de um ensino de morfologia criterioso e pautado no uso. *Revista Philologus*, ano 21, n. 63. Supl.: *Anais da X CNLF*. Rio de Janeiro: Dialogarts, v. 21, p. 1788-97, 2016.

CAPÍTULO 6

Linguística Textual e Sintaxe

Maria Luiza Braga
Universidade Federal do Rio de Janeiro/UFRJ

Maria da Conceição de Paiva
Universidade Federal do Rio de Janeiro/UFRJ

Considerações iniciais

O rótulo funcionalismo, à semelhança das outras grandes correntes teóricas em Linguística, inclui um conjunto de vertentes que divergem quanto a certos aspectos, mas convergem no que diz respeito à defesa da não autonomia da gramática. Desta defesa decorrem implicações teóricas e metodológicas várias, uma das quais a preocupação com o papel dos fatores fisiológicos, cognitivos e contextuais para a aquisição e uso linguísticos (Dik, 1997; Mithun 2003). Os fatores contextuais incluem, entre outros, os componentes da situação comunicativa, seus objetivos, os gêneros e tipos textuais, vale dizer, o texto. Essa concepção de língua que não se limita à frase/oração como objeto de estudo é compartilhada igualmente pela Linguística Textual. Mesmo reconhecendo que o estatuto do texto é diferente para os estudos desenvolvidos sob a ótica do funcionalismo linguístico e da Linguística Textual, defendemos que um diálogo entre as duas pode trazer contribuições para ambas e que a incorporação de variáveis textuais é crucial para a explicação de uma vasta gama de fenômenos linguísticos. Embora possam partir de pontos distintos — a estrutura linguística, no caso das diferentes abordagens funcionalistas; o texto, no caso da Linguística Textual —, essas correntes inevitavelmente se encontram, quando buscam não apenas descrever, mas, principalmente, explicar a forma e o uso da língua tanto na sua modalidade falada como na escrita. Assim, a Sintaxe da qual trataremos neste capítulo é a de orientação funcionalista.

Procuramos ilustrar esse encontro/diálogo através de uma análise das orações hipotáticas de tempo — as introduzidas por um conector, as de gerúndio e aquelas constituídas por *ao + infinitivo* — ao longo dos séculos XVIII, XIX e XX, em um macrogênero textual, a correspondência. Detemo-nos, particularmente, em duas propriedades morfossintáticas dessas orações: a forma de expressão do sujeito e a sua posição em relação à oração nuclear. Discutimos evidências empíricas de que a posição da oração de tempo no período complexo ilustra, de forma exemplar, a correlação entre a organização sintática desses períodos complexos e a dimensão textual. Mostramos que as diferentes configurações sintáticas que estão a serviço de uma mesma relação semântica se assemelham quando se considera a correlação entre a disposição sintagmática das orações e o seu papel na tessitura do texto. Apesar de haver algumas diferenças distribucionais na posição da oração temporal de acordo com a configuração sintática, a organização linear do período complexo funciona de forma a contribuir para a segmentação do texto, operando como *guidepost* (Chafe, 1984), ou seja, introduzindo um conjunto de instruções a partir das quais devem ser interpretadas as informações subsequentes. Mostramos, ainda, que essa função textual das orações de tempo é regular ao longo do período examinado.

Como explicitado acima, nos concentramos no macrogênero textual correspondência. As orações de tempo analisadas neste capítulo foram coletadas em cartas escritas ao longo dos séculos XVIII, XIX e XX, o português contemporâneo, segundo a proposta de Mattos e Silva (1989). Essa restrição a um único gênero textual assegura a comparabilidade das amostras, neutralizando a influência de outras variáveis. O material dos séculos XVIII e XIX constitui parte do *corpus* organizado por Torrent (2009).[1] As cartas do século XX, por sua vez, integram o *Acervo de Textos Midiáticos*, organizado pelo grupo PEUL (Projeto de Estudos dos Usos da Língua).[2] São cartas publicadas na seção Cartas dos Leitores de jornais de grande circulação no Rio de Janeiro (*O Globo*, *Extra*, *Jornal do Brasil* e *Povo*). Elas se distinguem das primeiras por não se destinarem a um leitor específico e estarem sujeitas ao crivo dos procedimentos editoriais.

Este capítulo compreende quatro partes. Na primeira, discutimos algumas propostas de tratamento das orações complexas segundo o viés funcionalista; na segunda seção, apresentamos uma análise das características das orações complexas de tempo nos três períodos considerados; na terceira, discutimos mais detalhadamente o papel da posição da oração temporal na organização textual. As considerações finais são apresentadas na quarta seção, à qual se seguem as referências bibliográficas.

1. Processos de combinação de orações

Não há acordo entre os linguistas de orientação funcionalista quanto ao tratamento das chamadas orações adverbiais. Ao lado daqueles que as concebem como instâncias de subordinação, como é o caso de Hengeveld e Mackenzie (2008), há os que as vêem como estratégias hipotáticas, diferentes tanto das paratáticas (justaposição e coordenação) quanto das subordinadas.

A distinção entre coordenação e subordinação se baseia em dois critérios formais, quais sejam, dependência e encaixamento. As orações coordenadas são independentes, isto é, são paralelas e simétricas morfossintaticamente: são finitas, e cada uma delas poderia funcionar como uma oração independente;

---

1. O *corpus* para os séculos XVIII e XIX compreende os seguintes documentos: *Século XVIII*: Cartas do *Corpus* Internacional da Língua Portuguesa, Cartas Oficiais, Cartas Comerciais, Documentos Oficiais, Cartas Pessoais, Documentos Particulares, todos do PHPB/RJ, Cartas de Alexandre de Gusmão, Nobliarquia paulistana histórica e genealógica. *Século XIX*: Cartas de Leitores e Redatores de Minas Gerais, do Paraná, de Pernambuco, do Rio de Janeiro, de São Paulo.

2. O PEUL é um grupo de trabalho multi-institucional, sediado na UFRJ.

as orações hipotáticas, por seu turno, são dependentes, seja porque são introduzidas por um conector seja porque seu predicado verbal carece dos morfemas associados à finitude ou exibe flexões do modo subjuntivo; as orações subordinadas, por sua vez, são dependentes e encaixadas, isto é, funcionam como um constituinte da oração principal.

Às propostas referidas acima têm sido oferecidas alternativas e críticas variadas. Com relação às últimas, citem-se os fatos de:

I) os critérios poderem conflitar entre si. Cristofaro (2003) lembra que a oração matriz das orações complexas constituídas por complementação (=subordinação) não pode funcionar independentemente, isto é, sozinhas, em virtude da semântica de seu predicado verbal e não por impedimentos morfossintáticos;

II) o conceito de subordinação ser tratado como um primitivo e desprovido de uma caracterização precisa (Haiman; Thompson, 1984); a subordinação ser entendida apenas em função de critérios morfossintáticos, um empecilho para estudos tipológicos, já que as variadas línguas do mundo podem empregar estratégias formais diferentes na codificação de uma mesma relação semântica (Cristofaro, 2003);

III) as propostas não delimitarem classes coerentes de oração quer sob uma perspectiva intralinguística quer sob uma perspectiva translinguística.

Quanto às alternativas, os linguistas de orientação funcionalista, tanto os que privilegiam um enfoque tipológico quanto os que priorizam um enfoque cognitivo, tendem a rejeitar a visão dual (coordenação *versus* subordinação) em favor de uma proposta segundo a qual as orações complexas serão mais bem entendidas em termos de um *continuum*, com uma das extremidades representada pela coordenação e a outra, pela subordinação, com estratégias intermediárias entre os dois polos. Halliday (2004), por exemplo, defende que as orações complexas sejam estudadas a partir de dois eixos: o das relações táticas e o das relações lógico-semânticas que podem ser expressas pelos complexos oracionais. Uma vez que as orações podem também ser encaixadas em outras, chega-se a um quadro complexo que busca superar a dicotomia coordenação *versus* subordinação e desarticular as correlações entre tipo formal de oração e relação semântica, já que, em princípio, uma mesma relação semântica pode ser expressa por processos sintáticos diferentes, como pode ser observado no quadro a seguir, reproduzido do autor:

Quadro 1. Expansões paratáticas, hipotáticas e encaixadas

	Eixo tático		Encaixamento	
	Parataxe	**Hipotaxe**		**Atos***
Elaboração	João fugiu; isto surpreendeu todo mundo. João não esperou; ele fugiu.	João fugiu, o que surpreendeu todo mundo. João, que veio jantar na última noite, fugiu.	O homem [[que veio para jantar]] (permaneceu por um mês)	—
	—	João fugiu surpreendendo todo mundo.	O homem [[que veio jantar]].**	Eu ouvi [[a água batendo no penhasco]]
Extensão	João fugiu e Pedro ficou para trás.	João fugiu enquanto Fred ficou para trás.	—	—
	—	João fugiu com Fred ficando para trás.	—	—
	—	—	As pessoas [[cuja casa alugamos]] (estão voltando).	—
Realce	João estava amedrontado, então fugiu	João fugiu porque estava amedrontado.	i- Realce de oração [1] o aplauso [[quando ela terminou de cantar]]	
	—	João fugiu por estar amedrontado.	[Morte [por afogamento]].	—
	—	—	[2] a casa [[onde ela viveu]].	—
	—	—	Nada [[para escrever a respeito da casa]]***	—
	—	—	ii-Realce de nome A razão [[pela qual eu gosto dela]]	—
	—	—	O propósito [[de levantar fundos]]	—

* Halliday (2003) utiliza o termo atos para se referir à oração encaixada que funciona ela própria como núcleo, ou seja, a cláusula encaixada é a nominalização de um processo.
** A estrutura original, para a qual não temos equivalente em português é: The man [[comming to dinner]].
*** No original: Nothing [[to write home about]].

(Reproduzido de Halliday, 2004, p. 442)

As estratégias de vinculação sugeridas por Halliday são referidas em Matthiessen e Thompson (1988) e, posteriormente, os rótulos *parataxe* e *hipotaxe* são retomados em Hopper e Traugott (2003), como se mostra a seguir.

Quadro 2. Processos de articulação de orações segundo Hopper e Traugott

Parataxe	>	Hipotaxe	>	Subordinação
– dependência		+ dependência		+ dependência
– encaixamento		– encaixamento		+ encaixamento

(Reproduzido de Hopper e Traugott, 2003, p. 178)

Ressalte-se, todavia, que as designações *encaixamento* de Halliday e *subordinação* de Hopper e Traugott recortam porções sintáticas distintas; ademais, a proposta dos últimos remete a um outro quadro de referência teórica — o da gramaticalização. Os autores sugerem uma correlação entre grau de integração sintática e grau de gramaticalização; em outros termos, quanto maior a integração sintática entre as orações constitutivas de um período complexo, tanto mais avançada a gramaticalização do processo de vinculação oracional.

As propostas mencionadas acima integram o que Cristofaro (2003) caracteriza como o tratamento do *continuum* e coexistem com outras que propõem uma gradiência mais fina, como é o caso de Lehmann (1988), ou rejeitam o tratamento dual da abordagem clássica, como é o caso de Haiman e Thompson (1988). Segundo Lehmann, as construções complexas podem ser distribuídas de acordo com os seguintes tipos de junção:

Quadro 3. Processos de junção de orações segundo Lehmann (1988)

Parataxe			→			encaixamento
Orações independentes	Orações adjungidas	Díade correlativa	Orações mediais		Particípio conjuntivo	Orações governadas

(Reproduzido de Lehmann, 1988, p. 189)

Cada grau de vinculação pode ser investigado com referência aos seguintes parâmetros gramaticais: degradação hierárquica das orações subordinadas, nível sintático do constituinte ao qual a oração se liga, "dessentencialização" da oração, gramaticalização do verbo principal, entrelaçamento das orações, grau de explicitude do elo interoracional.

Já Haiman e Thompson (1988) rejeitam a dicotomia dos estudos ocidentais em favor de um tratamento das orações complexas segundo um conjunto de propriedades independentes e mutuamente combináveis, não necessariamente correlacionadas à subordinação ou coordenação do tratamento tradicional:

1) identidade entre sujeito, tempo e modo das orações interligadas;
2) redução morfossintaticamente sinalizada de uma das orações;
3) incorporação, gramaticalmente sinalizada, de uma das orações;
4) laço entonacional entre as duas orações;
5) inclusão de uma das orações no escopo da outra;
6) ausência de iconicidade temporal entre as duas orações;
7) identidade entre as orações quanto à perspectiva do ato de fala.

Mais recentemente, linguistas de orientação cognitiva também têm se interessado pelas orações complexas e sugerem a substituição dos critérios morfossintáticos tradicionalmente empregados na identificação dos mecanismos de junção oracional por critérios funcionais, como Cristofaro (2003), ou buscam uma motivação discursiva ou cognitiva para os mecanismos de junção.

De acordo com Cristofaro, critérios funcionais superariam um dos problemas do viés tradicional, já que prescindiriam das propriedades formais das orações combinadas, sendo, portanto, mais adequados a uma investigação que não se quer restrita às línguas indo-europeias. Inspirando-se em Langacker (1987), ela defende que o parâmetro para a identificação da subordinação (e da não subordinação) seja a força assertiva de uma dada oração. A asserção, concebida em termos pragmáticos,[3] é identificada por

---

3. Suposições do falante com respeito ao estatuto informacional dos enunciados que proferem; o que se espera que o ouvinte fique sabendo ou aceite como certo como o resultado do enunciado a que foi exposto (Lambrecht, 1994).

testes formais, tais como mudança na força ilocucionária das orações e *tag question*, que podem ser aplicados a todos os tipos de complexos oracionais. Para Cristofaro, subordinada é a oração à qual falta força assertiva, enquanto não subordinada é a oração com força assertiva.

Numa perspectiva distinta, Croft (2001) dispensa a noção de *cline* e distribui as orações em um espaço sintático, como se mostra a seguir:

Quadro 4

Tipos de articulação de orações segundo Croft

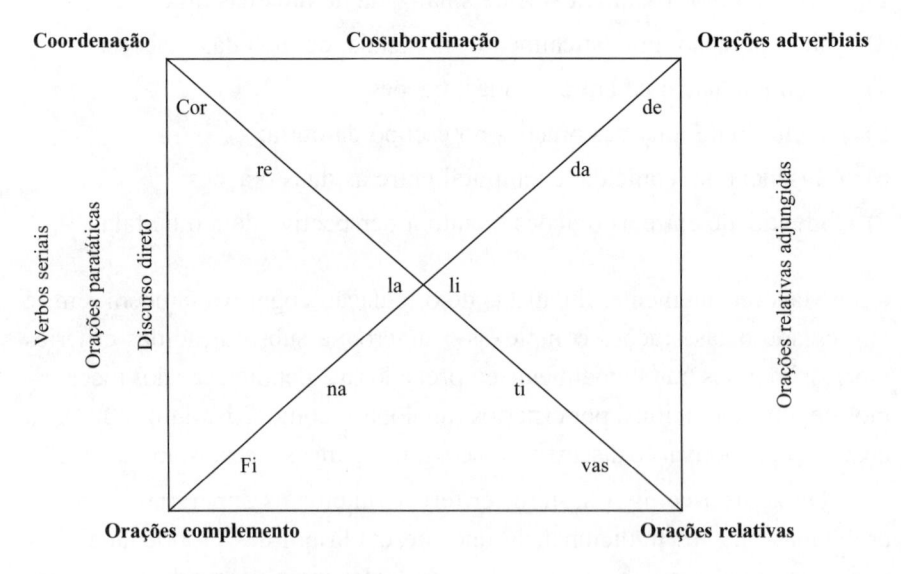

[Diagrama: quadrado com diagonais. Vértices superiores: Coordenação (esq.), Orações adverbiais (dir.). Vértices inferiores: Orações complemento (esq.), Orações relativas (dir.). Topo central: Cossubordinação. Lados: Verbos seriais, Orações paratáticas, Discurso direto (esq.); Orações relativas adjungidas (dir.). Ao longo das diagonais, lendo: "Correlativas" e "dependência" cruzando com "ligação" e "integração" — Cor/re/la/ti/vas e de/da/li/na/ti (aproximado na imagem: Cor, re, la, na, Fi / de, da, li, ti, vas).]

(Reproduzido de Croft, 2001, p. 322)

O autor sustenta que a distinção tradicional entre coordenação e subordinação adverbial corresponde ao que ele, com base na *Gestalt*, denomina sentenças com figura complexa e sentenças figura-fundo, respectivamente. Enfatiza que a figura não corresponde à informação importante ou foco de atenção assim como o fundo não coincide com a proposição dada, pressuposta ou não questionável. A distinção entre figura e fundo decorre de uma assimetria de contraste baseada em princípios perceptivos naturais, vale dizer, a organização da informação, como proposto pela *Gestalt*. Oração subordinada adverbial (*ground*) é aquela que expressa um evento que é concebido como a base para o evento codificado pela oração principal (*figure*).

A nossa análise se beneficia das propostas consideradas acima e aceita que, no português, a relação semântica de tempo pode ser expressa por uma variedade de configurações sintáticas: orações introduzidas por conectivo subordinativo, referidas como orações conectivas, orações com predicado verbal no gerúndio e orações introduzidas por *ao* seguida por um verbo no infinitivo, referidas como orações *ao* + *infinitivo*.

2. Orações de tempo sob uma perspectiva diacrônica

As orações de tempo, objeto de estudo deste capítulo, são caracterizadas como aquelas que apresentam uma circunstância para o estado de coisas expresso na oração nuclear (cf. também Neves, 2000). Constituem instâncias de hipotaxe e são identificadas ou pela presença de um conector subordinativo ou pela não finitude de seu predicado verbal. De acordo com a tabela 1, as conectivas, estratégia predominante no século XVIII, gradativamente perdem espaço e passam a concorrer com as orações de gerúndio no século XIX; e, no século XX, seu emprego é suplantado pelas orações *ao* + *infinitivo*. As orações de gerúndio, por outro lado, apresentam uma distribuição curvilínea com pico no século XIX, quando exibem uma percentagem bastante próxima à das orações conectivas para, então, apresentarem uma queda no uso. Já as orações *ao* +*infinitivo*, de ocorrência rarefeita no século XIX, passam a estratégia não marcada no gênero textual correspondência jornalística no século XX. O que a tabela 1 revela, então, é uma certa instabilidade, provocada, possivelmente, por um rearranjo dos mecanismos oracionais que expressam a relação semântica de tempo.

Tabela 1. Distribuição das orações de tempo ao longo dos séculos XVIII-XX

Tipo de oração	Séc. XVIII		Séc. XIX		Séc. XX	
Conectivas	116	77,50%	36	48,50%	22	38,00%
Gerúndio	34	26,50%	34	46,00%	9	15,50%
Ao + Infinitivo	—		4	5,50%	27	46,50%
TOTAL	150		74		58	

As orações conectivas podem ser iniciadas por uma grande variedade de construções sinalizadoras de tempo: conjunções (*quando, enquanto*), locuções prepositivas (*depois de, antes de*) e locuções conjuntivas (*logo que, assim que, depois que, antes que, agora que, sempre que, desde que*) e por sintagmas preposicionais constituídos por uma preposição que subcategoriza um N indicativo de tempo (*na hora (em) que, no momento (em) que*). Este leque de construções introdutoras de orações hipotáticas de tempo persiste ao longo dos três séculos, e continua a ser utilizado em nosso século, embora com flutuações de frequência, como mostraremos a seguir, restringindo-nos às construções mais produtivas para as quais podemos oferecer uma interpretação melhor fundamentada em dados empíricos.

A locução conjuntiva *depois que*, por exemplo, é relativamente produtiva no século XVIII, mas apresenta uma queda brusca de frequência no século XIX. Coexiste com a locução prepositiva *depois de* com a qual compartilha a base prepositiva e propriedades funcionais, isto é, ambas sinalizam a posterioridade do estado de coisas codificado pela oração nuclear em relação ao estado de coisas expresso pela oração hipotática. Embora apresentem variabilidade sintagmática, podendo ocorrer antepostas, intercaladas ou pospostas, tendem a preceder a oração nuclear. Diferem, todavia, quanto à forma de expressão do sujeito gramatical: nas iniciadas por *depois de,* o sujeito é não marcadamente recuperado por meio de uma anáfora pronominal, ao passo que, nas introduzidas por *depois que*, tende a ser expresso por um SN de núcleo substantival, como se exemplifica em (1) e (2), a seguir.

(1) **Depois de ter visto a V Exa no Domingo**, estive com oSnr Lamas nessa mesma noite, efiquei sorprehendido e molestado de ver as ideas em que elle estava. (Tycho Brahe Cartas Brasileiras, pag. 27)

(2) *Dipois que Vossa mercê meparticioou aalegre nota de'estava feito Capitam mor daForte de Sam Jorge deCabo Verde* (aqual pelo comboyo muito lheagradecy) the oprezente não tenho Recebido mais carta de Vossa mercê. (CILP1BMCCMA 3 Cartas Comerciais XVIII 26)

Estes resultados são indicativos de que, além da distinção na finitude do predicado verbal, os dois tipos de orações apresentam correlatos morfossintáticos diferentes, propriedades que, ao que tudo indica, se mantêm estáveis ao longo dos séculos.

A baixa frequência das locuções *depois que* e *depois de* nos séculos XIX e XX pode estar refletindo peculiaridades ligadas ao tipo textual. Nossa amostra para os séculos XVIII e XIX inclui tanto cartas pessoais, quanto comerciais e administrativas; já as do século XX são cartas escritas por um falante específico, mas endereçadas a uma comunidade maior e geral, o público leitor dos meios impressos de comunicação de massa.

Uma outra construção com distribuição semelhante, isto é, construção cuja produtividade decresce no decorrer dos séculos, é *logo que*. É intercambiável com *assim que*, de baixíssima frequência e restrita ao século XVIII, ambas sinalizando menor espaço temporal entre os estados de coisas interrelacionados. À semelhança de *depois que* e *depois de*, exibem variabilidade sintagmática podendo ocorrer antepostas, intercaladas e pospostas, embora se constate uma tendência para sua anteposição à oração nuclear. Seus sujeitos tendem a ser expressos por anáfora zero, propriedade que se mantêm no século XIX. Exemplos de orações encabeçadas por *logo que* e *assim que*, atestados nos séculos XVIII e XIX, são apresentados a seguir.

(3) *Logo que recebi a colendissima carta de=Vossa Excelencia, com-a copia da Provisam, erequerimento in=cluso*, examiney amorada dos herdeiros do Capitam P deAlfonceca, eMello, para lhe intimár a-copia e elles responderem por escripta nacon- formidade da Ordem de Vossa Excelencia, efazendo odito exame, acho serem dousclerigos assistentes noCandiál, que desta Villa mais de 20 le-goas, etambé [duns] pardosassistentes nafazenda do Genipapo, que distão dos outros couza de húa legoa. (CILP1BMCB06 corr adm pbl XVIII)

(4) Por meyo destas Vou bejar os pes a Vossa e Excelência e agradecer a Vossa Illustríssima o beneficio que Resseby *asi que cheguey a estaVila* emtreguey ao Juiz ordinario a portaria que trusse mandou odito os Seos officiais enão Custou poco para Convencer ovelho para lhes tirar os esCravos que Levou todo hu' dia, mas não teve Outro remedio Senão emtregalos deCujos estou de posse delles; que eternamente fiCa naminha. (PHPB cartas oficiais XVIII)

Na correspondência produzida ao longo do século XIX, encontram-se ocorrências de vinculação da oração introduzida por *logo que* a orações que constituem atos de fala diretivos, como se ilustra em (5). Neste contexto, a oração hipotática oferece as circunstâncias temporais para o ato de fala instanciado pela nuclear.

(5) *Logo que vossa mercê resever Esta* pare com as remessas inão memande mais nada. (CILP1BMCCMA 3 Cartas Comerciais XVIII)

As orações introduzidas pelas conjunções *quando* e *enquanto* são muito mais usuais do que aquelas introduzidas por locuções prepositivas ou conjuntivas. *Enquanto*, o item com maior flutuação na grafia (*em quanto, emquanto, no emquanto*), de emprego frequente nos séculos XVIII e XX, é também a palavra que experimentou maiores mudanças no que tange a seus correlatos gramaticais e funcionais. No século XVIII, as orações introduzidas por *enquanto* tendiam a se intercalar ou a se pospor à oração nuclear e o seu sujeito a se manifestar sob a forma de anáfora zero, como se exemplifica em (6); no século XX, as ocorrências de anteposição se tornam, também, frequentes, e o sujeito é, não-marcadamente, expresso por SN de núcleo substantival, como ilustra o trecho (7). À acepção de coextensão temporal e de tempo simultâneo, predominantes no século XVIII, pode-se associar a de condição, como ilustram os trechos (8) e (9), o último em um cotexto de quebra de expectativa, sinalizado pela conjunção *mas*. Os dados do século XX atestam a abstratização semântica desta conjunção: enunciados com interpretação temporal tornam-se rarefeitos e predominam aqueles com leitura contrajuntiva. Uma vez que o item *enquanto* é utilizado na interligação de enunciados paralelos colocados em oposição, seu uso serve à explicitação de uma inferência latente no cotexto mais imediato como se ilustra em (7).

(6) Faz-se-me indespensavel lembrar a Vossa Senhoria da Remessa das listas dos Mossos Solteiros para as Reclutas destes Regimentos, *eem quanto Mas-se demoraõ*, va-me Vossa senhoria Mandando todos quantos asua eficaz deiligencia poder conseguir pois tenho ainda muyto pouca gente, edevo com a maior brevidade completar os refereidos Regimentos. (CILPIBMCB20 XVIII)

(7) Os moradores da Estrada Aterrado do Rio, que fica próximo à Estrada do Magarça, em Guaratiba, gostariam de saber por qual motivo foram esquecidos pelos órgãos responsáveis pela urbanização. A situação do local é precária, *enquanto as ruas da vizinhança já foram asfaltadas*. Qual seria o motivo dessa discriminação? (Extra XX)

(8) Ao Conse lheiro, eThezour *eiro* Mor Joaq *ui*m Ign *ác io* da Cruz escrevo lar ga *men*te sobre esta mat *ér ia*, oque creyo elle comonicará a V *ossa* m *er*cê, eComo a Rezolução, q *ue* tomey sobre este importante negocio foi sem ter ordem nenhuma pa *ra* ofazer, não posso livrame dehum justo receyo,esusto *em quanto não tenho a certeza deter, ou não merecido este meo procedimento a aprovação d'ElRey meo S* **enho***r, e do Seo Sábio, prudente, e justo Minis terio.* (CI LP1BMCB93 corr adm pbl XVIII)

(9) OS Juizes Ordinarios desta vila que sahiraõ nos PiLouros que eu Fis neste anno, semeopoem, para que em sendo apossador aja eu de entregar auara de Ouvidor ao Juis mais uelho, *__mas__ eu no emquanto naõ tiver ordem de Vossa Excelencia* estou no acordo deanaõ entregar, aexemplo deAntonio Jozé Martins, que tendo amesma Jurisidisaõ sendo Juis, depois auendo nouos Juizes Ficou elle sempre con seruado no Lugar do Ouvidor ate achegada do Ouvidor destaComarca. (CILP1BMCB93 corr adm pbl XVIII)

Dentre as configurações sintáticas empregadas na expressão da relação semântica de tempo, as orações encabeçadas pela conjunção *quando* são as de maior frequência no século XVIII, taxas que vão diminuindo, gradativamente, no gênero epistolar escrito. A grande maioria delas serve à expressão de uma circunstância temporal relevante para o estado de coisas expresso pela oração nuclear. Todavia, já no século XVIII, são atestadas ocorrências nas quais a leitura temporal se associa a uma interpretação de condição, inicialmente indexada pela presença do modo subjuntivo, como ilustra o trecho (10). No século XIX, são encontrados enunciados aos quais se pode atribuir uma interpretação de condição, esteja o predicado verbal da oração hipotática no modo subjuntivo ou indicativo, conforme se pode verificar em (11) e (12). Os dados do século XX sugerem que o modo subjuntivo não é condição necessária e que a correlação modo-temporal entre as orações hipotáticas e nucleares garante a intepretação de condição pretendida, conforme pode ser observado em (13).

(10) Increpou-me das justas diligencias, quefis contra os atravessa dores, e de deprecar as Camaras deMagé eMacacú fizessem expedir mantimentos para a Cidade em beneficio dopovo, que necessitava. Ordena, que jámais se intrometão nás diligencias defarinhas, nem se incontrem com as suas disposições; Ameaça cheio deira prizão, etodos os excessos, *quando __encontre__ amais Leve oposição as suas ordens.* (CILP1BMRERJ —Representação oficial XVIII RJ 2)

(11) A canna de assucar, apezar de aclimatar-se bem em | todas as nossas terras caffeseiras. só poderia ser de grande vantagem para uma exploração vasta, *quando nossos aparelhos e processos de fabricação __chegasse__ á perfeição dos que são empregados nos estados meridionaes da União americana*, Cuba, e colonias inglezas, para que pudesse |supporar com vantagem a concurrencia com o assucar procedente desses lugares. (Cartas do Paraná, séc. XIX)

(12) O Iguassú é navegado, desde as imediações da fre- |guezia das Palmeiras até ás dos campos de Palmas por grandes canôas, que fazem o transporte do sal para grande numero de fazendeiros daquelles campos. Neste trajecto encontrão algumas pequenas corredeiras e muitas vezes pouca agoa, *quando o <u>fazem</u> fóra da estação chuvosa*. (Cartas do Paraná, séc. XIX)

(13) Os moradores não suportam mais conviver com o mau cheiro, que está insuportável. *Quando chove*, a situação <u>fica</u> muito pior, pois o local ao é asfaltado e a lama se espalha por todos os lados. (Extra XX)

Com relação às construções encabeçadas por *quando*, embora se possa falar de uma flexibilidade posicional, verifica-se que, já no século XVIII, há uma predominância da posposição à oração nuclear, ordenação que se mantém até nossos dias (Crocci, 1996). A este respeito, escrita e fala divergem consideravelmente, já que, na última, a ordem não marcada se identifica com a anteposição (Braga, 1995, entre outros). A variabilidade observada a respeito da ordem é também verificada no que concerne à forma de expressão do sujeito que vem realizado por SNs tanto de núcleo substantival quanto de núcleo pronominal e também por anáfora zero, como exemplificam os trechos seguintes. Estas propriedades caracterizam tanto aquelas com inequívoca leitura temporal quanto aquelas às quais se superpõe uma interpretação condicional.

(14) o que V*ossa* Ex *celênci*a providenciou mandando plantar asgrandes Rossas que seachão emCuritiba; Establecer [2] as Paradas, e sigurar que todo o empenho de V *ossa* Ex *celênci*a era conservar a Praça doGuatemy pelas Razoens q *ue* pude expressar *a* S *ua* Ex *celênci*a esocorrer oRio grande como já dispos mandando noCon= tinente deCuritiba apromptar quinhentos homens, p *e*lo Sargento Mor Francisco Jozê Monteyro *quando oGov ernad*or Jozê Custodio presomio ser atacado dos Hespanhoes. (Cartas do Paraná, séc. XIX)

(15) A canna de assucar, apezar de aclimatar-se bem em | todas as nossas terras caffeeiras. só poderia ser de grande | vantagem para uma exploração vasta, *quando nossos | aparelhos e processos de fabricação chegasse á perfeição | dos que são empregados nos estados meridionaes da União | americana, Cuba, e colonias inglezas*, para que pudesse | supporar com vantagem a concurrencia com o assucar | procedente desses lugares. (Cartas do Paraná, séc. XIX)

O que o exame das orações de tempo hipotáticas conectivas mostra é um quadro sistêmico com relativa oscilação de frequência entre as diacronias observadas. No que diz respeito à posição das orações no período complexo assim como à forma de expressão do sujeito da oração hipotática, pode-se falar em um valor não marcado, não obstante a variação constatada para todas elas.

As construções *ao + infinitivo*, no gênero textual em exame, apresentam uma distribuição inversa à exibida pela orações conectivas. Como mostramos previamente, elas não ocorrem no século XVIII, mas são atestadas no século XIX, ampliando, exponencialmente, sua frequência nas cartas escritas do século XX. Inicialmente são empregadas com verbos aspectuais e de processo material e processo cognitivo; posteriormente, incorporam verbos *dicendi*, como se ilustra em (16) e (17).

(16) Estimarei que *ao receber d'esta* continue | a gozar perfeita saude. O primo Antonio remetteo-me do Brejo a carta inclu- | sa para envia-la com brevidade.| Rogo-lhe queira recommendar-me a todos. (CILP1BMCPRJ Cartas Pessoais XIX RJ 8)

(17) Pelo o que me parece, o único a ser sensato é o senador Sarney, *ao dizer que não arquivará a CPI*, como espera o governo. Vale lembrar que, quando o senador era presidente, o país teve elevadíssimas taxas de crescimento. (Jornal do Brasil, XXI)

Com relação à posição, as quatro ocorrências do século XIX são intercaladas; os dados do século XX atestam uma maior flexibilidade sintagmática quando são encontradas orações antepostas, intercaladas e, principalmente, pospostas à oração nuclear, o que as aproxima das orações introduzidas por *quando*.

Os sujeitos das orações *ao + infinitivo*, sempre correferenciais aos sujeitos das orações nucleares, são representados por uma anáfora zero; as orações ocorrem, preferencialmente, nas sequências textuais argumentativas e expositivas, como se mostra a seguir,

(18) Neste 8 de março é importante reafirmar nossas bandeiras de igualdade e autonomia. *Ao fazermos o balanço dos desafios*, vislumbramos as novas potencialidades abertas por nossa lutas e precebemos que a contribuição social das mulheres é cada vez mais visível. (Jornal do Brasil, XXI)

As orações de gerúndio, última estratégia a ser considerada, exibem uma distribuição paralela à apresentada pelas orações iniciadas pela conjunção *quando*, vale dizer, alta concentração de dados no século XVIII com queda paulatina da frequência nos séculos XIX e XX, uma provável decorrência da disseminação das orações *ao + infinitivo*. Tendem a ser intercaladas ou pospostas à oração nuclear, distribuição que se mantém estável ao longo dos séculos. Ocorrências de anteposição, embora atestadas nos dados, como se exemplifica a seguir, são raras nos três séculos analisados. Predominam no século XIX, ocorrendo no fecho das cartas e com um evidente caráter formulaico, como se exemplifica em (19).

As orações de gerúndio se caracterizam pela opacidade semântica e a elas é possível atribuir leituras diferentes, nem sempre diretamente correlacionadas às suas propriedades morfossintáticas (Braga, 1996; Reis, 2010). Aquelas com uma interpretação temporal menos controversa ocorrem em porções textuais para as quais as relações de sequenciação temporal são relevantes, independentemente da forma finita ou não finita do predicado verbal, como se ilustra em (20). Em caráter mais restrito, o sujeito das orações de gerúndio pode vir realizado por SNs de núcleo substantival e pronominal posposto ao predicado, tendência mais perceptível no século XVIII.

(19) Enfim, é um bom [inint.] e oxalá que este go-verno, "em de seus ra-ros momentos lucidos, se decida a fazer a elei-ão e a deixar o paiz manifestar-se livremen-te pois só assim a autoridade terá força e o governo deixará de ser um producto dos cor-nilhos. Creio, frenasmen- te, que então teremos dias melhores. *Rogando-lhe me recomenda merecidamente a Dona Maria Augusta*, aqui fica ao seu dis-por o amigo e admirador. (CILP1BMCPRJ, séc. XVIII)

(20) Nesta forma vivem | taõ Seguros denaõ Serem prezos que publica mente passeaõ pelas Ruas | desta villa dedia edenoite, deSorte que pella festa deSão Gonçallo | festa em Janeiro proximo Reprezentaraõ Comedias emvarias fun| çoens dentro davilla. *Pello que tendonoticia Manoel Furtado deMen| donça hum dos coatro Referidos que o Tabeliaõ Bonifacio Jo| ze Soares pertendia prendelo por comprir com aobrigaçaõ [de] ||1v seu officio*, naõ So Senaõ ocultou, mas passando a mayor excesso | otem procurado muitas vezes em Sua propria Caza, eem contrando o | em outra desta villa publica mente lheaRemeçou acara com hum | chapeo, que elles coatro companheiros haviaõ tomado ahum famulo | do dito Tabaliaõ nodia do entrudo, dando huã facada no braço | esquerdo dodito famulo. (CILP1BMCB32 corr adm pbl XVIII)

3. Entre a sintaxe e o texto

Um ponto que se destacou para as orações de tempo, focalizadas na seção anterior, envolve sua variabilidade em relação à sua nuclear. Baseando-se num critério de frequência (Givón, 1990; Croft, 1990), vimos, no entanto, que não é possível generalizar uma ordem não marcada para as orações temporais como um todo, já que essa varia de acordo com o conector considerado: as orações iniciadas por *quando,* as constituídas por *ao + infinitivo* e as de gerúndio ocorrem preferencialmente pospostas,[4] mas aquelas introduzidas pelas locuções *depois que/de* ou *logo que* são mais frequentemente antepostas. Essas tendências sintagmáticas parecem gozar de uma certa estabilidade, mantendo-se ao longo do tempo, à exceção das orações introduzidas por *enquanto* que experimentaram mudanças no período examinado.

De acordo com Dryer (1995), a ordem não marcada, ou *default*, de um constituinte oracional se correlaciona com contextos pragmaticamente mais neutros, ou seja, contextos para os quais não se impõem exigências discursivas particulares. A ordem menos frequente, marcada, ao contrário, é igualmente marcada pragmaticamente, ou seja, está a serviço de funções discursivas mais específicas.

As orações de tempo, além de circunstanciarem estados de coisas, introduzindo coordenadas temporais que situam o estado de coisas codificado na oração núcleo, podem desempenhar papéis fundamentais na organização do discurso. Dentre essas funções, destaca-se a de criar um pano de fundo, ou um conjunto de instruções que indexa a interpretação do discurso seguinte, como já destacado em diferentes estudos. Para Thompson (1985), Ford (1988), por exemplo, as orações temporais antepostas introduzem uma orientação temporal para os estados de coisas que se seguem, apresentando, portanto, escopo mais amplo. As temporais pospostas, ao contrário, apresentam escopo mais restrito, limitando-se a circunscrever temporalmente o estado de coisas descrito na oração núcleo (cf. também Braga, 1997). Uma posição semelhante já havia sido assumida por Chafe (1984), ao afirmar que orações de tempo antepostas a núcleo funcionam como *guidepost*, abrindo enquadres mais amplos. Sob certos aspectos, podemos dizer que elas funcionam como marca de início de parágrafo (Grimes, 1975; Longacre, 1979).[5]

---

4. No que se refere às orações introduzidas por *quando,* comprovam-se os resultados de outros estudos como os de Crocci (1996), Pereira (1999).

5. Outras funções das orações de tempo são apresentadas, por exemplo, por Braga (1997) com base no português falado.

Uma análise mais detida dos dados considerados neste estudo traz evidências adicionais para essa complementaridade discursivo-funcional entre temporais pospostas e antepostas. Consideremos, inicialmente, o exemplo (21):

(21) Recebi a sua presada carta de 17 do corrente e com ella os cocos para o SenhorJosé Victorino, que lh'as agradece e se recommenda. O Joaqhim não pôde [seguir] na [Terça-feira] porque [n'esse] dia é que o Corrêa recebeo a carta, e dêo a resposta *depois da Barca ter sahido*. Parece decididamente que o preto não quer trocar as delícias da Côrte pelos prazeres campestres. Estimarei a continuação de sua saúde e rogo-lhe queira recommendar-me a todos como tambem lançar a benção. (Séc. XIX — RJ 3)

No exemplo acima, a oração introduzida pela locução *depois de* apenas delimita as coordenadas temporais em que se situa o estado de coisas *dar resposta* codificado na oração núcleo, incidindo de forma mais local sobre a predicação.

De forma diferente, no exemplo (22), a oração de tempo introduzida pela mesma locução *depois de* estende seu escopo, ao abrir um enquadramento temporal em que podem ser incluídos vários estados de coisas.

(22) Em Abril do anno passado, *depois de escrever a V ossa Ex celência*, escrevi taõbem aos mesmo R *everendo* Vigario da Vara, dizendo-lhe que brevemen= te diria outro Sacerdote para occupar hua das Igrejas da Villa, ou do Es= treito; que a escolha seria delle em attenção aos muitos annos, que tinha ser= vido em ambas: mas que esta mesma escolha devia ser regulada pelo arbi= trio de V *ossa* Ex *celência*. (PHPB Documentos Oficiais, séc. XVIII)

No exemplo acima, o escopo da oração "depois de escrever a Vossa Excelência" indexa um conjunto maior de informações, ou seja, fornece um conjunto de instruções a partir das quais devem ser interpretados estados de coisas que a seguem. De acordo com a posição de Charolles (2005a) e Charolles e Vigier (2005), a oração temporal anteposta em (22) fixa um critério semântico que orienta a interpretação do segmento discursivo seguinte.

Essa função das orações de tempo antepostas independe da sua forma sintática, como ilustra o trecho (23), com uma oração de gerúndio.

(23) Dou parte aVossa Excelência que *tendo eu anotícia que osoldado Jozê Gonçalvez [M]a[l]io andava agora deprezente mal emcaminhado*, o Repreendi, elhepus porpreSeito, que menão

Sahise do quartel Sem ordem minha; dedia, emenos denoite; pelo Contrario obrouodito Soldado em Sahir denoite fora de horas Sem eu Saber. (PHPB Cartas Oficiais, séc.XVIII)

No exemplo acima, a oração de gerúndio destacada apresenta um escopo mais amplo: a coordenada temporal por ela fixada abrange todas as orações que a seguem. Em outros termos, os estados de coisas descritos em sequência devem ser interpretados em termos da ancoragem temporal estabelecida pela oração temporal de gerúndio.

As orações de tempo antepostas desempenham, portanto, uma função, que poderíamos denominar projetiva, similar à de diversos outros constituintes situados na margem esquerda, como os circunstanciais temporais e locativos, conforme mostra Paiva (2008, 2009). Constituem uma estratégia de coesão discursiva (Koch, 2002), sinalizando a interdependência entre segmentos textuais. Incluem-se, portanto, no rol dos mecanismos de tessitura textual.

5. Considerações finais

Na introdução a este capítulo, colocamos a possibilidade de um diálogo entre os pressupostos que norteiam as abordagens funcionalistas da linguagem e a Linguística Textual. Com base na análise de um fenômeno concreto, a diacronia das orações de tempo e suas diferentes formas de expressão sintática, destacamos a importância da variação na ordem das orações, mostrando que orações de tempo antepostas, mais do que introduzirem coordenadas temporais para um estado de coisas, operam como estratégias de segmentação textual, agrupando segmentos discursivos que se inserem em um mesmo cenário. Trata-se, portanto, da sintaxe a serviço da tessitura textual, ou seja, de uma interdependência entre o nível da oração e o texto. Por um lado, a análise da organização sintagmática do período complexo requer considerar os princípios que regem a organização textual; por outro, a compreensão da organização textual não pode ignorar os diferentes mecanismos linguísticos que, aparentemente, internos à oração, operam em níveis mais amplos.

Referências

BRAGA, M. L; NEVES, M. H. M.; DALL'AGLIO-HATTNHER, M. As construções hipotáticas. In: ILARI, R.; NEVES, M. H. M. (Orgs.). *Gramática do português falado no Brasil*: classes de palavras e processos de construção. v. 2. Campinas: Editora da Unicamp, 2008. p. 937-1015.

BRAGA, M. L. As orações de tempo no discurso oral. *Cadernos de estudos linguísticos*, v. 28, p. 85-97, 1995.

_____. Processos de redução: o caso das orações de gerúndio. In: *Gramática do português falado*: desenvolvimentos. v. 2. Campinas, Editora da Unicamp, 1996. p. 231-51.

_____. O discurso oral e as orações de tempo. *Alfa*, São Paulo, 41, p. 39-53, 1997.

_____; CORIOLANO, J. Construções de gerúndio no português do Brasil. *Alfa*, n. 51, v. 1, p. 157-87, 2009.

CHAFE, W. How people use adverbial clauses. In: BRUGMAN, C; MACAWLEY, M. (Eds.). *Proceedings of the thenth annual meeting of the Bekerley Linguistics Society*, 1984, p. 437-49.

CHAROLLES, M. Framing adverbials and their role in discourse cohesion: from connection to forward labelling. *Papers of the Symposium on the Exploration and modelling of meaning*, Biarritz, 2005.

_____; VIGIER, D. Les adverbiaux en position préverbale: portée cadrative et organisation des discours. *Langue Française*, Paris: Larousse, n. 148, p. 9-30, 2005.

CRISTOFARO, S. *Subordination*. Oxford: Oxford University Press, 2003.

CROCCI, M. S. *A hipotaxe adverbial temporal: uma abordagem funcionalista*. Tese (Doutorado). Araraquara, Faculdade de Ciências e Letras, Unesp, 1996.

CROFT, W. *Typology and universals*. Cambridge: Cambridge University Press, 1990.

_____. *Radical Construction Grammar*: syntactic theory in typological perspective. Oxford: Oxford University Press, 2001.

DIK, S. *A theory of functional grammar.* Part II: complex and derived constructions. Edited by Kees Hengeveld. Berlin/New York: Mouton de Gruyter, 1997.

DRYER, M. S. Frequency and pragmatically unmarked word order. In: DOWNING, P.; NOONAN, M. (Eds). *Word Order in Discourse*. Amsterdan/Philadelphia: John Benjamins, 1995. p. 105-35.

FORD, C. *Grammar in ordinary interaction: the pragmatics of adverbial clauses in conversational English*. Dissertation. Los Angeles, University of California, 1998.

GIVÓN, T. *Syntax: a functional typological introduction*.v. II. Amsterdan/ Philadelphia: John Benjamins, 1990.

GRIMES, J. E. *The thread of discourse*. The Hague: Mouton, 1975.

HAIMAN, J.; THOMPSON, S. A. Introduction. In: _____; _____. (Eds.). *Clause combining in grammar and discourse*. Amsterdam: John Benjamins, 1988.

_____. "Subordination" in universal grammar. In: ANNUAL MEETING OF THE BERKELEY LINGUISTICS SOCIETY, 1984. Berkeley: Berkeley Linguistics Society, 1984, p. 510-523.

HALLIDAY, M. A. K. *An introduction to functional grammar*. 2. ed. London: Edward Arnold, 2004.

HENGEVELD, K.; MACKENZIE, L. *Functional discourse grammar. Typologically-based theory of language structure*. Oxford: Oxford University Press, 2008.

HOPPER, P.; TRAUGOTT, E. *Grammaticalization*. Cambridge: Cambridge University Press, 1993.

_____; _____. *Gramaticalization*. 2. ed. Cambridge: Cambridge University Press, 2003.

KOCH, I. G. V. *Desvendando os segredos do texto*. São Paulo: Cortez, 2002.

LAMBRECHT, K. *Information structure and sentence form*. Topic, focus and the mental representations of discourse referents. Cambridge: Cambridge University Press, 1994.

LANGACKER, R. W. *Foundations of cognitive grammar*: theoretical prerequisites. Stanford, CA: Stanford University Press, 1987.

LEHMANN, C. Towards a typology of clause linkage. In: THOMPSON, S.; HAIMAN, J. (Orgs). *Clause Combining in Grammar and Discourse*. Philadelphia: John Benjamins, 1988.

LONGACRE, R. E. The paragraph as a grammatical unit. In: GIVON, T. (Ed.). *Syntax and semantics*. v. 12. New York: Academic Press, 1979.

MATTHIESSEN, C.; THOMPSON, S. The structure of discourse and 'subordination'. In: HAIMAN, J.; THOMPSON, S. (Eds.). *Clause combining in grammar and discourse*. Amsterdam/Philadelphia: John Benjamins, 1988. p. 181-225.

MATTOS E SILVA, R. V. *Português arcaico*: morfologia e sintaxe. São Paulo: Contexto, 1989.

MITHUN, M. Functional perspectives on syntactic change. In: JOSEPH, B.; JANDA, R. D. *The handbook of historical linguistics*. Oxford: Blackwell, 2003. p. 552-72.

MOURA NEVES, M. H. Gramática de usos do português. 2. ed. Araraquara: Editora Unesp, 2000.

PAIVA, M. C. Ordem não marcada de circunstanciais locativos e temporais. In: VOTRE, S.; RONCARATI, C. (Orgs.). *Anthony Naro e a linguística no Brasil:* uma homenagem acadêmica. Rio de Janeiro: 7Letras, 2008a. p. 254-64.

_____. Temporais na margem esquerda da oração: indexação na fala e na escrita. In: RONCARATI, C.; ALMEIDA, J. A. *Português brasileiro II*: contato, heterogeneidade e variação. Niterói: EDUFF, 2008b. p. 101-19.

PEREIRA, M. H. *Ordenação das orações temporais no discurso escrito*. Dissertação (Mestrado em Linguística) — Faculdade de Letras, Universidade Federal do Rio de Janeiro, Rio de Janeiro, 1999.

REIS, A. G. R. *As orações de gerúndio nas modalidades falada e escrita do português*. Tese (Doutorado) — Faculdade de Letras, Universidade Federal do Rio de Janeiro, Rio de Janeiro, 2010.

THOMPSON, Sandra. Grammar and written discourse: initial vs final purpose clauses in English. *Text*, n. 5, p. 1-27, 1985.

TORRENT, T. T. *A rede de construções em para (SN) infinitivo*: uma abordagem centrada no uso para as relações de herança e mudança construcionais. 2009. Tese (Doutorado em Linguística) — Faculdade de Letras, Universidade Federal do Rio de Janeiro, Rio de Janeiro, 2009.

CAPÍTULO 7

Linguística Textual e Semântica

Marcos Rogério Cintra
Universidade Federal dos Vales do Jequitinhonha e Mucuri/UFVJM-Diamantina

Eduardo Penhavel
Universidade Estadual Paulista/UNESP-São José do Rio Preto

Considerações iniciais

A afirmação de que o significado e a significação atravessam os mais diversos fenômenos linguísticos pode parecer dispensável por sua obviedade. Por outro lado, é o recorte que cada uma das áreas da Linguística impõe sobre a língua que define como se investiga a construção do significado e da significação, a depender do limite circunscrito por cada campo de estudo e pelos objetos que ocupam cada espaço teórico.

Tomando por base processos linguísticos comuns à Linguística Textual (LT) e à Semântica, este capítulo tem por objetivo refletir sobre possíveis interseções e delimitações entre esses dois grandes ramos da Linguística. Em outras palavras, propomos o reconhecimento de entrecruzamentos e espaçamentos entre a LT e a Semântica, partindo da observação de fenômenos que permitem identificar zonas de sobreposição e de separação entre esses campos de estudo. Para tanto, trataremos de processos de significação léxica como a sinonímia, a hiperonímia e a hiponímia, bem como do funcionamento de conectores discursivos, de modo a interpretar tais fenômenos em vista do objeto característico desses dois amplos campos dos estudos linguísticos.

No que segue, em 1, apresentamos um panorama da Semântica e de como essa área se ocupa dos processos de sinonímia, hiperonímia e hiponímia, bem como do uso de conectores discursivos. A fim de oferecer um contraponto, em 2, será esboçada uma visão geral da LT e da forma pela qual essa disciplina aborda os mesmos fenômenos, sugerindo possíveis interseções e delimitações entre a LT e a Semântica. Por fim, as considerações finais, em 3, estão reservadas para arrematar o fio condutor da reflexão empreendida.

1. Alguns fenômenos linguísticos sob a ótica da Semântica

No contexto dos estudos linguísticos, a circunscrição da Semântica, como área de estudo que se ocupa da descrição do significado linguístico, implica, inicialmente, o reconhecimento de uma variedade de enfoques, decorrentes do modo como o "significado" pode ser definido (Pires de Oliveira, 2001). Conforme destacam Ilari e Geraldi (2006 [1987], p. 6), "as posições sobre o que é significado são inúmeras e extremamente matizadas", de forma que a compreensão da Semântica, como ramo da Linguística, se consolida pela "existência de orientações distintas" e pela "dispersão própria" desse campo de estudo.

Essa pluralidade de orientações pode ser abordada de maneiras diversas, a depender das correntes teóricas enfocadas. Cançado (2008), por exemplo, ao propor um breve percurso pelas teorias semânticas, identifica vertentes como a Semântica Formal, a Semântica Argumentativa, a Teoria dos Atos de Fala, a Semântica Cognitiva, a Semântica Representacional, a Semântica

Lexical, destacando, contudo, o fato de haver outras perspectivas. Tendo em vista os estudos semânticos no contexto brasileiro, Pires de Oliveira (2001), por sua vez, enfoca três correntes de destaque: a Semântica Formal, a Semântica da Enunciação e a Semântica Cognitiva. Ferrarezi Junior e Basso (2013), por seu lado, reafirmam essa diversidade de orientações, ao explicitar a existência de *Semânticas*[1], que podem ser representadas por vertentes como a Semântica Argumentativa, a Semântica Cognitiva, a Semântica Computacional, a Semântica Cultural, a Semântica da Enunciação, a Semântica dos Protótipos, a Semântica e a Psicolinguística Experimental, a Semântica Formal e a Semântica Lexical.

Considerada essa diversidade de correntes semânticas e formas de descrever o significado linguístico, abordaremos aqui a sinonímia, a hiperonímia e a hiponímia, recorrendo ao aparato da Semântica Lexical, sobretudo a partir da exposição de Pietroforte e Lopes (2003), assim como o uso de conectores discursivos, conforme estudados na Semântica Argumentativa, tomando como base, principalmente, o trabalho de Ducrot (2002).

Dentre os objetos de estudo que se situam no campo da Semântica Lexical, a sinonímia, a hiperonímia e a hiponímia são descritas como três dos tipos de relações entre palavras, ao lado da antonímia, da homonímia, da paronomásia e da polissemia (Pietroforte; Lopes, 2003)[2]. Partindo de uma concepção estruturalista de que a linguagem se articula em dois planos, o da expressão (significantes) e o do conteúdo (significados), considera-se que as palavras se definem por suas relações de semelhança e de diferença, tendo em vista os traços semânticos (semas) pertinentes de vocábulos que integram um determinado campo de significação.

---

1. É também nesse sentido que Tamba (2006 [1998], p. 10), ao propor um percurso histórico da semântica, parte de uma indagação "A ou *as* semânticas?". Conforme destaca a autora, "[o]s manuais contemporâneos definem a semântica, com uma bela unanimidade, por meio de seu objeto de estudo: o sentido apreendido através das formas e estruturas significantes das línguas. Mas seu consenso só vai até aí, porque eles delimitam de modo diverso o campo de investigação da semântica [...]" (Tamba, 2006 [1998], p. 10).

2. Conforme se notará, é possível considerar que a exposição proposta por Pietroforte e Lopes (2003) sobre a Semântica Lexical estaria mais alinhada à chamada "abordagem clássica das relações semântico-lexicais" (Wachowicz, 2013, p. 153) nesse campo de estudos.

A descrição desses traços distintivos pode ser esboçada como uma análise componencial ou sêmica, em que são dispostos "os conteúdos focalizados dentro de um campo lexical, pondo à mostra o que [...] itens lexicais possuem em comum, bem como aquilo que faz a especificação de uns e outros" (Pietroforte; Lopes, 2003, p. 119). Visa-se, dessa maneira, à caracterização dos termos lexicais por meio da decomposição semântica, tendo em vista um conjunto de traços pertinentes. Considerado, por exemplo, o campo dos *bovídeos*, em que se incluem termos como *touro*, *vaca*, *boi* e *bezerro*, pode-se estabelecer um conjunto de traços como *sexo* (masculino x feminino), *idade* (adulto x não adulto) e *capacidade reprodutora* (reprodutor x não reprodutor). Assim, por meio da análise componencial, propõe-se a identificação de relações de semelhança e de diferença entre esses quatro termos: *touro* (masculino, adulto, reprodutor), *vaca* (feminino, adulto, reprodutor), *boi* (masculino, adulto, não reprodutor), *bezerro* (masculino, não adulto, não reprodutor) (Borba, 2008 [1970], p. 249).

Nessa perspectiva teórica, a sinonímia se define como a relação entre dois termos (sinônimos) que, num determinado contexto, "apresentam a possibilidade de se substituir um ao outro" (Pietroforte; Lopes, 2003, p. 126). É o contexto que torna possível essa possibilidade de substituição, visto que o uso discursivo atualiza um conjunto de semas que faculta o intercâmbio, sem alteração de sentido, entre os itens sinônimos. Assim, na expressão *camisa nova*, o item *nova* não pode ser considerado sinônimo de *jovem*, diferentemente do contexto *mulher nova*, em que *nova* é sinônimo de *jovem*, de modo que a substituição é possível nesse último exemplo. Disso, decorre a percepção de que não há sinônimos propriamente perfeitos, visto que "a significação de uma palavra é o conjunto de contextos linguísticos em que pode ocorrer" (Ilari; Geraldi, 2006 [1987], p. 46).

Além disso, a orientação argumentativa assumida pelo enunciador pode estrategicamente tornar sinônimas palavras ou expressões, seja para amenizar ou para reforçar a conotação negativa. Esse expediente é frequentemente usado no discurso político e econômico, quando se fala em *teto de gastos*, por exemplo, no lugar de *congelamento/arrocho/contenção de gastos públicos/sociais*, ou mesmo quando se escolhe entre os termos *impeachment* ou *golpe político* para designar o recente processo de destituição da presidente brasileira. É importante ressaltar também que, a depender da esfera discursiva e do gênero textual, o discurso desconstrói relações sinônimas, como no caso das palavras *roubar* e *furtar*, que, embora sejam utilizadas como sinônimos na linguagem corrente, se referem a delitos de gravidade distinta no domínio jurídico.

As noções de hiperonímia e a hiponímia, por sua vez, correspondem a arranjos hierárquicos de classificação num determinado campo léxico. A posição ocupada pelos itens lexicais é determinada pela relação de abarcamento que entre eles se estabelece, a depender dos critérios de especificação sêmica selecionados. Assim, uma palavra como *animal* apresenta um domínio sêmico bastante extenso no qual estão englobados itens como *peixes, répteis, aves, mamíferos, anfíbios*. Nessa relação, os itens abarcados apresentam um conjunto de semas mais específicos que permitem distingui-los dentro do termo abarcante *animal*. O sema /com glândulas mamárias/, por exemplo, é tomado como um traço que permite opor *mamíferos* a outros membros abrangidos por *animal*. Ao termo abarcante *animal* chamamos hiperônimo, e aos termos abarcados *peixes, répteis, aves, mamíferos, anfíbios*, hipônimos. O item *mamífero*, por sua vez, abarca *roedor, cetáceo, felino, canídeo, marsupial, primata* etc., de modo que *mamífero* é considerado hipônimo de *animal*, mas hiperônimo de *primata*, como destacam Pietroforte e Lopes (2003).

Como se pode notar, ao tratar as noções de sinonímia, hiperonímia e hiponímia, o foco da Semântica Lexical, em sua abordagem clássica, incidiria sobre a caracterização dessas noções enquanto fenômenos de natureza semântico-léxica, bem como sobre a diferenciação entre elas e outras noções semânticas num determinado campo lexical, como a antonímia, a homonímia etc. É certo que a Semântica não deixa de reconhecer que tais fenômenos têm efeito no processo mais amplo de construção textual de sentido, mas o estudo desse efeito já não será mais o ponto central de atenção da Semântica, e sim da LT, como procuraremos mostrar mais adiante.

Outro tipo de elemento linguístico estudado tanto pela Semântica, no caso a Semântica Argumentativa, quanto pela LT e que permite traçar interseções e demarcações entre essas duas áreas concerne a um conjunto de mecanismos linguísticos que podem ser aqui referidos pelo rótulo geral de *conectores discursivos*. Tais itens caracterizam-se pela função de relacionar partes do texto entre si (enunciados ou outras unidades), compreendendo elementos de diferentes classes gramaticais, principalmente certas conjunções e certos advérbios (*e, mas, portanto, aí, agora, então* etc.).

A Semântica Argumentativa, assim como as demais vertentes da Semântica, particulariza-se, dentre outros aspectos, por apresentar uma forma específica de conceber o significado das unidades linguísticas. Essa abordagem trata a questão do significado relativamente à *dimensão argumentativa* da língua. Segundo essa perspectiva, todo enunciado é argumento para uma determinada conclusão. Um enunciado como *Hoje faz calor*, além de veicular a significação referente a um fenômeno climático, seria, em contexto apropriado, um argumento, por exemplo, para se ir à praia. Considera-se, assim, que todo enunciado possui uma dada *orientação argumentativa*.

Desse modo, a Semântica Argumentativa caracteriza-se por estudar o funcionamento do sistema linguístico no que tange aos aspectos ligados à argumentação.[3] Os conectores discursivos, então, integram o conjunto de objetos de estudo da Semântica Argumentativa justamente por participarem da determinação da orientação argumentativa dos enunciados, sendo definidos e estudados no que se refere especificamente a esse papel.

Ducrot (1983, p. 9) define esses elementos (denominando-os, no caso, *conectores argumentativos*) como "signos que podem servir para ligar dois ou vários enunciados, atribuindo a cada um deles um papel particular em uma mesma estratégia argumentativa"[4]. Assim, para o autor, o conector francês *donc* (*portanto*, em português) torna o enunciado que o precede em um argumento cuja conclusão é dada pelo enunciado seguinte; o conector *mais*, também do francês (*mas*, em português), colocado entre dois enunciados,

---

3. A esse respeito, uma das teses principais da Semântica Argumentativa é a de que a gramática de qualquer língua possui mecanismos diretamente ligados à argumentação. Em outros termos, a argumentação está inscrita na língua, faz parte da própria natureza da língua, razão pela qual, aliás, a Semântica Argumentativa, como explica Barbisan (2013), é também denominada Teoria da Argumentação na Língua.

4. Cf. o original: "[...] signes qui peuvent servir à relier deux ou plusieurs énoncés, en assignant à chacun un rôle particulier dans une stratégie argumentative unique".

indica que o primeiro possui uma orientação argumentativa oposta à orientação do segundo e que o locutor assume esta última.

Da mesma forma, segundo García e Dias (2016, p. 80), "os conectores [...] sinalizam, e em numerosas ocasiões reforçam, o valor argumentativo presente nas relações de enunciados". Para esses autores, "os conectores operam [...] na organização argumentativa do discurso, guiando as inferências que se deduzem do conteúdo dos enunciados, colocando em relação argumentos e conclusões" (Garcia; Dias, 2016, p. 80). De acordo com Garcia e Dias (2016), o conector espanhol *pero* (português *mas*), assim como o conector *no entanto* do português, por exemplo, introduzem um argumento que se opõe, e se impõe, ao argumento do enunciado anterior, enquanto o conector *y* do espanhol (português *e*) introduz um argumento que se acrescenta na mesma direção argumentativa dos argumentos anteriores.

Em termos de seu desenvolvimento histórico, observa-se que, assim como outras abordagens, a Semântica Argumentativa apresenta diferentes fases, que têm sido marcadas pela formulação de conceitos e teorias que se complementam, constituindo o quadro teórico-metodológico da abordagem. Em todas essas fases, nesse sentido, é possível notar o tratamento dos conectores como mecanismos sempre vinculados à argumentação. Esse fato pode ser verificado, por exemplo, tanto nas caracterizações dos conectores acima sintetizadas, filiadas a fases mais iniciais da Semântica Argumentativa, quanto na versão mais recente da abordagem: a Teoria dos Blocos Semânticos.

De acordo com essa última teoria, conforme explica Ducrot (2002), o sentido de uma entidade linguística é o de evocar um conjunto de discursos ou o de modificar os conjuntos de discursos associados a outras entidades. Como observa o autor, o termo *discurso*, nessa teoria, é utilizado na acepção específica de *encadeamento argumentativo*, que consiste em uma sequência de duas proposições (no sentido sintático do termo) ligadas por um conector do tipo geral de *donc* ou do tipo geral do conector francês *pourtant* (*no entanto*, em português).

No contexto dessa teoria, Ducrot (2002) propõe uma *classificação semântica do léxico*, em que distingue dois tipos de palavras: *palavras plenas* e *palavras instrumentais*. As primeiras caracterizam-se pela propriedade de evocar discursos (*encadeamentos argumentativos*). Um exemplo do próprio autor seria a palavra *pressa* (ou a expressão *ter pressa*), que pode evocar discursos como *João está com pressa de chegar, portanto ele corre* e *João tem pressa de chegar, no entanto não corre*, dentre outros. Outro exemplo seria a palavra *prudente*, que, segundo Barbisan (2013), evocaria encadeamentos como *Havia perigo, portanto Pedro tomou cuidado* e *Pedro foi prudente, por isso não sofreu nenhum acidente* etc.

Já as palavras instrumentais, segundo Ducrot (2002), são aquelas às quais não se pode associar um conjunto específico de discursos — o autor esclarece, porém, que o fato de uma palavra instrumental não estar associada a um conjunto específico de discursos não significa que seu valor semântico seja estranho à ordem do discurso, mas simplesmente que esse valor se define em relação a discursos que não lhe são propriamente ligados.

A classe das palavras instrumentais é subdividida em *conectores, articuladores* e *operadores*. Os conectores incluem palavras análogas a *donc* e *pourtant*, que servem para constituir encadeamentos argumentativos. Os articuladores compreendem palavras como *mais* do francês, cuja função é a de comparar as argumentações dos segmentos que o precedem e o seguem. Os operadores, por sua vez, incluem palavras como *pouco, um pouco* e *demais*. Um operador é uma palavra Y que, aplicada a uma palavra X, produz um sintagma XY que evoca discursos contendo só as palavras plenas já presentes nos discursos evocados por X. Ou seja, o operador só combina de um modo novo, rearranja, reorganiza os constituintes semânticos de X. Por exemplo, considerando que a palavra *prudente* evocaria um encadeamento de sentido geral do tipo *perigo, portanto precaução*, o sintagma *pouco prudente* evocaria o encadeamento *perigo, no entanto não precaução* (Ducrot, 2002).

Essa classificação pode ser sintetizada no esquema em (1), ligeiramente adaptado da representação esboçada por Ducrot (2002, p. 11):

(1) Classificação semântica do léxico
   1. Palavras plenas
   2. Palavras instrumentais
      a. Conectores
      b. Articuladores
      c. Operadores

Como se pode notar, os elementos aqui referidos como *conectores discursivos* correspondem aos *conectores* e aos *articuladores* na Semântica Argumentativa. Estes integram o conjunto de objetos de estudo dessa abordagem pela função argumentativa, sendo descritos no que concerne a essa função. Eles são situados teoricamente ao lado de outras categorias naturalmente postuladas também com base no critério do vínculo com a argumentação. Conforme tentaremos demonstrar na próxima seção, conectores discursivos também serão estudados no âmbito da LT. Porém, desta vez, eles serão concebidos em outros termos, serão tomados como objetos de estudo por outros propósitos e estarão inseridos no interior de um conjunto diferente de classes de mecanismos linguísticos.

2. A Linguística Textual e a Semântica: sobreposições e demarcações

Assim como há uma pluralidade de abordagens semânticas no tratamento do significado linguístico, a afirmação de que o objeto da LT é o texto também é consideravelmente mais complexa do que aparenta ser. Essa afirmação se torna menos simples à medida que se constata que, no percurso empreendido pela LT, a concepção de texto tem sofrido significativas modificações conforme as perspectivas de estudo se expandem nessa área.

Surgida na segunda metade dos anos de 1960 e impulsionada principalmente pelos estudos desenvolvidos na Alemanha, a LT chegou ao Brasil efetivamente a partir da década de 1980 (Koch; Elias, 2016). Entre o seu surgimento e as investigações mais atuais, no entanto, podem ser descritas múltiplas ampliações e modificações por que passou a concepção de texto. Nesse sentido, é consideravelmente diferente a noção inicial de texto como *frase complexa*, vinculada a uma perspectiva gramatical, da noção contemporânea de texto como *lugar de interação*, ancorada numa perspectiva sociocognitivo-interacional. Como destaca Koch (2004), a trajetória da LT e de seu objeto de estudo pode ser representada pela vinculação com as tendências mais influenciadoras que impulsionaram progressivamente a ampliação desse campo: as análises interfrásticas, as gramáticas de textos e a perspectiva semântica, a virada pragmática, a virada cognitiva e, por fim, a perspectiva sociocognitivo-interacional, à qual tem se associado um grande número de investigações recentes.

De modo bastante sucinto, é possível afirmar que a LT focaliza a construção textual de sentido, entendida como o acionamento de operações de processamento do texto, que se materializam na mobilização de processos variados de construção textual durante a atividade de produção de sentidos. Trata-se, assim, de investigar, de forma integrada, fenômenos linguísticos e extralinguísticos responsáveis por relacionar enunciados entre si, tornando-os, nas palavras de Koch (2006 [2002], p. 17), "uma configuração veiculadora de sentido". Dessa maneira, pode-se considerar que a LT estuda os princípios de processamento linguístico que promovem a integração de enunciados de modo a torná-los uma unidade linguística capaz de propiciar a construção de sentido.

Tais princípios incluem também os sete fatores de textualidade/textualização apresentados inicialmente por Beaugrande e Dressler (1981), quais sejam, coesão, coerência, situacionalidade, informatividade, intertextualidade, intencionalidade e aceitabilidade — com efeito, esses fatores são tratados por Marcuschi (2008, p. 97) como "critérios de acesso à produção de sentido"[5]. Os processos de sinonímia, hiperonímia e hiponímia, aqui em pauta, integram o conjunto de recursos de coesão textual, particularmente, de coesão referencial.

A coesão referencial, tradicionalmente, concerne ao processo pelo qual um elemento do texto faz remissão a outro(s) elemento(s) do universo textual. Conforme afirma Koch (2004, p. 36), nas fases iniciais da LT, "a coesão referencial era vista como o mecanismo que permite ao produtor do texto remeter, por meio de um elemento linguístico a outros elementos textuais, anteriores (anáfora) ou subsequentes (catáfora)". É com relação a essas primeiras fases que a autora observa a distinção entre os chamados elementos de ordem gramatical e os de ordem lexical no estabelecimento desse tipo de coesão. Dentre os elementos de ordem gramatical, Koch (2004,

---

5. Embora esses fatores tenham passado por reformulações e reinterpretações (Koch, 2004; Marcuschi, 2008) durante a trajetória da LT, eles ainda representam critérios importantes para analisar a construção textual dos sentidos.

p. 36) identifica "os pronomes de terceira pessoa (retos e oblíquos), os demais pronomes (possessivos, demonstrativos, indefinidos, interrogativos, relativos), os numerais, os artigos definidos e alguns advérbios locativos", ressaltando, contudo, que nem sempre esses itens agem coesivamente. Quanto aos mecanismos de ordem lexical que podem promover a coesão referencial, a autora destaca "a repetição do mesmo item lexical (com ou sem mudança de referente), sinônimos, hiperônimos, nomes genéricos e formas nominais, inclusive nominalizações" (Koch, 2004, p. 37).

Mais recentemente, no âmbito da perspectiva sociocognitivo-interacional, as atividades de coesão referencial têm sido entendidas como estratégias de referenciação. Nesse enfoque, considera-se que as atividades de coesão referencial são responsáveis pela progressão do texto por meio da introdução (ativação) e da reconstrução ou manutenção de *referentes textuais*, chamados de *objetos do discurso*. Através dessas operações sociocognitivo-interacionais, os objetos do discurso possibilitam a constituição da memória discursiva dos interlocutores, levando ao estabelecimento de um determinado modelo textual (Koch, 2006 [2002]; Koch, 2004).

De acordo com Koch (2004), a estratégia de introdução (ativação) de objetos do discurso pode ser "não ancorada" ou "ancorada". A ativação não ancorada refere-se à introdução de um objeto do discurso completamente novo que, por isso, "passa a ter um 'endereço cognitivo' na memória do interlocutor" (Koch, 2004, p. 64). Já a ativação ancorada é posta em ação "sempre que [se introduz] um novo objeto de discurso, sob o modelo do dado, em virtude de algum tipo de associação com elementos presentes no cotexto ou no contexto sociocognitivo, passível de ser estabelecida por associação e/ ou inferenciação" (Koch, 2004, p. 64-65). Entre os possíveis mecanismos de introdução ancorada, a autora indica as anáforas indiretas e associativas de um modo geral, bem como sugere que as nominalizações sejam também incluídas entre esses recursos. Quanto às estratégias de reconstrução ou manutenção de objetos do discurso, Koch (2004) distingue três grandes mecanismos: (a) o uso de pronomes, (b) o uso de formas ou expressões nominais definidas e (c) o uso de formas ou expressões nominais indefinidas.

Tendo em vista as formas ou expressões nominais de modo geral, Koch (2004) destaca uma série de funções cognitivo-discursivas que essas expressões podem desempenhar, considerando inclusive o uso de hiperônimos e hipônimos: (i) ativação/reativação na memória; (ii) encapsulamento (sumarização) e rotulação; (iii) organização macroestrutural; (iv) atualização de conhecimentos por meio de glosas realizadas pelo uso de um hiperônimo; (v) especificação por meio da sequência hiperônimo/hipônimo; (vi) construção de paráfrases definicionais ou didáticas; (vii) introdução de informações novas; (viii) orientação argumentativa e (ix) categorização metaenunciativa de um ato de enunciação.

Ao discutirem a manutenção tópica e a progressão textual com base em formas ou expressões nominais, Koch e Penna (2006), por exemplo, focalizam o estabelecimento da coesão referencial por meio da construção e reconstrução de objetos do discurso, nos quais se estampa a atividade de referenciação.

Transcrevemos, a seguir, apenas uma parte do exemplo apresentado pelas autoras, que discutiram o artigo opinativo "A queda", de Demétrio Magnoli, de 24 de março de 2005 (cf. Koch; Penna, 2006). Na sequência, faremos uma síntese da análise exposta por Koch e Penna (2006), de modo a propor, com base nos segmentos em destaque, uma possível relação com os processos de sinonímia, hiperonímia e hiponímia[6].

(2) [...]
    O sistema político brasileiro degenerou a ponto de se tornar inclassificável. A classe política distorceu o jogo democrático de modo a acumular as recompensas e extirpar os riscos dos dois sistemas. O Executivo usufrui de mandato fixo, mas tem a estranha garantia de que seus projetos essenciais não serão recusados no Parlamento. A maioria parlamentar nomeia, indiretamente, os ministros, mas não governa e não corre o risco de enfrentar eleições antecipadas. A regra do jogo é parasitar o aparelho de Estado.
    A transação entre os políticos esvaziou a política de seu sentido público. <u>Um Mercadante</u> sacrifica qualquer programa em troca do cargo de governador paulista; <u>um Calheiros</u> tem como programa servir ao poder de turno, e ser servido por ele; <u>um Severino</u> nem sequer sabe o que é programa (na acepção política) e contenta-se em prover sua clientela com sinecuras públicas. **O espetáculo deprimente do comércio de ministérios** não é propriamente uma novidade, mas a linguagem que o reveste não tem precedentes. <u>Mercadantes</u>, <u>Calheiros</u> e <u>Severinos</u> acreditam que a opinião pública perdeu a capacidade de discernir política de corrupção.

---

6. Tanto no exemplo (2) como no (3), mais adiante, as autoras fazem diferentes anotações e realces nos textos que servem de ilustração, mas aqui utilizamos apenas os destaques mais relevantes para a presente análise.

> Maquiavel ensinou que o príncipe virtuoso ergue instituições sólidas. Tradução: na política, a virtude é pública, não privada, e depende das regras do jogo. **A putrefação da democracia brasileira** é fruto de regras que premiam os Mercadantes, Calheiros e Severinos, selecionando uma classe de parasitas da coisa pública. (Koch; Penna, 2006, p. 26-27)

Em sua análise, Koch e Penna (2006) argumentam que as formas e expressões nominais destacadas, por exemplo, são estrategicamente escolhidas pelo autor do artigo jornalístico para promover a coparticipação do leitor na construção do sentido pretendido. As escolhas textuais objetivam destacar o tópico discursivo geral que sustenta a argumentação e intitula o texto: "a queda", que se enuncia progressivamente pela referenciação de indícios que revelam a fragilidade do sistema político brasileiro. A referenciação, desse modo, concorre para a edificação do sentido textual global de queda, ao mesmo tempo em que estampa no desenvolvimento tópico a progressão estratégica desse projeto interacional compartilhado.

As autoras destacam que se processa, por exemplo, uma operação de referenciação por recategorização ou rotulação de nomes próprios em comuns para representar de maneira geral os políticos que esvaziaram a política do seu sentido público: um Mercadante, um Calheiros, um Severino, (os) Mercadantes, Calheiros, Severinos. Essas rotulações são usadas, assim, para designar uma classe de parasitas da coisa pública que, distanciada da representatividade popular, acentua a precarização do sistema político. À medida que se avança na construção argumentativa do texto, as manifestações de queda se tornam mais consistentes, e os sentidos de queda se ampliam, abarcando noções como queda moral da democracia: **O espetáculo deprimente do comércio de ministérios, A putrefação da democracia brasileira**.

Tendo em vista essas estratégias coesivas de progressão textual por meio de operações de referenciação, parece possível relacioná-las também a processos de sinonímia, hiperonímia e hiponímia na construção das características que sustentam "a queda" do sistema político brasileiro no texto. Dentre as relações de sentido que esse artigo jornalístico sugere, é possível propor que as expressões um Mercadante, um Calheiros, um Severino sejam consideradas sinônimas, bem como as expressões (os) Mercadantes, Calheiros, Severinos. Por outro lado, uma classe de parasitas da coisa pública pode ser considerada hiperônimo (termo abarcante) dos hipônimos (termos abarcados) um Mercadante, um Calheiros, um Severino, (os) Mercadantes, Calheiros, Severinos, que constituem a referida classe. É possível verificar também que, conforme o leitor recompõe o trajeto argumentativo do texto, ocorre a ampliação dos sentidos possíveis de queda, que passa a se comportar como um hiperônimo de alguns segmentos textuais hipônimos que a indiciam, como **O espetáculo deprimente do comércio de ministérios, A putrefação da democracia brasileira**.

Conforme se observa, são as condições contextuais e cotextuais, (re)atualizadas pelo leitor, que viabilizam a produção dos significados linguísticos. Nesse caso, as estratégias de coesão textual por meio da referenciação podem ser instauradas por relações lexicais como a sinonímia, hiperonímia e hiponímia. Acreditamos ser possível identificar, desse modo, uma zona de interface entre a LT e a Semântica. Por outro lado, a Semântica Lexical focaliza os processos de significação descritos em termos de relações semântico-léxicas, ao passo que a LT inclui as mesmas relações lexicais como parte de um conjunto mais extenso de propriedades de construção dos significados do texto. Desse modo, embora haja sobreposições, as duas grandes áreas são delimitadas pela dimensão dos objetos que pretendem descrever.

No mesmo sentido, quando se considera o estudo de conectores discursivos, também é possível detectar zonas de interseção entre Semântica e LT, bem como especificidades de uma e outra área. Considerando, primeiramente, as particularidades dessas áreas, recorde-se que, como procuramos mostrar anteriormente, a Semântica Argumentativa enfoca os mecanismos linguísticos ligados à dimensão argumentativa do discurso, incluindo os conectores discursivos em seu rol de objetos de estudo pelo fato de esses itens participarem do processamento da orientação argumentativa dos enunciados a que se relacionam. Já no caso da LT, os conectores são estudados a partir de outra perspectiva.

Como mencionado acima, a LT estuda o processo de construção textual de sentido, tomando a coesão textual como um dos princípios responsáveis por esse processo. O uso de conectores discursivos é considerado, na LT, uma das estratégias de coesão textual, particularmente de coesão sequencial. Esse tipo de coesão, segundo Koch (2001 [1989], 2004), se refere aos procedimentos linguísticos por meio dos quais se estabelecem, entre segmentos do texto (enunciados, partes de enunciados, parágrafos e mesmo sequências textuais), diversos tipos de relações semânticas e/ou pragmático-discursivas, à medida que se faz o texto progredir. Em outras palavras, a coesão sequencial consiste no estabelecimento, por meio de recursos linguísticos, de alguma interdependência de sentido entre partes do texto. Tal procedimento linguístico é um dos mecanismos que contribuem para que um dado conjunto de enunciados alcance o estatuto de unidade significativa — razão pela qual a coesão sequencial constitui um fator de construção textual de sentido.

Koch (2001 [1989], 2004) apresenta, então, uma sistematização de diferentes formas de coesão sequencial (também referidas como *formas de articulação ou progressão textual*). A autora distingue duas modalidades de coesão sequencial: *sequenciação parafrástica* e *sequenciação frástica*. A primeira consiste no estabelecimento de interdependência entre dois ou mais segmentos por meio do uso, em todos eles, de algum tipo de procedimento linguístico em comum. Ou seja, a sequenciação parafrástica ocorre quando, na progressão do texto, utilizam-se procedimentos de recorrência. A autora indica os seguintes casos: (a) recorrência de termos; (b) recorrência de estruturas (paralelismo); (c) recorrência de conteúdos semânticos (paráfrase); (d) recorrência de recursos fonológicos; (e) recorrência de tempo e aspecto verbal.

A sequenciação frástica, por sua vez, consiste no estabelecimento de interdependência de sentido entre dois ou mais segmentos por meio de estratégias que não envolvem recorrência de recursos linguísticos. Koch (2001 [1989], 2004) distingue as seguintes estratégias de sequenciação frástica: (a) uso de termos pertencentes a um mesmo campo lexical; (b) encadeamento, que compreende a justaposição de segmentos textuais e a conexão, esta última consistindo, então, no encadeamento de segmentos textuais por meio de conectores; (c) progressão temática (articulação tema/rema); (d) progressão tópica.

A tipologia de formas de coesão sequencial proposta por Koch (2001 [1989], 2004) pode ser sintetizada no esquema em (3):

(3) Formas de coesão sequencial
   1. Sequenciação parafrástica
      a. Recorrência de termos
      b. Recorrência de estruturas
      c. Recorrência de conteúdos semânticos
      d. Recorrência de recursos fonológicos
      e. Recorrência de tempo e aspecto verbal
   2. Sequenciação frástica
      a. Uso de termos pertencentes a um mesmo campo lexical
      b. Encadeamento
         i. Justaposição (encadeamento sem uso de conectores)
         ii. Conexão (encadeamento por meio de conectores)
      c. Progressão temática
      d. Progressão tópica

Como se pode notar, os conectores discursivos são concebidos na LT num contexto teórico-analítico em que se procura descrever mecanismos de construção textual de sentido. Koch (2001 [1989], 2004) explica que a classe dos conectores contempla conjunções, advérbios e locuções conjuntivas, prepositivas e adverbiais que têm por função interconectar segmentos textuais, estabelecendo entre eles relações semânticas e/ou pragmático-discursivas. Essa função de conexão e estabelecimento de relações de sentido entre partes do texto é entendida como uma das estratégias que contribuem para que um conjunto de enunciados forme uma unidade significativa, uma *configuração veiculadora de sentido*, o que, então, equivale a considerar os conectores como elementos de construção textual de sentido. Tal função é que é a razão essencial da inclusão dos conectores no conjunto de objetos de estudo da LT.

Essa orientação da LT no estudo dos conectores discursivos reflete-se, inclusive, nos próprios rótulos específicos usados para referência a esses itens. Em Koch (2001 [1989]), na maioria das vezes, adota-se o termo *conectores*, aparecendo, também, *conectores interfrásticos* e *encadeadores*, dentre outros, e, em Koch (2006 [2002], 2004), o principal termo usado é *articuladores textuais*.

Assim, é possível observar uma diferença entre as áreas da Semântica Argumentativa e da LT no tratamento dos conectores discursivos: no primeiro caso, focaliza-se a natureza argumentativa desses itens, enquanto, no segundo, põe-se em foco a participação desses itens no processo de construção textual dos sentidos. Tal diferença, aliás, fica mais perceptível ao se observar comparativamente a classificação semântica do léxico de Ducrot (2002), exposta em (1), e a tipologia de formas de coesão sequencial de Koch (2001 [1989], 2004), apresentada em (3). É possível, dessa maneira, vislumbrar qual é o conjunto específico de categorias que os conectores discursivos integram em cada uma das áreas.

A título de exemplificação, transcrevemos em (4) um texto utilizado por Koch (2001 [1989]) para discussão do processo de sequenciação frástica e destacamos no texto os itens reconhecidos pela autora como exemplos de conectores:

(4) Todo jornalismo é político, no sentido amplo da palavra. **Se** política é a ciência dos fenômenos relacionados com o Estado, **e se** o Estado é a nação politicamente organizada, **quando** um repórter escreve sobre qualquer fato ocorrido no país, mesmo sobre um assassinato no morro da Mangueira, está fazendo jornalismo político. **Ainda que** passional, um assassinato sempre envolverá relações entre indivíduos e autoridade. Vale a imagem para o esporte, **pois** ao reportar um jogo do Flamengo com o Vasco o jornalista estará, antes de mais nada, referindo-se a uma prática regulada em leis, portarias e sucedâneos, **bem como** a algo que apaixona a população inteira.

Convencionou-se, **no entanto**, que jornalismo político deve referir-se apenas à atividade dos poderes constituídos, dos partidos, das associações influentes no meio social, dos governos, oposições e instituições jurídicas afins. E até dos militares, hoje em dia. Dentro desse jornalismo político restrito atua-se sob diversas formas. Fazem-se entrevistas. Reportagens. Descrevem-se reuniões, **sejam** as formais, como do Congresso, **sejam** as informais, tipo comícios e passeatas. Há a cobertura de fatos específicos, **como** eleições, composição de governos, viagens de políticos, crises e até golpes e revoluções. Segue-se, **também**, o desenvolvimento de determinadas idéias, ou propostas, **como** a das eleições diretas **ou** a da convocação de uma assembléia nacional constituinte.

(Carlos Chagas, *Arte e artes da crônica política*, Revista de Comunicação, nº 1, p. 12 *apud* Koch, 2001 [1989], p. 55)

De acordo com a autora, no texto em pauta, o conector *se* estabelece uma relação de implicação entre um antecedente e um consequente; *e, bem como* e *também* somam argumentos a favor de determinada conclusão; *quando* opera a localização temporal dos fatos a que se alude no enunciado;

ainda que e *no entanto* introduzem uma restrição, oposição ou contraste com relação ao que se disse anteriormente; o conector *pois* apresenta uma justificativa ou explicação sobre o ato de fala anterior; *sejam... sejam* e *como* introduzem uma especificação e/ou exemplificação; finalmente, o conector *ou* introduz uma alternativa.

Como se pode perceber a partir dos exemplos identificados no texto em (4), a LT reconhece como conectores itens linguísticos que estabelecem relações de sentido de diferentes tipos. A esse respeito, Koch (2006 [2002]) propõe uma classificação de conectores (adotando, no caso, o termo *articuladores textuais*, como apontado acima), em que distingue quatro grandes classes (algumas delas incluindo diferentes subclasses): articuladores de conteúdo proposicional; articuladores discursivo-argumentativos; organizadores textuais; articuladores metadiscursivos.

A inclusão, no rol de conectores da LT, de itens responsáveis pelo estabelecimento de diferentes tipos de relações de sentido deve-se justamente à concepção de conectores dessa abordagem. Como mencionado, na LT os conectores são vistos como itens linguísticos que têm a função de contribuir para o estabelecimento de relações de sentido entre segmentos textuais. Essa função é que constitui a contribuição dos conectores para o processo de construção textual de sentido e que confere o estatuto de conector a um item linguístico. Desse modo, a caracterização de conectores da LT incorpora o estabelecimento de relações de sentido dos mais diversos tipos, não se restringindo a algum tipo particular de relação, o que evidencia a diferença entre a LT e a Semântica Argumentativa no tratamento de conectores, já que esta última abordagem, dado o seu enfoque teórico, delimita a conceituação e o estudo de conectores ao estabelecimento de relações argumentativas.

Os exemplos do texto em (4) e a classificação de articuladores textuais de Koch (2006 [2002]), ao mesmo tempo em que evidenciam a diferença entre LT e Semântica Argumentativa, mostram também a interface entre essas duas abordagens. Conforme citamos acima, uma das classes de articuladores distinguida pela autora é a dos articuladores discursivo-argumentativos. Essa classe se fundamenta justamente na área da Semântica Argumentativa — conforme define a autora, os articuladores discursivo-argumentativos são responsáveis pela orientação argumentativa dos enunciados que introduzem. Desse modo, LT e Semântica Argumentativa dialogam diretamente quanto ao estudo de conectores discursivos, na medida em que esta última área concentra-se em um dos tipos de conectores reconhecidos pela LT, vindo, assim, a fornecer fundamentos para uma parte do estudo desenvolvido no âmbito da LT.

Em termos mais gerais, a convergência entre LT e Semântica Argumentativa estende-se para a questão da continuidade textual (ou progressão, encadeamento textual) — interesse comum entre as duas áreas que envolve não só o caso particular dos conectores discursivos, mas também processos e conceitos mais amplos de ambas as abordagens. De acordo com a LT, a coesão sequencial, como dito acima, diz respeito aos recursos linguísticos pelos quais se estabelecem relações de sentido entre segmentos do texto, *à medida que se faz o texto progredir*. O destaque aqui é para o fato de que a LT, ao estudar os mecanismos de coesão sequencial, dentre eles o uso de conectores discursivos, estuda como se pode dar continuidade a um texto em construção, como se promove a progressão textual. A esse respeito, Koch (2009 [1997]) afirma que a coesão sequencial é aquela através da qual se faz o texto avançar, garantindo-se, ao mesmo tempo, a continuidade dos sentidos.

A Semântica Argumentativa, por seu turno, também trata diretamente da questão da continuidade textual, no caso, por meio do foco na natureza argumentativa das unidades linguísticas. De acordo com essa disciplina, uma unidade linguística pode ser argumento para certas conclusões, mas não para outras, o que significa que cada unidade pode ser continuada por certas unidades, mas não por outras. Tal abordagem pode ser verificada, por exemplo, em Barbisan (2013, p. 22), que, ao explicar conceitos da Semântica Argumentativa, afirma o seguinte:

> A significação de uma entidade lexical é a *orientação* que ela dá ao discurso, tornando possível ou impossível determinada continuação. [...] essa significação

oferece possibilidades e restrições de combinação, no eixo sintagmático, com outras que a continuam para produzir o sentido no discurso.

Desse modo, ao mesmo tempo em que se pode notar, como mostramos mais acima, diferenças de enfoque entre a LT e a Semântica Argumentativa, também é possível perceber que essas áreas desenvolvem abordagens, de certa forma, convergentes entre si. Pode-se considerar, nesse sentido, que a Semântica Argumentativa proporciona subsídios para a LT, tanto para o tratamento geral da coesão sequencial, por meio do interesse comum na questão da continuidade textual, quanto para a análise particular da classe dos articuladores textuais discursivo-argumentativos.

3. Considerações finais

Neste capítulo, procuramos relacionar LT e Semântica, observando, por um lado, o que essas áreas poderiam ter em comum e, por outro, o que as poderia diferenciar. A esse respeito, em síntese, nossa visão é a de que ambas compartilham o propósito de analisar a significação da linguagem, aproximando-se, ainda, pelo fato de a LT utilizar, em suas análises, determinados conceitos desenvolvidos pela Semântica. Em contrapartida, essas duas áreas constituem-se como diferentes na medida em que a Semântica focaliza a natureza semântica das expressões linguísticas, enquanto a LT se concentra nos processos de construção textual do sentido, conforme destacado na discussão empreendida.

Naturalmente, em muitos aspectos, ao analisar fenômenos semânticos, a Semântica precisa recorrer ao contexto, à significação geral do texto. Porém, nesse caso, recorrer ao texto como um todo, ou ao contexto, seria "sobretudo" um recurso para circunscrever e compreender um processo semântico particular. Já, no caso da LT, recorrer à identificação de um fenômeno semântico visa ao entendimento da contribuição desse fenômeno para a construção parcial e global de inter-relações de sentido ativadas na constituição do texto, considerado a unidade linguística de análise da LT.

Referências

BARBISAN, L. B. Semântica Argumentativa. In: FERRAREZI JUNIOR, C.; BASSO, R. (Orgs.). *Semântica, semânticas*: uma introdução. São Paulo: Contexto, 2013. p. 19-30.

BEAUGRANDE, R.-A. de; DRESSLER, W. *Introduction to Text Linguistics*. London: Longman, 1981.

BORBA, F. S. Semântica. In: _____. *Introdução aos estudos linguísticos*. 16. ed. Campinas, SP: Pontes, 2008 [1970]. p. 225-59.

CANÇADO, M. *Manual de semântica*: noções básicas e exercícios. 2. ed. rev. Belo Horizonte: UFMG, 2008.

DUCROT, O. Opérateurs argumentatifs et visée argumentative. *Cahiers de linguistique française*, n. 5, p. 7-36, 1983.

_____. Os internalizadores. *Letras de Hoje*, v. 37, n. 3, p. 7-26, 2002.

FERRAREZI JUNIOR, C.; BASSO, R. (Orgs.). *Semântica, semânticas*: uma introdução. São Paulo: Contexto, 2013.

GARCÍA, N. D.; DIAS, M. M. L. A teoria da argumentação na análise dos conectores discursivos. *Revista Virtual de Estudos da Linguagem — ReVEL*, v. 14, n. 12, p. 78-105, 2016.

ILARI, R.; GERALDI, J. W. *Semântica*. 11. ed. São Paulo: Ática, 2006 [1987].

KOCH, I. G. V. *A coesão textual*. 14. ed. São Paulo: Contexto, 2001 [1989].

_____. *Desvendando os segredos do texto*. 5. ed. São Paulo: Cortez, 2006 [2002].

_____. *Introdução à Linguística Textual*. São Paulo: Martins Fontes, 2004.

_____. *O texto e a construção dos sentidos*. 9. ed. São Paulo: Contexto, 2009 [1997].

_____; ELIAS, V. M. O texto na Linguística Textual. In: BATISTA, R. O. (Org.). *O texto e seus conceitos*. São Paulo: Parábola, 2016. p. 31-44.

_____; PENNA, M. A. O. Construção/reconstrução de objetos-de-discurso: manutenção tópica e progressão textual. *Cad. Est. Ling.*, Campinas, 48(1): 23-31, 2006.

MARCUSCHI, L. A. *Produção textual, análise de gêneros e compreensão*. São Paulo: Parábola, 2008.

PIETROFORTE, A. V. S.; LOPES, I. C. Semântica lexical. In: FIORIN, J. L. (Org.). *Introdução à linguística*: princípios de análise. São Paulo: Contexto, 2003. v. 2. p. 111-35.

PIRES DE OLIVEIRA, R. Semântica. In: BENTES, A. C.; MUSSALIM, F. (Orgs.). *Introdução à linguística*: domínios e fronteiras. São Paulo: Cortez, 2001. v. 2. p. 17-46.

TAMBA, I. *A semântica*. Trad. Marcos Marcionilo. São Paulo: Parábola, 2006 [1998].

WACHOWICZ, T. C. Semântica lexical. In: FERRAREZI JUNIOR, C.; BASSO, R. (Orgs.). *Semântica, semânticas*: uma introdução. São Paulo: Contexto, 2013. p. 153-70.

CAPÍTULO 8

Linguística Textual e Pragmática

Kanavillil Rajagopalan
Universidade Estadual de Campinas/UNICAMP-IEL

Considerações iniciais

Num artigo publicado na revista *D.E.L.T.A.* em 2001, intitulado *Linguística Textual:* quo vadis*?*, Koch (2001) se dirige à pergunta em latim contida no próprio título do texto e, apoiando-se em argumentos oferecidos por outros autores, sustenta que, para responder à pergunta adequadamente, é preciso saber o que a Linguística Textual tem pretendido alcançar desde seus primórdios e com qual conceito de texto ela tem trabalhado em diversos momentos. Quanto a essas questões, em especial, a última, conclui a autora que qualquer juízo apressado ou simplista seria altamente temerário. Diz ela: "O que se pode verificar é que várias concepções de texto têm acompanhado a história dessa disciplina, levando-a a assumir formas teóricas diversas [...]" (Koch, 2001, p. 11).

Dentre as sete concepções de texto que ela elenca em seguida, está o "texto como ato de fala complexo (fundamentação pragmática)". Dessa forma, Koch, muito acertadamente, diria eu, aponta o conceito de ato de fala como conceito central do desenvolvimento das pesquisas pragmáticas nos últimos, digamos, 50 anos.

No decorrer do mesmo artigo, a autora nos lembra das mudanças significativas que ocorreram ao longo do caminho no que diz respeito ao próprio campo de pesquisa que se chama "Linguística Textual".

> Verificou-se que, desde seu aparecimento até hoje, a Linguística Textual percorreu um longo caminho e vem ampliando e modificando a cada passo seu espectro de preocupações. De uma disciplina de inclinação primeiramente gramatical (análise transfrástica, gramáticas textuais), depois pragmático-discursiva, ela transformou-se em disciplina com forte tendência sociocognitivista: as questões que ela se coloca, neste final de século, são as relacionadas com o processamento sociocognitivo de textos escritos e falados. (Koch, 2001, p. 15-16)

Logo em seguida, ao especular sobre as mudanças que estão, no seu entender, ainda por vir, Koch se apressa para acrescentar:

> Uma primeira questão que se coloca é como ela se irá posicionar diante de novas perspectivas, e, em especial, com relação a novos meios de representação do conhecimento, como é o caso, por exemplo, do hipertexto, suporte linguístico-semiótico hoje intensamente utilizado para estabelecer interações virtuais desterritorializadas, caracterizado fundamentalmente pela ausência de linearidade, traço inerente aos textos tradicionais. Que consequências terá isto para a delimitação de seu domínio? Que novos procedimentos metodológicos ela deverá desenvolver? (Koch, 2001, p. 16)

A questão é apontada por Koch como um desafio para ser enfrentado pelos futuros pesquisadores (a própria autora se refere a todas essas questões como "questões postas em relação ao futuro da disciplina") que vão se interessar pela área de estudo, desafio que é, sem sombra de dúvida, gigantesco e necessita de novos conhecimentos e novas formas de abordar o texto, a começar por uma conceituação mais clara do que constitui um texto. Pois, ao contrário do que possa parecer à primeira vista, a pergunta pela definição de *um* texto não é tão fácil de responder.

No presente capítulo, escrito especificamente em homenagem à minha querida amiga e colega de trabalho de longa data (primeiramente na PUC-SP e posteriormente na Unicamp, além de ter sido colega da turma de doutorado nos fins da década de 1970), desejo debruçar-me sobre a questão levantada por Koch sob o rótulo de "texto como ato de fala complexo (fundamentação pragmática)" e indagar sobre os desdobramentos das mudanças drásticas que ocorreram nos últimos anos no que diz respeito à própria noção de "ato de fala", assunto este detidamente trabalhado em Rajagopalan (2010a). A caracterização da Pragmática a que se alude acima é retomada e esmiuçada em maiores detalhes no capítulo 2 do livro *Introdução à Linguística Textual* que Koch publica três anos mais tarde, em 2004 (Koch, 2004). À luz das mudanças que a Pragmática tem sofrido e vem sofrendo ainda, acho importante fazer um pequeno reparo aqui nas colocações de Koch para que não permaneça no imaginário do leitor desavisado uma imagem da Pragmática estática e enviesada e, hoje, de certa forma, em grande parte, anacrônica.

Pois, estou inclinado a acreditar que, assim como a Linguística Textual (doravante, LT) — que, nas palavras de Koch, passou por uma fase de "inclinação primeiramente gramatical (análise transfrástica, gramáticas textuais)" —, o conceito de "ato de fala" também sofreu durante muito tempo forte influência de inclinação (ou, melhor dizendo, *obsessão*) a um tratamento gramático-proposicional, e só conseguiu se livrar das suas garras graças a leituras de Austin (1962) promovidas por Jacques Derrida, Shoshana Felman, Stanley Cavell, Judith Butler e tantos outros.

A seguir, farei uma breve exposição do surgimento da "Nova Pragmática", ou seja, uma Pragmática inspirada em uma leitura promovida nas margens do *mainstream* (isto é, quando vista do ponto de vista da orientação filosófico-linguística hegemônica), que procura libertar o conceito de atos de fala da rapina da leitura enviesada empenhada por Searle (1969). O meu intuito será o de mostrar que essa leitura alternativa que resulta na Nova Pragmática tem o potencial de revigorar o campo de LT, abrindo novas possibilidades.

1. A Teoria dos Atos de Fala em sua "versão oficial" e algumas das suas implicações

Já é amplamente conhecido pelos pesquisadores que se interessam pelo campo de pesquisa denominado "Pragmática" que a Teoria dos Atos de Fala, tal qual ela foi divulgada e aceita pela comunidade, é resultado de uma apropriação bastante interesseira e enviesada das reflexões originais do filósofo inglês John L. Austin. Não pretendo repetir os argumentos que elaborei em diversos textos e sob diferentes perspectivas em outras oportunidades, alguns dos quais se encontram reunidos em Rajagopalan (2010a). Mas o que quero ressaltar a seguir é que a manobra que John Searle, autoproclamado discípulo e herdeiro de Austin, efetuou foi muito oportuna, sobretudo quando se levam em conta as circunstâncias históricas nas quais a mesma ocorreu.

1.1 O contexto histórico da manobra de Searle

A obra prima de Searle (1969), *Speech Acts: An Essay in the Philosophy of Language*, foi publicada em um momento na história da linguística norte-americana em que a disciplina se encontrava em um período muito conturbado, que muitos historiadores chamam de "guerra civil" na teoria gerativa. Por um lado, um grupo de linguistas — todos jovens na época, a saber, George Lakoff, James Macawley, John Robert Ross e Paul Postal, entre outros (naquele momento chamados de "jovens turcos") — defendia que a estrutura profunda de uma frase havia de abrigar informações de ordem semântica. Por outro lado, Chomsky e seus fiéis escudeiros se mantinham irredutíveis em suas posições de que todas as informações de qualquer natureza que não estritamente sintática teriam que estar fora da representação em nível profundo.

Não nos interessa aqui entrar nos pormenores desse debate acalorado. Mas interessa, sim, notar que estava em jogo a própria sobrevivência de uma sintaxe autônoma. A simples ideia de que a sintaxe — até então tida como o centro, o âmago da língua e o marco zero a partir do qual se irradiavam todas as potencialidades criativas das línguas naturais — podia estar, ela mesma, à mercê de outros componentes da análise linguística incendiava o imaginário de muitos pesquisadores, perplexos diante do espetáculo de uma verdadeira luta de gigantes.

É nesse preciso momento que os "semanticistas gerativos", como vieram a ser conhecidos os integrantes do grupo dos rebeldes, acharam um forte aliado no livro de Searle (1969), pois apenas um ano separa o livro de Searle de um texto da autoria de Ross (1970), intitulado *On declarative sentences*, no qual o autor rasga elogios a Austin (1962), a quem é merecidamente atribuído todo o mérito de ter proposto a distinção entre "enunciados constativos" e "enunciados performativos". Mas Ross também atribui ao filósofo inglês uma distinção que não se encontra em nenhum lugar nos escritos de Austin: a distinção entre "força ilocucionária" e "conteúdo proposicional". Acontece que essa última distinção é da autoria de Searle.

Alguém pode objetar a essa altura: "Tudo bem. Talvez tenha de fato havido uma pequena confusão aí. Mas, e daí? Que diferença isso faz? Que importância tudo isso tem?" A minha resposta a tais questionamentos seria: "Embora, no caso específico sob enfoque, não tenha consequências irreparáveis, o descuido por parte do autor sinaliza, com certeza, uma confusão que veio a ser uma prática corriqueira e um problema endêmico de todo o campo: confundir Austin com seu autoproclamado exegeta, Searle".

Acredito que até os dias de hoje o campo da Pragmática se ressente das consequências dessa confusão. Entre as consequências mais graves está a de que a intervenção de Searle inibiu uma série de outras formas de abordar o texto de Austin, que só conseguiram aflorar plenamente em disciplinas conexas como a Antropologia, a Sociologia, a Psicologia e a Psicanálise, para não falar de campos aparentemente distantes como Economia, Direito etc.

1.2 Ross e a hipótese performativa abstrata; um breve apanhado

Embora o trabalho de Ross tenha sido elogiado inicialmente e amplamente discutido na época e tenha servido de fonte de inspiração para tantos outros trabalhos, entre eles, notadamente Sadock (1974), o fato é que o entusiasmo não se sustentou por muito tempo. A "hipótese performativa abstrata" que Ross defendeu naquele trabalho pioneiro — segundo a qual toda e qualquer sentença teria que ter na sua representação profunda um nódulo indicando uma força ilocucionária qualquer e o conteúdo proposicional que, este sim, se prestava à análise nos termos que Chomsky havia preconizado, isto é, em termos da sequência obrigatória SN + SV — foi duramente criticada por, entre outros, Bruce Fraser (1971). Mas mesmo diante das críticas ferrenhas como a de Fraser, Searle não hesitou nem um pouco em rasgar elogios à hipótese performativa.

> Já que todas as sentenças que iremos considerar conterão um verbo performativo na oração principal, e uma oração subordinada, eu abreviarei as habituais estruturas de árvore na seguinte forma: a sentença, por exemplo, "Eu prevejo que John baterá em Bill", tem sua estrutura profunda demonstrada na Fig. 1. Eu simplesmente abreviarei isso como: Eu prevejo + John baterá em Bill. (Searle, 1979, p. 20). (A tradução é da autoria de Ruberval Ferreira [In: Rajagopalan, 2010, p. 104-5])

A bem da verdade, é preciso acrescentar que o próprio Searle voltou atrás quando disse numa resenha mordaz de Sadock (1974):

> A tendência contemporânea de acondicionar todos os tipos de coisas em árvores de estruturas frasais, mesmo quando elas não lhes pertencem, não resulta simplesmente de um fascínio com uma nova ferramenta analítica, mas, antes, da própria formulação de que é necessário colocar essa informação nas árvores porque a notação não fornece nenhum outro modo de representá-la (Searle, 1976, p. 967). (A tradução é da autoria de Ruberval Ferreira [In: Rajagopalan, 2010, p. 103-4])

Não nos interessa o destino da tese sustentada por Ross, nem as críticas às quais ela foi submetida. O que é, com toda certeza, digno de observação é que, em meio a toda a celeuma que se criou em torno da ideia aventada por Ross, ninguém se deu ao trabalho de admitir que a Teoria dos Atos de Fala, que todos os envolvidos estavam invocando, era fruto da intervenção de Searle. Foi ele, Searle, quem introduziu a oposição entre o "conteúdo proposicional" de um enunciado e sua "força ilocucionária" em flagrante contramão a Austin (ver, p. ex., Searle 1973 [1968]).

É preciso, portanto, não perder de vista que (a) a Teoria dos Atos de Fala que se espalhou pelo mundo afora se deve, em larga medida, à divulgação das reflexões filosóficas de Austin por Searle e, mais importante ainda, (b) a teoria, tal qual o mundo acadêmico foi conhecendo, foi uma recriação nas mãos de Searle (Rajagopalan, 1996 [2010a]). Entretanto, desde o princípio, também houve quem duvidasse da sensatez dessa manobra:

> O casamento que Searle promove entre uma linguística chomskyana inicial e sua própria versão de uma filosofia austiniana da linguagem cria problemas e confusões, dos quais o mais fundamental é como uma filosofia, destinada a analisar "a realização de atos ilocucionários da comunicação humana", pode se basear numa linguística cujo "objetivo [...] não é e nunca foi explicar a comunicação" (Borsley & Newmeyer, 1977, p. 47), uma linguística que não tem por objeto os produtos culturais de segunda ordem chamados de "linguagens", e que faz ou, no momento adequado, fez uma distinção explícita entre "desempenho" linguístico e uma "competência" linguística abstrata para se concentrar exclusivamente nesta última (Love, 1999, p. 16). (A tradução é da autoria de Ruberval Ferreira [In: Rajagopalan, 2010, p. 71])

O fato é que o tal "casamento" (diríamos "de conveniência") que Searle promoveu foi amplamente alardeado e festejado por muitos e criou, desde cedo, confusões do tipo "[u]m relacionamento entre *gramática* e *pragmática* pressupõe uma descrição gramatical também de sequências de frases e de propriedades do discurso como um todo — p. ex., para dar conta das relações entre *atos de fala* e *macroatos de fala*" (Fávero; Koch, 1983, p. 18). E, o que é mais impressionante, a tendência de se festejar o casamento, e com isso reiterar a ideia de complementaridade entre a Sintaxe e a Pragmática, continuou em pleno vigor até vinte anos depois, quando Koch escreve logo na abertura do capítulo 2 intitulado "A virada pragmática" do seu livro *Introdução à Linguística Textual*: "Não tardou, porém, que os linguistas do texto sentissem a necessidade de ir além da abordagem sintático-semântica, visto ser o texto a unidade básica de comunicação/interação humana" (Koch, 2004, p. 13).

1.3. O namoro de Searle com a Linguística da época

O encanto de Searle com a Linguística da época ficou mais claro ainda na forma como ele procurou encampar dentro de sua versão da Teoria de Atos de Fala a noção griceana de implicaturas conversacionais (Grice, 1975). A ideia básica, intuitivamente satisfatória, de que é possível dizer algo pronunciando, de fato, frases que aparentemente querem dizer algo diferente, como no caso de "Pode me passar o sal?", que é entendido, via de regra, como um pedido e não uma pergunta, foi prontamente alardeada por Searle como caso exemplar do funcionamento de um ato de fala indireto.

O que pouca gente objetou na época foi o fato de que a tal da "indireção" só existe para quem insiste em encarar o enunciado em questão, a saber, "Pode me passar o sal?", como primeiramente uma pergunta e só em seguida, e de forma um tanto "tortuosa", um pedido. Não é bem provável que o próprio Searle tenha sido induzido a tal equívoco pela forma sintática da frase e não seu estatuto como ato ilocucionário, como pregava seu próprio posicionamento teórico? (cf. Rajagopalan, 1984).

A tese de Searle sobre a existência de atos de fala indiretos estava fadada ao fracasso desde o princípio pelo fato de ele ter sido levado a postular a primazia de "Pode me passar o sal?" como uma pergunta só porque há uma nítida tendência em muitas línguas de usarem a forma interrogatória como modo canônico de fazer atos ilocucionários de pergunta. Confirmação adicional da precariedade da posição defendida por Searle à luz da descoberta por House e Kasper e outros de que, ao contrário do que previa Searle, línguas como o alemão privilegiavam mais formas diretas de efetuar atos como "queixar-se" e "solicitar" (cf. Rajagopalan, 1992 [2010a]). House e Kasper (1981) fazem a seguinte ponderação a respeito:

> De ponto de vista ético, o comportamento dos falantes alemães pode muito bem ser considerado indelicado se se usa como ponto de referência uma norma inglesa; contudo, de um ponto de vista êmico que nós preferimos adotar aqui, tudo o que se pode dizer é que os comportamentos diferentes demonstrados pelos falantes alemães e ingleses podem ser um reflexo do fato de que os dois sistemas culturais são diferentemente organizados. (House; Kasper, 1981, p. 134)

2. A "Nova Pragmática" e suas implicações para a Linguística de Texto

2.1 O que há de "nova" na "Nova Pragmática"?

A Nova Pragmática tem como ponto de partida uma leitura decididamente não-searleana de Austin, e os trabalhos como os de Ross (1970) e Sadock (1974), que se inspiraram nela. Ela existe já há algum tempo e tem milhares de simpatizantes, não só na Linguística, mas em áreas conexas como a Antropologia e a Sociologia. A Nova Pragmática procura libertar o estudo de atos de fala como algo caudatário de uma análise convencional de frases. Ao mesmo tempo, ela se livra de uma série de outros valores da leitura "oficial" de Austin que foi orquestrada por Searle. Entre esses atributos estão a procura desenfreada por propriedades universais nos atos de fala; a Nova Pragmática entende que, pelo contrário, a Teoria de Atos de Fala é, antes, uma teoria de cunho antropológico e não algo que foi promovido como "filosófico-lógico" por Searle e, mais acentuadamente, por Searle e Vanderveken (1985) e Vanderveken (1990, 1994). Ela encara os atos linguísticos como ritos praticados pelos usuários, tendo como pano de fundo as especificidades culturais que os distinguem dos demais povos. A "situacionalidade" (cf. Signorini, 2008) de fala e seu entrelaçamento com a cultura constituem, portanto, marcas registradas dos atos de fala.

Conforme já apontei acima, ao caracterizar o conceito de atos de fala como conceito central dos desenvolvimentos no campo da Pragmática, Koch tomou uma posição muito acertada. O que ela talvez não tenha levado em conta é que, da mesma maneira que o campo da LT, a Teoria dos Atos de Fala também presenciou mudanças drásticas na conceituação. Koch tem toda razão em dar a entender que, em sua versão "oficial" promovida por John Searle, a Teoria dos Atos de Fala não passou de uma extensão, um adendo, à análise linguística de grande prestígio na época, a saber, a Sintaxe Gerativa. Nas palavras muito citadas do próprio Searle, a sintaxe chomskiana e a Teoria de Atos de Fala (isto é, na versão promovida por ele próprio) "construídas não como teorias, mas como abordagens de investigações, são complementares e não concorrentes" (Searle, 1969, p. 18-19).

Entretanto, ao se levar em consideração o fato de que leituras alternativas à interpretação de Searle surgiram já há algum tempo e estão em franca efervescência, a passagem tão linear e suave que Koch aponta no trecho citado no começo deste texto, isto é, "[d]e uma disciplina de inclinação primeiramente gramatical (análise transfrástica, gramáticas textuais), depois pragmático-discursiva, transforma[ndo]-se em disciplina com forte tendência sociocognitivista", precisa ser reformulada. Pois o fato é que a postura assumida pela "Nova Pragmática" tem muito a contribuir para pensar os futuros rumos da LT, inclusive para aquilo que Koch caracteriza como "tendência sociocognitiva", como discutiremos a seguir. Como salientou Koyama (1997, p. 1) "uma teoria pragmática é, evidentemente, uma teoria linguística e uma teoria social ao mesmo tempo". Concluí um texto que publiquei na *Encyclopedia of Language and Linguistics*, sob o título de *Social aspects of pragmatics* (Rajagopalan, 2006 [2010a], p. 438), com as seguintes palavras:

> Ao se examinar a história recente de intensa pesquisa no campo da pragmática linguística, podemos ficar estarrecidos ante a percepção de que, apesar dos grandes avanços feitos para que se reconheça a natureza social da linguagem como a chave para entender a linguagem em uso, há também posições reacionárias que tentam suprimir a dimensão social ao privilegiarem o aspecto cognitivo da linguagem. A estrada à frente há de ser pavimentada, portanto, com considerações políticas. (A tradução é da autoria de Claudiana Nogueira de Alencar [In: Rajagopalan, 2010, p. 43-44])

2.2 A Nova Pragmática e o texto

A Nova Pragmática está comprometida com uma conceituação do que vem a ser um texto que diverge das formas costumeiras de encará-lo. Para entender o conceito de texto que emerge do ponto de vista da Nova Pragmática, talvez seja interessante compará-lo ao conceito do enunciado constativo, tal qual ele é desenvolvido nas reflexões de Austin. Já é sabido que simplesmente não há um único conceito de constativo na obra *How to Do Things with Words*. O termo é apresentado logo no início de suas discussões como se tratando de algo familiar e longe de problemático. Ao longo das reflexões que Austin conduz, ele se torna cada vez mais problemático e difícil de se sustentar. Até que, ao cabo de uma investigação cerrada, Austin conclui que o constativo não passa de um performativo mascarado (a metáfora é do próprio filósofo inglês).

Efetivamente, o que vemos na narrativa austiniana (pois se engana quem pensa que se trata de um tratado filosófico!) é que o que era pacífico torna-se problemático; o que era uma categoria de exceção (a saber, os casos de enunciados performativos) torna-se o que há de mais comum e corriqueiro. Ou seja, Austin nos mostra como os casos de enunciados constativos que, durante tantos séculos, iludiram os filósofos e os gramáticos, eram nada mais que enunciados performativos, cuja força ilocucionária foi tão bem camuflada de tal forma que ninguém percebesse sua presença.

É impressionante observar que muitos estudiosos de Austin, mesmo tendo percebido essa incrível reviravolta no texto austiniano, tenham passado ao largo das suas implicações profundas. Pois, a partir dessa conclusão, a pergunta que devemos procurar responder é justamente: o que exatamente fez com que nós fôssemos incapazes de detectar a presença da força ilocucionária por trás de uma frase como "O gato está em cima do capacho", que, durante anos a fio, os filósofos alardeavam como caso exemplar de uma proposição, suscetível de averiguação em termos veritativos e os gramáticos, por sua vez, ostentavam como exemplo impecável de uma frase declarativa que podia ser utilizada para fazer uma asserção?

A resposta só pode ser a de que estamos diante de casos em que a força, o peso da tradição falam muito alto e nos ofuscam com todo seu esplendor, a ponto de nos cegar a respeito de algo que estava o tempo todo diante de nossos olhos. Ou seja, a proeza de Austin tem algo do menino que, livre do peso das convenções e da pompa e circunstância que atendiam à realeza, percebeu que o Rei estava realmente (sem trocadilho!) nu. Talvez, tenhamos aí uma primeira pista quanto ao funcionamento da ideologia na linguagem.

Mas, seja como for, a semelhança entre o destino do enunciado constativo em Austin e o que se espera do conceito de texto dentro da ótica da Nova Pragmática é bastante convidativa. Da mesma forma que o constativo, o texto também começa a existir como ente autônomo, quando relegamos a segundo plano as circunstâncias de sua produção.

3. Texto: uma questão de textualização

3.1 Uma breve exposição sobre textualização

Não é o caso, aqui, de discorrer sobre o termo "textualização" e de discutir suas diferentes acepções. Para fins da presente exposição, entenderemos pelo termo "textualização" o gesto, o processo, de produzir textos (Harris, 1984). Ou seja, quem fala de textualização entende que os textos são produtos de um processo, de uma atividade chamada textualização que, por conseguinte, antecede a própria existência do texto enquanto algo concreto, cujos contornos já estão delineados. Ademais, o assim-chamado texto não se limita a uma escrita bem delineada, e não precisa ser escrito (há textos anteriores à invenção da escrita!). Tampouco se limita à ocasião de escritura, e muito menos ao momento de sua primeira recepção. O texto é repetidamente retextualizado todas as vezes que ele é lido/interpretado. Ou seja, o texto se realiza na sua leitura/interpretação. Ele, o texto, só pode ter sua sobrevida garantida nessa reiteração. Há algo profundamente nietzschiano aqui, pois lembra as seguintes palavras de Zaratustra (Nietzsche, 2002) dirigidas ao sol, logo na primeira parte do preâmbulo de sua obra *Assim falava Zaratustra*:

> Grande astro! Que seria da tua felicidade se te faltassem aqueles a quem iluminas? Faz dez anos que te abeiras da minha caverna, e, sem mim, sem a minha águia e a minha serpente, haver-te-ias cansado da tua luz e deste caminho.

De acordo com Schniedewind (2004), até mesmo a Bíblia Sagrada só começou a existir como um texto, um livro, na forma como a nossa civilização o reconhece, a partir de um longo processo de textualização. Em suas próprias palavras,

> Nós tendemos a ler a Bíblia através da lente da modernidade. O que significa dizer que nós lemos a Bíblia como um livro. Nós não só tendemos a pensar sobre a Bíblia como um livro uno, mas também tendemos a ler a Bíblia como se ele viesse de um mundo de textos, livros e autores. Nós lemos a Bíblia a partir de uma perspectiva de um mundo altamente letrado. Contudo, a Bíblia foi escrita muito antes de os livros começarem a existir. (Schniedewind, 2004, p. 3)

Embora muitos estudiosos tenham, a exemplo de Schniedewind e dos que colaboraram no livro organizado por Honko (2000), focado as narrativas orais para tratar das complexidades inerentes à textualização, é relativamente fácil perceber que o processo de textualização está presente até mesmo nos textos que a opinião leiga considera prontos e acabados, com seus contornos fechados e selados de uma vez por todas. Entretanto, há algo tipicamente associado ao discurso oral que permeia todo texto: assim como a palavra soprada, o texto, independentemente de seu modo e meio de produção, tem uma vida transitória e precisa ser reavivado constantemente.

Em outras oportunidades (Rajagopalan, 2010, p. 15), referi-me ao encerramento forçado e arbitrário de limites de certos textos como um ato de "sacralização", vedando, através de tal manobra, qualquer possibilidade de novas leituras e contendo, dessa forma, a possibilidade de uma ameaça à tese da estabilidade de sentido de um texto.

3.2 Texto como resultado de um recorte a posteriori de uma massa amorfa de enunciados

Todo texto é, em outras palavras, resultado de um recorte de um amontoado de enunciados (falados ou escritos; realizados de maneira linguística ou de qualquer outra forma semiótica) que alguém fez sob determinadas condições. Isto é, o texto é sempre resultado de um processo de textualização sob determinadas condições e com determinados interesses, explícitos ou velados.

O ato, o momento de interpretação, ao contrário do que muita gente pensa, não incide sobre um texto já pronto e acabado; ele participa e faz parte integral da textualidade de um texto (cf. Hanks, 1989; Baldick, 1990). É mediante sua textualidade que o texto começa fazer sentido, enfim passa a existir enquanto um texto. No campo da teoria literária, é lugar comum dizer que o termo "texto" veio a suplantar o termo "obra", até então em voga, precisamente para sublinhar a importância da textualização que antecede a emergência de um texto como objeto de análise.

De acordo com Silverman (1986), a textualidade de um texto o constitui como algo essencialmente indecidível. Mas isso acontece só em tese;

na prática, os contornos do texto, e, por conseguinte, os limites do sentido que o assim delineado texto pode vir a veicular, são determinados por meio de um gesto de intervenção. Nesse sentido, todo texto é decorrente de uma intervenção. O mais interessante é que as forças responsáveis pela intervenção se escondem por trás de artimanhas como a procura de uma âncora segura, justamente a fim de evitar que o texto fique à deriva e seu sentido indefinível.

Esse fato fica evidente de forma escancarada em contextos de regimes e repressão ditatoriais ou fanatismo religioso, mas está presente até mesmo em casos bem mais comuns, em que sempre há mãos invisíveis controlando e manipulando os limites de leitura. Do texto como uma unidade autocontida, ou do texto ancorado na intenção autoral, ou ainda do texto como um acontecimento histórico e resultado de um ato de enunciação (por definição, única e irrepetível) e por aí vai, o esforço é sempre fincar a textualidade do texto em um fundamento sólido e seguro, um gesto que lembra muito a substituição incessante do putativo centro de que fala Derrida (1973) e que constitui, segundo o filósofo francês, a marca registrada — o logocentrismo — da nossa filosofia ocidental.

É sobre essa questão crucial que discorremos a seguir. Utilizarei, para fins de ilustração, um escrito de minha autoria que, desde seu momento de publicação numa revista estrangeira de grande alcance, provocou bastante discussão, dividiu o público entre os que concordavam com meu ponto de vista e os que discordavam dele — texto reproduzido posteriormente, em duas coletâneas. O que quero ressaltar é que, ao longo dessa trajetória, o escrito original passou por diferentes textualizações, resultando efetivamente em textos diversos.

4. Estratégias de textualização efetuando recortes diferentes e assim produzindo diferentes textos: a análise de um caso

4.1 Um caso

O caso concreto que quero relatar aqui em primeira mão refere-se a um artigo de minha autoria intitulado *Of EFL teachers, conscience and cowardice*

(Rajagopalan, 1999a) e publicado na revista inglesa *ELT Journal*. Na época em que o artigo foi publicado, foi motivo de bastante discussão entre os pesquisadores que se interessavam pelo fenômeno da expansão desenfreada da língua inglesa ao redor do mundo e pelos perigos e as vantagens que isso acarretava (tema ao qual venho me dedicando já há algum tempo). Aliás, o potencial polêmico das minhas colocações naquele artigo havia sido percebido pela própria comissão editorial da revista que, em meados de 1997, quando submeti o manuscrito à revista, consultou-me sobre meu interesse em publicá-lo como parte de uma nova seção da revista chamada *Point — Counterpoint* (*Ponto — contraponto*).

Quando dois anos mais tarde o artigo finalmente foi publicado na revista, foi acompanhado de uma réplica por Suresh Canagarajah (1999) e uma tréplica, bem enxuta (conforme exigia a norma da revista) de minha autoria (Rajagopalan, 1999b).

Como a própria revista destaca numa nota que sempre aparece na abertura da seção,

> Nesta seção, apresentamos pontos de vista contrastantes sobre um tema de interesse atual. O primeiro artigo é aquele que passou pelas mãos de um comitê de pareceristas e foi devidamente aceito para publicação; a segunda é uma resposta comissionada, à qual o autor do artigo original é convidado a responder brevemente.

Ou seja, de acordo com a própria revista, o debate é construído pelo conjunto de três escritos, escritos em momentos diferentes. Surge daí um primeiro dilema no que tange à tessitura do texto do debate, de qualquer debate. Temos, no caso, três textos ou apenas um?

Antes de nos apressarmos a fazer qualquer uma das opções, acredito ser importante considerar o seguinte: Será que a identidade de um texto deve ficar alicerçada na questão da autoria? Como o escrito gerador da polêmica e a primeira resposta têm fontes autorais diferentes, devemos considerá-los textos independentes? Um momento de reflexão sobre a questão da autoria da Bíblia Sagrada, à qual nos referimos anteriormente, deve nos convencer de que há argumentos de sobra para considerá-la um só texto, a despeito de ter sua origem numa multiplicidade de "autores", e de, por conseguinte, a própria noção da autoria da Bíblia ser uma questão "nebulosa".

Além do mais, se a primeira intervenção do debate e a segunda forem consideradas diferentes textos só porque têm autores diferentes, pela mesma lógica, a primeira e a terceira (que, não nos esqueçamos, nada mais é do que uma tréplica à réplica) devem ser lidas como um só texto, quem sabe, um texto disjunto, com um enorme hiato no meio? O meu propósito aqui não é argumentar a favor de nenhuma das alternativas, pois acredito que qualquer escolha no caso vai ser totalmente arbitrária. A questão em si é, em outras palavras, indecidível.

A questão da textualidade do texto é indecidível, aqui como em qualquer outro caso, para lembrar a colocação de Silverman (1986). A melhor prova disso, com referência ao debate em discussão, no qual fui um dos protagonistas, é que diferentes recortes foram feitos em diferentes coletâneas nas quais o debate foi reproduzido. Em primeiro lugar, quero citar um pequeno trecho de um e-mail que recebi em 17 de janeiro de 2005 de John E. Joseph, professor da Universidade de Edimburgo, na Escócia, no qual ele comenta:

> Por muitos anos agora, seu debate com Suresh Canagarajah na *ELT Journal* (1999) tem se configurado no currículo por aqui e nunca falha em envolver os nossos alunos nas dimensões políticas do ELT (ensino de língua inglesa) e da linguística aplicada de forma geral. É quase imprevisível quais os alunos que vão acabar concordando com você e quais os outros com Canagarajah — e sempre há uma minoria determinada a comprovar que ambos estão com a razão de alguma maneira. (Joseph, 2005)

Ou seja, está claro que, para os responsáveis pela confecção do currículo da Universidade de Edimburgo, o debate se dava em três momentos e o texto debate era um só, composto de três partes.

Não foi isso que se verificou quando o debate foi reproduzido num volume intitulado *World Englishes — Critical Concepts in Linguistics*, organizado por Kingsley Boulton e Braj Kachru em 2006. Nesse volume, o debate se resumiu ao texto gerador e à réplica. Por implicação, os organizadores desconsideraram a tréplica, e deram o debate como encerrado antes, ou por considerarem a tréplica exterior ao debate ou por tratá-la como uma "reação posterior" ou uma "retomada retrospectiva".

No ano de 2010, o debate foi retomado por John Joseph no volume 4 do seu conjunto de 4 volumes que compunham a obra de referência intitulada *Language and Politics*. Nele, o debate foi reproduzido na forma como a *ELT Journal*, a revista que o patrocinou, havia vislumbrado-o.

A grande questão é: que organizadores têm razão? É lícito dizer que, por ter cortado no meio um debate, uma conversa, os organizadores do primeiro volume, o organizado por Boulton e Kachru, desvirtuaram-no, deturpando seu "verdadeiro" sentido? Por mais tentadora que seja tal resposta, devo rechaçá-la pelas razões que passo a detalhar.

4.2 Texto e seu "uptake"

O temo "uptake" foi utilizado por J. L. Austin em sua obra clássica (Austin, 1962), em meio à discussão sobre as circunstâncias em que um ato de fala pode ser considerado bem-sucedido (ou "feliz", para utilizar a sua expressão favorita) (Rajagopalan, 1990). Dentre os diferentes fatores condicionantes, Austin faz questão de destacar o "uptake", palavra inglesa que pode ser traduzida como "entendimento" ou "compreensão". Trata-se da ideia de que para alguém poder ser considerado como aquele que fez uma pergunta a um interlocutor, é necessário que o interlocutor compreenda a língua em que a pergunta foi formulada. Se, por exemplo, alguém parasse um cidadão de pouca instrução e perguntasse a ele "Quo vadis?", dificilmente podemos concluir que ele o inquiriu sobre o destino de sua viagem. Da mesma forma, um estranho que começa a falar com você numa língua que você desconhece totalmente não poderia ser considerado alguém que tenta ameaçar você, a menos que você chegue a tal conclusão pelo tom da voz ou pelas gesticulações desse estranho.

Se aplicarmos o *insight* de Austin e estendermos seu alcance para o texto como um todo ou, para lembrar as palavras de Koch (2001, p. 16), para o "texto como ato de fala complexo (fundamentação pragmática)", podemos ter uma ideia da importância do "uptake" na constituição do texto enquanto objeto de estudo e análise. O *uptake* nunca é um gesto passivo. Ele é atravessado por nossos interesses, entre os quais, as nossas preferências e inclinações teóricas.

4.3 Citação: uma prova contundente

A questão da indecidibilidade do que é um texto e quais os seus contornos salta aos olhos quando ponderamos a problemática de citação. Antes de qualquer outra coisa, deixemos claro o seguinte: quem cita um texto admite que há um texto para ser citado e como distingui-lo dos demais textos que o circundam. Ou seja, é preciso identificar o texto antes de cítá-lo.

Acontece que nem sempre o(a) autor(a) que foi citado(a) concorda com a forma como ele(a) foi citado(a). É muito comum ouvir reações do tipo "O fulano me citou erroneamente". Agora, o que vem a ser uma citação errônea? Se descartarmos casos óbvios como troca de palavras por descuido ou propósito, podemos verificar que a alegação de uma citação errônea ou incorreta é atribuída à citação "fora do contexto".

Quem insiste que suas palavras foram citadas "fora do contexto" está partindo do pressuposto de que todo texto tem seu contexto correto. Ora, se o texto não pode ser transportado para um outro contexto, simplesmente não pode haver nenhuma citação que não seja desautorizada e, portanto, errônea. Isso porque o que vem a ser uma citação a não ser o transplante forçado de um trecho de um texto para um outro (con)texto, não previsto originalmente?

Ou seja, das duas, uma: ou toda citação é indevida e incorreta ou aquilo que chamamos de citação jamais passa de uma ilusão. Em outras palavras, a rigor não há citação, muito menos citação acertada, a menos que se abra mão da ideia de que todo texto tenha seu próprio contexto, hospedeiro e hospitaleiro.

Nenhum texto tem seu próprio contexto. Contextos precisam ser reivindicados e conquistados. Ademais, os contextos precisam ser constantemente vigiados e policiados, para que não sejam sequestrados e forçados a conviver com outros textos em contextos não vislumbrados originalmente. Vale dizer, a textualidade de um texto nunca é dada; ela precisa ser conquistada. Boa parte das disputas sobre interpretação de sentidos parte de uma luta entre as partes para decidir quem tem a posse do texto, quem decide onde um texto termina e outro começa.

É por esse motivo que o que é uma citação correta para um pode ser uma citação totalmente incorreta ou descabida para outro. Não há nenhum critério "neutro" que possa ser invocado para julgar casos de contenda que envolvem a procedência de uma citação. Novamente, devemos nos apressar para acrescentar que, em muitos casos específicos, as contendas são resolvidas dando a razão a uma das partes. Mas a decisão, em todos os casos, vai ser *política*.

4.4 Citar um texto e citar um(a) autor(a)

Se a citação de um texto invariavelmente incorre na problemática de indecidibilidade radical entre citação correta e citação incorreta, o problema é ainda mais complexo quando se trata de citar um indivíduo. Quem, por exemplo, diz algo como "De acordo com Wittgenstein..." está se referindo a nenhum texto ou livro do filósofo austríaco, mas ao indivíduo com esse nome como um todo. O problema começa justamente aí. Pois sabemos que toda e qualquer pessoa evolui no seu modo de pensar ao longo de sua trajetória. No caso específico de Wittgenstein, é público e notório que o filósofo teve duas fases distintas em que abraçou posições díspares: a primeira, a do Positivismo Lógico, e a segunda, a da Filosofia da Linguagem Ordinária.

A pergunta que nos interessa aqui é: ao nos referirmos a Wittgenstein, estamos nos remetendo a um único texto ou a múltiplos (pelo menos dois nitidamente distintos) textos? Há quem ache que são dois textos, ou dois Wittgensteins — um, o autor de *Tractatus Logico-Philosophicus* (Wittgenstein, 1922), e outro, o autor de *Philosophical Investigations* (Wittgenstein, 1953). Porém, há também outros que insistem em dizer que se trata da evolução do pensamento de um filósofo irrequieto.

As diferenças entre as duas posições distinguidas acima não são triviais. Dependendo da leitura que se faz da obra de qualquer pensador como um todo, ou ele cai em contradições ao defender posições irreconciliáveis entre si ou ele é inocentado dessa alegação grave pelo argumento de uma evolução no próprio modo de pensar. (Afinal, todo mundo tem direito de mudar de opinião ao longo da vida, ou seja, ninguém está obrigado a se manter fiel às posições defendidas em algum tempo no passado!)

Novamente, estamos diante de um outro caso em que o texto (agora entendido como o trabalho intelectual de alguém como um todo, ao qual nos referimos nomeando a pessoa por trás) está sujeito a recortes diferentes. A própria textualidade do texto no caso, assim como em qualquer outro caso, está na forma como se textualiza o autor.

4.5 Tese acadêmica, tal qual se imagina, como uma impossibilidade

Vai ao encontro da nossa discussão um argumento que utilizei em Rajagopalan (2010) para pleitear que uma dissertação ou tese, tal qual a academia a imagina ser, jamais pode existir a menos que na forma de um "faz de conta". Mais especificamente, se alguém começa uma tese dizendo "nesta tese pretendo fazer uma análise de *xxx* dentro da abordagem teórica proposta por *yyy*", pode acontecer das duas uma: ou a tese não traz nada de novo, pois simplesmente regurgitou o que já estava previsto na teoria, ou ela ultrapassou os limites da teoria em que se propôs a conduzir a análise e, dessa forma, não cumpriu a promessa inicial de trabalhar *estritamente* dentro da abordagem teórica escolhida. A textualidade do texto de uma tese ou dissertação, enfim, um texto acadêmico, com todas as parafernálias costumeiras, é, no rigor do termo, uma impossibilidade. Estamos diante de uma aporia com a qual estamos destinados a conviver!

5. Considerações finais

Ao considerar a abordagem pragmática do texto, Koch acertou em cheio em considerá-la uma perspectiva que tem no seu âmago o conceito de atos de fala. Porém, houve um ligeiro equívoco quando ela a considera como parte da história passada da LT, tratando-a como meramente uma etapa passageira numa progressão linear que vai da análise transfrástica rumo a uma visão sociocognitivista. Na melhor das hipóteses, tal cadeia só se justificaria se confinássemos as nossas atenções exclusivamente naquilo que costumo chamar de a "leitura oficial" da Teoria dos Atos de Fala, que, nas mãos do seu principal divulgador, John Searle (ver Rajagopalan, 2010a), teve uma preocupação preponderante em acoplar o que chamou de Teoria dos Atos de Fala ao modelo de análise em prestígio nas décadas de 1960 até os meados de 1980 — a saber, a Sintaxe Gerativa.

De lá para os dias de hoje, a Pragmática tem tomado rumos nitidamente diferentes. Hoje, ela é vista muito mais como uma perspectiva sobre a linguagem do que como mais um componente da Linguística. Nas mãos de estudiosos como Jacob Mey (1985, 1987, 2000, 2001) e Verschueren (1987, 1999), o campo de estudo chamado "Pragmática" tem se transformado em algo politicamente consciente e engajado na condução da pesquisa linguística (Rajagopalan, 2009), abrindo brechas a intervenções críticas na própria linguagem. Muitos dos avanços alcançados no sociocognitivismo, tal como a importância da sociedade na cognição e aprendizagem por indivíduos, já estão sendo contemplados e assimilados pelo campo da Pragmática.

A Pragmática do Texto hoje é um campo de pesquisa muito fértil para interrogar o próprio estatuto do texto como uma questão a ser inquirida e problematizada. Ao fazer isso, inescapavelmente descobre-se que a questão passa antes por uma outra questão muito mais crucial e urgente que é a que diz respeito à política de conhecimento (Szanton, 2003; Swee-Hock; Quah, 2009).

Agradecimento

Sou grato ao CNPq pela concessão da bolsa de produtividade (N°. de Proc. 301589/2009-7).

Referências

AUSTIN, J. L. *How to do things with words*. 2. ed. organizada por J. O. Urmson and Marina Sbisà. Cambridge, Massachusetts: Harvard University Press, 1975.

BALDICK, C. Textuality. In: *The Oxford Dictionary of Literary Terms*. Oxford: University Press, 1990.

BOLTON, K.; KACHRU, B. (Orgs.). *World Englishes — critical concepts in Linguistics*. Londres: Routledge, 2006.

BORSLEY, R. D.; NEWMEYER, F. J. The language muddle: Roy Harris and generative grammar. In: WOLF, G.; LOVE, N. (Eds.). *Linguistics inside out: Roy Harris and his critics*. Amsterdam: John Benjamins,1997. p. 42-64.

CANAGARAJAH, S. Of EFL teachers, awareness and agency. *ELT Journal*, v. 53, n. 3, p. 207-13, 1999. Reproduzido em BOLTON, K.; KACHRU, B. (Orgs.). *World Englishes — critical concepts in Linguistics*. Londres: Routledge, 2006. p. 217-23. Posteriormente, em JOSEPH, J. E. (Org.). *Language and Politics*. 4 v. Londres: Routledge, 2010. v. IV, p. 25-32.

DERRIDA, J. *Gramatologia*. Trad. de M. Schnaiderman e R. J. Ribeiro. São Paulo: Perspectiva, 1973.

_____. Limited Inc. *Glyph*, v. 2, p. 162-254, 1997.

FÁVERO, L. L.; KOCH, I. G. V. *Linguística Textual: Introdução*. São Paulo: Cortez Editora, 1983.

FRASER, B. *An examination of the performative analysis*. Indiana: Indiana University Linguistics Club, 1971. (mimeo)

GRICE, H. P. Logic and conversation. In: COLE, P.; MORGAN, J. (Orgs.). *Syntax and Semantics, 3: Speech Acts*. New York: Academic Press, 1975. p. 41-58.

HANKS, W. F. Text and Textuality. *Annual Review of Anthropology*. v. 18, p. 95-127, 1989.

HARRIS, R. The semiology of textualization. *Language Sciences*. v. 6, n. 2, p. 271-86, 1984.

HONKO, L. (Org.). Text as process and practice: the textualization of oral epics. In: HONKO, Lauri (Org.). *Textualization of oral epics*. The Hague: Mouton de Gruyter, 2000. p. 3-56.

HOUSE, J.; KASPER, G. Politeness markers in English and German. In.: COULMAS, F. (Ed.). *Conversational Routine*. The Hague: Mouton, 1981.

JOSEPH, J. E. RE: Request for a manuscript. E-mail pessoal. Recebido em 17 jan. 2005.

JOSEPH, J. E. (Org.). *Language and Politics*. 4 v. Londres: Routledge, 2010.

KOCH, I. G. V. Linguística Textual: *quo vadis*? *D.E.L.T.A*. v. 17, n. especial, p. 11-23, 2001.

_____. *Introdução à Linguística Textual*. São Paulo: Martins Fontes, 2004.

KOYAMA, W. Desemanticizing pragmatics. *Journal of Pragmatics*, v. 28. n. 1, p. 1-28, 1997.

LOVE, N. 'Searle on language'. *Language & Communication*, n. 19, p. 9-25, 1999.

MEY, J. L. *Whose language: A study in linguistic pragmatics*. Amsterdam: John Benjamins, 1985.

_____. Poet and peasant: A pragmatic comedy in five acts. *Journal of Pragmatics*, n. 11, p. 281-97, 1987.

_____. *When voices clash: A study in linguistic pragmatics*. Berlin: Mouton de Gruyter, 2000.

_____. *Pragmatics: An introduction*. 2. ed. Oxford: Blackwell, 2001.

NIETZSCHE, F. *Assim Falava Zaratustra*. Trad. José Mendes de Souza. eBookLibris. http://www.ebooksbrasil.org/eLibris/zara.html. 2002.

RAJAGOPALAN, K. Posso fazer uma pergunta? *Estudos Linguísticos*, v. IX. Anais do XXVII GEL. p. 83-87, 1984.

_____. 'Uptake'. *Estudos Linguísticos*, v. XIX. Anais do XXXVII Seminário do GEL. p. 573-80, 1990.

_____. A irredutibidade do ato ilocucionário como fator inibidor do êxito das tentativas taxonômicas. *D.E.L.T.A.*, v. 8. n. 1, p. 91-133, 1992. Reproduzido em RAJAGOPALAN, K. *Nova Pragmática: fases e feições do fazer*. São Paulo: Parábola Editorial, 2010a. p. 45-65.

_____. O Austin do qual a linguística não tomou conhecimento e a linguística com a qual Austin sonhou. *Cadernos de Estudos Linguísticos*, v. 30, p. 105-6, 1996. Reproduzido em RAJAGOPALAN, K. *Nova Pragmática*: fases e feições do fazer. São Paulo: Parábola Editorial, 2010a. p. 241-54.

_____. Of EFL teachers, conscience and cowardice. *ELT Journal*, v. 53, n. 3, p. 200-6. Reproduzido em BOLTON, K.; KACHRU, B. (Orgs.). *World Englishes — critical concepts in Linguistics*. Londres: Routledge, 2006. p. 452-459. Posteriormente em JOSEPH, J. E. (Org.). *Language and Politics.* 4 v. Londres: Routledge, 2010. v. IV, p. 16-23.

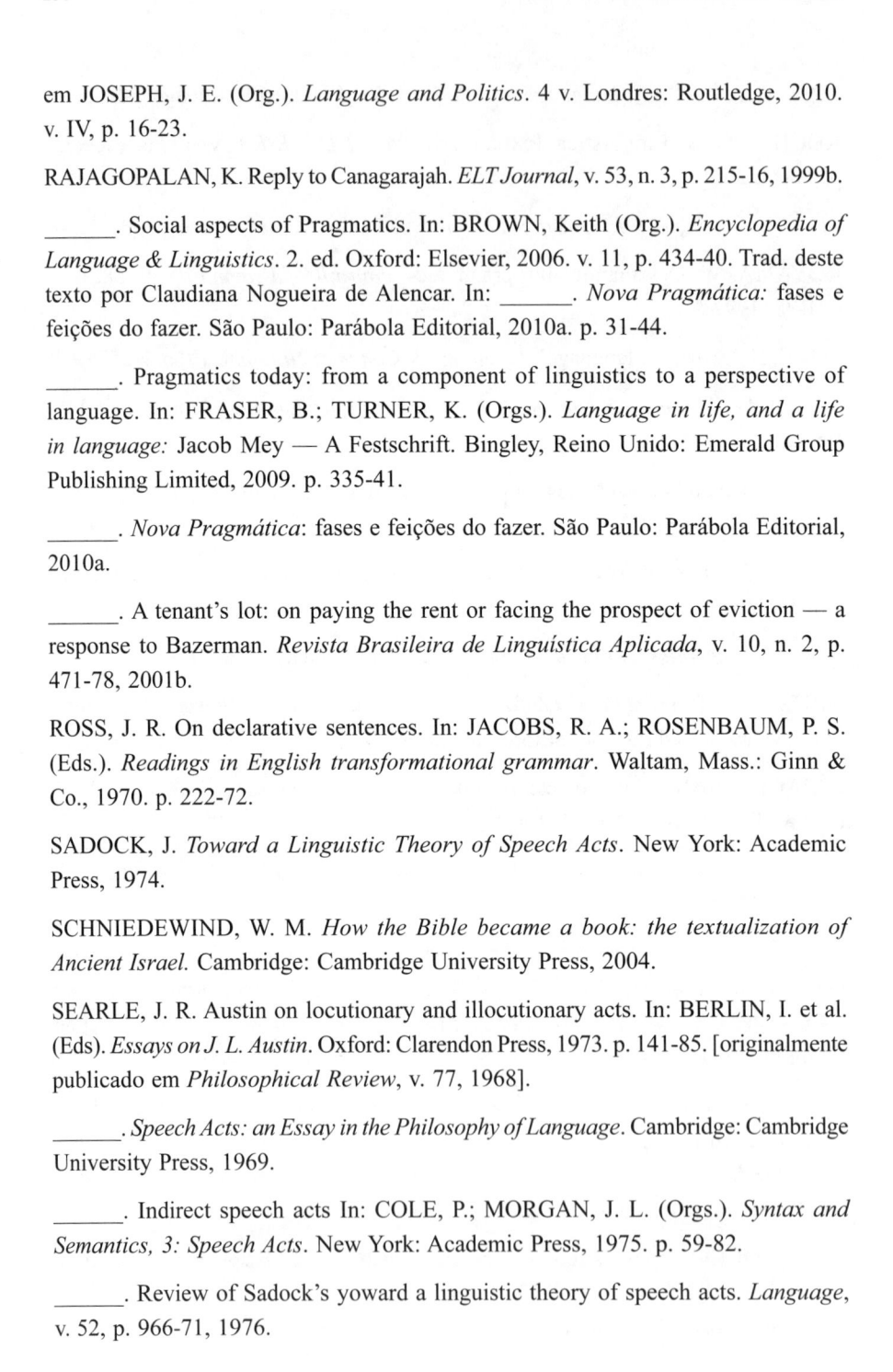

RAJAGOPALAN, K. Reply to Canagarajah. *ELT Journal,* v. 53, n. 3, p. 215-16, 1999b.

_____. Social aspects of Pragmatics. In: BROWN, Keith (Org.). *Encyclopedia of Language & Linguistics.* 2. ed. Oxford: Elsevier, 2006. v. 11, p. 434-40. Trad. deste texto por Claudiana Nogueira de Alencar. In: _____. *Nova Pragmática:* fases e feições do fazer. São Paulo: Parábola Editorial, 2010a. p. 31-44.

_____. Pragmatics today: from a component of linguistics to a perspective of language. In: FRASER, B.; TURNER, K. (Orgs.). *Language in life, and a life in language:* Jacob Mey — A Festschrift. Bingley, Reino Unido: Emerald Group Publishing Limited, 2009. p. 335-41.

_____. *Nova Pragmática*: fases e feições do fazer. São Paulo: Parábola Editorial, 2010a.

_____. A tenant's lot: on paying the rent or facing the prospect of eviction — a response to Bazerman. *Revista Brasileira de Linguística Aplicada,* v. 10, n. 2, p. 471-78, 2001b.

ROSS, J. R. On declarative sentences. In: JACOBS, R. A.; ROSENBAUM, P. S. (Eds.). *Readings in English transformational grammar.* Waltam, Mass.: Ginn & Co., 1970. p. 222-72.

SADOCK, J. *Toward a Linguistic Theory of Speech Acts.* New York: Academic Press, 1974.

SCHNIEDEWIND, W. M. *How the Bible became a book: the textualization of Ancient Israel.* Cambridge: Cambridge University Press, 2004.

SEARLE, J. R. Austin on locutionary and illocutionary acts. In: BERLIN, I. et al. (Eds). *Essays on J. L. Austin.* Oxford: Clarendon Press, 1973. p. 141-85. [originalmente publicado em *Philosophical Review,* v. 77, 1968].

_____. *Speech Acts: an Essay in the Philosophy of Language.* Cambridge: Cambridge University Press, 1969.

_____. Indirect speech acts In: COLE, P.; MORGAN, J. L. (Orgs.). *Syntax and Semantics, 3: Speech Acts.* New York: Academic Press, 1975. p. 59-82.

_____. Review of Sadock's yoward a linguistic theory of speech acts. *Language,* v. 52, p. 966-71, 1976.

SEARLE, J. R. *Expression and Meaning*. Londres: Cambridge University Press, 1979.

_____; VANDERVEKEN, D. *Foundations of Illocutionary Logic*. Cambridge: Cambridge University Press, 1985.

SIGNORINI, I. *Situar a linguagem*. v. 1 e 2. São Paulo: Parábola Editorial, 2008.

SILVERMAN, H. J. What is textuality? *Phenomenology + Pedagogy*, v. 4, n. 2, p. 1-7, 1986.

SWEE-HOCK, S.; QUAH, D. (Orgs.). *The politics of knowledge*. Pasir Panjang, Singapore: Institute of Southeast Asian Studies, 2009.

SZANTON, D. L. (Org.). *The politics of knowledge:* area studies and the disciplines. LA, California: University of California Press, 2003.

VANDERVEKEN, D. *Meaning and speech acts: principles of language use*. v. 1. Cambridge: Cambridge University Press, 1990.

_____. A complete formulation of a simple logic of elementary illocutionary acts. In: TSOHATZIDIS, S. L. (Ed.). *Foundations of Speech Act Theory*. Londres: Routledge, 1994. p. 99-131.

VERSCHUEREN, J. The pragmatic perspective. In: VERSCHUEREN, J. ; BERTUCCELLI-PAPI, M. (Eds.). *The pragmatic perspective: Selected papers from the 1985 International Pragmatics Conference*. Amsterdam: John Benjamins, 1987. p. 3-8.

_____. *Understanding pragmatics*. London: Arnold, 1999.

WITTGENSTEIN, L. *Tractatus Logico-Philosophicus*. Trad. de C. K. Ogden. London: Routledge & Kegan Paul, 1922. Originalmente publicado em alemão sob o título Logisch-Philosophische Abhandlung, in *Annalen der Naturphilosophische*, XIV (3/4), 1921.

_____. *Philosophical Investigations*. Orgs. G. E. M. Anscombe and R. Rhees. Trad. G. E. M. Anscombe. Oxford: Blackwell, 1953.

CAPÍTULO 9

Linguística Textual e Sociolinguística*

Anna Christina Bentes
Universidade Estadual de Campinas/UNICAMP-IEL

Renato Cabral Rezende
Universidade de Brasília/UnB-FUP

Considerações iniciais

Este capítulo tratará das relações entre a Linguística Textual (LT) e a Sociolinguística. Sobre este último campo dos estudos da linguagem, convidamos o/a leitor/a a pensar em Sociolinguística de forma ampla, como

---

* Este é um texto em homenagem àquela que foi e continua sendo nossa orientadora, a querida Ingedore Koch. Ela nos inspira sempre, com suas ideias, sua obra e com sua trajetória de vida. Mas esse texto não poderia ter tomado o formato final que agora damos a conhecer sem o empenho e a dedicação dos organizadores da obra, Edson Rosa, Eduardo Penhavel e Marcos Cintra. Nossos agradecimentos a eles pela oportunidade e pela felicidade de podermos estar participando dessa linda homenagem. Também agradecemos à leitura atenta e cuidadosa de Edwiges Morato, Beatriz Ferreira-Silva e Ana Cecília Accetturi. Por fim, agradecemos à vida por nos ter concedido a dádiva de termos agora ao nosso lado o Artur Sodário Cabral, que nasceu enquanto finalizávamos este texto.

"sociolinguísticas¹": o conjunto de estudos que lidam com as atividades de *interação* e da *linguagem em contexto* — sempre no horizonte das relações entre língua, cultura e sociedade — e que, por essa razão, em muito contribuíram e ainda podem contribuir para o diálogo com os estudos do texto².

A LT é um campo de pesquisa autônomo e consolidado, com objeto e indagações próprias. Um de seus recursos é o de debater pressupostos de outros campos da linguística e de outros campos do saber e redimensioná-los segundo suas indagações, para, com isso, erigir suas especificidades como domínio de pesquisa. A LT é assumida como uma área de vocação interdisciplinar. Alguns de seus pressupostos epistemológicos de pesquisa advieram da Sociolinguística, que potencializaram — e que ainda se mostram fecundos para tal — procedimentos e métodos de análise textual. Assim sendo, nosso objetivo é caracterizar de que forma a Linguística do Texto no país, em larga medida moldada pelo trabalho de Ingedore Koch, e fora

---

1. A respeito do histórico da formação do campo de estudos sociolinguísticos, ver Alkmim (2012) e Camacho (2012).

2. Tomamos "sociolinguística" aqui como um hiperônimo para campos de estudos da linguagem em contextos interacionais (Sociolinguística Interacional), de estudos que enfatizam a relação língua, cultura e sociedade (Linguística Antropológica) e os estudos de variação linguística (Sociolinguística Variacionista), campos estes que, na verdade, segundo Gumperz e Gumperz (2008), podem ser compreendidos como sinônimos. Em artigo intitulado "Estudando a língua, a cultura e a sociedade: sociolinguística ou linguística antropológica?", os autores explicam que a Sociolinguística, de forma geral, diferenciou-se da Linguística Antropológica mais por uma questão de recorte dos fenômenos analisados do que pela natureza das indagações que faz. Enquanto esta data do início do século XX, assente no trabalho etnográfico de documentação e descrição de pequenas comunidades falantes de línguas aborígenes dos Estados Unidos, tendo conservado esse foco ao longo de todo aquele século, a Sociolinguística nasce na década de 1960 voltada para compreender comunidades de falantes das sociedades industriais do pós-Segunda Guerra. Para os autores, um realinhamento entre ambas é/tem sido possível na medida em que tanto uma quanto outra têm se ocupado, por exemplo, a partir do reexame de teorização social no campo da antropologia e da sociologia, do estudo da identidade linguística (em vez do estudo da comunidade linguística) e da dimensão política da língua na vida social. Gal (2006), por sua vez, explica que, no início dos anos 1960, além de "linguística antropológica", surgiu um conjunto de denominações híbridas em referência às pesquisas voltadas para a compreensão da língua na vida social e em como os contextos sociais moldam a forma linguística e seus usos: "sociolinguística", "etnografia da comunicação", "etnolinguística", "etnometodologia" e "análise da conversação". Segundo a autora (Gal, 2006, p. 172), os trabalhos destes campos híbridos se diferenciavam segundo a ênfase dada ao tema de investigação. Todas as traduções dos textos em outra língua são de responsabilidade dos autores.

dele, dialogou e dialoga com o campo de estudos sociolinguísticos tal como o compreendemos e definimos acima a partir de como a LT compreende, internaliza e ressignifica pressupostos e achados teóricos desse campo. Além disso, para nós também é importante ressaltar, mesmo que de forma bastante inicial, como ela também contribui com esse mesmo campo. Não faremos, neste capítulo, um retrospecto detalhado do campo dos estudos do texto[3]. Na primeira seção, recapitularemos como a LT, a partir de sua "virada" sociocognitiva interacionista (cf. Koch, 2004), ao tomar como pressuposto de base um princípio heurístico da Sociolinguística em sua visada interacional, redimensionou sua percepção do conceito de texto advinda das décadas de 1960 a 1980. O princípio heurístico consiste no fato de que sem "conhecimento compartilhado" entre os/pelos sujeitos da produção e recepção textual a construção social da significação por meio de textos é sensivelmente prejudicada. Visitaremos alguns aspectos dessa "virada" para efeito de explanação do conceito de texto dela emergente — que em muito dialoga com a compreensão do campo da Sociolinguística sobre a natureza e funcionamento das práticas de linguagem e das interações.

Na segunda seção, debateremos como o tema da referenciação, um dos temas basilares na agenda da LT hoje, pode ser compreendido, dentre outros aspectos, como atividade de categorização social. *Grosso modo,* todo ato de categorizar é um ato de designar, de atribuir sentido social a um fenômeno, objeto, ou sujeito por meio de uma expressão linguisticamente revestida e textualmente instanciada. Por essa razão, a categorização é um tema caro à Sociolinguística e às sociologias de visada "microssocial", como a etnometodologia, por exemplo[4]. Quando diferentes atores sociais, sejam eles individuais ou coletivos, em suas mais diversas vivências, categorizam, isso diz muito sobre sua inserção na vida social (como eles a compreendem) e

---

3. Trabalhos anteriores traçaram os percursos, perguntas e construções teóricas empreendidos pela Linguística Textual evidenciando como, ao longo de sua história, ela desenvolveu sua agenda. Remetemos os/as leitores/as a alguns trabalhos que, em diferentes momentos, debruçaram-se sobre a trajetória da LT: Koch e Fávero (1983); Marcuschi (2012 [1983]); Koch (2002; 2004); Bentes (2001); Bentes e Rezende (2008); Bentes e Leite (2010).

4. Não gratuitamente, Fornel, Ogien e Quéré (2001), em obra que organizaram sobre o tema, intitularam-na *Etnometodologia — uma sociologia radical.*

sobre a própria organização da vida social (como ela se lhes impõe). Bastante estudado na LT, o tema da referenciação é importante tanto para teorias de base sociocognitiva como de base sociológica. A LT, por dialogar com estas duas vertentes, pode oferecer entradas analíticas sobre o funcionamento da categorização, realizada como cadeia referencial, intra e intertextual, de modo a auxiliar-nos na compreensão dos recursos dos processos de significação em larga escala por meio dos textos.

Finalmente, na terceira seção, abordaremos como os processos de categorização social por meio de textos são construídos nas práticas linguísticas referenciais, indiciando a constituição de registros linguísticos e/ou estilos linguísticos. Discutiremos qual é essa perspectiva sobre referenciação com base também em autor(es) situado(s) no espectro de investigações que visa a compreender os usos textuais como ações culturalmente significativas que compõem a vida social.

1. Conhecimento compartilhado, pistas de contextualização e produção dos sentidos do texto

A década de 1990 pode ser caracterizada, no campo dos estudos do texto, como a década da investigação das relações entre produção e recepção textuais e os processos sociocognitivos aí envolvidos. Essa agenda só foi possível porque a LT herdou das décadas de 1960 e 1970 a assunção de que um texto, seja ele oral ou escrito: (i) é um artefato linguístico resultante de um conjunto de operações linguísticas que lhe dão especificidade como unidade de sentido (a visada imanentista); (ii) é a realização de atos de fala sociorretoricamente vinculados, realizados como um "macro" ato de fala singular, que afirma, indaga ou nega sobre o mundo social; que interpela e promove interlocução com os diversos atores sociais (a visada pragmática). Neste caso, em particular, os interesses de pesquisa incidiam sobre o texto como uma ação de linguagem.

Na esteira dessas heranças, na década de 1990 predominarão, sobretudo a partir da "virada" cognitiva e, em seu interior, da virada sociocognitivo--interacional (cf. Koch, 2004; Koch e Cunha-Lima, 2004), indagações sobre como se constituem, do ponto de vista sociocognitivo, as ações de linguagem empregadas na produção e compreensão textuais. Indagava-se, e indaga-se, sobre como a significação é elaborada por meio da mobilização de conhecimentos variados; da realização de estratégias de inferenciação; da condução, enfim, pelo leitor, de operações e enquadres de natureza sociocognitiva que têm como "gatilho" o texto, mas que são operações apreendidas e vivenciadas nas/pelas práticas sociais. Um aspecto importante dessa virada é a compreensão do conhecimento partilhado nos seguintes termos:

> O conhecimento compartilhado é essencial para que os falantes possam decidir sobre que tipo de informação pode ser explicitada, que tipo de informação deve permanecer implícita, sobre quais fatos se deve chamar a atenção, quais as posturas (de intimidade, respeito, distância, autoridade etc.) adequadas de um falante em relação a outro e quais gêneros devem ser utilizados (pressupondo que o outro saberá reconhecer esse gênero e reagir apropriadamente a ele). Todo texto inclui essa dimensão compartilhada, assim como uma certa divisão de responsabilidade na atividade interpretativa (Koch; Cunha-Lima, 2004, p. 282).

A formulação acima possibilita a remissão a um aspecto importante da aproximação entre Linguística de Texto e Sociolinguística que buscamos fazer: aquela centrada na questão do conhecimento compartilhado. Para Labov ([1972] 2008), por exemplo, o compartilhamento de um tipo de conhecimento, como o das normas de uso linguístico, por sua vez, organizado por meio de regras de diversas naturezas, é a característica fundamental da comunidade de fala. Para o autor, a comunidade de fala seria constituída por indivíduos em interação verbal, compartilhando um conjunto de normas sobre os usos linguísticos, sendo que essas normas compartilhadas poderiam ser observadas ao longo dos comportamentos avaliativos dos falantes que, por sua vez, mobilizariam, de maneira uniforme, modelos abstratos dos padrões de variação linguística.

A aproximação que propomos aqui enfatiza o fato de que a questão do *conhecimento compartilhado* (seja ele considerado em sua natureza mais dinâmica ou mais estabilizada), incidindo sobre diversos aspectos das práticas de linguagem, é sempre importante na elaboração dos arcabouços teóricos dos diferentes campos de estudo, sendo que cada campo decide o peso maior ou menor desse conceito no seu desenvolvimento teórico-metodológico. Nesse sentido, parafraseando Koch e Cunha-Lima (2004), toda prática de linguagem incluiria essa dimensão compartilhada que permite, dentre outras coisas, a elaboração de constantes avaliações das ações de linguagem (e, consequentemente, da produção textual) por parte dos interlocutores no curso mesmo de suas interações sociais. Se a noção de conhecimento compartilhado é fundamental, para a Sociolinguística Variacionista (de normas de uso linguístico, especificamente), não será diferente para a LT, como veremos.

Esta questão é também fundamental para a Sociolinguística Interacional postulada por Gumperz (1982). O autor afirma que os analistas precisam dar conta da especificação do *conhecimento linguístico* e *sociocultural* que precisa ser compartilhado para que o envolvimento conversacional/interacional possa ser mantido e para que possamos descrever em que medida os conhecimentos compartilhados necessários para a produção dos sentidos das interações são de natureza situacional ou cultural. O desafio continua importante para o campo da Sociolinguística como um todo. Por exemplo, para Finnegan e Biber (2001), os estudos de variação linguística sincrônica apontam três tipos principais de correlatos, sendo um deles as características sociais do falante. Para os autores, uma dessas características com as quais a variação linguística tem sido relacionada é o grau de compartilhamento do *conhecimento sobre o contexto*. A nosso ver, um entrecruzamento[5] entre diferentes campos de estudo no Brasil conseguiu fornecer respostas muito interessantes para o desafio proposto por Gumperz em sua obra *Discourse Strategies*.

No início da década de 1990, tivemos um detalhamento dos tipos de *conhecimento* (de mundo e outros tipos) que poderiam ser compartilhados pelos interactantes/interlocutores na construção dos sentidos das interações e dos textos, o que revela a importância do conceito de conhecimento compartilhado para o campo dos estudos do texto.

Segundo Koch (2004, p. 27), por exemplo, "todo e qualquer processo de compreensão pressupõe atividades do ouvinte/leitor de modo que se caracteriza como um processo ativo e contínuo de construção". Para a autora,

---

5. Por exemplo, para compreender a histórica relação entre a Linguística Textual e a Análise da Conversação no Brasil, ver Bentes e Leite (2010).

essas atividades estão baseadas em sistemas de conhecimento[6]. Considerando os objetivos desse texto, é importante comentar pelo menos dois tipos de conhecimento: o enciclopédico (semântico ou conhecimento de mundo) e o interacional. O conhecimento enciclopédico ou de mundo é construído e compartilhado socialmente por meio de modelos cognitivos (van Dijk, 1988, 1989 *apud* Koch, 2004), caracterizados como estruturas complexas de conhecimentos, que representam as experiências que vivenciamos em sociedade e que servem de base aos processos de conceptualização. Esses conhecimentos encontram-se organizados por modelos cognitivos[7] que permitem, por exemplo, o levantamento de hipóteses a partir de uma manchete de jornal ou título de uma reportagem, a elaboração de expectativas sobre os campos lexicais a serem explorados no texto, ou ainda a produção de inferências que permitem suprir as lacunas ou incompletudes encontradas na superfície textual (Koch, 2004).

Ainda segundo a autora, o conhecimento sociointeracional é o conhecimento sobre as formas de interação através da linguagem que engloba os conhecimentos (i) ilocucional (reconhecimento dos objetivos e propósitos que se pretende atingir); (ii) comunicacional (normas comunicativas gerais, quantidade de informação relevante para os objetivos a serem atingidos e seleção da variante linguística adequada); (iii) metacomunicativo (ações linguísticas específicas que permitem ao locutor assegurar a compreensão do texto); e (iv) superestrutural (reconhecimento de textos exemplares, de macrocategorias que distinguem textos e das conexões entre objetivos, bases textuais e estruturais textuais globais).

Hoje, passados 20 anos da virada sociocognitivo-interacional, podemos resumir as questões que constituíram aquele momento de pesquisa por meio da seguinte indagação: Como, nas práticas públicas de produção textual e leitura, os sujeitos "estocam", processam e mobilizam conhecimentos

---

6. Os sistemas de conhecimento postulados por Heinemann e Viehweger (1991 *apud* Koch, 2004, p. 22) são quatro: o linguístico, o enciclopédico, o interacional e o referente a modelos textuais globais.

7. Esses modelos receberam nomes diversos no campo dos estudos cognitivos, tais como *frames*, cenários, *scripts*, modelos mentais, modelos experienciais, episódicos e de situação. Para um aprofundamento dessa questão, ver Koch (2002, 2004) e Koch e Cunha-Lima (2004).

experienciados socialmente, justamente porque a um só tempo acessam e/ou constroem esses conhecimentos de forma perspectivada e intersubjetiva nas práticas sociais, de modo a conseguirem manter *interações sociais textualmente mobilizadas e conduzidas*?

Foi (e ainda é) assente em uma tal motivação que se pode afirmar que vigora no interior da LT uma concepção de língua que a compreende como "prática historicamente incorporada, cognitivamente rica, gramaticalmente estruturada e parte do mundo social no qual a fala é uma modalidade de ação" (Hanks, Ide e Katagire, 2009, p. 03). Como corolário, a definição de texto mais aceita pela LT, hodiernamente — e, para isso, a noção de conhecimento compartilhado é fundamental —, é aquela que o compreende como o lugar, por excelência, de realização conjunta de ações linguísticas e sociais sociocognitivamente motivadas (cf. Beaugrande, 1997).

A partir da indagação acima podemos já entrever um importante ponto de contato entre a Linguística do Texto e a Sociolinguística, a saber, o de tentar lançar luz sobre o que habilita os atores sociais[8] a perceberem e a interpretarem os elementos ativadores da significação interacional, textual e contextual[9]. A esses fatores habilitadores, Gumperz (1982) deu um nome:

---

8. Para Bourdieu (1983), os atores sociais realizam suas práticas no interior de um campo, onde adquirem interesses, constroem estratégias e fazem escolhas delineadas pelo *habitus* internalizado durante sua trajetória de vida. Apesar de sabermos que o conceito de ator social pode englobar não apenas pessoas, mas também grupos, organizações, instituições e mesmo o Estado, que participam de forma ativa do "jogo social", neste texto estamos enfocando especialmente um tipo de ator social — as pessoas — que passam a protagonizar a cena social. Segundo Moura e Silva (2008), no Brasil predominaram perspectivas que conferiam uma primazia ao Estado enquanto ator protagonista na estruturação da vida social e/ou do seu desenvolvimento. Em oposição a essa concepção, os autores afirmam que, a partir do final dos anos 1970, "atores sociais tradicionalmente marginalizados da cena política passam não apenas a ocupar o 'palco', mas, principalmente, são objeto de uma ressignificação a partir de modelos interpretativos que os valorizam e, no limite, põe-nos como protagonistas da mudança de um país caracterizado por profundas desigualdades e dominações" (p. 45).

9. Ao longo deste capítulo, assumiremos, assim como em trabalhos anteriores, a noção de contexto postulada por Hanks (2008), caracterizada por ser uma noção gradiente, que comporta aspectos emergenciais e estabilizados e que se instaura em função da necessária arbitragem entre aspectos sociais e culturais de âmbito micro e macro e no diálogo com abordagens sociocognitivas da linguagem (Van Dijk, 2014). Retomamos também algumas das discussões empreendidas a respeito da noção de contexto e da questão da multimodalidade desenvolvidas em Bentes (2008; 2011) e em Koch, Morato e Bentes (2011).

pistas de contextualização[10]. Elas permitem a nós, linguistas (e aos próprios sujeitos), compreender como os sujeitos interagem com/ ou reagem aos/ textos e perseguem seus próprios propósitos comunicativos.

Cabe ainda ressaltar que, na indagação acima, o horizonte teórico instaurado constrói um foco na atividade social de construção dos sentidos das práticas de linguagem, também um dos pressupostos da Sociolinguística, o problema da produção dos sentidos do texto. Sendo assim, um foco sobre tais atividades de construção pode produzir uma melhor compreensão de "como emergem nas práticas públicas as propriedades da cognição", o que leva os analistas a tentar "captar o dinamismo dos processos que dão origem a estruturas conceituais tão complexas como as metáforas, metonímias, ironias, idiomatismos, polissemias, indeterminação referencial, dêiticos, anáforas etc., chegando à própria noção de contexto" (cf. Marcuschi, 2007a, p. 62).

Para não soar por demais abstrato falar em língua como prática perspectivada, ou de texto como lugar de convergências de ações, vejamos o pequeno texto abaixo, postado no início de 2013, em diferentes perfis de entretenimento, na rede social digital *Facebook*:

Pensamento do dia O que queremos?
linha. 1. João Paulo e Daniel. João Paulo morreu;
linha. 2   Leandro e Leonardo. Leandro morreu;
linha.3   Claudinho e Buchecha. Claudinho morreu;
linha 4   Gusttavo Lima e você. Vamos aguardar...

A nosso ver, o texto acima "funciona" como humorístico e irônico se o/a leitor/a mobilizar alguns conhecimentos enciclopédicos/de mundo e superestruturais pressupostos pelo produtor:

i.   cada dupla de nomes (linha 1 a linha 3) refere-se a uma dupla de cantores brasileiros de diferentes gêneros musicais populares (sertanejo e *funk*);

---

10. Uma pista de contextualização é qualquer aspecto da forma linguística que contribua para a sinalização de pressuposições contextuais. Tais pistas podem ter várias realizações linguísticas, dependendo do repertório linguístico historicamente constituído de cada participante (Gumperz, 1982, p. 131).

ii. o acontecimento comum às duplas (de linha 1 a linha 3) é a morte real do primeiro membro de cada dupla, acontecimentos esses apresentados no texto de forma cronológica, seguindo a ordem dos fatos ocorridos;

iii. o jogo comum presente em textos humorísticos entre o que é dado e/ou reiterado e a quebra de expectativa social, representada pela quebra no paralelismo de estruturas na linha 4, com a substituição do segundo nome da dupla pelo pronome de segunda pessoa do singular, "você", e também a substituição do segundo enunciado ("X morreu") pela a asserção "vamos aguardar";

iv. o fato de que o enunciado "Gusttavo Lima e você" é o refrão de "Balada Boa (Tchê tcherere tchê tchê)", música que projetou o cantor Gusttavo Lima[11].

É possível, então, dizer, nos termos de Gumperz (1982), que o efeito humorístico é construído em função da mobilização, a um só tempo, de um conjunto de pistas de contextualização (no caso, de natureza textual) e de um conjunto de operações de natureza sociocognitiva:

a) a progressão textual — em resposta à pergunta "O que queremos", são dadas respostas parecidas (queremos as duplas de cantores) que, em seguida, são desautorizadas, dado que as duplas como tais passam a não mais existir a partir da informação fornecida (o primeiro membro da dupla morreu);

b) os conhecimentos partilhados já descritos acima;

c) a produção de pelo menos uma inferência de natureza contextual[12]: a de que o gosto musical de baixa qualidade (segundo os sistemas de legitimação vigentes) de uma parcela grande da população está fadado a não durar, a morrer, a ser puro consumo descartável.

---

11. Disponível em: <https://www.youtube.com/watch?v=aD5qX43QiNc>. Acesso em: 17 jul. 2017.

12. Machado (2010) produz uma classificação das inferências com base em três critérios: o conteúdo semântico, a origem e a quantidade de informação. As inferências de base contextual são um dos tipos de inferências quanto à origem e dizem respeito ao estabelecimento de relações entre proposições presentes no texto-fonte e o contexto.

Um exemplo como este é suficiente para nos mostrar que compreender os textos como "lugares" de atuação na vida social só é possível se considerarmos que os textos estão repletos de demandas para que compreendamos, aceitemos e completemos (ou não) com conhecimentos e expectativas socialmente concebidos sobre seus tópicos e referentes, e produzamos, também socialmente, sentido(s) sobre (e a partir de) eles. Essa compreensão, proposta de aceitação e produção de sentido(s) a partir do texto é uma atividade pública de construção de sentido(s).

Por ser pública, essa atividade é sempre uma *negociação*: pode dar-se de forma conflitiva ou harmônica; realizamo-la quase infinita e ininterruptamente, a cada vez que um texto é lido/ouvido, no tempo e no espaço, e jamais é descolada da vida social. E é justamente por realizar-se como negociação sobre uma base comum de conhecimentos compartilhados e a partir de pistas de contextualização é que ela nos permite compreender a cognição como a própria "materialidade da construção desenvolvida no interior de uma atividade interacional" (Marcuschi, 2007a, p. 72). Assim, o interesse investigativo sobre como os atores sociais "manejam" diferentes ordens de conhecimento na interação por meio de textos, e como tais conhecimentos são dispostos ou pressupostos em pistas de contextualização, é herdado da Sociolinguística e redimensionado pela LT na perspectiva sociocognitiva de processamento textual.

Vejamos abaixo dois fragmentos textuais. Para auxiliar a leitura, fornecemos as pistas de contextualização **A** e **B** a seguir sobre ambos, a fim de dar suporte à condução de nossa reflexão. Vamos a elas: **A)** o fragmento 1 é um recorte livremente adaptado de uma reportagem publicada em uma página de notícias na *internet*. O trecho descreve um evento social ocorrido há poucos anos; **B)** o fragmento 2 é um recorte livremente adaptado da introdução, escrita por uma jornalista, à entrevista que ela realizou com um professor universitário sobre um evento social, também recente. A entrevista e a introdução que a contextualiza foram publicadas em um *blog* institucional na *internet*:

Fragmento 1
Pelo menos desde 2007, centenas de jovens reúnem-se no Shopping X para celebrar. Em grupos grandes e barulhentos, sempre entoando os gritos de

torcida, eles ocupam o hall de entrada e os corredores, marcham até a praça de alimentação e, lá, seguem pulando, cantando e usando as mesas como instrumentos de percussão. A manifestação é permitida e conta até com patrocínio oficial de lojas[13].

Fragmento 2
O Natal de 2013 ficará marcado como aquele em que o Brasil tratou garotos como bandidos, por terem ousado se divertir nos shoppings onde as pessoas fazem as compras de fim de ano. Pelas redes sociais, centenas, às vezes milhares de jovens, combinavam para "zoar, dar uns beijos, rolar umas paqueras". No sábado, dia 14 deste mês, dezenas entraram num Shopping cantando refrões. Não roubaram, não destruíram, não portavam drogas, mas, mesmo assim, 23 deles foram levados até a delegacia, sem que nada justificasse a detenção. Neste domingo, dia 22, em outro Shopping da cidade, garotos foram revistados na chegada por um forte esquema policial: segundo a imprensa, uma base móvel e quatro camburões para a revista, outras quatro unidades da Polícia Militar, uma do GOE (Grupo de Operações Especiais) e cinco carros de segurança particular para montar guarda[14].

Comecemos pelo provável: são grandes as chances de já termos lido ou ouvido alguém comentar sobre a versão original dos fragmentos acima, tendo em vista que ambos circularam amplamente em redes sociais digitais, em especial o original do fragmento 2. Outra grande possibilidade: mesmo que desconheçamos os textos originais que motivaram as adaptações, também é grande a possibilidade de sabermos do que elas (e os próprios originais) tratam. Não é impossível, portanto, que associemos o conteúdo dos textos acima com o conceito de *rolezinho,* tópico muito negociado e debatido em diferentes espaços sociais a partir de dezembro de 2013. No entanto, apenas

---

13. O original está disponível em < http://www.redebrasilatual.com.br/cidadania/2014/01/shopping-que-proibiu-rolezinho-acata-invasao-de-alunos-da-usp-4719.html>. Acesso em: 4 fev. 2017.

14. O original está disponível em Disponível em: < http://www.geledes.org.br/em-debate/colunistas/22538-eliane-brum-rolezinhos-o-que-estes-jovens-estao-roubando-da-classe-media-brasileira?fb_action_ids=10202463676140623&fb_action_types=og.likes&action_object_map=%5B552003968219189%5D&action_type_map=%5B%22og.likes%22%5D&action_ref_map=%5B%22.UrtLiInL5j8.like%22%5D#.Ur17x0TBD-x.facebook>. Acesso em: 4 fev. 2017.

o tópico do Fragmento 2 foi categorizado como "rolezinho". É importante destacar aqui que a categorização "rolezinho"[15] foi produzida pelos próprios participantes deste evento social. O Fragmento 1 refere-se à comemoração anual que jovens recém-ingressos em uma grande universidade pública paulista promovem em um *shopping center* de classe média-alta de São Paulo.

O que está em questão na perspectiva sociocognitiva de processamento textual é sua natureza interacional e, nesse aspecto, os movimentos interacionais são realizados pelo produtor do texto com o intuito de conduzir seu interlocutor a "ocupar" um lugar de compreensão do texto e não outro. Se observarmos mais atentamente os dois fragmentos adaptados, eles produzem movimentos de categorização (conceito a ser discutido na próxima seção) que fornecem pistas para o leitor sobre o tópico de cada um dos textos. Vejamos a tabela 1 abaixo:

Tabela 1. Principais referentes dos Fragmentos 1 e 2

Principal referente do Fragmento 1 e suas recategorizações	Principal referente do Fragmento 2 e suas recategorizações
Centenas de Jovens	Garotos (tratados) como bandidos
Eles	Dezenas (de jovens)
	23 deles

A tabela acima já revela que uma mesma categoria, como a de "jovens", pode ser pensada sob diferentes perspectivas, especialmente quando ela é revestida linguisticamente por determinadas comparações ("garotos como bandidos") tal como acontece no Fragmento 2, mas não no Fragmento 1. Se, no primeiro fragmento, a principal categoria é "jovens", no segundo fragmento essa mesma categoria é revestida linguisticamente, logo no primeiro

---

15. Para conhecer um histórico do termo, ver <http://epoca.globo.com/vida/noticia/2014/01/origem-bdo-rolezinhob.html>. Acessado em 17 de janeiro de 2017. Ver também: <https://pt.wikipedia.org/wiki/Rolezinho>. Acesso em: 17 fev. 2017.

momento, por uma estrutura de comparação à outra categoria, a de bandidos, orientando o leitor na direção de uma desqualificação discursiva dos atores sociais projetados no texto. Essa é uma das principais pistas fornecidas para o leitor: em um, o principal ator social são "jovens"; no segundo, o principal ator social são "jovens tratados como bandidos". Em consequência disso, as predicações serão também congruentes com a categorização feita. A similaridade das ações atribuídas aos grupos descritos nos dois fragmentos pode ser resumida da seguinte forma: em ambos os textos, temos grandes grupos de jovens que vão juntos, de forma previamente organizada, a um determinado *shopping* de uma grande cidade. Essa é uma das poucas similaridades que pode ser derivada da leitura dos dois fragmentos. No entanto, essa similaridade se desfaz quando observamos de forma mais detida outras pistas de contextualização produzidas pelo produtor do texto, tais como as predicações relativas aos principais referentes textuais. Vejamos a tabela 2 abaixo:

Tabela 2. Principais predicações dos Fragmentos 1 e 2

Predicações sobre o principal referente do Fragmento 1	Predicações sobre o principal referente do Fragmento 2
reúnem-se no Shopping X para celebrar	entraram num Shopping cantando refrões
sempre entoando os gritos de torcida	Não roubaram, não destruíram, não portavam drogas
ocupam o hall de entrada e os corredores	foram levados até a delegacia
marcham até a praça de alimentação	
seguem pulando, cantando e usando as mesas como instrumentos de percussão	

As predicações acima auxiliam na construção do sentido referencial e revelam as diferenças em relação ao trabalho discursivo dispensado à categoria "jovens" em cada um dos textos. É o trabalho de revestimento linguístico das categorias sociais em jogo que possibilita a diferenciação por nós instaurada inicialmente: o primeiro texto trata de uma *comemoração*. O segundo, de um *rolezinho*. É claro para nós que o estabelecimento desses diferentes tópicos para cada um dos fragmentos advém das múltiplas pistas fornecidas pelo produtor dos textos, mas também da nossa compreensão do texto como lugar de interação que pressupõe um processo contínuo de interpretação realizado pelos interlocutores (produtor e leitor) participantes dessa interação.

Bentes (2010) afirma que essas pistas sobre aspectos semânticos, pragmáticos, textuais e sociocognitivos articuladas nos textos são inerentemente incompletas, já que as conexões e/ou elaborações são de responsabilidade dos leitores/ouvintes concretos; são esses últimos os responsáveis pela interpretação dos elementos indiciais presentes nos textos. Um texto permite, então, que percebamos e interpretemos determinados conjuntos de pistas nele presentes, não na medida em que efetivamente reagimos no curso da interação (dado que não estamos em uma conversação), mas com base em um *background* relativamente comum, manipulado por ambos, produtor e leitor, para a produção dos sentidos do texto. Mesmo considerando que a interpretação de um texto é sempre incompleta, uma forma de dar uma resposta geral a certas perguntas sempre presentes acerca dos efeitos do trabalho sobre a linguagem desenvolvido nos/pelos textos sobre os interlocutores, consideremos uma resposta dada por William Hanks, um dos mais importantes leitores de Gumperz da atualidade:

> embora qualquer fragmento de texto possa ser interpretado de múltiplas formas (por meio de centrações alternativas), a gama de possibilidades nunca é infinitamente aberta no mundo social real. Ao contrário, ela se encontra em parte inscrita na forma textual, e também é em parte debatida pelos atores (Hanks, 2008, p. 136).

Nesse sentido, é possível dizer que o debate sobre a categorização de cada evento acima está instaurado a partir das pistas de contextualização fornecidas: o Fragmento 1 não foi e não seria chamado de "rolezinho", mesmo que haja uma similaridade importante das ações de grandes grupos de jovens que foram de forma previamente organizada a *shoppings centers* para buscar algum tipo de entretenimento ou para marcar algum tipo de identidade social. A categorização em si de um evento como sendo um "rolezinho" é hoje historicamente marcada pela recepção que esse tipo de evento social teve ao longo do segundo semestre de 2013 no Brasil urbano, recepção esta que foi brevemente descrita no Fragmento 2 e que segue sendo debatida pelos diversos atores sociais brasileiros. Na próxima seção, buscaremos discutir, ainda considerando o mesmo tópico, o do "rolezinho", as relações entre referenciação discursiva e categorização social, ponto importante de intersecção entre a LT e o campo da Sociolinguística.

2. Sobre a relevância dos conceitos de referenciação discursiva e categorização social para os estudos textuais e sociolinguísticos

Um dos pressupostos mais caros da Sociolinguística é o de que a diversidade linguística é estruturada por meio de um conjunto de recursos que, a um só tempo, produzem significado social e indiciam relações sociais. Esse pressuposto também está na base das discussões no campo dos estudos do texto. Nesse caso, os fenômenos da referenciação e da categorização social funcionariam como índices de construção de significado social e de estabelecimento de determinados tipos de relações sociais.

Antes de iniciar a discussão sobre as relações entre categorização social e referenciação discursiva, e seus aproveitamentos pelos campos da LT e da Sociolinguística, gostaríamos de trazer uma reflexão do campo da sociologia produzida por Howard Becker:

> Os cientistas sociais têm de decidir, cada vez que fazem pesquisa, que nome dar às coisas que estudam. Quando escolhem nomes escolhidos pelas partes interessadas e poderosas já envolvidas nas situações que estudam, aceitam todos os pressupostos incorporados nessa linguagem. Se eu opto pelos termos empregados pelas pessoas que possuem o território, e portanto escolhem as perspectivas associadas a esses termos, deixo minha análise ser moldada por arranjos convencionais e pela distribuição de poder e privilégio que eles criam. O estudo de instituições educacionais, como sugeri antes, foi afetado pela fácil aceitação, por parte dos pesquisadores, de que ensino e aprendizagem são o

que ocorre em lugares chamados escolas, e que se isso não está acontecendo em uma escola, não importa o que as pessoas estejam aprendendo, aquilo não é educação. A aceitação de definições convencionais do que estudamos tem consequências técnicas e morais (Becker, 2009, p. 221).

O trecho acima foi retirado do ensaio "Goffman, linguagem e a estratégia comparativa", que tematiza as descrições produzidas por Erving Goffman sobre manicômios, asilos e prisões. Nesse ensaio, o sociólogo norte-americano Howard Becker (2009) procura dissecar como se dá o uso de estratégias de progressão referencial e de progressão textual (nos termos de Marcuschi e Koch, 1998; Koch, 2002, 2004) na descrição produzida por Goffman acerca das "instituições totais". O que chama atenção no texto de Becker é a incorporação de uma perspectiva analítica de base textual-discursiva sem a presença do jargão próprio do campo. Isso mostra que as teorias e os dispositivos analíticos que desenvolvemos, por exemplo, sobre a questão da referenciação discursiva, tendem a ser ressignificados por outros campos, o que valida a sua relevância social (Bentes, 2014).

Como visto, a Linguística Textual partilha com a Sociolinguística os seguintes princípios heurísticos: (i) a noção de "base comum", ou conhecimento compartilhado, para a produção e compreensão de sentidos de interações e textos; e (ii) o texto como uma prática de linguagem centrada na negociação (conflituosa ou harmônica) dos sentidos a partir de pistas de contextualização (Gumperz, 1982) e da mobilização de um conjunto de conhecimentos, um objeto em aberto. A textualidade pode ser entendida, então, como o resultado de ações sobre/com/pela linguagem (Geraldi, 1991), revelando um *modus operandi* gerador de uma *incompletude qualificada*, porque constituída na dimensão sociointeracional inerente a toda negociação de sentidos. A natureza incompleta das práticas de linguagem em geral e, consequentemente, dos textos, demanda a participação ativa do leitor/ouvinte na construção dos sentidos, conferindo concretude a essas práticas de significação social.

No campo dos estudos do texto, um dos *locus* de observação da contínua negociação intersubjetiva de sentidos, socialmente motivada e realizada, é a *referenciação*, compreendida e teorizada como uma estratégia fundamental de produção de sentidos. A referenciação[16] consiste no conjunto dinâmico de atividades linguísticas complexas (instanciadas a cada produção textual) de introdução, de manutenção e/ou reelaboração encadeada e de desativação/ desfocalização de expressões referenciais no curso da produção textual. São essas atividades que dão expressão morfossintática dinâmica para o desenvolvimento dos objetos de discurso nos textos. A referenciação se dá por meio de diferentes ações de referir: por meio de anáforas diretas correferenciais; por meio de encapsulamentos rotuladores (anafóricos ou catafóricos); por meio de anáforas indiretas, confirmando que, com efeito, a língua é um lugar de realização de ações conjuntas pelos sujeitos sociais e os textos constituem por excelência o lugar de construção dessas ações.

O tema da referenciação é, atualmente, um dos temas centrais da relação entre o texto e os diferentes níveis de contextualização mobilizados por produtor/leitor para a produção de sentidos. A referenciação mobiliza necessariamente a relação *língua x mundo* e, como esse mundo "adentra" o texto, isso torna dramático falar, em termos estritos, de uma "interioridade" do texto em contraposição a uma "exterioridade" contextual que o circunscreve.

Como resultado da tentativa de explicitação dos "diferentes níveis no interior dos quais a referência é produzida pelos sistemas cognitivos humanos, utilizando uma ampla variedade de dispositivos e de restrições" (Mondada e Dubois, 1995, p. 49), emerge o conceito de objeto de discurso. Para Mondada (1994, p. 81), "o objeto de discurso caracteriza-se pelo fato de construir progressivamente uma configuração". Koch (2004), ao se referir ao conceito de objeto de discurso, ressalta sua natureza dinâmica, dado que os objetos de discurso podem ser estabilizados ou desestabilizados, reativados ou desativados no curso da interação ou da progressão textual. Esta última formulação reforça a perspectiva de Mondada e Dubois (1995), dado que as autoras postulam que "no âmbito da temporalidade discursiva, as inscrições textuais podem ter igualmente um efeito estabilizador ou desestabilizador,

---

16. Para conhecer textos fundamentais sobre a discussão sobre referenciação no campo da LT, remetemos os/as leitores/as para os trabalhos de Mondada (1994), Koch (2002; 2004), Marcuschi (2001; 2007a e b; 2008) e Marcuschi e Koch (1998).

propor ou corrigir, especificar ou convencionar os usos categoriais (p. 45). Uma discussão correlata é feita por Labov (*apud* Mondada e Dubois, 2003, p. 25-26). Conforme relatam as autoras,

> Labov (1978) mostrou em uma pesquisa experimental sobre denotação que as fronteiras lexicais entre "cup", "glass" e "bowl" — xícara, copo e tigela —, utilizadas para referir-se a série de delineamentos que evoluem de uma forma a outra, são "vagas" (nos termos dele) ou "instáveis" (nos nossos termos): quando se exige dos sujeitos que escolham uma palavra, ou outra para se referir à mesma série de delineamentos que evoluem das "xícaras" típicas para as "tigelas" típicas, segundo diferentes parâmetros de forma, estas são sensíveis ao contexto de denominação e não somente ao próprio objeto. Por exemplo, o mesmo delineamento de um continente pode ser chamado de "xícara" em um contexto em que se bebe café ou naquele que Labov chama de "neutro", quer dizer, em um contexto em que o tipo de líquido não é especificado; pelo contrário, este rótulo pode resvalar para uma "tigela" em um contexto relacionado a alimento ou sopa, ou mesmo para "copo", ou "vaso", em um contexto relacionado a flores (1978, p. 229).

Na esteira de uma visada sociológica que enforma o campo da Linguística Antropológica, Agha (2007) afirma que os atos cotidianos de nos referirmos às entidades do/no mundo são organizados por princípios subjacentes de intermediação das relações sociais entre os participantes da interação. Nesse sentido, para o autor, referir é inevitavelmente um ato social. Ele argumenta que o uso de expressões referenciais é pautado por princípios interacionais, criando alinhamentos interpessoais emergentes entre os participantes de uma dada interação. A abordagem adotada pelo autor é a da análise centrada no texto, já que, por meio dela, é possível postular um "desenho geral" do referente a partir da compreensão do uso qualificado e pontualizado das expressões referenciais e também do estabelecimento de relações entre esse "desenho geral" e elementos co-textuais e contextuais.

O tema da referenciação pode intensificar a combinação da agenda da LT com estudos sociolinguísticos, pois uma compreensão deste fenômeno como prática social pressupõe, necessariamente, compreender como ordenamos e hierarquizamos os fatos, eventos e sujeitos sociais para *darmos a conhecer* e a *reconhecer* (cf. Bourdieu, 1983) versões públicas de realidade social. Principalmente, como denominamos *os atores sociais* nelas envolvidos e /ou projetados e as relações de poder implicadas nas relações entre eles. Referir o/sobre o mundo por meio de textos é *categorizá-lo ao textualizá--lo* e *textualizá-lo categorizando-o*. E isso tem um impacto enorme para a realidade social e para o entendimento de como é que os textos funcionam como lugares de disputa simbólica sobre ela.

A noção de *categoria* pode compor a interface entre LT e a Sociolinguística. Uma categoria, para a LT, resulta do trabalho de revestimento linguístico, por parte dos atores sociais envolvidos na produção, na compreensão e na interpretação das práticas de linguagem, das interações e dos textos. Nossa concepção de categorização ao longo desse trabalho é uma que pressupõe processos e estratégias de construção categorial de natureza gradual, negociada e, muitas vezes, reflexiva, o que resulta no que Marcuschi (2007b) denomina de "sistemas categoriais fluidos" (p. 139). A fluidez/ flexibilidade dos sistemas categoriais está relacionada à adaptabilidade dos sistemas sociocognitivos à "construção de categorias *ad hoc* e úteis a todos os fins práticos, dependentes tanto mais de pontos de vista que os sujeitos exercem sobre o mundo do que de restrições impostas pela materialidade do mundo" (Mondada e Dubois, 1994, p. 24). Nesse sentido, a elaboração dos objetos de discurso no curso da produção textual é responsável por deixar à mostra as diversas e conflituosas perspectivas, as relações intersubjetivas e os conhecimentos das práticas sociais desses mesmos atores. À proporção que textualizam, os sujeitos constroem uma rede de categorizações com/ acerca de os objetos de discurso que elaboram.

Defender isso, porém, não pode ser feito sem que se assuma a complexidade da ação de referir, compreendida como localmente emergente e situada, mas contextualmente incorporada (cf. Hanks, 2008). Somos/estamos enredados demais às imposições/restrições sociais e culturais para imaginar que as estratégias de referenciação discursiva e categorização social são meros atos volitivos isolados. A referenciação é uma atividade de natureza sociocultural, que responde a/ e também reverbera as práticas de referir de outros atores e, por isso, está intrinsecamente relacionada às demandas dos campos sociais dos quais emerge. Nesse sentido, as estratégias de referenciação que estruturam as ações textuais também "criam uma diferença", como afirma Koch (2008), em relação ao mundo social que preexiste ao texto, configurando-o e sendo por ele configurado:

> É isso que quero dizer quando assumo que as ações textuais dos sujeitos apresentam um poder de produzir certos efeitos, ao mesmo tempo em que são determinadas por contextos e práticas que lhe são prévias. Essa dupla faceta da ação textual é sempre atualizada por ocasião dos processos de produção, recepção e circulação dos gêneros do discurso, por exemplo (Koch, 2008, p. 2).

Corroborar e, paradoxalmente, criar a diferença. Para que o fenômeno da referenciação seja percebido como um recurso que alimenta a tensão à qual Koch se refere, a LT não pode prescindir de uma teoria da organização social que (i) vise a explicar a estruturação dos fatos sociais tanto em nível local ("micro"), como incorporados a uma dimensão mais global ("macro"), e (ii) também atente para as "atividades de designação que constituem o que os agentes envolvidos vão tratar como eventos e como objetos" (Conein, 2001, p. 242).

As categorizações sociais, que são linguisticamente revestidas, constituem, por exemplo, o coração do empreendimento acadêmico de estudos de base etnometodológica, que têm como objetivo fundamental compreender como é que os atores sociais categorizam uns aos outros, os fatos e as relações sociais no próprio curso das práticas conversacionais de seu cotidiano. Se a categorização é o coração da etnometodologia enquanto empreendimento de pesquisa, a conversação é o que o faz bater. Pois é nela que se desenvolvem as categorizações cotidianas que atuam na organização da experiência social dos sujeitos. Sobretudo porque nela manifestam-se as razões práticas formuladas pelos sujeitos para explicarem por que categorizam da forma como categorizam.

Alencar (2005, p. 241-242) explica que embora os fundadores dessa visada (Harvey Sacks, Emanuel A. Schegloff e Gail Jefferson) distingam categorias "naturais" (aquelas que são construídas com base no que, convencionalmente, os grupos sociais entendem como direitos e obrigações "típicas" dos membros de uma determinada categoria social), de "ocasionais" (que se constituem ao longo da interação em que os atores se engajam), as categorias socialmente estruturadas podem sofrer influências no ato de sua formulação textual, de forma que uma análise do ato de categorização social — que é sempre um ato de textualização — demanda a "consideração da sequencialidade e temporalidade da conversação" (Alencar, 2005, p. 242). Demanda a consideração, no caso da produção e compreensão de textos, da própria cadeia referencial responsável por sua estruturação.

Linguística Textual e as várias disciplinas do campo de estudos sociolinguísticos dialogam na medida em que se atentam para como é que — e a serviço de que — a categorização realizada nos processos de referenciação em/por meio de textos promove efeitos de conhecimento e reconhecimento, especialmente sobre os atores sociais. Avança a agenda da Linguística Textual quando se compromete com pressupostos teóricos e analíticos de outros campos, como visto na primeira seção deste capítulo, e quando acrescenta outras formas de olhá-los. O estudo da referenciação tal como se faz no interior LT, hoje, é, certamente, uma dessas formas. E isso teve/tem como base o trabalho de Koch (2002, 2004) em razão de seu diálogo com teorias de base sociolinguística, conforme afirmam Bentes e Ferrari (2011, p. 80):

> A autora [Ingedore Koch] assume pressupostos de base etnometodológica e discursiva em relação às atividades referenciais, compreendendo essas atividades como resultantes de procedimentos linguísticos e sociocognitivos realizados pelos sujeitos sociais à medida que o discurso e a interação se desenvolvem. Os objetos de discurso são concebidos, então, como fruto de um processo de categorização e não como um desvio de um modo de referenciação que venha a ser mais adequado. Uma mesma categoria pode ser pensada sob diferentes perspectivas, dentro de diferentes contextos interativos, o que faz com que sejam focalizados diferentes aspectos a partir da escolha lexical realizada pelos sujeitos.

Nesse sentido, a referenciação como atividade de categorização social em/por meio de interações e textos (Alencar, 2005; Falcone, 2008) não é meramente um problema de adequação ou, mesmo, de elaboração lexical no fluxo da interação ou da produção textual, mas constitui-se como uma questão sobre como o léxico, ao tomar forma, ao "enformar-se", em configurações morfossintáticas diversas, está vinculado às *práticas discursivas de denominação*.

Um exemplo interessante a ser analisado foi o debate que aconteceu a partir da emergência em algumas grandes cidades do Brasil do "rolezinho", evento mencionado na seção anterior. Um texto importante sobre esse fenômeno social, que vamos buscar analisar brevemente de forma a dar um fecho a esta seção, é o do deputado federal Jean Willys, intitulado "Dê um rolê"[17], publicado em 17/01/2014, pouco mais de um mês depois de um "rolezinho" ter acontecido em um *shopping center* de um bairro da capital do estado de São Paulo em dezembro de 2013. O autor do texto tematiza justamente as categorizações produzidas por um outro colunista de uma revista semanal brasileira sobre os principais atores sociais envolvidos no evento e projetados no texto do colunista. Para o deputado, a explicação do evento "rolezinho" é de que seus participantes, jovens das favelas e periferias, ao marcarem pelo *Facebook* um encontro em um determinado *shopping* da cidade com o intuito de "zoar, dar uns beijos, rolar umas paqueras" ou "tumultuar, pegar geral, se divertir, sem roubos", não querem protestar, mas, muito ao contrário, querem marcar um desejo de circulação e de consumo nos espaços sociais que lhes são interditados, tais como os *shopping centers*. Não estamos aqui interessados na análise do texto como um todo, mas na sua emergência como resposta a um outro texto, o que configura uma relação necessariamente intertextual a serviço da construção de versões públicas sobre determinados aspectos sociais e políticos do mundo social brasileiro. Além disso, estamos interessados em mostrar como uma mesma categoria pode ser pensada e construída a partir de diferentes perspectivas encampadas por diferentes atores sociais. Nossa breve discussão considerará as categorizações dos atores sociais envolvidos no evento "rolezinho", tanto aquelas atribuídas ao colunista da outra revista,

---

17. Texto publicado em 17/01/2014, na coluna do autor na página da revista *Carta Capital*. Disponível em: <http://www.cartacapital.com.br/sociedade/de-um-role-8193.html>. Acesso em: 17 jul. 2017.

criticado pelo deputado Jean Willys, como também as produzidas pelo próprio deputado em seu texto.

Tabela 3. Principais categorizações do colunista citado e do autor do texto

Principais categorizações dos atores sociais produzidas pelo colunista criticado citadas no texto de Jean Willys	Principais categorizações dos atores sociais produzidas pelo deputado Jean Willys em seu texto
Bárbaros incapazes de reconhecer a própria inferioridade	A garotada das periferias que participam dos chamados "rolezinhos"
Turba de bárbaros	Jovens das periferias e das favelas de São Paulo
Selvagens	Eles
Pivetes	
Invasores	
Marginais	

No texto produzido por Jean Willys, há um conjunto de recursos textuais que estão organizados para a defesa da tese acima apresentada: a de que os atores sociais envolvidos no "rolezinho" e projetados no seu próprio texto pertencem a classes sociais economicamente desfavorecidas que, em função do modelo de desenvolvimento do país, baseado no consumo, aderem a essa proposta e querem conquistar os espaços de consumo que lhes são comumente interditados. Um desses recursos são outras categorias trazidas pelo autor do texto e que serão associadas ou não aos jovens das periferias. Uma delas é a de "sociedade de consumidores", associada indiretamente aos jovens ("... se estamos construindo uma sociedade não de cidadãos, mas de consumidores, regulada pelas regras do mercado e não por aquelas derivadas do direito e da dignidade da pessoa humana..."). A outra categoria introduzida pelo autor, mas não associada aos jovens da periferia, é a de "sociedade de cidadãos". Essa última categorização emerge de forma a reforçar a tese do autor, de que aos atores sociais em questão não foi oferecido um modelo social e econômico de inclusão cidadã, mas um modelo de inclusão pelo consumo.

A cadeia referencial relativa aos "jovens da periferia" produzida pelo deputado Jean Willys caracteriza-se por ser estruturada basicamente por meio de descrições definidas, com nomes-núcleos mais genéricos tais como "garotada" e "jovens" e por algumas pronominalizações, acentuando-se nessa descrição, então, os traços de idade e de origem social. Ao longo do texto, associa-se a esse "desenho referencial" que vai se delineando a qualificação "consumidores". Nesse sentido, a orientação argumentativa produzida pela cadeia referencial é a de um ator social categorizado de forma mais "neutra".

Por outro lado, temos a cadeia referencial atribuída ao colunista da outra revista referindo a mesma categoria. No entanto, essa categoria vai sendo revestida linguisticamente por expressões referenciais que desqualificam os atores sociais em questão (os jovens da periferia), recategorizados agora por meio de expressões nominais que orientam o interlocutor a produzir sentidos referenciais extremamente desfavoráveis, não empáticos e baseados em preconceitos de diversas ordens.

Se é verdade que o ato de referir é um ato social por excelência e um ato que faz com que reconheçamos as relações sociais que estão na base de um determinado tipo de interação ou de produção textual, a análise das estratégias referenciais constitui um meio importante de compreender as relações entre contexto micro e contexto macro, por exemplo. No caso do contexto brasileiro pré-eleições presidenciais, no final de 2013 (práticas que continuam até hoje), o crescimento da intolerância social chegou a normalizar o fato de principalmente jornalistas e políticos produzirem textos que sistematicamente ofendiam e denegriam determinado ator social ou mesmo instituição. O texto produzido pelo deputado Jean Willys sobre a recepção social do evento "rolezinho" por um colunista de uma revista semanal de circulação nacional pode ser parcialmente compreendido como uma denúncia desse tipo de atitude intolerante e um combate político importante em tempos do que os cientistas políticos brasileiros têm chamado de "contrarrevolução neoliberal", o que implica "a incapacidade de as classes dominantes brasileiras de conviver naquilo que ela tem de substantivo, como a distribuição de poder e riqueza e de alargamento de sua base social", conforme afirma o cientista político da Universidade Federal de Minas Gerais Juarez Guimarães, em entrevista ao portal Sul21[18]. Do ponto de vista sociolinguístico, uma investigação pertinente poderia ser um levantamento do perfil social dos jornalistas que contribuem para a legitimação de linguagem "politicamente incorreta" nas mídias sociais. O estabelecimento de correlatos entre uma determinada prática de linguagem, o uso de recursos de categorização social e referenciação discursiva e o perfil social dos profissionais de mídia poderiam ser uma agenda importante e esclarecedora de aspectos importantes das relações entre língua, texto e sociedade, especialmente no que diz respeito ao papel de determinados atores sociais como falantes icônicos de determinados registros e/ou estilos linguístico-discursivos. Daremos continuidade a essa discussão na próxima seção.

3. Referenciação discursiva e categorização social como recursos de formação/elaboração de registros discursivos e estilos linguísticos

Qualquer estudioso da linguagem sabe que estudar o papel da linguagem na construção das relações sociais e, ao mesmo tempo, observar o papel do contexto social na produção da linguagem são tarefas indispensáveis quando se quer tratar de forma séria as relações entre língua e sociedade. De forma a levar a cabo tais estudos, qualquer linguista também sabe que se faz necessário considerar quem fala, a quem se dirige, o tipo de relação existente entre esses interlocutores, além, é claro, de também considerar os outros componentes semióticos que contribuem para os efeitos de sentido pretendidos e a maneira

---

18. Ver a entrevista do cientista político Juarez Guimarães. Disponível em: < http://www.sul21.com.br/jornal/nao-ha-nada-mais-desmobilizador-hoje-do-que-2018-entre-nos-e-2018-ha-um-abismo/ >. Acessado em: 17 jul. 2017.

como tais componentes são unificados através da coocorrência de signos nos moldes do que discute Agha (2007). Para esse autor, só assim é possível entender a natureza de alguma variação linguística e suas consequências para a vida social. Esse tipo de prática analítica acontece quando são associadas duas visões: a do sociolinguista e a do cientista social. Autores como Hanks (1996, 2008, 2010) e Agha (2007), ambos antropólogos e linguistas, têm inspirado nossas reflexões e forma de abordar os dados, possibilitando uma melhor compreensão do que seja a natureza social dos enunciados. Os dois autores convergem em termos teóricos porque para eles a linguagem, em grande medida, é a responsável pela própria maneira como as interações se instauram no mundo social. Entendemos que tanto as postulações de Hanks (1996, 2008, 2010) como as de Agha (2007) encontram-se informadas pela visão historicamente construída no interior do campo da sociolinguística interacional/interpretativa de que a língua é simultaneamente um recurso ou ferramenta herdada/adquirida e um produto das práticas interacionais. (cf. Signorini, 2002, p. 104). Nesse sentido, nossas propostas de investigação, assim como a tradição interacional/ interpretativa de estudos de comunicação intercultural, têm como base empírica sobretudo interações orais, buscando "flagrar o falante em seu papel de agente em processos comunicativos considerados básicos na engenharia de (re) produção da língua e da sociedade" (Signorini, 2002, p. 110).

Em nossos estudos, temos buscado nos inserir em um tipo de tradição de estudos sociolinguísticos que procuraram justamente estudar a linguagem de grupos socialmente desprestigiados[19], na busca de correlações consistentes entre indicadores sociolinguísticos e formas de comportamento social: aspirações à ascensão social, mobilidade e insegurança social, mudanças na estratificação e segregação social (Labov, 2008 [1972], p. 150). É um tipo

---

19. Eckert (2000), ao discorrer sobre as relações entre as diferentes variedades (padrão e não padrão), afirma que existem mercados linguísticos alternativos ao mercado padrão, tal como o definem Bourdieu e Boltansky (1975), onde formas outras, diferentes daquelas do padrão linguístico global, constituem a norma. Para a autora, a oposição entre o padrão e o vernáculo é um fator importante na diferenciação entre os dois. No entanto, essa oposição só é alcançada por conta da diferenciação que também acontece no interior dos vernáculos, cujas criatividade e força são uma resposta a sua relativa "fraqueza" frente ao padrão.

de reflexão que Eckert (2005) denomina de "terceira onda" dos estudos sociolinguísticos. Nessa perspectiva inserem-se os trabalhos que postulam que as variáveis linguísticas se ligam a categorias sociais de modo indireto, por meio de práticas e ideologias que constituem essas categorias.

Ao elegermos a questão dos estilos linguísticos e dos registros discursivos como um outro possível ponto de aproximação entre LT e Sociolinguística, estamos, na verdade, assumindo a necessidade de a LT olhar, de maneira mais específica, como determinados modos de funcionamento, estruturação, produção e compreensão dos textos estão intrinsecamente relacionados aos modos de funcionamento, organização, produção e compreensão da linguagem de determinado grupo social. Isso não significa dizer que postulamos uma homogeneidade linguística para o grupo em foco. Ao contrário, nele encontraremos um fracionamento ou uma fragmentação em vários grupos sociais, o que Agha (2007) denomina fracionamento sociológico. Esse fracionamento implica compreender, por exemplo, que (i) as formas e os valores de um determinado registro não são modelados simetricamente por todos os seus falantes (ou seja, não são uniformemente compartilhados) e que (ii) um registro é um modelo reflexivo associado tanto a um conjunto de atores sociais, que são reconhecidos como usuários desse registro, como também a um conjunto de avaliadores, que reconhecem o registro em questão e que podem ou não fazer parte desse grupo (Agha, 2007, p. 125). O autor afirma, a partir dessa postulação, que "modelos em competição podem coexistir internamente a um grupo social e o reconhecimento dessa diferença pode resultar na diferenciação do grupo". Nesse sentido é que afirmamos que, ao analisarmos textos, estamos também, de forma mais ou menos explícita, analisando práticas de linguagem de um determinado grupo social. Em função disso, iremos necessariamente nos deparar com essa diferenciação identitária interna ao grupo.

Nossos estudos[20], ao longo desses anos em que temos tentado fazer essa ponte entre LT e Sociolinguística, têm buscado observar e analisar as práticas de linguagem de grupos sociais no plural e não no singular (Bentes,

---

20. Parte dos resultados de nossos estudos podem ser vistos no site www.projetonoisnafita.com.br.

2009a, p. 14). Tivemos como pressuposto fundamental o fato de que toda produção textual-discursiva resulta de uma contínua elaboração dos recursos linguísticos mobilizados. Compreendemos, então, que os recursos linguístico-discursivos encontram-se organizados como modelos reflexivos, tal como afirma Agha (2007, p. 147-148):

> Um registro é um modelo reflexivo que avalia um repertório semiótico (ou conjuntos de repertórios) como apropriados para específicos tipos de conduta (tais como a conduta de uma dada prática social), para classificações de pessoas que apresentam tal conduta e para desempenhar papéis (*personas*, identidades) e estabelecer relações entre esses papéis. Os recursos que contam como elementos de um dado repertório podem ser de natureza linguística ou de outra natureza. [...] registros são formações históricas que podem ser apreendidas em processos grupais de valorização e contravalorização, exibindo mudanças ao longo do tempo tanto na forma como no valor.

Ainda para o autor, os processos referenciais necessariamente compõem o repertório semiótico avaliado como adequado para cada texto produzido no interior de uma determinada situação comunicativa. A nosso ver, a elaboração dos registros discursivos é parte do processo de textualização dos gêneros, forjando esquemas culturais e linguísticos compartilhados pelos falantes de maneira coordenada e situada.

Em relação ao conceito de estilo, assumiremos, em primeiro lugar, como Sandig e Selting (1997), que somente se pode falar em "estilos" no plural. Para as autoras, o conceito de estilo recobre todos os tipos de variação nos discursos falados e escritos. Em outras palavras, as autoras afirmam que a variação estilística é um tipo de variação que é ativa e significativamente usada de forma a sugerir quadros interpretativos para a interpretação dos enunciados e dos textos.

Segundo Eckert (2000), o conceito de estilo pode ser definido como um tipo de apropriação de recursos linguísticos locais e extralocais na produção não apenas de uma nova "*persona*" mas de novos rumos para a velha "*persona*". No entanto, apesar de Eckert (2000) chamar a atenção para o caráter individual da elaboração dos estilos, ela afirma que a produção de estilos e de significado sociais é, antes de tudo, um esforço colaborativo, dado que os estilos são desenvolvidos no interior de comunidades de prática "como parte do esforço das comunidades em compreenderem a si mesmas enquanto conjuntamente interpretam o ambiente social e também constroem um lugar para si nesse ambiente" (Eckert, 2000, p. 215). Além disso, a autora também chama a atenção para o fato de que as atividades estilísticas não são fortuitas: elas decorrem de um processo de análise da relação entre a forma linguística e seu efeito no mundo social.

Desde 2009, trabalhos[21] desenvolvidos pelo Grupo de Pesquisa no CNPq intitulado "Linguagem como prática social: analisando a produção, a recepção e a avaliação de interações, gêneros do discurso e estilos linguísticos" relacionam as expressões referenciais e outras categorias textuais à questão da elaboração de estilos e da formação de registros. Vejamos três exemplos de trabalhos de alguns membros desse grupo.

O trabalho de mestrado de Ferreira-Silva (2015) voltou-se para a análise dos segmentos metadiscursivos presentes em duas entrevistas concedidas pelo *rapper* Mano Brown, ícone sociolinguístico[22] cuja trajetória está relacionada ao movimento *hip-hop* do campo de produção cultural da periferia. Não surpreende que, dentre os segmentos metadiscursivos utilizados pelo *rapper*, estejam presentes expressões referenciais metadiscursivas, uma vez que as entrevistas analisadas inserem Mano Brown — agente prestigiado em um subcampo do campo da produção cultural, mas ainda estigmatizado pelo seu pertencimento a esse campo e sua ascensão social — em contextos nos

---

21. Bentes (2009b; 2011); Nogueira (2010); Granato (2011); Bentes e Ferrari (2011); Bentes; Mariano; Ferreira-Silva (2013); Mariano (2014); Ferreira-Silva (2015); Accetturi (2015); Bentes; Mariano; Accetturi (2015; 2017).

22. Eckert (2000) afirma que o sucesso na empreitada de produção de um (ou vários) estilos de fala depende do estabelecimento claro de um mapa da significação social. Em outras palavras, para a autora, quando os falantes adentram o campo linguístico, interpretando o que ouvem por meio da avaliação de quem é o locutor daquela fala, há a necessidade do estabelecimento de lugares claros no mapa do campo linguístico. Ainda para a autora, este mapa é construído não apenas em termos de variáveis icônicas, mas também em termos de falantes icônicos. Esses falantes icônicos encontram-se em uma posição de construir significação social para as variáveis que produzem, o que mostra, segundo a autora, a inseparabilidade entre o uso da variação e a construção de identidades.

quais será preciso negociar perspectivas distintas, entre o entrevistado e os entrevistadores. No exemplo a seguir, pode ser observado um exemplo emblemático do papel da categorização na negociação de diferentes perspectivas e estilos, construídos sob diferentes trajetórias. O fragmento consiste em um momento da entrevista concedida pelo *rapper* ao programa *Roda Viva*, em 2007, no qual a entrevistadora MR lhe dirige um questionamento sobre a organização do poder na periferia.

Exemplo 1

MR   mas o traficante protege de quem? protege dele mesmo?
MB   não
MR   [(porque você fala muito nas suas letras)]
MB   [**ele** protege do sistema **ele** prote-ele já é o]-o-o-o-o... o-o —- entre aspas — cê chama de "**traficante**" chama de "**comerciante**"... **o cara que comercializa cocaí:na** — vamos dizer assim já abertamente — **ou a maco:nha**... ou qualquer tipo de droga é **um comerciante... como qualquer outro**

Observa-se que o *rapper* Mano Brown traz à tona a negociação dos referentes que categorizam os agentes envolvidos nessas ações de poder na periferia (comerciantes ou traficantes), quando responde no intuito de propor a utilização do termo "*comerciante*" para o objeto de discurso "*traficante*". Vê-se, portanto, que nesse caso a referência metadiscursiva tem como escopo a própria categorização dos atores sociais projetados nesse momento ("*cê chama de traficante... chama de comerciante*"). Interessa notar que acompanham a referência metadiscursiva, nesse caso, outros expedientes metadiscursivos, como o segmento "*vamos dizer assim já abertamente*", por meio do qual o *rapper* Mano Brown pode evidenciar que, em sua autorreflexão, o enunciado "*o cara que comercializa cocaína*" corresponde a um modo de dizer aquilo que pensa "*abertamente*", ou seja, aquilo que corresponde mais fielmente a sua atividade axiológica.

Exemplo 2

MB   é isso aí:... bom eh-a gente chama eh:: da onde a gente chama- da onde a gente vem a gente chama de **oreiada**... **oreiada** é quando a gente dá risada dá **uma-conselho** né? **espécie de conselho** — não tem outra palavra a não ser isso — oreiada é conselho é tipo como se fosse assim:... conversando com um parceiro seu dando uma oreiada... dando uma: **uma dura** vamos dizer assim uma:/ uma: **uma idéia mais séria** [na vida mesmo]

No fragmento acima, presente da mesma entrevista, o *rapper* Mano Brown se volta de modo mais explicativo ao significado do referente "*oreiada*". É possível notar que o entrevistado especifica que a variante utilizada para a atividade de categorização está relacionada a um estilo específico praticado por ele e relacionado a seu lugar de origem, quando afirma "*da onde a gente chama-da onde a gente vem a gente chama de oreiada*". De acordo com Ferreira-Silva (2015), nesse exemplo, segmentos metadiscursivos (Koch, 2004) como "*uma espécie de conselho*", "*não tem outra palavra a não ser isso*", "*é tipo como se fosse*" e "*vamos dizer assim*" estão presentes como recursos do *rapper* Mano Brown para refletir sobre as categorizações empregadas em seu próprio enunciado e avaliar essas escolhas em termos de sua eficácia comunicativa.

Segundo Ferreira-Silva (2015), nos diferentes tópicos desenvolvidos ao longo da entrevista concedida por Mano Brown ao *Roda Viva*, foi maior a presença dos segmentos metadiscursivos no tópico "Periferia". Tal conclusão pode auxiliar na compreensão dos recursos textuais mencionados como um modo de ação inserido em contextos de legitimação de certas vivências, práticas culturais e estilos, nos quais o trabalho com a língua tem papel fundamental.

Um outro trabalho que busca fornecer insumos para as discussões sobre as relações entre práticas de linguagem, texto e sociedade é o de Bentes, Mariano e Accetturi (2015). As autoras, retomando os princípios teóricos acima mencionados, afirmam que os atos de referir, ao mesmo tempo que resultam em um sistema categorial fluido (Marcuschi, 2007b), também envolvem uma grande estabilidade das representações sociais sobre o mundo social (Marcuschi, 2005).

Ao analisarem os títulos de 111 programas do *Conexões Urbanas*[23], as autoras observam que eles, predominantemente, referem-se a determinados atores sociais ou ainda evocam atores sociais de forma a ancorar os projetos

---

23. O programa *Conexões Urbanas* foi veiculado pelo canal fechado de TV denominado *Multishow*. Teve a duração de 07 (sete) temporadas, no período de 2008 a 2015. O programa se propunha a ser visto como um tipo de "TV ação", cujo objetivo era o de "mostrar transformações sociais bem-sucedidas". O coordenador do programa é fundador do grupo cultural AfroReggae, José Júnior, agente prestigiado do campo cultural da periferia carioca e brasileira.

temáticos do programa e a fornecer pistas sobre os possíveis modos de construção dos sentidos sociais para os referentes ativados. A explicação dada pelas autoras para esse fenômeno é a de que as estratégias de construção dos títulos dos programas revelam um projeto temático mais amplo para o programa, a saber, o da construção paulatina, mas sistemática, da defesa de uma sociedade civil que se organiza autonomamente, seja por meio de ONGs e/ou projetos, seja por meio da luta solitária dos indivíduos por uma vida melhor e que assim dá conta de seus problemas sociais.

Uma primeira sistematização da tipologia das estratégias referenciais que constituem os títulos dos 111 episódios do programa *Conexões Urbanas* pode ser observada nas duas tabelas a seguir:

Tabela 4. Estratégias de introdução de referentes por nomes próprios ou nomes de instituições, projetos/ONGs e outros

Temporada	Nomes próprios (antropônimos e topônimos)	Nomes de Instituições, Projetos Sociais/ONGs e outros	
1ª temporada	1. Pastor Marcos 2. Índia	1. Liberta Moda 2. Bangunçaço 3. Casa do Zezinho 4. Talavera Bruce	5. Rede Cultural Beija-Flor 6. Ação comunitária 7. Banco Palmas
2ª temporada	3. Darfur	8. Nós do morro 9. 5x Favela	10. Empregabilidade 11. Flaskô
3ª temporada	4. Tião Rocha 5. Medellín 6. Complexo	12. Saúde e Alegria 13. Veneno e Antídoto 14. Cidade Bangu I	
4ª temporada	—	15. Carreta da Saúde	
5ª temporada	7. Restinga	16. Fora do eixo 17. Luta pela paz 18. Presídio Central	
6ª temporada	8. Rafaella 9. Faustini	19. O Rappa	
7ª temporada	10. São Jorge	20. Gerando Falcões	

Fonte: Bentes, Mariano e Accetturi (2015).

Tabela 5. Estratégias de introdução de referentes por
expressões nominais que referem a ou evocam atores sociais

Temporadas	Expressões nominais que referem a atores sociais	Expressões nominais que evocam atores sociais por meio de associação lexical	Expressões nominais que evocam atores sociais a partir de modelos de contexto	Expressões nominais que não referem nem evocam atores sociais
1ª temporada	1. Mulher 2. Revolucionários	1. Prostituição 2. Empreendedorismo	1. Segurança 2. Óleo reciclado 3. Responsabilidade social 4. Tambor social 5. Violência e prevenção 6. O poder da arte 7. Lombra e consciência 8. A polícia que queremos 9. Saúde	1. O caminho do coração
2ª temporada	–	3. Circo social 4. Jornalismo em área de conflito	10. Pacificação 11. Conflitos I: Polícia 12. Conflitos II: bandidos 13. Pirataria 14. Fashion Black	2. Porrada social
3ª temporada	–	5. Anistia	15. Legalização 16. Pixote e a vendedora de Rosas 17. Maras 18. Cidade Bangu II: chapa quente 19. Cidade Bangu III: papo de futuro 20. Celso Athayde: o cara do momento	—
4ª temporada	3. O frei atrevido	6. Homofobia: parte I 7. Homofobia: parte II 8. Anistia II	21. Lei Seca 22. Comandos 23. O papel social do artista 24. Operação Amazônia 25. Exército na rua 26. Gospel 27. Dossiê Reimão 28. Trilogia da Terra: o futuro da natureza	3. Poder

Continua →

→ Tabela 5. Continuação.

Temporadas	Expressões nominais que referem a atores sociais	Expressões nominais que evocam atores sociais por meio de associação lexical	Expressões nominais que evocam atores sociais a partir de modelos de contexto	Expressões nominais que não referem nem evocam atores sociais
5ª temporada	4. O homem por trás do martelo	9. Tatuagem	29. Operação contra o contrabando 30. Papel social da imprensa 31. Fronteiras: o epicentro dos problemas 32. Brasil x Colômbia: igualdades e diferenças	4. Escudeiros da luz
6ª temporada	5. Socorristas	10. Capoeira 11. Pedofilia	33. Alcatraz Mineiro	5. Verdadeiros ídolos 6. Causa 7. Efeito
7ª temporada	6. Cronistas musicais	12. Down em movimento	34. Ranking da violência 35. O Niemeyer que salva vidas 36. Cultura Urbana SP	

Fonte: Bentes, Mariano e Accetturi (2015).

Como podemos perceber pelas tabelas acima, os modos de referenciar são múltiplos e singulares. Por exemplo, a introdução de uma (ou mais) entidade(s) por meio do título ocorre com a mobilização de três tipos de estratégias referenciais: nomes (próprios, de pessoas e lugares, ou nomes de instituições, projetos/ONGs ou outros), siglas e por meio de expressão nominal (simples ou coordenada), sendo que a expressão nominal é a mais usada no total de títulos analisados. A observação sistemática desses modos aponta para uma certa estabilização categorial, dado que, a partir desse levantamento, é possível afirmar que o programa concentra a nomeação de seus episódios (i) a partir da referência direta a determinados atores sociais singularizados por seus nomes próprios e/ou siglas, ou (ii) a partir da evocação de determinados atores sociais por associação lexical ou pelo estabelecimento de determinados modelos de contexto (cf. van Dijk, 2008, 2014).

Bentes, Ferreira-Silva e Accetturi (2017) retomam análises dos programas televisivos *Manos e Minas*[24] e *Conexões Urbanas* e as relacionam a um contexto maior, de promoção de gêneros televisivos sob a responsabilidade de grupos pertencentes à cultura popular urbana, como o movimento *hip-hop* e o *Afroreggae*. As autoras demonstram como os processos referenciais nos programas têm uma ancoragem[25] social e multimodal. Essa ancoragem social das expressões referenciais presentes nos programas passaria pelas trajetórias de seus apresentadores no campo midiático e nos grupos sociais, mais recentemente identificados como "nova classe média" (Pochmann, 2012) ou "batalhadores" (Souza, 2012). Para as autoras (Bentes, Ferreira-Silva e Accetturi, 2017, p. 180),

> Interessa notar que esse contexto de mudança social e de ascensão de novas frações de classe indicia não apenas novas representações midiáticas, como também novas práticas de linguagem no interior do campo jornalístico, uma vez que os atores sociais do campo cultural da periferia passam a ter um maior protagonismo e também passam a ser mais tematizados, referidos e legitimados no interior desse mesmo campo (o jornalístico), que tem historicamente servido como (des)legitimador das suas práticas e vivências (Bourdieu, 1997).

As autoras concluíram que a natureza social dos processos de ancoragem envolvidos na construção referencial dos programas televisivos analisados pode ser comprovada pelo fato de que, em cada um dos programas, são

---

24. No primeiro semestre de 2008, a *TV Cultura*, canal público e aberto de TV, iniciou o *Manos e Minas*, um programa semanal que se propunha a "trazer a voz da periferia para a grande mídia" (Granato, 2011) e no interior do qual protagonistas do campo da produção cultural da periferia não eram somente ouvidos como convidados e como participantes do auditório, mas também assumiram os papéis de apresentadores do programa, como os *rappers* paulistas Rappin Hood, Thaíde e Max B.O. O programa existe até hoje, mas com uma configuração diferente, que foi sendo modificada ao longo desses anos. O *corpus* analisado diz respeito aos dois primeiros anos do programa em questão.

25. A noção de ancoragem é muito importante para a compreensão dos processos referenciais que auxiliam na estruturação de práticas discursivas (Mondada, 1994; Koch, 2002; 2004; 2008; Marcuschi, 2005; Cavalcante, 2005 ; 2011). Essa noção é formulada por Prince (1981) e envolve a distinção entre a introdução de um objeto de discurso não ancorado (totalmente novo) no texto e um ancorado (dado, conhecido, associado a elementos presentes no cotexto ou no contexto sociocognitivo).

mobilizados atores sociais que possuem trajetórias específicas no interior do campo midiático, o que lhes permite "encarnar" os valores e as práticas dos grupos sociais que buscam representar, no caso, os grupos periféricos.

Outra conclusão desse trabalho diz respeito à dimensão textual dos programas televisivos. Os próprios programas constituem-se em referências multimodais ao serem ancorados por elementos recuperáveis da superfície textual (apresentador, vinheta), elementos esses selecionados e trabalhados de maneira a introduzir e manter uma determinada identidade social e referencial para cada um dos programas. Por fim, as autoras afirmam que os processos de ancoragem analisados podem ser considerados como uma das dimensões contextuais que configuram os textos e os gêneros do discurso, dado que os elementos que possibilitam a ancoragem referencial dos programas não apenas resultam de um trabalho linguístico e multimodal detalhado, como também são moldados pelas trajetórias dos atores sociais que produzem e participam desse trabalho.

De forma geral, os estudos desenvolvidos pelo grupo de pesquisa enfocaram também outros recursos e/ou processos textuais. O tipo de análise priorizada foi a do estabelecimento de relações entre os estudos sociolinguísticos e os estudos textuais, a partir do foco em um fenômeno específico, o da referenciação discursiva e de sua interface com a categorização social. Os modos de observação desse fenômeno provavelmente permitirão descobrir em que medida os recursos e/ou processos textuais podem funcionar como tipificadores de registros discursivos e/ou estilos linguísticos (Agha, 2007).

Considerações finais

A LT e a Sociolinguística — ou, como destacamos no início deste texto, entendida como "sociolinguísticas" — são dois campos dos estudos linguísticos bastante fecundos, com diversas possibilidades de intersecção. Neste capítulo, procuramos salientar três pontos de contato entre elas, divididos em três grandes eixos: 1) a virada sociocognitiva interacionista da LT e o conceito de texto que dela emergiu; 2) a referenciação, ainda um dos temas centrais da agenda do campo dos estudos do texto, aqui vista na sua interface com a atividade de categorização social; 3) a construção de registros linguísticos e/ou estilos linguísticos a partir dos processos referenciais.

Pudemos observar em cada eixo especificidades que mostram a organicidade do diálogo entre LT e as várias Sociolinguísticas. Não é possível falar, hoje, por exemplo, de texto sem se pensar na questão do conhecimento compartilhado, imprescindível para a construção dos processos de produção e compreensão textual, bem como é impossível falar de texto sem levar em conta a necessidade de elaboração, pelo produtor do texto, de pistas de contextualização que orientem o leitor a produzirem os sentidos desejados por aquele. A produção de sentidos do texto é uma prática fortemente interacional, cabendo ao produtor produzir movimentos de várias naturezas que conduzam o interlocutor a ocupar um determinado lugar de compreensão. Este primeiro eixo temático, revelador da intersecção entre LT e as Sociolinguísticas, mostra que a atividade social de construção dos sentidos nas práticas de linguagem é um pressuposto de ambos os campos, que se empenham/ram em compreender como as pistas de contextualização habilitam os atores sociais a perceberem e a interpretarem os elementos ativadores da significação interacional, textual e contextual.

Assim, no processo interacional que todo texto dispara, as categorizações engendradas na produção textual são determinantes para a construção de sentidos. E é por isso que esse outro eixo/ponto de intersecção foi objeto de nossa escolha neste capítulo. Como vimos, a referenciação discursiva (i) vincula-se a/produz práticas discursivas de denominação, que podem ser entendidas enquanto resultantes de processos de categorização social, (ii) produz significado social (porque dá a conhecer sujeitos sociais, quando dela emergem como objetos de discurso) e (iii) indicia relações sociais (porque dá a reconhecer sujeitos sociais, quando referidos nas práticas linguísticas). Como enfatizamos, a noção de categoria é fundamental neste processo, sendo o coração dessa intersecção específica que propomos entre LT e as diversas Sociolinguísticas.

Mas não há categoria social, que é sempre linguística enformada, fora de algum registro linguístico. Por essa razão simples, no entanto não trivial, é que a investigação dos registros e estilos linguísticos (objeto da sociolinguística e da linguística antropológica) é mobilizada para uma compreensão ainda mais fina da referenciação. Mais fina porque se dá um salto do estudo da referenciação, não raro entendida de forma abstrata, para a referenciação como prática social intrinsecamente ligada aos modos de funcionamento, organização e compreensão da linguagem por um determinado grupo social. E é na intersecção entre esses campos de estudos que isso se torna possível.

Este texto foi um primeiro esforço de pensar a LT e a(s) Sociolinguística(s) conjuntamente, em relação de aproximação teórica. Os pontos de contato entre ambas são fecundos, geram faísca boa. Especialmente no que diz respeito aos modos de referir — e, com isso, dizer e dar a reconhecer — de diversos grupos sociais. É um caminho que se mostra promissor, já aberto por trabalhos citados, como os de Ferreira-Silva (2015) ou de Bentes, Ferreira-Silva e Accetturi (2017), para citarmos apenas dois. É importante ressaltar que essa intersecção vem sendo buscada por autores do campo da sociolinguística brasileira, que buscam mobilizar categorias do campo de estudos do texto e do discurso para o desenvolvimento de seus trabalhos de pesquisa.

Sem qualquer dúvida, todo o trabalho de pesquisa e a trajetória intelectual de Ingedore Koch foi imprescindível para que essa estrada que ora se abre possa ter prosseguimento; antes de tudo, para que chegássemos até aqui. Obrigado, Inge!

Referências

ACCETTURI, A. C. A. *Gêneros midiáticos e textualidade:* o caso do programa Conexões Urbanas. Trabalho final de curso de Letras. Universidade Estadual de Campinas, 2015.

AGHA, A. *Language and social relations*. New York: Cambridge University Press, 2007.

ALENCAR, R. A categorização social numa reunião de cooperados: análise de uma interação. IX SEMINÁRIO INTERNACIONAL DA REDE UNIRCOOP, Rio de Janeiro. *Anais...* 2005.

ALKMIM, T. M. Sociolinguística — Parte I. In: MUSSALIM, F.; BENTES, A. C. (Orgs.). *Introdução à linguística:* domínios e fronteiras. 9. ed. Vol 1. São Paulo: Cortez, 2012. p. 23-50.

BEAUGRANDE, R.-A. *New foundations for a science of text and discourse*: cognition, communication, and freedom of access to knowledge and society. Norwood, New Jersey: Alex, 1997.

BECKER, H. *Falando da sociedade:* ensaios sobre as diferentes maneiras de representar o social. Rio de Janeiro: Jorge Zahar, 2009.

BENTES, A. C. Linguística Textual. In: MUSSALIM, F.; BENTES, A. C. (Orgs.). *Introdução à linguística:* domínios e fronteiras. 1. ed. Vol 1. São Paulo: Cortez, 2001. p. 245-287.

_____. Contexto e multimodalidade na elaboração de raps paulistas. *Investigações*, Recife, v. 21, n. 2, p. 199-220, 2008.

_____. "*É nóis na fita*": a formação de registros e a elaboração de estilos no campo da cultura popular paulista. Projeto de Pesquisa financiado pela FAPESP. Proc. No. 2009/083639-8, 2009a.

_____. Tudo que é sólido desmancha no ar: sobre o problema do popular na linguagem. *Gragoatá*, Niterói, v. 27, p. 12-47, segundo semestre de 2009b.

_____. De frente para o "campo de batalha": investigando as relações entre produção textual e contexto social no campo da cultura popular urbana paulista. In: BATTISTI, E.; COLLISCHONN, G. (Orgs.). *Língua e linguagem:* perspectivas de investigação. Rio Grande do Sul: Educat, 2011. p. 59-88.

_____. Reflexões sobre o papel das teorias do texto e do discurso nos Cursos de Pós-Graduação da Área de Letras e Linguística. *Revista (Con)Textos Linguísticos*, Vitória, v. 8, n. 10.1, p. 166-182, 2014.

_____; MARIANO, R. D.; FERREIRA-SILVA, B. Marcadores discursivos e sequências textuais no programa "Manos e Minas": uma análise inicial para a tipificação do programa em relação a aspectos textuais-discursivos. *Web-Revista Sociodialeto*. Campo Grande, v. 3, n. 9, p. 239-265, 2013.

_____; _____; ACCETTURI, A. C. "Eu quero muito trabalhar um tema": estratégias argumentativas no programa televisivo Conexões Urbanas. *Signo*, Santa Cruz do Sul, v. 42, n. 73, p. 110-123, 2017.

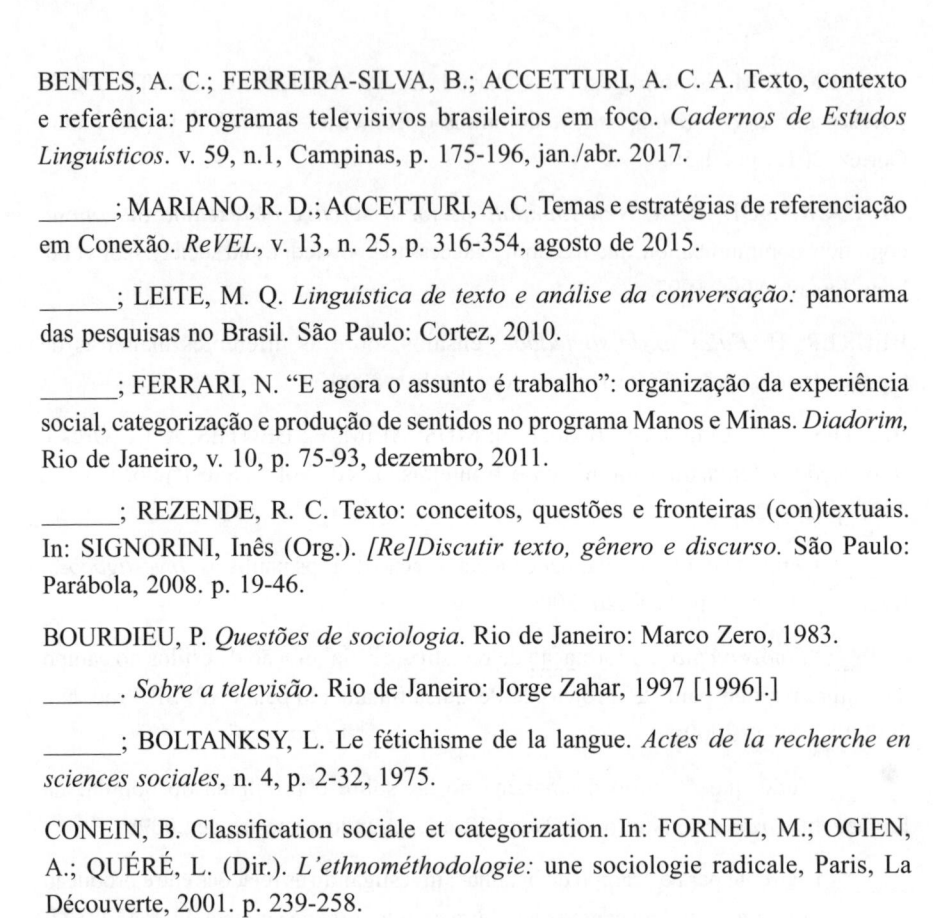

BENTES, A. C.; FERREIRA-SILVA, B.; ACCETTURI, A. C. A. Texto, contexto e referência: programas televisivos brasileiros em foco. *Cadernos de Estudos Linguísticos*. v. 59, n.1, Campinas, p. 175-196, jan./abr. 2017.

_____; MARIANO, R. D.; ACCETTURI, A. C. Temas e estratégias de referenciação em Conexão. *ReVEL*, v. 13, n. 25, p. 316-354, agosto de 2015.

_____; LEITE, M. Q. *Linguística de texto e análise da conversação:* panorama das pesquisas no Brasil. São Paulo: Cortez, 2010.

_____; FERRARI, N. "E agora o assunto é trabalho": organização da experiência social, categorização e produção de sentidos no programa Manos e Minas. *Diadorim*, Rio de Janeiro, v. 10, p. 75-93, dezembro, 2011.

_____; REZENDE, R. C. Texto: conceitos, questões e fronteiras (con)textuais. In: SIGNORINI, Inês (Org.). *[Re]Discutir texto, gênero e discurso*. São Paulo: Parábola, 2008. p. 19-46.

BOURDIEU, P. *Questões de sociologia*. Rio de Janeiro: Marco Zero, 1983.

_____. *Sobre a televisão*. Rio de Janeiro: Jorge Zahar, 1997 [1996].]

_____; BOLTANKSY, L. Le fétichisme de la langue. *Actes de la recherche en sciences sociales*, n. 4, p. 2-32, 1975.

CONEIN, B. Classification sociale et categorization. In: FORNEL, M.; OGIEN, A.; QUÉRÉ, L. (Dir.). *L'ethnométhodologie:* une sociologie radicale, Paris, La Découverte, 2001. p. 239-258.

CAMACHO, R. G. Sociolinguística — Parte I. In: MUSSALIM, F.; BENTES, A. C. (Orgs.). *Introdução à linguística*: domínios e fronteiras. 9. ed. Vol 1. São Paulo: Cortez, 2012. p. 51-83.

CAVALCANTE, M. M. Anáfora e dêixis: quando as retas se encontram In: KOCH, I. G. V.; MORATO, E. M.; BENTES, A. C. (Orgs.). *Referenciação e discurso*. 1. ed., São Paulo: Contexto, 2005. p. 125-150.

_____. *Referenciação*: sobre coisas ditas e não ditas. 1. ed. Fortaleza: Edições UFC, 2011.

DURANTI, A.; GOODWIN, C. (Orgs.). *Rethinking context:* language as an interactive phenomenon. Cambridge: Cambridge University Press, 1992.

ECKERT, P. *Linguistic variation as social practice*. Massachusetts: Oxford: Blackwell, 2000.

ECKERT, P. Variation, convention and social meaning. *Annual Meeting of the Linguistic Society of America.* Oakland CA. Jan. 7, 2005. Disponível em <http://lingo.stanford.edu/sag/L204/EckertLSA2005.pdf>.

FALCONE, K. (Des)legitimação: ações discursivo-cognitivas para o processo de categorização social. Tese (Doutorado em Linguística). Universidade Federal de Pernambuco, Recife, 2008. Disponível em: <http://www.pgletras.com.br/2008/teses/tese-karina-falcone.pdf>

FERREIRA-SILVA, B. *Metadiscursividade em entrevistas:* a inscrição de Mano Brown no campo jornalístico. Dissertação (Mestrado em Linguística). Instituto de Estudos da Linguagem, Unicamp, Campinas, 2015.

FINNEGAN, E.; BIBER, D. Register variation and social dialect variation; the Register Axiom. In: ECKERT, P.; RICKFORD, J. R. (Eds.) *Style and sociolinguistic variation.* Cambridge: Cambridge University Press, 2001. p. 235-267.

FORNEL, M.; OGIEN, A. L.; QUÉRÉ, L. (Dir.) *L'ethnométodologie:* une sociologie radicale. Paris: La Découverte, 2001.

GAL. S. Linguistic anthropology. In: BROWN, K. (Ed.) *Encyclopedia of Language and Linguistics.* 2. ed. Vol. 7. Oxford: Elsevier, 2006. p. 171-185.

GERALDI, J. W. *Portos de passagem.* São Paulo: Martins Fontes, 2001.

GRANATO, L. B. *Gêneros discursivos em foco:* dos programas televisivos Manos e Minas e Altas Horas. Dissertação (Mestrado em Linguística). Instituto de Estudos da Linguagem, Unicamp, Campinas, 2011.

GUMPERZ, J. *Discourse Strategies.* Cambridge: Cambridge University Press, 1982.

_____; COOK-GUMPERZ, J. Studying language, culture and society: sociolinguistics or linguistic anthropology? *Journal of Sociolinguistics,* n. 12/4, p. 532-545, 2008.

HANKS, W. F. *Language and communicatives practices.* Boulder, Colorado: Westview Press, 1996.

_____. O que é contexto. In: BENTES, A. C.; REZENDE, R. C.; MACHADO, M. R. (Orgs.). *Língua como prática social*: das relações entre língua, cultura e sociedade a partir de Bourdieu e Bakhtin. São Paulo: Cortez, 2008 [1989], p.169-203.

_____. *Converting words*: Maya in the age of the cross. Berkeley, California: University of California Press, 2010.

HANKS, W.; IDE, S.; KATAGIRI, Y. Towards an emancipatory pragmatics. *Journal of Pragmatics*, n. 41, p. 1-9, 2009.

LABOV, W. *Padrões sociolinguísticos*. São Paulo: Parábola, 2008 [1972].

KOCH, I. G. V. *As tramas do texto*. Rio de Janeiro: Lucerna, 2008.

_____. *Desvendando os segredos do texto*. São Paulo: Cortez, 2002.

_____. *Introdução à Linguística Textual*. São Paulo: Martins Fontes, 2004.

_____. FAVERO, L. L. *Linguística Textual:* uma introdução. São Paulo: Cortez, 1983.

_____; CUNHA-LIMA, M. L. Do cognitivismo ao sociocognitivismo. In: MUSSALIM, F.; BENTES, A. C. (Orgs.). *Introdução à linguística:* fundamentos epistemológicos. São Paulo: Cortez, 2004. p. 251-300.

_____; MORATO, E. M.; BENTES, A. C. Ainda o contexto: algumas considerações sobre as relações entre contexto, cognição e práticas sociais na obra de Teun van Dijk. *Revista ALED,* v. 11, n. 1, p. 79-91, 2011.

MACHADO, M. A. R. *Compreensão de leitura*: o papel do processo inferencial. Anápolis: Universidade Estadual de Goiás, 2010.

MARCUSCHI, L. A. *Da fala para a escrita*: atividades de retextualização. São Paulo: Cortez, 2001.

_____. Anáfora indireta: o barco textual e suas âncoras. In: In: KOCH, I. G. V.; MORATO, E. M.; BENTES, A. C. (Orgs.). *Referenciação e discurso*. São Paulo: Contexto, 2005. p. 54-101.

_____. Do código para a cognição: o processo referencial como atividade criativa. In:_____. *Cognição, linguagem e práticas interacionais*. Rio de Janeiro: Lucerna, 2007a. p. 31-60.

_____. A construção do mobiliário do mundo e da mente: linguagem, cultura e categorização. In:_____. *Cognição, linguagem e práticas interacionais*. Rio de Janeiro: Lucerna, 2007b. p. 124-145.

_____. *Produção textual, análise de gêneros e compreensão*. São Paulo: Parábola, 2008.

_____. *Linguística textual:* o que é, como se faz? São Paulo: Cortez, 2012 [1983].

_____; KOCH, I. G. V. Processo de referenciação na produção discursiva. *D.E.L.T.A.*, n. 14, p. 169-190, 1998.

MARIANO, R. D. *Marcadores discursivos e sequências textuais:* uma análise das ações de textualização em programas midiáticos. Dissertação (Mestrado em Linguística). Instituto de Estudos da Linguagem, Unicamp, Campinas, 2014.

MONDADA, L. *Verbalisation de l'espace et danrication du savoir. Approche linguistique de la construction des objets de discurs.* Lausanne: Thése pour obtenir lê grade de docteur en lettres, Faculte de Lettres, Université de Lausanne, Lausanne, 1994. 670 p.

_____; DUBOIS, D. Construção dos objetos de discurso e categorização: Uma abordagem dos processos de referenciação. In: CAVALCANTE, M. M.; RODRIGUES, B. B.; CIULLA, A. (Orgs.). *Referenciação*. São Paulo: Contexto, 2003. p. 17-52.

MOURA, J. T. V.; SILVA, M. K. Atores sociais em espaços de ampliação da democracia: as redes sociais em perspectiva. *Revista de Sociologia e Política*, v. 16, número suplementar, p. 43-54, 2008.

NOGUEIRA, C. M. A. *Significados sociais da variação linguística em esquetes de rádio*. Dissertação (Mestrado em Linguística). Instituto de Estudos da Linguagem, Unicamp, Campinas, 2010.

POCHMANN, M. *Nova classe média?:* o trabalho na base da pirâmide social brasileira. São Paulo: Boitempo Editorial, 2012.

PRINCE, E. Toward a taxonomy of given-new information. In: COLE, Peter. (Ed.). *Radical pragmatics.* New York: Academic Press, 1981. p. 223-255.

SACKS, H.; SCHEGLOFF, E. A.; JEFFERSON, G. *Language*, Vol. 50, No. 4, Part 1 (Dec., 1974), pp. 696-735

SANDIG, B.; SELTING, M. Discourse styles. In: VAN DIJK, T. A. (Ed.). *Discourse as strucutre and process.* London: Sage Publications Ltd., 1997.

SIGNORINI, I. Por uma teoria da desregulamentação linguística. In: BAGNO, M. (Org.). *Linguística da norma.* São Paulo: Loyola, 2002. p. 93-126.

SOUZA, J. Uma nova classe trabalhadora brasileira?. In: SOUZA, J. (Org.). *Os batalhadores brasileiros:* nova classe média ou nova classe trabalhadora?. Belo Horizonte: UFMG, 2012. p. 19-57.

VAN DIJK, T. A. *Discurso e contexto*: uma abordagem sociocognitiva. São Paulo: Contexto, 2008.

_____. *Discourse and Knowledge — a sociocognitive approach.* 1. ed. Cambridge, Inglaterra: Cambridge University Press, v. 1., 2014.

CAPÍTULO 10

Linguística Textual e Análise da Conversação

Kazue Saito M. de Barros
Universidade Federal de Pernambuco/UFPE

À amiga Ingedore,
que, com sua sabedoria, tanto nos ensina sobre o texto;
que, com sua generosidade, tanto nos ensina sobre a amizade.

Considerações iniciais

A tarefa que me foi posta não é simples. Por um lado, porque ambas as perspectivas já foram objeto de muita descrição e assim, pelo menos aparentemente, não há muito mais o que dizer. Por outro, a delimitação de áreas sempre envolve discussões epistemológicas complexas, quase sempre não consensuais. Há ainda o fato de que são disciplinas com tradição, de amplo espectro, assim é preciso esclarecer sobre que momentos de desenvolvimento da área está se falando. Opta-se por uma descrição geral, sem muito rigor cronológico, o que seria tarefa de impossível implementação no contexto de um capítulo deste porte. Fala-se, então, de "trabalhos pioneiros", "mais tradicionais" e de "trabalhos mais recentes" em cada área. Por isso, não se buscou fazer um retrospecto da história da Linguística Textual (LT) e da Análise da Conversação (AC), mas apenas destacar algumas especificidades de cada área que julgamos relevantes para comparação.

A discussão está organizada, simplesmente, em três partes centrais: num primeiro momento vamos nos reportar à LT, depois à AC, para, por fim, discutir algumas das interfaces e delimitações das áreas.

1. Linguística Textual

Para a primeira parte desta exposição, vou basear-me fortemente nas obras da homenageada. Não poderia ser diferente já que a pesquisadora Koch é o ícone maior da LT no Brasil e, em obra densa e extensa, discute com muita propriedade os temas aqui envolvidos.

1.1 Rumos da LT

Como disciplina, a LT surge na Europa Central, especialmente na Alemanha, na década de 1960, e tem um desenvolvimento vertiginoso nos anos 1970. Marcuschi (1998, p. 1) lembra que, no início, a LT não se desenvolveu de forma homogênea, nem se fundou em alguma corrente teórica hegemônica. Em oposição aos diversos estruturalismos vigentes nos anos 1960, seu surgimento se deu em vários países de forma mais ou menos simultânea e com propostas teóricas diversas.

É comum em textos sobre a LT que, logo no início, se comece com a afirmação que, nas palavras de Marcuschi (2009, p. 16), constitui o "dogma de fé" da disciplina: "o texto é uma unidade linguística hierarquicamente superior à frase". A LT, continua o autor, surge também com uma certeza: "a gramática de frase não dá conta do texto". Koch afirma que se percebeu, em um primeiro momento da LT, a necessidade de se ultrapassar os limites de uma análise transfrástica para dar conta de "fenômenos como referenciação, seleção do artigo, concordância de tempos verbais, relação semântica entre frases não ligadas por conectivo, vários fatos de ordem prosódica, e assim por diante" (Koch, 1997, p. 68).

Koch explica que, nesse primeiro momento da passagem da teoria da frase para a teoria do texto, "busca-se definir regras para o encadeamento de sentenças, a partir dos métodos até então utilizados na análise sentencial, procurando ampliá-los para dar conta de sequências maiores de frases" (Koch, 1997, p. 2). A definição de texto de Bellert bem caracteriza os esforços da época: "Um texto é uma sequência de sentenças S_1 S_2,... S_n, de tal modo que a interpretação semântica de cada sentença S_i (para $2 \geq i \geq n$) depende da interpretação da sequência S_1... S_{i1}" (Bellert, 1970, p. 335, citada por Marcuschi, 2009).

Esta geração de analistas, que vê o texto como uma sequência de enunciados coesos e coerentes, pode ser considerada a primeira que propõe o estudo do texto como uma unidade legítima dos estudos linguísticos (Marcuschi, 1998).

A partir do reconhecimento de que um texto não equivale a uma mera soma de frases, isto é, que o texto é uma unidade de sentido que não equivale à soma dos sentidos das frases, postula-se, como lembra Koch, que a compreensão e a produção de textos "depende de uma capacidade específica dos falantes — a competência textual". Tal atributo é que permite aos falantes, por exemplo, distinguir um *texto* de um aglomerado de palavras sem coerência, parafrasear e resumir um texto. Nessa perspectiva,

> o texto, visto como a unidade linguística mais elevada, constitui, portanto, uma entidade do sistema linguístico, cujas estruturas possíveis em cada língua devem ser determinadas pelas regras de uma gramática textual (Koch, 1997, p. 68).

A busca por gramáticas textuais inverte os métodos de trabalho, passando de ascendente — da frase para o texto (Koch, 1997, p. 67) — para concentrar-se no texto como um sistema, uma unidade teórica formalmente construída que, por meio de segmentações, permite identificar unidades menores.

Num texto "autobiográfico acadêmico", *From Text Grammar to Critical Discourse Analysis*, van Dijk (2004) explica suas motivações na tentativa de elaborar uma gramática de texto. Muitos fenômenos relevantes e sistemáticos da linguagem natural são propriedades do discurso e não podem ser descritos nos tipos de gramática até então existentes.

> The point of such text grammars was to be able to provide an explicit description of the (grammatical) structures of texts. The most obvious task of such a description was to account for (semantic) coherence relations between sentences, among other fundamental aspects of discourse. Although also sentence grammars need to make explicit how clauses of complex sentences are semantically related, there was no serious research then that could be extended to a linear (sequential) semantics of discourse (van Dijk, 2004).

O trabalho pioneiro de van Dijk faz surgir noções desconhecidas em qualquer forma de gramática — a de macroestrutura e a de superestrutura, que continuaram a ser retrabalhadas em trabalhos posteriores.

> The point of macrostructures is that texts not only have local or microstructural relations between subsequent sentences, but that they also have overall structures that define their global coherence and organization. In my early work, such macrostructures were of two different kinds, *viz.*, global structures of *meaning*, and global structures of *form*. To avoid confusion between these different kinds of "global" structures, I later introduced the notion of "superstructure" to refer to the latter structures, that is, the abstract, schematic structures that organize the overall *form* or *format* of the text, as we know them from the theory of narrative or the theory of argumentation (van Dijk, 1980, citado por van Dijk, 2004).

Fazendo uma reflexão sobre a validade dessas gramáticas de texto, o autor defende que seus princípios básicos "ainda fazem sentido, o que fica evidente na grande quantidade de trabalhos realizados em muitos tipos, às vezes altamente sofisticados, de gramáticas do discurso" (van Dijk, 2004). Contudo, a gramática do texto ainda precisa dar conta do fato de que sequências arbitrárias de sentenças não definem um texto. Mas o legado que permanece, no entanto, é a importância da noção de coerência em qualquer uma das teorias do discurso e, obviamente, a concepção de que textos estão organizados em níveis mais abrangentes e são passíveis de descrições mais globais.

À época, pode-se identificar uma grande geração de estudiosos do texto que se segue aos da análise transfrástica. Segundo Marcuschi (1998, p. 2), aqui se incluem, além de T. van Dijk, M. A. K. Halliday, D. Wunderlich, M. Dascal e ainda outros, tais como Dressler (1973), Beaugrande (1980), Beaugrande e Dressler (1981),[1] que buscavam sistematizar os estudos do texto através de temas não abordados inicialmente. É o período em que se passa a fazer uma distinção entre coesão e coerência, dando-se muita atenção a aspectos contextuais e situacionais, ou seja, envolvendo mais princípios no processo de textualização do que era comum no período anterior com a rígida definição sintaticista de texto e a proposta de gramáticas textuais (Marcuschi, 1998, p. 2).

Ainda de acordo com Marcuschi (1998), postulava-se o texto como unidade formalmente construída, em oposição ao discurso, unidade funcional, comunicativa e intersubjetivamente construída. O foco prioritário é o texto escrito, e há grande restrição quanto a gêneros textuais. A proposta de distinção entre as noções de *cotexto* e *contexto* proposta por Petöfi (1971, apud Marcuschi, 1998) permite fazer uma ponte entre a unidade linguística *texto* e seu uso comunicativo, que envolve aspectos cognitivos e sociais. Entretanto, Petöfi não consegue conciliar a perspectiva que abraça, a gramática gerativa, com postulados comunicativos, tendo que multiplicar *ad infinitum* as regras necessárias para operar com a unidade *texto* (Marcuschi, 1998, p. 5).

Beaugrande e Dressler inspiram uma série de estudos que buscam não mais gramáticas de texto, mas padrões de textualidade. Em 1981, os autores propõem os conhecidos sete princípios de textualidade, dois centrados no texto (coesão e coerência) e cinco centrados no usuário (informatividade, situacionalidade, intertextualidade, intencionalidade, aceitabilidade). Koch (1997) lembra que a maioria dos trabalhos que se seguem tenta absorver tais princípios, não obstante algumas críticas feitas posteriormente (sobre as críticas, ver Koch, 2004, p. 43). A obra virá a se constituir como um dos marcos iniciais do período pós-virada cognitivista (Koch, 2004, p. 22).

---

1. Autores citados por Marcuschi, 1998.

Argumentando que não é possível aplicar ao texto as mesmas categorias gramaticais disponíveis para o estudo da frase e com apoio em Beaugrande e Dressler (1981), Marcuschi sugere uma definição que busca incorporar a visão de texto como processo de mapeamento cognitivo: "texto é o resultado atual das operações que controlam e regulam as unidades morfológicas, as sentenças e os sentidos durante o emprego do sistema linguístico numa ocorrência comunicativa" (Marcuschi, 2009, p. 34). Em seguida, com base em Beaugrande e Dressler, propõe a delimitação do escopo da LT como

> o estudo das operações linguísticas e cognitivas reguladoras e controladoras da produção, construção, funcionamento e recepção de textos escritos ou orais. Seu tema abrange a coesão superficial ao nível dos constituintes linguísticos, a coerência conceitual ao nível semântico e cognitivo e o sistema de pressuposições e implicações ao nível pragmático da produção de sentido no plano das ações e intenções (Marcuschi, 2009, p. 34).

Essa definição de Marcuschi torna evidente o avanço da LT que opera com uma concepção de texto bem distante daquelas apoiadas em critérios imanentes ao sistema, considerando-o uma unidade comunicativa. O autor chama a atenção para o fato de que, anos mais tarde, Beaugrande (1997) revê o conceito de *textualidade* tal como expresso em seu texto com Dressler, enfatizando seu novo interesse.

> This focus shifted from "text-artifact" as a formal unit or pattern over toward the principles of textuality that apply when an artifact is treated as a text. We realized that textuality is not just a linguistic property or feature or a set of these but a multiple mode of connectedness activated wherever communicative events occur. We were impelled to restore the social connection of text to context and of text producers and receivers to society, formerly eclipsed by our conventional focus on the individual text and author (Beaugrande, 1997, p. 61).

Em consequência das novas percepções teóricas, Beaugrande busca considerar aspectos mais globais do texto e postula que a *unidade funcional* do texto é dada empiricamente.

We discarded the view of individual formal units and patterns as free-standing entities that can constitute a text only if they are expressly combined by some theory-driven apparatus of "rules". Instead, we accepted the combinability of text elements as a basic postulate and sought the interactive constraints that regulate sets of choices (Beaugrande, 1997, p. 61).

Marcuschi chama a atenção para o fato de que um problema metodológico elementar dos primeiros trabalhos da LT era o de "fazer ciência intuitivamente [...] com propostas de modelos descritivos e explicativos para cada fato" (Marcuschi, 2029, p. 39), mas as visões de texto enquanto evento comunicativo alavancam novos métodos de análise, mais consistentes e produtivos. Os anos 1990 vão testemunhar o surgimento de métodos de análises com um maior compromisso com perspectivas sociointerativas, como a perspectiva textual-interativa e a da relação entre fala e escrita.

1.2 Métodos e temas da LT

No âmbito dos instigantes estudos do projeto da *Gramática do português falado*, coordenado pelo Professor Ataliba Castilho, vai se consolidar a perspectiva que fica conhecida como textual-interativa. No palco privilegiado das atenções do grupo liderado por Koch, o texto oral motiva uma série de reflexões sobre a dimensão ilocutória do texto e a construção do sentido, articuladores e marcadores discursivos, sequências estereotípicas e fenômenos produtivos da fala, como interrupção, repetição e paráfrase. Lugar de destaque parece ser ocupado pelo tema da organização tópica (por exemplo, Jubran et al., 1992) e processos de referenciação (vários trabalhos de Koch, de Marcuschi, quer juntos ou separados), que dariam muitos frutos em anos subsequentes.

A perspectiva textual-interativa adota a visão de linguagem enquanto atividade verbal, toma o texto como sua unidade de análise maior e foca na interação face a face como objeto de estudo. Nesse sentido, reúne contribuições da Pragmática, da Linguística Textual e da Análise da Conversação (Galvão; Pinheiro, 2012). Não se pretende aqui uma discussão da perspectiva (para detalhes, ver, por exemplo, Jubran et al., 1992; Jubran,

2006); pinçam-se apenas alguns conceitos utilizados pelo grupo da Gramática para referência posterior.

O tópico discursivo é entendido "como uma categoria analítica abstrata, com a qual o analista opera", com base nas propriedades tópicas de centração e da organicidade, "para recortar segmentos textuais e descrever a organização tópica de um texto" (Jubran, 2006, p. 34). A categoria tópico discursivo é vista como produtiva para análises tanto de textos orais quanto escritos.

A propriedade da centração está intimamente relacionada à referencialidade textual. O tópico é "tomado no sentido geral de 'acerca de' que se fala, isto é, um conjunto de referentes explícitos ou inferíveis concernentes entre si e em relevância num determinado ponto da mensagem [...] o que leva a uma associação de tópico com a função representativo-informacional da linguagem" (Jubran, 2006, p. 35). Trata-se de algo semelhante à noção de "*aboutness*" proposta em outros estudos (Brown; Yule, 1983; Bublitz, 1988).

O princípio da organicidade prende-se à descrição das relações entre tópicos em um texto conversacional. Segundo Jubran, a organicidade ancora-se em relações de interdependência tópica que se estabelecem em dois planos:

> no plano hierárquico, vertical, conforme as dependências de super ou subordenação entre tópicos que se implicam pelo grau de abrangência com que são tratados na interlocução; no plano linear, de acordo com as articulações intertópicas em termos de adjacência ou interposições de tópicos na linha do discurso. Esse princípio de organicidade, assim posto em relação à estruturação global de um texto conversacional, enfatiza, com muita propriedade, as relações intertópicas (Jubran, 2006, p. 36).

Assim, o princípio da organicidade permite aos analistas do texto o desmembramento do tópico discursivo em unidades menores, tal como mostram as análises na página 381 e o anexo do trabalho seminal *Organização textual*, de Jubran et al. (1992). Trata-se de um princípio fundamental nessa perspectiva teórica.

A relevância de se estudar a relação entre fala e escrita foi amplamente reconhecida nos anos 1990, sobretudo em função das descobertas de que antes mesmo de ingressar na escola, a criança já possui uma representação escrita da fala que pode ser aproveitada na aprendizagem. Mas, embora a importância de estudos nessa área seja largamente difundida, ainda há muita controvérsia sobre os achados de pesquisas que investigaram essa relação, tendo alguns analistas até mesmo concluído que não existem diferenças entre as duas modalidades. Por exemplo, no que concerne às conclusões sobre a complexidade e elaboração da fala e da escrita, Biber comenta que

> The general view is that written language is structurally elaborated, complex, formal, and abstract, while spoken language is concrete, context-dependent, and structurally simple. Some studies, though, have found almost no linguistic differences between speech and writing, while others actually claim that speech is more elaborated and complex than writing (Biber, 1988, p. 5).

Vários autores (por exemplo, Biber, 1988; Akinnaso, 1982) buscam apontar as causas desses achados controversos, que em vários casos se devem apenas a diferenças conceituais. Biber (1988, p. 52-55) faz algumas restrições a trabalhos anteriores sobre a relação entre fala e escrita que, diz o autor, comprometem os resultados gerais das pesquisas. As duas críticas consideradas mais relevantes são: a) atribuição de peso indevido às peculiares do texto, i.e., por se basearem em poucos textos as análises podem valorizar as idiossincrasias; b) atribuição de peso indevido aos gêneros escolhidos para análise. A maioria dos estudos compara somente dois gêneros, um falado e outro escrito e comparam gêneros com objetivos comunicativos muito diferentes, por exemplo, uma interação casual face a face e um texto acadêmico.

Metodologicamente, Biber considera que a comparação de gêneros afins, da fala e da escrita, pode ser muito mais reveladora sobre as relações entre as duas modalidades. Ele propõe a noção de *dimensão* para caracterizar conjuntos de traços coocorrentes que determinam características textuais e distingue duas dimensões básicas, a *funcional* e a *linguística* que são imbricadas e parcialmente codeterminadas. Isto pode ser facilmente observado na correlação entre as diversas formas de ocorrências textuais e os traços por elas apresentados. A dimensão funcional tem relação com as características da situacionalidade e discursividade do texto, e a dimensão linguística reporta-se a traços gramaticais, fonológicos e lexicais. Com base em traços, pode-se identificar aproximações e afastamentos entre os gêneros escolhidos para análise (ver detalhes em Biber, 1988).

Alguns dos aspectos teóricos comuns aos estudos das relações entre fala e escrita contemplam, segundo Marcuschi, os seguintes aspectos centrais: primeiro, as relações entre a língua falada e escrita se dão no *continuum* dos gêneros textuais, e não na observação dicotômica. Não obstante, é ainda muito difícil estabelecer uma tipologia unificada para a fala e a escrita com base em critérios uniformes, pois as realizações textuais são muito diversificadas. Segundo, as diferenças entre fala e escrita podem ser melhor observadas nas *atividades de formulação* textual manifestadas em cada uma das duas modalidades, e não em parâmetros aprioristicos (Marcuschi, 1996).

Para dar conta das *atividades de formulação*, Marcuschi propõe um modelo de tratamento desenvolvido pelos alemães Gülich e Kotschi (1995, p. 34-60), que bem exemplifica uma forma de tratamento para o estudo das relações entre as modalidades falada e escrita. Trata-se de tentativa de identificar os traços da produção discursiva (processos, estratégias e atividades) no próprio produto. O modelo é desenvolvido para o estudo da textualização na fala e depois aplicado na escrita, partindo-se do princípio de que a produção oral apresenta uma série de características que aparecem na superfície do texto produzido, o que corresponderia a um discurso oral realizado em tempo real (*online*). Os aspectos da observação são divididos em três etapas: a da verbalização, a do tratamento e a da qualificação. Marcuschi (1996) explica cada etapa como se segue.

Na etapa da verbalização, temos aquilo que se dá com a produção discursiva imediata e que em geral é considerado para caracterizar de maneira direta a oralidade. São os conhecidos fenômenos de hesitação, correção, cortes e truncamentos que aparecem na fala. Essas marcas assinalam procedimentos de verbalização. Segundo a posição do autor, tais procedimentos também existem na escrita, mas são apagados. Basta lembrar de toda nossa atividade no ato de escrever no computador, por exemplo. Contudo, equivaleriam a trocas de letra, equívocos na pontuação, reduplicação de palavras, ortografia trocada e assim por diante.

A etapa do tratamento, como o nome indica, diz respeito ao tratamento que o falante dá aos seus enunciados em si mesmos, no encadeamento discursivo e na sua inserção no processo comunicativo de um modo geral. O falante repete ou reformula expressões e enunciados, corrige-os, parafraseia-os ou então elabora novos, estabelecendo relações ora com os próprios enunciados ora com seus interlocutores. Estes são procedimentos de tratamento textual. Também a escrita segue essas estratégias, mas há diferenças bastante acentuadas, já que os padrões da textualização sob o ponto de vista dos procedimentos de tratamento textual são diversos na fala e na escrita. Boa parte dos parâmetros a serem observados na relação fala-escrita diz respeito a esta etapa.

Na etapa da qualificação, estão incluídos os procedimentos de avaliação metadiscursiva em que o falante se refere a aspectos da formulação ou da organização de seu discurso. Trata-se de uma espécie de monitoração cognitiva do discurso e uma qualificação dos enunciados produzidos. Tais procedimentos se dão de formas muito próprias na fala e na escrita.

Os três conjuntos acima dizem respeito a três tipos de atividades de formulação discursiva. Só no primeiro conjunto, o da verbalização, não há traços em comum entre a fala e escrita, pois os fenômenos são característicos da fala. Contudo, observa Marcuschi (1996), pesquisas em registros de correspondência eletrônica *online* dão conta de procedimentos parecidos com os citados.

A perspectiva teórica e metodológica de observação das relações entre a fala e a escrita está intimamente ligada aos estudos dos gêneros textuais.

Marcuschi[2] (cópia digitalizada, s.d.), apoiando-se na posição de Miller (1984), que vê os gêneros textuais como parte da estrutura comunicativa da sociedade, ressalta que eles são fenômenos históricos, que surgem por necessidades e atividades socioculturais. Contribuem para ordenar e estabilizar as atividades comunicativas cotidianas, mas nem por isso são formas estanques, ao contrário, "caracterizam-se como eventos altamente maleáveis, dinâmicos e plásticos" (Marcuschi, s.d., p. 13).

---

2. Para estas notas sobre gêneros textuais, apoio-me fortemente em Marcuschi. Utilizo um texto digitalizado — *Gêneros textuais: definição e funcionalidade* — que incorpora uma série de observações feitas pelo autor em outros trabalhos. O texto estava sendo preparado como capítulo para um livro cujo título seria *Gêneros textuais: constituição e práticas sociodiscursivas*.

Os gêneros, continua Marcuschi, têm origem nas necessidades e atividades socioculturais, assim como surgem por necessidades de inovações tecnológicas. Situam-se e integram-se funcionalmente no seio das culturas em que se desenvolvem e, nesse sentido, caracterizam-se muito mais por suas funções comunicativas, cognitivas e institucionais do que por suas peculiaridades linguísticas e estruturais. Mas dizer que os gêneros textuais se caracterizam por seus aspectos sociocomunicativos e funcionais, não equivale a dizer que os aspectos formais devam ser desprezados — um poema, por exemplo, é facilmente identificado como tal, em grande parte, por sua forma.

Marcuschi salienta que "um mesmo texto" não equivale necessariamente a um "mesmo gênero". Haverá casos em que será o suporte ou o ambiente que vai determinar o gênero: por exemplo, um determinado texto aparece numa revista científica, constituindo-se, assim, como gênero *"artigo científico"*; caso o mesmo texto seja publicado num jornal diário ele seria um *"artigo de divulgação científica"*.

> É claro que há distinções bastante claras quanto aos dois gêneros, mas para a comunidade científica, sob o ponto de vista de suas classificações, um trabalho publicado numa revista científica ou num jornal diário não tem a mesma classificação na hierarquia de valores da produção científica, embora seja o *mesmo texto*. Assim, num primeiro momento podemos dizer que as expressões *"mesmo texto"* e *"mesmo gênero"* não são automaticamente equivalentes, desde que não estejam no *mesmo suporte* (Marcuschi, s.d., p. 3).

Não obstante o autor ter tomado aqui a noção de *texto* considerando apenas sua materialidade, o argumento dá margem a interessantes reflexões e sugere que a identificação de um gênero nem sempre é simples, assim como não é simples a definição do conceito. Marcuschi reconhece a dificuldade ao propor que *gênero textual* deve ser visto como uma "noção propositalmente vaga".

> Usamos a expressão *gênero textual* como uma noção propositalmente vaga para referir os *textos materializados* que encontramos em nossa vida diária e que apresentam *características sociocomunicativas* definidas por conteúdos, propriedades funcionais, estilo e composição característica (Marcuschi, s.d., p. 4).

Marcuschi incorpora à sua definição a postura de Miller, quando esta considera o gênero como "ação social", lembrando que uma definição retoricamente correta de gênero "não deve centrar-se na substância nem na forma do discurso, mas na ação em que ele aparece para realizar-se" (Miller, 1984, p. 151). O aspecto da funcionalidade é novamente enfatizado quando, citando a afirmação de Bronckart de que "a apropriação dos gêneros é um mecanismo fundamental de socialização, de inserção prática nas atividades comunicativas humanas" (Bronckart, 1999, p. 103), Marcuschi pondera: "quando dominamos um gênero textual, não dominamos uma forma linguística, e sim uma forma de realizar linguisticamente objetivos específicos em situações sociais particulares" (Marcuschi, s.d., p. 10). Assim, para os analistas do gênero, a funcionalidade "é central na designação de muitos gêneros que são definidos basicamente por seus propósitos (funções, intenções, interesses), e não por suas formas" (Marcuschi, s.d., p. 13).

2. Análise da Conversação

É reconhecido que a AC tem suas raízes na Etnometodologia, uma área da Sociologia que se origina a partir dos trabalhos de Harold Garfinkel. Em linhas gerais, os estudos etnometodológicos correspondem à pesquisa empírica dos métodos que os indivíduos utilizam para dar sentido e ao mesmo tempo realizar as suas ações de todos os dias, tais como comunicar-se, tomar decisões, raciocinar (Garfinkel, 1984). O autor viria a resumir a afirmação central da Etnometodologia ao afirmar que a realidade objetiva dos fatos sociais é o fenômeno fundamental da Sociologia (Garfinkel, 2002, apud Maynard; Kardash, 2007). Da Etnometodologia, advêm praticamente todos os pressupostos e métodos da AC.

2.1 Raízes da AC: a Etnometodologia

A Etnometodologia representa o esforço de resgate dos métodos nos quais e através dos quais membros de um contexto real, não hipotético ou teórico, produzem e organizam as especificidades de sua vida cotidiana. O pressuposto geral é o da existência de uma ordem autogerada em atividades concretas, uma ordem cuja apreciação científica não depende nem de especificações formais de elementos variáveis e suas relações analíticas (Maynard; Kardash, 2007). Portanto, aos analistas cabe recuperar os métodos e comportamentos através dos quais os membros de um contexto produzem e coordenam suas ações ordinárias no sentido de uma ordem social inteligível. Assim, técnicas predominantemente dedutivas e quantitativas da sociologia clássica devem ser substituídas pelos métodos e técnicas disponibilizadas pelas próprias pessoas quando estão em interação.

Em 1967, Garfinkel publica seu conhecido e influente trabalho, *Studies in Methodology*. O autor abre o capítulo I, O que é etnometodologia?, com a famosa definição do novo objeto de estudo:

> Os estudos a seguir buscam tratar atividades práticas, circunstâncias práticas e raciocínio sociológico prático como tópicos de estudo empírico e, ao dedicarem às atividades mais comuns do cotidiano a atenção usualmente dispensada a eventos extraordinários, procuram estudá-las como fenômenos em si. A recomendação central desses estudos é a de que as atividades pelas quais os membros produzem e gerenciam situações de afazeres cotidianos organizados são idênticas aos procedimentos empregados pelos membros para tornar essas situações relatáveis (Garfinkel, [1967] 1984, trad. Gago; Magalhães, 2012, p. 111-12).

Um conjunto de conceitos é criado para traduzir as novas bases epistemológicas e metodológicas da perspectiva, sendo os mais centrais: prática, membro, indexibilidade, reflexividade, relatabilidade.

Como se sabe, há forte influência da fenomenologia social na Etnometodologia. Garfinkel desloca o foco do conhecimento perceptual como atividade mental em favor de uma preocupação com a atividade corporificada e a produção prática, experiencial, concretamente vivida, de fatos sociais (Maynard; Kardash, 2007). Os resultados dos estudos de Alfred Schutz, dizem Garfinkel e Sacks (1983), fornecem justificativas empíricas para a adoção de uma política de pesquisa exclusiva à etnometodologia.

Essa política estabelece que as práticas de teorização e investigação sociológicas, os tópicos dessas práticas, as descobertas dessas práticas, as circunstâncias dessas práticas, a disponibilidade dessas práticas como metodologia de pesquisa e tudo o mais são, do início ao fim, *métodos dos membros* para a teorização e a investigação sociológicas. Inevitavelmente [...] as práticas consistem em *métodos dos membros* para combinar conjuntos de alternativas, *métodos dos membros* para combinar, testar e verificar o caráter factual da informação, *métodos dos membros* para dar um relato das circunstâncias de escolha e das escolhas, *métodos dos membros* para avaliar, produzir, reconhecer, garantir e obrigar à consistência, coerência, efetividade, eficiência, engenhosidade e outras propriedades racionais de ações individuais e concertadas (Garfinkel; Sacks, 1983, trad. Gago; Magalhães, 2012, p. 226).

A noção de membro, portanto, ganha evidência especial. Não se refere a um indivíduo materializado, uma pessoa física em particular, esclarecem Garfinkel e Sacks (1983), mas a um ente que tem o domínio da linguagem comum, que compartilha o conhecimento das regras implícitas de comportamentos, que se insere nas rotinas inscritas nas práticas sociais. Coulon, citando Garfinkel, resume a noção de *membro* como sendo

> uma pessoa dotada de um conjunto de modos de agir, de métodos, de atividades, de *savoir-faire*, que a fazem capaz de inventar dispositivos de adaptação para dar sentido ao mundo que a cerca. É alguém que, tendo incorporado etnométodos de um dado grupo social, exibe "naturalmente" a competência social que o agrega a esse grupo e lhe permite fazer-se reconhecer e aceitar (Coulon, 1995, p. 48).

O conceito de membro está diretamente relacionado a outra noção igualmente relevante na Etnometodologia de Garfinkel: a de relatabilidade. Os estudos etnometodológicos analisam não só as atividades cotidianas dos membros, como também os métodos que fazem essas atividades visivelmente racionais e relatáveis a todos os fins práticos, i.e., descritíveis, enquanto organização ordinária das atividades de todos os dias (Coulon, 1995).

Dizer que o mundo social é descritível é dizer que ele é algo passível de ser relatável, analisável, isso porque é inteligível. A analiticidade se evidencia pelas ações práticas dos atores que têm a capacidade de reconstruir uma ordem social para compreensão mútua. Equivale a dizer, então, que as normas das práticas cotidianas são acionadas pelos membros não a partir de regras já estabelecidas, mas pelo conhecimento que eles têm dessas regras que fazem parte do senso comum ou, como resume Garfinkel, o mundo não é dado de uma vez, mas se constitui pelos nossos atos práticos: não se trata da descrição do mundo, mas de sua própria constituição.

O conceito de reflexividade é intimamente relacionado ao de relatabilidade. Quando Garfinkel postula que as descrições de mundo se tornam constitutivas do que descrevem, postula igualmente que a propriedade reflexiva dos membros permite que eles exprimam as significações de suas ações sociais. Ao desenvolver suas atividades diárias, mesmo sem reconhecer o fato, os atores sociais estão construindo sentido e ordem em relação ao que estão fazendo. Há, assim, na etnometodologia garfinkeliana, uma equivalência entre o ato de descrever e produzir o social. Retomando, a ideia central nos termos do próprio Garfinkel é a de que "as atividades pelas quais os membros produzem e administram as situações de sua vida organizada de todos os dias são idênticas aos procedimentos usados para tornar essas situações descritíveis" (Garfinkel, 1984, p. 1).

Condição para a manutenção e compreensão da ordem social, a reflexividade designa as práticas que descrevem e constituem o quadro social.

> o conhecimento do senso comum dos fatos da vida social é institucionalizado como conhecimento do mundo real. O conhecimento do senso comum não pinta apenas uma sociedade real para os membros, mas à maneira de uma profecia que se realiza, as características da sociedade real são produzidas pela aquiescência das pessoas que já alimentam essas perspectivas (Garfinkel, 1984).

A compreensão das significações das ações dos atores sociais só é viável pela observação do processo de reflexividade desenvolvido por eles: ao analista cabe, então, observar e recuperar tal processo.

Compreender o mundo social equivale, então, a compreender a linguagem utilizada pelos atores na construção de seus sentidos cotidianos, o que equivale a dizer que o foco de estudo deve recair sobre a interação e sua propriedade indexical. Cicourel chama a atenção para o fato de que a indexicalidade (*indexicality*) impõe ao analista "entregar-se a todo um trabalho de interpretação para chegar a reconhecer que uma regra abstrata se adapta a uma situação particular" (Cicourel, 1977, p. 61). Em outras palavras, as expressões da linguagem ordinária são indexicais no sentido de que, embora tenham significações mais gerais, também têm seus significados particulares em contextos situacionais específicos. A propriedade indexical corresponde, assim, a todas as determinações que se ligam a uma palavra, a uma situação. Nessa visão garfinkeliana, a noção carrega em si o sentido de incompletude, já que uma expressão precisa ser vista situadamente para investir-se de significado, i.e., o sentido é sempre local e não tem generalização possível. Todas as formas simbólicas, como os enunciados, gestos, regras, ações, comportam uma margem de incompletude que só desaparece quando elas se produzem. A inteligibilidade de nossos diálogos não é comprometida por sua natureza indexical, mas dela depende, pois é justamente o conhecimento das circunstâncias do enunciado que nos permite atribuir-lhes um sentido preciso (Coulon, 1995, p. 37).

Segundo a Etnometodologia, além da observação do contexto interativo imediato, é necessário considerar-se outros fatores para que uma expressão ganhe seu sentido integral, tais como o falante, sua relação com o ouvinte, suas significações passadas, já que cada elocução constitui uma palavra e se refere a uma determinada pessoa, tempo ou lugar, nomeia algo não nomeado. O momento de formulação e a situação são fundamentais para Garfinkel: o tempo, para uma expressão indexical temporal, é relevante para aquilo que nomeia. De forma semelhante, a região exata que uma expressão indexical espacial nomeia depende da localização de sua elocução (Garfinkel [1967] 1984, trad. Gago; Magalhães, 2012).

A propriedade indexical é o conceito que traduz as formas pelas quais os atores sociais compreendem o dito, com base em métodos que são implicitamente compartilhados. Tais métodos implicam recuperação contínua do sentido comum e contextual dos recursos linguísticos para tornar os sentidos inteligíveis. Em outras palavras, é a forma que um indivíduo usa uma expressão particular num contexto específico para construir sentido (Turner, 1974).

Considerando os pressupostos e o conjunto de conceitos discutidos, a Etnometodologia busca investigar como os membros de um grupo social atingem e recuperam, através de comportamentos práticos e coordenados, o senso de ordem presente em suas práticas cotidianas e construção da realidade.

2.2. Rumos, métodos e temas da AC

A AC nasce com forte preocupação com seus procedimentos metodológicos, caracterizando-se como a pesquisa empírica dos métodos que os indivíduos utilizam para dar sentido e ao mesmo tempo realizar as suas ações de todos os dias, tais como comunicar-se, tomar decisões, raciocinar. Nesse sentido, os modelos teóricos não existem *per se*, mas são realizações dos membros. Assim, o percurso da AC, de certa forma, confunde-se com seus métodos e temas, e por tal motivo opta-se aqui por discutir os rumos, métodos e temas da AC de forma integrada.

O encontro entre Garfinkel e Sacks (Maynard; Kardash, 2007) ocorreu em 1959, que, na ocasião, estava concluindo seus estudos em Direito na Universidade de Yale. Sacks inicia sua dissertação de doutorado em Sociologia na Universidade da Califórnia, Berkeley, *In search of help: No-one to turn to*,[3] primeiramente sob orientação de Erving Goffman e depois de Garfinkel. No estudo baseado em chamadas telefônicas a um centro de prevenção de suicídio, Sacks busca descrever as formas pelas quais os suicidas chegam à conclusão, expressa no título, de que não têm "ninguém a quem recorrer". O interesse do pesquisador recai sobre o modo como processos de categorização dependem de categorias sociais — tais como polícia, mãe, amigo — e como essas categorias podem ser organizadas em coleções que se relacionam com outras.

> My attention shall be exclusively limited to those categories in the language in terms of which persons may be classified. For example, the categories: "male", "teacher", "first baseman", "professional", "negro" etc. are the sort I shall be dealing with. Frequently such "membership" categories are organized,

---

3. H. Sacks, *The search for help: No-one to turn to*. PhD dissertation, University of California at Berkeley, Department of Sociology, 1968 (citado por Maynard; Kardash, 2007.).

by persons of the society using them, into what I shall call "collections of membership categories", categories that members of society feel "go together". They are not constructed merely as aids to my analysis; whether or not a particular category is a member of a particular collection is, in each and every case, a matter to be decided empirically (Sacks, 1966, p. 15-16, citado por Jayyusi, 1984, p. 212).

O clássico exemplo — "The baby cried, the mommy picked it up" — analisado por Sacks para discutir o conceito de categorização é esclarecedor. Sacks pergunta por que pensamos na "mommy" como sendo a "baby's mommy". A ideia básica é a de que é senso comum que mãe e filho são categorias que pertencem a um conjunto *membros de uma família*. A ação de pegar um bebê no colo é uma atividade ligada à categoria de mãe, é uma ação esperada por parte de mães. Assim, dispositivos de categorização usados na prática do pensamento são sistemáticos e organizados, nunca aleatórios, são compartilhados, construídos e sustentados nas interações.

Os dispositivos de categorização (*membership categorization device*), ao lado de um conjunto de regras de aplicação, serão os elementos continuamente descritos por Sacks como centrais no uso de categorias sociais e, portanto, centrais no aparato de análise.

> We may begin to work at the construction of the apparatus. I'm going to introduce several of the terms we need. The first term is *membership categorization device* (or just *categorization device*). By this term I shall intend: any collection of membership categories, containing at least a category, which may be applied to some population containing at least a member, so as to provide, by the use of some rules of application, for the pairing of at least a population member and a categorization device member. A device is then a collection plus rules of application (Sacks, [1972] 1986, citado por Maynard; Kardash, 2007).

Os primeiros anos de estudos de estreita colaboração entre Garfinkel e Sacks ganham corpo em 1970, através da publicação conjunta de *On formal structures of practical actions*. Nesta obra, retomam o argumento da racionalidade prática, dizendo que o pensamento sociológico sempre procurou distinguir entre expressões indexicais, cujo sentido deriva do contexto imediato de uso, e expressões objetivas. As conferências de Sacks na Universidade da Califórnia, Los Angeles, formam o começo da área de estudo que viria a ser reconhecida como AC.

O termo AC firma-se como correspondente a um paradigma particular no estudo da interação verbal iniciado por Sacks e seus principais colaboradores à época, Emanuel Schegloff e Gail Jefferson. O foco recai sobre os procedimentos ativados na "fala-em-interação" através da observação de como os interactantes, sistematicamente, organizam suas contribuições visando evitar ou reparar problemas conversacionais: reações colaborativas, alocação de turnos, reparos etc.[4] A AC está empenhada em descobrir a organização social endógena das atividades desempenhadas nos contextos cotidianos, considerando que a interação social é coletivamente organizada pelos interactantes.

O pressuposto básico da AC é o de que *a conversação é um sistema organizado* e nada em relação às ações dos interactantes é randômico. De certa forma, a definição pode ser considerada uma reação ao pensamento ainda vigente à época de que a escrita seria organizada enquanto a fala seria caótica e não analisável. De início, a conversação é vista como "aquele tipo de interação em que dois ou mais participantes se alternam livremente na fala, o que geralmente ocorre fora de situações contextuais institucionais como em serviços religiosos, tribunais, sala de aula e outros contextos similares" (Levinson, 1983, p. 284). Nas palavras de Levinson, há que se considerar o fato da alternância *livre* entre os interlocutores, ou seja, segundo o autor, a conversação "geralmente" pressupõe uma simetria quanto aos direitos dos participantes. Mas logo outras formas de interação específicas vão sendo agregadas à área a partir dos pressupostos e métodos da AC, muitas vezes para questionar os modelos conversacionais, e o leque de contextos se expande.

Os estudos mais tradicionais da AC favorecem análises de conversações face a face e constituem uma massa substantiva de trabalhos que buscam o sentido da ordem nas interações. Sacks, Schegloff e Jefferson são pioneiros na defesa de que o objetivo não é focar a língua *per se*, mas a importância da

---

4. No Brasil, ver os trabalhos desenvolvidos pelo grupo do NURC-SP liderado pelo Prof. Dino Preti, pioneiro nos estudos da conversação.

língua como veículo para a ação social que deve ser estudada em situações concretas. Uma proposta pioneira é o conhecido modelo de Sacks, Schegloff e Jefferson (1974) sobre a organização da troca de turnos. A partir de dois componentes, de formulação e de alocação, e um conjunto de regras, os autores propõem que o sistema de troca de turnos é localmente gerenciado, baseado na orientação dos participantes quanto a um *ponto relevante para transição* (TRP) — no primeiro TRP, pela aplicação das regras de troca de turnos, o próximo falante é definido.

> There are various unit-types with which a speaker may set out to construct a turn. Unit-types for English include sentential, clausal, phrasal, and lexical constructions. Instances of the unit-types so usable allow a projection of the unit-type under way, and what, roughly, it will take for an instance of that unit-type to be completed [...] the first possible completion of a first such unit constitutes a initial transition-relevance place (Sacks; Schegloff; Jefferson, 1974, p. 702-3).

Assim, a unidade analítica mais relevante não é propriamente o turno — identificado pelo analista, *a posteriori*, como "tudo o que um falante faz antes que outro assuma a palavra" —, mas o lance (*move*), definido a partir do ponto relevante para transição e, portanto, exigindo dos interactantes julgamentos mais refinados para identificar os TRP, já que estes correspondem a momentos em que um enunciado atinge uma completude sintática, semântica, prosódica.

O lance torna-se ainda mais central dada a concepção de *conversação*, em que a busca pelo controle é muito acentuada: os participantes disputam entre si para obter e manter o turno, introduzir e controlar tópicos etc. Daí o modelo ter sido concebido como uma máquina de jogar xadrez, delineada para calcular quando e como alguém deve mover suas peças — um lance corresponde a uma ação que um participante faz, pensando em obter vantagens mais adiante na interação. Assim, é dito que embora o sistema de troca de turnos seja *"context-free"* por seu caráter universal (como as regras de um jogo de xadrez), é também *"context-sensitive"*, sensível aos arranjos sequenciais locais (por exemplo, as opções de escolha de "regras de preferência" disponíveis ao interactante).

Outros focos do interesse ratificam a preocupação dos analistas da época com a organização e sequenciação da conversação, evidenciadas no estudo de Sacks, Schegloff e Jefferson (1974): pares adjacentes, sequências inseridas, sequências paralelas, organização de preferência, correção e reparo etc. Os estudos sobre sinais retroalimentadores (*backchannels*) e marcadores conversacionais buscam dar conta de como certos fenômenos são sinalizados pelos interactantes. Pesquisas sobre o papel dos gestos, risos, olhares, *nodding*, *gaps* e silêncios etc. na conversação logo se tornam necessários. As categorias centram-se, predominantemente, em unidades mais intermediárias de análise.

Há a preocupação com aspectos da macro-organização da conversação, mas os estudos acabam se concentrando em estruturas do tipo sequências de abertura, de fechamento, pré-abertura, pré-fechamento, ou seja, a tendência de se estudar a conversação como um todo e enquanto a unidade de sentido não é tão forte, sobretudo nesse início da tradição. Isso porque o foco maior recai sobre as ações das partes. Os resultados obtidos mostram como participantes lançam mão da fala para organizar suas contribuições de forma sensível aos arranjos sequenciais locais. O termo *organização*, recorrente nos trabalhos mais clássicos, aponta a tendência de observação dos temas.

A partir dos achados nos estudos de conversações casuais, pesquisadores investigam outros contextos considerados mais institucionalizados (sala de aula, tribunais etc.), várias vezes para demonstrar diferenças em relação ao sistema de troca de turno e estruturas em situações específicas. Drew e Heritage (1992), Goodwin e Duranti (1992), por exemplo, argumentam que interactantes em contextos mais institucionalizados obedecem a fatores que não estão diretamente envolvidos com a negociação local. Assim, nesses trabalhos, o foco das investigações desloca-se das categorias intermediárias (como lances, turnos, sequências pares) para a observação da interação enquanto unidade de análise, adotando análises mais holísticas. Paralelamente à identificação (e interpretação da ocorrência) de estruturas formais, há que se considerar aspectos da funcionalidade do evento. Drew e Heritage (1992, p. 22) propõem três dimensões interacionais que orientam os participantes: em primeiro lugar, os objetivos do evento, identidades sociais e responsabilidades institucionalmente atribuídas a cada participante; em segundo lugar, os participantes orientam seus comportamentos de acordo com regras e normas especiais quanto ao que pode ser feito naquele contexto particular; em terceiro lugar, os participantes se orientam por inferências diretamente relacionadas às especificidades do contexto.

Com base na afirmação central da Etnometodologia, de que as discussões devem se caracterizar como a "tentativa de redescobrir o problema da ordem social *no* mundo real e *como* práticas científicas do mundo real" (Garfinkel, 1984, p. 205), a área segue métodos bem definidos. A AC, diz Levinson (1983, p. 286), tal como praticada por Sacks, Schegloff, Jefferson, Pomerantz e outros, tem enfoque rigorosamente empírico. As análises devem basear-se na cuidadosa consideração dos dados, gravações e transcrições mais que em preferências teóricas ou ideológicas. A metodologia é indutiva, no sentido de que evita teorização prematura ou, em outros termos, no sentido de que as categorias são consequência da análise (*data-driven*).

No trabalho seminal de Sacks, Schegloff e Jefferson (1974) sobre o sistema de troca de turnos, esses autores salientam que seus dados baseiam-se em gravações de conversações casuais, considerados os dados mais relevantes. A interação social na AC é analisada de forma a identificar como os participantes organizam coletivamente a interação, o que se dá de forma situada, localmente organizada e por desdobramentos temporalmente sequenciais. Um grande número de recursos coordenados (vocais, verbais, visuais etc.) é ativado, evidenciado e monitorado *in situ*. As análises dessas características devem insistir na observação da emergência indexical, contingencial e dinâmica característica da interação (Mondada, 2013, p. 32).

Segundo Mondada (2013, p. 33-34), essa visão analítica particular da AC contrasta com outras formas de coleta das ciências sociais e cognitivas:[5]

- Contrasta com a introspecção, tal como praticada pelo ramo da linguística tradicional em que o pesquisador consulta a sua própria competência para definir se uma frase é ou não "gramatical". Como Garfinkel (1996, p. 8) nos lembra, ações situadas devem ser descobertas, e não apenas imaginadas.

---

5. As observações, incluindo as fontes citadas, correspondem à tradução a partir do texto de Mondada (2013).

- Contrasta com a utilização de notas de campo que são obtidas através de observação participante. Este método em que os dados se equivalem às observações anotadas pelo pesquisador é o preferido dos etnógrafos. Enquanto notas de campo, os dados documentam a experiência única e a lembrança posterior do observador — estão, portanto, sujeitas a limitações de memória, processos de seleção, interpretação ocasional e intuição. As gravações permitem um estudo de detalhes temporais e contextuais que são difíceis (se não impossíveis) de ser percebidos sem o auxílio de repetidas observações (Sacks, 1984a, p. 26; 1992, p. 622). Contrasta com o método de entrevistas, largamente utilizado no âmbito das ciências sociais. Este método demanda reconstruções posteriores por parte do analista e os materiais para análise geralmente surgem na forma de narrativas ou como respostas a questões inseridas num formato interacional restrito e limitado (Button, 1987; Suchman; Jordan, 1990). Mais tarde, a AC também se interessará por entrevistas (Houtkoop-Steenstra, 2000; Maynard et al., 2002; Mondada, 2000; veja também Clayman, neste volume). Mas os autores têm se interessado por entrevistas como tópico de observação, e não como recurso metodológico para obtenção de dados (Zimmerman; Pollner, 1971). Portanto, para a AC, as entrevistas são vistas como uma prática característica de certas profissões e, nesse sentido, são estudadas como evidências das práticas desses profissionais.
- Contrasta com os experimentos utilizados por cientistas cognitivos e psicólogos, que buscam controlar o desempenho dos sujeitos visando a testar hipóteses preestabelecidas. De forma contrária, a AC busca descobrir as formas pelas quais os participantes organizam naturalmente as ações sociais em dado contexto; considera que esta organização é construída localmente e de forma indexical e que, portanto, tem que ser observada no contexto real em que rotineiramente ocorre.

Mondada ainda acrescenta que objeções à corrente "naturalística" da AC têm sido colocadas, na maior parte das vezes, invocando-se o *paradoxo do observador* de Labov. Os críticos argumentam que dados que ocorrem naturalmente não existem porque o simples ato da gravação tem impacto na atividade. Mondada refuta as críticas, primeiro, porque considera que os métodos de coleta têm sido altamente refinados, de forma a minimizar a presença do microfone ou câmera, tornando os dados mais adequados dos pontos de vista tecnológico, etnográfico e ético. Ademais, prossegue a autora (citando Heath, 1986; Laurier; Philo, 2006; Speer; Hutchby, 2003), a identificação de momentos problemáticos, em que os informantes estão conscientes da gravação, pode ser útil às análises, pois os dados geralmente revelam questões relevantes para a compreensão das ações em curso. Um segundo argumento, mais conceitual, considera a noção de "natural". Ressalta (citando Schütz, 1962) que o termo não é usado para opor uma conduta social a uma natural, mas para referir a uma postura pré-reflexiva que caracteriza a vida ordinária, tal como vista pelas pessoas. Usa uma citação de Lynch (2002, p. 534) para argumentar que "neste contexto, 'naturalmente organizado', significa uma ordenação de atividades que é espontânea, local, autóctone, temporalmente situada, formatada, produzida e realizada de forma endógena e regulada" (Mondada, 2013, p. 34).

O campo teórico e metodológico da AC evolui não só para dar conta de várias formas de interação, mas também continua com maior intensidade a discussão sobre métodos e técnicas para obtenção de dados relevantes para análise. A AC caminha em direção ao que alguns (Selting; Couper-Kuhlen, 2001; Mondada, 2001; Gülich; Mondada, 2008; Kern, 2010[6]) também chamam de Linguística Interacional, que se atém a um programa de pesquisa que considera que a linguagem deve ser analisada em termos das ações atualizadas na interação (Hilgert, 2012). Mondada (2013, p. 33) ratifica que a AC foca "a organização endógena das atividades sociais em seus contextos cotidianos de produção". Considera que a interação social, enquanto coletivamente organizada pelos interactantes, é localmente situada, atualizada por meio de desdobramentos temporais e sequenciais, pela mobilização de extensa gama de recursos verbais, visuais e outros.

Continuam na ordem do dia a vocação rigorosamente empírica e a metodologia indutiva, sem categorias teóricas preestabelecidas da AC, e o foco na questão central de identificar como os atores sociais estabelecem a

---

6. Autores citados por Hilgert (2012).

ordem social nos contextos em que interagem. Permanece como postulado central o conceito de prática social reflexiva que, tal como discutido por Garfinkel, dá conta do conjunto de práticas sociais dos membros. A dimensão sequencial exibe como a compreensão intersubjetiva entre os participantes se desenvolve na interação e como as projeções e as antecipações efetuadas por estes são expressas a partir das posições sequenciais ocupadas e das categorias selecionadas no curso da interação (Alencar, 2004).

Os recursos atualizados dos membros são publicamente disponibilizados e monitorados *in situ*. A análise demanda, portanto, que as gravações em áudio e vídeo sejam bem coletadas e bem transcritas, ou seja, os métodos analíticos básicos também continuam como constantes objetos de estudo.

Segundo Stivers e Sidnell, a AC, atualmente, representa um enfoque que se preocupa fortemente com cinco postulados fundamentais referentes a seus (i) pressupostos teóricos, (ii) objetos de análises, (iii) dados, (iv) preparação dos dados para a análise e (v) métodos analíticos (Stivers; Sidnell, 2013, p. 2).

3. Linguística Textual *versus* Análise da Conversação: interfaces e delimitações

Um ponto de aproximação entre as duas disciplinas que parece óbvio refere-se ao foco maior: ambas têm o *texto* como seu objeto de estudo. O compromisso da LT com o texto como unidade de análise fica explícito desde origem: o "dogma de fé" da LT, como já foi dito acima, é superar a análise transfrástica. Já a AC surge com a preocupação de investigar o sentido da ordem e, até certo ponto, buscando comprovar que a conversação/fala é passível de análise. A ordem é buscada em contexto sequencial e temporal, e a AC, muitas vezes, opera com unidades intermediárias de análise, como turno, *move*, sequências estereotípicas. Em outras palavras, embora ambas tenham o texto como unidade, na prática os focos da LT e AC podem recair em categorias diferentes. Como consequência desses interesses diferenciados, na história da AC não houve uma etapa em que os estudos buscaram, com tanta ênfase, a construção de uma *gramática do texto*, como se viu na LT.

Koch lembra que, desde os anos 1970, na Alemanha e em outros países, a LT tem por objeto de investigação tanto textos falados quanto escritos. A própria pesquisadora encarrega-se de apontar as diferenças entre os interesses das duas áreas. Diz Koch que os estudos da LT se diferenciam, em parte, daqueles dos analistas da conversação, "que têm seus interesses centrados nos aspectos sociointeracionais propriamente ditos da interação face a face, visto que os linguistas de texto, a partir das pesquisas por aqueles efetuadas, vão dar ênfase aos aspectos textuais e discursivos dessa interação" (Koch, 1997, p. 72). Por outro lado, Atkinson (1988) argumenta que, embora a AC privilegie a interação oral, o texto escrito também tem sido contemplado nas análises de vários autores da AC.

Mas, se é certo afirmar que ambas — a LT e a AC — se interessam tanto por textos orais quanto escritos, as tradições de suas pesquisas podem introduzir diferenças nas análises. Há, obviamente, fenômenos que são específicos da fala, tais como pausas, hesitações, truncamentos, falsos começos, por exemplo, que levam a incompletudes sintáticas, anacolutos, redundâncias etc. (embora a interação virtual esteja colocando uma série de desafios aos analistas). De modo geral, há também interesses diversos, mais voltados para as análises dos processos interacionais mobilizados nas diversas atividades de interação social ou mais voltados para o estudo de estratégias atualizadas no processamento textual.

Foi dito que, mais recentemente, há na LT um interesse crescente no estudo do tópico discursivo. Chamou-se a atenção para o princípio da organicidade, que permite aos analistas o desmembramento do tópico discursivo em unidades hierarquicamente inferiores que, por sua vez, podem ser novamente desdobradas e assim por diante. Na AC, a tradição de focar menos na língua *per se* e mais nos comportamentos dos interactantes potencializa uma tendência forte de se considerar o tópico discursivo em termos de ação, como recomenda Bublitz (1988). As ações tópicas referem-se tanto a aspectos da organização hierárquica quanto da linear (detalhes em Bublitz, 1988; Barros, 1991), mas todas priorizam o ponto de vista dos interactantes: um falante (*primary speaker*) propõe mudanças maiores, mudanças mais locais, reintroduções de tópicos etc. e essas ações têm que, necessariamente, ser ratificadas pelo interlocutor. O tópico discursivo corresponde, assim, aos movimentos focais colaborativos efetivamente atualizados na interação pelos participantes com dada finalidade — é uma construção conjunta dos conversacionalistas, em função do nível de atenção dado a certo tópico, o que faz com que este possa ser elevado à condição de *tópico discursivo*. Em outras palavras, mesmo operando com princípios afins (foco, centração, organicidade), a própria noção de *tópico discursivo* difere, em parte, na AC e na LT. Isso porque a AC prioriza a conversação e a LT busca dar conta de textos falados e escritos, abarcando as diferentes condições de produção e recepção das duas modalidades.

Teoria e métodos advindos dos estudos da relação entre fala e escrita aproximam as duas áreas pelos objetivos detalhados. Os estudos de gêneros textuais tratam, com igual interesse, de textos falados e escritos e também se caracterizam como ponto de aproximação entre as duas disciplinas. Como ressaltado, por sua inserção no seio da cultura em que surgem, os gêneros caracterizam-se fortemente por suas funções comunicativas e institucionais. Na AC, a incorporação de análises de contextos mais institucionalizados (corte, sala de aula, estudos de diagnósticos médicos, de decisões legais etc.) leva a análises mais holísticas e que condicionam a consideração do evento a partir de sua funcionalidade, já que os participantes se orientam de acordo com as normas especiais daquele contexto particular.

Talvez o aspecto que mais traga distinções entre as duas áreas refere-se a preocupações metodológicas da AC para a obtenção de bons dados, já que a disciplina se concentra no estudo de atividades que se desenvolvem natural e ordinariamente nos diferentes contextos sociais. Como não poderia deixar de ser, os procedimentos de coleta, de transcrição e de análise são alvo de constante discussão na AC, dada a centralidade desses temas para os estudos orais (ver discussão em, por exemplo, Mondada, 2013).

Tanto a LT quanto a AC sempre se caracterizaram como interdisciplinares. Apoiada em Antos e Tiez (1997),[7] Koch sugere que a LT tanto intensificou o diálogo com outras ciências que hoje pode ser vista como uma "ciência integrativa", mantendo inter-relações com a Filosofia da Linguagem, a Psicologia Cognitiva e Social, a Sociologia Interpretativa, a Antropologia,

---

7. Citados por Koch (2001).

a Teoria da Comunicação, a Literatura, a Etnometodologia, a Etnografia da Fala e, mais recentemente, com a Neurologia, a Neuropsicologia, as Ciências da Cognição, a Ciência da Computação, a Teoria da Evolução Cultural (Koch, 2001, p. 6). Koch (2004) identifica, conforme lembrado por Penhavel (2006, p. 148), três fases da LT, que incluem, além das fases das análises transfrásticas e gramáticas de texto e da virada pragmática, a virada cognitivista. De fato, há na história da LT um comprometimento crescente com premissas de ordem sociocognitivas envolvidas na questão da construção interacional dos sentidos.

A AC, no seu início, recebeu uma fortíssima influência da etnometodologia. Stivers e Sidnell afirmam que, embora seu campo da AC tenha começado bastante restrito, atualmente é um dos enfoques predominantes no estudo da interação humana, envolvendo várias outras disciplinas além da sociologia, tais como comunicação, antropologia, psicologia. Por abranger estudos de várias instituições, a AC mantém ainda relação com a Medicina, a Ciência Política, a Educação, os Estudos da Mídia etc. A interdisciplinaridade da área é relevante para garantir os conhecimentos necessários ao estudo da interação social e a formulação de teorias e métodos (Stivers; Sidnell, 2013, p. 1). Na busca de seu objetivo de estudar a ordenação da fala, a AC — que não apresenta fases tão discretas quanto a LT — privilegia, por um lado, estudos formais da conversação; por outro lado, a consideração do fluxo conversacional (Gülich; Mondada, 2001) nas análises determina a consideração de aspectos sociocognitivos para a interpretação dos enunciados. Assim, podemos dizer que estudos da LT e da AC que se aproximam dos estudos sociocognitivos da interação encontram-se intimamente inter-relacionados (como também lembra Bentes, 2001).

Por fim, vale lembrar que existe, no âmbito da Associação Nacional de Pós-graduação em Letras e Linguística (Anpoll), um grupo de trabalho que congrega pesquisadores das duas áreas discutidas. Como lembra Marcuschi (1997), um dos fundadores do GT ao lado de nossa homenageada, sempre houve uma discussão sobre a identidade do grupo, com pesquisadores das duas linhas — que, embora compatíveis, tinham interesses diversos. Não obstante o grande número de pesquisadores, o que dificultava a organização de nossas reuniões, o grupo sempre optou por permanecer junto. Argumento forte para a manutenção da estrutura original, lembra Marcuschi, foi o fato de que a maioria dos pesquisadores sentia-se comprometida igualmente com as duas linhas de trabalho. Assim, se é possível promover uma discussão sobre LT *versus* AC, é muitas vezes bastante difícil categorizar os pesquisadores, sendo mais coerente falarmos de linguistas de texto **e** analistas da conversação. A diversidade de temas, de posturas teóricas e preocupações metodológicas constitui base bastante produtiva para o enriquecimento das duas áreas.

Referências

ALENCAR, R. *Discurso científico e construção coletiva do saber*: a dimensão interativa da atividade acadêmico-científica. Tese de Doutorado. Departamento de Sociologia, UFPE, Recife, 2004.

AKINNASO, F. N. On the differences between spoken and written language. *Language and Speech*, v. 25-2, p. 97-125, 1982.

ATKINSON, P. Ethnomethodology: a critical review. *Annual Reviews. Socioloy*, n.14, p. 441-65, 1988.

BARROS, K. S. M. de. *Topical organization in the classroom: internal structure and conversational markers*. PhD Dissertation. University of Essex, Wivenhoe, U.K., 1991.

BEAUGRANDE, R. *New foundations for a science of text and discourse*: cognition, communication, and the freedom of access to knowledge and society. New Jersey: Ablex Publishing Corporation, 1997.

_____; DRESSLER,W. *Introduction to Textlinguistics*. London: Longman, 1981.

BENTES, A. C. Linguística Textual. In: MUSSALIM, F; BENTES. A. C. (Orgs.). *Introdução à Linguística*: domínios e fronteiras. São Paulo: Cortez, 2001. p. 245-88.

BIBER, D. *Variation across speech and writing*. Cambridge: CUP, 1988.

BRONCKART, J. P. *Atividade de linguagem, textos e discursos*: por um interacionismo sócio-discursivo. São Paulo: EDUC, 1999.

BROWN, G.; YULE, S. *Discourse Analysis*. Cambridge: CUP, 1983.

BUBLITZ, W. *Supportive fellow-speakers and cooperative conversations*. Amsterdam: John Benjamins, 1988.

CICOUREL, A. A Etnometodologia. In: BIRBAUM, P.; F. CHAZEL. *Teoria sociológica*. Trad. Gisela Stock de Souza e Hélio de Souza. São Paulo: Hucitec/ Edusp, 1977.

COULON, A. *Etnometodologia*. Trad. Ephraim Ferreira Alves. Petrópolis: Vozes, 1995.

DREW, P.; HERITAGE, J. *Talk at work*: interaction in institutional settings. Cambridge: CUP, 1992.

GALVÃO, M.; PINHEIRO, C. Documento de trabalho sobre a AC apresentado no Encontro do GT de LT & AC, 09/02, UFRN, Natal, 2012.

GARFINKEL, H. *Studies in Ethnomethodology*. Englewood Cliffs, NJ: Pratice Hall, 1984 [1967].

_____. O que é etnometodologia? In: GARFINKEL, H. *Studies in Ethnomethodology*. Trad. Actra Traduções; revisão de P. GAGO e R. F. MAGALHÃES. [s.l.: s.n.], 1996 [1967].

_____; SACKS, H. On formal structures of practical actions. In GARFINKEL, H. (Org.). *Ethnomethodological Studies of Work*. London: Routledge & Kegan Paul, 1986, 1983. p. 160-93.

_____; SACKS, H. On formal structures of practical actions. Veredas, 2/2012, p. 220-56. Trad. Actra Traduções, revisão P. GAGO e R.F. MAGALHÃES. [s.l.: s.n.], (2012) [1986].

GOODWIN, C.; DURANTI, A. Rethinking context: an introduction. In: GOODWIN, C.; DURANTI, A. (Eds.). *Rethinking Context*: language as an interactive phenomenon. Cambridge: CUP, 1992. p. 1-42.

GÜLICH, E.; MONDADA, L. Analyse conversationelle. In: HOLTUS, G. et al. (Eds.). *Lexikon de romanistischen Linguistik*. v. 1, 2). Tübigen: Max Niemeyer, 2001. p. 196-252.

HILGERT, G. Documento de trabalho sobre a AC apresentado no Encontro do GT de LT & AC, 09/02, UFRN, Natal, 2012.

JAYYUSI, L. *Categorization and the moral order*. London: Routledge & Kegan Paul, 1984.

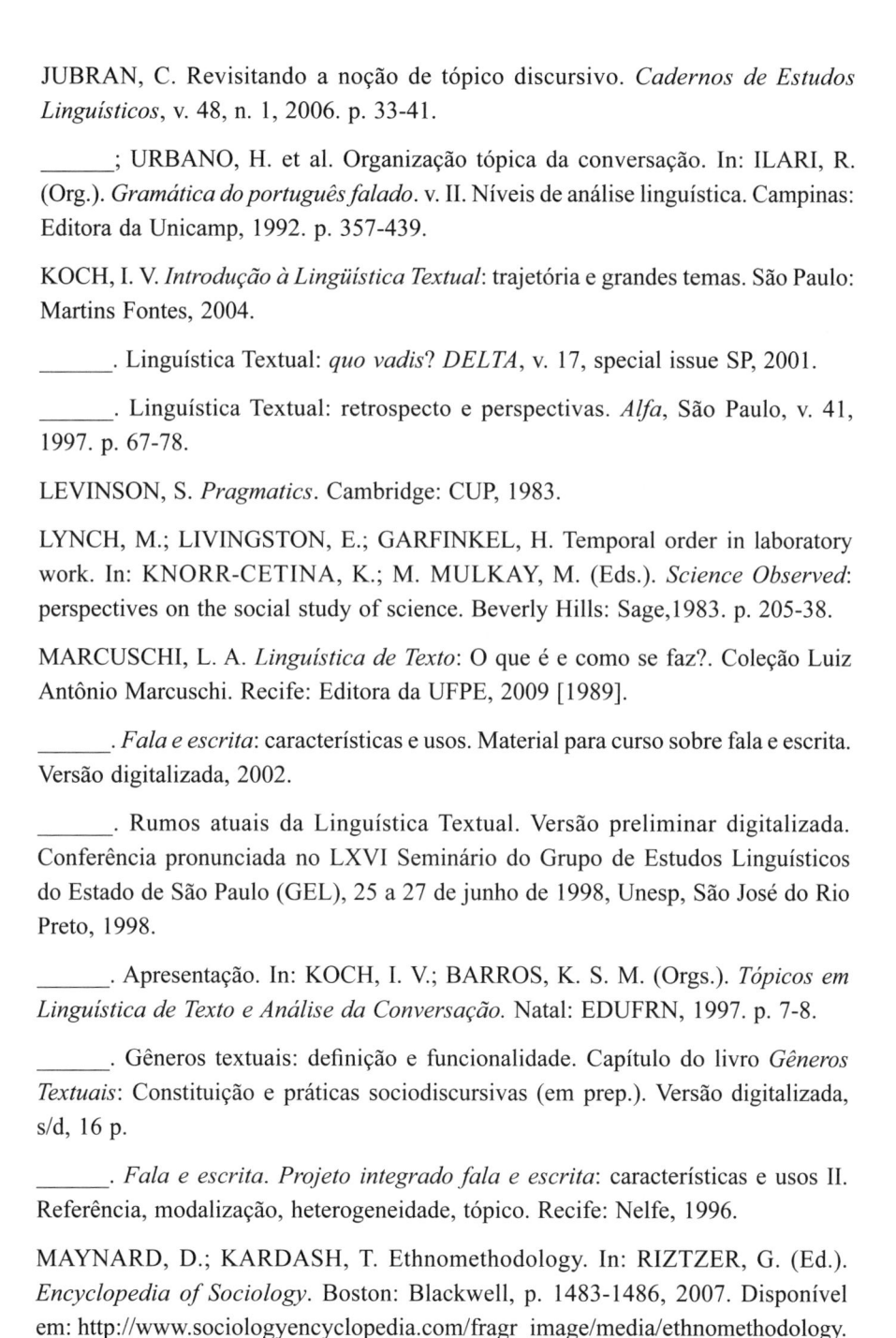

JUBRAN, C. Revisitando a noção de tópico discursivo. *Cadernos de Estudos Linguísticos*, v. 48, n. 1, 2006. p. 33-41.

_____; URBANO, H. et al. Organização tópica da conversação. In: ILARI, R. (Org.). *Gramática do português falado*. v. II. Níveis de análise linguística. Campinas: Editora da Unicamp, 1992. p. 357-439.

KOCH, I. V. *Introdução à Lingüística Textual*: trajetória e grandes temas. São Paulo: Martins Fontes, 2004.

_____. Linguística Textual: *quo vadis? DELTA*, v. 17, special issue SP, 2001.

_____. Linguística Textual: retrospecto e perspectivas. *Alfa*, São Paulo, v. 41, 1997. p. 67-78.

LEVINSON, S. *Pragmatics*. Cambridge: CUP, 1983.

LYNCH, M.; LIVINGSTON, E.; GARFINKEL, H. Temporal order in laboratory work. In: KNORR-CETINA, K.; M. MULKAY, M. (Eds.). *Science Observed*: perspectives on the social study of science. Beverly Hills: Sage,1983. p. 205-38.

MARCUSCHI, L. A. *Linguística de Texto*: O que é e como se faz?. Coleção Luiz Antônio Marcuschi. Recife: Editora da UFPE, 2009 [1989].

_____. *Fala e escrita*: características e usos. Material para curso sobre fala e escrita. Versão digitalizada, 2002.

_____. Rumos atuais da Linguística Textual. Versão preliminar digitalizada. Conferência pronunciada no LXVI Seminário do Grupo de Estudos Linguísticos do Estado de São Paulo (GEL), 25 a 27 de junho de 1998, Unesp, São José do Rio Preto, 1998.

_____. Apresentação. In: KOCH, I. V.; BARROS, K. S. M. (Orgs.). *Tópicos em Linguística de Texto e Análise da Conversação*. Natal: EDUFRN, 1997. p. 7-8.

_____. Gêneros textuais: definição e funcionalidade. Capítulo do livro *Gêneros Textuais*: Constituição e práticas sociodiscursivas (em prep.). Versão digitalizada, s/d, 16 p.

_____. *Fala e escrita. Projeto integrado fala e escrita*: características e usos II. Referência, modalização, heterogeneidade, tópico. Recife: Nelfe, 1996.

MAYNARD, D.; KARDASH, T. Ethnomethodology. In: RIZTZER, G. (Ed.). *Encyclopedia of Sociology*. Boston: Blackwell, p. 1483-1486, 2007. Disponível em: http://www.sociologyencyclopedia.com/fragr_image/media/ethnomethodology.

MILLER, C. R. Genre as social action. *Quaterly Journal of Speech*, v. 70, p. 351-67, 1984.

MONDADA, L. The conversation analytic approach to data collection. In: STIVERS, T.; SIDNELL, J. (Eds.). *Handbook of Conversational Analysis*, 2013. p. 32-56.

PENHAVEL, E.; MONDADA, L. Des topics aux objets de discours. *Caderno de Estudos Linguísticos*. Campinas, v. 48, n. 1, p. 145-49, 2006.

SACKS, H.; SCHEGLOFF, E.; JEFFERSON, G. A simplest systematic for organization of turn-taking for conversation. *Language*, v. 50, n. 4, p. 696-733, 1974.

STIVERS, T.; SIDNELL, J. (Eds.). Introduction. In: STIVERS, T.; J. SIDNELL, J. (Eds.). *Handbook of Conversational Analysis*, 2013. p. 1-31.

_____; _____. *Handbook of Conversational Analysis*. Wiley: Blackwell, 2013.

TURNER, R. (Ed.). *Ethnomethodology*. Canadá: Penguin Books, 1974.

VAN DIJK, T. *From Text Grammar to Critical Discourse Analysis. A brief academic autobiography.* 2004. Versão digitalizada, enviada pelo autor para membros da ALED em mar. 2013.

CAPÍTULO 11

Linguística Textual e Análise do Discurso

Francisco Alves Filho
Universidade Federal do Piauí/UFPI

Considerações iniciais

Neste capítulo, fazemos várias discussões acerca das inter-relações entre Linguística de Texto e Análise do Discurso, procurando vislumbrar aspectos que, do ponto de vista teórico e analítico, aproximam-nas e/ou as distanciam, jogando luz sobre as relações de interdependência entre ambas, mas também sobre os graus de indeterminação entre texto e discurso. Tentando dar conta destes objetivos, focamos a discussão mais diretamente acerca das noções de texto e discurso, da questão da significação e da referenciação, dos debates sobre gênero de texto e gênero do discurso e do problema da autoria. Hoje parece não restar dúvidas sobre a real necessidade de haver uma ciência da linguagem especificamente voltada para estudar o texto, dado ser este a forma específica de manifestação da linguagem. Como presenciamos todos os dias, falamos através de textos; sabemos o que os outros pensam e defendem por intermédio de textos; e são os textos que contêm indícios bastante relevantes para compreendermos fenômenos cognitivos, discursivos e sociais decisivos em nossas vidas. Enfim, os textos constituem os dados imediatos, do ponto de vista sociointeracional, da existência e do funcionamento da linguagem e interação humanas. Contudo, conquanto seja fácil reconhecer os textos na vida cotidiana, torna-se uma empreitada extremamente complexa conceituá-los teoricamente e, desde o advento da informática e da internet, delimitá-los empiricamente.[1] Nesse sentido, os textos se parecem com o tempo, naquilo que sobre ele disse Jorge Luis Borges (1999): tão fácil de ser reconhecido e experienciado, mas de tão difícil conceituação. Certos desta dificuldade teórica, tentaremos aqui abordar algumas de suas causas e implicações.

1. Linguística de Texto e Análise do Discurso: tão perto e tão longe uma da outra

São muitas as ciências sociais, humanas e linguísticas que, desde 1960, têm dedicado atenção ao texto, à fala e ao discurso. No campo dos estudos da linguagem, temos, dentre outras, a Sociolinguística, a Pragmática, a Linguística de Texto, a Análise da Conversação e a Análise do Discurso.

Neste panorama geral, tanto a Linguística de Texto (doravante LT) como a Análise do Discurso (doravante AD) emergem, em fins dos anos 1960, no interior de um mesmo paradigma geral dos estudos da linguagem, o qual criticava e refutava a gramática transformacional e as análises estruturais de formas descontextualizadas (van Dijk, 1985a). Nesta época, também na Sociologia, mudanças de paradigmas estavam ocorrendo, o que explica o interesse desta ciência por analisar a conversação cotidiana e outras formas de diálogo natural (van Dijk, 1985a). De início, tanto a AD como a LT comungavam o interesse por explicar, embora em função de objetivos e percursos metodológicos diferentes, a estrutura do uso real da linguagem (e não mais estruturas abstratas). A LT elegeu como objeto de estudo o texto,

---

1. Os textos tipicamente multimodais do meio digital perderam, em parte, as fronteiras e os contornos típicos dos textos manuscritos e impressos. Várias *affordances* do meio digital, como *hashtags* e *links* permitem fazer ligações entre textos diferentes e saltar facilmente de um para outro, de modo que é comum não se perceber os contornos nítidos dos textos.

enquanto a AD optou pelo discurso, os quais foram conceituados, ao menos inicialmente, realçando-se suas diferenças e descontinuidades.

Van Dijk (1985b) relembra que a retórica (a qual serve de referência para ambas as correntes), há mais de dois mil anos, já havia trabalhado com o discurso observando a sua eficácia em situações de comunicação social, o que foi retomado nas décadas de 1960 e 1970, com novos enfoques, pela LT e AD. Entretanto, nestas duas novas perspectivas, o que é importante é que o discurso "passa a ser visto não somente como um objeto verbal, mas, essencialmente, como uma forma de interação social" (van Dijk, 1985b, p. 2-3). Ou seja, a LT e a AD também comungam o objetivo de investigar processos reais envolvidos na produção e recepção de textos e discursos, em vez de se ater a análises abstratas de fragmentos de linguagem. Ambas recusam-se veementemente a analisar frases e orações abstratas, descontextualizadas e sem autoria, o que não deixa de ser uma resposta à crítica contundentemente feita por Bakhtin/Voloshinov (1997 [1929/1930]) à visão objetivista abstrata da linguística estrutural das primeiras décadas do século XX. Para Bakhtin/Voloshinov, o estruturalismo linguístico da época tinha elegido como objeto de estudo os enunciados monofônicos, abstratamente isolados das unidades reais da comunicação autêntica, em contraposição aos quais o Círculo de Bakhtin passou a postular o estudo dos enunciados polifônicos, reais e situados historicamente.

É forçoso reconhecer que tanto a LT como a AD são empreendimentos analíticos bastante complexos pelo fato de envolverem métodos de análise de fenômenos vinculados, a um só tempo, à linguagem, à interação, à sociedade, à cultura e à cognição, isto é, caracterizam-se como empreendimentos programaticamente e metodologicamente transdisciplinares. São duas correntes que em relação a alguns aspectos (a exemplo da significação e da concepção de língua) guardam significativas aproximações, enquanto em relação a outros conceitos (sujeito, história, intenção) evidenciam claros distanciamentos. Maingueneau (1989, p. 12), fugindo de uma polarização entre forma e conteúdo, defende a dualidade radical e conflituosa da linguagem, a um só tempo integralmente formal e integralmente atravessada pelos embates subjetivos e sociais. Ou seja, a oposição forma *versus* subjetividade e a oposição forma *versus* contexto social são, para ele, falsas oposições tendo em vista que, primeiro, é impossível haver subjetividade sem sua materialização em signos e, segundo, os contextos sociais, ao menos em parte, são construídos com o recurso às formas de linguagem.

Os embates subjetivos e sociais mencionados por Maingueneau certamente apontam para uma diferença de foco entre as duas correntes, já que a LT não tem manifestado, pelo menos até o presente momento, interesse por analisar e explicar as contendas de sentido ocorridas no interior das formações discursivas. Ao contrário, talvez se possa dizer que a LT se apoia mais em consensos existentes entre os falantes, sobretudo quando visa analisar as estratégias de compreensão de textos. É que tais consensos são fundamentais para se perceber o conhecimento enciclopédico usado como *background* nos processos de compreensão. Isso pode ser visto em muitas das análises feitas, no Brasil, por Koch (1997, 2002, 2004) e Marcuschi (1983, 1998, 2009). Nestes trabalhos, os dois autores explicam muitas das estratégias de compreensão e produção de texto recorrendo a saberes largamente compartilhados em certas culturas. Talvez se possa dizer que, em relação a este aspecto, a LT vise explicações mais universalizantes, de modo a dar conta de processos cognitivos acionados recorrentemente por produtores e leitores de textos em diversas situações.

Para a AD, uma das questões centrais é saber como as formações sociais e discursivas determinam os discursos dos sujeitos. É o que vemos em Pêcheux (1990), ao defender que os elementos estruturais das condições de produção do discurso não são categorias autônomas e exteriores ao discurso. Ao contrário, para Pêcheux, eles são todos determinados na e pela estrutura de uma formação social e representados nos processos discursivos em que são colocados em jogo. Em tais processos discursivos funciona uma série de formações imaginárias — por si resultantes de processos discursivos anteriores — que designam o lugar que os falantes A e B se atribuem cada um a si e ao outro, bem como o modo como imaginam o referente de um e de outro. Pêcheux supõe ainda uma antecipação das representações do receptor, de modo que cada locutor representa para si as representações do outro e vice-versa. No jogo de força entre os elementos estruturais, o autor ressalta que o elemento dominante não é de todo previsível, mas sofre deslocamentos e variações em cada discurso. Como vemos, para a AD, como pensada por

Pêcheux, os sujeitos do discurso lidam intensamente com formações imaginárias tanto sobre si mesmo como sobre o outro, sendo estas formações gestadas no interior do discurso.

2. A noção de texto

Em função de ser um objeto de estudo extremamente complexo, o texto tem sido conceituado de diferentes modos, conforme seja a concepção de base predominante. Durante muito tempo, a reboque das visões estruturalistas de língua, o texto era visto como uma estrutura formal demarcada por elementos de natureza quase estritamente linguística. Tratava-se de uma visão imanentista que supunha ser o texto uma unidade fechada, quase autossuficiente, contendo todos os elementos geradores de sentido. Como a Linguística de Texto mostraria tempos depois, nenhum texto é autossuficiente e completo: grande parte do seu sentido depende de conhecimentos de mundo sequer **mencionados** na superfície textual.

Com o surgimento da gramática gerativa, se chegou a conceber os textos em termos gerativos, supondo-se que, correlatamente às frases, as quais podem ser definidas em termos de boa e má formação, também fosse possível prever e definir as boas condições de formação de textos. Acreditava-se ser possível descrever um conjunto de regras gerativas que pudessem explicar as gêneses dos textos. Contudo, logo veio à tona que os textos não são uma mera extensão, num plano mais longo, das sentenças, ou seja, os textos não possuem natureza essencialmente sintática, mas essencialmente pragmática e cognitiva. Felizmente e acertadamente, o projeto inicial de pensar o texto como uma realidade transfrástica foi logo posto de lado. De fato, como Fávero e Koch (1993, p. 12) explicam, os princípios das gramáticas das frases não podiam dar conta de fenômenos caracteristicamente textuais, como a correferência, a pronominalização, a seleção de artigos (definido ou indefinido), a ordem das palavras no enunciado, a relação tópico-comentário, a entoação, a relação entre sentenças não ligadas por conjunções, a concordância dos tempos verbais e de vários outros aspectos que só podem ser explicados devidamente em termos de texto, ou seja, com referência a um contexto situacional. Enfim, frase e texto são objetos que diferem não apenas em termos de extensão, mas diretamente em termos de função. Essa diferença é explicada de modo exaustivo em Bakhtin (1979 [1953]): a oração é de natureza monofônica, imanente e não interacional, não possuindo autoria nem visando um interlocutor. Já o texto (enunciado, na nomenclatura de Bakhtin), é de natureza dialógica, provém de um autor e busca um interlocutor, o que lhe confere um relativo grau de transcendência.

Koch (2004, p. XII) faz uma síntese dos conceitos de texto e apresenta oito destas concepções, das quais uma merece inicialmente mais atenção aqui pelo fato de ser uma concepção de texto de base discursiva: "texto como discurso 'congelado', como *produto* acabado de uma ação discursiva" (grifo da autora). Como vemos, esta concepção supõe ser o texto uma realização acabada em resposta a um discurso preexistente e a uma ação de discurso, ao tempo em que sugere alguma interdependência entre ambos. A crer nesta visão, seríamos levados a pensar, por um lado, que o discurso seria uma realidade menos sólida, mais etérea, enquanto o texto se caracterizaria por uma solidez: o caráter etéreo do discurso encontraria guarida na solidez textual. Seguindo esta concepção, ainda poderíamos aderir a uma ideia dicotômica, opondo produto e ação: o texto seria um produto resultante de um discurso-ação.

Mas é evidente que esta noção apresenta o inconveniente de crer que o texto é um produto, e não um processo, como a concepção de base cognitivista defende: "texto como *processo* que mobiliza operações e processos cognitivos" (Koch, 2004, p. XX, grifo da autora). Já esta visão processual, em larga escala contraditória em relação à concepção mencionada anteriormente, não vê o texto como um produto, mas justamente como um processo capaz de mobilizar a cognição humana. Em vez de ponto de chegada, o texto aqui é visto como um ponto de partida, como um motor capaz de acionar processos e estratégias mentais. O que a história da LT tem evidenciado (Koch, 2004) é justamente que a concepção de texto tem se distanciado cada vez mais de uma visão estática (como produto) e se aproximado de uma visão dinâmica (como processo sociocognitivo).

De fato, a relação entre texto e discurso é uma relação muito complexa, tanto em função da interdependência entre ambos como do fato de que a noção de texto no interior da Linguística de Texto tem se ampliado consideravelmente nas últimas décadas, deixando de ser vista meramente como um produto e passando a ser vista como processo, ação e/ou evento. O próprio Adam, que havia formulado, em texto de 1990, esta relação de modo um tanto esquemático ao dizer que o discurso era o texto mais as condições de produção ao passo que o texto seria o discurso menos as condições de produção, retoma e revê esta formulação (Adam, 1999), passando a defender que o texto é um objeto concreto plenamente articulado às condições de produção da enunciação.

Parece-nos, contudo, que a questão central (e complexa) é que o texto é simultaneamente um produto, uma materialização, uma realidade empírica tangível, e um processo, um acontecimento, um evento. E o fato de o texto ter passado a ser visto como um processo ou um evento de natureza sociocognitiva e linguística faz com que ele se aproxime da noção de discurso, embora ainda se possa identificar diferenças entre as duas noções.

Assumindo centralmente o caráter eventivo dos textos, Beaugrande (1997a, p. 10) defende ser o texto "um evento comunicativo no qual convergem ações cognitivas, linguísticas e sociais e não apenas [uma] sequência de palavras que são ditas ou escritas". Asseverar que o texto é um evento significa, para Beaugrande, supor que ele é aquilo que acontece e que este acontecimento decorre de uma ação pragmática de natureza ao mesmo tempo linguística, social e cognitiva. Detalhando o conceito, Beaugrande (1997a, p. 13) afirma que "um texto não existe, como texto, a não ser que alguém o esteja processando", o que pode soar estranho ou vazio porque quando reconhecemos algo como texto já o estamos processando. Daí que "para olhar o texto como um evento, nós devemos direcionar nossa atenção para o que acontece durante a rápida transição entre o mero som pronunciado ou a letra inscrita sobre o texto" (p. 13). Visto desta maneira, o texto perde muito de sua solidez e robustez, adquirindo um caráter mais efêmero e episódico. Em vez de ser definitivamente uma coisa, um texto *está sendo* algo para alguém durante o lapso de tempo em que esta pessoa com ele lida.

Entretanto, na vida cotidiana, continua Beaugrande (1997a), normalmente não nos apercebemos do caráter processual, eventivo e fluido dos textos porque "textualizamos" de modo tão rápido e eficiente que não percebemos uma série de atividades cognitivas que realizamos durante a produção ou recepção dos textos. O resultado é que ocorre certa reificação dos textos: eles são vistos como se contivessem dentro de si mesmos todos os sentidos, ou como se fossem aquilo que, na verdade, apenas passaram a ser sob certas condições sociocognitivas. Ou seja, os textos são eventos comunicativos, mas não são percebidos como tais porque parte das ações cognitivas e sociais postas em jogo são inconscientes ou semiconscientes (noutros termos: o processo nos chega como um produto e vendo o produto ficamos um tanto cegos para o processo). Ligado a este fenômeno, reside justamente um dos objetivos mais relevantes da LT nos dias de hoje: descrever, explicitar e propor explicações para as operações sócio-cognitivas-linguísticas que os sujeitos utilizam quando produzem ou compreendem textos, como se pode ver em Koch (2004) e Marcuschi (2009). Noutras palavras, a LT se propõe a desvelar e revelar as ações sócio-cognitiva-linguísticas que as pessoas fazem, mas não sabem que fazem e, muitas vezes, nem como fazem.

O ponto de vista de Beaugrande (1997a) sobre os textos não poderia deixar de implicar uma série de mudanças metodológicas, afinal analisar textos do ponto de vista linguístico é muito diferente de investigá-los como um evento. Todo evento inclui agentes e contextos, razão pela qual se faz necessário investigar como agem e se comportam estes agentes quando constroem ou reconstroem textos e como os contextos influem e participam dos textos. Ao cabo, o empreendimento da LT é caracteristicamente multidisciplinar e precisa articular-se com ciências como a psicologia cognitiva, a sociologia, a antropologia, para citar algumas.

Embora ofereça grandes dificuldades metodológicas, é necessário encarar o fato de que o texto é um fenômeno multifacetado, razão pela qual pode ser conceituado, investigado e pesquisado sob óticas diversas. Como todos presenciamos em nossas trocas comunicativas cotidianas, sob o ponto de vista de nossos interlocutores, um texto pode resultar num produto simbólico bem diferente daquele que havia sido pretendido por nós, enquanto locutores. Embora o plano gráfico e sintático de um texto seja idêntico em interações diferentes, do ponto de vista pragmático e discursivo, podemos reconhecer neste plano mais que um texto.

3. A noção de discurso

Também a noção de discurso é muito complexa e é vista segundo variadas concepções. Para Possenti (1993), há, em linhas gerais, três concepções de discurso. A primeira, como um acontecimento ideológico, isto é, como a expressão de posições de classe ou grupo, para a qual desempenha papel central a relação entre linguagem e ideologia. Esta concepção tem como consequência uma clara separação teórica entre texto e discurso, já que para a LT o texto não é definido em termos de posição ideológica ou de grupo. Isso talvez decorra do fato de a LT visar oferecer explicações gerais para os processos de produção e de compreensão de textos independentemente da vinculação destes a um discurso A ou B. Neste sentido, diríamos que a LT visa à formulação de explicações que, em certa medida, independem da posição ideológica dos sujeitos envolvidos, ao passo que a AD, embora postule conceitos também num alto grau de generalidade, deseja explicar os acontecimentos discursivos levando em alta conta as posições ideológicas dos sujeitos.

Uma segunda concepção de discurso, de cunho psicanalítico, vê o discurso como o mecanismo que traduz a língua fundamental do inconsciente, sendo esta noção ainda mais distante da LT, visto abordar o fenômeno por um viés — psicanalítico — que não diz interesse aos fundamentos epistemológicos da LT.

Já uma terceira visão adota um ponto de vista linguístico sobre o discurso, como uma teoria para explicar a estruturação e o sentido de um discurso. Na visão de Possenti (1993), o discurso é uma máquina de produzir sentidos. Como os sentidos se materializam apenas em textos (de múltiplas semioses e não apenas textos verbais), pode-se inferir do pensamento de Possenti que o discurso seria uma máquina de produzir também textos. Posto nestes termos, o texto seria visto como uma consequência dos discursos, o que parece não ser algo assim tão controverso e pode mesmo ser assumido por muitos linguistas de texto. O discurso daria conta de posicionamentos axiológicos os quais podem se manifestar em diversos textos, sem a existência de relações de condicionamentos ou determinações entre ambos. Ou seja, em tese, qualquer discurso pode ser veiculado em qualquer texto.

Maingueneau (1989) defende que a noção de discurso não é estável, pois tanto é vista como um conjunto de enunciados como o sistema de restrições que permite analisar a superfície discursiva dos enunciados. Esse sistema de restrições, para Maingueneau, pode ser visto como uma espécie de competência, no sentido chomskyano, que possibilita gerar infinitos enunciados numa certa posição enunciativa.[2] Se, para Beaugrande (1997a), o texto é um fenômeno particular, de natureza evêntica, mas que depende e se apoia em ações sociais, cognitivas e linguísticas, para Maingueneau, o discurso é um conjunto de textos produzidos por sujeitos que ocupam uma mesma posição enunciativa, sendo por esta restringidos e controlados. Para a AD, no geral o que importa é o que está dito e as relações entre os textos, não importando o que o sujeito quis dizer. Ou seja, a possível intenção do autor, para a AD, é um dado irrelevante já que importa o que foi materializado nos textos. Esta visão é interessante porque indicia a forte dependência dos textos para se chegar aos discursos: o discurso existe somente nos textos (embora não unicamente em textos verbais) e não em outros lugares. Essa é uma outra forma de dizer que o texto é uma materialização dos discursos.

Embora já se tenha considerado texto e discurso como dois fenômenos caracteristicamente distintos, há uma tendência hoje, de muitos autores (Marcuschi, 2009; Maingueneau, 1996), em ver uma relação de complementaridade e continuidade entre texto e discurso. Como já mencionado acima, Adam (1990), o qual havia sugerido em sua formulação clássica que o texto poderia ser visto como o que resulta quando se retira as condições de produção, reviu sua posição em 1999 e passou a defender que o texto é uma realidade concreta inalienável do discurso e do ato de enunciação ao qual se integra. Interessante notar hoje a existência dos termos texto-discurso e estratégias textual-discursivas, os quais apontam explicitamente para a interdependência e fusão entre os dois conceitos.

Conquanto texto e discurso possam, dos pontos de vista teórico e metodológico, ser vistos separadamente, do ponto de vista empírico tal distinção se

---

2. Também a LT, no seu início (cf. Koch, 2004), supôs serem os textos decorrentes de uma competência textual, seguindo um dos raciocínios basilares da Gramática Gerativa. Mas esta ideia logo foi abandonada em função de não ser possível aplicar aos textos as ideias de boa formação, tal como se fizera para a frase.

torna impossível de ser realizada. São os discursos, enquanto posicionamentos ideológicos sociais, que impelem os sujeitos a produzir textos e funcionam como um motor gerador (tanto no sentido de possibilidades como de restrições) do sentido dos textos. Por outro lado, tais posicionamentos ideológicos sociais não existem num vácuo semiótico, mas tomam forma em textos (das mais diversas semioses, é certo). De fato, parece não ser possível haver texto sem discurso e muito menos discurso sem texto. Bakhtin/Voloshinov (1997 [1929/1930]) formularam esta relação dizendo que a ideologia, leia-se aqui discurso, não é algo nem etéreo nem metafísico, mas essencialmente sígnico. Para eles, só há ideologia onde há signos, e, em contrapartida, onde existem signos, a ideologia está presente.

4. A significação: um pré-construído sempre à espera de uma nova construção

Pelo fato de lidarem com discursos e textos reais, a AD e a LT se ocupam o tempo todo com a questão da significação e ambas partilham o princípio geral da variabilidade e instabilidade do sentido. Para ambas, as línguas não são transparentes, mas largamente opacas e indeterminadas, o que faz com que os sentidos sejam variáveis e com que haja indeterminação na relação forma-sentido. Ou seja, uma forma linguística não produz uma única e previsível significação a ela correspondente e, em contrapartida, um significado não é garantido apenas por uma forma linguística ou, dito de outra forma, inexiste relação biunívoca entre forma e significado. Para Marcuschi (1988, p. 4),

> produzir textos é produzir propostas de significações com efeito de sentido que não são permanentes ou estáveis, pois o sentido se efetiva no ato de processamento pelo seu leitor/ouvinte, que pode estar situado em tempos históricos defasados ou em contextos socioculturais diversos. Assim, produz texto quem escreve/fala, mas também quem lê/ouve.

Ao admitir que a produção de sentido não é tarefa exclusiva do autor, por intermédio do texto por ele criado, mas resulta em grande medida da atividade do interlocutor, a LT admite abertamente que o sentido de um texto pode ser múltiplo e heterogêneo.

Para Maingueneau (1989, p. 11), o analista de discurso supõe que um sentido oculto deve ser captado, e para isso a AD deve construir procedimentos que exponham o leitor a níveis opacos à sua ação estratégica. Ou seja, para a AD, mesmo o leitor pode lidar de modo não transparente com os sentidos dos discursos.

Diferenças significativas existem, entre AD e LT, quanto ao que se considera como as origens ou fontes do sentido. Como amplamente conhecido, um dos dogmas de fé da AD é que palavras iguais podem significar um discurso diferente, conquanto se observe as variações de significação ocasionadas pelas posições ocupadas pelos sujeitos advindas de sua formação discursiva. Assumindo que o sentido é um pré-construído e já está dado pela história, na AD não se acredita que o sentido seja construído *in loco*, durante a interação aqui e agora, como muitos estudos em LT deixam entrever. De fato, é comum estudiosos de LT falarem sobre a construção do sentido durante o discurso, dando a entender que o sentido não pré-existe ao texto, mas somente se constrói no e pelo discurso. Parece-nos que este distanciamento decorra mais de não ditos do que de formulações explicitadas pelos autores de ambas as linhas teóricas. Não encontramos linguistas de texto alardeando que não existam significados historicamente pré-construídos ou que a história e as ideologias não tenham papel decisivo na construção dos sentidos. Não existe esta negação, embora seja comum a afirmação entre eles acerca da construção do sentido no texto e durante o processamento do texto, e embora também a maioria das análises em LT busque analisar o sentido construído em cada texto. Em contrapartida, a grande maioria dos analistas de discurso olha mais para os sentidos fortemente estabilizados nas formações discursivas e que apenas serão materializados em textos reais. Mas não existe consenso entre analistas de discurso de que o autor empírico de um texto não participa de modo algum da construção dos seus sentidos. Embora não exista consenso entre linguistas de texto e analistas de discurso sobre os processos de construção de sentidos, suas teses sobre este tópico não são inteiramente antagônicas.

Outra diferença significativa entre as duas correntes é o fato de a AD (principalmente a de linha francesa) se apoiar em alguns postulados da psicanálise. Um deles é a ideia de que o sujeito não tem controle daquilo que diz, de modo que o sentido pode não derivar da sua vontade ou ele pode dizer coisas que não pretendia dizer. Já em grande parte dos estudos de LT, ou não se confere importância à inexistência ou não de controle do sentido pelo sujeito ou se admite que ele usa a linguagem como usa visando produzir certos efeitos de sentido — a LT admite a existência da intenção do autor.

Talvez mais do que uma oposição, existe aqui uma diferença quanto às interfaces teóricas eleitas por cada uma das duas correntes. Essa divergência entre a AD e a LT sobre a origem do sentido deriva, em parte, do modo de construção do objeto de estudo. A AD se interessa prioritariamente pelo sentido histórica e ideologicamente pré-construído, mas dificilmente ela negaria a existência de um sujeito que faz escolhas lexicais e textuais em sua construção textual e que, em última instância, opera, em algum grau, para o processo de construção dos sentidos. Por outro lado, embora a LT se interesse pelo modo como, em cada texto particular, um sujeito, embora orientado por procedimentos sociocognitivos, faz suas escolhas para construir sentidos, ela não ignora que este sujeito não age com total liberdade, sem ser premido pela sociedade e pela ordem do discurso e que, em alguma medida, apenas se apropria de sentidos pré-existentes.

O estudo da significação e da construção dos sentidos constitui uma preocupação comum a ambas as correntes, mas respostas diferentes têm sido oferecidas por elas. No geral, o analista de discurso deseja localizar ou desvelar, em *corpora* de textos, sentidos estabilizados nas formações sociais e discursivas, enquanto o linguista de texto visa explicar as estratégias de construção e reconstrução de sentido acionadas na construção de um texto. Para a AD, interessa prioritariamente qual sentido particular se materializa num texto e qual formação discursiva o possibilitou. Para a LT, interessa prioritariamente como, sociocognitivamente, sujeitos operam para construir e reconstruir sentidos. Temos aqui certamente um dos maiores desafios teóricos e metodológicos tanto para a LT como para AD: explicar convincentemente e consistentemente como o *sentido pré-construído historicamente* e o *sentido estrategicamente construído durante o discurso* operam e interagem na construção do sentido global dos textos e discursos. Esta tarefa é legítima porque nos textos e discursos empíricos esta confluência entre o sentido histórico e o sentido pragmático é autenticamente real e socialmente recorrente.

5. A referenciação

Também a referenciação pode ser vista como um fenômeno que problematiza a dicotomização entre texto e discurso, já que o ato de construir referentes envolve tanto fenômenos considerados tipicamente textuais (pronominalização, progressão textual, argumentação) como discursivos (sentido, dialogismo, posição-sujeito). No entanto, o próprio fato de grande número de linguistas de texto brasileiros (a exemplo de Koch e Marcuschi) terem adotado o conceito de objetos de discurso, formulado por Mondada e Dubois (2003), é sintomático das inter-relações entre texto e discurso. As autoras defendem que os referentes (chamados por elas de objetos de discurso) não preexistem ao discurso, mas são criados colaborativamente pelos sujeitos (vistos como "encarnados" e sócio-históricos) durante o processo de interação, o que faz com que os referentes sejam constitutivamente instáveis. Entretanto, embora usem o termo objeto de discurso, as autoras situam a construção dos referentes num plano marcadamente pragmático-textual (no sentido de enunciados particulares usados numa situação x de comunicação) e não propriamente discursivos (pelo menos no sentido de serem vinculados a posições ideológicas decorrentes de formações discursivas). Ou seja, as autoras não explicam a instabilidade/estabilidade referencial levando em conta os discursos sociais que estariam restringindo e orientando as escolhas referenciais, já que o seu foco central são as escolhas categoriais realizadas *in loco*, no momento da construção textual.

Em trabalho anterior (Alves Filho, 2010) defendemos que a construção dos objetos de discurso não pode ser vista apenas como resultado de uma coconstrução unicamente pragmático-textual levado a cabo pelos sujeitos envolvidos numa interação verbal. Embora sejam estes sujeitos que procedem a escolhas sobre as categorizações a serem efetuadas, eles o fazem premidos ou condicionados pelos discursos sociais aos quais fazem coro. Para nós, falar de objeto de discurso exige avaliar as escolhas categoriais também como fruto do grande diálogo social que guia e orienta os atos de fala individuais. Uma das consequências desta visão é minimizar o caráter construcional da referenciação, já que, em muitos casos, existe uma grande estabilidade referencial (pelo menos do ponto de vista discursivo). Na prática, o que é muito comum é que uma mesma pessoa, assumindo um mesmo papel e uma mesma posição socioaxiológica, tenda a construir objetos de discurso de um modo fortemente estável. Em função disso, teríamos que dizer que a instabilidade referencial depende do ponto de vista adotado para investigação: aos olhos de um pesquisador, observando o discurso de diversos sujeitos situados em diversas formações discursivas, a instabilidade é gritante. Já da perspectiva de um mesmo sujeito, falando de um mesmo lugar social, pode prevalecer uma grande estabilidade referencial.

Como vimos, uma das dificuldades para se proceder a uma separação rígida entre texto e discurso é o fato de muitos fenômenos poderem ser investigados tanto de uma perspectiva mais estritamente textual como mais caracteristicamente discursiva. É o caso da referenciação, mencionado acima, a qual pode ser investigada com o objetivo de se explicar como diversos recursos linguísticos e textuais operam para construir o sentido de textos particulares. Mas ela também pode ser investigada para se buscar explicações sobre como os discursos sociais condicionam (embora sem determinar) as escolhas referenciais em textos particulares.

6. Gêneros de textos versus gêneros do discurso

Os modos como se pensa o agrupamento de textos em classes e tipos também problematiza e, ao mesmo tempo, ajuda a iluminar as relações existentes entre texto e discurso. Não à toa existem no Brasil dois termos consagrados para se referir a estas classes: gêneros de texto e gêneros de discurso. Rojo (2005) defende que a vertente gêneros de texto vincula-se aos estudos situados na Linguística de Texto, a qual teria como preocupação metodológica fazer agrupamentos de famílias de textos, de acordo com suas similaridades formais, estruturais e funcionais. Já a vertente intitulada gêneros de discurso, situada numa Análise de Discurso inspirada diretamente em Bakhtin, visa estudar as situações de produção dos enunciados em seus aspectos sócio-históricos, centrando-se na significação, na acentuação valorativa e no tema, indiciados pelas marcas linguísticas, pelo estilo e pela forma composicional do texto. A distinção feita por Rojo somente se mostraria consistente se houvesse uma verdadeira dicotomia entre texto e gênero: o primeiro tomado como de caráter formal-estrutural-funcional, e o segundo visto como de natureza sócio-histórica e semiótica. Ora, a concepção de texto na LT, como temos discutido aqui, há muito tempo recusa uma visão centralmente formalista e estrutural (aliás, a LT se consolidou justamente quando se opôs a esta visão). Os textos, para a LT, são essencialmente objetos de sentido, condicionados fortemente por aspectos sociocognitivos.

Há uma terceira vertente de estudos de gêneros, não mencionada no texto de Rojo, a qual ignora a distinção entre gênero de texto e gênero de discurso, usa apenas o termo gêneros (*genre*, no original em inglês) e faz um movimento teórico em direção à pragmática, ao defender que os gêneros são ações sociais recorrentes usadas em situações também recorrentes (Miller, 2009 [1984]). Aqui, como na LT, há uma recusa por uma visão formalista de textos (na verdade, de gêneros). Um dos argumentos trazidos por esta teoria, na verdade uma resignificação de uma antiga ideia de Aristóteles, é a defesa de que forma e conteúdo (substância, em termos retóricos) não podem ser vistos como duas noções autônomas, mas que ambas constituem uma fusão. Devitt (2004) afirma que não faz sentido pensar forma e conteúdo como se o conteúdo fosse passiva e indiferentemente depositado no interior da forma. Aliás, como Devitt convincentemente argumenta, uma das grandes vantagens de uma teoria de gêneros é problematizar as velhas dicotomias da linguística estrutural, entre elas a dicotomia forma-conteúdo. Por isso, ela passa a defender que as pesquisas sobre gêneros deveriam, por um lado, investigar o sentido das escolhas formais e, por outro, explicar a radical necessidade formal para a expressão de qualquer sentido. Não à toa que a fusão forma-conteúdo é um dos pilares da teoria de gêneros no interior dos estudos retóricos de gêneros.

Ainda sobre a dicotomia entre gêneros de texto e gêneros do discurso, é interessante ainda revisitar o estudo de Virtanen (1992), no qual a autora propõe a análise tipológica de textos com base em um modelo de dois níveis: o nível do tipo de texto e o nível do tipo de discurso, visto que é comum haver casos de não correspondência entre tipo de texto e tipo de discurso, ou seja, pode ser que um tipo de discurso superordenado não seja realizado pelo tipo de texto correspondente. Virtanen aponta que, nos estudos já consagrados a tipologia de textos, estes têm sido categorizados com o uso de critérios internos ou externos a eles, como também por uma combinação destes critérios. No geral, entretanto, os tipologistas de texto idealizam o texto para poder chegar a certos tipos. Uma das conclusões centrais do trabalho de Virtanen (1992, p. 13) é que "o tipo de texto de um determinado texto não precisa estar de acordo com seu tipo de discurso". Esta não correspondência entre texto e discurso, ou, dito de outro modo, o fato de um mesmo texto poder produzir discursos diferentes, lança luz novamente sobre a interdependência entre texto e discurso, mas também sobre uma inter-relação com certo grau de indeterminação. A configuração textual não é suficiente para determinar o discurso, embora possa ver vista como necessária.

O fato é que os textos empíricos podem pertencer, ou melhor, participar — para usar termo de Derrida e Ronell (1980) — de gêneros diferentes dependendo dos critérios privilegiados para observação. Se se quer observar similaridades quanto à forma composicional e ao estilo, agruparemos os textos de um certo modo. Já se o interesse for reunir conjuntos de textos de acordo com os propósitos comunicativos por eles veiculados, chegaremos a outros agrupamentos. Se, ainda, o interesse recair sobre as posições ideológicas assumidas, é a um terceiro agrupamento que daremos morada.

7. Autoria: o retorno do discurso ao texto

A noção de autoria/autor parece-nos muito profícua para discutir as relações entre a AD e a LT pelo fato de ela ser ao mesmo tempo pré-construída, o que a aproxima da AD, e reconstruída em cada texto, o que a aproxima da LT. Estamos defendendo que

> o autor é a instância humana e/ou institucional, designada comumente por um nome próprio, sócio-histórica e culturalmente pré-construída mas, ao mesmo tempo, parcialmente reconstruída a cada ato interacional de produção de

sentidos, presumida nos gêneros do discurso e tomada como macro-responsável pelo acabamento, pelo intuito discursivo e pelo estilo de um produto simbólico (Alves Filho, 2005, p. 94).

Com este conceito queremos enfatizar que todo autor, de qualquer texto de qualquer gênero, ao fazer uso da palavra, ocupa um lugar socialmente pré-configurado, o que restringe suas formas de ação de linguagem e de construção de sentido, mas sem determiná-las por completo. Aliás, saber usar adequadamente um gênero implica saber comportar-se como autor pré-configurado por este gênero. Por causa disso é que uma mesma pessoa pode se desdobrar em vários autores, ou seja, pode funcionar como autores diferentes.[3] Por outro lado, contudo, cabe a cada autor particular fazer algumas escolhas estilísticas, textuais ou funcionais de acordo com seu projeto de dizer. Num polo deste conjunto de escolhas se encontram aquelas que são prototípicas de uma postura de autoria; no outro polo acham-se aquelas que se insurgem contra a estabilidade desta postura de autoria.

Miller (2009 [1984]), discutindo especificamente a questão dos gêneros, formula assim a relação entre o particular e o recorrente: os gêneros nos oferecem efeitos sociais previsíveis aos quais podemos acomodar nossas intenções particulares. Ou seja, as intenções particulares parecem não ser expressas de modo caracteristicamente particular, já que necessitarão ser expressas numa língua (social) e em textos que participam de gêneros (também sociais). A questão central é que, com o uso da linguagem, nada pode ser absolutamente individual, já que a linguagem é constitutivamente social, mas, por outro lado, a linguagem não existiria sem que cada indivíduo dela fizesse uso. Parece, então, que assumir a autoria de um texto exige expressar e textualizar intenções particulares em propósitos comunicativos compartilhados por grupos.

Com a questão formulada deste modo, supomos ser impossível fazer uma cisão completa entre os sentidos historicamente pré-construídos e a construção textual situacional. Imaginamos que a relação entre o sentido pré-construído e o ato de construção dos sentidos é de natureza recursiva:

---

3. Ver a este respeito a noção de função-autor, defendida por Foucault (1970).

construímos textos com base em sentidos pré-construídos historicamente, mas os pré-construídos somente existem porque houve construções de sentido particulares. Não nos parece haver razão para optar por um ou outro.

Talvez a relação entre discurso e texto possa ser observada também de modo recursivo: um discurso, diga-se, uma posição ideológica social, geralmente foi construído através de posições materializadas em textos particulares, mas também cada novo texto se apoia em discursos já postos em circulação na sociedade. Mas esta formulação, assim aparentemente simples e clara, esconde enormes complexidades, sendo uma delas explicar como efetivamente, na prática, tal recursividade ocorre.

Para nós, parece razoavelmente convincente a explicação formulada no círculo de Bakhtin, e sistematizada por Faraco (2009), de que o sujeito é ao mesmo tempo social e singular. Ele é social pelo fato de perceber a realidade e falar sobre ela premido pelas experiências compartilhadas no seio dos grupos sociais; também é social porque, imerso no colóquio universal, fala com palavras de outrem; contudo, o sujeito é singular porque ocupa um lugar na vida social que somente ele (e ninguém mais) ocupa, o que o habilita a responder de um modo singular, segundo um excedente de visão que somente ele possui. É realmente espantoso a grande maioria dos textos parecerem ser ao mesmo tempo singulares e únicos, mas reconhecidamente pertencentes a uma classe de textos, isto é, a um gênero.

Em relação ao papel do sujeito, poderíamos formular duas tendências gerais: na AD, tende-se a pesquisar mais o lado social do sujeito, vendo os papéis que ele ocupa nas formações discursivas e como estas guiam suas ações de discurso. Ao analisar textos e discursos, os analistas de discurso buscam caracterizar o sujeito em termos de filiação deste a formações discursivas e caracterizar o discurso em termos de posicionamentos socioideológicos.

Em LT tende-se a pesquisar o sujeito interagindo numa situação particular de comunicação de acordo com estratégias sociocognitivas por ele acionadas, importando pouco a qual formação discursiva o sujeito se filia. Em contrapartida, valorizam-se estratégias de produção e de compreensão (processamento textual) recorrentemente usadas por diversos usuários, independentemente de sua formação discursiva. Em LT investiga-se como um sujeito age pragmática e cognitivamente a fim de construir sentidos para os textos que cria, mas sem levar em conta a influência de sua formação discursiva para esta construção.

Mas estas tendências não podem ser vistas como dicotômicas, porque tanto há analistas de discurso que admitem o caráter estratégico do sujeito, como há linguistas de texto que admitem a natureza socioideológica do sujeito.

8. Considerações finais

Neste capítulo discutimos várias questões relacionadas ao texto e ao discurso, observando como a Linguística de Texto e a Análise do Discurso oferecem conceituações teóricas e propostas metodológicas para o tratamento de vários fenômenos que dizem interesse às duas correntes. Pelo que vimos, a LT e AD se constituem como duas correntes que tanto se atraem como se distanciam uma da outra. A atração decorre do compartilhamento de concepções gerais sobre a significação e o papel da língua na vida social. O distanciamento advém da busca por interface com áreas do saber diferentes: a LT fazendo interface com a Psicologia Cognitiva; a AD se apoiando na Psicanálise.

Parece não restar muita dúvida de que os objetos de estudos das duas áreas — o texto e o discurso —, embora possam ser, do ponto de vista teórico e metodológico, tratados como fenômenos diferentes, do ponto de vista empírico, carregam consigo vários pontos de interseção, a exemplo da significação, referenciação e da autoria.

Referências

ADAM, J.-M. *Élements de linguistique textuelle*. Liége: Mardaga, 1990.

_____. *Linguistique Textuelle*: Des genres de discours aux textes. Paris: Nathan, 1999.

ALVES FILHO, F. *A autoria nas colunas de opinião assinadas da Folha de S. Paulo*. 2005. 168 f. Tese (Doutorado em Linguística) — Instituto de Estudos de Linguagem, Universidade de Campinas, Campinas, 2005.

_____. A autoria institucional em editoriais de jornal. *Alfa*: Revista de Linguística, São Paulo, v. 50, n. 1, p. 77-89, 2006. Disponível em: <http://seer.fclar.unesp.br/alfa/article/view/1396/1096>. Acesso em: 26 mar. 2012.

_____. Sua casinha é meu palácio: por uma concepção dialógica de referenciação. *Linguagem em (Dis)curso*, Palhoça, v. 10, n. 1, p. 207-26, jan./abr, 2010.

BAKHTIN, M./VOLOSHINOV. *Marxismo e filosofia da linguagem*. São Paulo: AnnaBlume/Hucitec, 1997 [1929/1930].

BAKHTIN, M. Os gêneros do discurso. In: *Estética da criação verbal*. São Paulo: Martins Fontes, 1979 [1953].

BEAUGRANDE, R. de. *New foundations for a Science of text and discourse*: cognition, communication and freedom of access of to knowledge and society. New Jersey: Ablex Publishing Corporation, 1997a.

_____. Linguística Textual: para novas margens? In: ANTOS, G.; TIETZ, H. (Eds.). *O futuro da linguística textual*: tradições, transformações, tendências. Tübingen: Niemeyer RGL 188, 1997b. p. 1-12.

BORGES, J. L. *Borges oral*. São Paulo: Globo, 1999.

DERRIDA, J.; RONELL, A. The law of genre. *Critical Inquiry*, Chicago, v. 7, n. 1, p. 55-81, Autumn, 1980.

DEVITT, A. J. *Writing genres*. Carbondale: Southern Illinois University Press, 2004.

FARACO, C. A. *Linguagem e diálogo:* as ideias linguísticas do Círculo de Bakhtin. São Paulo: Parábola, 2009.

FÁVERO, L. L.; KOCH, I. V. *Linguística Textual*: introdução. São Paulo: Cortez, 1993.

FOUCAULT, M. *A ordem do discurso*. São Paulo: Edições Loyola, 1970.

KOCH, I. V. *O texto e a construção dos sentidos*. São Paulo: Contexto, 1997.

_____. *Desvendando os segredos do texto*. São Paulo: Cortez, 2002.

_____. *Introdução à Linguística Textual*. São Paulo: Martins Fontes, 2004.

MAINGUENEAU, D. *Novas tendências em análise do discurso*. Campinas: Pontes, 1989.

_____. *Pragmática para o discurso literário*. São Paulo: Martins Fontes, 1996.

MARCUSCHI, L. A. *Lingüística de texto:* o que é e como se faz. Recife: UFPE, 1983.

MARCUSCHI, L. A. *Aspectos linguísticos, sociais e cognitivos na produção de sentido.* Trabalho apresentado na XVI Jornada de Estudos Linguísticos do GELNE, Fortaleza, 1998. Mimeografado.

_____. *Produção textual, análise de gêneros e compreensão.* São Paulo: Parábola, 2009.

MILLER, C. Gênero como ação social. In: MILLER, C.; DIONÍSIO, A.; HOFFNAGEL, J. (Orgs.). *Gênero textual, agência e tecnologia.* Recife: Editora Universitária da UFPE, 2009.

MONDADA, L.; DUBOIS, D. Construção dos objetos de discurso e categorização: uma abordagem dos processos de referenciação. In: CAVALCANTE, M. M.; RODRIGUES, B. B.; CIULLA, A. (Orgs.). *Referenciação.* São Paulo: Contexto, 2003. p. 17-52.

PÊCHEUX, M. Análise automática do discurso (AAA-69). In: GADET, F.; HAK, T. (Orgs.). *Por uma análise automática do discurso*: uma introdução à obra de Michel Pêcheux. Campinas: Editora da Unicamp, 1990.

POSSENTI, S. *Discurso, estilo e subjetividade.* São Paulo: Martins Fontes, 1993.

ROJO, R. Gêneros do discurso e gêneros textuais: questões teóricas e aplicadas. In: MEURER, J. L.; BONINI, A.; MOTTA-ROTH, D. (Orgs.). *Gêneros*: teorias, métodos, debates. São Paulo: Parábola, 2005.

VAN DIJK, T. A. Disciplines of discourse. In: *Handbook of discourse analysis.* London: Academic Press, 1985a.

_____. Dimensions of discourse. In: *Handbook of discourse analysis.* London: Academic Press, 1985b. v. 2.

VIRTANEN, T. Issues of text typology: Narrative — a basic type of text? *Text* — Interdisciplinary Journal for the Study of Discourse, Hague (Netherlands), v. 12, n. 12, p. 293-310, 1992.

CAPÍTULO 12

Linguística Textual e Teoria da Enunciação

Mônica Magalhães Cavalcante
Universidade Federal do Ceará/UFC

Carlos Magno Viana Fonseca (*in memoriam*)[1]
Universidade do Estado do Rio Grande do Norte/UERN

Considerações iniciais

A abordagem discursiva da argumentação toma como princípio a concepção sociointeracional da linguagem, que põe em interação os interlocutores durante o processo de discursivização. A Teoria da Argumentação no Discurso (TAD) e a Linguística de Texto (LT) são tomadas, neste trabalho, como os dois sustentáculos da análise das práticas sociais gestadas na ação humana que emerge em nossos atos comunicativos. O texto é o resultado da confluência de várias linguagens (verbal, gestual, imagética, sonora etc.).

---

1. Este capítulo contém trechos da tese de meu orientando Carlos Magno Viana Fonseca, morto uma semana antes da defesa de seu trabalho.

Neste capítulo, relacionamos duas áreas dos estudos linguísticos: a perspectiva da Teoria da Argumentação no Discurso — onde se encontram Perelman e Tyteca (1996), Meyer (2009), Reboul (2000), Breton (1999), entre outros — e a Linguística de Texto, na qual estão inseridos Marcuschi (1997, 1998), Koch (2002, 2004), Jubran (2003), Fávero (1986), Cavalcante (2011, 2012), entre outros.

Nosso objetivo geral é ponderar sobre o viés retórico-argumentativo que subjaz à grande parte dos trabalhos em Linguística de Texto no Brasil, embora isso nem sempre seja salientado nos estudos sobre o assunto. A seleção e a articulação de muitos dos recursos linguísticos é orientada por um propósito argumentativo e/ou manipulatório dos textos.

Inúmeros estudos em Linguística de Texto e em análises de discurso têm comprovado a importância das escolhas lexicais para a proposta de sentido dos enunciadores. Koch, por exemplo, em pesquisas sobre referenciação, tem advogado em favor da ideia de que as expressões referenciais funcionam como uma espinha dorsal do texto, o que permite ao leitor/ouvinte construir, com base na maneira como essas expressões se encadeiam e remetem umas às outras, um roteiro que o orienta em leituras possíveis projetadas a partir do cotexto.

Também Marcuschi (1998, dentre outros trabalhos), sempre negando a neutralidade de qualquer texto/discurso, assume o pressuposto de que apresentar o pensamento de um dado autor não é apenas uma oferta de informações, mas também, e principalmente, uma tomada de posição ante o que se menciona. As escolhas, tanto lexicais, quanto referenciais, quanto organizacionais não são, portanto, apenas estilísticas, mas especialmente interpretativas e avaliativas. Sobre o aspecto organizacional, como afirma Silveira (2007, p. 57), desde a retórica aristotélica, a *dispositio* "é o modo como as diferentes partes de um discurso,[2] a saber, exórdio, proposição, partição, narração/descrição, argumentação (confirmação ou refutação) e peroração, são dispostas. É a estrutura do discurso", que também é arranjada de modo a colaborar para a persuasão.

---

2. Entenda-se *discurso*, nesta citação, como *gênero discurso oral*, praticado por oradores na Grécia Antiga.

É, por outro prisma, também o que se lê em Brait (1999, p. 200), para quem "um ato de linguagem é uma interação pelo fato de fundar-se no olhar avaliativo dos parceiros, isto é, daqueles que participam desse ato com a atenção profundamente voltada para todos os aspectos que, de alguma forma, interferem nesse evento".

Sobre a salutar conciliação entre a Nova Retórica e a Análise do Discurso, vale destacar ainda a tese de Souza (2003), que analisa o funcionamento dos recursos retórico-argumentativos postos em prática no entrecruzamento de discursos nos gêneros da mídia impressa produzidos por jornalistas (repórteres, articulistas e editorialistas).

Um casamento teórico que pode ser bastante frutífero ainda para as linguísticas de texto e discurso é o que se observa em Fonseca (2011), que associa as Heterogeneidades Enunciativas — propostas por Authier-Revuz (1990, 1998, 2000, 2004) — à Teoria da Argumentação no Discurso, de Perelman e Tyteca (1996). O objetivo da pesquisa de Fonseca é mostrar como as heterogeneidades enunciativas podem cumprir funções diversas, todas relacionando a função ao sujeito-enunciador. Em nenhuma das funções já descritas das não coincidências do dizer, cogita-se a possibilidade de essas expressões estruturarem argumentos ou serem, elas próprias, o argumento propriamente dito.

Interessa-nos mostrar, neste capítulo, o ganho teórico que as pesquisas em texto/discurso teriam se ultrapassassem a mera constatação de que as estratégias textual-discursivas são argumentativamente motivadas, e se analisassem tais estratégias como técnicas de persuasão argumentativa e manipulatória.

1. Uma resenha necessária

Se concebermos que a capacidade de organização e atribuição de sentido à vida é alcançada por meio da linguagem e que, por sua vez, a linguagem está imersa no ambiente fragmentado da pós-modernidade; admitiremos também que a linguagem e o ser humano estão igualmente fragmentados.

O resultado dessa fragmentação disseminada e desenfreada não poderia ser outro que não a percepção de que, em nosso tempo, a pós-modernidade tem colocado cada vez mais em xeque a noção de *centro* e de *unidade*. O ser humano tem sido, portanto, privado do ponto de equilíbrio no qual se encontrava o "sentido", pressuposto caro ao pensamento estruturalista.

1.1. A Linguística da Enunciação — o neoestruturalismo de Authier-Revuz

Foi dentro desse quadro teórico complexo, intenso e cheio de enfrentamentos que Authier-Revuz propôs, na perspectiva da Linguística da Enunciação, a noção de heterogeneidade, de fragmentação, ancorando sua teoria em Bakhtin e em Lacan. A Linguística da Enunciação é voltada para as investigações da linguagem que levam em conta a presença do sujeito-enunciador numa enunciação dada e o grau de comprometimento entre o sujeito e o conteúdo enunciado, considerando, para isso, as marcas linguísticas que o apagam ou o evidenciam.

Authier-Revuz (1998, 2004) se concentra em descrever as formas linguísticas da heterogeneidade, oferecendo uma interpretação para a subjetividade por elas expressa. Nosso interesse, no entanto, é analisar de que maneira as expressões de heterogeneidade, particularmente as não coincidências do dizer, se prestam a uma leitura retórico-argumentativa.

As duas teorias que viriam em socorro da proposta de Authier-Revuz (1998) foram consideradas pela autora como "exteriores teóricos". Trata-se, especificamente, da polifonia bakhtiniana e da teorização sobre o sujeito e sobre os conceitos de real-simbólico-imaginário que caracterizam o discurso na e para a psicanálise freudo-lacaniana. Há de se notar que as duas guardam íntima relação com a linguagem: a linguística, porque a linguagem é seu objeto de estudo; a psicanálise, porque procura explicar seu objeto de estudo, o inconsciente, por meio da estrutura da linguagem. Evidentemente, os pontos de contato exigem, pela própria natureza das disciplinas, a "importação" de conceitos de uma para a outra.

Para a psicanálise lacaniana, não é possível falar de inconsciente sem falar de linguagem. A linguagem, por seu turno, é o domínio do "Um"; este Um se reflete na própria produção dos discursos, da fala corriqueira cotidiana, até nas mais sofisticadas produções literárias. Não obstante, esse Um é frequentemente ameaçado por outras vozes, que, para além da polifonia dialógica de Bakhtin, fazem do locutor um porta-voz. É o inconsciente lacaniano que frequentemente toma para si a voz do locutor e faz, através deste, sua enunciação, para em seguida se retirar para o anonimato, manifestando-se, por um instante apenas, nos chistes, nos lapsos de língua e na própria estrutura "faltante" da linguagem. Diz-se que a estrutura é faltante porque é incapaz de apreender e representar a essência do real nomeado pela língua.

A falha constitutiva do sistema linguístico encontra nas formas de *não coincidências do dizer* não uma solução propriamente dita, mas um paliativo natural, uma espécie de curativo ou remendo disponível no próprio sistema, que é ao mesmo tempo livre e sistemático. Livre porque nenhum falante é necessariamente obrigado a usar qualquer uma de suas formas, e sistemático porque, quando ocorre, obedece a uma ordenação mais ou menos metódica de formas.

Assim, convocar a psicanálise e seus conceitos fundamentais para uma análise linguística é reconhecer que a linguagem é o domínio do "não-Um", inexplicável do ponto de vista puramente linguístico. É reconhecer também que o sujeito, explicado pela psicanálise, é verdadeiramente um estudo linguístico, pois, se a tarefa do linguista é descrever a linguagem em sua totalidade, então explicar de forma satisfatória o sujeito que se evidencia e se esconde na linguagem, e elucidar os mecanismos linguísticos de que o enunciador lança mão, é uma importante contribuição no quadro teórico atual dos estudos da linguagem.

Além da psicanálise freud-lacaniana, Authier-Revuz (1998) convoca os pressupostos teóricos do dialogismo bakhtiniano. Inspirado nas ideias de Marx sobre a estrutura social, Bakhtin concebe a linguagem como a arena na qual os conflitos ideológicos são instaurados. Para ele, o signo e a palavra são ideológicos por natureza e, cada vez que são postos em funcionamento por um ato individual de enunciação, ganham novos contornos, adquirem novas possibilidades de significação e, para além disso, refletem e refratam um ininterrupto ciclo de diálogo inaugurado desde tempos imemoriais. Conceitos como dialogismo, polifonia e carnavalização conquistariam a simpatia dos mais variados acadêmicos — de críticos literários a teóricos da música, de linguistas a especialistas em aquisição da linguagem — justificando por meio de suas considerações sobre a interação verbal a não unidade do discurso e do homem.

A noção de diálogo seria a grande chave do pensamento bakhtiniano. Ele propunha uma oposição entre diálogo em sentido estrito, que seria a interação face a face, e diálogo em sentido amplo, que seria a interseção de vozes que atravessam e perpassam cada discurso, cada enunciação, desde o simples ato de fala (não tão simples assim) até os mais complexos discursos da narrativa do romance. Por toda parte, haveria a presença de outras vozes fazendo eco à enunciação, às vezes para concordar, às vezes para divergir, mas sempre presentes em cada ato de linguagem. Às vezes disfarçadas, às vezes expostas, essas vozes instalam um grande coro ideológico que ressoa enunciação afora.

Como princípio metodológico, Authier-Revuz adota a noção de *metaenunciação* e de *metaenunciado*. A metaenunciação caracteriza-se pela presença, na linearidade discursiva, de um metaenunciado, ou seja, de uma parte do enunciado que fala sobre si mesmo. Por isso se diz que a metaenunciação opera uma retomada autonímica (que reflete sobre o próprio nome). Sua função é modalizar os termos empregados ou avaliar a maneira pela qual o enunciado se formaliza. A autora distingue *conotação autonímica* de *modalização autonímica*.

A *conotação autonímica* é caracterizada pelo aspecto constitutivamente polissêmico das palavras. Um exemplo claro disso é um enunciado do tipo: *A Justiça levou em conta o "bom comportamento" dos dois presos*, em que se atribui a outrem um segundo significado para a expressão aspeada. Já a *modalização autonímica* é da ordem do sentido que os signos adquirem no ato de discurso, no momento próprio da enunciação. Exemplos recorrentes se encontram nos enunciados contendo comentários (as glosas) sobre a menção de algum termo ou expressão, como em: *As medidas beneficiam diretamente os portadores de necessidades especiais, como costumam ser chamados os deficientes físicos hoje em dia*. Essa distinção foi preponderante na caracterização das não coincidências do dizer, que se originaram de uma tentativa de sistematização das modalizações autonímicas.

Tais ideias seguem, em parte, a esteira de Rey-Debove (1978), que, por sua vez, se funda na distinção estabelecida por Benveniste (1988, 1991) entre o que é da ordem do significado, da língua, e o que é da ordem dos sentidos, da linguagem.[3] A tradição na história da linguística aponta Benveniste como o "pai" da Linguística da Enunciação e, apesar de negarmos essa "filiação" epistemológica, não deixamos de reconhecer que em Benveniste noções abstratas e operacionalizações conceituais ganharam concretude, pois este autor demonstra que há na língua, no sistema abstrato e homogêneo, uma predisposição natural para comportar a enunciação. A Benveniste, também se deve a definição de enunciação que se cristalizou nos estudos linguísticos e que é retomada com frequência como sua definição canônica.

As não coincidências do dizer são um tipo especial de heterogeneidade enunciativa construída a partir da modalização autonímica, que realiza, na linearidade enunciativa, um movimento de laçada reflexiva, na qual o enunciado se torna objeto da própria enunciação. O resultado desse olhar sobre o próprio dizer é a "opacificação enunciativa". Reiterando Rey-Debove (1978), "tome uma enunciação e fale dela e teremos uma opacificação enunciativa".

Determinados enunciados são como uma espécie de "corpo estranho" presente num determinado gênero, quer esse estranhamento se dê pela escolha lexical, pela forma de construção sintática, pelos efeitos semânticos pretendidos ou alcançados, quer seja pelo estilo que não é característico do gênero, do objeto da enunciação ou da temática abordada. É nesse momento que surgem as não coincidências, pois elas servem para, além de indicar a subjetividade/expressividade de um enunciador, "remendar" os furos que vão acontecendo ao longo da enunciação pelos motivos mais diversos. Pode ser um "furo no sistema" que não possui o signo apropriado para designar o referente, pode ser por uma "abertura no discurso" incompatível com a memória discursiva, pode ser ainda por uma "fenda no sujeito", que não está ou não se considera apto para realizar a enunciação.

A falha do sistema é o que constitui o não-Um, a possibilidade de equívoco de sentido, de falta de significação e, estruturalmente, da ausência, da brecha que a palavra provoca no interior dos discursos, que deve

---

3. Ao empreender sua proposta para a enunciação, Benveniste fez emergirem dois eixos de estudos importantes para as pesquisas da linguagem em perspectiva enunciativa: o da "semiótica" e o da "semântica".

ser preenchida em nome da regularidade das significações e da memória discursiva, da interdiscursividade.

Authier-Revuz se recusa a analisar as formas de heterogeneidades por qualquer outro viés que não seja o estritamente linguístico. A análise das não coincidências do dizer é uma análise discursiva de feição formal e estritamente linguística, na medida em que é balizada teoricamente na exterioridade da disciplina. É formal porque, como estratégia de compreensão de sentido empreendida por linguista, busca as formas da língua que marcam o discurso desdobrado na perspectiva metaenunciativa, bem como considera aspectos sintáticos, tipográficos e entonacionais.

A autora expõe, inventaria e descreve pontual e minuciosamente as formas da língua que configuram as heterogeneidades, incluindo-se nesse bojo as não coincidências do dizer. São de quatro tipos as não coincidências do dizer: (a) não coincidência interlocutiva, (b) não coincidência interdiscursiva, (c) não coincidência entre as palavras e as coisas, (d) não coincidências das palavras consigo mesmas.

Não importa às reflexões feitas neste capítulo identificar e classificar esses subtipos de não coincidência, de vez que nosso objetivo é apenas advogar em favor de uma abordagem não apenas enunciativa, mas também retórico-argumentativa do fenômeno das heterogeneidades. Sendo um processo modalizante da enunciação, as não coincidências do dizer constituem uma das maneiras de assinalar o posicionamento do sujeito e suas tentativas de engajar o interlocutor. Por isso, estamos pleiteando que as linguísticas do texto e do discurso se debrucem sobre este objeto para explorar seu potencial argumentativo e discursivo.

Consideramos insatisfatório abordar o problema exclusivamente por seu aspecto enunciativo de descrição formal dos enunciados que caracterizam o fenômeno, como faz Authier-Revuz. Igualmente, é impossível analisar discursivamente os efeitos da heterogeneidade enunciativa em textos autênticos e discursos reais sem se levar em conta seu aspecto enunciativo imediato e imanente, de forma que propomos que as não coincidências do dizer sejam abordadas, primeiramente por sua constituição e por seu formato, e, em seguida, pelos efeitos de sentido que causam ao enunciado no qual são inseridas.

1.2 O olhar da Nova Retórica

As observações realizadas até o momento levam à constatação de que, por trás da utilização de modalizações autonímicas, há a expressão de um sujeito que preenche as falhas no discurso-outro, um sujeito agenciador de fendas, que aproveita o momento oportuno da enunciação para se fazer enunciar, para fazer valer a sua opinião sobre o tema tratado.

Entendemos, com isso, que se pode reivindicar uma ampliação dos usos da metaenunciação. Se, na teoria original, o desdobramento metaenunciativo é previsto como um modo de o sujeito-enunciador avaliar um signo, é possível que o conceito possa ser aplicado a manifestações linguísticas superiores, como avaliar todo um enunciado. Por isso, resenharemos os principais conceitos advindos da Nova Retórica e, logo em seguida, demonstraremos, brevemente, como a Linguística da Enunciação e a Teoria da Argumentação no Discurso podem oferecer um aparato criterioso à Linguística de Texto para uma análise do desenvolvimento argumentativo de um texto.

1.2.1 A Teoria da Argumentação no Discurso

Durante muito tempo banida dos círculos intelectuais, por ter sido mal interpretada ou mal aplicada pelos sofistas, a retórica não era mais matéria de estudo ou interesse. No final da década de 1950, Chaïm Perelman e Lucie Tyteca publicam o *Tratado da Argumentação: a nova retórica*, com o objetivo de revisar as bases da retórica grega e restaurar os princípios argumentativos da linguagem sem a visão negativa de puro ornamento vazio legado pela escolástica. A argumentação deveria ser pensada como um princípio característico do discurso, principalmente do discurso jurídico, em que teses e antíteses são postas em causa; em que fatos, verdades, valores e princípios são demonstrados, apresentados e defendidos.

A proposta foi bem recebida, e a Retórica reabilitada, agora sob a designação de Nova Retórica. Perelman e Tyteca discutiram o lugar da argumentação na vida moderna, na sociedade, nas relações públicas, institucionais e privadas. Esses teóricos trouxeram de volta as noções de *phatos, ethos e logos* presentes em qualquer discurso; abordaram e conceituaram o que é sustentar e defender a argumentação. Refletiram sobre a noção de auditório — particular e universal —, cogitaram sobre fatos, verdades, hipóteses, valores e princípios e suas relações com o discurso argumentativo. Estabeleceram, classificaram e organizaram as técnicas argumentativas, os tipos de argumentos, os mecanismos de convencimento e as estratégias de persuasão.

Na esteira dessas discussões, muitos estudiosos deram-se conta de que havia outro movimento similar sobre a estrutura argumentativa dos discursos, entre eles o que mais ganhou notoriedade foi Philipe Breton (1999), refletindo sobre o que ele designou por *Manipulação da palavra*. Suas inquietações diziam respeito à diferença entre argumentar e manipular; entre a argumentação legítima e democrática, que respeita as diferenças de pensamento e o espaço de resposta do auditório, e a manipulação discursiva, prática autoritária e nociva, que obscurece a capacidade de julgamento do auditório, privando-o de sua aptidão responsiva, negando-lhe, por fim, o direito de escolha.

Breton tomaria emprestadas duas noções básicas da argumentação — *pathos e logos* — para situar sua proposta em dois grandes grupos de estratégias manipulatórias — os *amálgamas afetivos* e os *amálgamas cognitivos* — elaborando um inventário de técnicas de manipulação. Concentrando seus esforços para descrever a manipulação presente nas propagandas, tentando, sobretudo, denunciar as práticas abusivas cometidas pelos discursos midiático e político; Breton discorre sobre a sutil diferença entre argumentação e manipulação, entre discurso democrático e discurso autoritário, evidenciando, contudo, que o discurso autoritário da manipulação nem sempre é um discurso violento e, na sociedade moderna, apresenta-se mascarado, iludindo, assim, o auditório.

Argumentar é levar o interlocutor a acreditar em algo e exige que a produção textual-discursiva leve em conta as condições psicossociais nas quais a argumentação estará inserida, por isso mesmo é que argumentar é, caracteristicamente, um ato sociocognitivo complexo. O ato de argumentar é essencialmente o de buscar convencer o outro, num processo dialético-interacional em que a validade das ideias defendidas é testada, ao passo que se tenta persuadir o interlocutor a aceitar a tese proposta. Entendida desse modo, a argumentação é uma estratégia de interação (tal como previsto em Bakhtin, 2003), por estabelecer um contato intelectual entre um orador (ou qualquer locutor), seu auditório e os ecos dos discursos que circulam no meio social.

O ato argumentativo leva o orador a adaptar-se a seu auditório, o que, no sentido retórico, não quer dizer que o orador renuncie a suas crenças, mas, sim, que ele as exponha, sem, contudo, ferir ou ofender as crenças de seu auditório, as quais podem nem sempre coincidir com as dele. Adaptar--se também se refere a questões linguísticas e discursivas e ao respeito às dimensões socioculturais do auditório.

Igualmente preliminar é a questão dos conceitos de *ethos*, *pathos* e *logos*, que são aceitos como pressupostos de linguagem, isto é, em toda manifestação linguística esses elementos estão, de um modo ou de outro, presentes. Para Reboul (2000, p. 47-49), a argumentação retórica ancora neste tripé: o *ethos* e o *pathos*, que são da ordem do afetivo, e o *logos*, que é da ordem do racional. Segundo Reboul, o *ethos* "é o caráter que o orador deve assumir para inspirar confiança no auditório"; já o *pathos* "é o conjunto de emoções, paixões e sentimentos que o orador deve suscitar no auditório com seu discurso". O *logos* é, pois, a racionalidade, o texto em si, construído por meio de raciocínios demonstráveis, facilmente dedutíveis, e, segundo os teóricos da argumentação, a parte central do texto, por ser exatamente sua essência, causa, objetivo e finalidade.

E é neste ponto que, a nosso ver, devem ser verticalizados os estudos que pretendam aliar a construção textual-discursiva às técnicas argumentativas e manipulatórias. Isso não significa afirmar, contudo, que estamos subvalorizando o *ethos* e o *pathos*. Muito pelo contrário, conforme demonstram Charaudeau (2008) e Sukiennik (2008), o *ethos* e o *pathos* são fundamentais na construção do *logos*, pois influenciam no resultado da argumentação. Por essa razão, a exemplo de como procedem os analistas do discurso, assumiremos aqui as noções de *ethos* e *pathos* como estratégias argumentativas, e não apenas como pressupostos de linguagem.

O exemplo discutido e analisado por Mariano (2011) evidencia bem o que estamos sustentando. O contexto da ocorrência é o momento em que Ronaldo, o Fenômeno, anuncia que vai aposentar-se do futebol, alegando problemas de saúde. Observe-se como, neste caso da citação abaixo, o *ethos* e o *pathos* são usados como estratégias de manipulação do público torcedor, e se associam ao *logos* para persuadir. Note-se que não são somente os argumentos elaborados nas palavras do jogador, mas também, e principalmente, a construção de sua imagem e a tentativa de atingir emocionalmente o público que são extremamente eficientes como técnicas manipulatórias, mais do que "argumentativas", em sentido estrito. A autora demonstra como Ronaldo constrói sua imagem de herói endeusado, para sensibilizar os fãs e simpatizantes — uma maneira de manipular as paixões, desviando o foco da eliminação do Corinthians no torneio Libertadores da América:

> Destacar a paixão dessa torcida, evidenciar sua decepção pela eliminação na Libertadores e mostrar a importância do clube em sua vida são argumentos utilizados para tentar resgatar a imagem de ídolo e estabelecer uma identificação com os torcedores, unidos a ele por essa paixão [...] Ronaldo coloca-se ao mesmo tempo com características divinas, já que é capaz de perdoar até os desleais, os desafetos e os críticos, e humanas, já que, ao desculpar-se, admite seus erros e demonstra toda a sua fraqueza. Humaniza-se também ao assumir uma paixão típica dos mortais: a inveja (Mariano, 2011, p. 75).

Vejamos como isso se confirma no pronunciamento do jogador, transcrito pela autora:

> "[...] *desculpem ((ri)) eu tive três chances de gols aqui e eu não consegui fazer por ironia do destino no meu último jogo [...] o que seria uma pequena retribuição por tudo o que vocês fizeram por mim... é: o meu muito obrigado... muito obrigado por TUdo*
> *por TUdo que vocês fizeram por mim na minha carreira inteira... por vocês me aceitarem do jeito que eu sou... por vocês terem chorado quando eu chorei; quando eu sorri, vocês sorriram [...] até breve, mas dessa vez fora dos campos ((acena))*" (Mariano, 2011, p. 75).

Notamos que os recursos empregados acima são mais manipulatórios do que "argumentativos", na concepção de Breton (1999), pelo modo como, por exemplo, a seleção lexical das predicações e os processos referenciais são articulados em favor do *ethos* e do *pathos*. Breton considera o tripé *ethos, pathos, logos* como constitutivo de todo discurso e estabelece o primeiro pressuposto de sua teoria da manipulação da palavra: o de que determinados usos que se faz da mobilização do *pathos* têm no fundo um objetivo manipulatório. A essas estratégias, o autor nomeou de *amálgamas afetivos*. Segundo o autor, mobilizar os afetos parece ter por objetivo condicionar o público de tal maneira que ele aceite a mensagem sem discussão [...]. Manipular consiste de fato em paralisar o julgamento e em fazer tudo para que o receptor abra ele mesmo sua porta mental a um conteúdo que de outro modo não seria aprovado [...]. Há manipulação porque a razão dada para obter a adesão à mensagem nada tem a ver com o conteúdo da própria mensagem (Breton, 1999, p. 64).

Concordamos com a distinção proposta por Breton entre "argumentar" e manipular, mas não aceitamos uma separação radical entre os dois fenômenos. De acordo com Breton, manipular utilizando esses recursos consiste em velar o próprio recurso, de forma que o interlocutor não perceba que está agindo movido pela emoção. Recorrer aos sentimentos de maneira manipulatória é inserir o próprio interlocutor na mensagem de modo que ele se veja representado nela, para sentir "na própria pele" e, portanto, para aderir ao que se está defendendo.

O manipulador tem o trabalho inicial de elaborar seu discurso de forma tal que o interlocutor não perceba que está sendo manipulado, pois este interlocutor é "livre" para fazer suas escolhas. A manipulação é entendida pelo autor, de maneira geral, como "uma ação violenta e restritiva que priva de liberdade aqueles a ela submetidos [...]. A manipulação consiste em entrar por efração no espírito de alguém para aí depor uma opinião ou provocar um comportamento sem que ninguém saiba que houve efração" (Breton, 1999, p. 21).

A efração, no caso, consiste em mascarar a manipulação por meio do acordo prévio, nos termos da Teoria da Argumentação no Discurso, isto é, o manipulador, para garantir o efeito de seu discurso, parte de um acordo prévio que ele sabe que o auditório aceitará, sem, contudo, levá-lo a cabo. Assim, por meio da ruptura, instaura-se o processo manipulatório.

De todo modo, entendamos que, para o autor, a palavra manipulada tem como efeito principal "forçar o silêncio na interação a fim de aprisionar o outro numa sequência contínua na qual ele não tem outra escolha senão se render" (Breton, 1999, p. 22).

Além dessas questões preliminares, Perelman e Tyteca (1996, p. 16; 17) advertem que uma argumentação eficiente é aquela que preenche certas condições e segue determinadas técnicas. As condições prévias de que falam os autores são: a) o acordo prévio e b) os lugares da argumentação (ou os lugares, em sentido abstrato, de onde parte o orador).

Já as técnicas argumentativas são as estratégias de enunciação que visam ao convencimento. Perelman e Tyteca (1996) apresentam quatro grupos de técnicas argumentativas:

i. *argumentos quase lógicos*: a) de contradição, b) por identidade e definição, por analiticidade e tautologia, c) a regra de justiça, d) de reciprocidade, e) argumentos de transitividade, de inclusão e de divisão, f) argumentos de comparação;

ii. *argumentos baseados na estrutura do real*: a) as ligações de sucessão e b) as ligações de coexistência;

iii. *argumentos que fundam a estrutura do real*: a) fundamento pelo caso particular (exemplo, ilustração e do modelo/antimodelo) e b) o raciocínio pela analogia; e

iv. *argumentos por dissociação das noções*: aparência/validade, meio/fim, individual/universal etc.

As técnicas alojadas nos três primeiros grupos estão calcadas na associação de noções; já o quarto grupo é fundamentado na dissociação das noções. Um quadro sintético poderia ser o seguinte:

Categorias da Teoria da Argumentação no Discurso

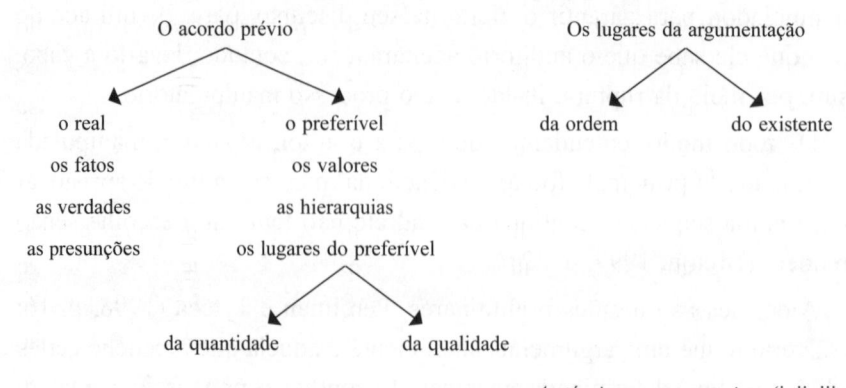

O acordo prévio

- o real
  - os fatos
  - as verdades
  - as presunções
- o preferível
  - os valores
  - as hierarquias
  - os lugares do preferível
    - da quantidade
    - da qualidade

Os lugares da argumentação

- da ordem
- do existente

As técnicas argumentativas (i, ii, iii e iv)

1.2.2 O acordo prévio e os lugares da argumentação

Para Perelman e Tyteca (1996), o acordo prévio são as proposições iniciais da argumentação que devem ser aceitas pelo auditório. Sem ele, a argumentação torna-se impraticável ou infrutífera. Consideramos, no entanto, que, mesmo durante o desenvolvimento da argumentação, o acordo entre locutor e auditório estabelecido inicialmente pode ser reafirmado ou redefinido. O acordo é "o que é aceito como ponto de partida de raciocínios [...], esse acordo tem por objeto ora o conteúdo das premissas explícitas, ora as ligações particulares utilizadas, ora a forma de servir-se dessas ligações: do princípio ao fim, a análise da argumentação versa sobre o que é presumidamente admitido pelos ouvintes" (Perelman; Tyteca, 1996, p. 73).

Há dois tipos de objetos que servem de acordo prévio: o real, que comporta os fatos, as verdades e as presunções, e o preferível, que comporta os valores, as hierarquias e os lugares do preferível.

As verdades, por sua vez, são entendidas como conjuntos ou sistema inter-relacionados de fatos: "designar-se-ão de preferência com o nome de *verdades* sistemas mais complexos, relativos a ligações entre fatos, quer se trate de teorias científicas ou de concepções filosóficas ou religiosas que transcendem a experiência" (Perelman; Tyteca, 1996, p. 77). Como fica claro, as verdades, como premissas admissíveis e pontos de partida da argumentação, dependem quase que exclusivamente do conhecimento do locutor sobre o auditório, isto é, para promover a adesão de uma tese a partir de uma verdade, o locutor precisa estar ciente das concepções defendidas pelo auditório.

O segundo grupo de premissas do acordo prévio baseado no real são as presunções e, de acordo com Perelman e Tyteca (1996, p. 79), "todos os auditórios admitem presunções". A presunção relaciona dois elementos cuja ligação, embora aparente, não é necessária, por exemplo:

> A presunção de que a qualidade de um ato manifesta a da pessoa que o praticou; a presunção de credulidade natural, que faz com que nosso primeiro movimento seja acolher como verdadeiro o que nos dizem e o que é admitido enquanto e na medida em que não tivermos motivo para desconfiar; a presunção de interesse, segundo o qual concluímos que todo enunciado levado ao nosso

conhecimento supostamente nos interessa; a presunção referente ao caráter sensato de toda ação humana (Perelman; Tyteca, 1996, p. 79).

A segunda ordem de enunciados que se prestam a objetos do acordo prévio é baseada na estrutura do preferível. Nesse grupo se encontram os valores, as hierarquias e os lugares do preferível e são mais indicados para argumentações destinadas a auditórios particulares.

Os valores são crenças e, como tais, possuem um caráter relativo, mas, em geral, dizem respeito àquilo que deve ser objeto de desejo ou de estima; podem ser concretos ou abstratos. Os valores tidos como concretos estão vinculados a uma pessoa ou a um grupo determinado ou, ainda, a um objeto particular; já os valores abstratos relacionam-se a algumas noções da cultura ocidental, tais como fidelidade, lealdade, solidariedade, disciplina etc. (Perelman; Tyteca, 1996).

As hierarquias são, evidentemente, ligadas aos valores, pois se baseiam em conceitos, como a superioridade dos homens sobre os animais ou dos deuses sobre os homens, ou ainda do ser humano sobre a coisa. Hierarquias abstratas podem ser convocadas para estabelecerem acordos prévios, tais como a superioridade do justo sobre o útil, ou da causa sobre a consequência.

Uma vez estabelecido o acordo prévio, o passo seguinte de qualquer argumentação é determinar o lugar do qual o discurso se desenvolverá, isto é, selecionados os valores, as hierarquias ou os fatos, então é preciso fundamentá-los.

Perelman e Tyteca (1996) estudam os lugares estabelecidos por Aristóteles (2000) e a partir deles estabelecem dois lugares principais: os lugares da quantidade e os lugares da qualidade, e outros tipos de lugares (lugares da ordem, do existente, da essência e da pessoa), que fundamentam os argumentos selecionados para a argumentação eficiente.

Os *lugares da quantidade* são, segundo Perelman e Tyteca (1996, p. 97), "os lugares-comuns, que afirmam que alguma coisa é melhor do que outra por razões quantitativas", por exemplo, a escolha da maioria é preferível à escolha da minoria, um bem mais duradouro é preferível a um bem menos duradouro, um produto que serve a muitos é preferível a um produto que serviria somente a alguns, e assim sucessivamente. "Podemos considerar como lugares da quantidade a preferência concedida ao provável sobre o improvável, ao fácil sobre o difícil, ao que há menos risco de nos escapar" (Perelman; Tyteca, 1996, p. 99).

Já os *lugares da qualidade*, por oposição aos lugares da quantidade, desprezam o benefício dos números. Fundamentar uma argumentação a partir dos lugares da qualidade é "mostrar que a unicidade de um ente ou de um objeto qualquer decorre da maneira pela qual concebemos nossas relações com ele" (Perelman; Tyteca, 1996, p. 101). Podemos convocar o valor do único, daquilo que é raro e original, não ordinário para contrapor ao múltiplo, ao corriqueiro, ao vulgar. A fundamentação de teses a partir dos lugares da quantidade tende a mostrar que, por exemplo, uma perda é irreparável, na medida em que sua existência é única e, justamente por isso, goza de um prestígio inegável.

Os *outros lugares* examinados por Perelman e Tyteca (1996) são os lugares da ordem, do existente, da essência e da pessoa. No entanto, esses autores reconhecem que, de maneira geral, todos os lugares poderiam ser agrupados nos dois primeiros tipos e afirmam que examinar esses outros lugares é somente uma especificação dos primeiros. Os lugares da ordem sustentam que o anterior é superior ao posterior, isto é, as causas são superiores às consequências, e os princípios superiores aos objetivos; os fatos são superiores às leis etc.

Os lugares do existente afirmam a superioridade daquilo que existe em relação ao que é possível, do que é concreto em relação ao que é abstrato; o que é real é superior ao que é eventual, e o possível é superior ao que é impossível.

Uma fundamentação que coloque os argumentos nos lugares da essência será construída a partir de protótipos, ou seja, basear-se-á no elemento que melhor representa a categoria na qual a tese se enquadra, o que coloca em evidência a superioridade de alguns elementos em relação aos demais do grupo categorial a que ele pertence. Isso mostra que os lugares são, em primeira instância, pertencentes aos lugares da ordem, e, estes, por sua vez, pertencentes aos lugares da qualidade.

Por fim, os lugares da pessoa fundamentam os argumentos a partir de acordos prévios baseados nos valores, pois afirmam os vínculos entre a pessoa e sua dignidade, mérito, autoridade e autonomia. Em outros termos, os lugares da pessoa valorizam aquilo que é essencialmente do ser humano, suas qualidades mais importantes e suas características mais desejáveis.

1.2.3 As técnicas argumentativas

Perelman e Tyteca (1996) baseiam as técnicas argumentativas em dois conjuntos de base: a *associação de noções* e a *dissociação de noções*. Associar noções é selecionar dados correlatos e apresentá-los ao auditório como agregadores do sentido que se deseja expressar. Por essa estratégia, o orador oferece possibilidades de interpretações dos dados selecionados unindo as qualidades que cada conjunto de dados possui. Por outro lado, dissociar noções é separar o conjunto de qualidades que cada grupo de dados comporta, mostrando ao auditório suas individualidades, que devem ser compreendidas e focalizadas.

A associação de noções comporta três das quatro grandes técnicas argumentativas, segundo Perelman e Tyteca (1996): (i) os argumentos quase lógicos; (ii) os argumentos baseados na estrutura do real; (iii) os argumentos que fundam a estrutura do real.

(i) Os argumentos quase lógicos

Como o próprio nome sugere, a argumentação quase lógica caracteriza-se por sua semelhança com os raciocínios da lógica formal, cujo princípio caracterizador é a organização do pensamento em estruturas matemáticas formais, expressas por meio de linguagens artificiais. Não obstante, a argumentação no discurso se dá em linguagem natural e, portanto, está sujeita a suas ambiguidades típicas; desse modo, esse tipo de argumentação é apenas aparentemente lógica, já que não são necessariamente demonstrações formais. Para Feltes (2003, p. 260), a argumentação quase lógica é a mais propícia para superestruturar discursos argumentativos que visam a contrapor-se a uma tese em discussão, isto é, a argumentação quase lógica é "ideal para o tratamento de discursos contra-argumentativos".

Perelman e Tyteca (1996) apresentam o argumento de contradição como o que melhor fundamenta uma contra-argumentação. No entanto, o argumento de contradição é muito utilizado quando o locutor, antecipando-se a uma possível réplica, já expõe, ele próprio, as noções convocadas para o seu discurso que poderiam ser tomadas como incompatíveis, justificando-as em seus devidos contextos. Fazendo esse movimento discursivo, o locutor, além de neutralizar seu possível combatente, consolida os sentidos de seus enunciados, fortalecendo a possibilidade de adesão à tese proposta.

Quanto às relações de analiticidade entre os termos, elas são estabelecidas a partir do acordo prévio aceito entre locutor e auditório, que, por convenção, assumem a possibilidade de as duas noções serem equivalentes entre si. Em outras palavras, a analiticidade depende do nível de aceitação das definições propostas no discurso argumentativo. As analiticidades estabelecidas num discurso argumentativo podem trazer à luz certos enunciados considerados por muitos, principalmente entre os semanticistas, como tautologias. No entanto, Perelman e Tyteca (1996, p. 246) dizem que "quando, numa argumentação não formal, a tautologia parece evidente e voluntária, como nas expressões do tipo 'um tostão é um tostão', 'crianças são crianças', deverá ela ser considerada uma figura e, portanto, possuir força argumentativa".

Também os argumentos quase lógicos por regra de justiça são fundamentados por um critério de semelhanças compartilhadas, pois consistem na ideia de que um tratamento dado a uma entidade de uma determinada categoria deverá ser compartilhado por todos os membros dessa mesma categoria. Assim, "a regra de justiça requer a aplicação de um tratamento idêntico a seres ou a situações que são integrados numa mesma categoria" (Perelman; Tyteca, 1996, p. 248).

O argumento de reciprocidade é, a nosso ver, uma complexificação do argumento da regra de justiça, sobretudo porque é frequentemente mais eficaz em procedimentos de contra-argumentação. Perelman e Tyteca (1996, p. 251) explicam que "os argumentos de reciprocidade também podem resultar da transposição dos pontos de vista, transposição essa que permite reconhecer, através de sua simetria, a identificação de certas situações".

Na impossibilidade de tratar aqui de todas essas técnicas, ilustraremos somente algumas delas. No que tange ao argumento de reciprocidade, leiamos a pertinente análise de Silveira (2007), num estudo em que examina a retórica no discurso de certas igrejas:

> [...] tem-se mais um exemplo de argumento de reciprocidade visando à posse material, isto é, se no passado os escravos repentinamente passaram a ser ministros, governadores, prefeitos, milionários, empresários, latifundiários, enfim, passaram a ter abundância em tudo, sugere-se que no presente também a história possa ser assim, e o presente é o tempo do auditório presente no espaço do culto. Contudo, o passado referido pelo orador não pode ser o passado bíblico, pelo simples fato de que algumas categorias colocadas acima não existiam na época de Cristo. A chance que o orador tem de não ser incoerente é fazendo uma metáfora com o passado recente de alguns membros da igreja, que eram metaforicamente escravos e hoje têm uma vida materialmente digna de filhos de Deus, co-herdeiros do trono com Cristo, segundo a Teologia da Prosperidade: *"porque o seu destino final é onde tem abundância de milagres (com certeza)... terra da abundância... amém irmãos?... mostrei para vocês na semana passada... antes de entrar a Canaã Deus (faz) duas coisas fantásticas... Deus (zzzz) a nova geração... e Deus manda-os celebrar a Páscoa... libertação... Deus nos prepara dizendo... eu vou introduzir uma terra (zzzz) de tudo o que é há de melhor neste mundo... [...] eles eram escravos e passaram a ter abundância de tudo... (Comunidade Evangélica Sara Nossa Terra, R. 39-44; 48, p. 206; 207)"* (Silveira, 2007, p. 113).

Cumpre notar, acima, como o argumento da reciprocidade pode ser habilidosamente utilizado para colocar em questionamento pontos de vista que, aparentemente, não são simétricos, mas nos quais podemos encontrar alguma identidade.

A transitividade é, por definição, etimológica, um processo de transferência de certas propriedades de uma entidade A para uma entidade B. Para transformar esse procedimento formal num procedimento discursivo quase--lógico, Perelman e Tyteca (1996, p. 257) mostram o exemplo da proposição *"Os amigos de nossos amigos são nossos amigos"*, cuja propriedade de amizade existente entre duas pessoas é transferida para uma terceira pessoa.

As outras estruturas argumentativas relacionadas com a transitividade dizem respeito à inclusão (da parte no todo) e a divisão (do todo em partes). Perelman e Tyteca (1996, p. 262) explicam que "a relação de inclusão ocasiona dois grupos de argumentos que há interesse em distinguir: os que se limitam a demonstrar essa inclusão das partes num todo e os que demonstram a divisão do todo em suas partes e as relações daí resultantes".

Como vemos, na verdade, toda argumentação requer que o locutor coloque em confronto realidades diferentes, comparando-as. A comparação é, assim, um importante componente do ato argumentativo, seja para tratar de qualidades de igualdade entre os objetos cotejados, seja para demonstrar a qualidade de desigualdade entre eles.

Desse modo, o argumento quase-lógico de comparação permite que combinações diversas possam ser realizadas. Pode-se, por exemplo, atribuir qualidades a um referente construído no discurso com base em sua comparação com outros referentes tidos como desejáveis para o auditório e, inversamente, o objeto de discurso da argumentação pode ser desqualificado a partir de sua comparação com elementos que o auditório despreza.

(ii) Os argumentos baseados na estrutura do real

A argumentação baseada na estrutura do real parte de noções que o locutor sabe que o auditório admite como verdades ou como presunções para, com base nelas, promover a adesão ao objeto de discurso (referente) que ele pretende promover.

Dentre os argumentos baseados na estrutura do real, estão as ligações de sucessão, que relacionam um fenômeno a suas consequências ou a suas causas. As transferências de valor entre elementos da cadeia causal são divididos em três: argumento pragmático, fato e consequência, e fins e meios.

Silveira (2007) analisa esse tipo de argumento em seus dados transcritos do discurso praticado em igrejas e afirma que sucesso é o que todas as igrejas analisadas pregam, cada uma à sua maneira. A diferença residiria apenas na intensidade com que falam em sucesso financeiro, espiritual ou sentimental. Vejamos o comentário:

O primeiro trecho em análise argumenta implicitamente, por meio de orações condicionais, que os dízimos devem ser entregues ao Senhor, a fim de não caracterizar roubo a Deus. Há ênfase na consequência da atitude, ficando clara a relação meio-fim, ou seja, sua natureza deliberada: *"a verdade é... se você... não entrega ao Senhor seus dízimos e suas ofertas... você está roubando a Deus... isto pode parecer uma palavra pesada... mas é verdadeira... por quê?... quem te deu (vinho)?... quem te deu condições... pra você adquirir os seus recursos?... quem te tem abençoado e tem te livrado?... é o Senhor... se você retém aquilo que é dele... então você está na verdade... fazendo com que... o que Deus te deu... seja inválido... e aí então...o devorador está liberado para agir contra as vidas... (Igreja Apostólica Renascer em Cristo, R. 42-48, p. 170-171)"*. Porém, o que está explícito acima é justamente uma minimização da força empregada na análise do implícito, força esta dada à consequência, simplesmente ao pensar que o fato de não entregar o dízimo e as ofertas ao Senhor acarreta roubo. Da forma colocada, a relação meio-fim acima citada transforma-se em uma relação fato-consequência, pois se presume que o auditório particular não queira roubar a Deus e que, se o faz, é involuntariamente (Silveira, 2007, p. 124-25).

Conforme se evidencia, os argumentos baseados na estrutura do real, pelas ligações de sucessão, permitem apreciar um ato ou acontecimento consoante suas consequências favoráveis ou desfavoráveis. Esse argumento desempenha um papel fundamental na argumentação por representar um esquema lógico de juízo de valor. Para apreciar um acontecimento, cumpre reportar-se aos seus efeitos. O fundamental nesse tipo de argumentação é expressar sempre juízos de valor e, como tal, variar conforme se modifiquem os auditórios para os quais se argumenta. Na maioria das vezes, as argumentações tentam justificar os meios com base na qualificação dos fins, isto é, os objetivos a serem alcançados.

Ao colocar o discurso como possibilidade de causa, consequência, meio ou fim, como instrumento que produz efeitos nos seus ouvintes, Perelman e Tyteca se aproximam do dialogismo bakhtiniano, sob o qual repousa a noção de que todo ato discursivo produz respostas (Bakhtin, 2003) e de que nenhuma manifestação de linguagem deixa de modificar, em alguma medida, as relações entre locutor e auditório.

As ligações de coexistência, assim como as ligações de sucessão, unem duas realidades. A distinção entre esses tipos de ligações consiste no fato de que, enquanto na noção de sucessão o orador coteja realidades de mesmo nível, na noção de coexistência o orador põe em causa realidades de níveis desiguais. Segundo Perelman e Tyteca (1996), a mais importante ligação de coexistência que pode ser convocada para fundamentar argumentações é a ligação da pessoa e seus atos.

Ainda como parte das ligações de sucessão, temos o chamado argumento do desperdício. Essa noção sustenta que, uma vez que uma determinada ação foi iniciada, que esforços já foram investidos, que já se assumiram os sacrifícios, que renúncias já foram feitas, é preciso dar continuidade à ação em curso, pois os prejuízos advindos de seu abandono seriam ainda maiores.

Na mesma linha da noção do desperdício, encontra-se o argumento da direção, que pode assumir diversas facetas, associando noções distintas, a depender da tese que o orador defende. Em sentido amplo, o argumento da direção "consiste, essencialmente, no alerta contra o uso do procedimento das etapas..." (Perelman; Tyteca, 1996, p. 321; p. 324). O movimento discursivo realizado é o de mostrar ao auditório que, uma vez tomada uma direção, não se pode suspender.

Esse tipo de argumento pode ser demonstrado a partir do argumento da propagação, no qual o orador alerta o auditório que determinados fenômenos podem ser divulgados, seja por força da natureza, seja por mecanismos de ordem social, e sua propagação é, em última análise, nociva.

A noção de propagação pode ser ainda empregada para fundamentar o argumento da vulgarização e o argumento da consolidação. No primeiro caso, o esforço argumentativo é no sentido de demonstrar como a propagação de um ato ou de uma situação torna comum algo que tenha valor justamente por ser raro, isto é, o agente argumentador alerta o auditório para os efeitos nocivos que a propagação pode causar. É esse tipo de argumento que causa o efeito impactante de adágios populares como "o segredo é a alma do negócio". No segundo caso, o movimento é inverso. O argumento da consolidação demonstra como repetições tornam os atos ou situações regras de conduta, isto é, como é possível consolidar uma ideia a partir de sua consagração pelo uso popular.

Do mesmo modo, o locutor pode demonstrar ao auditório como dois pontos de vista podem ser nocivos, se admitidos como válidos para uma determinada situação a partir do argumento do contágio. Nesse caso, é preciso que o locutor tome como ponto de referência um primeiro ponto de vista estigmatizado pelo auditório e demonstre que o segundo ponto de vista segue a mesma direção do primeiro.

As ligações de coexistência, assim como as ligações de sucessão, unem duas realidades. A distinção entre esses tipos de ligações consiste no fato de que, enquanto na noção de sucessão o orador coteja realidades de mesmo nível, na noção de coexistência o orador põe em causa realidades de níveis desiguais, sendo que uma das realidades, a que serve de base para a argumentação, é mais fundamental ou mais explicativa que a realidade com a qual o orador pretende estabelecer a relação.

O argumento de autoridade consiste em convocar para um discurso as palavras de outra pessoa, considerada pelo auditório como um representante de prestígio, isto é, alguém que está apto a emitir um juízo de valor sobre o objeto discursivo em questão. Nesse caso, o orador precisa ficar atento a determinadas especificidades, pois "o fundamento alegado com maior frequência em favor da autoridade é a competência" (Perelman; Tyteca, 1996, p. 352). O argumento de autoridade é, desse modo, específico, pois as noções mobilizadas nessa técnica são as de autoridade e de competência e, necessariamente, precisam ser noções reconhecidas pelo auditório, sob pena de a argumentação perder sua eficácia, já que uma autoridade pode ser reconhecida numa área específica, e somente naquela área o orador pode valer-se dela.

No meio científico, o argumento de autoridade é o mais ricamente utilizado e já foi objeto de estudo por inúmeras perspectivas e sob muitas designações. Bakhtin (2003) fala do discurso do outro; Authier-Revuz (2000) fala do discurso segundo da ciência; Kristeva (s/d) estuda a palavra objetival tomada como argumento segundo; Discini (2003) mostra a metadiscursividade do argumento de autoridade, entre muitos outros que se dedicaram a analisar o lugar, os modos e os efeitos das palavras de outros enunciadores num discurso.

Perelman e Tyteca (1996, p. 351) dizem sobre o argumento de autoridade que "quanto mais importante é a autoridade, mais indiscutíveis parecem ser suas palavras". Nesse ponto, ficamos diante de um desconforto teórico: se a argumentação é o ambiente do contraditório e do amplo debate, o lugar de discussão de ideias, no mais das vezes divergentes entre si, se ela é o único meio de unir contrários para o cotejo de suas teses, mas que sempre comporta a possibilidade de resposta; cabe perguntar até que ponto o uso do argumento de autoridade não fecha as portas para a discussão democrática e se enquadra em uma estratégia manipulatória. Se as palavras da autoridade conjuradas para servir de lastro ao objeto cotejado no discurso são, ao menos na aparência, indiscutíveis, então que espaço para discussão temos? E, se não temos espaço, não é lícito ver no argumento de autoridade uma estratégia manipuladora por meio do discurso e não um recurso argumentativo? Para nós, essa técnica é, por esse motivo, muito mais manipulatória do que argumentativa, no sentido estrito que Breton empresta ao termo *argumentação*. De acordo com Breton, recorrer à autoridade mobiliza o *pathos* do auditório, introduzindo-lhe o medo, por isso defendemos que esta é, de fato, uma estratégia eminentemente manipuladora.

(iii) Os argumentos que fundamentam a estrutura do real

É necessário fazer a distinção nocional entre as superestruturas argumentativas chamadas de *argumentos baseados na estrutura do real*, discutidos no tópico anterior, e as chamadas *ligações que fundamentam a estrutura do real*. Em termos de distinção terminológica ou definitória, Perelman e Tyteca (1996) não se pronunciam; contudo, é possível compreender a diferença entre as duas superestruturas a partir da análise dos tipos de argumentos abrigados sob uma e sob outra designação. Partindo do entendimento de "real" assumido pela Teoria da Argumentação no Discurso, compreendemos que, no primeiro caso — argumentos baseados na estrutura do real —, duas realidades concretas, no sentido aqui assumido, servem de fundamento para se chegar a uma conclusão. Com base no valor atribuído a dois dados (fatos, verdades ou presunções) que se sucedem ou coexistem, o orador baseia sua argumentação.

No segundo caso — ligações que fundamentam a estrutura do real —, o orador argumenta a partir de um dado, para, com base nele, fundamentar uma realidade à qual pretende fazer o auditório aderir. Assim, a superestrutura argumentativa desse grupo, ao invés de propor uma conclusão baseada no cotejo de fatos de duas realidades, consiste em fundar ou propor uma nova realidade com base no cotejo de um fato.

Inversamente, o movimento discursivo para construir uma argumentação pode basear-se no processo de o orador separar duas noções cuja relação já é aceita pelo auditório. Esse processo que inverte a estrutura do raciocínio até agora examinada é denominado por Perelman e Tyteca (1996) como dissociação de noções.

Os autores chamam a atenção, inicialmente, para o fato de haver uma diferença entre a *ruptura de ligação* e a *dissociação de noções*. Para eles, antes de iniciar a argumentação com base nesses processos, o orador precisa verificar se tratará as noções que pretende cotejar como "naturais" ou "artificiais"; "essenciais" ou "acidentais".

Desses pares, Perelman e Tyteca (1996) consideram como protótipo o par aparência/realidade e analisam a dissociação entre os dois como modelo para o discurso argumentativo baseado nessa técnica. Ao dissociar as duas noções em causa, cabe ao orador fornecer ao auditório os critérios que são utilizados para afirmar sua separação.

1.3 As técnicas de manipulação da palavra

Breton (1999) subscreve as estratégias manipulatórias sob duas rubricas: os amálgamas afetivos e os amálgamas cognitivos. No primeiro grupo, a estratégia consiste em mobilizar os afetos (*ethos* e *pathos*) no sentido de inserir emoções no fio discursivo ou, por outro lado, provocar sentimentos no auditório, levando-o a aderir à tese proposta.

No segundo grupo, a estratégia é fazer parecer que os enunciados que compõem o discurso possuem uma lógica inegável, isto é, o orador articula o *logos* manipulatoriamente, de modo que o termo "cognitivo" é tomado como sinônimo de raciocínio.

As superestruturas de que trata Breton por meio da nomeação de "amálgamas afetivos" e "amálgamas cognitivos" baseiam-se, assim como em Perelman e Tyteca (1996), na associação de noções. Contudo, enquanto em Perelman e Tyteca (1996) essa associação nocional se dá de maneira a demonstrar a relação entre as noções, Breton propõe que, em alguns casos, a relação é apenas aparente e, no mais das vezes, racionalmente incompatível, e sua relação proposta no discurso não é acidental ou efeito de um equívoco. Ou, ainda, o argumento da contradição que mobiliza a noção do ridículo, como descrito por Perelman e Tyteca (1996), antes é o produto de uma ação deliberada do orador para levar o auditório ao engano e ao engodo.

Os amálgamas afetivos consistem em tornar aceitável uma opinião, sem questionamento de seu conteúdo. Nesse caso, a associação das noções com efeito sedutor consiste, portanto, em tomar uma noção da ordem dos afetos e ligá-la a um dado informativo. O procedimento não seria manipulatório se houvesse alguma relação natural ou acidental entre as duas noções postas em funcionamento. Mas uma polêmica — entre ser um procedimento argumentativo legítimo ou um amálgama afetivo — se instaura no momento em que não há meios que justifiquem satisfatoriamente a relação entre as noções cotejadas, isto é, o sentimento evocado ou a emoção demonstrada não possui relação com a carga informativa que se pretende veicular; o recurso aos afetos redimensiona a mensagem transformando seu aspecto argumentativo em caráter manipulatório.

Assim, não podemos afirmar simplesmente que o apelo aos afetos é, por si mesmo, manipulatório, pois todo discurso apresenta, por definição, um caráter afetivo e, evidentemente, as entidades linguísticas usadas na produção dos enunciados possuem, cada uma a seu modo, certa carga afetiva e conotam, de algum modo, componentes ideológicos adquiridos na interação (Bakhtin, 2003).

Desse modo, como dizer que os afetos foram convocados com objetivos manipulatórios? Ou, dito de outra maneira, que parâmetros utilizar para descrever uma técnica discursiva como palavra manipulada por meio do amálgama afetivo, já que assumir que as noções cotejadas não possuem relação natural ou acidental pode ser considerada uma afirmação arbitrária?

Os amálgamas cognitivos, como os afetivos, são construções de espaços discursivos em que a manipulação da palavra provoca efeitos imediatos e tão intensos que promovem a adesão do auditório sem discussão das ideias. A palavra lança no espírito das pessoas diversas imagens que são desencadeadoras de comportamentos, de atitudes em diversas direções, geralmente a direção que quer o manipulador.

Breton (1999) leva em conta, ainda que superficialmente, esses elementos constitutivos do discurso para, com base neles, estabelecer o primeiro pressuposto de sua teoria da manipulação da palavra, qual seja, o de que determinados usos que se faz da mobilização do *pathos* têm no fundo um objetivo manipulatório. Por isso, a essas estratégias, o autor nomeou de amálgamas afetivos.

Nesse caso, como fica claro, os afetos são mobilizados não como um complemento necessário à própria produção discursiva, mas como um elemento capaz de neutralizar a capacidade de pensar, de julgar e de decidir do interlocutor. Mantém-se, assim, a noção (clássica, aliás) de que os sentimentos de um modo geral são "irracionais" e levam as pessoas a fazerem coisas que normalmente não fariam se não estivessem movidas por algum tipo de sentimento.

Manipular utilizando esses recursos consiste justamente em velar o próprio recurso, de modo que o interlocutor não perceba que está agindo movido pela emoção. Recorrer aos sentimentos de maneira manipulatória é inserir o próprio interlocutor na mensagem, de forma que ele se veja representado nela, de forma a sentir "na própria pele" e, portanto, aderir ao que se está defendendo.

Para Breton, os amálgamas afetivos, tomados como superestruturas, podem ser discursivizados por meio das seguintes estruturas:

a) a sedução demagógica;
b) a sedução pelo estilo;
c) a manipulação pela clareza;
d) a estetização da mensagem;
e) a sedução pelo medo e o recurso à autoridade; e
f) o efeito fusional.

A sedução demagógica ocorre quando o sedutor, aproveitando-se de uma determinada oportunidade, aplica ao seu discurso a flexibilidade absoluta de suas convicções, utilizando construções no mais das vezes ambíguas, muitas vezes provocando certa metamorfose semântica das palavras. Por exemplo, Fernando Collor de Mello, em 1992, quando ameaçado de *impeachment*, conclamou o povo brasileiro com o discurso: "convoco o povo brasileiro, o povo livre, a, como eu, vestir-se de verde e amarelo e sair às ruas e praças, protestando contra as injustiças e contra aqueles que temem e impedem o progresso". O que temos aqui não é uma argumentação ou uma defesa contra uma acusação, mas uma manipulação pura e aplicada do discurso para mobilizar os afetos do povo em proveito próprio.

Na sedução pelo estilo, a manipulação aparece quando o "bem falar toma o lugar do próprio argumento, do qual deixa de ser um acompanhamento para tornar-se o elemento central da situação [...], pois a 'fórmula' propõe-se a convencer quando não passa de um mero ornamento" (Breton, 1999, p. 67). A construção de figuras de estilo é largamente utilizada na propaganda, não raro, com fins manipulatórios. É o que ocorre, por exemplo, com o *slogan* publicitário do sabonete Dove: "Dove: você vai sentir na pele". O processo metafórico de transferência se instaura apelando justamente para onde o despertar dos sentimentos é mais sensível, a pele. Entra em jogo o papel do toque, bastante importante no processo da sedução. O locutor que fala através do *slogan* tenta seduzir o público, inclusive, mascaradamente, insinuando uma leve sensualidade, já que sabonete é utilizado de maneira íntima. Os compostos químicos que formam o sabonete — seus efeitos imediatos deixam de ser importantes —, aliás, não são nem mencionados, em função do estilo, do modo de dizer e da construção da metáfora. A informação não faz parte do conteúdo da mensagem, apenas o próprio estilo e o modo de dizer, por isso a fórmula utilizada tem certa carga manipulatória, porque o ornamento passa a ser a própria mensagem.

Qualquer discurso que tenha como única possibilidade a aceitação imediata do que se está propondo é um discurso manipulatório. Na sedução pela clareza, essa técnica tem como efeito "privar" o interlocutor de fazer opções. Breton argumenta que a clareza seduz. Segundo ele, a noção de que o discurso tem sempre que ser transparente e evidente por si mesmo é um recurso manipulatório porque leva o auditório a aceitar de imediato o que está proposto na mensagem, justamente devido ao fato de que este auditório não precisa fazer nenhum esforço para compreender a mensagem, haja vista que somente a clareza do discurso em si é o próprio argumento. Persuadir pela clareza não é, segundo o autor, propriamente argumentar, mas seduzir. Percebemos esse tipo de fato na fala de alguns políticos, que tentam impressionar o eleitor não pelo teor do que dizem, mas pela seleção vocabular, como também pela organização tópica, hierarquicamente bem articulada com encadeamentos referenciais, e pela utilização abundante de marcadores metadiscursivos atitudinais.

Por sua vez, manipular pela estetização da mensagem é desviar o foco da informação conteudística para a forma de apresentação, tornando-a sedutora, seja pelas cores, seja pelas formas empregadas, seja pelos mecanismos sonoros nela envolvidos. É o que se dá muito frequentemente nos anúncios de bebidas, como os das cervejas Brahma, Schin, Antártica, dentre outras, que apelam para a beleza e para a sensualidade de mulheres para seduzir pela imagem, não pelas palavras, muito menos pelo seu teor lógico-argumentativo.

Já o recurso ao medo e à autoridade para manipular é uma forma antiquíssima de se obter a aceitação de uma mensagem. A própria tradição educacional dos filhos baseia-se justamente nisso. Não se argumenta: impõe-se uma opinião por despertar o medo nas crianças. No discurso religioso, principalmente, esse tipo de apelo ao medo é mais que evidente, visto que as religiões, de um modo geral, procuram provocar em seus fiéis determinados comportamentos tidos como desejáveis, dizendo-lhes que aqueles que não os praticarem terão suas almas lançadas no inferno para a danação eterna.

Quanto ao apelo à autoridade, a manipulação ocorre porque invocar uma autoridade no discurso "permite fechar a questão sem discutir, com o intuito de fazer aceitar, custe o que custar, uma opinião" (Breton, 1999, p. 71).

Por fim, a sedução pelo efeito fusional é caracterizada, segundo o autor, pela repetição constante, que cansa o interlocutor, hipnotizando-o de tal modo que a única opção é acreditar na mensagem que se quer passar. Não se discutem as ideias, não se demonstram as razões, não se constroem verdadeiros raciocínios nem se chega a nenhum tipo de conhecimento, apenas se repete a mensagem, de modo contínuo e diferenciado, como acontece, por exemplo, na propaganda de alguns anos atrás do chocolate *Batom Garoto*, em que a imagem do chocolate era apresentada várias vezes, em vários lugares e situações diferentes, e uma voz repetia sem parar "compre batom, seu filho merece batom, compre batom...".

Na distinção que Breton tenta estabelecer entre amálgamas afetivos e cognitivos, o autor alega que, nos "cognitivos", o manipulador emprega tipos específicos de raciocínios, aparentemente verdadeiros e legítimos, aprisionando o público, privando-o da possibilidade de livre discussão das ideias. Não compactuamos com a escolha desse termo para designar tal fenômeno, nem aceitamos pacificamente a pretensa separação entre afetivo e "cognitivo", uma vez que este último, necessariamente, deve apresentar uma carga de sedução que suplante a ordenação aparentemente clara e a suposta eficácia dos argumentos. Assim, para escapar à inadequação terminológica e à possível confusão entre o que, para o autor, é da ordem do argumentar (*stricto sensu*) e o que é da ordem do manipular, pleiteamos que as estratégias de manipulação sejam todas amálgamas afetivos.

2. Apenas uma demonstração

Como exemplo de como esses inúmeros expedientes argumentativos e manipulatórios podem ser mais precisamente pontuados nas análises textual-discursivas, tecemos alguns comentários sobre um trecho de um artigo de opinião intitulado "O direito à livre expressão homoerótica".

Como o próprio título sugere, a tese do locutor é a de que a sociedade, por meio das instituições estabelecidas, vem derrubando o discurso autoritário e preconceituoso em relação à expressão pública de afeto homoerótico. Antes de explicitar a tese, o locutor apresenta, como ilustração para iniciar o debate, o primeiro casamento gay realizado no Brasil e autorizado pelo Superior Tribunal Federal. Após a exposição do fato, somente no sexto parágrafo do texto, o locutor propõe sua tese: "*No que percebo em meu cotidiano de classe média, o preconceito autoritário contra o homoerotismo vem sendo aos poucos emparedado por sua absoluta incompatibilidade com a vida numa sociedade livre e complexa*".

A partir da tese, e sempre levando em conta a decisão do STF, o locutor assim se posiciona: "Isso se observa no conteúdo discursivo da homofobia, onde quer que ele se produza, das mesas de almoço familiar de domingo aos discursos parlamentares, como os do deputado Bolsonaro ou da deputada Myriam Rios. Atualmente, sempre se iniciam com a 'desculpa' de não serem preconceituosos contra a prática homoerótica, centrando fogo no que há de relevante, sua expressão pública, sua aceitação social como prática amorosa".

O trecho é uma clássica apresentação de argumentos quase lógicos, nesse caso, o argumento da contradição, ainda não apresentado no trecho em questão, mas apenas introduzido, insinuado por meio do uso das aspas na expressão referencial *a "desculpa"*. As aspas aí colocadas, utilizadas em sua função de questionamento ofensivo (para usar os termos de Authier-Revuz, 1990, 1998, 2004), remetem às não coincidências das palavras consigo mesmas, por meio das quais os sentidos são questionados. Para construir sua argumentação — de que o homoerotismo pode ter manifestação pública —, o autor do texto procura contrapor-se aos discursos contrários à sua tese — os públicos e os privados — por meio da citação direta, não a discursos específicos dos deputados mencionados, mas a todo o conjunto de discursos já expressos por eles sobre o tema, mostrando que esses discursos reproduzem sempre uma estrutura constante, e é aí que aparece a não coincidência: de se desculparem pelo seu dizer.

Assim, a não coincidência examinada nesse trecho apresenta a função argumentativa de introduzir os argumentos que servirão à tese, expressos no parágrafo seguinte do texto e transcritos a seguir: "Afirmações correntes no sentido de que gay bom e aceitável é o 'low profile', que não expõe publicamente sua afetividade e erotismo, ou mesmo aquele que é "masculino" em seu comportamento (ou "feminino", no caso das mulheres), ou seja, que gay legal é aquele que não é 'bicha'. São claras manifestações de qual é o foco do preconceito, do que mais incomoda o fascismo heteronormativo cotidiano, qual seja, a expressão pública de homoafetividade, ou mais precisamente do homoerotismo".

Observemos que a introdução no primeiro trecho do argumento de contradição se comprova como verdadeira no segundo trecho, em que a "desculpa" que inicia esses discursos são contraditórias com aquilo que o conteúdo dos discursos realmente revela.

O argumento de contradição é estruturado com uma não coincidência do dizer manifesta pela expressão referencial "low profile", outra língua presente no discurso. Essas não coincidências do dizer expressam vários tipos de outro: outra época, outro dialeto, outra língua, ou seja, qualquer diferença entre o discurso Um, toda e qualquer manifestação de um elemento enunciativo trazido do exterior daquela enunciação. A presença da expressão inglesa aponta para a heterogeneidade da linguagem em sentido estrito: a existência de vários idiomas ao redor do mundo.

Na sequência, o locutor novamente se vale das aspas ao inserir o termo "masculino" na sua explicação sobre o sentido da expressão "low profile". Desta vez, ele usa as aspas de proteção, como para se distanciar daquele sentido empregado, evidenciando que ele, enunciador atual, não compartilha daquele sentido, justamente por este sentido ser contraditório com a tese proposta. Construindo uma não coincidência das palavras consigo mesmas, o locutor propõe o argumento de contradição.

Essa interpretação fica ainda mais evidente ao analisarmos o parágrafo seguinte do texto, por meio do qual o locutor reafirma a sua tese inicial lançando mão de uma não coincidência interdiscursiva: "O amor é um sentimento que exige expressão. O relato, a manifestação sígnica, seu discurso mesmo gestual, no sentido de Roland Barthes, é 'o tributo que o enamorado deve pagar ao mundo para reconciliar-se com ele'. Beijar em bancos de praça e andar de mãos dadas pelas calçadas são condutas próprias da paixão e do amor em sua expressão pública. São dele conteúdo e não apenas continente. Até o amor secreto carece de alguma forma de ser expresso em sua intimidade e discrição; mesmo tendo o sabor intenso e o natural ônus da transgressão, sempre carece de expressão".

É interessante observar que, mesmo enquanto reafirma a tese da livre expressão do amor, seja ela homoerótica ou não, o autor do texto segue construindo a argumentação, insinuando um argumento de regra de justiça, amparado na noção de "amor", recategorizando-o como "sentimento que exige expressão". A argumentação aí estruturada na associação de noções é que é impossível dissociar "amor" de "expressão do amor". O autor realiza esse movimento discursivo quando insere a não coincidência interdiscursiva, convocando para o seu discurso a voz de Roland Barthes, num processo ao mesmo tempo intertextual.

A convocação dessa outra voz embasa a associação de noções, por meio da qual percebemos o efeito de sentido do argumento da regra de justiça — todo tipo de amor deve ter direito à expressão pública. Simultaneamente, apresenta-se como um argumento da analiticidade, pois, se expressar o amor é o "tributo ao mundo" e se a comunidade heterossexual tem direito de pagar esse tributo, por analogia, a comunidade homossexual também o terá.

3. Considerações finais

Neste trabalho, refletimos sobre o fato de muitas das análises realizadas em Linguística de Texto e em análises de discurso tomarem por apoio pressupostos fundamentais da Nova Retórica, ainda que pouco se tenham valido dos critérios de análise oferecidos por essa abordagem teórico-metodológica. Toda elaboração argumentativa é constituída de suas partes e se insere num contexto particular de uma situação social específica, cujas condições de produção determinam, em alguma medida, o seu efeito e o seu resultado.

A grande maioria dos estudos em Linguística de Texto se ocupou, ao longo dos últimos vinte anos, pelo menos, em verificar de que estratégias e recursos linguísticos os locutores se utilizavam para orientar argumentativamente os leitores/ouvintes para a construção discursiva do sentido. O que se denominava de "orientação argumentativa", a nosso ver, era, nessas pesquisas, uma consideração sobre os expedientes retóricos selecionados pelos locutores em seus projetos de dizer.

Deixamos, com esta breve e superficial demonstração, a sugestão de que os parâmetros de análise descritos em Linguística do Texto e Linguística da Enunciação, como os processos referenciais, os recursos intertextuais, as marcas de heterogeneidades enunciativas, os marcadores metadiscursivos, os mecanismos de articulação tópica, dentre outros, sejam associados, em pesquisas futuras, a estratégias de construção do *ethos* e de apelação ao *pathos*, tendo em vista o acordo prévio e os lugares da argumentação retórica.

Referências

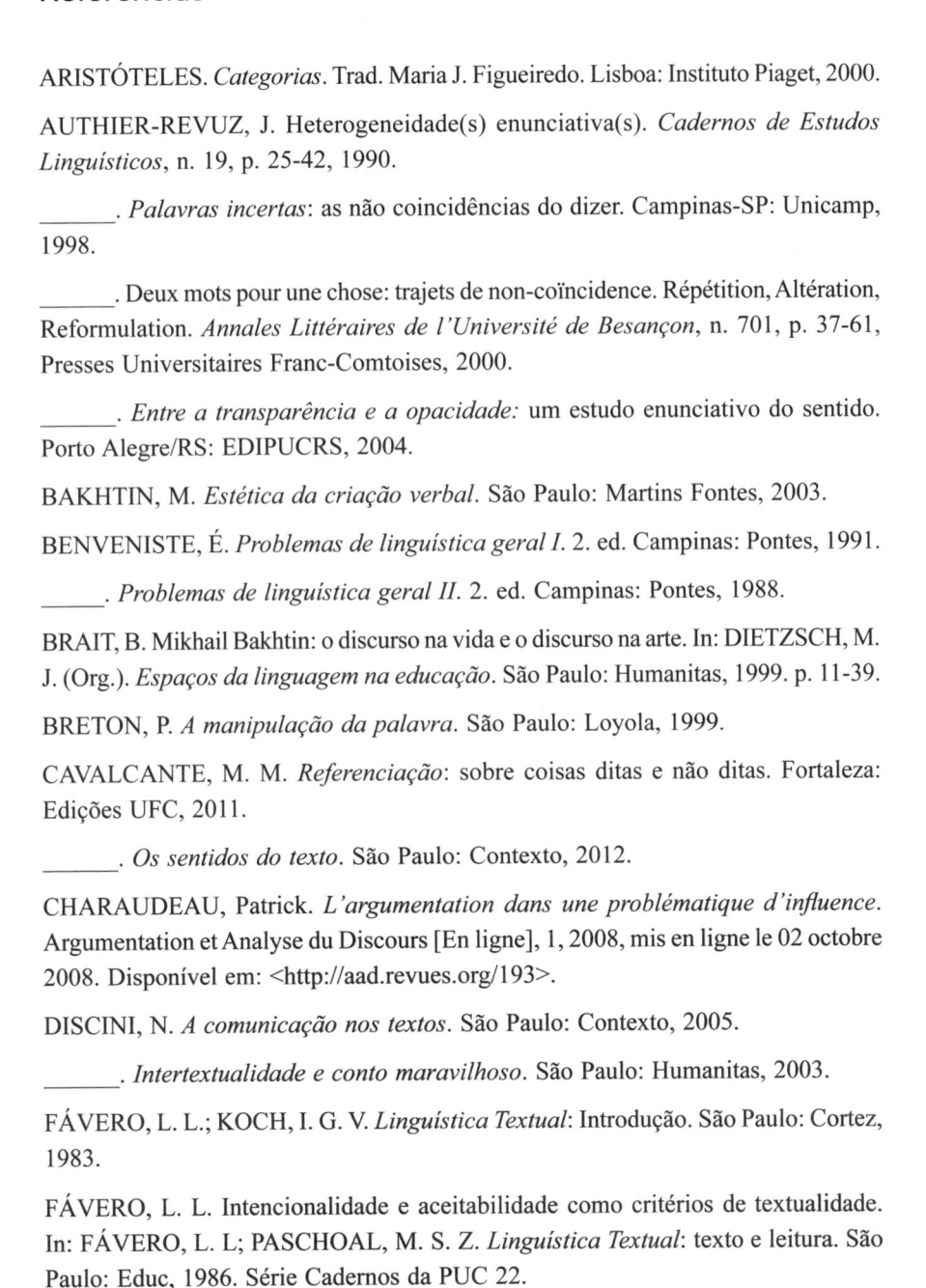

ARISTÓTELES. *Categorias*. Trad. Maria J. Figueiredo. Lisboa: Instituto Piaget, 2000.

AUTHIER-REVUZ, J. Heterogeneidade(s) enunciativa(s). *Cadernos de Estudos Linguísticos*, n. 19, p. 25-42, 1990.

_____. *Palavras incertas*: as não coincidências do dizer. Campinas-SP: Unicamp, 1998.

_____. Deux mots pour une chose: trajets de non-coïncidence. Répétition, Altération, Reformulation. *Annales Littéraires de l'Université de Besançon*, n. 701, p. 37-61, Presses Universitaires Franc-Comtoises, 2000.

_____. *Entre a transparência e a opacidade:* um estudo enunciativo do sentido. Porto Alegre/RS: EDIPUCRS, 2004.

BAKHTIN, M. *Estética da criação verbal*. São Paulo: Martins Fontes, 2003.

BENVENISTE, É. *Problemas de linguística geral I*. 2. ed. Campinas: Pontes, 1991.

_____. *Problemas de linguística geral II*. 2. ed. Campinas: Pontes, 1988.

BRAIT, B. Mikhail Bakhtin: o discurso na vida e o discurso na arte. In: DIETZSCH, M. J. (Org.). *Espaços da linguagem na educação*. São Paulo: Humanitas, 1999. p. 11-39.

BRETON, P. *A manipulação da palavra*. São Paulo: Loyola, 1999.

CAVALCANTE, M. M. *Referenciação*: sobre coisas ditas e não ditas. Fortaleza: Edições UFC, 2011.

_____. *Os sentidos do texto*. São Paulo: Contexto, 2012.

CHARAUDEAU, Patrick. *L'argumentation dans une problématique d'influence*. Argumentation et Analyse du Discours [En ligne], 1, 2008, mis en ligne le 02 octobre 2008. Disponível em: <http://aad.revues.org/193>.

DISCINI, N. *A comunicação nos textos*. São Paulo: Contexto, 2005.

_____. *Intertextualidade e conto maravilhoso*. São Paulo: Humanitas, 2003.

FÁVERO, L. L.; KOCH, I. G. V. *Linguística Textual*: Introdução. São Paulo: Cortez, 1983.

FÁVERO, L. L. Intencionalidade e aceitabilidade como critérios de textualidade. In: FÁVERO, L. L; PASCHOAL, M. S. Z. *Linguística Textual*: texto e leitura. São Paulo: Educ, 1986. Série Cadernos da PUC 22.

FELTES, H. P. de M. A argumentação quase-lógica de Perelman e Olbrecht-Tyteca: uma aplicação ao discurso científico-(contra-)argumentativo. In: SPAREMBERGER, R. F. L. (Org.). *Hermenêutica e argumentação*: em busca da realização do direito. Ijuí: Editora Unijuí; Caxias do Sul: Educs, 2003.

FONSECA, C. M. V. *Uma abordagem retórico-argumentativa para as não coincidências do dizer*. Tese. (Doutorado em Linguística) — Universidade Federal do Ceará, Fortaleza, 2011.

JUBRAN, C. C. A. S. O discurso como objeto de discurso em expressões nominais anafóricas. *Cadernos de Estudos Linguísticos*, n. 44, p. 93-103, jan./jun. 2003.

_____. Revisitando a noção de tópico discursivo. *Cadernos de Estudos Linguísticos*, v. 48, n. 1, p. 33-41, jan./jun. 2006.

JUBRAN, C. C. A. S. et al. Organização tópica da conversação. In: ILARI, R. (Org.). *Gramática do português falado*. Campinas: Ed. Unicamp; São Paulo: Fapesp, 1992. v. II. p. 357-440.

KOCH, I. G. V. *Introdução à Linguística Textual*: trajetória e grandes temas. São Paulo: Martins Fontes, 2004.

_____. *Desvendando os segredos do texto*. São Paulo: Cortez, 2002.

KRISTEVA, J. *História da linguagem*. Lisboa: Edições 70, [19--].

MARCUSCHI, L. A. *Estratégias de progressão referencial sem antecedente em textos falados e escritos*. Recife, 1997. (mimeo.)

_____. *Aspectos da progressão referencial na fala e na escrita no português brasileiro*. Texto apresentado no Colóquio Internacional — A investigação sobre o português em África, Ásia, América e Europa: Balanço e Perspectivas. Berlim, 23-25 de março de 1998.

MARIANO, M. R. C. P. Ronaldo: fenômeno, ídolo ou herói? — análise das estratégias argumentativas utilizadas pelo jogador em sua despedida do futebol. *EID&A — Revista Eletrônica de Estudos Integrados em Discurso e Argumentação*. Ilhéus: UESC-Universidade Estadual de Santa Cruz, n. 1, p. 72-84, nov 2011. Disponível em: <http://www.uesc.br/revistas/eidea>.

MEYER, M. *A retórica*. São Paulo: Ática, 2009.

PERELMAN, C.; TYTECA, O. *Tratado da argumentação*: a nova retórica. São Paulo: Martins Fontes, 1996.

REBOUL, O. *Introdução à retórica*. São Paulo: Martins Fontes, 2000.

REY-DEBOVE, J. *Le métalangage*. Paris: Le Robert, 1978.

SILVEIRA, M. *O discurso da teologia da prosperidade em igrejas evangélicas pentecostais* — estudo da Retórica e da Argumentação no culto religioso. Tese (Doutorado em Letras) — Universidade de São Paulo, São Paulo, 2007.

SOUZA, G. S. de. *O Nordeste na mídia:* um (des) encontro de sentidos. Tese (Doutorado em Linguística e Língua Portuguesa) — Faculdade de Ciências e Letras, Universidade Estadual Paulista Júlio Mesquita Filho, Araraquara, 2003.

SUKIENNIK, C. Pratiques discursives et enjeux du pathos dans la présentation de l'Intifada al-Aqsa par la presse écrite en France. *Argumentation et Analyse du Discours* [En ligne], 1, 2008, mis en ligne le 19 septembre 2008. Disponível em: <http://aad.revues.org/338>.

CAPÍTULO 13

Linguística Textual e Cognição*

Edwiges Maria Morato
Universidade Estadual de Campinas/UNICAMP-IEL

Considerações iniciais

De acordo com Luiz Antônio Marcuschi, pioneiro ao lado de Ingedore Grünfeld Villaça Koch no campo de estudos que envolvem texto e cognição no Brasil, a Linguística Textual (doravante, LT) pode ser definida como "o estudo das operações linguísticas, discursivas e cognitivas reguladoras e controladoras da produção, construção e processamento de textos escritos ou orais em contextos naturais de uso" (Marcuschi, 2008, p. 73). Tal definição certamente não a constitui como um bloco monolítico, mas indica um consenso em torno de seu objeto, o *texto*: o de que ele é constituído por fatores internos e externos à língua. Mais, indica que mesmo sua análise interna — a análise de processos de construção textual, tais como progressão referencial e textual — não pode prescindir de um empreendimento teórico interdisciplinar.

---

* Nossos agradecimentos a Anna Christina Bentes pelas sugestões e comentários críticos acerca das primeiras versões deste ensaio.

Isso a torna, a nosso ver, uma das áreas mais estimulantes e profícuas da Linguística, capaz de manter relações fronteiriças seja com a Semântica, a Gramática, a Linguística Cognitiva ou a Análise da Conversação, seja com a Filosofia, a Psicolinguística, a Sociologia ou as Neurociências.

O pioneirismo, a relevância e o impacto teórico e analítico da obra de Koch e Marcuschi levam-nos a tomar a reflexão de ambos sobre cognição no terreno dos estudos do texto como o fio condutor do presente ensaio.

Uma das interfaces recentes e mais promissoras da LT é com o estudo sociocognitivo do texto, como apontado por Marcuschi na virada do milênio (Marcuschi, 2003) e explicitado de forma sistemática em seus trabalhos (Marcuschi, 2002, 2008, 2007) e nos de Ingedore Koch (2002, 2004, 2008). Essa perspectiva não apenas a faz receber influência dos estudos cognitivos da linguagem, como contribuir com eles, como destacam Salomão (2003), Morato (2016), Morato et al. (2012, 2017), Bentes (2010), Cavalcante et al. (2010), Vereza (2017), dentre outros.

Ao definirem texto, Beaugrande e Dressler afirmavam, já no início dos anos 1980, que ele é originado por uma multiplicidade de operações cognitivas inter-relacionadas, "um documento de procedimentos de decisão, seleção e combinação" (1981, p. 37).

O vetor epistemológico da relação entre texto e cognição vai se afirmando no decorrer dos anos 1990. Em 2002, Koch afirma, enfatizando uma perspectiva de texto *qua* cognição, isto é, texto enquanto construção do conhecimento:

> Os textos como forma de cognição social permitem ao homem organizar cognitivamente o mundo. É em razão desta capacidade que são excelentes meios de intercomunicação, bem como de produção, preservação e transmissão do saber. (p. 157)

Por seu turno, ao concordar com a definição de texto de Beaugrande (1997, p. 10, apud Marcuschi 1999, p. 14), isto é, um "sistema real de escolhas realizadas no uso de uma dada língua que por sua vez seria um sistema virtual de escolhas possíveis", Marcuschi define tal sistema "como um domínio ativador de espaços cognitivos, sendo que o sentido (sistema real) seria precisamente uma conexão específica de um espaço determinado". A cognição, desse modo, não apenas é concebida em termos de uso e de prática, ela é *situada* e "modelar", isto é, constitui-se como formas e construtos organizados de representação da realidade, contextual e socioculturalmente definidos ou ancorados.

O interesse de estudiosos do texto por domínios, esquemas e enquadres sociocognitivos tais como *frames*, metáforas, contexto, mesclagem ou rituais e molduras comunicativas (cf. Salomão, 1999) é um índice das vantagens teóricas e analíticas da concepção sociogênica de cognição na investigação de fenômenos textuais. Não é por acaso que o estudo da categorização, por exemplo, base de nosso sistema conceptual (Lakoff, 1987), tem dominado tanto a pesquisa no terreno da LT, quanto no da Linguística Cognitiva.

A relação entre texto e cognição tem se colocado como fulcral nos estudos do texto sempre à medida que o campo indaga, seguindo uma tradição filosófica cara a vários domínios da ciência da linguagem: "de quais meios nós dispomos para fazer compreender que nossos enunciados concernem a uma dada realidade?" (Blikstein, 1983).

De fato, o modo pelo qual a língua refere e emoldura o mundo e é por ele modulada tem sido uma questão para diversos quadros conceituais da Linguística (cf. Marcuschi, 2002, 2007). Dentro desse espírito, ao tomar como objeto de estudo o texto e os diferentes fatores envolvidos na construção do sentido, a LT mobiliza noções como conhecimento, inferência, interação e contexto, dentre outras; isso tem aprofundado seu envolvimento com a problemática cognitiva, como podemos observar na trajetória do campo (Koch, 2004; Marcuschi, 2002).

A obra de Ingedore Grünfeld Villaça Koch, a quem rendemos homenagem nesta coletânea, é de crucial importância para a institucionalização da LT no Brasil e para o desenvolvimento dos estudos do texto de uma maneira geral. Este ensaio, que procura apontar algumas das contribuições dos estudos da LT para a investigação sobre a cognição humana, bem como destacar alguns impactos da problemática cognitiva sobre os estudos do texto é dedicado à querida mestra.

Dado o escopo deste ensaio, esclarecemos que não é nosso objetivo mapear todo tipo de discussão sobre cognição no âmbito da LT e muito menos dar conta da produção bibliográfica da área que, de uma maneira ou outra, tem abordado ao longo de sua trajetória a noção de cognição ou seus "avatares", como atividade, conhecimento, contexto, memória, estratégia, representação.

Isso posto, torna-se importante reconhecer que são vários os estudiosos do texto que, assim, como Koch, Marcuschi e outros, no Brasil e no exterior,[1] têm enfrentado o tema da cognição e a têm inserido, sobretudo a partir da segunda metade dos anos 1970, no coração da análise dos processos verbais e não verbais envolvidos na construção, compreensão e produção do texto.

Contudo, é preciso reconhecer, no ponto em que estamos, que o termo cognição nem sempre integrou o sistema nocional dos estudos do texto, e mesmo o da ciência da linguagem.

Muitos são os motivos pelos quais a Linguística entra tardiamente na "conquista do cognitivo", para usar uma expressão de Vergnaud (1991). De todo modo, sabemos hoje que dificilmente as ciências dedicadas ao estudo da cognição — que interatuam em uma "nova organização do saber" — evoluem de forma consistente e interessante sem alguma reflexão sobre a linguagem e o linguístico.

Por outro lado, se hoje o estudo das línguas naturais e do funcionamento da linguagem tem lugar garantido nas ciências que investigam a cognição, velhas questões ainda estão a arbitrar as relações fronteiriças do grande arquipélago por elas constituído, como as que dizem respeito à reciprocidade entre sentido linguístico e não linguístico, entre comunicação e significação, entre natureza e ambiente, entre corpo e mente, entre texto e contexto, entre interação e conceptualização, entre indivíduo e sociedade — dentre tantos outros binômios sedimentados pelo estruturalismo linguístico e pelo cognitivismo clássico.

Apesar de ainda vigentes, as posições dicotômicas têm, como sabemos, grande capacidade de mergulhar-nos em uma "estagnante aura de mistério"

---

1. Fazemos aqui referência àqueles cujos trabalhos foram e são importantes para as relações entre texto e cognição, como os autores alemães (como Antos, 1997; Beaugrande, 1997; Schwarz, 2000), anglo-saxões (como van Dijk, 1992, 1997, 2008/2011; Brown; Yule, 1983), ou franco-suíços (como Berrendoner, 1995; Apothéloz, 1995; Mondada; Dubois, 1995/2003).

(para usarmos uma expressão de Albano, 1990) e impedir a exploração de vias explicativas alternativas para os "mistérios da significação" nos quais a Linguística e as Ciências Cognitivas frequentemente imergem (Morato; Koch, 2003). Felizmente, a julgar pelos movimentos epistemológicos enunciados décadas atrás no terreno da Filosofia da Ciência ou no da História das Ideias, estamos em fase de ultrapassagem de respostas que nos levam aos becos sem saída dos mais variados dualismos, ontológicos ou biológicos (Morato, 2002, 2013).

Centradas em noções tais como atividade, contexto, enquadre, comunicação, memória ou interação, a(s) concepção(es) de cognição com a qual tem trabalhado a LT procura afastar-se de posições fortemente dualistas.

Nosso primeiro objetivo nas seções que se seguem é precisamente entrever a maneira como a noção de cognição ganha peso explicativo no estudo do texto, procurando compreender as concepções assumidas por alguns dos principais autores do campo; nosso segundo objetivo é abordar alguns aspectos da agenda científica que colocam em destaque a interface entre estudos do texto e da cognição, algo de grande interesse contemporâneo. Daremos destaque àquilo que entendemos ser uma das contribuições mais relevantes do campo, o estudo sociocognitivo do texto, levado a cabo de maneira sistemática e pioneira por Koch e Marcuschi. Dentre os fenômenos abordados pelos autores para assinalar a solidariedade entre processos linguísticos e cognitivos na *construção* (não apenas processamento) textual podemos destacar: construção textual-interativa da referência, progressão tópica, coerência discursiva, fatores interatuantes na textualização, o papel de enquadres conceptuais (como *frames*) na construção do sentido textual e na dinâmica interacional, a inter-relação de conhecimentos na produção e na interpretação do texto, os processos de ordem meta (metaformulação, metaenunciação, metadiscurso etc.), o papel de articuladores textuais e marcadores discursivos na argumentação e na atividade referencial.

No caso dos trabalhos de Koch, o interesse pela cognição está associado especialmente ao estudo (i) das estratégias de produção e interpretação do texto levadas a cabo pelos indivíduos nas mais variadas circunstâncias de uso da linguagem; (ii) do agenciamento de fatores textuais e extratextuais (como intencionalidade, argumentatividade, focalização, informatividade, intertextualidade, dentre outros) na construção do sentido; (iii) das atividades inferenciais e das mais variadas formas de conhecimento requeridas no processamento textual; (iv) dos processos de referenciação (tais como categorização, recategorização, dêixis). Noções como estratégia, atividade, modelos de memória, contexto e agência são fundamentais para o desenvolvimento da concepção socioconstrutivista de cognição explorada pela autora em sua vasta obra.

No caso do segundo autor, Marcuschi, a discussão sobre a cognição se dá especialmente no bojo dos estudos dedicados às atividades de construção do conhecimento, o que o leva à análise da dinâmica interacional, dos processos linguísticos e não linguísticos implicados na compreensão do texto, da dimensão multimodal e pragmática do sentido na comunicação, das âncoras linguísticas, sociais e cognitivas interatuantes na produção e na compreensão do texto (oral, escrito, multimodal). Tanto a noção de interação, quanto as de conversação, inferência, multimodalidade e conhecimento são fundamentais para o desenvolvimento da concepção sociointeracional de cognição explorada pelo autor.

Podemos dizer que o que está a aproximar os dois autores, basicamente, é a ideia de que texto e cognição inscrevem-se numa lógica "pragmática", isto é, sociocultural, experiencial, contextual e comunicativa.

Para ambos, sendo um fenômeno de ordem sociopragmática, o texto estrutura-se de modo "normativo", o que envolve alguma ideia de (re)conhecimento de esquemas de ação e de regimes simbólicos e de cooperação intersubjetiva. Sendo um fenômeno de ordem interacional, o texto constitui-se largamente de forma coconstruída e cooperativa, estruturando-se por meio de inferências diversas, emoldurado pela qualidade interacional dos indivíduos e de suas rotinas de vida em sociedade — sobre o que o texto, reciprocamente, tem influência.

Diríamos que, para ambos, com diferenças de ênfase, o texto tem a ver não apenas com elementos ligados à transmissão de informações e orientação de conduta, mas com representação da experiência, com ação coordenada, com reconhecimento e compartilha de intenções, com recursividade comunicativa. Todos esses processos estão intimamente associados com o estudo da cognição em interação, em uso, em contexto, em prática social; são todos eles colocados em relevo por abordagens não internalistas da linguagem e da cognição (Morato, 2015).

A concepção de cognição com a qual podemos vincular o legado de Koch e Marcuschi é, assim, de base sociogênica. Esta é a concepção que tem marcado a trajetória mais recente dos estudos do texto, como os que focalizam as relações intertextuais a partir de uma concepção sociointeracional de cognição (Bentes; Rezende, 2008).

Em uma perspectiva sociogênica, a cognição é compreendida como um conjunto de processos por meio dos quais somos capazes de organizar o mundo em termos simbólicos e nele atuar de forma semioticamente variada, adquirindo, armazenando, construindo e modificando conhecimentos em meio a práticas sociais situadas e compartilhadas no decurso de nossas mais variadas *inter-ações*. Essa concepção ressalta a natureza sociocultural de nossa vida mental.

Para essa abordagem, explorada por autores como Vygotsky (1934/1987, 1930/1978) e Tomasello (2009, 2014), a cognição não deriva apenas de processos associados a um domínio neurobiológico altamente específico e pré-programado, fortemente estruturado em termos de regras, parâmetros e hierarquias internas associadas diretamente aos sistemas linguísticos e cognitivos, que apenas se deixariam ver nas situações de uso, não sendo nestas e por estas construída. Para essa abordagem, o que explicaria a cognição não é a existência de uma faculdade mental individual e inata alocada ou circunscrita a regiões muito precisas do nosso cérebro, mas um "oceano de motivações" (Salomão, 2010, p. 201): um conjunto de processos e fatores biológicos, culturais, cognitivos (incluindo-se aí a cognição linguística), sociais, corporais, psicoafetivos, dentre outros, com os quais compreendemos e atuamos no mundo.

É dentro desse cenário que podemos melhor apreender a afirmação de Marcuschi (2002, p. 52-53), segundo a qual a pergunta sobre a cognição "não é uma indagação direta sobre a relação linguagem-mundo, mas sim sobre como nós usamos a linguagem enquanto forma constitutiva de mediação dessa relação". Trata-se, como afirma o autor, de sair do "foco no significante" e de refletir sobre a "dimensão social dos processos linguísticos", como lembra Salomão (Salomão, 1999, p. 63). A perspectiva sociocognitiva, a partir da qual os eventos e objetos textuais são compreendidos e analisados dentro desse compromisso teórico,

> incorpora aspectos socioculturais e linguístico-interacionais à compreensão da problemática cognitiva, investindo no domínio empírico com base na hipótese de que nossos processos cognitivos se constituem em sociedade e no decurso das interações e práticas sociais (isto é, não são essencialmente individuais e inatos) e na hipótese de inspiração vygotskiana (1934) de que não há possibilidades integrais de conteúdos cognitivos fora da linguagem e nem possibilidades integrais de linguagem fora de processos interativos humanos. Além de ser um fenômeno social (portanto, não descarnada de seus usuários e de suas condições materiais de vida em sociedade), a cognição — tomada sempre em *inter-ação* — é também situada local e historicamente. (Morato, 2007, p. 43)

1. A noção de cognição nos estudos do texto

O que deve e o que pode explicar a Linguística Textual? Inspirada pelas questões e reflexões de Antos (1997), que formula essa provocativa questão, Koch responde à pergunta sobre a tarefa da LT da seguinte maneira:

> cabe-lhe por tarefa explicitar todo e qualquer aspecto da evolução do conhecimento que diga respeito a modelos e formas linguísticas, conceptuais e perceptuais do conhecimento, bem como aos modos de seu emprego comunicativo. (Koch, 2002, p. 157)

Tal tarefa, contudo, a LT não realiza sozinha. O compromisso interdisciplinar da área no tocante à relação entre texto e cognição não é apenas conceitual, é também analítico, uma vez que uma das vantagens da LT é precisamente basear-se não apenas em *processos* (gramaticais, cognitivos, sociais), mas também em *modelos* ou *construtos* (enquadres, rituais sociais, *scripts*, *frames* etc.) de configuração textual, baseados nas ações dos indivíduos e em relações de natureza constitutiva entre texto e contexto, entre informações dadas e novas, entre conteúdo explícito e implícito, entre fatores internos e externos, entre verbal e não verbal.

A (re)definição de texto, de fato, tem sido essencial para manter a coesividade teórica e analítica da LT, a partir da qual as interfaces com outros domínios do conhecimento são construídas.

A forma pela qual o texto tem sido compreendido revela nuanças e sutilezas da trajetória do campo, dentre elas as relativas à noção de cognição e seu papel decisivo na construção do sentido textual.

Passando a ser definido como atividade verbal consciente de falantes que praticam ações e causam determinados efeitos ("macroato", na expressão de van Dijk, 1972), como ação social mais ampla (Koch, 1997, 2002, 2004), como atividade interacional (Marcuschi, 1983, 2001, 2008), como processo sociocognitivo de produção de sentido verbal e não verbal (Koch, 2002, 2004; Marcuschi, 2002, 2007, 2008), o texto deixa de receber um tratamento formal e exaustivamente descritivo (sobre sua estrutura e regras internas, sobre a competência textual de falantes/ouvintes idealizados etc.) e passa a integrar a elaboração inicial de uma teoria abrangente que visa investigar a constituição, o funcionamento, a produção e a compreensão dos textos *em uso* (Bentes; Rezende, 2008).

Integrando-se texto e contexto nas viradas pragmática e sociocognitiva da LT (cf. Marcuschi, 2002), a noção de texto passa a ser compreendida como sendo de natureza processual, com foco na análise e na explicação da unidade textual em uso. Essa concepção de texto afirma, de forma decisiva, que o objeto da LT não é mera representação de processos mentais, nem mera formalização do discurso.

Já em 1997, ao definir o texto como objeto teórico e empírico da LT, Koch afirmava, a propósito da relação entre texto e cognição que então se estabelecia ainda em termos dicotômicos e sob um viés psicoinstrumental:

> Poder-se-ia, assim, conceituar o texto como uma manifestação verbal constituída de elementos linguísticos selecionados e ordenados pelos falantes durante a atividade verbal, de modo a permitir aos parceiros, na interação, não apenas a depreensão de conteúdos semânticos, em decorrência da ativação de processos

e estratégias de ordem cognitiva, como também a interação (ou atuação) de acordo com práticas socioculturais. (Koch, 1997, p. 22)

A evocação de uma "ordem cognitiva" como parte da resposta da questão da textualidade aparece posteriormente na reflexão da autora de forma vinculada a pressupostos interacionais e sociocognitivos. Vejamos, a propósito, a passagem abaixo:

> A realidade é construída, mantida e alterada não somente pela forma como nomeamos o mundo, mas, acima de tudo, pela forma como, sociocognitivamente, interagimos com ele: interpretamos e construímos nossos mundos através da interação com o entorno físico, social e cultural. (Koch, 2002, p.79)

Podemos observar aqui algumas mudanças na concepção de cognição abraçada pela LT ou, pelo menos, por linguistas que, como Ingedore Koch e Luiz Antônio Marcuschi, trafegam pelo caminho de mão dupla entre texto e sua "exterioridade". Consoante à perspectiva textual-interativa que domina o campo a partir dos anos 1980, a noção de cognição com a qual passa a trabalhar a LT é menos psicogênica e instrumental e mais predominantemente sociogênica e funcional. O caráter menos descritivista e mais interpretativista do texto pavimenta, por assim dizer, o caminho que vai do "código para a cognição", para lembrarmos a expressão de Marcuschi (2002, p. 56): "A maneira como dizemos as coisas é muito mais uma decorrência de nossa atuação discursiva sobre o mundo e de nossa inserção sociocognitiva no mundo pelo uso de nossa imaginação em atividades de integração conceitual do que simples fruto de procedimentos formais de categorização linguística".

Esse deslocamento epistemológico, em boa parte sedimentado pelo crescente interesse pela gestão da dinâmica interacional, pelas situações de uso social da linguagem, pela construção textual-interativa da referência, pela contextualização do sentido, pela multimodalidade da linguagem e da interação, pelos processos textuais e sociocognitivos constitutivos do tópico discursivo, pelos fatores linguísticos e cognitivos de textualização, pelo processamento sociocognitivo de compreensão e produção textual foi fundamental para que os estudiosos se voltassem para temáticas que hoje dão visibilidade ao campo, com fortes impactos no terreno da Educação, da Tecnologia, da Comunicação, da Neurociências.

Tomado inicialmente como produto lógico-linguístico, o texto passa a ser definido em termos de processo ou fenômeno textual-interativo e sociocognitivo: "um ato de comunicação unificado num complexo universo de ações alternativas e colaborativas" (Marcuschi, 2008, p. 79).

Mais recentemente, admite-se no campo que texto pode ser compreendido como "forma de cognição social" que permite

> ao homem organizar cognitivamente o mundo. É em razão desta capacidade que são excelentes meios de intercomunicação, bem como de produção, preservação e transmissão do saber. Determinados aspectos da nossa realidade social só são criados por meio da representação dessa realidade e só assim adquirem validade e relevância social, de tal modo que os textos não só tornam o conhecimento visível, mas, na realidade, sociocognitivamente existente. (Koch, 2002, p. 157)

No trecho acima, podemos vislumbrar o compromisso com uma concepção de cognição que ganha corpo no campo dos estudos textuais a partir dos anos 1990, período marcado não apenas pelo questionamento do cognitivismo clássico, como pela construção de uma perspectiva experiencialista e sociogênica de nossa vida mental (Koch; Cunha-Lima, 2004). Reflexões de autores fundamentais para o desenvolvimento de uma abordagem sociogênica da cognição, como os psicólogos Lev S. Vygotsky e Michael Tomasello, passam a ser incorporadas ao campo da LT.

Para se compreender o texto como forma de cognição é preciso ter em conta que por ele conceptualizamos o mundo, compartilhamos intenções, perspectivamos os processos de significação, semiologizamos seu contexto de produção, reconhecemos de forma intersubjetiva nossos interlocutores e suas intenções comunicativas, relacionamos, dentre outros, determinados aspectos e motivações sociais, cognitivas, culturais, linguísticas e emocionais na produção do sentido.

Ao questionarem as relações diretas entre linguagem e realidade extramente, os estudos do texto passam a tomar a noção de cognição como parte constitutiva de seu objeto, uma vez que "produzir um texto é oferecer espaços sociocognitivos mediante processos de enunciação e enquadres (*frames*) que geram inferências (novos espaços mentais) mediante a integração de conhecimentos (*blending*)" (Marcuschi, 1999, p. 6).

A adesão a uma abordagem sociocognitiva e interacional do texto passa pela consideração de seus aspectos contextuais, inferenciais e multimodais, não apenas linguísticos *stricto sensu*. Isso quer dizer que se torna cada vez mais importante para o estudioso do texto a preocupação com o detalhamento do contexto de produção e interpretação textual, com o registro, a constituição e a transcrição do *corpus*, com a escolha de categorias analíticas que possam dar visibilidade aos dados e aos processos focalizados. Podemos verificar essa preocupação na análise da identificação do referente introduzido ou recategorizado, da introdução de um novo tópico, da manutenção ou a mudança da continuidade referencial, na maneira pela qual as práticas discursivas se articulam com os processos cognitivos na construção do sentido. Esse tipo de preocupação com a articulação teórica e empírica do campo dos estudos sociocognitivos do texto — centrados na linguagem e na cognição em uso — certamente tem influenciado os estudos desenvolvidos no âmbito da Linguística Cognitiva e no da Semântica Cognitiva, cujos dados são tradicionalmente introspectivos, não "autênticos".

É no coração de processos tomados em *inter-ação* que o interesse pela cognição se consolida e prospera no campo, aprofundando e abrindo de maneira produtiva o diálogo interdisciplinar com áreas já conhecidas e também com novos parceiros na "conquista do cognitivo".

O interesse pelo estudo do processamento neuropsicológico e cognitivo do texto ou pelos processos psiconeurolinguísticos envolvidos na produção e compreensão textual coloca em evidência certos *fenômenos* — como o processamento da leitura, a linguagem figurada, a compreensão e a interpretação de textos, as estratégias cognitivas e interacionais de produção e interpretação de textos, a coerência textual, a (re)textualização, a progressão tópica, a argumentação; certas *questões teóricas* — como metacognição, inferenciação, memória, as relações de ensino e aprendizagem de processos e análises textuais, modelos ou enquadramentos sociocognitivos do texto; e certas *metodologias* — registros de movimentos oculares na leitura, neuroimagem funcional de processamento e interpretação de texto falado ou escrito, protocolos específicos de estudo do texto, simulações computacionais (Morato, 2014).

Tal empreendimento teórico e metodológico interdisciplinar se torna mais forte quando nos deparamos com uma definição de texto enquanto "evento comunicativo para o qual convergem ações linguísticas, cognitivas e sociais" (Beaugrande, 1997).

Koch (2002), a propósito, assinala alguns pressupostos admitidos por uma perspectiva sociocognitiva de texto: (i) os textos não são apenas meios de representação e armazenamento (arquivos) de conhecimento; (ii) não são apenas "realizações" linguísticas de conceitos, estruturas e processos cognitivos (Koch, 2002, p. 155).

Sendo assim, o que define em termos sociocognitivos o texto é o conjunto de fatores internos e externos a ele, não apenas sua realidade material (isto é, sua configuração linguístico-textual). O que torna complexa a análise textual não é apenas o fato de que o texto é processual; o texto funciona e emerge para os indivíduos como um "construto", um modelo não apreensível apenas pelo conjunto das partes, mas por suas conexões entre aspectos internos e externos a ele, atuando entre uma dimensão mais micro de sua produção (a dinâmica interacional e as atividades referenciais, por exemplo) e sua dimensão mais macro (a contextualização, os sistemas de memória, os enquadres sociocognitivos, como os *frames*, os *scripts*, os rituais sociais, por exemplo).

Nas seções seguintes, tendo por base a trajetória da LT e os trabalhos dos dois autores aqui destacados, Koch e Marcuschi, procuraremos reunir temáticas que envolvem texto e cognição em três eixos principais: (i) Texto, ação e cognição, (ii) Texto, interação e cognição e (iii) Texto, contexto e cognição.

(i) Texto, ação e cognição

Neste eixo, o foco está na noção de agência, a qual está associada à noção de estratégia (estratégia de conhecimento ou conhecimento estratégico), à de ação e à de metalinguagem (ou processos *meta*, como metaformulação, metaenunciação, metadiscursividade etc.). Caracterizam este eixo os estudos sobre referenciação, inferenciação, processamento textual, progressão tópica e modelos textuais. Assim como o contexto, esses processos são tidos como construtos sociocognitivos derivados do trabalho interpretativo dos indivíduos no decurso de suas ações. Uma boa parte da obra de Ingedore Koch concentra-se especialmente neste eixo.

A título de ilustração dos interesses teóricos associados a este eixo, tomemos a discussão do campo sobre a noção (estratégica) de ação, bem como sobre a noção de referenciação.

Uma das primeiras noções importantes para entendermos o interesse dos estudos textuais pela cognição é a de *ação* ou *atividade*, aqui tomadas como similares.

Clark (1992) afirma, a propósito, que duas são as tradições da Linguística contemporânea, a do *produto* (que pode ser caracterizada pelas vertentes mais formalistas, como o gerativismo e o estruturalismo) e a da *ação* (que pode ser caracterizada pelas vertentes pragmaticistas, discursivas, textuais). Em relação à tradição da ação, Marcuschi ressalta:

> A tese central nesta tradição é a de que falar ou escrever não são atividades autônomas, mas sim são parte de uma atividade pública, coletiva, coordenada e colaborativa [...] Melhor será, nesta tradição, falar em ações linguísticas, o que traduz bem a noção de agir com a língua como uma forma de "produzir uma classe de ações coletivas nas quais a significação dos falantes joga um papel necessário" (Clark, 1992: xvii). (Marcuschi, 2001, p. 40)

Nesse cenário, o empreendimento da concepção de cognição tomada como ação — ação *situada* e *compartilhada* (Hutchins, 1995) — afina-se com uma iniciativa racionalista que admite que os indivíduos possuem um conhecimento de seus mundos de ação, agindo de forma objetiva e intersubjetiva em relação a eles. Por esse termo — ação situada (*situated action*) — entende-se que toda ação humana depende estreitamente das circunstâncias materiais e sociais nas quais se dão. Procura-se, assim, a partir dessa concepção, descrever e analisar como os indivíduos planejam e executam suas ações no decurso da interação na qual estão envolvidos. O estudo dessa atividade ou ação deve, assim, ir além das propriedades léxico-gramaticais do texto (Marcuschi, 2008, p. 120).

À maneira dos postulados interacionistas, a linguagem (e, portanto, o texto) é compreendida, fundamentalmente, como um *modo de atividade* do espírito humano (Vygotsky, 1934/1987) vinculado à intersubjetividade e às tramas sociais. Tal postulado vincula a análise textual à noção de uso num sentido não meramente formal (tal como na reflexão chomskiana, por exemplo).

A concepção de cognição veiculada nas reflexões de Koch e de Marcuschi é claramente tributária da perspectiva sociogênica formulada pelo psicólogo bielorruso L. S. Vygotsky (1930/1978; 1934/1987). Vale mencionar que algumas das reflexões vygotskianas, como a crucial influência das práticas linguísticas e sociais na constituição da cognição humana e a internalização das práticas sociais no desenvolvimento cognitivo, têm sido expandidas mais recentemente pelo psicólogo norte-americano Michael Tomasello, autor importante para a construção de hipóteses sociocognitivas da linguagem (cf. Salomão, 1999).

Ambos os autores, Vygotsky e Tomasello, dedicam sua obra a entender como se dão, na associação de aspectos biológicos e socioculturais, a comunicação linguística e as representações simbólicas às quais somos lançados desde o nascimento. Propõem, ambos, que a aquisição e o desenvolvimento do conhecimento humano, largamente mediados pelas práticas discursivas e interacionais, dependem de uma cognição sociocultural que é derivada de adaptações biológicas características da cognição primata, mas não a elas redutível; propõem, ainda, que a comunicação linguística atua de maneira decisiva na constituição do conhecimento. Propõem, finalmente, que a interação e a linguagem permitem ações reflexivas e reguladoras sobre eventos e estados de coisas no mundo, e sobre si mesmas (Morato, 2015).

A concepção de cognição como ação conjunta, como instituição propriamente humana tem sido identificada no trabalho desses dois autores emblemáticos, separados em perspectiva e tempo, mas reunidos em torno de uma epistemologia evolutiva de caráter socioconstrucionista.

Na medida em que mobiliza teórica e empiricamente noções atinentes à perspectiva sociocognitiva de cunho sociogênico, uma boa parte da agenda da LT encontra afinidade com o interacionismo vygotskiano e com o sociocognitivismo tomaselliano, aliados dos estudos funcionalistas e experiencialistas que se consolidam em vários domínios da Linguística.

O posicionamento mais claro em relação a uma concepção sociogênica de cognição, assumido de maneira marcante na fase atual da LT, é assim formulado por Marcuschi:

> [...] A explicação caminha na direção das atividades linguísticas situadas e não das estruturas da língua descarnadas de seus usuários. Esse é o caminho que vai do código para a cognição e, neste percurso, tudo indica que o conhecimento seja um produto das interações sociais e não de uma mente isolada e individual. A cognição passa a ser vista como uma construção social e não individual, de modo que para uma boa teoria da cognição precisamos, além de uma teoria linguística, também de uma teoria social. (Marcuschi, 2002, p. 45)

Dentro desse espírito, o contexto (local e global) de produção do texto, bem como as estratégias — cognitivas, sociointeracionais, textualizadoras (Koch, 1997, p. 29-34) requeridas ou implicadas na atividade — são parte essencial da cognição humana (Koch, 2002; van Dijk, 2008/2011). A linguagem e a cognição não estão apenas ligadas à ação, elas *são* a ação. Cognição e texto são, pois, não apenas "evento comunicativo"; são formas de ação — sobre os outros, sobre o mundo, sobre si mesmos — entendendo-se aqui estratégia como "uma instrução global para cada escolha a ser feita no curso da ação" (Koch, 1997).

Os estudos mais recentes sobre referência, que focalizam as operações levadas a cabo pelos indivíduos em diferentes situações e práticas comunicativas, são caudatários de uma inflexão interacional e sociocognitiva dos estudos do texto, agora entendido como:

> resultado de múltiplas operações cognitivas interligadas: "um documento de procedimentos de decisão, seleção e combinação", que a LT deve tratar desenvolvendo modelos procedurais de descrição textual, capazes de dar conta dos processos cognitivos que permitem a integração dos diversos sistemas de conhecimento. (Koch, 2004, p. 220)

A reflexão sobre a construção da referência no decurso da *inter-ção* — a referenciação — é emprestada especialmente de autores franco-suíços, entre eles Mondada e Dubois (1995/2003), e desenvolvida pela LT no interior de seus interesses teóricos e metodológicos.

De acordo com Koch, em termos gerais: (i) a referenciação é uma atividade cognitivo-discursiva e interacional, realizada por sujeitos sociais; (ii) os "referentes" não são "coisas" do mundo real, mas *objetos de discurso*,[2] construídos no decorrer dessa atividade; (iii) o processamento do discurso, por ser realizado por sujeitos ativos, é estratégico, isto é, implica, da parte dos interlocutores, a realização de escolhas significativas entre as múltiplas possibilidades que a língua oferece (Koch, 2001, p. 1).

O deslocamento da noção lógico-semântica de referência para a de referenciação implica, entre outras coisas, a ideia de que as línguas têm essa capacidade sociocognitiva de "construir um universo ao qual ela se refere".

Marcuschi e Koch (2006) sintetizam bem o que caracteriza o deslocamento da noção de referência para a de referenciação, no qual interferem as práticas discursivas:

> Nosso cérebro não opera com um sistema de fotográfico do mundo, nem como um sistema de espelhamento, ou seja, nossa maneira de ver e dizer o real não coincide com o real. Nosso cérebro não é uma polaroide semântica. Ele reelabora os dados sensoriais para fins de apreensão e compreensão. E essa reelaboração se dá essencialmente no discurso. (p. 381)

Marcuschi (2006) afirma, ainda, que os processos referenciais só entram em ação em circunstâncias motivadas, como a relação com o tópico discursivo e com o contexto.

Tal posicionamento admite, entre outras coisas, a atuação de outros processos, mais implícitos, de construção da referência, como as inferências de diversas naturezas (semânticas, textuais, contextuais, pragmáticas etc.), predicações, *frames*, enunciados pré-construídos, conhecimento prévio ou

---

2. Como lembram Morato e Bentes (2013, p. 126): "Autores como Mondada e Dubois (1995) ou Berrendoner e Reichler-Béguelin (1995), dentre vários outros, utilizam a noção de objeto de discurso para postular que os referentes são dinâmica e sociodiscursivamente constituídos, caracterizando-se como instáveis, flexíveis e não fixados de forma prévia à interação".

construído pelos interagentes, enquadres ou esquemas interativos que organizam em termos conceptuais a conversação e os sentidos nela veiculados, processos semióticos co-ocorrentes nas interações etc. Não se realizando necessariamente sob a forma de itens lexicais ou expressões referenciais típicas, a referenciação é enformada por "âncoras" semânticas, cognitivas, textuais (Koch, 2004; Marcuschi, 2005), isto é, determinados processos ou esquemas sociocognitivos que emolduram a significação, como *frames*, modelos de contexto, modelos cognitivos idealizados, *scripts* etc.

O estudo de aspectos inferenciais, contextuais e multimodais associados à referenciação incrementou a construção de pontes teóricas e analíticas entre uma concepção não referencialista do sentido e uma concepção sociointeracionista de cognição no campo dos estudos do texto. Tem-se a partir desse enfoque que processos não estritamente linguísticos contribuem de forma relevante e decisiva para a construção da referência; são entendidos como construtores de referência, pois dizem respeito à "construção, indução ou ativação de referentes no processo textual-discursivo que envolve atenção cognitiva conjunta dos interlocutores e processamento local" (Marcuschi, 2005, p. 54). Como salientam Morato et al. (2012, p. 713): "Todos esses elementos e fatores representam, de uma forma ou de outra, focos implícitos presentes nas práticas referenciais e na composição da experiência social de uma forma mais ampla".

Na esteira desses postulados é que o estudo dos processos meta (metaenunciativos, metacomunicativos, metadiscursivos, metaformulativos, dentre outros, cf. Koch, 2004) passa a integrar não apenas a análise de processos textuais, da dinâmica interacional e do desenvolvimento do tópico discursivo, mas especificamente da análise da atividade referencial (dentre elas, a categorização, a lexicalização, a dêixis). Assinala-se aqui o papel dos processos meta não apenas na determinação referencial, mas também nos "projetos de dizer" dos indivíduos e sua relação com a realidade. A reflexividade associada aos processos meta diz respeito, especialmente, à manipulação estratégica de operações linguísticas e cognitivas — via, por exemplo, marcadores metadiscursivos, metacomunicativos e metalinguísticos — por parte dos indivíduos às voltas com a produção e a interpretação do sentido.

Como afirma Koch: "ao colocar em ação tais estratégias, o locutor avalia, corrige, ajusta, comenta a forma do dizer; ou, então, reflete sobre sua enunciação, expressa a sua posição, o grau de adesão, de conhecimento, atenuações, juízos de valor etc., tanto em relação àquilo que está a dizer, como em relação a outros ditos" (Koch, 2004, p. 120).

Cognição envolve, pois, inter-ação, monitoramento da atividade comunicativa, intersubjetividade, reflexividade, fatores verbais e não verbais de textualização, integração de sistemas de conhecimentos variados.

(ii) Texto, interação e cognição

Neste eixo, o foco está nas práticas interativas, nas relações entre os indivíduos e seu entorno social, na ativação e na sedimentação de conhecimentos variados que interatuam na construção textual, na gestão e no desenvolvimento do tópico discursivo. Os fenômenos estudados prioritariamente neste eixo são a gestão do tópico discursivo, as interações face a face, a dimensão multimodal da linguagem e da interação, os processos linguísticos, sociais e cognitivos implicados na construção do conhecimento e na compreensão do texto, os enquadres interacionais que emolduram a significação, os processos inferenciais que atuam na produção e interpretação dos mais diversos gêneros textuais. Os trabalhos de Luiz Antônio Marcuschi concentram-se especialmente neste eixo.

Noção chave neste eixo, a interação é fundamental para entendermos o interesse dos estudos textuais pela cognição. Por *interação* podemos apreender uma verdadeira compilação de processos diversos existentes no âmbito das práticas humanas: "é na interação social que emergem as significações" (Marcuschi, 2002, p. 50). Essa definição aprofunda a reflexão sobre a (inter) subjetividade no campo dos estudos do texto, de forma a salientar a maneira como os indivíduos postos em interação explícita ou implicitamente atuam com e na linguagem.

A noção de interação sempre esteve de certo modo integrada à agenda científica da LT (Koch, 1992, 1997, 2002, 2008; Marcuschi, 1999, 2001, 2002, 2003, 2007, 2008), tendo ela recebido mais recentemente uma atenção especial, sobretudo por seu alcance explicativo dos processos atinentes à cognição humana, não apenas os atinentes ao texto ou à textualidade. Ao discutirem a relação entre interação e cognição, Koch e Cunha-Lima assinalam o tipo de questionamento que vai interessar a uma perspectiva sociocognitiva:

> A questão não é perguntar como a interação pode influenciar os processos cognitivos, como se as duas fossem elementos estanques. A pergunta é, ao contrário (entendendo-se a interação como parte essencial da cognição): Como a cognição se constitui na interação? (Koch; Cunha-Lima, 2004, p. 256)

O caráter sociocognitivo da interação se observa, entre outros fatores, pela recursividade (base da intencionalidade compartilhada, como postulado por Tomasello, 2009).

De fato, a comunicação humana é altamente recursiva, como já nos mostraram autores que trabalham com atos de fala, implicaturas, subentendidos, inferências etc., bem como autores do campo dos estudos cognitivos, como Tomasello (2009, 2014) e Corballis (2011), por exemplo. O esquema dessa recursividade, baseado em quadro de imagens e representações mútuas e intersubjetivas dos interactantes, é bem conhecido: "eu sei que você está pensando o que estou pensando".

Entre outras aberturas de análise permitidas, isso quer dizer que se a motivação das estruturas linguísticas pode ser entendida como sendo de ordem funcional, como sugere Corballis (2001), a das estruturas textuais-discursivas seria um pouco mais abrangente. Em relação ao processamento textual, a motivação seria de ordem intersubjetiva e sociocognitiva: "Sem interlocução não há produção do sentido, já que o sistema não providencia mais do que o momento heurístico dessa construção, cabendo aos interlocutores o papel central na arena cognitiva" (Marcuschi, 2002, p. 53).

Afinal, perguntamos, o que interagir requer, em termos sociocognitivos? Procurando responder a essa questão, Morato pondera:

> Interagir, de acordo com perspectivas interacionistas, funcionalistas e sociocognitivas (Vygotsky, 1934/1987; Tomasello, 1999/2003, 2009, 2014), envolve atenção conjunta, perspectivação conceitual, intersubjetividade, ação coordenada, reconhecimento e compartilha de intenção, controle da atividade

motora, ativação simultânea e estratégica de sistemas cognitivos linguísticos e não linguísticos variados, representação mental dos elementos do contexto situacional e social, mais amplo, inferências de várias ordens, percepção de regras pragmáticas que presidem utilização da linguagem e o comportamento, automonitoramento. Isso não é pouca coisa. Interação é capital para entendermos a natureza da cognição humana.

Outro aspecto importante da interação é que ela é fortemente regrada/ritualizada/estruturada. Dessa forma, ela tem a ver com diferentes e interatuantes regimes simbólicos e experiências sociais, portanto, em estado de cooperação (Tomasello, 2008, 2009). Não se trata, pois, de um conceito pré-teórico. (Morato, 2016, p. 583)

Cumpre observar que uma tarefa a que a LT se lançou desde a virada pragmática e cognitiva do campo foi a de dar contornos conceituais mais precisos à interação, foi tirá-la do "tudo ou nada" das teorizações que acolhem ou rejeitam algum princípio explicativo a ela associado. Quanto a isso, Marcuschi propõe uma solução parcimoniosa, lembrando a reflexão de Gumperz (1982), ao ressaltar que "uma análise meramente estrutural ou imanentista dos fenômenos interacionais estaria fadada ao fracasso" (Marcuschi, 2001, p. 50):

[...] proponho que se veja a interação como ponto de convergências para a construção de referentes ou de sentidos, mas não a fonte do sentido. É claro que existem bastidores interessantes nessa "arena" interativa, tal como a história, a cultura, a sociedade, as crenças e assim por diante, que se sobrepõem aos indivíduos em carne e osso. (Marcuschi, 2001, p. 43)

Uma outra preocupação analítica cumpre destacar nesta seção. Os processos e os modelos teóricos postulados ou assumidos pela LT em sua trajetória a tem levado a pensar não apenas no conceito de cognição e de interação, mas também no de conhecimento (Koch; Elias, 2006; Cavalcante, 2012). Segundo o que o campo tem postulado, são vários os tipos de conhecimento (linguístico, enciclopédico, sociointeracional, compartilhado etc.) que ancoram a produção e a interpretação do texto, licenciam no fluxo do processamento textual inferências de varias ordens (textual, situacional, pragmática, social etc.) e atuam na progressão referencial e tópica. Além disso, a construção, a modificação e a sedimentação dos vários tipos de conhecimento encontram-se relacionadas com as chamadas "operações de enquadre", como os modelos de contexto ou os *frames* semânticos e interacionais, que têm um papel crucial na construção do sentido textual, da referência e do tópico discursivo.

Marcuschi afirma, a propósito, que "certas organizações (configurações) que se manifestam em esquemas globais ou enquadres (*frames*)" se desenvolvem e se estabelecem no "encadeamento de elementos informacionais" (Marcuschi, 2006, p.10). Operações e esquemas de conhecimento cultural e experencialmente adquiridos e modulados atuam, pois, com elementos linguísticos na construção de processos textuais.

Cognição, envolve, pois, condições de uso da linguagem, ativação conjunta e simultânea de vários tipos de conhecimento, perspectivação e continuidade conceitual, intersubjetividade, operações de enquadres de escopos variados, integração de processos verbais e não verbais na construção do sentido textual.

(iii) Texto, contexto e cognição

Neste eixo, o foco encontra-se nos enquadres de conhecimento e na mediação entre contextos macro ou sociais (aqueles incorporados nas práticas dos indivíduos) e o micro ou situacionais (aqueles emergentes no decurso das interações) de produção do sentido.

Entra em cena, com maior vigor, o interesse em situar a cognição no coração das práticas textuais-interativas:

> Afinal, o que a cognição requer ou envolve? Ela envolve, entre outros elementos associados à compreensão e à conceptualização — do mundo, do outro da fala do outro — um papel crucial na negociação, na construção e no reconhecimento de um conhecimento e de um foco comum, na compartilha de intenções ("sintonia referencial", de acordo com Marcuschi, 1998), na diversidade de expectativas e das marcas de atenção conjunta, além de um imprescindível interesse subjetivo pela interação. Assim, é possível, a partir dessa concepção de cognição, lançar-se ao desafio de descrever e analisar

como os indivíduos constroem, planejam e executam seus gestos simbólicos no decurso da interação e no contexto nos quais estão envolvidos. O caráter sociocognitivo de nossa vida mental se constitui, entre outras características e fatores citados acima, pela recursividade comunicativa, pela intencionalidade compartilhada, pela perspectivação conceitual, de acordo com Tomasello (2008, 2009, 2014). Para essa abordagem da cognição, chamada largamente de sociocognitiva (Koch; Cunha-Lima, 2004; Morato, 2015), uso e interação não podem ser separados do funcionamento cerebral e cognitivo — são e estão, afinal, enfeixados na construção do conhecimento e na representação da experiência. (Morato, 2016, p. 580-81)

Além da noção de uso, a questão dos modelos textuais e a complexificação da noção de contexto (Gumperz, 1982; van Dijk, 2008/2011; Hanks, 2008/2011) são essenciais na constituição deste terceiro eixo.

Contexto é certamente uma noção-chave para entendermos o interesse dos estudos textuais pela cognição. Como lembram Koch, Morato e Bentes (2011, p. 80):

A noção de contexto é mobilizada já nas primeiras pesquisas na área de Linguística Textual. Inicialmente, o contexto era entendido como contexto verbal (cotexto), passando, depois, a englobar a situação comunicativa imediata e, só mais tarde, a situação comunicativa mediata, de cunho sociocultural, enquanto entorno cognitivo sócio-político-cultural.

A partir dos anos 1980, sobretudo, modelos de compreensão e de produção textual foram formulados no campo da Psicologia Cognitiva e da LT, partindo de pressupostos construtivistas que procuravam integrar processamento linguístico e processamento da memória em torno da explicação de como os indivíduos constroem e interpretam *estrategicamente* textos de diversas naturezas, bem como interpretam, organizam, compartilham e reformulam as experiências e práticas do mundo social. Vários construtos e modelos de processamento de informação e de contexto verbal e não verbal surgem nesse período como modelos essencialmente mnêmicos, isto é, dependentes de propriedades e atos de memória e tipos de conhecimentos: *scripts*, *frames*, cenários, enquadres etc. (van Dijk, 1983, 1992).

A noção de *modelo*, assim, tem sido importante para indicar a forma — *improvisada* e *estratégica*, como afirma Hanks sobre a capacidade humana para produzir e avaliar de forma deliberada signos do contexto (2008/2011, p. 197) — pela qual criamos, reconhecemos e construímos representações textuais que permitem a categorização do mundo e criam novos modelos de situação, específicos.

Os modelos de processamento de compreensão textual, de contexto e de informação (Kinstch; van Dijk, 1983, 1985; van Dijk, 1983, 1992, 2008/2011), que funcionam em termos de construtos ou esquemas cognitivos, por meio dos quais é possível conceber e organizar nossas ações simbólicas no mundo, partem da hipótese de que nossas lembranças são adquiridas, memorizadas e ativadas de modo dinâmico e contextualizado; não se trata simplesmente de "revivificação" de situações, incidentes ou eventos passados.

Koch (2002, p. 37) é clara quanto à concepção de cognição que subjaz às relações entre linguagem, conhecimento e memória nesse momento dos estudos sobre produção e compreensão do texto:

> [...] o conceito de "cognitivo" apresenta-se sob a forma de representações (conhecimentos estabilizados na memória, acompanhados das interpretações que lhes são associadas) e tratamentos ou formas de processamento da informação (processos voltados para a compreensão e a ação, como é o caso, por exemplo, dos processos inferenciais).

Influenciada nos anos 1970 pelas teorias comunicacionais, funcionalistas e pragmáticas, a LT passa a orientar os estudos do campo muito especialmente sobre conexões entre texto (suas regras "internas") e contexto. As atividades desenvolvidas pelos indivíduos no processamento textual, suas intenções e propósitos discursivos, bem como as estratégias por meio das quais a linguagem se mostra uma "ação social específica" são o domínio empírico no qual se exibem as principais influências do período (Koch, 2004, p. 15):

> O sentido de um texto e a rede conceitual que a ele subjaz emergem em diversas atividades nas quais os indivíduos se engajam. Essas atividades são sempre situadas e as operações de construção do sentido resultam de várias

ações praticadas pelos indivíduos, e não ocorrem apenas na cabeça deles. Essas ações sempre envolvem mais de um indivíduo, pois são ações conjuntas e coordenadas: o escritor/falante não desconhece que se dirige a alguém, num contexto determinado, assim como o ouvinte/leitor só pode compreender o texto se o inserir num dado contexto. A produção e a recepção de textos são, pois, atividades situadas.

Na chamada virada cognitiva, a noção de contexto torna-se particularmente importante no sistema nocional da LT, que recebe novas influências, vinculadas à Sociologia, às Ciências Cognitivas, à Linguística Cognitiva. Na "hipótese sociocognitiva da linguagem" (Salomão, 1999), vale dizer, a noção de contexto é fulcral.

O contexto passa a ser compreendido como *(re)construção sociocognitiva:* "conjunto de representações que os interlocutores têm do contexto"; não mera "coleção de 'fatos' materiais ou sociais, mas um número de esquemas cognitivos acerca do que é relevante para a interação a cada ponto no tempo", de acordo com Kerbrat-Orecchioni (1996, p. 41-42).

Essa concepção afina-se com a compreensão do texto como resultado de múltiplas operações (cognitivas, sociais, linguísticas, pragmáticas, contextuais, experenciais) interligadas — "um documento de procedimentos de decisão, seleção e combinação" — que o campo deve tratar por meio do desenvolvimento de *modelos* (de texto, de contexto, de memória) de descrição e análise textual, capazes de dar conta dos processos cognitivos que permitem a integração dos diversos sistemas de conhecimento (Koch, 2004, p. 220).

Van Dijk, autor cujos trabalhos têm sido importantes para a trajetória da LT, tem concebido o contexto como um tipo específico de modelo mental, isto é, um conjunto de representações das próprias situações comunicativas feitas subjetivamente pelos participantes, e não como situações comunicativas enquanto tais (2008/2011). De acordo com o autor, os discursos são estruturados e adaptados estrategicamente à situação comunicativa por meio de *modelos de contexto* que organizam a interação e a cognição; tais modelos explicariam as propriedades do discurso e da comunicação e representam a interface entre a sociedade, a situação interativa e os discursos nela produzidos. São, pois, *representações* (socio)cognitivas, não são um entorno físico ou um mero conjunto de variáveis que identificam os indivíduos (idade, procedência, gênero etc.). Um dos pressupostos dos modelos de contexto é que, além de serem construtos subjetivos e experiências únicas, são construtos mentais:

> Esses modelos representam as propriedades relevantes do entorno comunicativo na memória episódica (autobiográfica) e vão controlando passo a passo os processos da produção e compreensão do discurso. (van Dijk, 2008/2011, p. 35)

Segundo van Dijk (2008/2011), os indivíduos interpretam discursos de outrem e os constituem em termos de um modelo mental a respeito da situação comunicativa — a partir do ambiente espaço-temporal, das identidades e papéis sociais dos produtores e receptores do texto, bem como de suas relações entre si, suas intenções e tipos de conhecimentos que detêm ou apresentam.

O contexto, como vemos, é parte integrante (da análise sociocognitiva) do funcionamento textual. A relação entre texto e contexto passa a ser compreendida, para muitos autores dedicados ao estudo do texto, como sendo de natureza sociocognitiva, condição para que as práticas sociais possam ser compreendidas não apenas como textualmente revestidas, mas também textualmente *investidas*. Tal ponderação torna mais saliente a contribuição da análise textual ao estudo do contexto, da interação e da cognição.

Um exemplo teórico e analítico desse empreendimento podemos ver em Bentes (2008). Considerando a discussão linguística e sociológica de Hanks (2008) sobre a noção (baseada em duas dimensões mutuamente constitutivas do contexto, de *emergência*, ligada a aspectos locais e temporais do curso da interação e da enunciação, e de *incorporação*, ligada ao enquadramento e experiência social dos interagentes), a autora defende a existência de diferentes níveis de análise do contexto. Ressaltando o "ar de família" que une no campo dos estudos do texto o modelo integrativo de Hanks com a "dimensão emergencial das práticas sociais" (foco da obra de Koch e Marcuschi, por exemplo), a autora salienta como de crucial importância para os estudos do texto a consideração da "dimensão da incorporação (*embedding*) de um determinado campo semiótico a um campo social" (Bentes, 2008, p. 206).

Isso requer, em poucas palavras, uma visão dialética dos fatores externos e internos — macro e microssociológicos — que constituem o contexto.

A partir de reflexões como essas, a noção de contexto, sempre presente na armadura teórica do campo, torna-se mais complexa e passa a integrar de forma decisiva a análise textual, imprimindo uma tendência de particular influência da perspectiva sociocognitiva no campo da LT.[3]

Outra influência da perspectiva sociocognitiva nos estudos do texto nota-se na incorporação à análise textual de estudos que consideram que enquadres cognitivos de tamanho e escopo variados, como modelos de contexto (van Dijk, 2008), modelos cognitivos idealizados (Lakoff, 1987), *frames* semânticos e interacionais (nos termos anunciados por Fillmore, 1982; e Goffman, 1974 — e já expandidos por tantos autores na atualidade), metaforidade (focalizada por linguistas cognitivos desde o trabalho pioneiro de Lakoff e Johnson em 1980) são tão importantes quanto as expressões referenciais para a manutenção, a continuidade e a gestão do tópico, bem como para a coerência discursiva e a coesividade comunicacional, funcionando como "âncoras sociocognitivas" do processamento textual.[3]

Segundo Marcuschi, as "âncoras textuais" (Marcuschi, 2005) constituem-se de determinados processos sociocognitivos (inferências, conhecimento prévio ou compartilhado, enquadres interativos etc.) precedentes à expressão referencial e dizem respeito a focos implícitos que atuam em sua configuração. Não são vinculados a itens lexicais específicos, mas podem ser ativados por eles, bem como por construções textuais complexas (Koch, 2004; Marcuschi, 2005).

Cognição envolve, pois, contextualização, modelos, esquemas ou enquadres sociocognitivos ("formas de generalização e abstração de cenas e experiências convencionais baseadas em esquematização", cf. Tomasello, 2014, p. 12), "sintonia referencial", sistemas de memórias interatuantes

---

3. Como afirmam Morato et al. (2017), tais âncoras se deixam ver "nas unidades lexicais, nas expressões referenciais (em especial, nas recategorizações), nas construções predicativas, nas tematizações de experiências, nas manipulações enunciativas de processos meta e de processos figurativos, na relação entre variáveis do contexto interacional situacional e social, nas características da estruturação da conversação, nas formas de categorização social realizadas pelos interagentes (p. 96).

(semântica, episódica, cultural, procedimental), perspectivação conceptual, relação mutuamente constitutiva entre interação e conceptualização.

2. A perspectiva sociocognitiva nos estudos do texto

Vimos nas seções precedentes que os estudos desenvolvidos no âmbito da LT sempre trabalharam, de uma forma ou outra, com alguma noção de cognição, tomando-a como parte da resposta para a questão do sentido e da compreensão dos processos textuais. Vejamos agora a maneira pela qual a problemática cognitiva integra a agenda científica mais atual dos estudos do texto, identificada como "estudos sociocognitivos do texto".

De fato, a ampliação da agenda científica da LT pauta-se mais e mais de maneira especial sobre a problemática cognitiva. Já em 1999, cumpre observar, Marcuschi esboçava uma agenda mínima de estudo de processos envolvidos na produção e na compreensão do texto. Dentre os temas formulados pelo autor, destacam-se:

> 1. Textualização como um processo de produção de sentido em atividades linguísticas e cognitivas situadas, envolvendo a passagem de sistemas virtuais para escolhas concretas. 2. Língua, cognição e realidade social como coconstitutivas na produção de sentido. 3. Sentido como resultado de operações com e sobre textos em contextos de uso. 4. Compreensão como atividade de coprodução de sentido guiada por fatores que se dão pela mediação da linguagem que atua. (Marcuschi, 1999, p. 15)

Por seu turno, aprofundando a concepção de texto que se desenha desde a virada cognitiva da segunda metade do século XX, baseada em "princípios de construção textual do sentido", Koch (2002) reconhece novas interfaces do campo (como a Neurobiologia, as Ciências Cognitivas, a Antropologia) para apontar a relevância de estudos que relacionam mente e corpo, constatando que "muitos dos nossos processos cognitivos têm por base mesma a percepção e capacidade de atuação física no mundo" (Koch, 2009, p. 30) e que "muito da cognição acontece fora das mentes e não somente dentro delas, ou seja, a cognição é um fenômeno situado, não sendo simples traçar o ponto exato em que a cognição está dentro ou fora das mentes, pois o que existe aí é uma inter-relação complexa" (p. 31).

Essa concepção não internalista de texto e de cognição está presente na agenda da LT de uma forma geral, mas tem se mostrado particularmente decisiva nos últimos anos, de forma a impulsionar e sistematizar os estudos sobre referenciação, sobre o desenvolvimento e a gestão do tópico discursivo, sobre a relação entre interação e conceptualização na construção do sentido textual.

Com efeito, a LT tem reafirmado em torno de um conjunto programático de fatores envolvidos na textualidade e na textualização uma relação mais explícita entre o linguístico e o cognitivo.

Quanto à agenda científica atual dos estudos do texto, destacamos abaixo uma lista não exaustiva de alguns fenômenos e processos focalizados nos últimos anos de forma prioritária pela LT, todos eles concernentes de um modo ou outro ao tema da cognição (Bentes; Rezende, 2014; Bentes; Leite, 2010): (i) a contextualização e os modelos de contexto que emolduram e são emoldurados pela significação linguística; (ii) a construção referencial (explícita ou implícita) do sentido; (iii) a estruturação e gestão do tópico discursivo; (iv) a dimensão multimodal da produção e compreensão do texto; (v) as formas de representação textual do conhecimento, como os enquadres cognitivo-interacionais (Marcuschi, 2002), (vi) os modelos textuais de memória (Koch, 2002) ou os modelos de contexto (van Dijk, 2008/2011) — e integração de tais sistemas de conhecimento por ocasião do processamento textual; (vii) a orientação textual e cognitiva da argumentação; (viii) o questionamento da distinção entre "fatores de ordem cognitiva" e "fatores de ordem social" na constituição, produção e compreensão textual; (ix) os processos de formulação no decurso das interações e do processamento textual; (x) as inter-relações entre aspectos macro e micro do contexto na construção do sentido.

Na esteira dos desafios colocados para a agenda dos estudos sociocognitivos desenvolvidos por outras áreas da Linguística e mesmo em áreas correlatas à ciência da linguagem, muitas são as questões de interesse do estudioso do texto. Inversamente, muitas são as contribuições dos estudos do texto aos que se interessam pelo estudo da cognição. O esforço interdisciplinar que caracteriza o estudo da cognição nas práticas de produção e compreensão do texto e o estudo do texto como (parte da) resposta para a questão da cognição enfeixa um conjunto de temas de grande relevância — científica e social — contemporânea, dentre os quais poderíamos destacar (i) a compreensão da natureza compartilhada e recursiva das práticas discursivas; (ii) a compreensão do papel das experiências individuais e sociais na construção e na perspectivação conceitual; (iii) a compreensão das interações existentes entre o sistema linguístico e outros sistemas cognitivos; (iv) a compreensão de processos neurobiológicos e sociocognitivos que subjazem aos processos de produção e compreensão do texto; (v) a compreensão da constituição da cognição social; (vi) a hipótese sociocognitiva de construção da referência; (vii) em termos analíticos, o uso de ferramentas metodológicas variadas.

Fugindo tanto a um semantocentrismo, quanto a um experiencialismo corpóreo radical, essa agenda desafiadora caracteriza-se por um tipo não representacionalista e não organicista de "busca do cognitivo" no interior dos processos interativos e socioculturais de produção e compreensão de textos.

3. Considerações finais

Se a metáfora da "ponta do iceberg", que tem servido para apontar a natureza complexa e não facilmente perceptível do texto, continua sendo interessante para entendermos o quão pode ser exigente a análise textual, é bem possível que ela já se encontre um pouco limitada.

Sendo o desafio mais recente identificar e estudar de forma integrada processos e fatores linguísticos, cognitivos e sociais envolvidos na construção do texto, outra metáfora marítima seria mais apropriada para os atuais movimentos de enfrentamento dos "segredos do texto". Usando uma expressão de Salomão a respeito da relação entre cognição linguística e outros processos e experiências cognitivas, diríamos que o texto se assemelha a um "oceano de motivações". O texto, assim como a cognição, seria motivado:

> [...] pela neurobiologia, pela história da língua, pela própria língua como sistema emergente sincronicamente, pela situação discursiva, pelas intenções e

restrições de que é portador o sujeito que fala (ou que interpreta)... Um oceano de motivações! (Salomão, 2010, p. 201)

Resta-nos, aos estudiosos da linguagem e da cognição, em meio ao nevoeiro do nosso conhecimento incompleto acerca da mente humana, levar o "barco textual" (para fazer alusão a um dos artigos de Marcuschi sobre referência) de forma parcimoniosa, mas sempre adiante.

A nosso ver, é incontestável a vitalidade dos estudos que relacionam texto e cognição por meio de análises que imbricam práticas linguísticas, cognitivas e sociais. A manutenção dessa vitalidade, ou mesmo a imprescindibilidade dos estudos do texto para a compreensão da cognição humana dependerá, em boa parte, do envolvimento do campo com questões como as apontadas na seção precedente. A julgar pela crescente e vibrante produção acadêmica que envolve de algum modo a relação entre texto e cognição, o futuro da Linguística Textual, pavimentado com inspiração, rigor e perspicácia por Marcuschi e Koch, já está em curso.

Referências

ALBANO, E. *Da fala à linguagem*: tocando de ouvido. São Paulo: Martins Fontes, 1990.

ANTOS, G. Texte als Konstitutionsformen von Wissen. Thesen zu einer evolutionstheoretischen Begründung der Textlinguistik. In: ANTOS, G.; TIETZ, H. (Eds.). *Die Zukunft der Textlinguistik. Traditionen, Transformationen, Trends*. Tübingen: Niemeyer, 1997. p. 43-63.

APOTHÉLOZ, D. Nominalisation, réferents clandestins et anaphore atypiques. In: BERRENDONNNER, A.; REICHLER-BÉGUELIN, M.-J. (Eds.). *Du syntagme ominal aux objets-de-discours. SN complexes, nominalisation, anaphores*. Neuchâtel: Institut de Linguistique de l'Université de Neuchâtel, 1995. p. 143-173.

BEAUGRANDE, R.-A. *New foundations for a science of text and discourse: cognition, communication, and freedom of access to knowledge and society*. Norwood, New Jersey: Alex, 1997.

BEAUGRANDE, R.-A.; DRESSLER, W. U. *Introduction to Text Linguistics*. London: Longman, 1981.

BENTES, A. C.; REZENDE, R. C. O texto como objeto de pesquisa. In: GONÇALVES, A. V.; GÓIS, M. L. de S. (Orgs.). *Ciências da linguagem*: o fazer científico. v. 2. Campinas: Mercado de Letras, 2014. p. 137-176.

_____. A abordagem do texto: considerações em torno dos objetos e unidades de análise textual. In: *Gramaticalização em perspectiva*: cognição, textualidade e ensino. v. 1. São Paulo: Paulistana, 2010. p. 18, p. 139-56.

_____; LEITE, M. Q. *Linguística de texto e análise da conversação*: panorama das pesquisas no Brasil. São Paulo: Cortez, 2010.

_____. Contexto e multimodalidade na elaboração de raps paulistas. *Investigações* 28, p. 199-219, 2008.

_____; REZENDE, R. C. Texto: conceitos, questões e fronteiras (con)textuais. In: SIGNORINI, I. (Org.). *(Re)Discutindo texto, gênero e discurso*. São Paulo: Parábola Editorial, 2008.

_____. Linguística Textual. In: MUSSALIM, F.; BENTES, A. C. *Introdução à Linguística*: domínios e fronteiras. São Paulo: Cortez, 2001. p. 245-87.

BERRENDONER, A. Quelques notions utiles à la sémantique des descripteurs nominaux. In: REICHLER-BÉGUELIN, M.-J. (Éds). *Du syntagme nominal aux objets-de-discours. SN complexes, nominalisation, anaphores*. Neuchâtel: Institut de Linguistique de l'Université de Neuchâtel, 1995.

BLIKSTEIN, I. *Kaspar Hauser ou A fabricação da realidade*. São Paulo: Cultrix, 1983.

BROWN, G.; YULE, G. *Discourse Analysis*. Cambridge: University Press, 1983.

CAVALCANTE, M. et al. Dimensões textuais nas perspectivas sociocognitiva e interacional. In: BENTES, A. C.; LEITE, M. Q. *Linguística de texto e análise da conversação*: panorama das pesquisas no Brasil. São Paulo: Cortez, 2010.

_____. *Os sentidos do texto*. São Paulo: Contexto, 2012.

_____; RODRIGUES, B. B.; CIULLA, A. (Orgs.). *Referenciação*. São Paulo: Contexto, 2013.

CLARK, H. H. *Arenas of language use*. Chicago: University of Chicago Press. 1992.

CORBALLIS, M. *The recursive mind: The origins of human language, thought, and civilization*. Princeton, NJ: Princeton University Press. 2011.

FALCONE, K. Análise Cognitiva do Discurso. In: *Anais do Evento PG Letras 30 Anos*. v. I, n. 1, p. 162-75, 2006.

FILLMORE, C. J. Frame semantics. *Linguistics in the morning calm*: selected papers from SICOL-1981 (The linguistic society of Korea). Seoul: Hanshin Publishing Company, 1982.

GOFFMAN, E. *Frame analysis*. New York: Harper & Row, 1974.

GUMPERZ, J. Convenções de contextualização. In: RIBEIRO, B. T.; GARCEZ, P. M. (Orgs). *Sociolinguística Interacional*. São Paulo: Loyola. 2002 [1982]. p.149-82.

_____. *Discourse strategies*. Cambridge: Cambridge University Press, 1982.

HANKS, W. F. O que é contexto. In: BENTES, A. C.; REZENDE, R. C.; MACHADO, M. R. (Orgs.). *Língua como prática social*: das relações entre língua, cultura e sociedade a partir de Bourdieu e Bakhtin. São Paulo: Cortez, 2011[2008]. p.169-203.

HUTCHINS, E. *Cognition in the wild*. Bradford: MIT Press, 1995.

KERBRAT-ORECCHIONI, C. Texte et contexte. *SCOLI*, 6, p. 39-61, 1996.

KINTSCH, W.; VAN DIJK, T. A. *Strategies of discouse comprehension*. San Diego, CA: Academic Press, 1983.

_____; _____. Cognitive psycology and discourse: recalling and summarizing stories. In: SINGER, H.; RUDELL, R. (Eds.). *Teoretical models and processes os reading*. Newark, DE: IRA, 1985. p. 794-812.

KOCH, I. G. V. *As tramas do texto*. São Paulo: Contexto, 2008.

_____. Referenciação e orientação argumentativa. In: KOCH, I. V.; MORATO, E. M.; BENTES, A. C. (Orgs.). *Referenciação e discurso*. São Paulo: Contexto, 2005. p. 33-52.

_____. *Introdução à Linguística Textual*. São Paulo: Martins Fontes, 2004.

_____. *Desvendando os segredos do texto*. São Paulo: Cortez, 2002.

_____. A referenciação como atividade cognitivo-discursiva e interacional. *Cadernos de Estudos Linguísticos* 41, p. 75-89, 2001.

_____. *A coesão textual*. São Paulo: Contexto, 1989.

KOCH, I. G. V. Linguística Textual: retrospecto e perspectivas. *Alfa*, São Paulo, n. 41, p. 67-78, 1997.

_____. *O texto e a construção dos sentidos*. São Paulo: Contexto, 1997.

_____. Estratégias pragmáticas de processamento textual. *Cadernos de Estudos Linguísticos* 30, p. 35-42, 1996.

_____. *A inter-ação pela linguagem*. São Paulo: Contexto, 1992.

_____. *A coerência textual*. São Paulo: Contexto, 1990.

_____. *A coesão textual*. São Paulo: Contexto, 1989.

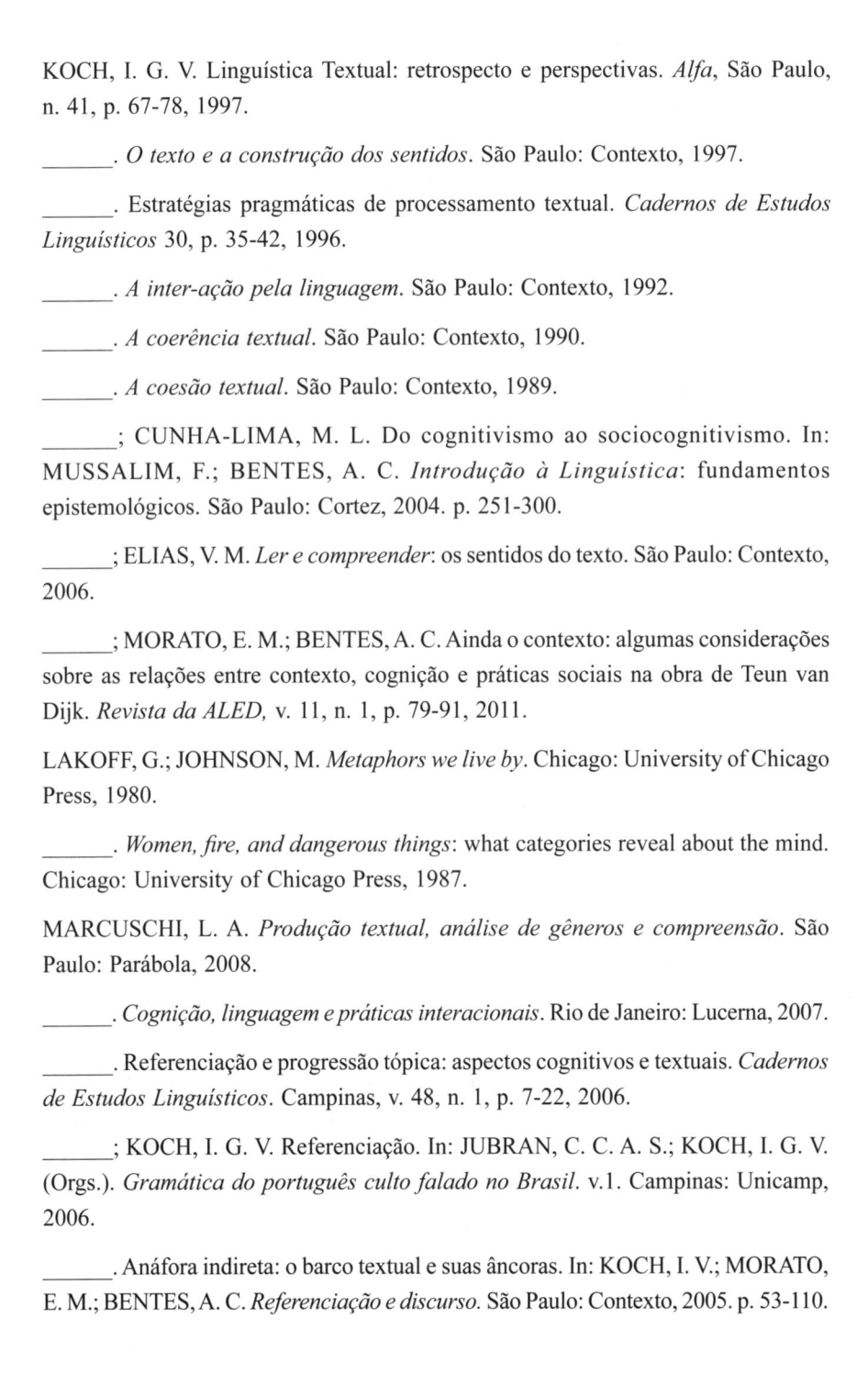

_____; CUNHA-LIMA, M. L. Do cognitivismo ao sociocognitivismo. In: MUSSALIM, F.; BENTES, A. C. *Introdução à Linguística*: fundamentos epistemológicos. São Paulo: Cortez, 2004. p. 251-300.

_____; ELIAS, V. M. *Ler e compreender*: os sentidos do texto. São Paulo: Contexto, 2006.

_____; MORATO, E. M.; BENTES, A. C. Ainda o contexto: algumas considerações sobre as relações entre contexto, cognição e práticas sociais na obra de Teun van Dijk. *Revista da ALED,* v. 11, n. 1, p. 79-91, 2011.

LAKOFF, G.; JOHNSON, M. *Metaphors we live by*. Chicago: University of Chicago Press, 1980.

_____. *Women, fire, and dangerous things*: what categories reveal about the mind. Chicago: University of Chicago Press, 1987.

MARCUSCHI, L. A. *Produção textual, análise de gêneros e compreensão*. São Paulo: Parábola, 2008.

_____. *Cognição, linguagem e práticas interacionais*. Rio de Janeiro: Lucerna, 2007.

_____. Referenciação e progressão tópica: aspectos cognitivos e textuais. *Cadernos de Estudos Linguísticos*. Campinas, v. 48, n. 1, p. 7-22, 2006.

_____; KOCH, I. G. V. Referenciação. In: JUBRAN, C. C. A. S.; KOCH, I. G. V. (Orgs.). *Gramática do português culto falado no Brasil*. v.1. Campinas: Unicamp, 2006.

_____. Anáfora indireta: o barco textual e suas âncoras. In: KOCH, I. V.; MORATO, E. M.; BENTES, A. C. *Referenciação e discurso*. São Paulo: Contexto, 2005. p. 53-110.

MARCUSCHI, L. A. A construção do mobiliário do mundo e da mente: linguagem, cultura e categorização. In: MIRANDA, N. S.; NAME, M. C. (Orgs). *Linguística e cognição*. Juiz de Fora: Ed. UFJF, 2005. p. 49-77.

_____. Perplexidades e perspectivas da linguística na virada do milênio. *Língua, linguística e literatura*, v. 3, n. 1, p. 11-36, 2003.

_____. Do código para a cognição: o processo referencial como atividade criativa. *Veredas*, Juiz de Fora, v. 6, n. 1, p. 43-62, 2002.

_____. *Da fala para a escrita*: atividades de retextualização. São Paulo: Cortez, 2001.

_____. *Gêneros textuais*: o que são e como se constituem. Recife: Universidade Federal de Pernambuco, 2000. (mimeo)

_____. Aspectos linguísticos, sociais e cognitivos da produção de sentido. *Revista do GELNE*, v. 1, n.1, p. 7-15, 1999.

_____.; KOCH, I. G. V. Processo de referenciação na produção discursiva. *DELTA*, v. 14, Número Especial, p. 169-90, 1998.

_____. *Contextualização e explicitude na relação entre fala e escrita*. Conferência apresentada no I Encontro Nacional sobre Língua Falada e Escrita, UFAL, Maceió, 14-18 de março de 1994. (mimeo)

_____. *Linguística de texto*: o que é e como se faz. Recife: UFPE, 1983. Série Debates 1.

_____; SALOMÃO, M. M. Introdução. In: MUSSALIM, F.; BENTES, A. C. (Orgs.). *Introdução à Linguística*: fundamentos epistemológicos. São Paulo: Cortez, 2004. p. 13-26.

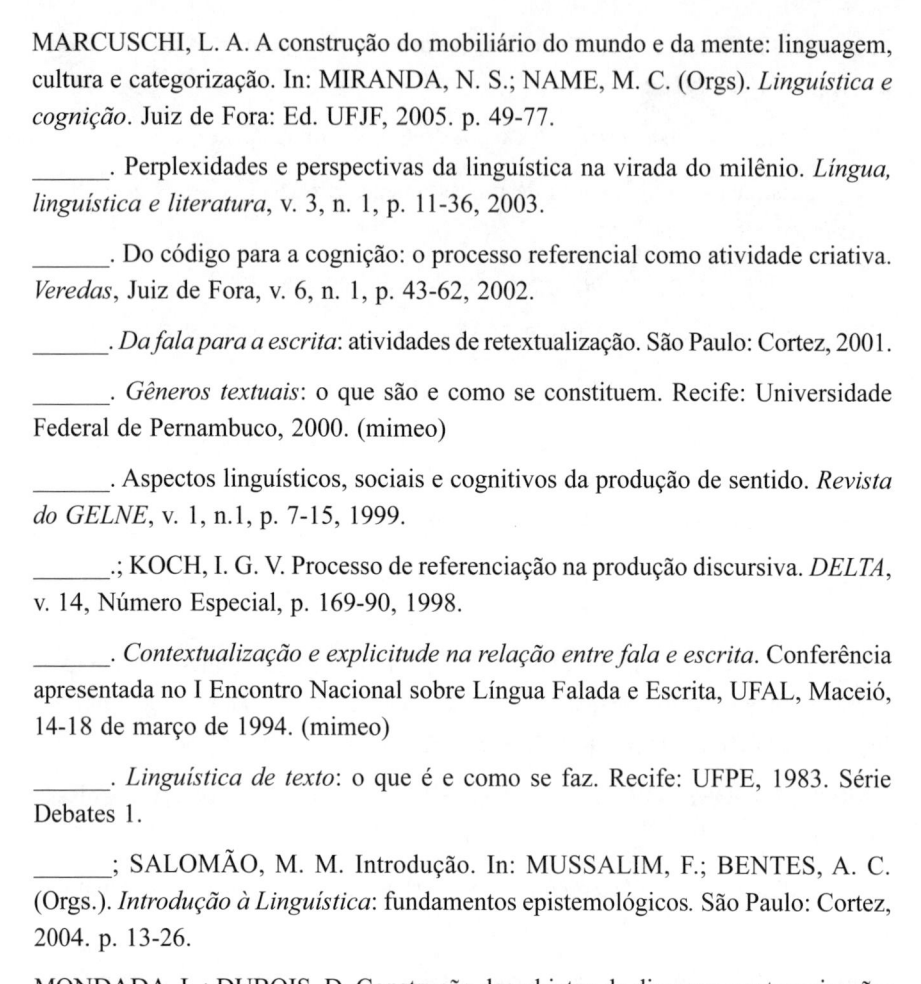

MONDADA, L.; DUBOIS, D. Construção dos objetos de discurso e categorização: uma abordagem dos processos de referenciação. Trad. Mônica Magalhães Cavalcante. In: CAVALCANTE, M. M.; RODRIGUES, B. B.; CIULLA, A. (Orgs.). *Referenciação*. São Paulo: Contexto, 2003 [1995].

MORATO, E. M., MARTINS, E. F. M.; FERRARI, N. L.; DEFENDI, R. D.; LIMA, R. J. P. O papel dos *frames* na organização do tópico discursivo e na coesividade comunicacional na interação entre afásicos e não afásicos. *Cadernos de Estudos Linguísticos*, v. 59, n. 1, p. 91-110, 2017.

MORATO, E. M. Das relações entre linguagem, cognição e interação — algumas implicações para o campo da saúde. *Linguagem em (Dis)curso*, v. 16, n. 3, p. 575-90, 2016.

MORATO, E. M. Da relação entre linguagem e cognição. In: RESENDE, B. D.; LIMA-HERNANDES, M. C.; PAULA, F.; MODOLO, M.; CAETANO, S. (Orgs.). *Linguagem e Cognição*: um diálogo interdisciplinar. 1. ed. Lecce (Itália): Pensa Multimedia Editores, 2015.

_____. Metodologia em neurolinguística. In: GONÇALVES, A. V.; GÓIS, Marcos L. de S. (Orgs.). *Ciências da linguagem*: o fazer científico. v. 2. Campinas: Mercado de Letras, 2014. p. 281-320.

_____. O estatuto sociocognitivo do contexto na orientação argumentativa das práticas referenciais. *Investigações*, v. 21, n. 2, p. 81-95, 2008.

_____. O impasse internalismo x externalismo e suas influências sobre os estudos neurolinguísticos. *Veredas*, 10, p. 131-39, 2002.

_____. O interacionismo no campo linguístico. In: MUSSALIM, F.; BENTES, A. C. (Orgs.). *Introdução à Linguística*: fundamentos epistemológicos. São Paulo: Cortez, 2004. p. 311-51.

_____. A controvérsia inatismo x interacionismo no campo da linguística: a que será que se destina? *ComCiência* — Revista eletrônica de jornalismo científico, outubro de 2013.

_____. O estatuto sociocognitivo do contexto na orientação argumentativa das práticas referenciais. *Investigações*, v. 21, n. 2, p. 81-95, 2008.

_____. Aportes da perspectiva sociocognitiva às ações terapêuticas: a experiência do Centro de Convivência de Afásicos (CCA-Unicamp). In: SANTANA, A. P.; BERBERIAN, A. P.; GUARINELLO, A. C.; MASSI, G. *Abordagens grupais em Fonoaudiologia* — contextos e aplicações. São Paulo: Plexus, 2007, p. 39-57.

_____. O impasse internalismo x externalismo e suas influências sobre os estudos neurolinguísticos. *Veredas*, 10, p. 131-39, 2002.

_____. KOCH, I. G. V. Linguagem e Cognição: os (des) encontros entre a Linguística e as Ciências Cognitivas. *Cadernos de Estudos Linguísticos*, v. 44, p. 85-92, 2003.

_____. O interacionismo no campo linguístico. In: MUSSALIM, F.; BENTES, A. C. (Orgs.). *Introdução à Linguística*: fundamentos epistemológicos. São Paulo: Cortez, 2004. p. 311-51.

_____; BENTES, A. C. Frames em jogo na construção discursiva e interativa da referência. *Cadernos de Estudos Linguísticos*, v. 55, n. 1, p. 109-124, 2013.

MORATO, E. M.; BENTES, A. C.; TUBERO, A. L.; MACEDO, H. O.; CAZELETO, S. O.; MIRA, C. C. R.; MARTINS, E. M. Processos implícitos, contextuais e multimodais na construção referencial em conversações entre afásicos e não afásicos: relato de pesquisa. *Linguagem em Dis(curso)*, v. 12, n. 3, p. 711-42, 2012.

SALOMÃO, M. M. A questão da construção do sentido e a revisão da agenda dos estudos da linguagem. *Veredas*, Juiz de Fora (MG), n. 1, p. 61-79, 1999.

_____. Razão, realismo e verdade: o que nos ensina o estudo sociocognitivo da referência. *Cadernos de Estudos Linguísticos*, v. 44, p. 71-84, 2003.

_____. Entrevista com Margarida Salomão, J. E. R. Leite e K. Falcone. *Revista Investigações*, v. 23, n. 2, p. 193-203, 2010.

SCHWARZ, M. *Indirekte Anaphern in Texten*. Tübingen: Niemeyer, 2000.

TOMASELLO, M. *Origens culturais da aquisição do conhecimento humano*. São Paulo: Martins Fontes, 2003 [1999].

_____. *Why we cooperate*. Cambridge: MIT Press, 2009.

_____. *A natural history of human thinking*. Harvard: Harvard University Press, 2014.

VAN DIJK, T. *Discurso e contexto*: uma abordagem sociocognitiva. São Paulo: Contexto, 2011 [2008]

_____. *Cognição, discurso e interação*. São Paulo: Contexto, 1992.

_____. *Strategies of discourse comprehension*. New York: Academic Press, 1983.

_____. *Text and context*. Explorations in the semantics and pragmatics of discourse. London: Longman, 1977.

_____. *Some aspects of text grammars*. The Hague: Mouton, 1972.

VEREZA, S. C. O gesto da metáfora na referenciação: tecendo objetos de discurso pelo viés da linguagem figurada. *Cadernos de Estudos Linguísticos*, v. 59, n. 1, p. 135-55, 2017.

VERGNAUD, G. *Les sciences cognitives en débat*. Paris: CNRS, 1991.

VYGOTSKY, L.S. *Thinking and speech* — The Collected Works of L. S. Vygotsky (v. I: Problems of General Psychology.). RIEBER, R.; CARTON, A. (Eds.). New York: Plenun Press, 1987 [1934].

_____. *Mind in society*. Harvard: The President and Fellows of Harvard College, 1978. [1930].

CAPÍTULO 14

Linguística Textual e Semiótica

Diana Luz Pessoa de Barros
Universidade de São Paulo/USP
Universidade Presbiteriana Mackenzie/UPM

Considerações iniciais em primeira pessoa

Para este livro de merecida homenagem a Ingedore Koch, foi-me solicitado que escrevesse sobre as relações entre a Linguística Textual (LT) e a Semiótica. Nada mais justo, pois foi nessa zona de diálogos que Ingedore e eu participamos juntas de reuniões científicas, seminários, grupos de trabalho e mesas-redondas, em conversas sempre muito produtivas.

Optei por tratar aqui das questões semióticas de tematização, figurativização, isotopia e intertextualidade, tendo como contraponto, ou melhor, como pano de fundo, as noções de coesão, coerência e referenciação da LT (Koch, 1989; Koch; Travaglia, 1990; Koch, 2004).

Para tanto, retomo alguns trabalhos anteriores sobre os fundamentos, o papel e os rumos dos estudos semióticos (Barros, 1988a, 1990, 1996, 1999, 2007) e, principalmente, sobre figurativização, tematização e isotopia (Barros, 2004a, 2009).

1. A Semiótica discursiva francesa

Os estudos do texto e do discurso, entre os quais se incluem a LT e a Semiótica discursiva, não podem ser confundidos com leituras "livres e intuitivas" dos textos. São estudos diversos, que têm, cada qual, fundamentos diferentes, em quadros teóricos e metodológicos bem estabelecidos e com graus de formalização também diferentes, e que trouxeram novas posturas e objeto aos estudos da linguagem a partir da segunda metade do século XX (Barros, 1996, 1999). Há, porém, um ponto de vista comum a tais estudos: eles ocupam o espaço vazio entre posições bem definidas e separadas pelos estudos linguísticos anteriores (língua *versus* fala, competência *versus* performance, enunciação *versus* enunciado, linguístico *versus* extralinguístico). Ao tratar, ao mesmo tempo, do social e do individual, da argumentação e da informação, da intersubjetividade e da subjetividade, da organização do discurso e do dialogismo, esses estudos ocasionaram, nos estudos da linguagem, a mudança de posicionamento acima mencionada e atribuíram-lhes novos papéis. Isso vale tanto para a LT, quanto para a Semiótica discursiva.

Os estudos do texto e do discurso assumem, assim, as funções gerais dos estudos da linguagem — a de contribuir para o conhecimento da linguagem e, pela linguagem, do homem, e a de concorrer para o desenvolvimento da própria disciplina, e têm eles também o papel "social" de levar a que se conheçam melhor, por meio dos discursos e dos textos, a cultura e a sociedade. Além disso, existem especificidades teóricas e metodológicas dos estudos do texto e do discurso, que permitem que eles cumpram suas funções de forma peculiar no âmbito dos estudos da linguagem. Ao ocupar o lugar instável do "vão" entre pontos bem estabelecidos, os estudos do texto e do discurso abrem-se mais aos diálogos com outras teorias e favorecem o alargamento de seu objeto. Os estudos da linguagem, graças aos do discurso, caminham assim para a multidisciplinaridade e para o exame de outras linguagens, além da verbal, muito embora o verbal continue a ter papel privilegiado nos estudos da linguagem, mesmo nos discursivos.

Em outras palavras, os estudos do texto e do discurso tiveram e têm um papel digno de nota entre os estudos linguísticos, pois romperam com a tradição de estabilidade desses estudos e recuperaram a instabilidade própria da linguagem, e, com isso, estabeleceram ou retomaram diálogos com outras disciplinas e campos do conhecimento. Dialogam com os demais estudos linguísticos, ao apresentar teoria e método para o exame da língua em uso, colocam a Linguística no centro do debate com outras disciplinas e com as Ciências Humanas em especial. Bakhtin, em seus escritos (1983, 1992), distingue as Ciências Humanas das Ciências Exatas e Biológicas pela relação com o texto. Para o autor, as Ciências Humanas estudam o homem no texto, enquanto as Exatas e Biológicas o examinam fora do texto. Entende-se com isso o papel privilegiado dos estudos do discurso e do texto para o estabelecimento de diálogos com outras áreas e disciplinas.

A *teoria semiótica discursiva* tem seu marco fundador nos seminários de A. J. Greimas na *Escola de altos estudos em Ciências sociais* e na publicação de *Sémantique Structurale*, em 1966.[1] Além de uma clara filiação saussuriana (noções de relação, sentido da diferença etc.), a Semiótica, em suas origens, dialoga, fortemente, com Hjelmslev (e a semântica estrutural), Lévi-Strauss, Dumézil e Propp. Esse caminho faz da Semiótica francesa uma teoria do discurso com características específicas em relação às outras teorias do discurso e do texto, e que tem por finalidade o exame dos processos de significação dos textos. Pretende mostrar o que o texto diz, que sentidos produz e com que procedimentos linguístico-discursivos constrói esses sentidos. Trata-se de uma teoria geral, que procura dar conta dos diferentes níveis de organização dos textos e dos discursos. Entre os procedimentos que constroem os sentidos dos discursos incluem-se os de tematização e figurativização, de que se falará um pouco mais neste estudo.

Apesar de a Semiótica discursiva de linha francesa ter como um de seus veios de origem as teorias linguísticas, e, em especial, os trabalhos de L. Hjelmslev (1968), hoje as relações entre a Linguística e a Semiótica tomam caminhos diferentes, e não apenas o de mão única dos estudos linguísticos aos semióticos. A Semiótica, como uma teoria do discurso, fornece atualmente, com outras teorias do texto e do discurso, princípios teóricos

---

1. Outras obras de base na teoria semiótica são Greimas (1970, 1983, 1987), Greimas e Fontanille (1993), Greimas e Courtés (2008).

e metodológicos para os estudos da linguagem que se debruçam sobre os discursos e os textos, como é o caso, entre outros, dos estudos sobre os discursos das gramáticas e dos dicionários, e, além disso, ou principalmente, reelabora e revê conceitos, categorias, procedimentos que participam da construção dos sentidos do texto e que foram inicialmente desenvolvidos e estabelecidos no âmbito dos estudos linguísticos, como, entre outros, os de pessoa, tempo e espaço do discurso. No segundo tipo de relação entre estudos linguísticos e discursivos, a grande contribuição da Semiótica é a de dar a tais procedimentos e categorias descrição e explicação geral e independente das particularidades das línguas e dos demais sistemas de significação, e, a partir daí, permitir que as especificidades das línguas e dos sistemas de significação sejam tratadas em um mesmo quadro teórico e metodológico.

Embora a LT e a Semiótica estejam contempladas na visão geral, acima esboçada, dos estudos do texto e do discurso, os percursos históricos das duas disciplinas e os diálogos que mantêm com outros estudos são bastante diferentes e mostram perspectivas teóricas também diversas. Ambas se consideram projetos teóricos em construção, mas que não se constroem da mesma forma. Koch, na Introdução de seu livro de 2004 (p. XI), diz:

> Não deixa de ser um truísmo afirmar que a Linguística Textual é o ramo da Linguística que toma o texto como objeto de estudo. No entanto, todo o desenvolvimento desse ramo da Linguística vem girando em torno das diferentes concepções de texto que ela tem abrigado durante seu percurso, o que acarretou diferenças bastante significativas entre uma e outra etapas de sua evolução.

De forma muito superficial, pode-se considerar, conforme foi acima apontado, que a Semiótica, em seu desenvolvimento histórico, dialoga com outras teorias, sempre procurando revê-las no quadro de seus princípios e métodos, incorporá-las, "semiotizadas", no seio de sua proposta de uma teoria geral dos discursos. A LT, diferentemente, vai buscar nas teorias linguísticas e cognitivas, principalmente, meios para examinar o texto, seu objeto. Segundo Koch (2004), "caberia então à Linguística Textual a tarefa de provar que os pressupostos e o instrumental teórico dessas teorias eram transferíveis ao estudo dos textos [...]". Mudam assim as concepções de texto e o objeto da LT, conforme variem as teorias que a fundamentam. Koch (2004) aponta quatro momentos principais dessa evolução: de 1965 a 1975, a preocupação foi, no quadro de orientações diversas, estruturalistas, gerativistas ou funcionalistas, com a chamada análise transfrástica e/ou com a construção de gramáticas do texto, tendo como objetivo principal o de procurar explicar a relação entre enunciados, com o exame dos fatores de coesão textual e, entre eles, a questão da correferência, e/ou o de construir uma gramática do texto, nos mesmos moldes de uma gramática da frase; na década de 1970, cresceu o interesse por uma perspectiva semântica do texto, ampliou-se o conceito de coerência sintático-semântica do texto, e, em seguida, houve o que Koch denominou "virada pragmática", com o surgimento de teorias de base comunicativa e contextual, e o exame do "texto em função" e de sua coerência também pragmática; na década de 1980, a orientação passou a ser a dos estudos cognitivos, o texto foi considerado como o resultado de processos mentais e passou-se ao exame das operações cognitivas do processamento textual e das estratégias de mobilização dos diferentes conhecimentos necessários a esse processamento, como a inferenciação, a preservação da face, a atenuação; finalmente, a partir dos anos 1990, a perspectiva dominante é a sociocognitivo-interacionista, em que é revista a separação entre "exterioridade"' e "interioridade", entre corpo e mente, das Ciências cognitivas, com o exame, por exemplo, da referenciação, dos gêneros ou da intertextualidade.

As teorias do texto e do discurso podem, como foi apontado, manter diálogos muito produtivos entre si e com outros estudos linguísticos, conduzindo-os também a novos ou renovados diálogos com outras disciplinas. A Semiótica discursiva dialoga, prioritariamente, com os estudos semânticos da Linguística sobretudo estrutural, com a retórica, com a estilística, com os estudos literários, com os estudos de comunicação, de marketing e de publicidade, com a Sociologia, a História, a Antropologia ou a Fenomenologia. A LT, nas palavras de Koch (2004), acima sintetizadas, com a Linguística estrutural, gerativa e funcionalista, com a Pragmática, com a Filosofia da linguagem (de Oxford, sobretudo) e a Lógica formal, com a Psicologia da linguagem, com as Ciências cognitivas (Psicologia da cognição, Inteligência artificial), com as teorias sociocognitivo-interacionistas. Com percursos tão diferentes e com diálogos pensados também de formas diferenciadas, tal como procurou-se mostrar, e com teorias diversas, a Semiótica e a LT assumem posturas e caminhos diferentes e, às vezes, complementares no campo dos estudos dos textos e discursos. Neste trabalho vamos mostrar como a Semiótica, com uma proposta geral de estudo dos discursos, trata de algumas das questões que a LT examina em fases diversas de sua "evolução": problemas de coesão e coerência, de referenciação e de contextualização sócio-histórica.

2. Tematização e figurativização

A Semiótica examina dois procedimentos que fazem de uma narrativa um discurso: a tematização e a figurativização. Temas e figuras constituem, assim, o que se denomina semântica discursiva: os temas são os conteúdos semânticos tratados de forma abstrata, e as figuras, o investimento semântico-sensorial dos temas. Os temas, abstratos, disseminam-se pelo texto em percursos que podem ser "concretizados" sensorialmente pelo procedimento de figurativização.

A figurativização assume no discurso três direções: os percursos temáticos e figurativos garantem a coerência semântica dos discursos; as figuras, com os temas, são o lugar discursivo da determinação ideológica propriamente dita, pois decorrem das determinações sócio-históricas inconscientes do discurso (Fiorin, 1988); as figuras concretizam os temas, e, com isso, ao mesmo tempo, criam efeitos de realidade ou de referente e dão sensorialidade e corporalidade aos temas abstratos (Barros, 2004a).

Três questões serão examinadas a respeito do efeito de concretização produzido pelas figuras do discurso: a da coerência semântica que as figuras dão ao texto, a do caráter facultativo da figurativização e a dos diferentes efeitos de sentido que as figuras produzem (de realidade, de corporalidade e de individualidade ou criatividade).

2.1 A coerência semântica da isotopia

A reiteração discursiva dos temas e a redundância das figuras espalhadas na dimensão total do discurso denominam-se isotopia. A isotopia assegura a linha sintagmática do discurso e responde por sua coerência semântica.

Distinguem-se dois tipos de isotopia, segundo as unidades semânticas reiteradas: isotopia temática e isotopia figurativa. Como um discurso pode ser pluri-isotópico, ou seja, ter mais de uma leitura, as relações verticais que se estabelecem entre essas isotopias são metáforas ou metonímias de texto inteiro. Em outras palavras, a Semiótica desenvolveu estudos sobre as figuras de retórica utilizando os conceitos de isotopia, de tematização e de figurativização. As figuras deixam, assim, de ser figuras de "palavras", para serem retomadas, no âmbito da Semiótica discursiva, como figuras de discurso. Essas figuras de conteúdo são, portanto, metáforas e metonímias de "texto inteiro", decorrentes das relações que se estabelecem entre as isotopias (temáticas ou temático-figurativas), nos textos pluri-isotópicos, como é o caso dos literários.

Os temas e as figuras disseminam-se no discurso, e é a reiteração de traços semânticos dos dois tipos que assegura a coerência discursiva, temática e figurativa, e que a Semiótica chama de isotopia. As figuras investem o discurso de duas formas diferentes: "cobrem" completamente o tema e dão ao discurso coerência também figurativa; concretizam apenas alguns momentos do percurso temático, de forma ocasional e variada, e não constituem assim uma linha isotópica. No primeiro caso, o texto tem coerência temático-figurativa, no segundo, apenas coerência temática.

Nos textos ditos temáticos (de coerência apenas temática), as figuras ocasionais e esparsas assumem papel claro na organização persuasivo-argumentativa do discurso, mas não asseguram sua coerência, que dependerá, assim, dos percursos temáticos. Em outras palavras, essas figuras — uma organização figurativa ocasional, uma pequena história, imagem ou fotografia inserida no texto — têm a função de persuadir o destinatário do texto, como uma argumentação por modelo, exemplo, ilustração e outras. É o que acontece, por exemplo, nos sermões (Martins, 2003) e, com muita frequência, na publicidade. As figuras, nesse caso, fazem parte das estratégias empregadas pelo enunciador para manipular o enunciatário, para levá-lo a crer e a fazer. Têm elas assim papel no estabelecimento das relações de interação que definem os textos. Além disso, imprimem, muitas vezes, um ritmo ao discurso pela alternância entre temas e figuras, entre abstrato e concreto, como nas fábulas, por exemplo.

A noção de coerência, assegurada pelos dois tipos de isotopia, tem, na Semiótica, pontos em comum com as questões de coesão e de coerência da LT, e também muitas diferenças significativas. A Semiótica distingue texto e discurso: enquanto o texto tem expressão e conteúdo, o discurso é a organização apenas do plano do conteúdo dos textos. A isotopia assegura a coerência semântica temática e figurativa do discurso, e a coesão diz respeito ao texto, pois envolve procedimentos da expressão e do conteúdo, de uma Semiótica específica. A coesão será diferente em textos verbais, visuais e outros. A LT trata, com detalhamento, dos procedimentos de coesão dos textos verbais. Já os temas e figuras garantem a coerência semântico-discursiva de qualquer tipo de texto e são bastante examinados pela Semiótica discursiva. A coerência, tal como proposta, sobretudo mais recentemente, no âmbito da LT, aproxima-se das preocupações da Semiótica: é considerada como um fenômeno semântico e envolve elementos contextuais, sobretudo sociocognitivos, interacionais e intertextuais. A Semiótica também trata das determinações sócio-históricas dos temas e das figuras responsáveis pela coerência discursiva.

2.2 A determinação sócio-histórica e ideológica dos temas e figuras.

Segundo Fiorin (1988, p. 1-19), a Semântica discursiva depende mais diretamente de fatores sociais, apresenta-se como o campo da determinação ideológica inconsciente e é o nível em que as determinações sócio-históricas e ideológicas ocorrem de forma mais cabal. Os temas e figuras são determinados sócio-historicamente e trazem para os discursos o modo de ver e de pensar o mundo de classes, grupos e camadas sociais, assegurando assim o caráter ideológico desses discursos.

Na nossa pesquisa de livre-docência sobre redações de vestibular (Barros, 1985, 2004), cujo assunto foi o de uma festa de desconhecidos, a análise dos textos mostrou o desenvolvimento de dois grandes temas nas redações dos jovens pertencentes às camadas médias da população (pequena burguesia tradicional e assalariada): o da família e o da ascensão social. Observe-se que cerca de 80% dos vestibulandos pertenciam às camadas médias da sociedade.

O tema da família é, na verdade, o da passagem, em geral malsucedida, à idade adulta, ou seja, passagem da dependência familiar infantil e adolescente à independência do adulto. Nas redações, o jovem das camadas médias sai do aconchego do lar, levado por um amigo, e para fazer novas amizades que, aos poucos, o libertem do estreito círculo familiar. No entanto, em geral, ele se decepciona com esses amigos, velhos e novos, e volta à proteção da família, que nada exige, ou introduz outros companheiros na rotina familiar, muitas vezes por meio da composição, pelo casamento, de um novo núcleo familiar.

O tema da ascensão social é, por sua vez, o da passagem do vestibulando da camada média a que pertence à "vida e festa de rico", mudança de classe que o jovem vestibulando deseja e em que mostra acreditar.

Os dois temas fazem parte do que Décio Saes (1985) chamou de "consciência média" no Brasil. Os traços mais característicos dessa "consciência média" são: o medo da proletarização (decorrente da oposição entre o trabalho manual e o não manual), a ideologia da competência (a partir da justificativa da divisão social do trabalho pelos dons inatos e méritos adquiridos graças à escolaridade) e o desejo de ascensão social (ou de passar de produtor a consumidor). A esses elementos mais característicos, somam-se outros traços definidores das camadas médias no Brasil, tais como o autoritarismo, a defesa das instituições, como a família e a religião, e a moralização, entre outros. É fácil perceber que valores determinam os temas repetidos à exaustão nas redações.

Em relação às figuras, houve nas redações duas grandes organizações, a da casa e a da festa. Para cobrir o tema da família, a figura da casa, com a mãe e o pai, é aconchegante, pequena, macia, silenciosa, gostosa, quente, cheirosa, enquanto as figuras da festa têm cheiros desagradáveis (fumaça, cigarro, drogas), gostos estranhos e amargos, são inóspitas, imensas ou apertadas, barulhentas, muito claras ou muito escuras.

No tema da ascensão social, por sua vez, a festa tem belas mulheres, muito luxo, pratos finíssimos, canapés, bebidas estrangeiras, mansão no Morumbi, piscina, um batalhão de empregados — governanta, copeira, garçons, porteiro, mordomo, manobrista. Não são festas com cachorro-quente, sanduíches ou churrasco, no fundo do quintal. São festas das novelas da televisão, que o vestibulando, das camadas sociais médias, não frequenta e que figurativiza com dificuldade, pela falta de mais informações, mas de que gostaria de participar.

As figuras tanto as da casa quanto as da festa são, tal como os temas que recobrem, estereotipadas e determinadas pelos valores das camadas a que pertencem os vestibulandos. Esse fato pode ser mais bem observado se forem examinadas, separadamente, as redações dos vestibulandos que não pertencem às camadas médias da população, ou seja, dos 20% restantes (mais ou menos 14% da alta burguesia e 6% do proletariado). Essas redações não desenvolvem o tema da ascensão social. Em seu lugar, apresentam o da luta de classes.

O exame das redações mostra claramente a determinação sócio-histórica e ideológica dos discursos e, especificamente, a de seus percursos temáticos e figurativos, e aponta ainda ou principalmente o caráter inconsciente dessas determinações.

Outro exemplo, dessa determinação sócio-histórica e ideológica dos discursos, pode ser o do tema do tempo, nos anúncios publicitários de bancos, isto é, o da fugacidade do tempo e da necessidade de poupá-lo, de economizá-lo, para viver momentos de lazer, de prazer e de tranquilidade, sozinho ou, principalmente, com a família e os amigos (Barros, 2004a). Os bancos desenvolvem esse tema de três formas: evitam a perda de tempo de ir ao banco (por meio do banco na internet, dos caixas eletrônicos, do banco por telefone etc.); poupam o tempo dos clientes, ao assumirem parte de suas tarefas (de investimentos, de pagamentos, de cobranças etc.); dão ao cliente as condições financeiras necessárias para aproveitar o tempo. Em síntese, o tema da passagem rápida do tempo desdobra-se no subtema de que o tempo pode ser poupado, mais bem aproveitado ou mesmo prolongado: *Porque o tempo não para. Mas às vezes ele fica meio distraído.* Os bancos ajudam a "distrair" o tempo, dizem os anúncios:

> Todo mundo sabe que o tempo não para. Que a vida é feita de fases. E que o importante é saber viver bem cada uma delas. Por isso, em vez de lutar contra o tempo, faça um acordo com ele.
> Faça as pazes com o seu tempo.

O tema do tempo faz parte das pequenas mitologias de nossa época. As camadas médias da população, sobretudo, trabalham fortemente para ter direito ao consumo e ao lazer da classe mais privilegiada, ou para manter os valores da família, mas não têm, dessa forma, tempo para tanto. Daí a transformação do tempo em valor de uso que leve à felicidade, à tranquilidade e ao prazer da diversão e do lazer, ou à segurança e ao aconchego da família e dos amigos. As figuras que concretizam os temas temporais são, principalmente, figuras de idades diferentes da vida do homem, e são elas também determinadas ideologicamente. Os temas e as figuras de cada idade da vida são valorizados positiva ou negativamente.

A figura da criança recobre, por exemplo, valores positivos e eufóricos que o banco oferece ao cliente — vida de criança, com diversão, brincadeiras, atividade — ou valores negativos e disfóricos de que o banco livra o cliente — risco, insegurança, medo, perigo, irresponsabilidade. Além disso, a figura da criança é usada, pelo banco, para o tema da ética e da inocência, para o de modernidade, progresso, avanço tecnológico, futuro no presente, e, ainda, para o da continuidade existencial dos pais e de seus sonhos, em uma espécie de vitória sobre a morte. A criança ocupa, portanto, os papéis narrativos de objeto de valor desejado por um sujeito e de sujeito de estado "frágil", "desprotegido", a ser posto ou mantido em relação com valores positivos (saúde, brinquedos, segurança, educação, escola, inocência etc.) por um sujeito realizador, mas que, para efetuar essas ações, precisa do auxílio do banco, que lhe dá o poder-fazer, sob a forma de condições financeiras e, principalmente, de tempo. A figura da criança está ligada, assim, às paixões de realização — satisfação, alegria, felicidade —, de credibilidade — confiança, esperança, segurança — e de despreocupação — tranquilidade, despreocupação, irresponsabilidade.

A figura do adulto realiza os papéis narrativos e temáticos de dois percursos diferentes: um, em que o sujeito adulto busca, com seu trabalho e responsabilidade e, também, com a ajuda do banco, valores descritivos — carros, luxo, viagens, joias, casa etc. — e ascensão social; outro, em que o sujeito adulto quer mais tempo — que passa rápido e que deve e pode, com o auxílio do banco, ser poupado e aproveitado em atividades prazerosas com a família, os amigos, em viagens, em esporte e em descanso. As paixões do primeiro percurso são principalmente a ambição, a satisfação e a alegria pela realização dos desejos, a preocupação decorrente das responsabilidades e do trabalho; as do segundo percurso, a tranquilidade, a despreocupação, a satisfação, a alegria e o amor, paixões vividas graças ao tempo poupado e conseguido com o banco. Daí os anúncios que dizem *Viver e não ter vergonha de ser feliz*, quase como nos discursos políticos.

A figura do homem mais velho, do idoso, é menos usada nos anúncios. A velhice é, em geral, disfórica, negativa nos anúncios. Tanto é assim que o papel do banco é fazer o velho mudar de idade de vida: rejuvenescê-lo, com atividades de jovem, ou permitir que viva a boa vida de criança, sem obrigações e responsabilidades. O banco dá vida ao idoso: vida ativa de adulto ou vida de diversão de criança. São esses os valores positivos que definem a vida nessas idades. A figura de pessoas mais velhas cobre positivamente apenas os poucos casos de temas sobre experiência e competência.

O exame dos anúncios de banco apontou a estereotipia dos percursos temáticos e figurativos do tempo e das idades da vida, e mostrou claramente a determinação sócio-histórica desses percursos, no discurso publicitário dirigido, sobretudo, às camadas médias da sociedade brasileira. Os anúncios de bancos mostram as imagens estereotipadas de cada geração e como o mundo financeiro retoma e reproduz valores sociais sobre o tempo e as idades da vida do homem, que aproximam tempo, vida e dinheiro.

Um terceiro exemplo é o dos cartazes da Ecovias, nos caminhos para o mar, do Complexo Anchieta-Imigrantes, em São Paulo (Barros, 2011).

Os painéis da Campanha de Segurança da Ecovias foram propostos como uma campanha para as férias de verão, em que aumenta muito a circulação no Complexo Anchieta-Imigrantes. A Campanha usa e desenvolve o tema da "família feliz".

LINGUÍSTICA TEXTUAL

443

Os painéis têm a forma de diálogo de que aparece apenas um dos turnos, o da criança, que se dirige a familiares, fazendo um pedido ou dando uma ordem. Os cartazes que seguem exemplificam a campanha:

A criança, na publicidade no Brasil, ocorre, em geral, com os temas (Barros, 2004a) que foram acima apontados: brincadeira e liberdade; atividade e agilidade; desproteção e inocência; modernidade e avanço tecnológico; continuidade de geração.

Nos painéis em exame, dois desses temas prevalecem: o da brincadeira e o da desproteção, provavelmente o tema mais frequentemente figurativizado pela criança em anúncios em geral e nos painéis de estrada, em particular. A criança necessita de proteção, de segurança e de cuidados, sobretudo, da família. Daí o *slogan* "Brinque comigo, não com a sua vida". As imagens mostram crianças pequenas, com expressões sonhadoras, olhares confiantes dirigidos aos familiares, brincando inocentemente com massinha de modelar, frágeis e inseguras, portanto, que precisam da proteção, dos cuidados e do carinho dos adultos da família.

Luís Alexandre Grubits de Paula Pessôa (2010, p. 191-202), em tese de doutoramento sobre a publicidade de seguros, mostra que uma das pequenas mitologias de nossa época, construída pela publicidade, é a da *família feliz*. Em geral, a *família feliz* é formada por pai, mãe e filhos — com pai (e, às vezes, mãe) provedor e responsável pela segurança dos filhos — que se relacionam com muito afeto, amor e carinho. Constrói-se, dessa forma, uma imagem do núcleo familiar tradicional da família brasileira, em uma narrativa cujo valor a ser buscado é o da proteção da família. Esse mito perpassa nossas relações sociais, é quase sempre usado e reforçado nos anúncios publicitários mais diversos e mostra, uma vez mais, a determinação sócio-histórica dos temas e das figuras.

Uma das formas, portanto, de a Semiótica tratar das questões sócio-históricas e ideológicas dos discursos é pelo exame, no quadro de sua proposta de uma teoria geral do discurso, dos procedimentos de figurativização e de tematização. Na abordagem sociocognitiva e interacionista da LT, houve muitas mudanças nessas questões e são examinadas, sobretudo, questões de contextualização, relevância, focalização, conhecimento compartilhado, situacionalidade, intertextualidade. As duas propostas teóricas, embora tenham em comum preocupações com fatores sociais, intertextuais e interacionais, distanciam-se bastante no modo de concebê-los e de tratá-los. A Semiótica assume uma direção sócio-histórica e ideológica na construção dos sentidos, a LT, o caminho do sociocognitivismo.

2.3 Os efeitos de realidade ou de referente da figurativização

Nos discursos temático-figurativos, em que as figuras investem todo o discurso, o enriquecimento semântico do discurso proporcionado pela figurativização é responsável por diferentes efeitos de sentido: de realidade, de corporalidade e de novidade individual e criativa.

O efeito de realidade é obtido pelo uso da figurativização em grau extremo, ou iconização, pois leva ao reconhecimento de figuras do mundo, que o destinatário do texto interpreta como "reais". A chamada pintura figurativa ou a fotografia são bons exemplos de uso do procedimento e criam a ilusão de que são "cópias do real". Se as figuras esparsas dos discursos temáticos tratam de convencer o destinatário pelo exemplo ou pelo modelo, a iconização procura persuadi-lo pelo reconhecimento do "mundo real". São outros sentidos e estratégias.

Nos anúncios de bancos acima mencionados (Barros, 2004a), as figuras das idades da vida, ao concretizarem os temas do tempo, sobretudo, produzem, quando a concretização é levada às últimas consequências, efeitos de sentido de realidade. São usados, para tanto, nomes próprios, idades, datas, endereços e fotografias, entre outros recursos. Os efeitos de realidade são obtidos tanto no texto verbal, quanto no visual, e fazem parte das estratégias racionais de persuasão do destinatário do anúncio, levando-o a acreditar e a confiar no banco, cujas qualidades são "reais" e "verdadeiras".

A LT, no bojo de reflexões sobre a percepção e a cognição, que transforma o "real" em referente, trata da atividade sociocognitivo-discursiva da referenciação. A referenciação é aí entendida, portanto, como atividade discursiva, a que estão relacionadas as noções de prototipicidade, de estereotipia ou os conceitos de esquemas e modelos sociocognitivos (*frames*, *scripts*, cenários etc.). Recupera-se, assim, não apenas a questão dos efeitos de sentido de realidade ou de referente, mas também a das determinações sócio-históricas e ideológicas, muito embora as questões cognitivas continuem a ter predominância. Veja-se a citação de Koch (2004, p. 56-57) que segue:

> Pode-se assim dizer que as noções de prototipicidade e de estereotipia vêm se aproximando do conceito de esquemas ou modelos sociocognitivos, isto é, das formas de representação dos conhecimentos pelos membros dos grupos sociais,

de acordo com suas práticas culturais, suas atitudes com relação a essas práticas e aos atores sociais, variáveis espaço-temporais, "props" e outros elementos que as constituem como tais (*frames, scripts*, cenários etc.). Desta forma, o estereótipo constitui parte integrante do que se tem denominado *cognição social*, definida por van Dijk (1994, 1997) como o sistema de estratégias e estruturas mentais partilhadas pelos membros de um grupo, particularmente aquelas envolvidas na compreensão, produção ou representação de "objetos" sociais tais como situações, interações, grupos ou instituições.

Em última análise, a língua não existe fora dos sujeitos sociais que a falam e fora dos eventos discursivos nos quais eles intervêm e nos quais mobilizam suas percepções, seus saberes quer de ordem linguística, quer de ordem sociocognitiva, ou seja, seus modelos de mundo. Estes, todavia, não são estáticos, (re)constroem-se tanto sincrônica como diacronicamente, dentro das diversas cenas enunciativas, de modo que, no momento em que se passa da língua ao discurso, torna-se necessário invocar conhecimentos — socialmente compartilhados e discursivamente (re)construídos —, situar-se dentro das contingências históricas, para que se possa proceder aos encadeamentos discursivos [...]. (Koch; Marcuschi, 1998)

A LT, com os fins mencionados por Koch (2004), examina as estratégias de referenciação textual e aponta as funções cognitivo-discursivas desses procedimentos, como, por exemplo, a ativação da memória, o encapsulamento, a função organizacional, a especificação, e assim por diante. Mantém-se a preocupação com as formas de articulação e progressão textual.

Tal como foi já apontado, a direção sociocognitivista da LT e a sócio-histórica da Semiótica, que remetem a diálogos interdisciplinares diferentes, também já observados, têm pontos de aproximação ou de cruzamento, em caminhos diferentes. Alguns desses diálogos da Semiótica, no caso com os estudos literários e com a retórica, por exemplo, serão retomados no item que segue.

2.4 A concretização sensorial das figuras

Como se vem afirmando, as figuras, para a Semiótica, concretizam sensorialmente os temas e dão a eles "corporalidade". Os temas abstratos são "recobertos" por traços semânticos "sensoriais" de cor, de forma, de cheiro, de sons etc. Sobre a concretização dos temas pela figurativização, foram já examinadas a questão da coerência semântica que as figuras dão ao texto, a do caráter facultativo da figurativização e a do efeito de sentido de realidade ou de referente, que as figuras produzem. Resta tratar dos efeitos de sentido de corporalidade e de "individualidade" ou criatividade, decorrentes, também, do procedimento de figurativização.

O efeito de concretização sensorial ou de "corporalidade" do discurso é o sentido predileto da figurativização, o que lhe dá identidade entre os vários procedimentos do discurso. Um poema de João Cabral de Melo Neto, *Agulhas*, de que se observará aqui apenas a primeira estrofe, exemplificará a questão (Barros, 2004a):

> *Agulhas*
>
> Nas praias do Nordeste, tudo padece
> com a ponta de finíssimas agulhas:
> primeiro, com a das agulhas da luz
> (ácidas para os olhos e a carne nua),
> fundidas nesse metal azulado e duro
> do céu dali, fundido em duralumínio
> e amoladas na pedra de um mar duro,
> de brilho peixe também duro, de zinco.
> Depois, com a ponta das agulhas do ar,
> vaporizadas no alíseo do mar cítrico,
> desinfetante, fumigando agulhas tais
> que lavam a areia do lixo e do vivo.
>
> (Melo Neto, 1975, p. 22)

Trata-se de discurso temático-figurativo, que desenvolve, entre outros, o tema da miséria e do sofrimento do homem do Nordeste brasileiro, de sua vida sofrida, difícil, de luta, ao enfrentar a seca, o sol, o calor, a falta de alimento. Repetem-se no poema os traços semânticos de sofrimento (*padece, ácidas para os olhos, carne nua, amoladas, fumigando, desinfetante, lavam do vivo* etc) e dificuldades (*metal duro do céu, mar duro, peixe duro, mar cítrico* etc). Esse percurso temático, que costura, com as repetições, o texto todo, é recoberto por um percurso figurativo, o da praia, mar, sol, peixe, vento, areia, que usa diferentes ordens sensoriais (tátil, visual e gustativa, sobretudo) em sinestesia. O sofrimento e as dificuldades são, assim, figurativizados pelos traços semânticos sensoriais que seguem:

— tátil: pontiagudo, fino, que fura (*finíssimas agulhas, ponta, amoladas*), duro (*metal duro, duralumínio, mar duro, peixe duro*);
— gustativo: ácido, que "queima", "que pica" (*ácidas, cítrico, fumigando*);
— visual: brilhante, ofuscante, que fere a vista (*agulhas da luz, ácidas para os olhos, metal azulado, duralumínio, brilho peixe, zinco*).

Misturam-se as ordens sensoriais, criando efeitos de sinestesia entre o pontiagudo, o ácido e o brilhante-ofuscante, ou seja, o gosto "queima ou pica", o tato ofusca e é ácido, a visão é dura e ácida. São esses traços do mar, do sol, da areia e da praia que caracterizam, no poema, os sofrimentos e as dificuldades do nordestino.

O sofrimento e as dificuldades são concretizados sensorialmente, ganham "corpo" e levam ao estabelecimento de relações também sensoriais, e não apenas no mundo do inteligível, entre o enunciador e o enunciatário. Ligam-se eles tátil, gustativa e visualmente, pois além de entender as dificuldades, sentem as dores do homem do Nordeste.

A análise, bastante sintetizada e precária do poema, mostra os sentidos "corporais" da figurativização e aponta também a novidade e a criatividade da figurativização e seus efeitos estéticos.

Os temas e as figuras do poema são, tal como nas redações, determinados sócio-histórica e ideologicamente. O tema da miséria do homem do Nordeste é o de um momento histórico e de certas camadas sociais no Brasil. As figuras com formas pontiagudas, acidez e ofuscamento investem comumente a dor e o sofrimento.

Há, no entanto, alguma coisa na figurativização que produz, no poema, sentidos novos. Esses sentidos resultam, em geral, de uma certa novidade na relação entre o figurativo e o temático, ou na combinação das próprias figuras. No poema *Agulhas,* as praias, o mar, o vento do Nordeste figurativizam com traços táteis (pontiagudos), visuais (ofuscantes) e gustativos (ácidos) o sofrimento e as dificuldades do nordestino. Quebra-se a leitura do senso comum de belas e aconchegantes praias e instala-se a da dor, a do sofrimento humano. A relação entre tema e figura é inusitada e cria o efeito estético da novidade, da criatividade e a figurativização contribui para que se dê prazer estético ao destinatário do texto e para que enunciador e enunciatário partilhem esses momentos fugazes de estesia.

Em síntese, a figurativização discursiva assume funções diversas nos discursos: assinala, com os temas, a determinação sócio-histórica e ideológica dos discursos; dá aos discursos coerência semântica, juntamente com a tematização, nos textos temático-figurativos; participa das estratégias de persuasão argumentativa, nos discursos temáticos, com figuras ocasionais e esparsas; concretiza os temas abstratos e produz efeitos de realidade; cria efeitos de concretização sensorial e dá "corporalidade" ao discurso e às relações entre enunciador e enunciatário; contribui para a produção de efeitos de novidade e de criatividade estética e para dar prazer estético ao destinatário.

Os diálogos entre os estudos do discurso e a retórica têm sido muito produtivos, e em particular no caso da Semiótica, em que devem ser mencionados, em destaque, três desses diálogos (Barros, 2008):

- no tratamento das questões discursivas de persuasão e argumentação;
- na construção da identidade ou do *éthos* do enunciador e do narrador;
- no exame das figuras de conteúdo e de expressão, com as relações entre temas e figuras e entre expressão e conteúdo.

Estão sendo observados, neste estudo, apenas as figuras de conteúdo e de expressão. Como foi visto, a Semiótica desenvolveu estudos sobre as figuras do conteúdo utilizando os conceitos de isotopia, de tematização e de figurativização.

Resta, agora, tratar das figuras do plano da expressão (Barros, 1988b), ou seja, das que se formam nas relações entre expressão e conteúdo. Essas figuras não são mais, portanto, do nível do discurso, preferencialmente examinado nos estudos semióticos, mas do nível do texto, em que se situam os estudos da LT.

Dessa forma, os estudos semióticos aproximam-se dos da LT em relação ao patamar escolhido, mas deles se afastam pelo modo de examiná-lo: a Semiótica preocupa-se, nesse caso, não com as relações sígnicas do texto, já estabelecidas do ponto de vista cultural e cognitivo, mas com as relações novas que se estabelecem entre expressão e conteúdo, em cada texto.

Se a Linguística, nos seus inícios, com disciplinas como a fonética e a fonologia, privilegiou o estudo dos significantes em relação ao das estruturas semânticas, a partir da década de 1960, entretanto, os linguistas, sobretudo aqueles que, de diferentes perspectivas teóricas, se interessaram pelo texto e pelo discurso, se debruçaram sobre questões de significação e sentido. Os especialistas em literatura já tinham conseguido, desde a primeira metade do século XX, um equilíbrio melhor no exame da expressão e do conteúdo dos objetos literários, graças, entre outras razões, à contribuição dos estudos retóricos e estilísticos.

O aparecimento e a consolidação dos estudos sobre o texto e o discurso, ao favorecer a abordagem dos problemas de significação e de sentido, trouxeram novas interrogações e outras direções ao exame do plano do significante linguístico. Essa mudança deveu-se, antes de mais nada, ao estabelecimento de uma distinção clara entre o significante dos signos (entendidos como morfemas ou lexemas) e o plano da expressão dos textos. Foi assim revelada a precariedade dos estudos até então existentes sobre o plano da expressão, pois se fonética e fonologia se encontram bastante bem desenvolvidas, os estudos sobre o plano da expressão dos textos são pontuais e pouco numerosos, ou pouco sistematizados, dirigidos apenas a questões específicas.

Na tradição saussuriana, ninguém ignora que a função maior, primordial do plano da expressão, é a de "fazer passar", "expressar" conteúdos com os quais a expressão mantém relações arbitrárias. No entanto, é também verdade que relações novas e motivadas podem ser estabelecidas entre expressão e conteúdo. A estilística, a retórica, os estudos literários procuram há muito tempo aprofundar essas questões. No âmbito das teorias do texto e do discurso, a Semiótica tem obtido bons resultados no exame do plano da expressão, nas manifestações textuais não apenas verbais, mas também na pintura, na música, nos textos sincréticos em geral.

Para a Semiótica, essas relações novas entre expressão e conteúdo decorrem dos sistemas simbólicos e semissimbólicos. O conceito de semissimbolismo assinala, em Semiótica, a relação entre uma categoria (uma relação) da expressão e uma categoria do conteúdo, e diferencia-se, assim, dos sistemas simbólicos de Hjelsmelv (1968), em que há relação termo a termo entre expressão e conteúdo. Seguem exemplos:

Sistemas	simbólico	vermelho/paixão (amor, cólera)
	semissimbólico	claro/pontiagudo *versus* escuro/arredondado
		vida *versus* morte (em *Os girassóis*, de Van Gogh)

Os dois tipos de sistemas criam relações "motivadas" entre expressão e conteúdo, são fortemente sensoriais e corporais, e estão fundamentados sobre a tensividade (Fontanille; Zilberberg, 2001) que sobredetermina os termos dos dois planos: no símbolo, o *vermelho* da expressão e a *paixão* do conteúdo são determinados pela intensão; no sistema semissimbólico, o *amarelo escuro* e as *formas arredondadas*, na expressão, e a *morte*, no conteúdo, são determinados como termos extensos, e o *amarelo claro* e as *formas agudas*, assim como a *vida*, como termos intensos. Em outras palavras, a natureza-morta de Van Gogh fala do caráter transitório e passageiro da vida (intensa) e de uma morte que dura (extensa).

Nos sistemas simbólicos, a relação entre expressão e conteúdo é culturalmente determinada e perpassa diferentes textos (como a relação entre *vermelho* e *paixão*, do exemplo). Já nos sistemas semissimbólicos, põe-se em xeque nosso modo culturalmente estabelecido de sentir e de conhecer o mundo e cria-se uma nova verdade e outra sensação desse mundo, em que, por exemplo, a claridade e as formas agudas ligam-se à vida, e a obscuridade e as formas arredondadas, à morte. O mundo, ou melhor, a relação entre o texto e a "realidade", é refeito, sobretudo na dimensão do sensível, pelo texto que constrói os semissimbolismos: o senso comum é destituído de seu monopólio de verdade e, em seu lugar, instala-se a verdade de um mundo sensorial, corporal, formado de sons, cores, formas, cheiros, e redesenhado pelo texto.

Essas figuras da expressão — simbolismos e semissimbolismos — são diferentes das figuras do conteúdo, embora ambas contribuam para a sensorialidade e a corporalidade dos textos: as figuras do conteúdo produzem os efeitos de sentido de uma sensorialidade "de papel", de "linguagem"; as figuras da expressão estabelecem relações novas entre a expressão e o conteúdo e criam efeitos de leitura do mundo, entre a novidade do semissimbolismo e a estereotipia cultural do simbolismo.

Em relação aos estudos literários (Barros, 2004b), no estágio atual das pesquisas sobre o discurso, não é possível determinar a especificidade do literário do ponto de vista linguístico e discursivo, a não ser, quem sabe, pela organização do plano da expressão. É inegável, ainda, a forma peculiar de sua inserção na cultura, na sociedade, na história. Esses dois aspectos são fundamentais no exame da literatura e nos permitem dizer que para examinar a literatura é preciso saber ler textos, ler contextos e, quem sabe, ler pretextos. Os textos poéticos, sejam eles literários (verbais) ou de dança, pintura etc., têm uma organização secundária da expressão, a do semissimbolismo, examinada acima. Os recursos do plano da expressão, as "figuras da expressão", são um dos elementos fundamentais da poeticidade do texto, dão a ele sensorialidade e corporalidade, refazem, nessa perspectiva, o mundo sensível e garantem a relação, principalmente sensorial e corporal, prazerosa entre o sujeito e o texto poético.

Essas preocupações da Semiótica com a sensorialidade dos diferentes textos, e sobretudo dos poéticos, afastam-na um pouco das preocupações da LT, ao mesmo tempo, porém, que os estudos da Semiótica tensiva, imprescindíveis para o exame dos símbolos e dos semissímbolos, dialogam com os estudos cognitivos e, por conseguinte, com a LT.

Os desenvolvimentos da Semiótica tensiva levaram a uma revisão das estruturas de partida do percurso da significação e de suas pré-condições, que sofrem determinação tensivo-fórica e conduziram ao exame da sensibilização passional dos discursos, das modulações e aspectualizações, da estesia e, sobretudo, das estruturas perceptivas, cognitivas e sensoriais dos discursos. Puseram, assim, a Semiótica para dialogar com os estudos da percepção e com as teorias cognitivas e, por conseguinte, com a LT.

3. Considerações finais

Os estudiosos do discurso e do texto do Brasil têm procurado cumprir seus múltiplos papéis e dado uma pequena contribuição para que as teorias da linguagem avancem e para que se conheça um pouco melhor a sociedade brasileira, mas há ainda muito a ser feito.

Vários caminhos podem ser seguidos para alcançar esses fins: entre eles encontram-se o da LT e o da Semiótica discursiva.

A LT e a Semiótica discursiva seguem direções diferentes e ora se afastam em suas preocupações, ora se aproximam e se cruzam em pontos comuns: têm percursos históricos diferentes e perspectivas teóricas diversas; dialogam com disciplinas também diferentes como os estudos sociocognitivos e os sócio-históricos e ideológicos (há, porém, o "sócio-" em comum e a aproximação entre a Semiótica tensiva e os estudos da percepção e da cognição); os níveis de análise preferenciais, o textual ou o discursivo, são distintos, mas, com objetivos diversos, as duas teorias se ocupam também do patamar "da outra"; há intersecções e grandes diferenças entre o exame da coesão e da coerência e o da coerência semântica das isotopias (mas, de novo, repete-se o termo "coerência"); preocupações com os procedimentos de referenciação e produção de efeitos de sentido de realidade ou de referente apresentam alguns pontos em comum. Outros aspectos poderiam ser observados.

Importa, finalmente, reiterar que ambas, a Semiótica discursiva e a LT, deram, e continuam a dar, forte contribuição aos estudos da linguagem, abrindo-lhes novas possibilidades ou mesmo atribuindo-lhes a responsabilidade de dar a conhecer, de outras perspectivas, o homem, a história e a sociedade.

Referências

BAKHTIN, M. Le discours dans la vie et dans la poésie. In: TODOROV, T. *Mikhail Bakhtine. Le principe dialogique*. Paris: Seuil, 1983. p. 181-216.

_____. *Estética da criação verbal*. São Paulo: Martins Fontes, 1992.

BARROS, D. L. P. *A festa do discurso*: teoria do discurso e análise de redações de vestibulandos. Tese (Livre-Docência) — FFLCH-USP, São Paulo, 1985.

_____. *Teoria do discurso*. Fundamentos semióticos. São Paulo: Atual, 1988a.

_____. Problemas de expressão: figuras de expressão. *Significação*, v. 6, p. 5-12, 1988b.

_____. *Teoria semiótica do texto*. São Paulo: Ática, 1990.

_____. Reflexões sobre os estudos do texto e do discurso. *Língua e literatura*, n. 22, p. 181-89, 1996.

_____. Estudos do texto e do discurso no Brasil. *DELTA*, v. 15, n. especial, p. 183-99, 1999.

_____. Publicidade e figurativização. *Alfa*. São Paulo, n. 47, p. 11-31, 2004a.

_____. Língua, literatura e ensino na perspectiva do discurso. *Scripta*, v. 7, n. 14, p. 33-40, 2004b.

_____. Rumos da semiótica. *Todas as Letras*. São Paulo, v. 9, n. 1, p. 12-23, 2007.

_____. Semiótica e retórica: um diálogo produtivo. In: LARA, G. M. P. (Org.). *Análises do discurso hoje*. v. 2. Rio de Janeiro: Nova Fronteira, 2008. p. 27-39.

_____. O papel dos estudos do discurso. In: DA HORA, D.; ALVES, E. F.; ESPÍNDOLA, L. C. (Orgs.). *ABRALIN. 40 anos em cena*. João Pessoa: Editora Universitária, 2009. p. 117-34.

_____. Efeitos de oralidade em gêneros discursivos diferentes. In: PRETI, D. (Org.). *Variações na fala e na escrita*. São Paulo: Humanitas, 2011. p. 209-41.

FIORIN, J. L. *Linguagem e ideologia*. São Paulo: Ática, 1988.

FONTANILLE, J.; ZILBERBERG, C. *Tensão e significação*. São Paulo: Discurso/ Humanitas, 2001 (original francês 1988).

GREIMAS, A. J. *Sémantique structurale*. Paris: Larousse, 1966.

_____. *Du sens*. Paris: Seuil, 1970.

_____. *Du sens II*. Paris: Seuil, 1983.

_____. *De l'imperfection*. Paris: Pierre Fanlac, 1987.

_____; FONTANILLE, J.. *Semiótica das paixões*. São Paulo: Ática, 1993.

GREIMAS, A. J.; COURTÉS, J. *Dicionário de semiótica*. Trad. Alceu Dias Lima et al. São Paulo: Contexto, 2008 (1. ed. francesa 1979).

HJELMSLEV, L. *Prolégomènes à une théorie du langage*. Paris: Minuit, 1968.

KOCH, I. G. V. *A coesão textual*. São Paulo: Contexto, 1989.

_____. *Introdução à Linguística Textual*. São Paulo: Martins Fontes, 2004.

_____; TRAVAGLIA, L. C. *A coerência textual*. São Paulo: Contexto, 1990.

MARTINS, S. F. D. *Estratégias persuasivas de alguns sermões do Padre Antônio Vieira*: uma abordagem semiótica. Dissertação (Mestrado em Semiótica e Linguística Geral) — FFLCH-USP, São Paulo, 2003, 196 p.

MELO NETO, J. C. Agulhas. In: _____. *Antologia poética*. 3. ed. Rio de Janeiro: José Olympio, 1975. p. 22.

PESSÔA, L. A. G. P. *O discurso da segurança na sociedade de consumo:* um estudo semiótico da publicidade. Tese (Doutorado em Letras) — Universidade Presbiteriana Mackenzie, São Paulo, 2010.

SAES, D. *Classe média e sistema político no Brasil.* São Paulo: T. A. Queiroz, 1985.

CAPÍTULO 15

Linguística Textual e Ensino

Vanda Maria Elias
Universidade Federal de São Paulo/UNIFESP

Considerações iniciais

Neste capítulo, pressupondo que a Linguística Textual propicia uma abordagem do texto no ensino que considera a complexidade de fatores envolvidos no plano da constituição e da compreensão de nossas práticas textuais, proponho uma discussão sobre o texto digital, especialmente em se tratando do contexto de mídias sociais como o *Twitter*.

Considerando que: i) as redes sociais (*Facebook*, *Twitter* etc.) atraem numerosa quantidade de usuários que se comunicam e interagem predominantemente por meio de textos escritos; ii) o texto nas redes sociais apresenta traços característicos em razão dos aspectos contextuais; iii) os textos espontaneamente produzidos e veiculados nas redes sociais se constituem em rico material para a reflexão sobre o uso que fazemos da língua, sobre o modo pelo qual configuramos os textos e as funções que assumem, oriento a discussão em torno das seguintes questões: Que contribuições os estudos do texto na perspectiva sociocognitiva e interacional oferecem para o tratamento do texto digital em sala de aula? O que as práticas textuais telegraficamente constituídas em redes sociais apresentam como desafios a professores e pesquisadores da área?

Com esse propósito definido e valendo-me de um *corpus* constituído por textos produzidos no *Twitter*, organizo este capítulo em duas grandes partes: na primeira, apresento questões teóricas sobre texto, contexto e suporte; na segunda, analiso o *corpus* selecionado, indicando como estudos do texto no âmbito da Linguística Textual (LT, daqui em diante) podem contribuir para o ensino da escrita e da leitura em tempos de cultura digital.

1. O texto digital na pesquisa e no ensino

As constantes inovações tecnológicas a que estamos expostos nos dias de hoje põem em evidência de modo mais acentuado a dinamicidade e a plasticidade das nossas práticas textuais. Como instrumentos indissociáveis da cultura, da sociedade e de valores, as mídias e as tecnologias mudam o que nós fazemos, como vivemos e organizamos a vida, a forma como agimos e interpretamos o mundo, afirma Coeckelbergh (2011). Alinhado a esse posicionamento, Christopher Johnson (2011) salienta que *e-mail*, mensagem de texto, *chat*, *blog*, fórum, mensagens no *Twitter*, *Facebook* etc. são escritas incorporadas ao nosso dia a dia e as implicações culturais disso não devem ser subestimadas.

O texto nas mídias digitais apresenta características que diferem daquelas do texto no papel, sem que isso signifique que essas práticas sejam entendidas dicotomicamente. Em relação a essa questão, Elias (2011, 2014, 2015) observa que, se, no início da cultura digital, o texto no papel exerceu forte influência no modo de constituição das práticas textuais no ambiente da rede, com o passar do tempo, essas passaram a influenciar as práticas textuais impressas, em uma perspectiva reveladora da complementariedade entre modos de constituição das práticas textuais, entre mídias e suas respectivas linguagens.

Nesse sentido, a autora salienta que é cada vez mais comum depararmo-nos:

i) com textos na mídia impressa que remetem o leitor para textos situados no ambiente da rede, como observamos no exemplo a seguir:

> [...] Parece absurdo, mas, em pleno século 21, o Brasil ainda enfrenta bolsões de resistência na hora de divulgar o valor dos salários de seus servidores públicos. Quem entra no site da Casa Branca (**whitehouse.gov**) encontra os vencimentos de todos os que trabalham ali. Além da lista completa de quem entra no prédio, com a hora de chegada e a de saída, data e o nome da pessoa ou do departamento visitado.

(Fonte: Fernando Rodrigues. *Folha de S. Paulo*. Caderno Opinião. 16 jun. 2012)

ii) com "versões" no papel de textos produzidos em ambientes digitais como, por exemplo, no caso da coleção "Clássicos da Twitteratura Brasileira", conjunto de 15 livros que reúnem textos produzidos no Twitter.

Esses exemplos fazem-nos refletir sobre a complementariedade das mídias, bem como sobre as alterações que esse movimento promove em nossas práticas textuais, salientando-se o papel do suporte nos modos de escrita e de leitura, um aspecto ainda bem pouco explorado nos estudos do texto, segundo observação de Marcuschi (2008).

Na LT, as práticas textuais em tempos de cultura digital têm despertado a atenção de estudiosos. Blühdorn afirma que, na Alemanha, desde os anos 1990, os linguistas de textos vêm constituindo como objeto de investigação textos de múltipla autoria, politemáticos, não lineares e não delimitados, oferecendo, assim, recursos conceituais para a análise de textos nas mídias digitais, função que vem conferindo à LT o *status* de intérprete da sociedade da mídia (Blühdorn; Andrade, 2009).

No Brasil, estudiosos como Marcuschi e Koch, ao defenderem que o texto digital entre na agenda de estudos da LT, a fim de que sejam descritos, analisados e compreendidos os fatores que interferem no processo de escrita/leitura, destacam-se nas primeiras reflexões sobre o hipertexto, um texto digital em cuja constituição reticular evidenciam-se *links* (elementos de conexão) e nós (blocos informacionais).

Em relação a esses primeiros estudos, Marcuschi (1999, 2000, 2007) aponta os desafios que o texto reticularizado em ambientes digitais representa para os leitores acostumados com o texto impresso, quando confrontados com a desterritorialização, a fragmentação, a multilinearização, a virtualização de textos, de modo nunca antes experimentado. Em 2004, considerando que "um dos aspectos essenciais da mídia virtual é a centralidade da escrita, pois a tecnologia digital depende totalmente da escrita" (Marcuschi; Xavier, 2004, p.18), o autor descreve e analisa características de um conjunto de gêneros textuais digitais, entendendo gêneros textuais como "formas sociais de organização e expressões típicas da vida cultural" (p. 16).

Por sua vez, Koch (2002), no capítulo "Texto e hipertexto" que compõe a obra *Desvendando os segredos do texto,* assume a posição segundo a qual a questão central não está em discutir a relação entre texto e hipertexto, mas em admitir que se trata sempre de textos. Na visão da autora, o hipertexto é um "texto múltiplo" (Koch, 2007, p. 163) ou um texto elástico que se estende reticularmente, conforme as escolhas feitas pelo leitor (Koch, 2007, p. 166). Ainda afirma a autora que, embora com características próprias, o hipertexto — assim como o texto tradicional — constitui um evento textual interativo, em consonância com a posição de Marcuschi (1999).

Além de se constituir como objeto de investigação no universo da pesquisa, o texto digital também passou a se constituir como objeto de estudo no universo da escola. Os Parâmetros Curriculares Nacionais (PCNs) indicam que o texto digital se constitua em objeto de estudo, reflexão e análise em sala de aula, a fim de que o aluno, no plano mais geral de sua formação, compreenda como são utilizados os instrumentos com os quais o homem maneja, investiga e codifica o mundo natural, e, consequentemente, como esses instrumentos transformam o nosso cotidiano.

No tocante às peculiaridades do texto digital, os PCNs+ (2000) ressaltam que "o texto, construído na forma de imensuráveis *links* (remissões), vai ficando sem limites precisos e sendo construído não mais por uma inteligência individual, mas por uma imensa e dispersa inteligência coletiva". Nesse modo de configuração textual, segundo o documento, têm relevante papel as inovações tecnológicas, visto que "transformam o conceito de tempo e espaço, assim como a prática linear de registro e escrita, exigindo novas formas de organização e transmissão do conhecimento" (Brasil, PCNs+, 2000, p. 214).

Produto da tecnologia, o suporte do texto interfere no modo de escrita e de leitura, razão pela qual, de acordo com a explicação dada pelo documento, se faz necessário ao aluno entender, por exemplo, a diferença entre ler uma notícia na internet e num jornal impresso. Isso porque, mesmo a simples transposição da versão impressa de um jornal, por exemplo, para o universo da rede, implica outras maneiras de ler, já que o manuseio das folhas é substituído por cliques no *mouse* e pela movimentação do cursor.

À medida que, de um lado, os pesquisadores avançam nas investigações sobre o texto constituído em rede e, por outro lado, os professores vêm promovendo a reflexão sobre o texto nesse contexto não só observando a recomendação dos PCNs+, mas também e principalmente instigados pelo fato de que os alunos trocam muitas mensagens na internet, criam comunidades virtuais, "blogam" e "twittam" no universo da rede, interagindo com várias e várias pessoas por meio da escrita e sem que a escola solicite que eles o façam, trabalhos que pressupõem uma ponte entre teorias de texto e ensino vêm sendo produzidos como, por exemplo, os de Elias (2011, 2014, 2015).

Elias (2011) analisa *blogs* de crianças e adolescentes disponíveis na internet, a fim de conhecer o que essas produções textuais constituídas espontaneamente no universo da rede revelam sobre a prática da escrita e suas estratégias de produção. A investigação indica que os blogueiros infantojuvenis recorrem a sofisticadas estratégias de produção escrita com diversas funções, como situar o leitor sobre o objetivo da escrita; revelar ou "esconder" o responsável pela constituição do dizer; garantir a progressão sequencial; organizar o texto e orientar o leitor em direção às conclusões desejadas.

Ainda Elias (2014 e 2015), motivada pela questão "como as práticas hipertextuais têm influenciado as práticas textuais constituídas fora do ambiente da rede?", analisa um *corpus* constituído por textos jornalísticos na mídia impressa, assumindo como pressupostos que: i) a hipertextualidade é um princípio constitutivo de muitos textos fora do ambiente da rede; ii) texto e hipertexto possuem semelhanças e diferenças, podendo a proximidade e o distanciamento entre essas produções serem analisadas de forma gradual: há textos que revelam mais ou revelam menos em sua constituição o "princípio de hipertextualidade" (Lévy, 1993; Leão, 1999); iii) as práticas textuais na cultura impressa não apenas influenciam as práticas hipertextuais no ambiente da rede como também são influenciadas por essas, principalmente com a propagação, em nosso cotidiano, do computador, dos dispositivos móveis e dos serviços de rede.

Portanto, as práticas textuais em ambiente digital vêm despertando o interesse de pesquisadores e professores sobre modos de constituição do texto e sua relação com o suporte, recursos disponíveis à atividade do escritor e do leitor, emergência de novas práticas comunicativas, reconfiguração de antigas práticas textuais, bem como convergência de linguagens e mídias. Na próxima seção, o nosso foco é o texto e seu contexto, pensados conceitualmente no âmbito da LT, seção que se justifica porque o texto, antes da qualificação "digital" ou de qualquer uma outra, é texto com toda a complexidade que lhe é constitutiva.

1.1 Texto e contexto: a perspectiva sociocognitiva e interacional

Koch (2004) discute como o conceito de texto foi constituído e reconstituído à medida que se ampliavam as perspectivas de estudo na LT. Da compreensão de texto como a unidade linguística mais alta superior à sentença, os estudiosos passaram a entender o texto como unidade básica da comunicação e interação humana e, dessa concepção, passaram a uma outra que focaliza o texto como resultado de uma multiplicidade de operações cognitivas interligadas até chegarem à compreensão de texto como uma "entidade multifacetada", que é "fruto de um processo extremamente complexo de interação social e de construção social de sujeitos, conhecimento e linguagem" (Koch, 2004, p. 175), concepção que hoje orienta as investigações na área e que se encontra na base da reflexão proposta neste capítulo.

Pensar o texto assim significa que, independentemente de sua extensão ou suporte, cada texto se conecta a conhecimentos diversos (de língua, de textos, de interação, do mundo), fato que, segundo Beaugrande (1997), possibilita-nos conceber os princípios de textualidade (coesão, coerência, intencionalidade, aceitabilidade, informatividade, situacionalidade e intertextualidade) como as *mais importantes formas de conectividade* e não regras de formação textual ou de classificação de texto *versus* não texto.

Se o texto é texto à medida que o vemos como tal, então é porque nesse processo conectamos suas formas e seus significados; assumimos o que pretendemos com ele e o que nos dispomos a fazer para tomá-lo como texto; trabalhamos no sentido de interpretar os conteúdos que nos apresenta recorrendo à ativação de conhecimentos anteriores; relacionamos o texto às circunstâncias de interação, considerando como sua configuração pode torná-lo útil e pertinente aos objetivos definidos e recuperamos a nossa experiência anterior com outros textos (Beaugrande, 1997; Marquesi; Cabral; Elias; Villela, 2010).

O princípio de conectividade evidencia, portanto, que o texto não resulta apenas do conhecimento da língua, nem tão pouco somente das intenções de quem o produz ou das interpretações de quem o lê (ouve), mas da complexidade desses aspectos envolvidos nas relações intersubjetivas constituídas de forma situada.

Nesse sentido, ganha especial relevo a compreensão de texto baseada na metáfora do *iceberg*, que tem uma pequena superfície à flor da água (o explícito) e uma imensa parte subjacente, que fundamenta a interpretação (o implícito), podendo ser chamado de contexto o *iceberg* como um todo, ou seja, tudo aquilo que, de alguma forma, é constitutivo do texto e de seu sentido (Koch, 2002).

Na acepção que vigora atualmente nos estudos sobre o texto no campo de investigação em que nos situamos, defende Koch (2002) que o contexto abrange não só o cotexto, como a situação de interação imediata (participantes, local e tempo da interação, objetivo da comunicação e meio de propagação), a situação mediata (o entorno sociopolítico-cultural) e também o contexto sociocognitivo dos interlocutores que, na verdade, subsume os demais, pois engloba todos os tipos de conhecimentos arquivados na memória dos sujeitos sociais.

Nessa perspectiva de contexto, destaca-se o papel dos modelos (van Dijk, 1992; 2012), compreendidos como abstrações de situações de que participamos e do modo de nos comportarmos linguisticamente. Na constituição dos modelos entram de forma inter-relacionada aspectos cognitivos, sociais e interacionais, acentuando-se que subjaz a essa compreensão o traço da dinamicidade, uma vez que os conhecimentos armazenados na memória são constantemente atualizados em decorrência das inúmeras práticas sociais de que participamos.

Chamar a atenção para a constante atualização dos modelos em decorrência de nossos conhecimentos constituídos situadamente na relação linguagem, mundo e práticas sociais não significa dizer que somos totalmente "livres" para fazer uso da língua e produzir textos, indiscriminadamente, visto que nos movemos no interior de um tabuleiro social, que tem suas convenções, suas normas de conduta e que nos impõe condições, estabelecendo-nos deveres e limitando-nos a liberdade, conforme pontua Koch (2002, p. 23).

A noção de contexto foi se reconfigurando em conformidade com as concepções de texto na LT apresentadas no início deste tópico. Atualmente, de modo alargado, o contexto é um conjunto de suposição que na interação vai se (re)modelando. Portanto, longe de apontar para aspectos objetivos, é o cognitivo, pensado de forma situada nas relações entre os sujeitos, o traço saliente em estudos atuais sobre o contexto realizados por pesquisadores como, por exemplo, Orecchioni (1996, p. 41-42), para quem o contexto é "um conjunto de dados de natureza não objetiva, mas cognitiva, que se acham interiorizados pelos interlocutores e mobilizáveis sempre que necessário no ato da enunciação"; e por van Dijk (2012) que, recentemente, em um livro inteiramente dedicado à noção de contexto, defende a tese de que "os contextos não são um tipo de condição objetiva ou de causa direta, mas, antes constructos (inter)subjetivos concebidos passo a passo e atualizados na interação pelos participantes enquanto membros de grupos de comunidades" (van Dijk, 2012, p. 11).

É com base nessa concepção de contexto que Koch e Elias (2006, 2009, 2016) analisam os mais diversos textos, a fim de demonstrar como aspectos contextuais podem ser explorados no ensino da leitura e da produção escrita. As estudiosas também indicam as múltiplas funções do contexto como, por exemplo, avaliar o que é adequado ou não adequado do ponto de vista dos modelos interacionais construídos culturalmente; pôr em saliência o tópico discursivo e o que é esperado em termos da continuidade temática e progressão textual; preencher lacunas por meio da produção de inferências; explicar ou justificar o que foi dito ou o que não deve ser dito; ancorar o texto numa situação comunicativa e contribuir, assim, para o estabelecimento da coerência, com base em elementos como data, local, assinatura, elementos gráficos, suporte, denominados de fatores de contextualização (Marcuschi, 1983; Fávero; Koch, 1983; Koch; Travaglia, 1989, 1990).

Na discussão que promovemos neste capítulo, abrimos um espaço especial para a questão do suporte textual, considerado um importante fator contextualizador, uma vez que, no universo de nossas práticas comunicativas, traz implicações para o modo de escrita e de leitura. Nas palavras de Marcuschi (2008): o suporte tem a ver centralmente com a ideia de um portador do texto, mas não no sentido de um meio de transporte ou veículo, nem como suporte estático e sim como um *locus* no qual o texto se fixa e que imprime ao texto determinado modo de configuração e manuseio.

1.2 O texto no suporte digital: o Twitter em foco

Na obra intitulada *Redes sociais digitais: a cognição conectiva do twitter*, Santaella e Lemos (2010, p. 64) definem o *Twitter* como:

> uma rede social e servidor para microblog que permite aos usuários que enviem e leiam atualizações pessoais de outros contatos (em textos de até 140 caracteres, conhecidos como tweets), através da própria web, por SMS e por softwares específicos instalados em dispositivos portáteis [...].

Segundo as autoras, o *Twitter*, uma plataforma de microblog criada em 2006 que vem atraindo inúmeros usuários por todo o mundo, apresenta como propriedades estruturais da escrita:

1) o limite de 140 caracteres;

2) o uso de RTs (*retweets*) ou redirecionamento de mensagens;

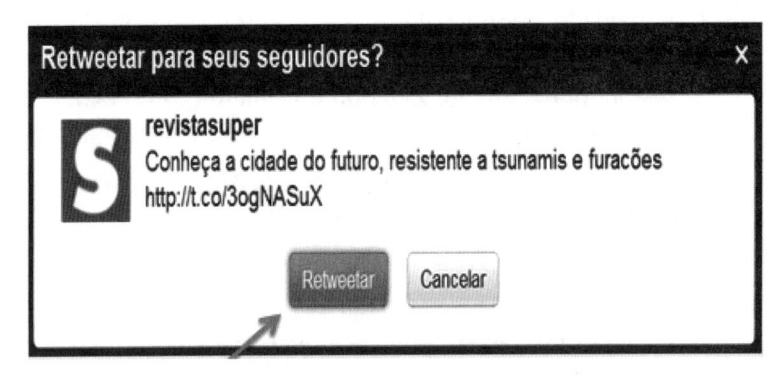

> **Retweetar para seus seguidores?**   X
>
> **revistasuper**
> Conheça a cidade do futuro, resistente a tsunamis e furacões
> http://t.co/3ogNASuX
>
> [Retweetar] [Cancelar]

3) a identificação dos interlocutores por meio do formato @;

> **nasclau** claudia nascimento
> @revistasuper me faz lembrar a arca de noé.
> há 16 horas ☆ Favorito ⇄ Retweetar ↩ Resposta

4) a criação de etiquetas ou *hashtags* por meio do *link* no formato #, indexadores de temas, tópicos ou palavras-chave que permitem a todos os usuários acompanhar a discussão de um tema e/ou divulgar informações pertinentes em tempo real;

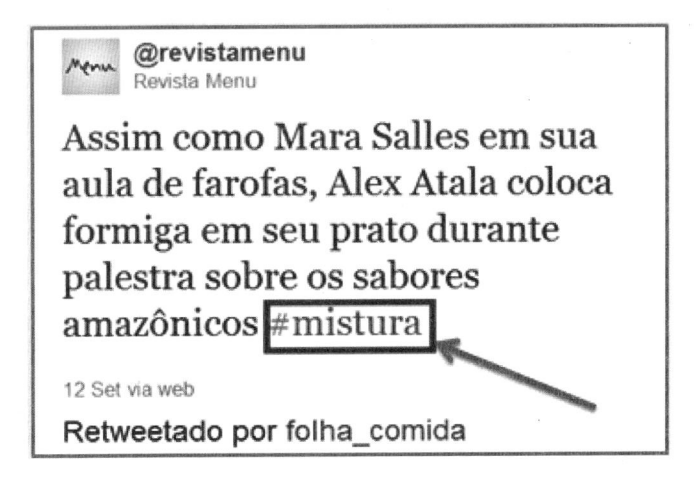

> **@revistamenu**
> Revista Menu
>
> Assim como Mara Salles em sua aula de farofas, Alex Atala coloca formiga em seu prato durante palestra sobre os sabores amazônicos #mistura
>
> 12 Set via web
> **Retweetado por folha_comida**

Pelo espaço destinado à sua produção, o texto no *Twitter* é marcado pelo traço da brevidade. Assim sendo, tem incontáveis antecessores como provérbios, aforismos, bilhetes, telegramas, minicontos e anúncios. Em relação ao aforismo, por exemplo, Zatarain e Romero (2003) explicam que se trata de uma prática textual de muitos pensadores, situados em diferentes épocas e lugares. As autoras citam Hipócrates, que estruturou seus preceitos médicos em pequenas proposições de fácil memorização, bem como Pamênides, Heráclito e Pitágoras, que recorreram ao aforismo para expressar ideias sobre filosofia, arte e moral.

Em um contexto mais atual, podemos citar aforismos produzidos por Carlos Drummond de Andrade como os apresentados a seguir:

Aforismo
O aforismo constitui uma das maiores pretensões da inteligência, a de reger a vida.

Água
Tudo é mais simples diante de um copo d'água.

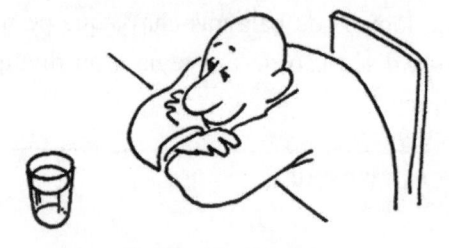

Alegria
Não é obrigatório ter motivo para estar alegre; o melhor é dispensá-lo.

8

Fonte: ANDRADE, Carlos Drummond de. *O avesso das coisas: aforismos*. Rio de Janeiro: Record, 2007 [1987], p. 8.

Um outro exemplo de obra constituída por microtextos é *Os cem menores contos brasileiros do século*, obra publicada sob a organização de Freire (2004) inspirada no seguinte desafio

> **QUANDO ACORDOU,
> O DINOSSAURO AINDA ESTAVA LÁ.**
>
> **AUGUSTO MONTERROSO**
>
> O mais famoso microconto do mundo, acima, tem só 37 letrinhas. Inspirado nele, resolvi desafiar cem escritores brasileiros, deste século, a me enviar histórias inéditas de até cinqüenta letras (sem contar título, pontuação). Eles toparam. O resultado aqui está. Se "conto vence por nocaute", como dizia Cortázar, então toma lá.
>
> **MARCELINO FREIRE**

Fonte: FREIRE, Marcelino (org.). *Os cem menores contos brasileiros do século*. Cotia, SP: Ateliê Editorial, 2004, p. 9. (Coleção 5 minutinhos).

Embora o microtexto não seja uma invenção do *Twitter*, como demonstrado nos exemplos e como podemos constatar em inúmeras outras práticas textuais historicamente constituídas, não podemos ignorar que o *Twitter* possibilita uma "atualização" de nossas práticas textuais, fato que requer um exame para verificar caracterizações advindas do suporte, bem como estratégias utilizadas na escrita, leitura e construção de sentido dos textos nesse contexto.

Como dissemos, o *Twitter* foi concebido para a produção de microtextos, o que nos permite afirmar que esse espaço de escrita possibilita alterações na configuração do texto e demanda do produtor e do leitor novas estratégias cognitivas para atuação no meio, como defende Rheingold (2009) citado por Santaella e Lemos (2010, p. 86.):

> o twitter é um fluxo, e não uma fila de e-mails como no caso do seu inbox, saber selecionar com discernimento as informações que iremos acessar através

dele é uma destas habilidades cognitivas [...] saber o que clicar em meio ao fluxo agora, o que abrir em uma nova janela para leitura posterior, o que vale a pena marcar nos favoritos, e o que vale a pena ignorar neste fluxo são alguns tipos de habilidade cognitiva que o uso eficaz do twitter exige.

2. O *Twitter* em sala de aula: práticas de escrita e produção de sentidos

Em dadas situações comunicativas, somos solicitados a produzir textos de curta extensão, porém, em vez de o suporte determinar a extensão do texto, são outros aspectos contextuais que o fazem. É o que acontece, por exemplo, no caso de telegramas e anúncios classificados, cuja extensão tem implicação direta no valor a ser pago a quem se responsabiliza pelo envio ou veiculação desses textos. Em se tratando do *Twitter*, a extensão do texto é determinada *a priori*: seja para quem ou com que propósito for, o texto deverá se constituir em até 140 caracteres. A restrição é, portanto, fator que desafia a capacidade de síntese daquele que produz textos nessa plataforma, exercendo influência nos planos da configuração e leitura do texto e, consequentemente, exigindo do produtor uma atenção especial ao balanceamento entre o que explicitar e o que implicitar, entre o que pressupor como informação dada e informação nova, além de atentar para a distribuição das informações no espaço e extensão determinada à produção, dentre outras estratégias a que o produtor precisa recorrer para concretizar o seu projeto de dizer.

Assim, tendo em vista o objetivo definido no início deste capítulo, analiso um *corpus* composto por textos produzidos no *Twitter*. Trata-se de receitas que foram produzidas por ocasião de um concurso intitulado "Você já mandou uma receita via *Twitter*?", lançado pelo jornal *Folha de S.Paulo*, em 2011[1], no qual os leitores eram convidados a enviar ao jornal uma receita culinária escrita em 140 caracteres.

O anúncio do concurso foi publicado nas versões impressa e digital do jornal e tem como propósitos comunicativos: convidar os leitores do jornal

---

1. Cf. *Folha de S.Paulo*, 12 maio 2011. Comida.

a participar do concurso, testar os dotes culinários e a capacidade de síntese dos leitores manifestados na produção de uma receita no *Twitter*, bem como promover o lançamento do caderno *Comida* do jornal, razão pela qual se solicita a produção de uma receita culinária e não de outros gêneros textuais do domínio jornalístico. Falar de propósitos comunicativos, em termos sociais e não meramente psicológicos, na visão de Askehave e Swales (2009), significa atentar para o papel do conjunto de propósitos comunicativos na demonstração de quão os discursos podem realmente ser multifuncionais.

Assim, em se tratando de propósitos, o anúncio divulga o concurso e seu regulamento que, por sua vez, objetiva premiar quem melhor desempenho obtiver na produção de uma receita via *Twitter* e esses propósitos estão relacionados a um outro que é a autopromoção do jornal.

Aos participantes do concurso é solicitado que produzam uma receita e que para isso ativem conhecimentos que possuem sobre o gênero textual, sua caracterização e função, porém, devendo produzi-la em um ambiente virtual que impõe limite ao tamanho do texto. Ainda, a proposta evidencia os critérios de avaliação/seleção (originalidade e clareza), chama a atenção para o regulamento do concurso e orienta quais e como as medidas nas receitas podem ser abreviadas: cl (colher), cp (copo), l (litro), g (grama), x (xícara), sp (sopa) e ch (chá). Essa orientação, no caso da produção do gênero textual no suporte sugerido, ganha *status* de relevância, visto que cada letra ou sinal de pontuação a menos significa um pouco de espaço a mais que sobra para o texto se constituir no *Twitter*.

Podemos dizer que a proposta do concurso envolve dois desafios: inventar uma receita e fazê-lo em um microtexto nos 140 caracteres permitidos pelo *Twitter*. Segundo informações do jornal, mais de 700 participantes se inscreveram no concurso. Para a nossa discussão, selecionamos as três primeiras receitas colocadas no concurso.

Analisando essas três receitas, notamos que elas apresentam os elementos que compõem esse gênero textual, segundo o modelo que dele construímos: *ingredientes*, *modo de fazer* e *modo de servir*, além do *título da receita*.

No entanto, diferentemente de como esse gênero se apresenta em outros suportes, observamos que, no *Twitter*, a receita 1 ("Picar 3 peras, 3 goiabas, 3 maçãs. Cobrir c/ 75 g açúcar mascavo, 50 g açúcar refinado,

125 ml mel, 250 ml suco laranja. Assar 30 min") começa com *modo de fazer* e *os ingredientes* são apresentados à medida que as instruções do *modo de fazer* são dadas. De outro modo, se esperávamos a constituição do texto nos blocos *ingredientes e modo de fazer*, como costumeiramente ocorre em outros suportes, essa expectativa não é correspondida. A reconfiguração do texto é marcada pela junção dos dois blocos em um só, de forma mesclada. Trata-se, portanto, de uma estratégia a que o participante do concurso recorre para dar conta da produção textual na extensão definida pelo *Twitter*. Se, por um lado, o candidato mesclou as duas partes que compõem a receita, por outro, espera-se que o leitor faça o trabalho inverso: o de separar o que se encontra mesclado, recorrendo, no caso, a conhecimentos textuais e metagenéricos.

A receita 2 ("500 g baby potato, 20 dentes de alho-roxo com casca, alecrim, pimenta-do-reino, sal, azeite de oliva. Forno até dourar") começa com a especificação dos *ingredientes*, porém a parte *modo de fazer* resume-se a um único enunciado *forno até dourar*, não sendo explicitado o que se deve fazer com os ingredientes listados, supondo que o leitor não terá dificuldade de saber como proceder porque é especialista no assunto, de acordo com o anúncio. Portanto, o que o produtor da receita explicitou/não explicitou é resultado de uma avaliação que faz em relação a seu interlocutor, ao objetivo da escrita e ao suporte do texto, aspectos que aludem ao contexto na acepção anteriormente discutida.

A receita 3 ("2 alhos-poró gr. refogados, 500 g ricota, passas brancas e azeite a gosto. Junte 1 pacote de penne já cozido. Quente ou frio") apresenta em sua composição *ingredientes*, *modo de preparo* e *modo de servir*, esse último não explicitado nas receitas 1 e 2. Essa produção é, portanto, a que mais se aproxima da configuração do gênero receita em outros suportes. No balanceamento entre o que explicitar ou implicitar, o produtor da receita nos enunciados *2 alhos-poró gr. refogados* e *Junte 1 pacote de penne já cozido* pressupõe que o leitor saiba como fazê-lo. A implicitação, nesse caso, pode ser justificada por dois motivos: 1) não há espaço suficiente para esse tipo de explicação em um texto no *Twitter*; 2) não são informações que devam ser explicitadas, visto que a receita será destinada a um leitor *chef* de cozinha.

Continuando a análise sobre como o gênero textual receita foi produzido no *Twitter*, observamos, do ponto de vista da tipologia textual, que as três receitas apresentam sequências injuntivas. O nosso conhecimento textual e metagenérico nos diz que o *modo de fazer* e *o modo de servir* são constituídos por sequências injuntivas que têm por função apresentar ao nosso interlocutor o *dito* como um estado de coisas necessário, que tem de ser e, nesse caso, recorremos ao modo imperativo. Na receita 1, as sequências injuntivas são construídas com verbo no infinitivo (*picar, cobrir, assar*); na receita 2, o enunciado *Forno até dourar* traz consigo a instrução "leve ao forno até dourar"; na receita 3, há sequências instrucionais construídas na forma direta em *Junte 1 pacote de penne já cozido*, e na indireta em *Quente ou frio*, correspondente a "Sirva quente ou frio".

Quanto ao modo por meio do qual ocorre a progressão do microtexto, notamos que o paralelismo é uma estratégia de progressão sequencial que indica as etapas do trabalho, no caso da receita 1, *picar, cobrir, assar*. Um outro expediente de que se vale o produtor de cada uma das receitas em questão é a implicitação de referentes e a pressuposição de que essa estratégia não comprometerá a compreensão do leitor. Nesse procedimento, observamos que ao leitor cabe não apenas a tarefa de identificar o referente implicitado no texto como também considerá-lo em termos da recategorização que lhe é atribuída em cada uma das etapas do processo de preparação da receita. Em termos práticos, na receita 1, por exemplo, é esperado que o leitor considere no segundo enunciado que o referente é "as frutas picadas" e que, no terceiro e último enunciado, o referente é "as frutas picadas e cobertas com os ingredientes indicados".

Ainda poderíamos explorar outros aspectos nas receitas como, por exemplo, a pontuação, em especial, o uso do ponto final, que assume a importante função de sinalizar para o leitor as etapas da receita, já que o número de caracteres previsto na produção desestimula o uso de articuladores textuais como "primeiro", "em seguida", "por último" etc. Ainda, merece observação como os produtores das receitas promovem a distribuição da informação em resposta à limitação de espaço do ambiente e como essa distribuição influencia na construção do sentido.

3. Considerações finais

Os resultados da análise põem em evidência questões relacionadas à influência do suporte no nível de explicitação/implicitação e configuração textual, o que nos permite afirmar que menos explicitação implica mais consideração a aspectos contextuais e, portanto, mais envolvimento entre escritor/leitor com base na pressuposição de conhecimentos compartilhados. O princípio é válido para todo e qualquer texto, mas, quando, como no caso das receitas analisadas, não se pode dizer para além do pretendido porque o suporte não permite, o foco passa a ser: o que, na curta extensão determinada para o texto, deve ser explicitado de forma eficaz e eficiente para o leitor? Dessa questão decorre a segunda: de que estratégias pode se valer o produtor para, no *Twitter*, garantir a progressão e a coerência do texto?

Como dissemos, o produtor, ao implicitar mais, pressupõe mais conhecimentos compartilhados com o leitor: conhecimentos linguísticos, textuais, interacionais e do espaço de produção. Assim sendo, longe de prejudicar a compreensão, os implícitos fornecem o vínculo necessário entre a dimensão pessoal e social da produção/compreensão e definem o objetivo último da interação comunicativa (van Dijk, 1992).

No desenvolvimento deste capítulo, levamos em conta, de acordo com o quadro contextual descrito, a produção de receitas no *Twitter*. A proposta pode servir de motivação para muitas outras atividades no ensino da leitura e da escrita, como, por exemplo: i) comparação e análise de receitas em variados suportes (jornais, revistas, livros de receitas, *sites*, embalagens de produtos etc,), para exame das semelhanças e diferenças entre os textos, estratégias de produção, modo de distribuição das informações e suas implicações no processo de compreensão; ii) produção de uma versão para o *Twitter* de receitas prediletas e identificação de estratégias requeridas nessa atividade. Ampliando a reflexão para além do gênero textual receita, o anúncio veiculado no jornal *Folha de S.Paulo* pode motivar atividades, como, por exemplo, a de produzir uma versão do anúncio para o *Twitter* ou a de analisar como vêm sendo produzidos nesse suporte digital anúncios em até 140 caracteres.

O suporte pode promover essas produções e reflexões, bem como pode ser usado de outras formas não previstas, considerando que é o traço da criatividade e não o do determinismo que deve prevalecer nas atividades humanas. De uma forma ou de outra, como novo espaço de escrita e de leitura, o *Twitter* apresenta desafios para os linguistas de texto, no campo da pesquisa, e para os professores, no campo do ensino. Aceitemo-los, pois.

Referências

ASKEHAVE, I; SWALES, J. Identificação de gênero e propósito comunicativo: um problema e uma possível solução. In: BEZERRA, B. G.; BIASE-RODRIGUES, B.; CAVALCANTE, M. M. (Orgs.). *Gêneros e sequências textuais*. Recife: Edupe, 2009. p. 221-47.

BEAUGRANDE, R. *New foundations for a science of text and discourse*: cognition, communication, and freedom of access to knowledge and society. Norwood, New Jersey: Ablex, 1997.

BLÜHDORN, H; ANDRADE, M. L. C. V. O. Tendências recentes da Linguística Textual na Alemanha e no Brasil. In: WIESER, H. P.; KOCH, I. G. V. (Orgs.). *Linguística textual*: perspectivas alemãs. Rio de Janeiro: Nova Fronteira, 2009. p. 17-46.

BRASIL. *PCN+ Ensino Médio*: orientações educacionais complementares aos parâmetros curriculares nacionais. Linguagens, códigos e suas tecnologias. Disponível em: <http://portal.mec.gov.br/seb/arquivos/pdf/linguagens02.pdf>. Acesso em: 27 jun. 2012.

COECKELBERGH, M. What are we doing? Microblogging, the ordinary private and the primacy of the present. *Emerald: journal of information, communication & ethics in society,* Enschede, v. 9, n. 2, p. 127-36, 2011.

ELIAS, V. M. Hipertexto e leitura: como o leitor constrói a coerência? In: CABRAL, A. L. T.; LUC-MINEL, J.; MARQUESI, S. C. (Orgs.). *Leitura, escrita e tecnologias da informação*. São Paulo: Terracota Ed., 2015. p. 53-74.

_____. Quadrinhos e leitura na mídia social digital: porque comentar é preciso. In: LINS, M. P. P.; CAPISTRANO JR., R. (Orgs.). *Quadrinhos sob diferentes olhares teóricos*. Vitória: PPGEL-UFES, 2014. p. 45-64.

_____. Texto e hipertexto: questões para a pesquisa e o ensino. In: MENDES, E.; CUNHA, J. C. (Orgs.). *Práticas em sala de aula de línguas*: diálogos necessários entre teoria(s) e ações situadas. Campinas, SP: Pontes Editores, 2012. p. 81-98.

_____. Escrita e práticas comunicativas na internet. In: ELIAS, V. M. (Org.). *Ensino de língua portuguesa:* oralidade, escrita e leitura. São Paulo: Contexto, 2011. p. 159-68.

FÁVERO, L. L.; KOCH, I. G. V. *Linguística Textual*: introdução. São Paulo: Cortez, 1983.

FREIRE, M. (Org.). *Os cem menores contos brasileiros do século*. Cotia, SP: Ateliê Editorial, 2004. p. 9. (Coleção 5 minutinhos)

JOHNSON, C. *Microstyle*: the art of writing little. Nova York: W. W. Norton & Company, 2011.

KOCH, I. G. V. *Desvendando os segredos do texto*. São Paulo: Cortez, 2002.

_____. *Introdução à Linguística Textual*. São Paulo: Martins Fontes, 2004.

_____. Hipertexto e construção do sentido. *Alfa,* São Paulo, v. 51, n. 1, p. 23-38, 2007.

KOCH, I. G. V. *As tramas do texto*. Rio de Janeiro: Nova Fronteira, 2008.

KOCH, I. V.; ELIAS, V. M. *Ler e escrever:* estratégias de produção textual. 2. ed. São Paulo: Contexto, 2009.

_____. *Escrever e argumentar*. São Paulo: Contexto, 2016.

_____. *Ler e compreender:* os sentidos do texto. São Paulo: Contexto, 2006.

KOCH, I. G. V.; TRAVAGLIA, L. C. *Texto e coerência*. São Paulo: Cortez, 1989.

_____. *A coerência textual*. São Paulo: Contexto, 1990.

LEÃO, L. *O labirinto da hipermídia:* arquitetura e navegação no ciberespaço. São Paulo: Iluminuras / Fapesp, 1999.

LÉVY, P. *As tecnologias da inteligência*. Rio de Janeiro: Ed. 34, 1993.

MARCUSCHI, L. A. *Linguística de texto:* que é e como se faz? Recife: Universidade Federal de Pernambuco, 1983.

_____. *Linearização, cognição e referência:* o desafio do hipertexto. Língua e instrumentos linguísticos. Campinas: Pontes, 1999. p. 21-46.

_____. Gêneros textuais: definição e funcionalidade. In: DIONÍSIO, A. P.; MACHADO, A. R.; BEZERRA, M. A. (Org.). *Gêneros textuais & ensino*. Rio de Janeiro: Lucerna, 2002. p. 19-36.

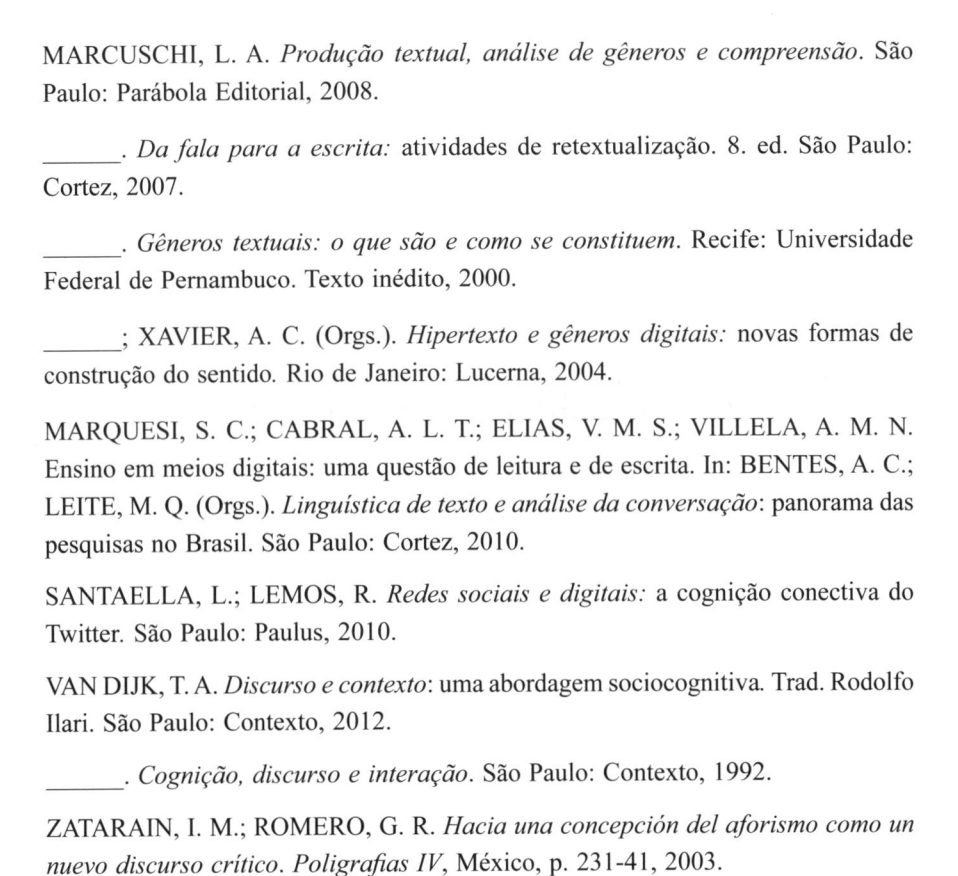

MARCUSCHI, L. A. *Produção textual, análise de gêneros e compreensão*. São Paulo: Parábola Editorial, 2008.

_____. *Da fala para a escrita:* atividades de retextualização. 8. ed. São Paulo: Cortez, 2007.

_____. *Gêneros textuais: o que são e como se constituem*. Recife: Universidade Federal de Pernambuco. Texto inédito, 2000.

_____; XAVIER, A. C. (Orgs.). *Hipertexto e gêneros digitais:* novas formas de construção do sentido. Rio de Janeiro: Lucerna, 2004.

MARQUESI, S. C.; CABRAL, A. L. T.; ELIAS, V. M. S.; VILLELA, A. M. N. Ensino em meios digitais: uma questão de leitura e de escrita. In: BENTES, A. C.; LEITE, M. Q. (Orgs.). *Linguística de texto e análise da conversação*: panorama das pesquisas no Brasil. São Paulo: Cortez, 2010.

SANTAELLA, L.; LEMOS, R. *Redes sociais e digitais:* a cognição conectiva do Twitter. São Paulo: Paulus, 2010.

VAN DIJK, T. A. *Discurso e contexto*: uma abordagem sociocognitiva. Trad. Rodolfo Ilari. São Paulo: Contexto, 2012.

_____. *Cognição, discurso e interação*. São Paulo: Contexto, 1992.

ZATARAIN, I. M.; ROMERO, G. R. *Hacia una concepción del aforismo como un nuevo discurso crítico*. Poligrafías IV, México, p. 231-41, 2003.

CAPÍTULO 16

Linguística Textual e Novas Tecnologias

Sueli C. Marquesi
Pontifícia Universidade Católica de São Paulo/PUC
Universidade Cruzeiro do Sul/UNICSUL

Ana Lúcia T. Cabral
Pontifícia Universidade Católica de São Paulo/PUC
Universidade Cruzeiro do Sul/UNICSUL

Considerações iniciais

Neste capítulo, temos por objetivo principal, dentro do tema proposto, refletir sobre princípios teóricos da Linguística Textual que possam subsidiar estudos relacionados ao uso das novas tecnologias no ensino superior.

Entre as inúmeras justificativas que referendam o escopo da discussão a ser realizada, damos destaque ao fato de que, desde o final do século XX, o ensino por meios eletrônicos (*e-learning*) tem propiciado, aos linguistas do texto, campo fértil de investigação, pois, conforme defendemos em trabalho anterior (Marquesi et al., 2010), por sua própria natureza, essa modalidade de ensino caracteriza-se como um processo de leitura e escrita, uma vez que:

— o aluno assume o papel de um leitor que, por meio da interação com o texto escrito, construirá seu conhecimento;

— o professor assume o papel de um escritor que, por meio do texto escrito, possibilitará, ao aluno, a construção de seu conhecimento. (Marquesi et al., 2010, p. 355)

Torna-se, assim, indiscutível a relação entre a Linguística Textual (LT, daqui em diante) e as novas tecnologias empregadas em ambientes virtuais de aprendizagem, relação esta que pode ser estabelecida por diferentes recortes, seja especificamente no que se refere aos temas da agenda atual da primeira, seja no que se refere à vasta possibilidade dos desafios da segunda, em função da constante e acelerada evolução tecnológica.

Ao nos determos neste último aspecto, uma breve comparação entre o final do século XX e o início do século XXI acaba por nos orientar na definição do recorte que proporemos para a presente discussão, como expomos a seguir:

Se o século anterior viu nascer a Internet, que aproximou os seres humanos, rompeu espaços e permitiu o acesso rápido à informação, o século XXI insere no cenário o que se conhece por tecnologia *mobile*, ou *tecnologia móvel*, como chamaremos neste texto, amplia as possibilidades tecnológicas e nos faz rever a noção de tempo e espaço, já que, praticamente, tudo o que se veicula via Web está acessível pelo telefone celular e pelos *tablets*, em qualquer momento e lugar.

Tal realidade amplia o universo de investigação dos estudiosos da linguagem, uma vez que a leitura na tela de pequenas dimensões pede um texto a ela adequado, um texto curto, mas que, por sua forma de organização, tenha uma unidade de sentido, com *links* que orientem a navegação e permitam que o leitor busque novas informações para a construção de determinado conhecimento.

Refletindo sobre esta realidade, especificamente, no contexto educacional, ressaltamos que o texto destinado ao ensino por meio de aparelhos móveis deve ser concebido como um texto destinado a um leitor de hipertexto e que, por ser acessado em um espaço reduzido, deve ser representativo do conteúdo a ser desenvolvido e motivador à busca de conhecimentos que permitam a construção hipertextual coerente com o tema em foco.

Diante dessas considerações, temos assumido, ao longo dos últimos anos, o desafio de, a partir de princípios teóricos da LT, tanto propor quanto analisar materiais didáticos para e-*learning*, priorizando o texto como elemento essencial da interação que se dá em ambientes virtuais de aprendizagem.

Em continuidade aos estudos anteriores, neste momento, assumindo o novo desafio que o uso dos dispositivos *móveis* constitui para o ensino-aprendizagem em ambientes virtuais, propomo-nos a responder as seguintes perguntas:

i) Como a Linguística Textual pode contribuir para a elaboração de textos destinados a práticas educativas com utilização de tecnologia móvel *(m-learning)*, especialmente no *tablet*?

ii) Quais são as características de um texto que veicula o ensino de conteúdos teóricos por meio do *tablet*?

iii) Quais temas da agenda atual da Linguística Textual podem oferecer subsídios ao professor, na elaboração de textos destinados a *m-learning* em *tablet*?

Para responder às questões propostas, organizamos este capítulo em duas grandes seções: na primeira, situamos a tecnologia móvel para fins educativos, fazendo uma revisão do percurso das novas tecnologias, mais especificamente, da Web aos *tablets*; na segunda, discutimos tópicos da LT que subsidiam o trabalho de leitura e escrita envolvidos no ensino-aprendizagem por meio dos *tablets*, enfocando, para tanto, os conceitos de texto e de hipertexto, de coerência textual, de plano de texto e de sequências textuais que organizam o texto destinado a *m-learning*.

Após essa abordagem, relacionaremos os referidos conceitos e discutiremos sua importância para a escrita do texto destinado a veicular conteúdos em aulas acessadas pelo *tablet*, fazendo uso, como exemplo, de um texto **destinado a tal fim.**

1. Tecnologia móvel para fins educativos: da Web aos *tablets*

As Tecnologias da Informação e da Comunicação (TIC), conforme define Araújo Jr. (2008, p. 22), "são recursos tecnológicos, *software* e *hardware*, que realizam as tarefas de receber, processar, distribuir e armazenar os dados e informações, permitindo a interação e a interatividade sem restrições de tempo e espaço". Essa definição abrange também recursos como a televisão, o rádio e o DVD. Embora esses recursos sejam bastante conhecidos por suas contribuições à educação, o computador e, especialmente, a conexão Internet ocupam lugar de destaque.

A Web (World Wide Web), criada em 1989 por Tim Berners-Lee, pesquisador do instituto de pesquisas nucleares da Suíça — o CERN —, como sabemos, constitui um sistema de hipertextos de alcance mundial, já que estabelece ligações entre computadores da Internet. Sua criação possibilitou que grande quantidade de informação ficasse disponível para livre acesso por usuários de Internet do mundo todo.

Em sua fase inicial, os usuários podiam apenas visitar uma página e ter acesso à informação ali disponível. Era, no entanto, impossível modificar o conteúdo visitado. O surgimento da Web 2.0, em 2004, alterou essa situação, e as pessoas, sem a necessidade de grandes conhecimentos de programação computacional, passaram a produzir seus próprios conteúdos e a publicá-los na rede. Essa evolução permitiu que o usuário passasse, a partir de então, a acessar os sítios sem a necessidade de instalação de programas. Os serviços passaram assim a funcionar *on-line*, por meio do navegador internet (Mozila, Opera, Konqueror, Firefox, Internet Explorer).

Como destacam Marquesi et al (2010, p. 359), a "Web 2.0 é definida como a segunda geração de serviços *on-line* que se caracteriza por potencializar as formas de publicação, compartilhamento e organização de informações, além de ampliar os espaços para a interação entre os participantes do processo". Em suas considerações sobre a importância de se conceber, nesse meio, o usuário como um leitor e escritor, as autoras ressaltam que

> A facilidade de produzir, publicar, editar, comentar, discutir e/ou votar conteúdos e a rapidez de armazenar os textos tornam a Web um ambiente social e

acessível a todos os usuários, um espaço onde cada um seleciona e controla a informação de acordo com as suas necessidades e interesses. Nesse meio digital, o leitor torna-se potencialmente um interlocutor que interfere diretamente sobre o conteúdo apresentado pelo *site*. O leitor torna-se ao mesmo tempo um escritor em potencial (Marquesi et al., 2010, p. 359).

Assim, reiterando a posição anterior, consideramos que a facilidade na publicação de conteúdos na Web promove o usuário, de apenas leitor, a um produtor de textos, levando-o a escrever, além de ler, inclusive com a possibilidade de interferência nos documentos publicados.

Sob esse enfoque, há que se destacar que a Web 2.0 tornou possíveis práticas de linguagem até então inimagináveis, permitindo ao usuário de internet um papel ativo na produção do conhecimento. Como exemplo, temos os *blogs*, os wikis, o Twitter, o Youtube, os podcasts e, mais recentemente, as redes sociais como o Facebook. Essas novas possibilidades constituem, sobretudo, práticas de leitura e escrita.

Assim, no contexto atual, a Internet é responsável não apenas pela disseminação de informações, mas também pela infinita ampliação das possibilidades de interação. A esse respeito vale lembrar os dizeres de Lévy (2011, p. 3), para quem "é o suporte digitalizado da informação, da comunicação, que faz com que abordemos a informação de maneira interativa e que todas as informações sejam ligadas entre si".

À medida que os computadores e as tecnologias ligadas a eles foram se tornando mais eficientes, mais potentes, mais rápidos e mais acessíveis economicamente, seu uso rapidamente se disseminou na sociedade, estendendo-se aos mais diferentes ambientes.

No âmbito dessas considerações, respectivamente, os pensamentos de Marcuschi (2004) e Lavid (2005) contribuem para esta reflexão:

- Marcuschi (2004), quando afirma que "todas as tecnologias comunicacionais novas geram ambientes e meios novos" (p. 26-27). Com efeito, a tecnologia móvel possibilita pensar novas formas de ensinar e de aprender, formas essas que, acreditamos, envolvem diretamente as práticas de leitura e escrita.
- Lavid (2005), quando afirma que "la formación permanente de los indivíduos en la sociedad de la informatión és uno de los rasgos más

importantes del novo paradigma educativo" (p. 35). Sem dúvida, um dos maiores desafios da sociedade atual é a aprendizagem continuada ao longo da vida, uma vez que a sociedade da informação é a sociedade do conhecimento e da aprendizagem, e a atividade profissional exige constante renovação dos conhecimentos.

Vemos, assim, nas concepções de Marcuschi e Lavid, a importância de pensarmos esse novo meio de interação na educação, destacando, ainda, de acordo com o pensamento da última, que a aprendizagem não pode mais ocupar um tempo e um espaço específicos, como a escola, diverso do lugar e do tempo de aplicação do conhecimento adquirido, como o trabalho.

Neste cenário, as ações de aprendizagem se incorporam às atividades profissionais, o aprender incorpora-se à vida cotidiana dos indivíduos e os acompanha ao longo da vida. Estudar faz parte da rotina e, por esse motivo, dessa perspectiva, assim como falamos ao telefone com um amigo, podemos ligar o celular para aprender, o que nos remete ao princípio da tecnologia móvel aplicada a processos educativos.

E é essa tecnologia que, tendo evoluído a partir do surgimento da Web 2.0, passa a ser, no momento, o grande desafio quando tratamos das TIC aplicadas ao ensino e aprendizagem. Da Web 2.0 até os dias atuais, conforme já observamos anteriormente neste texto, desenvolveram-se os novos equipamentos caracterizados pela redução de suas dimensões: PC, notebooks, netbooks, aparelhos celulares, smartphones e, mais recentemente, os *tablets*.

Consideramos importante observar que a redução das dimensões dos dispositivos eletrônicos, associada a aspectos de portabilidade e de convergência tecnológica, fez surgir uma área de pesquisa conhecida como *m-learning*, ou educação móvel, considerada uma subárea da educação à distância, baseada na utilização de equipamentos móveis como telefones celulares, *tablets*.

Nesta área de pesquisa, na última década, encontramos trabalhos significativos, como os de Freysen; Sharma e Ketchen; e Geddes. Segundo Freysen (2004), o *m-learning* constitui o uso de tecnologia e comunicação móvel, síncrona e assíncrona, para objetivos educacionais; Sharma e Kitchens (2004) acrescentam à mobilidade a ubiquidade e inteligência na interface que suporta o aprendizado; para Geddes (2004), além da aquisição de conhecimento e habilidade com uso de tecnologia móvel, não importando lugar nem tempo, a *m-learning* caracteriza-se por provocar uma mudança de comportamento. Como podemos observar, as considerações de *m-learning* apresentadas apontam dois aspectos fundamentais: o tecnológico e o educacional.

O aspecto tecnológico diz respeito aos dispositivos de hardware e aos recursos de software necessários para o funcionamento adequado do equipamento e, principalmente, para sua adequação ao uso educacional. Entre os dispositivos de hardware destacam-se interface, dimensões, usabilidade, segurança, possibilidade de acesso a internet (wi-fi) e telefonia 3G ou 4G. Entre os recursos de software, incluem-se softwares e serviços que permitem comunicação e colaboração (redes sociais e outros serviços), software de acesso a ambientes virtuais de aprendizagem, aplicativos ("apps") desenvolvidos especificamente para a educação.

Já o aspecto educacional refere-se às vantagens da utilização de tecnologia móvel em educação à distância, pela dinamicidade, que amplia as possibilidades de interação: o estudante pode, independentemente do lugar ou do momento em que se encontra, participar de fóruns, por exemplo, via *tablet*, ou mesmo enviar dúvidas sobre conteúdo para seu professor ou tutor; pode, ainda, realizar atividades por meio desse recurso: basta ligar o aparelho, acessar a Internet para visualizar os conteúdos e navegar por eles.

Nesse contexto, as noções de espaço e de tempo sofrem uma transformação radical que, como ressalta Lion (2006), devem ser repensadas. Se o espaço já havia assumido novas dimensões no ambiente virtual, pela variedade de lugares a partir dos quais o estudante tem possibilidade de acessar o ambiente de aprendizagem (*lan houses*, trabalho, residência, laboratórios da escola, entre outros), com a tecnologia móvel, o espaço para a aprendizagem passa a acompanhar o estudante o tempo todo: basta ligar o *tablet* para ter acesso ao conteúdo a ser estudado. Dessa forma, podemos dizer que o espaço de aprendizagem não mais se restringe aos ambientes institucionais de ensino propriamente; o espaço se amplia para todos os lugares frequentados pelo estudante.

Também o tempo deixa de ser uma limitação, uma vez que, sempre que desejar, o estudante poderá acessar, tomar contato, retomar, ler, ouvir, rever um conteúdo. Tempo e espaço são assim redimensionados pela tecnologia; os saberes ultrapassam o domínio das instituições escolares e passam a estar presentes na individualidade de cada um. É no mesmo sentido que Dieuaide (2011, p. 181), ao abordar a relação entre trabalho e cultura móvel, observa que o trabalho pode deslizar no tempo e mobilizar recursos que podem ser comuns ou complementares a outras esferas de atividades públicas ou privadas, infiltrando-se nos tempos mortos da vida social e coletiva.

A esse respeito, vale, ainda, lembrar os dizeres de Santos (2010, p. 36), para quem "as redes digitais permitem que estejamos simultaneamente em vários espaços, partilhando sentidos. Elas permitem que cada singularidade possa se conectar e emitir mensagens. O polo da emissão é liberado, permitindo que o usuário seja potencialmente emissor e receptor". Esse ponto de vista corrobora nossa afirmação em trabalho anterior, já aqui citado (Marquesi et al., 2010), de que a abordagem de ensino em meios digitais é uma questão de leitura e escrita e, nesse sentido, pelas características da tecnologia móvel, o texto elaborado para os materiais didáticos deve contemplar aspectos específicos, de tal forma que garanta ao estudante, dentro de seus limites, construir sentidos quando lê e construir um texto completo em sua nova escrita.

Um outro aspecto, ainda, a ser levado em consideração quando se trata de *m-learning* é o referido por Caron e Caronia (2005), autores segundo os quais o uso das tecnologias implica a partilha de práticas para se constituir em comunidade. Isso quer dizer que há constante necessidade de ler e escrever, o que, mais uma vez, ressalta a leitura e a escrita como ações centrais no processo de aprendizagem.

Embora o potencial do *m-learning* tenha sido destacado em muitas publicações recentes, ainda há algumas dificuldades a serem vencidas para seu uso mais efetivo e real difusão. Entre as dificuldades que podemos citar está o *design* de conteúdos, específico para os dispositivos móveis e tecnologias de adaptação de conteúdos para os diferentes dispositivos. Se a leitura na tela do computador já apresenta peculiaridades que distanciam seus processos da leitura em papel, a experiência de leitura se diferencia ainda mais em um *tablet*, cujas dimensões são reduzidas e cujos aplicativos conferem grande dinamicidade aos conteúdos veiculados, o que demanda cuidados especiais na produção de conteúdos a serem trabalhados nesse suporte.

Há, sem dúvida, inúmeras possibilidades para o *design* de conteúdos e situações de aprendizagem utilizando a tecnologia móvel; recursos de áudio, vídeo, imagens, animações e simulações são utilizados com bastante frequência. Não podemos ignorar que, entretanto, na maioria das vezes, as possibilidades para a veiculação dos conteúdos e para a comunicação e interação entre os participantes dos processos educativos via *m-learning* passam, de alguma forma, pela leitura e pela escrita, e pedem um texto que facilite o trabalho do estudante no espaço de que dispõe na exígua tela. Se, de um lado, ele terá todo o trabalho de hipertexto, acessando *links* que permitam a construção de um texto coerente, de outro, o texto que o professor prepara para a abordagem do assunto deve ser sintético, completo e suscitador de novas buscas.

Nesse sentido, subsidiam o professor, no desafio da construção de materiais para *m-learning,* não só aportes teóricos das TIC e das metodologias de ensino; assumem igual importância os aportes da LT, tese que encontra respaldo na afirmação de Koch (2008, p. 18) de que "a base da atividade linguística é a interação e o compartilhar de conhecimentos".

2. Linguística Textual em diálogo com as Novas Tecnologias: texto, leitura e escrita em *m-learning*

As reflexões realizadas na seção anterior sinalizam tópicos da LT relevantes para a presente discussão, seja no que se refere à leitura e ao trabalho do estudante no *tablet* — como um leitor de hipertextos —, seja no que se refere à escrita e ao trabalho do professor para *m-learning em tablet* — um escritor de textos para tal fim. Para tanto, enfocaremos, nesta seção, a leitura e a escrita, a elas relacionando, respectivamente, os conceitos de hipertexto, de texto e hipertexto, de plano de texto e de sequências textuais que organizam o texto destinado a *m-learning.*

2.1 Leitura no tablet: o hipertexto em foco

O primeiro aspecto a se considerar relativamente à leitura com uso da tecnologia móvel é que o trabalho de leitura na tela do *tablet* é distinto da leitura convencional, não apenas daquela realizada sobre papel, mas também daquela que já se realiza, há algum tempo, na tela do computador. Trata-se de um tipo específico de leitura associada à legibilidade da tela do *tablet,* a qual depende, além do texto escrito, dos elementos paratextuais, como os ícones, as cores, o cursor, as animações, a mãozinha indicativa de percurso em alguns documentos, as mensagens de erro.

É importante que o leitor saiba lidar com os recursos que a tecnologia proporciona e que, no caso específico dos *tablets,* tenha a habilidade manual para, com as pontas dos dedos, mover as páginas de acordo com seus interesses. Essas questões dizem respeito à relação que o leitor estabelece entre texto e contexto conforme já destacado por Marquesi (2010) e nos remetem à relação entre leitura e suporte, uma vez que, em situações não orais, os textos são ligados aos suportes, conforme observado por Sandig (2009), que destaca a relação entre suporte, função textual e construção de sentidos pelo leitor.

Com respeito à diversificação do suporte que representa a tela do equipamento móvel, é importante considerar que, se, por um lado, a tela pode tornar a leitura mais motivadora, por outro, conforme lembra Marty (2005), ela a torna mais complexa diante das várias tarefas implicadas no processo de navegação em si, sem contar as escolhas que o usuário leitor é obrigado a fazer em seu percurso de leitura. Essas questões permitem conceber o leitor usuário de dispositivos móveis como um leitor ativo, ágil e atento. Todavia, se, por um lado, o leitor usuário do *tablet* é mais ágil e lida melhor com desafios da leitura, por outro, ele tende a realizá-la de forma mais fragmentada, passando de link em link rapidamente, uma vez que a leitura nos *tablets* é marcada pela navegação hipertextual, de caráter dinâmico.

Com efeito, as situações de interação, de leitura, de escrita e de ensino em ambientes virtuais sempre nos conduzem à noção de hipertexto, conceito este resultante do progresso tecnológico e também pertinente aos *tablets*. Podemos mesmo afirmar que o conceito de hipertexto é fundamental para o trabalho que se desenvolve com o uso dos *tablets*, pois, conforme já ressaltamos, na tela inicial do aparelho tudo se reduz a ícones representativos de links de acesso aos ambientes que se abrem na tela reduzida, cabendo ao leitor desvendar os mundos que se escondem atrás de cada ícone.

Nossa afirmação encontra respaldo em vários estudos realizados por Koch, destacando-se, entre eles, os de 2002, 2004 e 2008. Para a autora, o conceito de hipertexto está diretamente ligado à noção de hiperlinks, avaliados por ela como "uma das principais inovações tecnológicas do texto eletrônico e definidos como dispositivos técnico-informáticos que permitem efetivar ágeis deslocamentos de navegação on-line, bem como realizar remissões que possibilitam acessos virtuais do leitor a outros hipertexto de alguma forma correlacionados" (Koch, 2002, p. 64).

Podemos afirmar que expressões utilizadas como links funcionam, conforme ensina Koch (2004), como uma espinha *dorsal do texto*, que permite ao leitor construir, com base na maneira pela qual se encadeiam e remetem umas às outras, um roteiro que irá orientá-lo para determinados sentidos implicados no texto. A partir do processamento desse conjunto de percepções, o leitor pode inferir as intenções do produtor e construir os sentidos do material.

Considerando essas abordagens, Koch (2008) define o hipertexto como "uma escritura não sequencial e não linear, que se ramifica de modo a permitir ao leitor virtual o acesso praticamente ilimitado a outros textos, na medida em que procede a escolhas locais e sucessivas em tempo real" (p. 162).

No caminho aberto por Koch sobre os estudos do hipertexto, pudemos, em nosso trabalho anterior (Marquesi et al., 2010), destacar que

> no hipertexto, o leitor não tem, como em um livro, a visão do todo; consequentemente não sabe o que falta para ler, nem o que há antes ou depois do que selecionou para leitura, porque o hipertexto, ao funcionar por associações de nós e links, compondo uma rede infinita, oferece, ao leitor, a possibilidade de inúmeros percursos de leitura (Marquesi et al., 2010, p. 363-364).

Nossas considerações sobre o hipertexto também encontram interlocução com o pensamento de Chartier (1998, p. 100-101), para quem "a representação eletrônica dos textos modifica totalmente a sua condição: ela substitui a materialidade do livro pela imaterialidade de textos sem lugar específico; às relações de contiguidade estabelecidas no objeto impresso, ela opõe a livre composição de fragmentos indefinidamente manipuláveis".

Com efeito, concordamos com Chartier que o hipertexto instaura um novo modo de leitura, que, segundo Marty (2005), é mais complicada, uma vez que a leitura do hipertexto exige que se saiba navegar de link em link, mantendo na memória a arquitetura do hipertexto.

Podemos, por conseguinte, também arrolar nesta discussão o papel dos hiperleitores, que, conforme nosso estudo anterior (Marquesi et al., 2010, p. 365-366), "são construtores de caminhos e de sentidos", com base nos recursos oferecidos pela tecnologia e nas novas habilidades cognitivas que essa prática permite e exige desenvolver.

Desta forma, não há dúvida de que a leitura hipertextual constitui uma busca de sentidos vivenciada por caminhos que oferecem muitas possibilidades de percursos, de idas e vindas que podem conduzir a sentidos opostos aos pretendidos ou esperados.

Nesse emaranhado de possibilidades que se abre diante de seus olhos, o leitor do hipertexto normalmente sente-se impelido à busca da coerência, de uma ordem que lhe permita construir os sentidos para sua leitura, o que encontra amparo nos dizeres de Leão (1999), para quem a construção de um todo coerente constitui o grande desafio para o leitor do hipertexto, cujo percurso se faz por meio de um caminho tortuoso e incerto.

A respeito dos percursos de leitura do hipertexto, vale, mais uma vez, lembrar os dizeres de Koch (2002, p. 72), já que, para a autora, o leitor hipertextual

> faz de seus interesses e objetivos o fio organizador das escolhas e ligações, procedendo por associações de ideias que o impelem a realizar sucessivas opções e produzindo, assim, uma textualidade cuja coerência acaba sendo uma construção pessoal, pois não haverá efetivamente dois textos exatamente iguais na escritura hipertextual (Koch, 2002, p. 72).

Ainda com respeito à leitura hipertextual, já observamos (Marquesi et al., 2010, p. 361) que se trata de uma escrita "estruturada reticularmente e em sua composição entram nós (elementos de informação) e links (elementos de conexão), elementos que demandam, da parte do leitor, a atividade de definir um percurso de leitura dentre muitos outros oferecidos no universo de textos que se remetem e não pressupõem um começo e um fim em sua organização". Esse ponto de vista se deve ao fato de que nos encontramos diante de um espaço de escrita diverso dos existentes anteriormente ao surgimento dos ambientes virtuais, conforme já observaram outros autores (Bolter, 1991; Elias, 2000; Marquesi; Elias, 2004). Assim, a construção dos sentidos do tecido hipertexutal exige do leitor novas habilidades diante da infinidade de possibilidades que se abrem à sua frente.

Lembramos mais uma vez com Marquesi et al. (2010, p. 365) "que o texto não é totalmente explícito; o texto se constitui de um conjunto de pistas que orientam o leitor na construção do sentido", e com Koch (2002) que, no processo de leitura, o leitor precisa preencher lacunas, formular, reavaliar e reformular hipóteses, produzir inferências, ações que demandam a ativação de seus conhecimentos prévios.

Além das questões envolvidas nos pressupostos relativos à leitura em geral, é importante considerar que a navegação hipertextual implica, sem dúvida, o acesso a um volume grande de informações e a necessidade de filtrá-las de acordo com os objetivos de leitura, o que demanda do leitor a elaboração de um projeto de leitura, um planejamento de informações a procurar. O hipertexto se apresenta, por conseguinte, como um texto em construção, que depende do trabalho e dos objetivos do leitor para se construir, o que demanda, por parte do leitor, a seleção, o estabelecimento de relações, de associações, a organização das informações de acordo com o seu contexto de leitura, com suas intenções.

2.2 Escrita para o tablet: texto, coerência, plano de texto e sequências textuais

2.2.1 Sobre o texto

O conceito de texto apresenta noções fundamentais para os ambientes virtuais em geral e, especialmente, para os voltados para a atividade educativa com uso de *tablets*. A produção de linguagem constitui uma atividade interativa altamente complexa de produção de sentidos, uma vez que o texto não constitui apenas sequências de palavras faladas ou escritas; ao contrário, o texto é um evento comunicativo em que convergem ações linguísticas, cognitivas e sociais (Beaugrande, 1997; Koch, 2002, 2004, 2008). Mais ainda, o texto é "organizado estrategicamente de dada forma, em decorrência de escolhas feitas pelo produtor entre as diversas possibilidades de formulação que a língua oferece" (Koch, 2002, p. 19).

Considerando que as escolhas sofrem influência do contexto, é importante que o escritor de textos para a *m-learning em tablets* tenha em conta as especificidades do ambiente no qual seu conteúdo será veiculado, além das possibilidades de uso e acesso que os recursos tecnológicos permitem.

A tela do *tablet* é reduzida, motivo pelo qual não há a possibilidade de visualização de textos muito extensos; ao contrário, quanto menor for a extensão do texto, mais fácil ficará sua visualização. Sem dúvida, a tecnologia encontra no hipertexto a solução para essa limitação do recurso. As unidades como um todo podem ser subdivididas em itens menores que abordam subtemas.

Podemos assim afirmar que a necessidade de redução imposta pela tela está diretamente ligada ao conceito de hipertexto e, por sua vez, à questão da escolha dos links que permitem a expansão dos sentidos e a ampliação das possibilidades de leitura. É nesse mesmo sentido que Cabral (2008) afirma que os links funcionam também como palavras-chave e, em ambientes virtuais destinados a práticas educativas, podem representar um meio de o produtor do conteúdo conduzir o processo de construção do conhecimento de forma mais direcionada, fornecendo as pistas de leitura por meio dos hiperlinks.

Conforme ensina Koch (2008, p. 172), "hiperlinks e nós tematicamente interconectados serão, portanto, os grandes operadores da continuidade de sentidos". Essa noção vai ao encontro dos dizeres de Cabral (2008, p. 162), quando a autora lembra que a "imposição de que o texto para ambiente virtual seja curto obriga o seu produtor, no momento de sua concepção, a operar reduções" e sugere a utilização de hipertextos e hiperlinks para superar essa limitação e ampliar os conteúdos, garantindo os sentidos desejados. Os hiperlinks estabelecem ligações que podem ser internas ou externas ao *site* em que se encontra o hipertexto que o contém e conduzem a outros textos.

Dessa reflexão decorre que o produtor do hipertexto com fins educativos para *tablet* precisa ter clara a necessidade de orientar o seu leitor na direção dos sentidos pretendidos, pois dessa orientação dependerá a construção dos conhecimentos pelo estudante. Nesse contexto, a escolha dos hiperlinks desempenha um papel importante.

2.2.2 Sobre a coerência

O princípio da coerência merece especial atenção também na escrita hipertextual. Nossa afirmação baseia-se, de um lado, no pensamento de Marquesi (2010) que, ao tratar de estratégias para a escrita, destaca o princípio de coerência como sendo fundamental para a realização de uma progressão textual, e, de outro, no pensamento de Storrer (2009) que, ao estudar a questão da coerência nos hipertextos, defende que o *planejamento da coerência* está no primeiro plano dos modelos que se ocupam da produção textual. Essa autora assume a produção textual de um ponto de vista processual, destacando, para tanto, na análise dos recursos empregados, efeitos intencionados e efeitos efetivos na construção da coerência.

Em suas reflexões, Storrer (2009) ressalta o fato de que os riscos para a coerência representados pelas peculiaridades do hipertexto — *a recepção descontínua, a falta de limites do suporte midiático e a falta de uma ordem previsível de leitura* — podem ser enfrentados por meio de estratégias que auxiliam a construção da coerência hipertextual. Entre essas estratégias, a autora destaca:

- os recursos de orientação, que auxiliam a construção de um modelo da estrutura de um documento hipertextual, como as vistas panorâmicas do *site*, ou mapa do *site*, que refletem o plano de texto do *site*, conforme veremos adiante, no próximo tópico;
- os recursos de contextualização global, como títulos e frases temáticas, que explicitam a função e a temática de um conteúdo apresentado sob a forma de hipertexto no documento hipertextual geral, facilitando a coerência global;
- os recursos de contextualização local, como a escolha das etiquetas dos links, explicitando quais conteúdos são acessíveis a partir do documento hipertextual que o usuário está lendo.

Podemos afirmar, com base nas estratégias propostas por Storrer, que o emprego adequado dos recursos de tecnologia associados a recursos linguísticos, na elaboração de conteúdos para *tablets* com fins tecnológicos, facilita a construção da coerência nos hipertextos em uso. Com efeito, devemos considerar ainda a coerência ao contexto, ligada ao suporte.

A respeito das peculiaridades do hipertexto, Storrer (2009) observa que, por elas terem efeitos sobre a construção da coerência, devem ser objeto de atenção do produtor do texto, principalmente já que este deve ter "interesse em apoiar o leitor, da melhor maneira possível, na construção de estruturas coerentes de conhecimento" (Storrer, 2009, p. 99).

Devemos ainda considerar, com Storrer (2009), que cada usuário lê o hipertexto e os elementos linkados numa sucessão diferente, impossível de ser prevista pelo produtor do texto, e, sob este foco da discussão, se Marty (2005) destaca que o leitor de ambientes tecnológicos orienta a construção dos sentidos a partir das ferramentas, do suporte de que ele dispõe e dos conteúdos que lhe propõe o produtor, podemos considerar que os conteúdos propostos por meio de hiperlinks fornecem pistas para a navegação e orientam, dessa forma, a construção da coerência do material.

Assim, segundo nosso ponto de vista, a visão de Storrer (2009) a respeito da coerência no hipertexto, ao levar em conta tanto produtor quanto leitor, deve orientar a produção de conteúdos de escrita de textos para *m-learning*, especialmente via *tablets*. Realmente, conforme já destacamos em trabalhos anteriores (Marquesi et al., 2010, p. 283), "o apelo às tecnologias da informação, em função do caráter mutável que lhes é particular, exige que o professor mude o foco de sua atenção, do produto para o processo".

Cumpre considerarmos, ainda, que a navegação hipertextual implica o acesso a um volume grande de informações e a necessidade de filtrá-las de acordo com os objetivos de leitura, o que demanda do leitor a elaboração de um projeto de leitura, um planejamento de informações a procurar. Essa peculiaridade exige, consequentemente, do produtor de conteúdos para ambientes virtuais, um processo de seleção mais fino, por meio do qual permaneçam no texto apenas as informações essenciais ligadas ao conteúdo a ser transmitido, a fim de garantir a construção de sentidos mínimos, considerando que a tela do *tablet*, em virtude de seu reduzido tamanho, não comporta textos longos.

Dessa forma, o produtor do texto deve levar em conta que as informações selecionadas têm por função condensar os sentidos pretendidos construindo o objeto de discurso, tema do conteúdo a ser aprendido. O processo de construção da coerência do texto como um todo, no entanto, se processará por meio dos hiperlinks que conduzem a informações complementares cuja função é ampliar os sentidos.

É importante lembrar, no entanto, que as informações apresentadas na forma de hipertexto, de caráter complementar, serão acessadas caso o estudante tenha interesse, afinal, conforme lembra Araújo-Júnior (2010), o leitor do hipertexto percorre o caminho que preferir. Desse ponto de vista, torna-se mais importante a escolha dos links, pois deles dependerá o interesse do aluno em ampliar sua leitura, assim como a construção da coerência. Não podemos perder de vista que o espaço do *tablet* comporta, apenas, um texto síntese dos conteúdos.

O caráter sintético do texto, sem dúvida, exige do produtor um cuidado maior, a fim de garantir: a construção dos sentidos essenciais do material, considerando a seleção de elementos mínimos que permitam a construção de uma unidade temática; a coerência textual, pensando no texto e seus desdobramentos hipertextuais; a visualização de um plano de texto que aponte para possibilidades de ampliação por meio de hipertextos.

É preciso considerar, assim, que na estrutura hipertextual peculiar aos ambientes virtuais, como lembra Marty (2005), não é apenas o texto previsto pelo autor que importa; a justaposição coerente dos textos também faz sentido, uma vez que o leitor do hipertexto constrói, de link em link, seu espaço e seu percurso de leitura. A autora lembra que, nesse contexto, o leitor torna-se um produtor tanto a partir das partes que ele une quanto a partir dos demais elementos que ele extrai no ambiente virtual, híbrido por natureza, composto de textos recheados de imagens, de sons, de animações.

Também concordamos com Storrer (2009) que a *linkagem* dos itens hipertextuais de um *site* para transmissão de conhecimentos pode estar vinculada a uma hierarquia de tópicos, na qual cada item hipertextual trata de um subtópico, verbalizando os conhecimentos prévios relevantes para a compreensão, permitindo o acesso a eles por meio de links e, em consequência, a construção da coerência. Esse processo permite avaliar os conhecimentos prévios necessários para a compreensão dos sentidos e identificar o material disponível em que se encontram, oferecendo, por meio de links, pistas para o estudante ampliar os conceitos estudados.

Com efeito, o uso de *tablets* em situações de ensino concretiza a afirmação de Koch (2002, p. 65), para quem os hiperlinks, além de entrelaçar discursos no ciberespaço, têm a função de "amarrar as informações de modo a permitir que os leitores extraiam delas um conhecimento real e conclusões relativamente seguras, 'soldando' as peças esparsas de forma coerente, combinando adequadamente as pedras do mosaico". Os hiperlinks podem conduzir à continuidade dos sentidos de determinado conteúdo, especialmente se levamos em conta as limitações de espaço que a tela representa.

Na tecnologia móvel via *tablets*, acreditamos que a construção da coerência na rede hipertextual é sempre uma ação conjunta entre produtor e leitor na busca da coerência de ambas as partes, e é por isso que consideramos importante que o produtor de materiais para ações educativas via *tablet* tenha em mente seu aluno leitor, para quem ele elabora os textos e com quem ele compartilhará a construção dos sentidos dos materiais produzidos.

3. Sobre os planos de texto

Levando em conta que o hipertexto constitui um sistema de organização de informações (Koch, 2008), consideramos possível estabelecer uma relação entre esta concepção e os postulados de Adam (2008) sobre plano de texto, por caracterizar-se este como um princípio organizador que permite atender e materializar as intenções de produção, bem como distribuir a informação no desenvolvimento da textualidade.

Destacamos com Adam (2008, p. 256) que "os planos de textos estão, juntamente com os gêneros, disponíveis no sistema de conhecimento dos grupos sociais". A percepção de um princípio organizador que se depreenda a partir do texto auxilia a inferir os efeitos de sentido desejados. Daí a importância de se depreender um plano de ação que subjaza ao todo, que justifique as partes tal como se apresentam e explicite as relações entre elas e seu sentido para o todo, fornecendo subsídios para a construção dos sentidos do texto. Esse princípio pode também nortear a seleção de links e conteúdos hipertextuais para ampliação das informações de um texto.

De fato, durante a leitura, como ensina Le Ny (2005), em primeiro lugar, o leitor percebe a estrutura do texto, reconhecendo as categorias prototípicas do material que tem em mãos. Para a leitura na tela, essa percepção se torna mais evidente, pois, antes de iniciar a navegação e a escolha dos links que se deseja explorar, o leitor é obrigado a fazer um voo, mesmo que seja rápido, pela página inicial. Desse ponto de vista, a elaboração de um plano explícito do texto, além de facilitar a navegação, pode tornar consciente o percurso, possibilitando que, posteriormente, o usuário utilize essa informação em outras situações tanto de leitura quanto de produção.

Há que se destacar que Adam, ao abordar o plano de texto como princípio organizador, refere-se a níveis diferentes de organização, seja no que se refere a sua estrutura global, seja no que se refere à forma como os parágrafos se organizam, ou, ainda, à ordem em que as palavras se apresentam no texto.

Podemos compreender a importância dos planos de texto, quando, por exemplo, um agrupamento de proposições não corresponde a sequências completas; neste caso, o plano de texto constitui-se como principal fator unificador da estrutura composicional e desempenha papel fundamental na composição macrotextual do sentido.

Assim como os hiperlinks e a coerência, consideramos que o plano de texto tem um papel fundamental em contextos relacionados ao uso de tecnologia, em que vigora a escrita hipertextual, pois, no contexto dos dispositivos móveis, o plano de texto permite orientar esses conteúdos, fornecendo elementos indicativos do percurso de navegação e, consequentemente, orientando a leitura e a construção do conhecimento pelo estudante.

Também nesta seção, vale uma vez mais recorrer a Storrer (2009), já que a autora destaca a importância das superestruturas ou padrões textuais, defendendo que "quanto mais um texto corresponde às expectativas sobre os padrões textuais convencionalizados, tanto menores são os custos cognitivos durante o processamento textual e tanto maior é o grau de construção da coerência" (Storrer, 2009, p. 209).

Esta abordagem referenda nosso ponto de vista de que o conceito de plano de texto, tal como postula Adam (2008), faz-se pertinente, já que os planos de texto, segundo o autor, "permitem construir (na produção) e reconstruir (na leitura ou na escuta) a organização global de um texto" (Adam, 2008, p. 256).

Por esse motivo, defendemos que a elaboração do plano de texto, com auxílio de hiperlinks e hipertextos e o cuidado na realização do processo de indicação de pistas de coerência com recurso a hiperlinks devem ser compreendidos como processos estratégicos pertinentes para a leitura e a escrita de textos em geral e, em especial, para a escrita de textos destinados a ambientes virtuais de aprendizagem com o uso de tecnologia e, particularmente, de tecnologia móvel, em *tablets*.

Neste sentido, defendemos que o plano textual facilita o percurso do aluno quando apresenta o tema, delimita o conceito principal, fornece o desenvolvimento histórico do conceito ligado à temática da disciplina e propõe novos conceitos para aprofundamento da questão explorada.

4. Sobre as sequências textuais

Nossa defesa de que a escrita do texto destinado ao ensino por meio do *tablet* pressupõe um plano específico de texto, conforme exposto acima, leva-nos a retomar o conceito de sequências textuais de acordo com a concepção de Adam (2008).

Para o autor, as sequências textuais são unidades textuais complexas, compostas de um número limitado de conjuntos de proposições-enunciados: as macroproposições. Assim, para Adam (2008), a macroproposição é uma espécie de período que tem por propriedade principal ser uma unidade ligada a outras macroproposições, ocupando, pois, posições precisas dentro do todo ordenado de uma sequência textual.

Destaca Adam (2008) que cada macroproposição adquire seu sentido em relação às outras, na unidade hierárquica complexa da sequência e que, nesse aspecto, uma sequência constitui uma estrutura, ou seja,

— uma rede relacional hierárquica: uma grandeza analisável em partes ligadas entre si e ligadas ao todo que elas constituem;
— uma entidade relativamente autônoma, dotada de uma organização interna que lhe é própria e, portanto, numa relação de dependência-independência com o conjunto mais amplo do qual faz parte (o texto) (Adam, 2008, p. 204).

Adam ressalta que, diferentemente dos períodos simples, as macroproposições que entram na composição de uma sequência dependem de combinações pré-formatadas de proposições. Essas diferentes combinações são denominadas *narrativa, argumentativa, explicativa, dialogal e descritiva.*

Os cinco tipos de base, conforme destaca o autor, correspondem a cinco tipos de relações macrossemânticas memorizadas culturalmente (pela leitura, escuta e produção de textos), sendo, assim, transformadas em esquema de reconhecimento e de estruturação da informação textual.

Levando em conta as situações de produção dos textos educativos, especialmente daqueles destinados a ambientes virtuais de aprendizagem em *m-learning*, consideramos que duas delas se destacam: as sequências expositivas e as sequências explicativas, já que os conceitos precisam ser expostos ao estudante e, uma vez expostos, devem ser explicados, para facilitar o processo de aprendizagem autônoma uma vez que, nos processos a distância, professor e estudante não se encontram presentes simultaneamente no ambiente, o que, conforme Marquesi (2007), implica uma aprendizagem autônoma.

4.1 Sequências expositivas e sequências explicativas

Em dois trabalhos anteriores, Marquesi (2011, 2011a) reflete sobre a importância das sequências expositivas e das sequências explicativas para a produção de textos destinados ao ensino a distância, de um modo geral.

Sobre as sequências expositivas, entre os estudiosos que se dedicam ao tema, encontramos em Álvarez (2002, apud Marquesi, 2011a) contribuições significativas para nossas reflexões. A autora observa que o objetivo da exposição é o de oferecer ao leitor um tema, de forma clara e ordenada. Esse motivo justifica sua vasta utilização em textos científicos especializados, em artigos e periódicos, assim como em manuais didáticos, como é tema do presente estudo.

Álvarez (2002) propõe algumas técnicas utilizadas frequentemente nos textos predominantemente expositivos, técnicas essas ligada à organização da sequencialidade textual dessa tipologia. São elas a disposição ou ordenação, a exemplificação e a esquematização e resumo. A disposição do discurso é fundamental e, segundo a autora, deve ser clara e coerente, a fim de permitir que o leitor siga paulatinamente o desenvolvimento do tema. Sem dúvida, é importante que o produtor do texto busque um critério de organização dos conteúdos em função dos quais se distribuem tanto a ideia principal quanto os diversos aspectos a ela relacionados, tornando-se possível ao estudante ter acesso a uma informação precisa do tema. Daí a importância de se iniciar a exposição situando o tema a ser desenvolvido.

A exemplificação constitui outra estratégia pertinente aos textos com função expositiva, tanto que Álvarez (2002) considera os exemplos como elementos imprescindíveis na progressão da exposição e da explicação. Segundo a autora, eles cumprem a função de apoiar e analisar, facilitando a compreensão do tema tratado por parte do leitor.

A terceira técnica apontada por Álvarez (2002) é a esquematização (roteiro) e resumo, que, inseridos no início da exposição, facilitam sua compreensão. Acreditamos ser importante mencionar essa técnica, porque, embora não esteja relacionada com a sequência expositiva especificamente, ela se faz pertinente ao contexto educativo, que faz uso de textos cuja função é expor conceitos. Com efeito, os esquemas possibilitam ao estudante, a partir deles, ordenar os conteúdos hierarquicamente, destacando os mais significativos do texto, deixando fora aqueles detalhes irrelevantes.

A autora destaca ainda dois aspectos que, como ela, consideramos fundamentais na exposição: a exposição apela para uma relação de causalidade, que alude a um processo em que certos feitos provocam determinados resultados; a exposição recorre com frequência à descrição, especialmente à descrição técnica, a qual permite a enumeração de partes e finalidades de um objeto ou de um fenômeno, de um experimento com vistas a provar determinada hipótese e, até mesmo, para informar sobre o funcionamento e aplicação de conceitos ou procedimentos implicados.

Além disso, a língua escrita constitui o meio de transmissão dos conteúdos, característica especialmente pertinente às situações de ensino a distância como as que estão em foco neste texto. Com respeito às peculiaridades linguísticas ligadas ao tipo expositivo, vale destacar, com Álvarez (2002), a presença dos tempos verbais, o presente do indicativo, que marca o valor atemporal do que se expõe; e o pretérito imperfeito, que permite fazer referência a um processo ou a um desenvolvimento, ou seja, em situações nas quais o fator tempo seja importante.

Ainda com respeito às características linguísticas das sequências expositivas, vale destacar os aspectos sintáticos peculiares e o léxico empregado. Conforme Álvarez (2002), a estruturação sintática do texto deve dar conta do processo ou fenômeno que se pretende expor, motivo pelo qual são frequentes orações de caráter explicativo, como as relativas de sentido explicativo ou especificativo. O léxico, em geral, é técnico, de acordo com a área temática e, no caso de textos didáticos, de acordo com o nível do alunado.

Sobre as sequências explicativas, entre os estudiosos que se dedicam ao tema, encontramos em Bronckart (1999) e em Adam (2008) contribuições significativas para nossas reflexões.

Bronckart, em suas considerações, apoiadas em estudos realizados por Grize (1981), dá destaque ao fato de que o raciocínio explicativo, quando de sua textualização, apresenta-se geralmente na forma de uma sequência bastante simples, cujo *protótipo* comporta quatro fases, a saber: (1) *constatação inicial*, que introduz um fenômeno não contestável (objeto, situação, acontecimento, ação etc.); (2) *problematização*, que explicita uma questão da ordem do porquê ou do como, eventualmente associada a um enunciado de contradição aparente; (3) *resolução* (ou de *explicação* propriamente dita), que introduz os elementos de informações suplementares capazes de responder as questões colocadas; (4) *conclusão-avaliação*, que reformula e completa eventualmente a constatação inicial.

Podemos associar a primeira fase ao discurso expositivo, que cuida de apresentar os conceitos, o que não é, por si só, suficiente para dar conta das finalidades dos textos destinados a práticas educativas a distância. Conforme expusemos anteriormente neste texto, o material para ser veiculado nas práticas educativas à distância não conta com a presença do professor para dar, em tempo real, esclarecimentos ao estudante a respeito de conceitos que ele não compreendeu.

Para Bronckart (1999), ainda, as sequências explicativas têm por objetivo fazer compreender algo que julgamos ser de difícil compreensão. Trata-se de um fenômeno incontestável que carece de explicação, como é o caso dos conteúdos teóricos em situação educativa. Seu desenvolvimento é realizado por um agente autorizado e legítimo, como o produtor de textos teóricos para cursos em *m-learning*, por exemplo.

Adam (2008), por sua vez, ao nos apresentar a composição das sequências explicativas, corrobora nosso ponto de vista em relação a sua importância para o texto destinado a *m-learning* por meio do *tablet*.

Para o autor, a explicação aparece em segmentos curtos, portanto adequados ao exíguo espaço da tela do *tablet*. Essa peculiaridade de extensão relativa aos segmentos explicativos se verifica, segundo o autor, "na forma da frase periódica no presente que combina SE (introdutor de uma proposição que coloca um problema) com É QUE ou É PORQUE, introdutores de uma explicação" (Adam, 2008, p. 237).

Com respeito a peculiaridades linguísticas das sequências explicativas, Adam (2008) destaca que existem várias possibilidades de combinações para a construção da explicação, todas elas comportam um período hipotético seguido de uma explicação: SE p, É PORQUE q; SE p, É PARA QUE q; SE p, É EM RAZÃO DE q; SE p, É QUE q. O autor observa que inclusive é possível inverter a relação de orientação linear progressiva dos períodos hipotéticos, numa ordem regressiva, o que, no caso dos textos destinados ao ensino via *tablet*, permite ao estudante relacionar proposições e construir seu conhecimento. O linguista destaca ainda que as frases periódicas explicativas admitem a transformação É PORQUE/PARA q, QUE p e, permitem a utilização de estruturas periódicas retroativas, em que a explicação pode não ser indicada imediatamente, mas surgir de uma releitura desencadeada por conectores como É/POR ISSO.

Como vimos, a explicação comporta uma fase de constatação a qual associamos à exposição. No entanto, importa destacar que, ao estabelecer essa associação, não estamos sobrepondo os conceitos, uma vez que a constatação não compreende a exposição por completo, nem a exposição completa inclui necessariamente uma explicação. Entendemos que os conceitos se complementam e, portanto, podem ser utilizados de forma associada.

Com base nesse ponto de vista, defendemos que o texto destinado ao ensino a distância via *tablet* comporte os dois movimentos — expor e, em seguida, explicar —, de forma complementar e associada, em que, no primeiro, expõe-se uma ideia e, no segundo, busca-se um consenso na forma de o explicar.

5. A título de exemplificação, um texto para fins educativos em *m-learning*

De Gutemberg ao *tablet*: a tecnologia que nos une

O tema desta unidade é o desenvolvimento das tecnologias e seus impactos nas comunicações, desde o surgimento do livro impresso até os *tablets*. Você sabe o que é tecnologia?

Estamos acostumados a associar essa palavra ao uso de computadores, mas *tecnologia* é uma palavra muito antiga. Ela deriva do grego *tékhné*, que significa arte, habilidade. Em nossa língua, essa palavra foi introduzida no século XIX, *com o sentido de conjunto de processos de uma arte*, ou seja, habilidade para fazer algo.

[...]

Um marco tecnológico nas comunicações foi a invenção da **prensa móvel** no século XV, por Gutemberg, inventor e gráfico alemão. A prensa móvel representou um marco tecnológico porque tornou possível a produção em massa de livros, pela primeira vez na história.

[...]

A **tecnologia da informação e da comunicação**, resultado de pesquisas e investimentos, trouxe um mundo novo no qual diversão, trabalho, estudo e informação estão interligados, por isso é importante estudá-la.

Atualmente, devido ao desenvolvimento das tecnologias da informação e comunicação, podemos ler um texto em variados **suportes**.

[...]

Hipertexto, **convergência tecnológica**, **conexão em tempo real**, *tablet* são conceitos-chave para a compreensão das comunicações de nosso tempo. Por isso vamos explorá-los mais profundamente, para que você os domine. Vamos lá!

(Profa. Dra. Vilma Silva Lima; texto produzido para o *Campus Virtual* da Universidade Cruzeiro do Sul).

6. Alguns comentários sobre o texto

O texto que tomamos como exemplo, aqui reproduzido apenas parcialmente, foi desenvolvido para o suporte *tablet* e adéqua-se às peculiaridades do aparelho: possui, na sua versão original completa, 10 parágrafos, que estão desenvolvidos em 41 linhas, incluindo o título, e que contemplam 356 palavras, ou 1971 caracteres sem espaço e 2235 caracteres contando os espaços. Esse texto pode ser aberto no *tablet* no formato DOC utilizando o aplicativo Word To Go; ele pode também ser salvo em PDF.

A extensão dos parágrafos não ultrapassa cinco linhas. A utilização de parágrafos curtos constitui uma estratégia que visa a facilitar a leitura na tela.

Considerando a extensão do texto, foram selecionados hiperlinks relacionados aos conceitos-chave da unidade: *prensa móvel, tecnologia da informação e da comunicação, suportes, hipertexto, convergência tecnológica, conexão em tempo real, tablet*.

Cumpre observar que os hiperlinks selecionados pelo produtor correspondem a conceitos ligados ao tema da unidade — evolução tecnológica na comunicação —, e que, conforme já observamos, constituem estratégias da escrita hipertextual para orientar os alunos na leitura e construção da coerência textual, possibilitando-lhes ampliação e aprofundamento dos conceitos pertinentes à unidade.

Considerando a importância do plano de texto para a leitura, cumpre verificar como se torna visível, no texto de nosso exemplo, o plano de texto e das sequências textuais expositivas e explicativas. Neste aspecto, há que se ressaltar que a referida organização permite ao aluno virtual orientar-se em seu estudo: a introdução apresenta o tema da unidade (*o desenvolvimento das tecnologias e seus impactos nas comunicações*) e incita a participação do estudante, por meio de uma pergunta (*Você sabe o que é tecnologia?*). A apresentação do tema logo no início do texto atende ao caráter expositivo da introdução. A pergunta, embora pareça ter resposta óbvia, permite que, no desenvolvimento do texto, se apresente uma resposta não evidente, que corrige o engano de se associar a palavra tecnologia a computador apenas.

O desenvolvimento do texto, por meio do percurso histórico, define o que seja tecnologia e aplica esse conceito à comunicação, conduzindo ao conceito de tecnologias da informação e da comunicação. O percurso histórico resgata a invenção da prensa móvel, tecnologia fundamental para a expansão da comunicação escrita e da leitura em papel. A partir dessa informação histórica, passando pela ideia de evolução constante, o texto expõe o conceito de tecnologias da informação e da comunicação, outro conceito-chave para a unidade.

A conclusão, finalmente, apresenta os principais conceitos explorados na unidade, por meio de hiperlinks que permitem ao estudante o aprofundamento teórico dos conceitos e incita o aluno a continuar o percurso na unidade de estudo, por meio do convite (*Vamos lá!*).

Assim, podemos afirmar que o plano textual constrói um percurso para o aluno: apresenta o tema, delimita o conceito principal, fornece o desenvolvimento histórico do conceito ligado à temática da disciplina e propõe novos conceitos para aprofundamento da questão explorada, num movimento constante de exposição e explicação.

Vale ressaltar que a extensão do texto permite que ele se apresente na tela do *tablet* de 9,7 polegadas com uma fonte adequada à leitura. Esse é um fator importante, especialmente porque a visualização do texto integral em apenas uma página na tela permite ao leitor perceber a estrutura geral do texto, mapeando-o.

7. Considerações finais

Procuramos, ao longo deste capítulo, responder às três questões colocadas em seu início: Como a LT pode contribuir para a elaboração de textos destinados a práticas educativas com utilização de tecnologia móvel *(m-learning)*, especialmente no *tablet*? Quais são as características de um texto que veicula o ensino de conteúdos teóricos por meio do *tablet*? Quais temas da agenda atual da LT podem oferecer subsídios ao professor, na elaboração de textos destinados a *m-learning* em *tablet*?

Para tanto, buscamos aprofundar a reflexão sobre a tecnologia móvel para fins educativos, revendo a evolução ocorrida, nos últimos anos, no cenário das Novas Tecnologias e de sua aplicação no ensino, focalizando, sobretudo, o período compreendido entre o surgimento da Web 2.0 e o dos móveis e portáteis presentes em *m-learning*, mais especificamente, dos *tablets*.

A partir dessas reflexões, abordamos o diálogo possível entre a LT e as Novas Tecnologias, selecionando e discutindo tópicos de sua agenda atual que contribuem para a escrita do texto destinado ao leitor-aluno de um ambiente virtual de aprendizagem especial: o *m-learning em tablet*.

Entre os tópicos selecionados, pudemos constatar a importância da relação entre sequências textuais expositivas e explicativas na composição de um plano de texto, que favorece a leitura e construção da coerência por parte de um leitor que percorre os hiperlinks do texto, abre links, aprofunda conhecimentos, constrói o hipertexto e, consequentemente, aprende de forma autônoma nesse novo ambiente virtual de aprendizagem.

Por último, apoiando-nos nos conceitos teóricos selecionados, trouxemos às nossas considerações, a título de exemplificação, um texto escrito para *m-learning em tablet,* comentando, brevemente, sua composição.

A discussão realizada neste capítulo nos permitiu, de forma específica, aprofundar as relações entre LT e Novas Tecnologias, e, de forma geral, corroborar a tese que vimos defendendo nos últimos anos de que o ensino em ambientes virtuais de aprendizagem é uma questão de leitura e escrita.

Ao finalizar essas considerações, destacamos que o ensino em *m-learning* apresenta-se como campo vasto de pesquisa, restando-nos, a cada dia, identificar os novos temas de investigação que, de forma multidisciplinar, possam relacionar a LT às Novas Tecnologias e, assim, trazer novas contribuições ao ensino em ambientes virtuais de aprendizagem.

Referências

ADAM, J. M. *A Linguística Textual introdução à análise textual dos discursos.* Trad. Maria das Graças Soares Rodrigues, João Gomes da Silva Neto, Luis Passeggi, Eulália Vera Lúcia Fraga Leurquin. São Paulo: Cortez, 2008.

ÁLVAREZ, M. *Tipos de escrito II*: exposición y argumentación. Madrid: Arco Libros, 2002. p. 9-24.

ARAÚJO JR., C. F. Ambientes Virtuais de Aprendizagem: comunicação e colaboração na Web. In: MARQUESI, S. C.; ELIAS, V. M. da S.; CABRAL, A. L. T. (Orgs.). *Interações Virtuais perspectivas para o ensino de Língua Portuguesa à distância.* São Carlos, SP: Claraluz, 2008. p. 21-42.

ARAÚJO-JÚNIOR, J. S. O hiperleitor/aluno de língua estrangeira: a um clique da autonomia. In: RIBEIRO, Ana Elisa et al. *Linguagem, tecnologia e educação.* São Paulo: Peirópolis, 2010.

BEAUGRANDE, R. *New foundations for a science of text and discourse*: cognition, communication, and the freedom of access to knowledge and society. Norwood: Alex, 1997.

BOLTER, J. D. *Writing Space. The computer, hypertext and the history of writing.* New Jersey, 1991.

BRONCKART, J. P. *Atividade de linguagem, textos e discursos*: por um interacionismo sócio-discursivo. São Paulo: EDUC, 1999.

CABRAL, A. L. T. Produção de Materiais para Cursos a Distância: coesão e coerência. In: MARQUESI, S. C.; ELIAS, V. M. S.; CABRAL, A. L. T. (Orgs.). *Interações Virtuais — perspectivas para o ensino de Língua Portuguesa a distância.* São Carlos: Claraluz, 2008. p. 157-70.

CARON, A. H.; CARONIA, L. *Culture Mobile les nouvelles pratiques de communication.* Montréal: Les Presses Universitaires de Montréal, 2005.

CHARTIER, R. *A ordem dos livros. Leitores, autores e bibliotecas na Europa entre os séculos XV e XVIII.* Brasília: UnB, 1998.

DIEUAIDE, P. Travail Cognitif. In: *Communications 88, Cultures numériques.* Paris: Seuil, 2011. p. 177- 85.

ELIAS, V. M. S. *Do hipertexto ao texto*: uma metodologia para o ensino de língua portuguesa a distância. Tese (Doutorado). PUC-SP, 2000.

FREYSEN, J. M-Learning: an educational perspective. In: ATWELL, J.; SAVILL-SMITH, C. (Orgs.). *Mobile Learning anytime everywhere.* Londres, UK: MLEARN, 2004. 232p.

GEDDES, S. Mobile learning in the 21st century: Benefit for learners. Knowledge Tree e-journal. Retrieved from https://olt.qut.edu.au/udf/OLTCONFERENCEPAPERS/gen/static/papers/Cobcroft_OLT2006_paper.pdf. 2004.

GRIZE, J. B. Logique naturelle et explication. *Revue Européenne dês Sciences Sociales*, n. 56, t. XIX. Genève: Droz, p. 7-14, 1981.

KOCH, I. G. V. *Desvendando os segredos do texto*. São Paulo: Cortez, 2002.

_____. *Introdução à Linguística Textual:* trajetória e grandes temas. São Paulo: Martins Fontes, 2004.

_____. *As tramas do texto*. Rio de Janeiro: Nova Fronteira, 2008.

LAVID, J. *Lenguage y Nuevas Tecnologías nuevas perspectivas, métodos y herramientas para el lingüista del siglo XXI*. Madrid: Cátedra, 2005.

LEÃO, L. *O labirinto da hipermídia*: arquitetura e navegação no ciberespaço. São Paulo: Iluminuras/Fapesp, 1999.

LE NY, J-F. *Comment l'esprit produit du sens*. Paris: Odile Jacob, 2005.

LÉVY, P. *As formas do saber.* Entrevista a Florestan Fernandes Jr., 2001. Disponível em: <http://www.eesc.usp.br/nomads/hac/levy_educacao.html>. Acesso em: 15 fev. 2011.

LION, C. *Imaginar con tecnologias relaciones entre tecnologias e conocimiento*. Buenos Aires: La Crujía Ediciones, 2006.

MARCUSCHI, L. A. Gêneros textuais emergentes no contexto da tecnologia digital. In: MARCUSCHI, L. A.; XAVIER, A. C. (Orgs.). *Hipertexto e gêneros digitais*: novas formas de construção do sentido. Rio de Janeiro: Lucerna, 2004. p. 13-67.

MARQUESI, S. C. Novas perspectivas no ensino de português para fins específicos: da sala de aula para o ensino via Internet. In: FAVERO, L. L.; BASTOS, N. B.; MARQUESI, S. C. *Língua portuguesa*: pesquisa e ensino. v. 2. São Paulo: Educ/Fapesp, 2007. p. 119-28.

_____. Escrita e reescrita de textos acadêmicos na pós-graduação: a retextualização em foco. *Páginas de Guarda* — Revista de Lenguaje, Edición y Cultura Escrita, n. 9, p. 49-60, 2010.

_____. Contribuições da Análise Textual dos Discursos para o Ensino em Ambientes Virtuais. XVI CONGRESSO INTERNACIONAL DA ASSOCIAÇÃO DE LINGUÍSTICA E FILOLOGIA DA AMÉRICA LATINA (ALFAL), 6-9 jun. 2011, Universidade de Alcalá, Alcalá de Henares, Espanha.

_____. Interação em Ambientes Virtuais de Aprendizagem: sequências expositivas e descritivas em aulas teóricas. IV SIL — SEMINÁRIO INTERNACIONAL DE LINGUÍSTICA, 8-11 nov. 2011a, Universidade Cruzeiro do Sul, São Paulo-SP.

MARQUESI, S. C.; ELIAS, V. M. S. Escrita & leitura: do manuscrito à digitalização. In: BASTOS, N. B. (Org.). *Língua portuguesa em calidoscópio*. São Paulo: Educ, 2004. p. 349-56.

_____; CABRAL, A. L. T.; ELIAS, V. M. S.; VILLELA, A. M. N. Ensino em meios digitais: uma questão de leitura e escrita. In: BENTES, A. C.; LEITE, M. Q. (Orgs.). *Linguística de texto e análise da conversação — panorama das pesquisas no Brasil*. São Paulo: Cortez, 2010. p. 354-88.

MARTY, N. *Informatique et nouvelles pratiques d'écriture*. Cahors: Nathan, 2005.

SANDIG, B. O texto como conceito prototípico. In: WEISSER, H. P.; KOCH, I. G. V. (Orgs.). *Linguística Textual*: perspectivas alemãs. Rio de Janeiro: Nova Fronteira, 2009. p. 47-72.

SANTOS, E. Educação *online* para além da EAD: um fenômeno da cibercultura. In: SILVA, M.; PESCE, L; ZUIN, A. *Educação* online: cenário, formação e questões didático-metodológicas. Rio de Janeiro: Wak Editora, 2010. p. 29-43.

SHARMA, S.; KITCHENS, F. Web services architecture for m-learning. *Electronic Journal of e-Learning*, v. 2, p. 203-16, 2004.

STORRER, A. A coerência nos hipertextos. In: WEISSER, H. P.; KOCH, I. G. V. (Orgs.). *Linguística Textual*: perspectivas alemãs. Rio de Janeiro: Nova Fronteira, 2009. p. 98-117.

Parte 3

A relevância de Ingedore Koch para a Linguística e para o ensino no Brasil

O Papel de Ingedore Koch no Projeto de Gramática do Português Falado

Ataliba Teixeira de Castilho
Universidade de São Paulo/USP
Universidade Estadual de Campinas/UNICAMP

Com o lançamento do projeto de Gramática do Português Falado, em 1988, convidei vários especialistas a comporem seu quadro de pesquisadores, distribuídos por grupos de trabalho, recrutados em doze universidades brasileiras.

Ingedore coordenou o grupo de Organização Textual-Interativa, composto por Clélia C. S. Jubran, Dercir Pedro de Oliveira, Hudinilson Urbano, José Gaston Hilgert, Leonor Lopes Fávero, Luiz Antonio Marcuschi, Luiz Carlos Travaglia, Maria Cecília Pérez de Oliveira e Silva, Maria do Carmo O. T. Santos, Maria Guadalupe de Castro, Maria Lúcia C. V. O. Andrade, Mercedes Sanfelice Risso, Paulo Galembeck e Zilda G. Oliveira Aquino.

Exigiu-se desse grupo um pioneirismo quase absoluto, pois não havia até então a experiência de lidar com o texto no interior de uma gramática de referência. Nem por isso Ingedore e seus colegas arrepiaram carreira. Ao cabo de vinte anos de árduas pesquisas, esse grupo dispunha de uma excelente teoria sobre o texto, inferida dos dados do Projeto NURC.

Não por acaso, o grupo saiu à frente dos demais, publicando em 2006 a *Gramática do português culto falado no Brasil*, v. I, Construção do texto falado.

O grupo de Organização Textual-Interativa parte de *"uma concepção específica da linguagem, que passa a ser vista como uma forma de ação, uma atividade verbal exercida entre dois protagonistas, dentro de uma localização contextual, em que um se situa reciprocamente em relação ao outro, levando em conta as circunstâncias da enunciação, de que fazem parte os entornos espaçotemporal e histórico-social que unem os interlocutores"*. Isto quer dizer que não podem ser desprezadas as estratégias conversacionais. O texto resulta de uma conversação.

Mais interessados nos processos de constituição do texto, o grupo de Ingedore operou com os seguintes conceitos:
- Organização tópica do texto falado: o tópico discursivo, o par dialógico pergunta-resposta, o relevo no processamento da informação.
- Estratégias de construção textual: a repetição, a correção, o parafraseamento, a parentetização, a tematização e a rematização, a referenciação.
- Marcadores discursivos: traços definidores dos marcadores discursivos, marcadores discursivos basicamente sequenciadores, marcadores discursivos basicamente interacionais.

Pela primeira vez pudemos ver como os textos são construídos ao longo do diálogo, o que obrigou o grupo a reunir ordenadamente os processos que bailavam na bibliografia da época, sem um arranjo visível, sem uma articulação eficaz.

Como foi que Ingedore e seus colegas conseguiram obter esse resultado, para o qual não havia modelos a adotar ou a evitar, partindo todos praticamente do marco zero? É difícil saber, mas ficou evidente desde os primeiros momentos do projeto que ela combinava gentileza e firmeza, busca de informação e filtragem dos resultados assim obtidos, ausência de adesismo fácil e pertinácia no aprofundamento das intuições colhidas no exame do *corpus*. O certo é que dispomos hoje de uma teoria sobre o texto falado, duramente gerada em nossos ambientes acadêmicos, graças à pertinácia da Ingedore.

Penso que o melhor reconhecimento às suas atividades no interior do projeto de gramática do português brasileiro falado será manter com ela um diálogo sobre os achados de seu grupo. Foi o que fiz, em minha *Nova gramática do português falado,* cap. 5, reunindo os processos de constituição do texto em três impulsos criativos: a formulação do tópico discursivo (= criação da unidade discursiva, que expressa os diferentes quadros tópicos, conexidade textual), sua reformulação (= repetição, paráfrase) e sua descontinuação (= parênteses e digressão), momento em que um novo tópico é formulado, e assim por diante.

Esses impulsos criativos, por sua vez, representam uma generalização das estratégias conversacionais.

Quando conversamos, tentamos o tempo todo prever os movimentos verbais do interlocutor, isto é, se ele completou sua intervenção, se ela ainda está em curso, se devemos antecipar nossa entrada no curso da fala etc. Proponho que o princípio da ativação se fundamenta na estratégia da projeção conversacional. Esse princípio é responsável pela ativação das propriedades discursivas, de que resultam o tópico, o quadro tópico, os conectivos textuais.

Outra estratégia conversacional é a da correção. No curso de uma conversação temos frequentemente de mudar seu rumo, seja corrigindo nossas próprias intervenções (= autocorreção), seja corrigindo a intervenção do interlocutor (= heterocorreção). O sistema de correção conversacional busca eliminar os erros de planejamento. Proponho que o princípio de reativação se fundamenta na estratégia da correção. A reativação discursiva produz as repetições e as paráfrases.

Finalmente, observam-se na conversação movimentos de abandono ou desativação de uma estratégia em curso, e consequente ativação de outra. Isso explica as *despreferências*, termo proposto por Marcuschi para rotular uma estratégia que consiste em verbalizar o que não é esperado, violando-se o princípio de projeção pragmática. Isso ocorre quando respondemos a uma pergunta com outra pergunta, quando recusamos um convite etc. Nestes casos, segundo esse mesmo autor, cria-se na conversação um "vazio pragmático". Proponho que o princípio sociocognitivo de desativação, ou da elipse, se fundamenta na estratégia conversacional de despreferência. A desativação discursiva promove a descontinuação tópica, via parênteses e digressões.

Esses princípios não regem apenas a organização discursiva, atuando também no léxico, na semântica e na gramática.

Creio que estamos devendo à Ingedore a busca de correlatos sintáticos dos processos discursivos que ela e seu grupo identificaram. Afinal, a Ingedore é sintaticista também!

O Papel de Ingedore Koch na Formulação da Perspectiva Textual-Interativa

Clélia Cândida Abreu Spinardi Jubran (*in memoriam*)
Universidade Estadual Paulista/UNESP-São José do Rio Preto

No contexto do Projeto de Gramática do Português Falado (PGPF), idealizado e coordenado por Ataliba Teixeira de Castilho, foram constituídos grupos de pesquisa, dentre os quais o de Organização Textual-Interativa, o chamado Grupo do Texto. Esse Grupo teve o privilégio de ser liderado pela nossa homenageada, Ingedore Koch, especialista de renome na área da Linguística Textual. Como participante do Grupo, ressalto sua competência e dedicação na condução dos trabalhos, que levaram a resultados inéditos, no que diz respeito tanto à formulação de princípios teóricos para a análise de textos falados, quanto à descrição de processos de construção textual, depreendidos do material do NURC.

O grande desafio que o Grupo enfrentou foi o de incorporar o texto como objeto de estudos no quadro de uma gramática de referência, uma vez que as unidades de análise comumente focalizadas nas gramáticas chegavam até o nível frasal. Para dar conta desse desafio, duas questões então se impuseram: a elaboração de uma proposta teórica para a abordagem do texto falado em uma gramática e a definição de uma unidade de análise de estatuto textual, já que o texto apresenta propriedades fundadas numa ordem própria de relações constitutivas, diferenciadas das que se estabelecem no âmbito da frase.

Restringindo-me à primeira questão, apresento a seguir, resumidamente, os princípios da Perspectiva Textual-Interativa, denominação pela qual ficou conhecida a Proposta do Grupo do Texto para o PGPF. À Proposta inicial vou acrescentar fundamentos que subjazem às pesquisas feitas pelo Grupo, entendendo que a explicitação deles pode mostrar dimensões importantes dos trabalhos realizados sob a coordenação de Ingedore. Destaco aqui que esse acréscimo decorreu da leitura do conjunto da produção do Grupo, feita em uma segunda etapa do PGPF, que consistiu na sistematização de toda essa produção, para a publicação do volume 1 da *Gramática do português culto falado no Brasil: a construção do texto* (Jubran; Koch, 2006). Foi uma tarefa muito instigante, que tive o prazer de partilhar com Ingedore, em reuniões sempre marcadas pelo seu jeito amável de discutir pontos essenciais dos textos de nossos colegas.

No início de seus trabalhos, o Grupo do Texto reconheceu que era necessário estabelecer um consenso a respeito de um ponto de vista sobre a linguagem, a partir do qual seria definido o texto, bem como seriam estabelecidas coordenadas para a abordagem textual dentro de um projeto de gramática. Adotou, então, a concepção de linguagem como interação social, como forma de ação verbal, pela qual os interlocutores realizam tarefas comunicativas de troca de representações, metas e interesses, no contexto de um espaço discursivo sempre orientado para os parceiros da comunicação: como eles se situam reciprocamente, em função de suas representações mútuas quanto a papéis sociais e discursivos, conhecimento partilhado de mundo, atitudes, propósitos e reações assumidas no intercâmbio comunicativo.

Com base nesse conceito de linguagem, foi formulada a Perspectiva Textual-Interativa, cujo postulado primeiro foi o de que as propriedades e funções dos processos constitutivos do texto são definidas nas situações concretas de interlocução, de modo que suas análises não poderiam dissociá-los de suas condições de efetivação no processo de interação verbal. Esse postulado fundamenta-se na concepção de texto, então assumida pelo Grupo, como uma unidade sócio-comunicativa, sujeita a pressões de ordem interacional.

Dessa concepção de texto decorre um princípio essencial da Perspectiva Textual-Interativa: o de que os fatores interacionais são constitutivos do texto e inerentes à expressão linguística. Ou seja, as condições enunciativas que sustentam a ação verbal mostram-se no texto, por meio das próprias escolhas comunicativamente adequadas à situação interlocutiva. Em decorrência, o texto firma-se como o lugar de identificação de pistas indicadoras de regularidades de um sistema de desempenho verbal. Essa foi uma importante observação feita por Milton do Nascimento que, no seu papel de assessor acadêmico do PGPF para assegurar interface entre os Grupos desse Projeto, pressupôs um sistema de desempenho linguístico, constituído dos subsistemas Discursivo, Semântico, Morfossintático e Fonológico, caracterizáveis em termos de regularidades definíveis em função de suas respectivas naturezas (Nascimento, 1993). Essa pressuposição permite duas ponderações: primeira, a de que uma gramática deve contemplar regularidades, isto é, o que há de sistemático na fala; segunda, a de que, por se tratar de um *sistema de desempenho* linguístico, o enfoque de pesquisas gramaticais direciona-se não apenas para regularidades estritamente estruturais, como também para sistematicidades da atividade discursiva. No que diz respeito ao texto falado, dada a sua natureza processual momentânea e dinâmica, fortemente ancorada em dados pragmáticos que interferem na sua elaboração, as regularidades apontadas na gramática são prevalentemente relacionadas com princípios de processamento de procedimentos de construção textual, que evidenciam o sistema de desempenho verbal. O caráter sistemático desses procedimentos é aferido pelas marcas formais que os caracterizam e pelo preenchimento de funções textual-interativas que lhes são peculiares.

Em síntese, esta foi a Proposta do Grupo do Texto para o PGPF: deslocar o foco do produto linguístico de uma interlocução verbal para os processos acionados no exercício da linguagem, buscando sistematicidades enunciativas depreendidas do processamento textual imbuído de fatores interacionais.

Considerando a imanência do jogo interacional na materialidade linguística do texto, os processos de formulação textual necessariamente conjugam as funções textual e interativa, de modo que a análise dos mesmos deve mostrar essa imbricação das duas funções, sem dicotomizá-las. Esse princípio analítico, constante da Proposta da Perspectiva Textual-Interativa, foi refinado em alguns estudos efetuado pelo Grupo e, embora esse refinamento não tenha sido explicitado na Proposta, é possível detectá-lo, por exemplo, nos trabalhos sobre Marcadores Discursivos (Risso; Silva e Urbano, 2006) e sobre Parentetização (Jubran, 2006). Nesses trabalhos, é afirmado que a projeção das relações interacionais na formulação textual é um fenômeno graduável, que se estabelece em uma configuração não discreta, desde uma menor a uma maior incidência do foco funcional de todo e qualquer procedimento com estatuto textual na interação. Em contrapartida, há igualmente uma gradação da manifestação da função textual desses procedimentos, cujos limites são caracterizados pela maior ou menor focalização da construção do texto. Há, portanto, duas tendências funcionais básicas integradas, mas contrabalanceadas, de sorte que a conjugação das funções textual e interacional é pautada por um princípio de gradiência, segundo a dominância de uma ou outra. Ou seja, quando um determinado procedimento de construção textual atua preponderantemente na organização informacional do texto, decresce a manifestação das contingências da interlocução, sem que se obliteram as demandas pragmáticas para a ocorrência desse procedimento. Por outro lado, quando um procedimento de textualização apresenta uma tendência mais acentuada para focalizar a atividade enunciativa, sinalizando o predomínio da função interacional, sua funcionalidade no andamento do fluxo informacional passa a segundo plano, sem que, com isso, sejam anuladas as suas implicações no desenvolvimento do texto. Isto porque a explicitação de dados da atividade enunciativa na materialidade textual tem papel importante no estabelecimento das referências ativadas pelos interlocutores em suas falas, dentro do quadro sociocomunicativo em que interagem, pois promove a ancoragem de tais referências no espaço discursivo gerador dos sentidos textuais.

Dado que o direcionamento interacional e o textual são correlativamente graduáveis, uma tipologia funcional dos processos constitutivos do texto requer a consideração de um contínuo, cujos parâmetros comportam, de um lado, os elementos com função dominante de organização, condução, manutenção ou mesmo quebra do fluxo de informação e, de outro, os elementos predominantemente focalizadores das circunstâncias enunciativas. Entre um polo e outro do contínuo, distribuem-se classes intermediárias, conforme a sucessiva projeção da função textual sobre a interacional e o crescimento da interacional sobre a textual.

Neste ponto, é importante destacar que, pelo fato de a Perspectiva Textual-Interativa reconhecer a dinamicidade dos eventos comunicativos, não se recortam classes funcionais estanques, já que há uma fluidez de limites entre elas. Também não se estabelece uma correlação unívoca entre um determinado processo de elaboração textual e uma dada classe funcional, pois o mesmo processo pode atualizar de formas diferentes a combinação das funções textuais e interacionais, a depender dos propósitos com que é usado.

Para finalizar, gostaria de registrar que, à luz das coordenadas teórico-analíticas formuladas pelo Grupo do Texto para o estudo do texto falado, foram resgatados, no quadro de uma gramática, fatos que, a partir de um ponto de vista sobre a língua escrita, eram vistos como "disfluências" da fala. O Grupo pesquisou tais fatos e constatou regularidades no seu processamento, confirmando que eles não são aleatórios e nem podem ser avaliados de forma negativa como perturbadores da fluência da fala, pois exercem importantes funções textuais e interacionais.

Esta foi uma colaboração relevante dos estudos empreendidos pelo Grupo do Texto, tão sabiamente conduzido por Ingedore Koch.

Referências

JUBRAN, C. C. A. S. Parentetização. In: JUBRAN, C. C. A. S; KOCH, I. G. V. (Orgs.). *Gramática do português culto falado no Brasil*: construção do texto falado. v. 1. Campinas: Editora da Unicamp, 2006.

_____; KOCH, I. G. V. (Orgs.). *Gramática do português culto falado no Brasil*: construção do texto falado. v. 1. Campinas: Editora da Unicamp, 2006.

NASCIMENTO, M. *Gramática do português falado*: articulação teórica. 1993. (mimeo.)

RISSO, M. S.; SILVA, G. M. O. e UBANO, H. Traços definidores dos marcadores discursivos. In: JUBRAN, C. C. A. S.; KOCH, I. G. V. (Orgs.). *Gramática do português culto falado no Brasil*: construção do texto falado. v. 1. Campinas: Editora da Unicamp, 2006.

Linguística Textual:
da teoria à prática de ensino
Contribuições de Ingedore Koch

Luiz Carlos Travaglia
Universidade Federal de Uberlândia/UFU

Todos os textos deste livro têm o objetivo primeiro de homenagear a Profa. Dra. Ingedore Grünfeld Villaça Koch. Escrever um texto para homenagear uma professora, pesquisadora, orientadora e amiga é um prazer, mas revisar a vida acadêmico-científica de alguém, focalizando um de seus aspectos, é tarefa árdua, mesmo que se tenha intimidade com seu pensamento e obra, pois todos os aspectos são sobremaneira inter-relacionados.

Neste texto buscamos focalizar a influência de Koch no ensino de Língua Portuguesa. Mensurar com exatidão a influência da obra de um pesquisador e autor, sobretudo alguém da estatura de Koch, sobre o ensino de Língua Portuguesa, em seu todo ou em determinados aspectos, como, por exemplo, na produção de material para o ensino, é tarefa que exigiria uma pesquisa consideravelmente extensa, tendo em vista que temos:

a) o contato direto e indireto com a obra do autor, pela leitura direta dos textos ou pela leitura das citações e de obras nela inspiradas e, no caso da Profa. Dra. Ingedore G. V. Koch, foram inúmeras as obras (teses, artigos, livros etc.) que se inspiraram em seus trabalhos;

b) os que foram formados diretamente por ela — influenciados por sua atuação como professora, orientadora, conferencista etc. —; e os que foram formados por ela indiretamente, seja pela leitura de seus inúmeros trabalhos, seja por meio da influência dos que tiveram contato direto com ela.

Sabe-se que a significação social de um cientista advém dos efeitos que seus trabalhos produziram na sociedade em que foram gerados e/ou divulgados, e isto pode acontecer no curto e no longo prazo, de maneira imediata ou mediata. Quanto mais um trabalho é utilizado por uma sociedade para resolução de seus problemas culturais e práticos, mais significação social este trabalho adquire.

Munido dessa consciência sobre a extensão da tarefa e de nossa limitação, por razões diversas, é que nos propomos aqui a focalizar alguns aspectos que nos parecem relevantes sobre a influência da obra e trabalho de Ingedore Grünfeld Villaça Koch no ensino de Língua Portuguesa, particularmente no Brasil.

No Brasil, foi por meio principalmente de obras de Ingedore Grünfeld Villaça Koch, Luiz Antônio Marcuschi e Leonor Lopes Fávero que a Linguística Textual (LT, daqui em diante) chegou aos meios acadêmicos dos estudos linguísticos. Esses autores, por meio de seus trabalhos e da divulgação de trabalhos de alguns autores estrangeiros como Michel Charolles, Teun van Dijk, Beaugrande, Dressler, Halliday e Hasan, Bernardez, entre outros, num primeiro momento, fizeram ver que os estudos linguísticos não podiam ficar limitados aos níveis lexical e frasal da língua. Era preciso trabalhar no nível textual-discursivo para explicar o real funcionamento da língua e seus recursos na interação verbal para a comunicação e explicar vários fatos sobre a língua que seriam inexplicáveis sem um olhar para o textual-discursivo. O funcionamento da língua acontece em textos com seu funcionamento discursivo e não por palavras e frases.

O efeito dessa consciência foi imediato e a partir da década de 1980, na questão do ensino, muitos começaram a dizer que o ensino de Língua Portuguesa, como língua materna, e mesmo o ensino de língua estrangeira precisavam ter como centro e ponto de partida o texto (cf., p. ex., Geraldi, 1985). E já na década de 1990, orientações curriculares para os ensinos Fundamental e Médio colocavam o texto e seus gêneros como o centro do ensino de Língua Portuguesa.

Textos como os de Koch e Fávero (1983) e Koch (1984, 1989 e 2004), Koch e Travaglia (1989 e 1990),[1] divulgaram largamente os conceitos básicos da LT entre os professores, sendo muito utilizados na formação de professores de língua e mesmo em outros cursos de profissões em que a questão da linguagem e seu uso é fundamental (como o Jornalismo, por exemplo). Textos claros em sua linguagem permitiram a todos os interessados, mesmo aos não linguistas, o acesso a conceitos e modelos da LT. Koch e Fávero (1983) disseram o que era LT, apresentaram seus principais modelos, registraram sua evolução da análise transfrástica, passando pelas gramáticas textuais e chegando às teorias do texto e a uma visão pragmático-enunciativa e sociocognitiva do texto. Koch (2004) atualizou e ampliou as informações sobre a LT e seus temas e avançou perspectivas de estudo dessa área da Linguística. Independentemente das concepções adotadas pela LT, as principais tarefas desse campo de estudos permaneceram basicamente as mesmas, sendo, segundo Koch e Fávero (1983), as seguintes:

a) verificar o que faz com que um texto seja um texto, isto é, determinar os seus *princípios de constituição*, os fatores responsáveis pela sua *coerência*, as condições em que se manifesta a textualidade (*Textäftigkeit*);

b) levantar critérios para a delimitação de textos, já que a *completude* é uma das características essenciais do texto;

c) diferenciar as várias espécies de textos. (Fávero; Koch, 1983, p. 14)

---

1. Koch tem uma vasta produção. Seu Currículo Lattes registra nada menos que 60 artigos em periódicos, 17 livros publicados (alguns em coautoria), 8 livros e números de periódicos organizados, 42 capítulos de livros, 40 trabalhos completos em anais de congressos. À sua atuação como professora regular na PUC-SP e na Unicamp, agrega-se um grande número de conferências proferidas e a ministração de 97 cursos de curta duração (especialização, aperfeiçoamento ou extensão) ministrados, o que sem dúvida aumenta sobremaneira sua contribuição na formação de profissionais da Linguística e de professores de língua. Aqui vamos citar apenas alguns trabalhos que nos permitam chamar a atenção para alguns aspectos de sua contribuição em termos da produção de textos apropriados a professores de Língua Portuguesa dos ensinos Fundamental e Médio.

No Brasil, os trabalhos de Koch foram fundamentais para o cumprimento dessas tarefas e para a divulgação dos resultados a elas correlacionados. Assim, Koch (1984, 1989 e 1992) e Koch e Travaglia (1989 e 1990), além de inúmeros artigos de Koch, buscavam realizar as duas primeiras tarefas. Apesar de sua simplicidade expositiva, Koch (1989) propunha um modelo de coesão inovador, simples e abrangente que vai orientar as atividades em sala de aula sobre coesão, e Koch e Travaglia (1989 e 1990) também propõem um modelo de coerência bem simples e diferente dos autores estrangeiros, que vai ser importante para orientar e embasar atividades de produção e compreensão de textos. Essas duas tarefas também têm respostas importantes em Koch (1984, 1992) e em muitos artigos da autora. A questão da coerência se amplia consideravelmente em seus trabalhos (1997, 2002, 2007 e 2008). A terceira tarefa tem como um de seus pontos de partida o artigo de Koch e Fávero (1987), mas é desenvolvida mais por outros pesquisadores a partir da proposta de Bakhtin sobre gêneros do discurso, e o estudo sobre categorias de texto[2] vai levar à proposição não só dos textos, mas dos gêneros como base do ensino de língua, já que eles são os instrumentos criados e estabelecidos pela sociedade como apropriados para a interação sociocomunicativa nas mais diversas e diferentes situações.

Como foi dito, muitos outros aspectos relativos ao texto, sua composição e constituição, seu funcionamento e estabelecimento de sua significação vão ser tratados em inúmeros artigos. Uma dessas questões, bastante importante, é a da sequencialidade e da referenciação, que Koch trata em Koch e Braga (1995), Koch e Morato (2001) e Koch, Morato e Bentes (2005), em que aparecem trabalhos seus e de outros.

Todos esses trabalhos têm um caráter teórico e não foram escritos diretamente para os professores, mas tiveram e continuam tendo uma grande influência em sua formação e em suas preocupações sobre como ensinar, sobre como dar aulas de Língua Portuguesa para seus falantes e como dar aulas de línguas em geral e, especialmente, como tornar os alunos usuários competentes da língua, capazes de produzir e compreender textos adequados nas mais diferentes situações de interação comunicativa. Além de apresentar

---

2. No sentido proposto por Travaglia (2007 e 2007a).

elementos teóricos em linguagem acessível a qualquer professor de língua, alguns destes textos se referem explicitamente a questão do ensino, como Koch e Travaglia (1990), que em seu capítulo 5 fala de "Coerência e Ensino", alertando os professores sobre fatos que o conhecimento do conceito de coerência e de como ela se estabelece deixa patentes para o professor, em suas atividades de ensino, sobre como considerar elementos da língua e sobre como, por exemplo, julgar a boa formação de textos de alunos. Também em Koch (2008), temos alguns capítulos diretamente voltados para o professor, com a discussão de questões de ensino em sua relação com conhecimentos trazidos pela LT, a saber, os capítulos 12 (Aquisição da escrita), 13 (Linguística Textual e ensino de português) 14 (Produção e compreensão de textos: a perspectiva da Linguística Textual) e 15 (Leitura e redação). Portanto, a preocupação com o uso dos conhecimentos trazidos pela LT para o ensino sempre esteve presente na obra da linguista, em função principalmente do público com quem sempre trabalhou em cursos de extensão, graduação, pós-graduação *lato* e *stricto sensu*.

Mais recentemente, Koch, em coautoria com Elias, publica dois livros magistrais (Koch; Elias, 2006 e 2009) sobre as questões do texto que foram escritos como material bibliográfico direcionado aos professores de línguas — materna e estrangeiras — dos ensinos Fundamental e Médio. Nesses livros o interesse direto é o ensino de língua no que diz respeito à produção e compreensão de textos e o funcionamento da língua em geral. Como dizem as autoras, com esses livros:

> Espera-se [...] preencher uma lacuna no mercado editorial, no qual têm predominado as obras teóricas sobre a questão, ou, então, os livros didáticos. Nossa preocupação é de estabelecer uma ponte entre teorias sobre texto e leitura (Koch; Elias, 2006) / entre teorias sobre texto e escrita (Koch; Elias, 2009) e práticas de ensino. Por esse motivo, são nossos interlocutores privilegiados os professores dos vários níveis de ensino, em especial os de línguas — materna e estrangeiras —, estudantes dos cursos de Letras, de Pedagogia, bem como os demais interessados em questões de compreensão de leitura (Koch e Elias-2006) / (e de) produção escrita (Koch e Elias, 2009) ensino e funcionamento da linguagem de modo geral. (Koch; Elias, 2006, p. 8; 2009, p. 9)

A simples observação dos capítulos de ambos os livros nos leva a observar que as autoras atingiram os seus objetivos, sobretudo ao construir seus capítulos com uma exposição atual e atualizada acerca de cada tópico tratado, apresentando determinados consensos da Linguística a respeito de cada um de maneira precisa e acessível a qualquer leitor. A farta exemplificação em textos dos mais variados gêneros, inclusive textos de alunos, permite ao professor compreender claramente os aspectos a que deverá estar atento no trabalho de sala de aula, para conseguir que seus alunos se tornem cada vez mais competentes na produção e compreensão de textos. Os dois livros tratam basicamente dos mesmos tópicos, mas o fazem da perspectiva da produção (Koch; Elias, 2009) e da compreensão de textos (Koch; Elias, 2006), o que nunca tinha sido feito antes da forma como as autoras o conseguiram. O quadro abaixo mostra que os tópicos são basicamente os mesmos.

Ler e escrever — Estratégias de produção textual (Koch; Elias, 2009)	*Ler e compreender — Os sentidos do texto* (Koch; Elias, 2006)
Cap. 1 — Fala e escrita: Características da fala e da escrita / Oralidade na escrita	
Cap. 2 — Escrita e interação: O que é escrita / Conhecimentos linguístico, enciclopédico, de textos, interacionais	Cap. 1 — Leitura, texto e sentido: O que é leitura / Como acontece a leitura / Contexto Cap. 2 — Leitura, sistemas de conhecimento e processamento textual: Conhecimentos linguístico, enciclopédico e interacional.
Cap. 3 — Escrita e práticas comunicativas: Gêneros / Sequências	Cap. 5 — Gêneros textuais
Cap. 4 — Escrita e contextualização: Cotexto / Contexto / Focalização	Cap. 3 — Texto e contexto
Cap. 5 — Escrita e intertextualidade	Cap. 4 — Texto e intertextualidade
Cap. 6 — Escrita e progressão referencial: Referenciação / Coesão referencial — seus recursos, mecanismos e processos / Funções das expressões nominais.	Cap. 6 — Referenciação e progressão referencial Cap. 7 — Funções das expressões nominais referenciais.
Cap. 7 — Escrita e progressão sequencial: Coesão sequencial, seus recursos, mecanismos e processos	Cap. 8 — Sequenciação textual
Cap. 8 — Escrita e coerência	Cap. 9 — Coerência textual: um princípio de interpretabilidade

Como se pode observar, há entre os dois livros um paralelismo relativo aos tópicos tratados, mas longe de se ter uma repetição há um tratamento complementar, pois, como dissemos, o livro *Ler e compreender* (Koch; Elias, 2006) trata esses tópicos, mostrando ao professor o que é importante trabalhar com o aluno no processo de compreensão de textos, e o livro *Ler e escrever* (Koch; Elias, 2009) trata os mesmos tópicos, chamando a atenção para o que o professor pode e deve buscar controlar nas atividades de ensino em relação à produção de textos.

Apenas para exemplificar, construímos o pequeno texto de (1) e o comentamos, de modo a enfatizar o tipo de contribuição que os textos de Koch e seus parceiros levaram aos professores no trabalho de sala de aula, sem pretender ser exaustivo, mas buscando apenas mostrar a pertinência de se ensinar a língua, levando em conta os tópicos tratados por Koch.

(1) Hoje é aniversário de João. Preciso ir a uma loja, pois ele quer um *videogame* que treina criar uma cidade e controlar suas finanças. O espertinho diz que assim se prepara para ser o prefeito da cidade. Esse meu sobrinho, a continuar assim, vai longe, já que alia desejos a ações para concretizá-los.

Do ponto de vista da coerência, a compreensão desse texto depende do conhecimento de mundo ou enciclopédico, como propõem Koch e Elias, que permitirá fazer inferências que tornam plausível a sequência "Hoje é aniversário de João. Preciso ir a uma loja, pois ele quer um *videogame* que treina criar uma cidade e controlar suas finanças". Só o conhecimento de mundo é que permite dar um sentido à sequência e perceber que ela é coerente, pois, em nossa sociedade e cultura, é usual, quando é aniversário de alguém, dar um presente a esse alguém e comumente esse presente é comprado em algum estabelecimento comercial (loja). Assim o leitor saberá que a pessoa que diz (1) deve ir à loja para adquirir o presente. Sem isso, as sequências "Hoje é aniversário de João" e "Preciso ir a uma loja..." não poderiam aparecer correlacionadas em um texto, fazendo sentido. Esse conhecimento é o que permite também saber que o presente pretendido por João é um *videogame*, ao lado, naturalmente, de elementos linguísticos de coesão que comentamos mais adiante. Do ponto de vista da produção, o produtor precisa saber que ele pode deixar esses elementos implícitos para não sobrecarregar o texto, mas também dar pistas adequadas ao provável leitor/ouvinte para recuperar esses implícitos (como esclarecem Koch e Elias). O conhecimento linguístico em relação com o conhecimento de mundo também será responsável pela ativação, por meio do vocabulário (sobretudo nomes, verbos e adjetivos) e das expressões nominais, de conhecimentos fundamentais para estabelecer o sentido do texto. Para entender o texto, é preciso saber que referentes discursivos são ativados por palavras e sintagmas como "Hoje, aniversário, João, loja, ir, *videogame* que treina criar uma cidade e controlar suas finanças, treinar, criar, controlar, finanças, cidade, o espertinho, preparar para ser, prefeito, Esse meu sobrinho, sobrinho, ir longe, aliar, desejos, ações, concretizá-los". Estamos aqui no campo da referenciação, mas também é preciso, para a qualidade do texto, levar em conta a sequenciação (coesão sequencial). Essa ocorre pelo uso, por exemplo, de conectores como *pois* (explicação), *que* (complementação), *para* (finalidade), *já que* (justificativa), que estabelecem as relações indicadas entre trechos do texto e as ideias que eles veiculam, fazendo o texto progredir.

Podemos chamar ainda a atenção para alguns aspectos da referenciação que são importantes na produção do texto (1) e depois em sua compreensão:

a) só sabemos que o *videogame* é o presente que João quer, porque João reaparece retomado pelo pronome ele em "ele quer";

b) só se sabe que é João quem "se prepara para ser o prefeito da cidade", quem vai "continuar assim", quem "alia desejos a ações" e quem vai "concretizá-los", porque ele reaparece elíptico e pode ser retomado porque é o tema do texto que aparece em uma cadeia referencial;

c) semelhantemente sabemos que: c.1) o que "treina criar uma cidade e controlar suas finanças" é o *videogame*, porque ele é retomado pelo pronome relativo "que"; c.2) o que o sobrinho do falante vai concretizar são os desejos, porque esses são retomados referencialmente pelo pronome "los"; c.3) as finanças são da cidade criada, porque ela é retomada pelo pronome possessivo "suas";

d) é preciso estar atento ao fato de que o João que "diz", "se prepara" e quer "ser o prefeito" já é um referente textual a que se acrescentam às características dadas por "João"[3] aquelas dadas pela expressão (sintag-

---

3. Basicamente "ser humano do sexo masculino, chamado João".

ma) nominal "O espertinho", que retoma João antes de "diz". Porque o produtor do texto não retoma João por um pronome ou pela elipse, mas sim pela expressão nominal "O espertinho"? Aqui é preciso lembrar que uma das funções das expressões nominais referenciais é a orientação argumentativa do texto. Nesse caso, o falante (tio de João) vê com bons olhos a atitude de João de querer conseguir coisas importantes, valorizadas socialmente (vai longe) e também pode estar manifestando carinho ou condescendência pelo uso do diminutivo, o que reforça a atitude de aprovação;

e) do mesmo modo, o João que pode "continuar assim", que "vai longe", que "alia" e que vai "concretizá-los" é um referente que não tem mais apenas as características ativadas no texto por "João" e por "O espertinho", mas também aquelas introduzidas por "Esse meu sobrinho". É assim que pudemos dizer que o falante é o tio de João. Fica a probabilidade maior de João ser uma criança, embora possa também ser um jovem ou adulto.

O que temos nos itens (d) e (e) é a evidência inconteste de que a referência não é, no texto funcionando discursivamente, um fenômeno fixo, mas um processo dinâmico, e que o usuário do texto, seja seu produtor, seja aquele que busca compreendê-lo, deve levar tudo isso em conta, tanto na produção do texto quanto na leitura dele.

Gostaríamos de chamar a atenção para mais um aspecto importante, principalmente na construção de textos. Em vez de dizer "um *videogame* que treina criar uma cidade e controlar suas finanças", o falante poderia especificar diretamente o *videogame*, por exemplo, dizendo "ele quer o *videogame* SimCity". Isso exigiria um conhecimento de mundo que talvez o interlocutor não tivesse, e a relação com o trecho "assim se prepara para ser o prefeito da cidade" não seria evidente ou clara, como ficou com a primeira opção de construção do texto. Isso mostra, juntamente com o uso de "O espertinho" e "Esse meu sobrinho", que as escolhas feitas num ponto do texto afetam a continuação de sua construção. Esse fato precisa ser controlado pelo produtor do texto e frequentemente "analisado" pelo seu recebedor, pois a escolha de como dizer algo afeta o que o texto pode ou não significar. Imagine-se que em vez de "O espertinho", o produtor do texto (1) tivesse dito "O menino". Seria outro texto, completamente diferente, pois o efeito de cada escolha não é apenas local, mas afeta o texto como um todo. No ensino, isso precisa ser mostrado de algum modo. É o que nos recomendam Koch e Elias (2006 e 2009).

Cremos que trabalhos e estudos como os de Ingedore Grünfeld Villaça Koch, que nos ensinam muito sobre o texto e seu funcionamento, apresentando com clareza teorias complexas e ainda mais correlacionando-as com o ensino de línguas — materna ou estrangeira —, constituem sem dúvida uma bibliografia apropriada para professores de Língua Portuguesa dos ensinos Fundamental e Médio, de que todos devem se valer. A significação social das obras dessa professora e pesquisadora é, sem dúvida, muito grande, tendo em vista a abrangência e a profundidade com que contribuíram e contribuem para que se resolvessem e se resolvam inúmeros problemas culturais e práticos, tanto das pessoas que precisam produzir e compreender cada vez melhor os textos pelos quais nossa vida se constitui, quanto daquelas que precisam ensinar a produzir e compreender esses textos.

Não poderia finalizar este texto em homenagem à Profa. Dra. Ingedore Grünfeld Villaça Koch sem mencionar sua generosidade em partilhar com colegas, professores, estudantes e orientandos suas descobertas e seu saber; sua capacidade de dialogar, trabalhar em parceria e incluir; seu empenho em contribuir para o aprimoramento do ensino de línguas, com simplicidade e sem alarde, mas com o brilho de quem faz a diferença. Obrigado, professora, orientadora, amiga, por seu trabalho!

Referências

GERALDI, J. W. Unidades básicas do ensino de Português. In: GERALDI, J. W. (Org.). *O texto na sala de aula*: Leitura e produção. Cascavel: Assoeste, 1984.

_____. *O texto na sala de aula:* Leitura e produção. 2. ed. Cascavel: Assoeste, 1985.

KOCH, I. G. V.; FÁVERO, L. L. *Linguística Textual*: introdução. São Paulo: Cortez, 1983.

KOCH, I. G. V. *Argumentação e linguagem*. São Paulo: Cortez, 1984.

_____. *A coesão textual*. São Paulo: Contexto, 1989.

_____. *A Inter-Ação pela linguagem*. São Paulo: Contexto, 1992.

_____. *O texto e a construção do sentido*. São Paulo: Contexto, 1997.

_____. *Desvendando os segredos do texto*. 4. ed. São Paulo: Cortez, 2002.

_____. *Introdução à Linguística Textual*: trajetória e grandes temas. São Paulo: Martins Fontes, 2004.

_____. *As tramas do texto*. Rio de Janeiro: Nova Fronteira, 2008. (Série Dispersos)

_____; FÁVERO, L. L. Contribuição a uma tipologia textual. *Letras & Letras*, Uberlândia, MG, v. 3, n. 1, p. 3-10, 1987.

_____; TRAVAGLIA, L. C. *Texto e coerência*. São Paulo: Cortez, 1989.

_____; TRAVAGLIA, L. C. *A coerência textual*. São Paulo: Contexto, 1990.

_____; BRAGA, M. L. (Orgs.). A articulação de orações. *Cadernos de Estudos Linguísticos* 28. Campinas: IEL-Unicamp, 1995.

_____; MORATO, E. M. (Orgs.). Questões de Referenciação. *Cadernos de Estudos Linguísticos* 41. Campinas: IEL-Unicamp, 2001.

_____; MORATO, E. M.; BENTES, A. C. (Orgs.). *Referenciação e discurso*. Contexto: São Paulo, 2005.

_____; ELIAS, V. M. da S. *Ler e compreender*: os sentidos do texto. São Paulo: Contexto, 2006.

_____; BENTES, A. C.; CAVALCANTE, M. M. (Orgs.). *Intertextualidade*: diálogos possíveis. São Paulo: Cortez, 2007.

_____; ELIAS, V. M. *Ler e Escrever*: estratégias de produção textual. São Paulo: Contexto, 2009.

TRAVAGLIA, L. C. Tipelementos e a construção de uma teoria tipológica geral de textos. *Língua Portuguesa — pesquisa e ensino*. v. II. 1. ed. São Paulo: Educ/Fapesp, 2007. p. 97-117.

_____. A caracterização de categorias de textos: tipos, gêneros e espécies. *Alfa*: Revista de Linguística, v. 51, p. 39-79, 2007a.

Sobre os autores e os organizadores

Autores

Adriana Bolívar — É Professora e Pesquisadora da Universidade Central da Venezuela, especialista na área de estudos do discurso, e consultora internacional de projetos de pesquisa e cursos de pós-graduação nas áreas de linguagem e comunicação. Foi professora convidada em universidades da América Latina, Estados Unidos e Europa. É fundadora e presidente honorária da Associação Latino-Americana de Estudos do Discurso (ALED) e assessora em discursos acadêmicos para professores universitários e pesquisadores de alto nível.

Ana Lúcia Tinoco Cabral — Possui graduação em Língua e Literatura Portuguesas pela Pontifícia Universidade Católica de São Paulo (1980), mestrado em Língua Portuguesa pela Pontifícia Universidade Católica de São Paulo (2000) e doutorado em Língua Portuguesa pela Pontifícia Universidade Católica de São Paulo (2005). Realizou pesquisa de pós-doutoramento na École des Hautes Études en Sciences Sociales (EHESS), em Paris, França. Atualmente é Pesquisadora colaboradora da Pontifícia Universidade Católica de São Paulo, Pesquisadora e Professora do mestrado em Linguística da Universidade Cruzeiro do Sul. Tem experiência na área de Linguística, com ênfase em Leitura e Redação, atuando principalmente nos seguintes temas: Linguística Textual, linguagem argumentativa, linguagem jurídica, interação na linguagem e pragmática; educação à distância e uso da linguagem em ambientes virtuais de educação.

Anna Christina Bentes — Possui graduação em Letras pela Universidade Federal do Pará (1986), mestrado em Linguística pela Universidade Federal de Santa Catarina (1992), doutorado em Linguística pela Universidade Estadual de Campinas (2000). Fez pós-doutorado no Departamento de Antropologia da Universidade da Califórnia, Berkeley (2006). Atualmente é Professora do Departamento de Linguística da

Universidade Estadual de Campinas. Atua nas áreas de Sociolinguística, Linguística do Texto e do Discurso e Linguística Aplicada. Os objetos de estudo privilegiados em suas pesquisas são: i) a heterogeneidade do fenômeno linguístico, com ênfase nos estudos sobre a elaboração de estilos e a formação de registros linguísticos, considerando especialmente recursos textuais-discursivos e multissemióticos, além do fenômeno da reflexividade; ii) a produção, a circulação e a recepção de gêneros do discurso; iii) a estruturação de práticas interativas institucionais.

Ataliba Teixeira de Castilho — Formação científica: na FFLCH da Universidade de São Paulo, Licenciado em Letras Clássicas em 1959, Especialização em 1960, Doutor em Linguística em 1966, Livre-docente em Filologia e Linguística Portuguesa em 1993. Atualmente é Professor colaborador voluntário na Universidade Estadual de Campinas. Áreas de pesquisa: Linguística do Português, com ênfase nas seguintes subáreas: descrição da língua falada, sintaxe funcionalista do português brasileiro, história do português brasileiro, análise multissistêmica do português brasileiro.

Carlos Alexandre Gonçalves — É Professor Associado da Universidade Federal do Rio de Janeiro (UFRJ) desde 1993. É Pesquisador do Conselho Nacional de Desenvolvimento e Pesquisa (CNPq) desde 1999 e Cientista da Fundação de Amparo à Pesquisa no Estado do Rio de Janeiro (FAPERJ). Sua pesquisa está concentrada na área de Morfologia do português e na interface Fonologia-Morfologia. É organizador e autor de vários livros, entre os quais *Iniciação aos estudos morfológicos*, *Atuais tendências em formação de palavras*, *Morfologia Construcional: uma introdução*, todos publicados pela Editora Contexto. Possui ainda mais de cem artigos publicados tanto no Brasil quanto no exterior.

Carlos Magno Viana Fonseca (*in memoriam*) — Era Professor-Assistente III do Departamento de Letras do Campus Avançado "Profa. Maria Elisa de Albuquerquer Maia"/ CAMEAM da Universidade do Estado do Rio Grande do Norte/UERN, e também Doutorando em Linguística pela Universidade Federal do Ceará/UFC. Possuía mestrado em Linguística pela Universidade Federal do Ceará/UFC. Era Especialista em Linguística Aplicada pela Universidade do Estado do Rio Grande do Norte/ UERN e em Psicopedagogia pelo Instituto de Educação Superior Vale do Salgado, e Graduado em Letras com habilitação em Língua Portuguesa pela Universidade do Estado do Rio Grande do Norte/UERN. Possuía experiência em Linguística e Língua Portuguesa, com ênfase em Prática Discursiva, Morfossintaxe e Semântica.

Clélia Cândida Abreu Spinardi Jubran (*in memoriam*) — Possuía graduação em Letras pela Universidade Estadual Paulista Júlio de Mesquita Filho (1967) e doutorado em Letras (Teoria Literária e Literatura Comparada) pela Universidade de São Paulo

(1980). Sua última atuação foi como Professora voluntária junto ao Programa de Pós-graduação em Estudos Linguísticos (Linha Estudos do Texto e do Discurso) da Universidade Estadual Paulista, *campus* de São José do Rio Preto. Tinha experiência na área de Linguística, com ênfase em Linguística Textual, atuando principalmente nos seguintes temas: metadiscurso, referenciação, repetição, tradições discursivas e abordagem diacrônica de processos de construção textual.

Diana Luz Pessoa de Barros — É Professora Titular (aposentada) do Departamento de Linguística da Faculdade de Filosofia, Letras e Ciências Humanas da Universidade de São Paulo, e Professora do Centro de Comunicações e Letras da Universidade Presbiteriana Mackenzie. Obteve o título de mestre na Universidade de Paris III (França, 1971) e os de doutor, adjunto, livre-docente e titular na Universidade de São Paulo (1976, 1985, 1988 e 1997). Realizou estágio de pós-doutoramento na Escola de Altos Estudos em Ciências Sociais em Paris, França, em 1976/1977, 1988/1989 e em 1995. Ministra aulas de Linguística na pós-graduação das duas Universidades e orienta teses de doutorado e dissertações de mestrado. Sua produção científica concentra-se, principalmente, nas áreas de teoria e análise do discurso e do texto, análise da conversação, estudos da língua falada, semiótica narrativa e discursiva e história das ideias linguísticas.

Edwiges Maria Morato — Professora-Associada II (Livre-docente) da Universidade Estadual de Campinas. Graduada em Linguística pela Universidade Estadual de Campinas (1988) e em Fonoaudiologia, pela Pontifícia Universidade Católica de Campinas (1984). É Mestre (1991) e Doutora (1995) em Linguística pela Universidade Estadual de Campinas, tendo realizado um estágio-sanduíche na Université de Sorbonne-Nouvelle (Paris III), na França, no período de 1994 a 1995. Fez um pós-doutorado na Universidade de Paris XII entre 2001 e 2002 (Paris, França) e outro na Université Lumière II, em 2007 (Lyon, França). Tem experiência na área de Linguística e de Neurolinguística, com ênfase nos estudos que envolvem as relações entre linguagem, interação e cognição, atuando principalmente com os seguintes temas, a partir de uma perspectiva sociocognitiva: enquadres cognitivos, referenciação, metaforicidade, contextualização, processos de significação verbal e não verbal no contexto neurolinguístico (principalmente nas afasias e na Doença de Alzheimer).

Francisco Alves Filho — Possui graduação em Letras pela Universidade Federal do Piauí (1990), mestrado em Letras pela Universidade Federal de Pernambuco (2000) e doutorado em Linguística pela Universidade Estadual de Campinas (2005). Desenvolveu projeto de pós-doutorado na Unicamp (2009-2010). Atualmente é Professor Adjunto da Universidade Federal do Piauí, Coordenador do Núcleo de Pesquisa

CATAPHORA e Coordenador do Programa de Pós-graduação em Letras (PPGEL) da UFPI. Além disso, é membro do comitê interno PIBIC/UFPI. Tem experiência na área de Linguística, com ênfase em Teorias de Texto, Gêneros e Hipertexto.

Gladis Massini-Cagliari — É Bacharel e Licenciada em Letras pela Unicamp (1987), onde cursou também o mestrado e o doutorado em Linguística. Concluiu o mestrado em 1991 e o doutorado em 1995. Fez pós-doutorado na University of Oxford, em 2002-2003. Em 2005, obteve a livre-docência em Fonologia, no Departamento de Linguística da Faculdade de Ciências e Letras de Unesp, *campus* de Araraquara, onde exerce atualmente a função de Professora Titular. Sua pesquisa está concentrada principalmente na busca de pistas nos registros das cantigas medievais profanas e religiosas que permitam vislumbrar a história do ritmo e da prosódia do português, de suas origens até os dias de hoje.

Jean-Michel Adam — Professor Titular da cadeira de Linguística Francesa na Universidade de Lausanne (Suíça), é um dos maiores especialistas da área dos estudos do texto e do discurso. Tem mais de 15 livros publicados sobre o tema e numerosos artigos, com traduções para várias línguas. É membro dos comitês científicos de diversas publicações especializadas da França, Suíça e Bélgica. Além de suas atividades de ensino e pesquisa na Universidade de Lausanne, tem uma intensa atuação como professor convidado de universidades europeias e da América do Norte.

Kanavillil Rajagopalan — É Professor Titular (aposentado-colaborador) na área de Semântica e Pragmática das Línguas Naturais da Universidade Estadual de Campinas. Participa em programas de pós-graduação na Universidade Estadual do Sudoeste da Bahia e da Universidade Federal de Tocantins (*campus* de Porto Nacional). Nasceu na Índia, onde obteve B. A. em Literatura Inglesa (Universidade de Kerala), M. A. em Literatura Inglesa (Universidade de Delhi) e M. A. em Linguística (Universidade de Delhi). Diploma em Linguística Aplicada pela Universidade de Edimburgo, Escócia. É Doutor em Linguística Aplicada (PUC-SP) e Pós-Doutor em Filosofia da Linguagem (Universidade da Califórnia, Berkeley, EUA).

Kazue Saito M. de Barros — Possui graduação e Licenciatura em Português e Inglês pela Universidade Federal do Rio de Janeiro (1978), graduação em Bacharelado em Letras Português e Inglês pela Universidade Federal do Rio de Janeiro (1974), mestrado em Linguística pela Universidade Federal de Pernambuco (1986) e doutorado em Language and Linguistics, University Essex (1991). Professora Associada 4 da Universidade Federal de Pernambuco, tem experiência na área de Linguística, atuando principalmente nos seguintes temas: discurso científico e pedagógico, interação verbal, produção textual e aulas virtuais.

Luiz Carlos Cagliari — Possui graduação em Letras Neolatinas pela Pontifícia Universidade Católica de Campinas (1966), graduação em Licenciatura em Pedagogia pela Universidade de Mogi das Cruzes (1972), graduação em Pedagogia e Filosofia pelo Instituto Salesiano de Pedagogia e Filosofia (1965), mestrado em Linguística pela Universidade Estadual de Campinas (1974) e doutorado em Linguística — Fonética, pela Universidade de Edimburgo (Escócia) (1977). Fez Livre-Docência na Universidade Estadual de Campinas (1982) e é Professor Titular pela Universidade Estadual de Campinas (1990). Fez Pós-doutorado na Universidade de Londres (1987) e na de Oxford (2003). Atualmente é Professor Adjunto MS-5 da Universidade Estadual Paulista, *campus* de Araraquara. Tem experiência na área de Linguística, com especialidade em Fonética e Fonologia. Suas áreas de atuação no momento são: a alfabetização e o letramento; a ortografia e os sistemas de escrita; a fonética descritiva e a fonética acústica, com interesse especial nos fenômenos prosódicos.

Luiz Carlos Travaglia — É Mestre em Letras (Língua Portuguesa) pela Pontifícia Universidade Católica do Rio de Janeiro (1980) e Doutor em Linguística pela Universidade Estadual de Campinas (1991), com Pós-doutorado em Linguística pela Universidade Federal do Rio de Janeiro (2002). Atualmente é Professor Associado do Instituto de Letras e Linguística da Universidade Federal de Uberlândia. Atua na área de Linguística, com ênfase em Linguística Textual e em Linguística Aplicada ao Ensino Aprendizagem de Língua Materna. Em seu currículo Lattes os termos mais frequentes na contextualização da produção científica, tecnológica e artístico-cultural são: Texto, Verbo, Ensino, Tipologia Textual, Gramática, Coesão, ensino de gramática, Coerência, Discurso e Gramaticalização.

Maria Lúcia C. V. O. Andrade — Possui graduação em Português-Espanhol (Bacharelado e Licenciatura) pela Universidade de São Paulo (1977), mestrado em Língua Portuguesa pela Pontifícia Universidade Católica de São Paulo (1990) e doutorado em Linguística pela Universidade de São Paulo (1995). Fez estágio pós-doutoral na Universitat Pompeu Fabra (Barcelona, Espanha) em Análise Crítica do Discurso. Atualmente, é Professora-Assistente Doutora da Universidade de São Paulo, na área de Filologia e Língua Portuguesa. Tem experiência na área de Linguística, com ênfase em Língua Portuguesa, atuando principalmente nos seguintes temas: Linguística de Texto, Análise da Conversação, Análise Crítica do Discurso; Gêneros Textuais da Mídia.

Maria da Conceição de Paiva — É Doutora em Linguística pela Universidade Federal do Rio de Janeiro (UFRJ) e tem Pós-doutoramento na Universidade Paris VIII, França. É Professora do Programa de Pós-Graduação em Linguística da UFRJ e Pesquisadora do CNPq. Atuou também como Professora Visitante do Curso de Mestrado em

Estudos Linguísticos da Universidade Federal do Espírito Santo (UFES). Dedica-se principalmente ao estudo da variação linguística e mudança por gramaticalização.

Maria Luiza Braga — Licenciou-se em Letras Português-Inglês pela Universidade Federal de Uberlândia (1964), tem mestrado em Língua Portuguesa pela Pontifícia Universidade Católica do Rio de Janeiro (1978) e doutorado em Linguística, University of Pennsylvania (1982). Atualmente é Professora Titular da Faculdade de Letras da Universidade Federal do Rio de Janeiro. Tem experiência na área de Linguística, com ênfase em Teoria e Análise Linguística, atuando principalmente nos seguintes temas: português do Brasil, gramaticalização, categorias cognitivas e orações adverbiais.

Mônica Magalhães Cavalcante — É graduada em Letras pela Universidade Estadual do Ceará (1985), tem mestrado em Linguística pela Universidade Federal do Ceará (1996) e doutorado em Linguística pela Universidade Federal de Pernambuco (2000). Em 2003, fez pós-doutorado na Unicamp. Atualmente é Professor Associado I da Universidade Federal do Ceará. Tem experiência na área de Linguística do Texto, com ênfase em referenciação, mas pesquisa também sobre intertextualidade, metadiscursividade, argumentação, heterogeneidades enunciativas, gêneros do discurso, articulação tópica e sequências textuais.

Renato Cabral Rezende — É Doutor em Linguística pela Universidade Estadual de Campinas e atualmente é Professor Adjunto III da Universidade Federal de São Paulo. Tem experiência na área de Linguística, com ênfase em Linguística Textual, Sociolinguística Interacional, Linguística Antropológica e Literatura Brasileira contemporânea. Trabalha com metadiscurso e mecanismos de articulação e progressão textual. Foi pesquisador visitante da Universidade da Califórnia, Berkeley. Interessa-se pelos seguintes temas: mecanismos de produção textual de sentidos, como a progressão e a articulação textual em língua portuguesa; construção textual-discursiva de *ethos* narrativos; práticas comunicativas orais e escritas; literatura brasileira contemporânea.

Sandra Denise Gasparini-Bastos — Graduada em Letras (Licenciatura em Português e Espanhol) pela Universidade Estadual Paulista, *campus* de São José do Rio Preto (1993), Mestre em Linguística pela Universidade Estadual de Campinas (1997) e Doutora em Linguística e Língua Portuguesa pela Universidade Estadual Paulista, *campus* de Araraquara (2004). Atualmente é Professora-Assistente Doutora de Língua Espanhola da Universidade Estadual Paulista, *campus* de São José do Rio Preto. Tem experiência na área de Linguística, com ênfase em Teoria e Análise Linguística, atuando principalmente nos seguintes temas: Descrição Funcional de Língua Falada e Escrita (Português e Espanhol), em especial das formas de manifestação das modalidades nos dois idiomas, sob o aparato teórico do Funcionalismo de linha holandesa.

Sueli C. Marquesi — Doutora em Linguística Aplicada e Professora Titular de Língua Portuguesa da PUC-SP e da Universidade Cruzeiro do Sul. Realizou estudos de pós-doutorado em Linguística, na Universidade do Porto (Portugal) e na Universidade de Lausanne (Suíça) e estágio profissional em gestão universitária, na Universidade de Montréal (Canadá). Seus trabalhos estão relacionados à leitura, produção de textos e ensino. É Reitora da Universidade Cruzeiro do Sul, Avaliadora Institucional do Ministério da Educação do Brasil e Assessora do mesmo Ministério para o Enade na área de Letras.

Suzana Leite Cortez — Possui graduação em Letras pela Universidade Federal de Pernambuco (2000), Doutorado em Linguística pela Universidade Estadual de Campinas (2011) e Pós-Doutorado pela Université Sorbonne Nouvelle Paris 3 (2016). Atualmente, é Professora Adjunta II, do Departamento de Letras, da Universidade Federal de Pernambuco. Tem experiência na área de Linguística, com ênfase em Teoria e Análise Linguística, atuando principalmente nos seguintes temas: referenciação, ponto de vista (pdv), livro didático e formação do professor de Língua Portuguesa.

Teun van Dijk — É professor aposentado da Universidade de Amsterdã e atualmente professor visitante na Universidade Pompeu Fabra, em Barcelona. Há décadas, é mundialmente reconhecido como um dos teóricos mais importantes na área de estudos do texto e do discurso, tendo trabalhos traduzidos para diversas línguas. Possui obras que constituem referências fundamentais em todas as fases da história da Linguística Textual, desde as gramáticas de texto até as abordagens pragmáticas e sociocognitivas dos estudos do texto. Dentre outros pontos, em sua atuação mais recente destacam-se a questão da interdisciplinaridade, bem como seus trabalhos na área de Análise Crítica do Discurso.

Vanda Maria Elias — Possui graduação em Letras pela Universidade de Pernambuco, mestrado e doutorado em Língua Portuguesa pela Pontifícia Universidade Católica de São Paulo e pós-doutorado em Linguística pela Universidade Estadual de Campinas. Professora Associada do Departamento de Português e do Programa de Estudos Pós-Graduados em Língua Portuguesa da Pontifícia Universidade Católica de São Paulo, onde atuou de 1993 até 2014. Desenvolve pesquisas relacionadas à produção escrita, leitura e ensino de Língua Portuguesa. Em março 2016, iniciou uma pesquisa de pós-doutorado na UFC, sob a supervisão da Profa. Dra. Mônica Magalhães Cavalcante. Em abril 2016, foi aprovada em concurso público para uma vaga no Magistério de Ensino Superior, na Universidade Federal de São Paulo.

Organizadores

Edson Rosa Francisco de Souza — É licenciado em Letras (Português/Italiano) pela Universidade Estadual Paulista (UNESP), *campus* de São José do Rio Preto, e Mestre em Estudos Linguísticos pela mesma universidade. Obteve o título de Doutor em Linguística (Linguística Textual) pela Universidade Estadual de Campinas e cursou ainda o doutorado sanduíche na Universiteit van Amsterdam (Amsterdam, Holanda), na área de Gramática Discursivo-Funcional. Atualmente é Professor-Assistente Doutor na Universidade Estadual Paulista, *campus* de São José do Rio Preto. Tem experiência na área de Linguística, com ênfase em Teoria e Análise Linguística, atuando nos seguintes temas: gramática discursivo-funcional, gramaticalização, advérbios, conjunções, texto/discurso e gêneros textuais.

Eduardo Penhavel — É licenciado em Letras (Português/Francês) pela Universidade Estadual Paulista (UNESP), *campus* de São José do Rio Preto, e Mestre em Estudos Linguísticos, por essa mesma universidade. É Doutor em Linguística pela Universidade Estadual de Campinas, com tese defendida na área de Linguística Textual, tendo desenvolvido parte da pesquisa de doutorado na Universidade de Boston, EUA. Atualmente, é Professor-Assistente Doutor da Universidade Estadual Paulista, *campus* de São José do Rio Preto. Tem experiência na área de Linguística, com ênfase em Linguística Textual, atuando principalmente nos seguintes temas: organização tópica, marcadores discursivos, diacronia de processos de construção textual e gramática textual-interativa.

Marcos Rogério Cintra — É licenciado em Letras (Português/Inglês) pela Universidade Estadual Paulista (UNESP), *campus* de São José do Rio Preto, e Mestre em Estudos Linguísticos pela mesma universidade. É Doutor em Linguística (Linguística Textual) pela Universidade Estadual de Campinas (IEL-Unicamp), tendo realizado estágio de doutorando (PDEE/Capes) na University of Louisville (Louisville, Kentucky — Estados Unidos), no Department of Communication. É Professor Adjunto II na Universidade Federal dos Vales do Jequitinhonha e Mucuri (UFVJM), *campus* de Diamantina-MG. Atua na área de Língua Portuguesa e Linguística, com ênfase nos seguintes temas: futuridade verbal, variação sincrônica e diacrônica, gêneros textuais e processos constitutivos do texto.